Kohlhammer

Der Herausgeber, die Herausgeberin

Prof. Dr. Jens Boenisch, Universität zu Köln, Department Heilpädagogik und Rehabilitation, Leiter des Forschungs- und Beratungszentrums für Unterstützte Kommunikation (FBZ-UK)

Dr. Stefanie K. Sachse, Universität zu Köln, Department Heilpädagogik und Rehabilitation, Akademische Rätin, Mitarbeiterin im Forschungs- und Beratungszentrum für Unterstützte Kommunikation (FBZ-UK)

Jens Boenisch/Stefanie K. Sachse (Hrsg.)

Kompendium
Unterstützte Kommunikation

Verlag W. Kohlhammer

Dieses Werk einschließlich aller seiner Teile ist urheberrechtlich geschützt. Jede Verwendung außerhalb der engen Grenzen des Urheberrechts ist ohne Zustimmung des Verlags unzulässig und strafbar. Das gilt insbesondere für Vervielfältigungen, Übersetzungen, Mikroverfilmungen und für die Einspeicherung und Verarbeitung in elektronischen Systemen.

Die Wiedergabe von Warenbezeichnungen, Handelsnamen und sonstigen Kennzeichen in diesem Buch berechtigt nicht zu der Annahme, dass diese von jedermann frei benutzt werden dürfen. Vielmehr kann es sich auch dann um eingetragene Warenzeichen oder sonstige geschützte Kennzeichen handeln, wenn sie nicht eigens als solche gekennzeichnet sind.

Es konnten nicht alle Rechtsinhaber von Abbildungen ermittelt werden. Sollte dem Verlag gegenüber der Nachweis der Rechtsinhaberschaft geführt werden, wird das branchenübliche Honorar nachträglich gezahlt.

Dieses Werk enthält Hinweise/Links zu externen Websites Dritter, auf deren Inhalt der Verlag keinen Einfluss hat und die der Haftung der jeweiligen Seitenanbieter oder -betreiber unterliegen. Zum Zeitpunkt der Verlinkung wurden die externen Websites auf mögliche Rechtsverstöße überprüft und dabei keine Rechtsverletzung festgestellt. Ohne konkrete Hinweise auf eine solche Rechtsverletzung ist eine permanente inhaltliche Kontrolle der verlinkten Seiten nicht zumutbar. Sollten jedoch Rechtsverletzungen bekannt werden, werden die betroffenen externen Links soweit möglich unverzüglich entfernt.

1. Auflage 2020

Alle Rechte vorbehalten
© W. Kohlhammer GmbH, Stuttgart
Gesamtherstellung: W. Kohlhammer GmbH, Stuttgart

Print:
ISBN 978-3-17-036058-7

E-Book-Formate:
pdf: ISBN 978-3-17-036059-4
epub: ISBN 978-3-17-036060-0
mobi: ISBN 978-3-17-036061-7

Inhaltsverzeichnis

Teilhaben und Mitbestimmen.
Unterstützte Kommunikation hat viele Facetten 9
Etta Wilken

Vorwort der Herausgeber 13

A Theoretische Grundpositionen

Entwicklung der Unterstützten Kommunikation in Deutschland – eine
systematische Einführung 19
Ursula Braun

Partizipation im Kontext von Unterstützter Kommunikation 33
Tobias Bernasconi & Karin Terfloth

UK-Förderung oder UK-Therapie? 40
Jens Boenisch & Kerstin Nonn

Bildung und UK 51
Tobias Bernasconi

Sozialisationsbedingungen – eine kritische Auslegeordnung 58
Dorothea Lage

Unterstützte Kommunikation und soziale Medien 67
Ingo Bosse

Geschichte der Unterstützten Kommunikation 74
Susanne Wachsmuth

Internationale Perspektiven auf die Unterstützte Kommunikation – Objektive
Entwicklungen und subjektive Einschätzungen 81
Gregor Renner

B Sprachentwicklung in der UK

Sprachentwicklung unterstützt kommunizierender Kinder 91
Kerstin Nonn

Besonderheiten im kommunikativen Verhalten 101
Susanne Wachsmuth

Kernvokabular – Bedeutung für den Sprachgebrauch 108
Jens Boenisch & Stefanie K. Sachse

Lautsprachunterstützende Gebärden in der UK 117
Birgit Appelbaum & Karolin Schäfer

Kommunikation mit hörsehbehinderten/taubblinden Menschen 125
Bettina Trissia, Tanja Geck & Katharina Tüscher

Mehrsprachigkeit und Unterstützte Kommunikation 133
Lena Lingk

Unterstützte Kommunikation im Fremdsprachenunterricht 141
Lena Lingk, Roman Bartosch & Stefanie K. Sachse

Pragmatische Fähigkeiten als Schlüssel zur kommunikativen Kompetenz unterstützt kommunizierender Personen 148
Lena Lingk, Kerstin Nonn & Stefanie K. Sachse

C Diagnostik in der UK

UK-Diagnostik – eine Einführung 157
Carolin Garbe & Thomas Herrmann

Diagnostik der präintentionalen Kommunikation 170
Irene Leber

Diagnostik des Kommunikationsstandes bei Menschen mit Taubblindheit/Hörsehbehinderung 179
Bettina Trissia, Tanja Geck & Katharina Tüscher

Augensteuerung und Gaze Viewer als Diagnostikinstrumente 185
Friederike Hogrebe & Karolin Schäfer

UK-Diagnostik bei Menschen aus dem Autismus-Spektrum 192
Maria Lell

D Intervention und Teilhabe

Ziele formulieren und Maßnahmen beschreiben mit dem ABC-Modell 203
Stefanie K. Sachse & Tobias Bernasconi

Partnerstrategien in der UK 217
Melanie Willke

Fokuswörter in der Interventionsplanung und -umsetzung 224
Stefanie K. Sachse & Melanie Willke

Teilhaben mit Gebärden: Strategien zur Etablierung von lautsprachunterstützenden Gebärden (LUG) 233
Hendrik Dangschat & Sabine Plachta

Grafische Symbole und nichtelektronische Kommunikationshilfen in der UK... 240
Nina Fröhlich

Elektronische Kommunikationshilfen in der UK 250
Jens Boenisch, Melanie Willke & Stefanie K. Sachse

Basale Förderung bei Menschen mit komplexen Beeinträchtigungen in Kommunikation und Interaktion 259
Franca Hansen

Unterstützte Kommunikation für Menschen aus dem Autismus-Spektrum 269
Claudio Castañeda & Nina Fröhlich

UK-Therapie bei Erwachsenen mit erworbenen Kommunikationsbeeinträchtigungen 280
Andrea Liehs & Barbara Giel

Unterstützte Kommunikation, Assistive Technologien und Teilhabe 287
Marcel Feichtinger

Zur Lebensbedeutsamkeit von elektronischen Kommunikationshilfen: Eine Studie mit und für Nutzer von Unterstützter Kommunikation 296
Kathrin Lemler

Unterstützte Kommunikation im Gesundheitswesen 304
Andrea Erdélyi & Birgit Hennig

Unterstützte Kommunikation im sozialen Raum 314
Susanne Mischo

Wenn UK nicht gelingen will 322
Karolin Schäfer & Julia Schellen

E Literacy in der UK

Früher Schriftspracherwerb (Emergent Literacy).
Oder: Wie lernen Kinder lesen und schreiben? 331
Melanie Willke & Stefanie K. Sachse

Schriftspracherwerb kaum- und nichtsprechender Kinder und Jugendlicher.
Besondere Herausforderungen und Lösungsansätze 338
Stefanie K. Sachse

Interactive Shared Reading with Children with Significant Disabilities 347
Karen A. Erickson & David A. Koppenhaver

F Versorgungsstrukturen

Rechtliche Grundlagen in der UK-Versorgung 357
Norbert Kamps & Jens Boenisch

ICF und UK: Chancen einer aktivitätsbezogenen Perspektive 365
Tobias Bernasconi

UK-Beratungsstellen in Deutschland: Ein Überblick zum Ist-Stand 372
Anna Hernando, Jens Boenisch & Tobias Bernasconi

Qualitätssicherung und Standards in der UK-Versorgung 386
Tobias Bernasconi, Jens Boenisch, Barbara Giel & Stefanie K. Sachse

G Forschungsmethoden in der UK

Forschungsvoraussetzungen und Forschungsethik in der UK 397
Markus Dederich

Besonderheiten der Effektivitätsforschung in der UK.
Grundlagen des evidenz-basierten Ansatzes 404
Oliver Wendt & Ralf W. Schlosser

Kontrollierte Einzelfallforschung 412
Oliver Wendt & Ralf W. Schlosser

Stichwortverzeichnis 421

Verzeichnis der Autorinnen und Autoren 425

Teilhaben und Mitbestimmen.
Unterstützte Kommunikation hat viele Facetten

Etta Wilken

Jedes Kind hat von Geburt an kommunikative Bedürfnisse, aber auch entsprechende Fähigkeiten, für deren Entwicklung es die Zuwendung seiner Bezugspersonen und geeignete Lebensbedingungen benötigt. Ohne ein liebevolles Eingebundensein und ohne angemessene Ansprache ist eine normale Entwicklung nicht möglich – wie schon ältere Forschungen zum Hospitalismus (vgl. Spitz 1945) und zur Bindungstheorie (Bowlby 1969) zeigten. Kommunikation ist ein menschliches Grundbedürfnis und lebensnotwendig in jedem Lebensalter. Personen mit Einschränkungen der Kommunikation sind deshalb nicht nur in der Verständigung beeinträchtigt, sondern in sozialer Teilhabe, aktiver Mitbestimmung und (Mit-) Gestaltung ihrer Lebenswirklichkeit und sie erleben oft vielfältige frustrierende Situationen von Nicht- oder Falschverstehen. Zudem kann die kognitive und emotionale Entwicklung gerade von kleinen in ihrer Kommunikation beeinträchtigten Kindern erheblich betroffen sein und sprachgebundene Lern- und Erkenntnisprozesse erschweren.

Unterstützte Kommunikation hat deshalb das Ziel, Kindern, Jugendlichen und Erwachsenen nicht nur besondere Möglichkeiten zum Verstehen und Verständigen anzubieten, sondern auch die gesamte Lebenswirklichkeit in den Blick zu nehmen, angemessene Bedingungen für Partizipation und Selbstbestimmung zu schaffen und sprachspezifisches, nicht sprachgebundenes (!) Lernen zu ermöglichen. Dazu gehören auch verschiedene Konzepte zur Vermittlung einer individuell angepassten Lese- und Schreibkompetenz.

Bei der Vielfalt der heute verfügbaren Möglichkeiten zur Förderung und Unterstützung der Kommunikation kann man sich kaum vorstellen, wie mühsam die Anfänge oft waren.

Ich erinnere mich an einen dreijährigen Jungen, den ich Ende der 1960er Jahre kennenlernte. Er war sehr hypoton, lag gestützt in einem Spezialsitz und konnte weder Arme noch Beine bewegen. Er konnte nicht sprechen, aber er äußerte sich mit unterscheidbaren Lauten, die Unbehagen, Ablehnung und Zustimmung ausdrückten. Die Mutter hatte mit ihm eine Kommunikationsform entwickelt, die in alltäglichen Situationen eine Verständigung ermöglichte. Sie stellte ihm Fragen, die er bei Bejahen mit Anblicken und kurzem Schließen der Augen beantwortete, bei Verneinung kniff er die Augen fest zusammen. Beeindruckend war jedoch vor allem, dass er manchmal nur das rechte Auge zukniff und das bedeutete, die Mutter solle ihre Frage anders formulieren!

In ihrem Lebensalltag mit dem Kind machen Eltern eigentlich immer spontane intuitive Kommunikationsangebote und haben bewusste, aber auch unbewusste Erwartungen, wie das Kind darauf reagiert. So wird ein Kind, das sich regelhaft entwickelt, schon mit wenigen Wochen auf Ansprache mit Hinwendung, Gurren und Lächeln antworten. Wenn ein Kind dagegen erwartungsabweichendes Verhalten zeigt wie Abwenden des Kopfes oder auch nur eine stark verzögerte Antwort-Reaktion, kann es deshalb gerade in der frühen Interaktion zu Fehlinterpretationen und mangelnder wechselseitiger Abstimmung kommen sowie zu Verunsicherung und Frustrationen bei den Eltern (vgl. Wilken 2018, 7). Kinder lernen im Erwartungshorizont ihrer

Bezugspersonen, die ihnen im Lebensalltag vielfältige Angebote machen, weil sie zuversichtlich davon ausgehen, dass ihr Kind sie schon zunehmend verstehen wird. Eine geringere Aktivität des Kindes kann dagegen die üblichen kommunikativen Angebote der Eltern erheblich reduzieren. Deshalb zeigte das entwicklungsrelevante »dialogische Echo« der Mütter von Kindern mit Down-Syndrom einen »Abwärtstrend« mit einem Tiefpunkt etwa im neunten Entwicklungsmonat (Horsch et al. 2008, 17). Aber gerade eine gelingende Mutter-Kind-Kooperation in Alltagssituationen ist für die Kommunikationsentwicklung der Kinder wichtig, während dagegen eine häufige Nichtinterpretation oder ein Fehldeuten ihres Verhaltens ihre Aktivität und Mitteilungsbereitschaft nachhaltig beeinträchtigen kann (vgl. Wilken 1982).

Trotz vieler Schwierigkeiten waren es aber meistens die Eltern, die im täglichen Umgang mit ihrem Kind sein Entwicklungspotential erkannten, sich durch Fachleute nicht beirren ließen und nach geeigneten Angeboten suchten. Daraus ergaben sich sehr individuelle kreative Lösungen. Ein gehörloser Junge mit cerebralen Bewegungsstörungen entwickelte im Kontext von Alltagserfahrungen zusammen mit seinen Eltern eigene Zeichen. So bezeichnete er mit ›Affe‹ sowohl das Tier als auch »blöde Leute«, »indem er den Unterkiefer mit seiner Zunge weit vordrückte. Das Einziehen des Kopfes zwischen die Schultern war das Zeichen für Autobahn (ein Hinweis auf die vielen Brücken), das Lecken an einem Finger bedeutete, dass er ein Buch ansehen wollte« (Wilken 1974, 55). Eine wesentliche Erweiterung seiner Kommunikationsmöglichkeiten ergab sich, als er in der Schule auf einer elektrischen Schreibmaschine mit einem Finger sehr mühsam schreiben lernte. Auch ein anderer junger Mann beschreibt in seiner Biographie dankbar, wie seine Familie »mit seinen mühsalvollen, kopfnickenden, kreativen, wenn auch stummen Kommunikationsversuchen« umging (Nolan 1987, 10) und welcher Durchbruch das Schreiben mit einem Stirnstab für ihn bedeute, auch um seine »Zurechnungsfähigkeit« zu beweisen. Allerdings musste die Mutter sein »krudes, starrköpfiges Nicken« abfedern, weil »bei jeder Berührung seines Zeigestocks mit den Tasten der Schreibmaschine sein Körper hintenüber gepeitscht wurde« (ebd. 77).

Für so erheblich beeinträchtigte Personen bedeutete damals die Possum-Schreibmaschineneinheit, eine mit pneumatischen Drucktasten gesteuerte elektrische Schreibmaschine, einen enormen Fortschritt – auch wenn das Gerät ein Monstrum war. Es ist deshalb aus heutiger Sicht schwer nachvollziehbar, dass einem jungen Mann ein solches Gerät mit der Begründung verweigert wurde, dass er doch über etwas »Lautsprache verfüge, die zumindest seine Mutter einigermaßen verstehen« kann. »Zudem könne er nicht schreiben und lesen. Dass er damit lesen lernen könnte, vermag an dieser Entscheidung nichts zu ändern. Es könne somit kein Nutzeffekt erzielt werden und auch eine wesentliche Verbesserung der Erwerbsfähigkeit sei nicht zu erwarten« (Versicherungsgericht des Kantons Bern vom 16. Dez. 1975).

Während im Elternhaus oft sehr individuelle Kommunikationsformen entwickelt wurden, begann eine systematischere Förderung vorwiegend im schulischen Kontext in den 1970er Jahren. Dabei ging es meistens für die körperbehinderten Schüler und Schülerinnen um Wissensvermittlung und Sprachförderung, aber auch um die Förderung von Lesen und Schreiben. Bei den geistig behinderten Schülerinnen und Schülern dominierte dagegen die sogenannte lebenspraktische Bildung. Sprachförderung wurde – wenn überhaupt angeboten – vorwiegend als Förderung der Lautsprache verstanden. Andere Formen der kommunikativen Förderung fanden kaum Berücksichtigung. Erst in den 1980er Jahren wurde zunehmend deutlich, dass es auch für kognitiv beeinträchtigte Kinder wichtig ist, spezielle Angebote zur Verständigung zu erhalten. Neue Möglichkeiten wurden gefunden, und die technische Entwicklung brachte enorme Fortschritte und Verbesserungen. Allerdings bestand lange eine Dominanz von schulischen Lernzielen. Nur langsam erfolgte eine stärkere Lebensweltorientierung, und es wurden differenziertere Angebote zur Kommunikation und Teilhabe angeboten.

Dadurch zeigte sich auch deutlich, dass es nicht zu verantworten war, bis ins Schulalter mit einer solchen kindorientierten Kommunikationsförderung zu warten, sondern dass wesentliche Erkenntnisse bereits in die Frühförderung und in das Vorschulalter zu übertragen waren, um sowohl die sozial-emotionale als auch die kommunikative Entwicklung sprachentwicklungsgefährdeter Kinder frühzeitig und angemessen zu unterstützen. Vorurteile über die nachteilige Wirkung alternativer und ergänzender Kommunikationsangebote konnten mit den gemachten vielfältigen Erfahrungen vermindert werden, auch wenn sie immer noch nicht ganz überwunden sind. Vor allem Gebärden zur Förderung der Verständigung mit kleinen (noch) nicht sprechenden Kindern wurden zunehmend bedeutungsvoll. Gut dokumentiert ist mittlerweile, wie die sprachliche Entwicklung von Kindern mit Down-Syndrom, aber auch von Kindern mit sehr unterschiedlichen anderen Beeinträchtigungen mit Gebärden unterstützt werden kann (vgl. Wilken 2019, 92 ff.). Die in den 1990er Jahren noch bestehenden Befürchtungen, damit das Sprechenlernen zu verhindern, konnten überwiegend ausgeräumt werden.

Erste Angebote zum frühen Lesen zur sprachlichen Förderung beeinträchtigter Kinder wurden in den 1970er Jahren ergänzend entwickelt, weil die Erfahrung zeigte, dass Lesen eine wichtige Hilfe auf dem Weg zur Sprache sein kann (ebd. 98). Die alte, sich auf gehörlose Kinder beziehende Feststellung »Lesen ist wie Hören mit den Augen« (Bulwer 1648, zit. nach Löwe 1983, 14) bestätigte sich auch für andere Kinder und eröffnete noch nicht sprechenden Kindern mit dem Einsatz besonderer methodischer Vermittlungsverfahren einen besseren Zugang zur Sprache.

Die Alltags- und Lebensweltorientierung ermöglichte nicht nur eine bessere Verständigung, sondern wirkte sich auch auf Teilhabe und Mitbestimmen in unterschiedlichen Situationen aus und führte zu wichtigen Empowermentprozessen. Die Bedeutung, die gelingende Verständigungsfähigkeit im Lebensalltag hat, kann an zwei Beispielen aufgezeigt werden.

Ein vierjähriges Mädchen zeigte einer Erzieherin die spezielle Gebärde für einen Jungen der Gruppe und ergänzte dazu die Gebärde für »au«. Die Erzieherin interpretierte die Aussage richtig und ging mit dem Mädchen zu dem Jungen und verlangte von ihm, sich zu entschuldigen. Darauf antwortete der Junge erstaunt, wieso das Mädchen das »petzen« könne. Ähnlich beschreibt Nolan in seiner Biographie, wie ein Mitschüler ihn ärgert und aus beiden Reifen seines Rollstuhls die Luft rausließ. »Der konnte ihn bei der Lehrerin ja doch nicht verpetzen!« (Nolan 1989, 19).

Es ist wichtig zu reflektieren, welche Kompetenzen im sozialen Umfeld zu vermitteln sind und welche Interaktionsbedingungen gestaltet werden müssen, damit Verständigung und Mitbestimmen für unterstützt Kommunizierende im Lebensalltag gelingt. Besonders die Transition der bisher vorwiegend im schulischen und häuslichen Kontext genutzten Verständigungsformen in den außer- und nachschulischen Bereich ist oftmals unzureichend geregelt. Häufig fehlt auch die notwendige differenzierte Dokumentation der bisherigen Verständigungsform. So wurde z. B. die etwas ungenau ausgeführte drehende Bewegung beider Hände eines jungen Mannes von den Mitarbeitern nach Umzug in eine neue Wohneinrichtung als aufgeregtes Händeflattern interpretiert. Erst zufällig erkannte eine Betreuerin einer anderen Gruppe, dass er »erzählen« gebärdete. Der junge Mann hatte zuvor gelernt, diese Gebärde einzusetzen, um damit Bezugspersonen aufzufordern, ihm Fragen zu stellen, die er dann mit Ja, Nein und wenigen einzelnen Gebärden beantwortete.

Noch fehlen dem Personal in Wohnstätten und Werkstätten oft die nötigen Kompetenzen, um unterstützt Kommunizierende zu verstehen. Zudem sind die gelernten, individuellen Verständigungsformen, die von den nicht- oder kaumsprechenden Personen mitgebracht werden, sehr verschieden und nicht allen bekannt. Eine Einschränkung der Partizipation bedeutet es auch, wenn in einer Gruppe zwar ein »Dolmetscher« zur Verfügung steht, aber die anderen Bewohner und Betreuer die Mitteilungen der unterstützt kommunizierenden Person nicht verstehen. Oft fehlen in Alltagssituationen auch die nötigen zeitlichen Ressourcen, und von Mitarbeitern wird häufig festgestellt, dass Unterstützte Kommunikation insgesamt viel zu viel Zeit brauche, die sie im Alltag meistens nicht haben. Mitbestimmung ist aber nicht nur zeitaufwendig, sondern für Bezugspersonen manchmal auch unbequem. Während sonst alles relativ schnell für die nichtsprechende Person entschieden wurde, will sie jetzt in Entscheidungen einbezogen werden. Das verlangt von den Mitarbeitern Empathie und ein wohlwollendes Eingehen auf die Wünsche und Bedürfnisse der beeinträchtigten Person, während Ungeduld und Zweifel sich dagegen zusätzlich hinderlich auswirken können.

Wie aus den Beiträgen dieses Kompendiums ersichtlich wird, hat Unterstützte Kommunikation auf ihrem Weg sich erfolgreich den vielfältigen Problemen gestellt, auch wenn noch viele Herausforderungen zu lösen sind. Im Blick zu behalten ist aber bei der Weiterentwicklung, dass Kommunikation ein menschliches Grundbedürfnis ist und sich wesentlich in personalen Beziehungen und Interaktionen im Alltag ereignet. Auch wenn unterstützt Kommunizierende mit Fremden auf besondere technische Hilfen angewiesen sind, bevorzugen sie in der Familie und mit Freunden oft individuelle körpereigene Verständigungsformen. Deshalb darf bei aller Bedeutung, die dem technischen Fortschritt zukommt, nicht ausgeblendet werden, welche emotionale Relevanz in der Kommunikation gerade unmittelbare Erfahrungen von Zuwendung und Akzeptanz durch andere Menschen haben.

Literatur

Bowlby, J. (1969): Attachment and loss. Vol. 1 attachment. Basic Books, New York.

Horsch, U./Roth, J./Scheele, A./Werding, S. (2008): Topologie des frühen Dialogs. Zu den Zusammenhängen dialogischer Verhaltensweisen von Eltern und Kind im Kontext von Down-Syndrom. In: Zeitschrift für Heilpädagogik, 1, 10–20.

Löwe, A. (1984): Gehörlosenpädagogik. In: Solarova, S. (Hrsg.): Geschichte der Sonderpädagogik. Stuttgart,

Nolan, Ch. (1989): Unter dem Auge der Uhr. Köln.

Spitz, R. A. (1945): Hospitalism: An Inquiry into the Genesis of Psychiatric Conditions in Early Childhood. In: The Psychoanalytic Study of the Child, Bd. 1.

Versicherungsgericht des Kantons Bern vom 16. Dez. 1975. www.servat.unibe.ch/dfr/bge/c5101278html.

Wilken, E. (1974): Das Fingeralphabet als Kommunikationshilfe bei einem zerebralparetischen und gehörlosen Jungen. In: Heese, G./ Reinartz, A. (Hrsg.): Aktuelle Beiträge zur Körperbehindertenpädagogik. Berlin.

Wilken, E. (1982): Verstehst du mich? In: Zusammen (7) 6–9.

Wilken, E. (2019): Sprachförderung bei Kindern mit Down-Syndrom. Mit ausführlicher Darstellung des GuK-Systems. Stuttgart.

Vorwort der Herausgeber

Unterstützte Kommunikation (UK) hat seit ihrer Einführung zu Beginn der 1990er Jahre in Deutschland eine enorme Dynamik entwickelt. Zunächst vor allem in der schulischen Praxis von engagierten Pädagoginnen und Pädagogen eingesetzt und durch unzählige Fortbildungen und Publikationen verbreitet, wurde sie nach und nach auch Thema in der deutschen Wissenschaft und Forschung sowie in der universitären Lehre. Im Rückblick auf über 50 Jahre heilpädagogische Forschung und Praxis wissen wir, dass die Methoden und Ziele der UK damals nicht komplett neu erfunden wurden. Bereits in den 1970er Jahren wurden erste Sprachförderkonzepte und apparative Hilfen für kaum- und nichtsprechende Kinder in Deutschland erprobt (u. a. von Ursula Haupt, Klaus Schulte, Etta Wilken). Es gab damals jedoch noch kein übergreifendes Konzept und somit auch keinen Namen für diese alternativen Wege zur verbesserten Kommunikation.

Mit der konzeptionellen Rahmung auf Basis der anglo-amerikanischen Erkenntnisse aus der AAC-Forschung und -Praxis konnte sich in Deutschland nun ein Förderkonzept etablieren, das bis heute wegen seiner engen Bindung an die Förderschulen im Förderschwerpunkt körperliche und motorische Entwicklung sowie geistige Entwicklung vor allem als pädagogisches Konzept verstanden wird. Die kontinuierliche und von allen Seiten auch gewünschte Ausbreitung der UK in die Bereiche frühe Förderung, Klinik, Reha-Zentren, nachschulische und berufliche Rehabilitation, Wohnen und Seniorenbereich sowie in die therapeutischen Berufe der Sprach- und Ergotherapeuten (z. T. auch Physiotherapeuten) erfordert eine Weiterentwicklung der theoretischen Fundierung von UK. Mit dem Einzug der UK in das Gesundheitswesen und der Forderung nach Finanzierung von UK-Maßnahmen auch durch Krankenkassen kann UK nicht länger ausschließlich als pädagogisches Konzept betrachtet werden. Die Herausforderung besteht nun darin, auf der einen Seite die Philosophie und theoretische Fundierung der UK beizubehalten und gleichzeitig professions-, institutions- und sektorenübergreifend UK als Konzept zur Verbesserung der Verständigung zwischen den Akteuren weiter zu etablieren. Da jede Profession ihre eigene Fachsprache spricht und an unterschiedliche (rechtliche) Rahmenbedingungen gebunden ist, die für die jeweiligen Entscheidungen und Handlungen im Berufsalltag grundlegend sind, bedarf es Brücken zwischen den verschiedenen Disziplinen zur Entwicklung gemeinsamer Konzepte, um nicht an den Bedürfnissen der UK-Nutzerinnen und UK-Nutzer vorbei zu agieren. Die zentrale Brücke bildet dabei eine gemeinsame Sprache.

Das sowohl den pädagogischen als auch den medizinisch-therapeutischen Disziplinen gemeinsame und somit verbindende Ziel von UK-Maßnahmen ist soziale Teilhabe. Soziale Teilhabe bzw. Partizipation stellt das langfristige Ziel jeder UK-Versorgungsmaßnahme, jeder UK-Diagnostik und jeder UK-Intervention dar. Soziale Teilhabe ist auch in der ICF das zentrale Thema. Somit bietet sich die ICF als ein Rahmen für eine gemeinsame Sprache in der UK an.

Der Aspekt der sozialen Teilhabe im Verständnis der ICF zieht sich wie ein roter Faden durch das Kompendium UK. In den Beiträgen im Teil A *Theoretische Grundpositionen* wird die Bedeutung sozialer Teilhabe anhand verschiedener Zugänge, Analysen und Determinanten diskutiert. Vor dem Hintergrund dieser theoretischen Verortung werden in Teil B die *Grundlagen zur Sprachentwicklung* für Menschen, die UK nutzen, sowie für Professionelle, die mit UK arbeiten, dargestellt. Hierbei war es uns als Herausgeber wichtig, die bisher in der deutschen UK-Diskussion noch zu wenig beachteten, aber in der UK-Praxis aktuellen Themenfelder wie Fremd-/Mehrsprachigkeit oder sensorische Mehrfachbehinderungen mit zu berücksichtigen.

Die verschiedenen Beiträge zur *Sprachentwicklung in der UK* (Teil B) haben gelingende Alltagskommunikation im Fokus. Damit folgt die UK dem sogenannten *pragmatischen Ansatz in der Vermittlung*, der sich deutlich von anderen Ansätzen wie z. B. dem meta-linguistischen Sprachfördersatz abgrenzt.

Im Teil C werden nach einer grundlegenden Einführung in Aufgaben, Ziele und Methoden einer *UK-Diagnostik* diverse diagnostische Zugänge für unterschiedliche Personengruppen vorgestellt. Die Vielfalt der Personengruppen erfordert eine Vielfalt individualisierter diagnostischer Verfahren, wodurch die Komplexität des Arbeitsfeldes UK auch in diesem Bereich deutlich wird.

Mit dem Ziel der sozialen Teilhabe verändert sich der traditionelle Blick auf die Intervention als eine Förderung oder Behandlung des Kindes, des Jugendlichen bzw. des Erwachsenen ohne Lautsprache. Die Beiträge zu *Intervention und Teilhabe* in Teil D verdeutlichen, dass sich der lange Zeit vorherrschende personenbezogene Blick auf die UK-Nutzerin und den UK-Nutzer um die gleichwertige Einbeziehung des sozialen Umfeldes in die UK-Maßnahmen erweitert hat. Und dies gilt unabhängig von der Personengruppe, der Interventionsmethode, des UK-Hilfsmittels und der Art, wie es eingesetzt wird, sowie der Institution bzw. dem sozialen Raum, in dem UK angewendet wird.

Soziale Teilhabe kann im umfassenden Maße erlebt werden, wenn die unterstützt kommunizierende Person über ausreichend Schriftsprachkenntnisse verfügt. Der Fokus auf *Literacy in der UK* in Teil E erweitert den sozialen Teilhabebegriff in Richtung Partizipation, da dem UK-Anwender mit Schriftsprachkenntnissen das Tor zur Welt der Online-, nationalen und internationalen Kommunikation sowie der eigenen Bildung offen steht.

Mit der Ausweitung von UK in verschiedene Berufsfelder der pädagogischen und medizinisch-therapeutischen Sektoren (Kita, Schule, Wohnen, Arbeit, Frühförderung, Hausarzt, Klinik, Reha-Zentren, Krankenkasse, MDK etc.) und der Notwendigkeit einer Regelung der Zuständigkeiten und Finanzierungen von UK-Maßnahmen kommt der Qualitätssicherung eine zunehmend größere Bedeutung zu. Ohne qualitätsgesicherte Standards wird es zukünftig keine geregelten bzw. flächendeckenden Refinanzierungskonzepte für UK geben. Auch hier bietet sich die ICF als ein die verschiedenen Sektoren übergreifender Rahmen an. Denn mit der Einführung des neuen Bundesteilhabegesetzes haben sich auch die rechtlichen Rahmenbedingungen zur Finanzierung von UK-Maßnahmen nach SGB V und SGB IX verändert. Im Teil F werden grundlegende Informationen, Analysen und Ergebnisse zu den gegenwärtigen *Versorgungsstrukturen* in der UK sowie den notwendigen Voraussetzungen für eine qualitätsgesicherte Versorgung mit UK-Maßnahmen dargestellt.

Eine qualitätsgesicherte Praxis bedarf des Nachweises, dass ihre Konzepte wirkungsvoll sind. Dies wiederum ist die Voraussetzung für eine Refinanzierung durch das Gesundheitswesen. Die Schwere und die Vielzahl der Behinderungserscheinungen bzw. das Fehlen von Vergleichsgruppen in der UK stellen die Wirksamkeitsprüfung vor besondere Herausforderungen – sowohl in der Forschungsethik als auch in der methodischen Umsetzung. Im Teil G werden speziell *Forschungsmethoden* vorgestellt, die auch unter den Bedingungen des Einzelfalls eine Evidenz nachweisen können.

Die deutsche UK hat sowohl konzeptionell als auch in den praxisnahen Handlungsfeldern inzwischen ein beachtlich hohes Niveau erreicht. Dies wird auch in den vielen Beiträgen deutlich, die hier von den Autorinnen und Autoren aus Wissenschaft und Praxis vorgelegt wurden. Diese qualitativ hochwertige Neuausrichtung in der UK sichtbar zu machen ist insbesondere der Verdienst der Autorinnen und Autoren, denen es in beeindruckender Weise gelungen ist, neue Entwicklungen systematisch aufzuarbeiten und für die Anwendung in der Praxis in nachvollziehbaren Konzepten darzustellen. Die Autorinnen und Autoren dieses Handbuchs haben darüber hinaus wesentlich dazu beigetragen, dass sich die Theoriebildung in der UK ein großes Stück weiterentwickelt hat. Gute Theorie bildet die Basis für gute Ausbildung und gute Praxiskonzepte. Wir bedanken uns ausdrücklich bei jeder einzelnen Autorin und bei jedem einzelnen Autor für die Beiträge.

Unser Dank geht auch an die Kolleginnen und Kollegen sowie die studentischen Hilfskräfte am FBZ-UK der Universität zu Köln für die Unterstützung bei Recherchen und beim Korrekturlesen. Ebenfalls bedanken möchten wir uns beim Kohlhammer Verlag, insbesondere bei Dr. K.-P. Burkarth für die professionelle und sehr gute Zusammenarbeit.

Ein besonderer Dank geht abschließend aber auch und vor allem an die vielen Praktikerinnen und Praktiker, die unermüdlich und oft gegen viele Widerstände über so viele Jahre UK eingesetzt, neue Ideen entwickelt und neue Konzepte erprobt haben, die uns im Austausch immer wieder Rückmeldungen zu Neuentwicklungen gegeben und uns somit in umfassender Weise motiviert haben, die Vision von UK als *ein Konzept* mit unterschiedlichen Zielgruppen in unterschiedlichen Institutionen über die gesamte Lebensspanne weiter zu verfolgen.

Wir verbinden mit diesem Kompendium die Hoffnung, einen Beitrag zur Weiterentwicklung und zur Qualitätssicherung der UK zu leisten. Diesem Anspruch verpflichtet freuen wir uns auch über kritisch-konstruktive Rückmeldungen.

Im Kompendium werden die Termini »Pädagoge«, »Therapeut«, »Erzieher« etc. als Berufsbezeichnung verstanden und nicht als Zuordnung zum männlichen Geschlecht.

Köln, im Juli 2019
Jens Boenisch & Stefanie K. Sachse

A   Theoretische Grundpositionen

Entwicklung der Unterstützten Kommunikation in Deutschland – eine systematische Einführung

Ursula Braun

1 Historischer Rückblick

Die Geburtsstunde der Unterstützten Kommunikation (UK) in Deutschland lässt sich datieren: Fasziniert von Filmausschnitten kompetenter UK-Nutzerinnen, die während einer Forschungsreise durch die USA entstanden waren (vgl. Braun 1994), und erschüttert von der Erkenntnis, dass diese Möglichkeiten Menschen ohne effektive Lautsprache hierzulande überwiegend vorenthalten blieben, gründete eine Gruppe enthusiastischer Betroffener, Angehöriger und Professioneller am 03. Februar 1990 in der Essener Schule für Körperbehinderte die deutschsprachige Sektion der International Society for Augmentative and Alternative Communication (ISAAC). Es folgte eine Welle des Aufbruchs und der Anerkennung: Alle angebotenen Fortbildungsveranstaltungen trafen auf ein ungewöhnlich hohes Interesse, Regionalgruppen wurden in schneller Folge etabliert, das erste – noch handkopierte und geheftete – Exemplar der Fachzeitschrift »ISAAC's Zeitung – Unterstützte Kommunikation« (1990) erschien, Kongresse wurden geplant und durchgeführt, zahlreiche praxisorientierte Artikel und Bücher verfasst und schließlich auch erste wissenschaftliche Untersuchungen veröffentlicht (Roßdeutscher 1992; Adam 1993; Gangkofer 1993; Braun 1994). Selbstverständlich basierte diese Entwicklung auf Vorläufern: Die Bliss-Symbol-Methode war bereits von engagierten Pädagogen mit Hilfe des Bundesverbandes für Körper- und Mehrfachbehinderte e. V. bekannt gemacht (Frey 1989; Franzkowiak 1989), der Einsatz von Gebärden wurde erfolgreich propagiert (Ihssen 1985; Adam 1985), die Nutzung erster noch sehr rudimentärer elektronischer Hilfsmittel fand Verbreitung (Gabus 1989). Eine frühe wissenschaftliche Arbeit zur Thematik in Deutschland, nämlich die Dissertation von Susanne Wachsmuth (1986), erhielt jedoch wenig Resonanz im theoretischen Diskurs der damaligen Sonderpädagogik, Fachwissen und internationaler Austausch im universitären Umfeld existierten kaum. Im Gegensatz zur internationalen Entwicklung, in der bereits in den 1980er Jahren sowohl wissenschaftlich wie auch praktisch das neue Fachgebiet etabliert wurde (vgl. u. a. Blackstone 1986 und Kraat 1987), konnte von einer umfassenden Theoriebildung, einer flächendeckenden Aus- und Fortbildung und einem Erfahrungsaustausch von Praktikern in Deutschland Anfang der 1990er Jahre keine Rede sein.

Das Besondere an der UK-Bewegung in Deutschland lag somit darin, dass sie überwiegend von Menschen aus der Praxis initiiert, getragen und vorangetrieben wurde. Durch diese große Praxisorientierung fand sich konsequenterweise auch eine schnelle Verbreitung in die Praxis, besonders in den Förderschulen, was dem Umstand geschuldet war, dass viele Gründungsmitglieder der deutschsprachigen Sektion von ISAAC Förderschulpädagogen waren. Unterstützte Kommunikation konnte so unmittelbar wirksam werden und viele individuelle Schicksale positiv beeinflussen.

»Jetzt, wo ich meinen Augencomputer habe, ist alles so leicht geworden. Ich denke nicht mehr:

›Sprecht mich bloß nicht an!‹, wie ich es früher immer gedacht habe. Das allein ist viel wert« (Schuchmann 2011, 30).

Die Stärke der UK-Bewegung in Deutschland erscheint jedoch aus heutiger Sicht gleichzeitig auch als eine Schwäche: Zunächst mangelte es an einem ausreichenden Fundament an Theoriebildung (vgl. u. a. Boenisch 2009, 78 ff.), denn die vorhandene internationale Literatur wurde überwiegend anwendungsbezogen rezipiert (vgl. Zeitschrift Unterstützte Kommunikation 4/1998; 4/2006; 4/2014 und 3/2015). Inzwischen existieren zwar zunehmend empirische Studien und übergreifende Theoriebildung auch in deutschsprachigen Veröffentlichungen (z. B. Rothmayr 2001; Renner 2004; Lage 2006; Wachsmuth 2006; Seiler-Kesselheim 2009; Boenisch 2009; Sachse 2010; Aßmann 2014; Nonn 2014), es fehlt jedoch noch häufig die Verknüpfung mit der vielfältigen Praxis. Überaus deutlich wird diese Problematik in der Ausgabe 4-2018 der Fachzeitschrift »Unterstützte Kommunikation«, in der UK-Fachleute nach den Auswirkungen der Differenz von anwendungsorientierter und sprachentwicklungsorientierter Perspektive auf UK-Interventionen befragt wurden. Zunächst einmal stellt die postulierte Dichotomie des anwendungsorientierten versus sprachentwicklungsorientierten Vorgehens nur zwei von vielen möglichen Perspektiven dar und erscheint aufgrund der Orientierung an der Normalentwicklung von Kindern ohne Behinderung zwar zweckmäßig (Andere Vergleichsdaten besitzen wir nicht!), aber dennoch problematisch (Lässt sich Normalentwicklung mit der Entwicklung von Kindern mit besonderen Bedingungen überhaupt vergleichen?). Darüber hinaus macht die Tatsache, dass im Jahr 2018 genau diese Frage gestellt wird, plastisch, wie häufig in der Praxis der UK auch heute noch überwiegend anwendungsorientiert gehandelt wird – mit allen Vor- und Nachteilen.

»Leider steht und fällt mit einem rein pragmatisch-anwendungsbezogenen Vorgehen einzelner Personen und ohne die Vision einer langfristigen, von allen geteilten Entwicklungsperspektive auch die Kontinuität von Förderung, was man ja am Zusammenbruch von Fördermaßnahmen bei Klassen- oder Einrichtungswechseln in der Praxis häufig sieht oder erlebt, mit zum Teil tragischen Auswirkungen für die betroffenen Personen (…)« (Hennig 2018, 6).

Umso wichtiger erscheint das vorliegende Kompendium, dessen Intention es darstellt, eben diese Lücke zu schließen, eine wissenschaftliche Fundierung in gut verständlichem Sprachduktus für das Fachgebiet der Unterstützten Kommunikation zu leisten und somit eine solide Basis für theoretisch fundierte UK-Interventionen zu legen.

2 Terminologie

»Unterstützte Kommunikation« (UK) ist der deutsche Sammelbegriff für alle Maßnahmen, die bei Menschen mit unzureichenden oder fehlenden lautsprachlichen Fähigkeiten dazu beitragen, Kommunikation und Mitbestimmung zu verbessern. Der Terminus wurde nach vielfältigen und kontroversen Diskussionen durch die deutschsprachige ISAAC-Sektion in die Fachwelt eingeführt (vgl. Braun 1992) und ist inzwischen fest etabliert. In der internationalen Terminologie wird das Fachgebiet als »Augmentative and Alternative Communication« (AAC) bezeichnet, also als kommunikative Formen, die unzureichende Lautsprache ergänzen (augmentative) oder ersetzen (alternative).

Vielfach beklagt wird der Umstand, dass nahezu zeitgleich zur Etablierung des Begriffs »Unterstützte Kommunikation« eine bestimmte und wissenschaftlich umstrittene Methode zur Ansteuerung von Kommunikationshilfen (vgl. Biermann 1999; Bober 2010), nämlich die »Facilitated Communication«, als »Gestützte Kommunikation« übersetzt wurde (vgl. u. a. Nagy 1993; Eichel 1996; Crossley 1997). Besonders in den Anfangsjahren der UK in Deutschland hat diese unglückliche Parallelentwicklung ähnlich klingender Begriffe für Verwirrung gesorgt.

3 Spektrum der Unterstützten Kommunikation

Um in Unterstützte Kommunikation einzuführen, genügt es heute nicht mehr, einfach nur die verschiedenen UK-Modi mit ihren Vokabularspezifika, Symbolbesonderheiten und Ansteuermöglichkeiten zu beschreiben, denn damit würde dem oben kritisch reflektierten anwendungsorientierten Vorgehen Vorschub geleistet. Im Rahmen eines biopsychosozialen Behinderungsbegriffes (vgl. WHO 2005, 14) bleibt es unerlässlich, die wechselseitigen Wirkungsprozesse von individueller Schädigung, umwelt- und personenbezogenen Kontextfaktoren und Teilhabemöglichkeiten im Hinblick auf Unterstützte Kommunikation zu akzentuieren. Interessanterweise findet sich diese Herangehensweise auf Unterstützte Kommunikation bereits in dem Partizipationsmodell von Beukelman/Mirenda (1998), das anschaulich verdeutlicht, wie Teilhabechancen nicht nur am mangelnden Zugang zu unterstützenden Kommunikationsformen scheitern, sondern auch das gesellschaftliche, institutionelle und zwischenmenschliche Umfeld entscheidende Barrieren aufbauen kann (vgl. u. a. Lage/Antener 2000; Antener 2001). Daher soll in diesem Artikel ein Bogen geschlagen werden, der in einer mehrdimensionalen Betrachtungsweise die relevanten Aspekte für eine gelingende UK skizziert. Dabei wird von vier zentralen Perspektiven ausgegangen: Die Perspektive auf die potentiellen UK-Nutzer, die Perspektive auf die Bezugspersonen, die Perspektive auf die spezifischen UK-Modi und die Perspektive auf die gesellschaftlichen Rahmenbedingungen.

3.1 Perspektive auf potentielle UK-Nutzer

3.1.1 Zielgruppe von UK

Für die Beschreibung der Zielgruppe von Unterstützter Kommunikation beziehen sich von Tetzchner/Martinsen (2000, 79 ff.) auf die Funktionen, die UK-Maßnahmen für die Betroffenen innehaben: Zur Gruppe 1 gehören demnach Menschen mit einem guten Sprachverständnis, für die Unterstützte Kommunikation ein reines Ausdrucksmittel darstellt. Gruppe 2 umfasst sowohl die UK-Nutzer, bei denen noch ein Lautspracherwerb erhofft werden kann, wie auch diejenigen, bei denen lautsprachliche Verständigung mitunter gelingt, so dass UK eine Hilfe zum Lautspracherwerb bzw. eine Unterstützung vorhandener Lautsprachreste darstellt. Gruppe 3 meint Menschen, für die Unterstützte Kommunikation die Funktion einer Ersatzsprache einnimmt, also sowohl rezeptive wie auch expressive Funktionen übernimmt. Das sehr heterogene Spektrum der Zielgruppe wird deutlich – von Menschen mit gutem Lautsprachverständnis und guten kognitiven Kompetenzen bis hin zu Menschen mit schweren kognitiven Beeinträchtigungen, die noch nicht intentional kommunizieren.

Eben diese Kompetenzorientierung stellt Weid-Goldschmidt (2013, 11 f.) in den Mittelpunkt ihrer Beschreibung der Zielgruppe. Sie unterscheidet in 4 Gruppen, nämlich in

(1) Menschen, die präintentional kommunizieren, (2) Menschen, die präsymbolisch kommunizieren, (3) Menschen, die symbolisch kommunizieren, allerdings nicht altersgemäß und (4) Menschen, die altersgemäß symbolisch kommunizieren.

Zentral erscheint, dass für potentielle UK-Nutzer keine Mindestvoraussetzungen existieren (vgl. Mirenda 1993), sondern dass davon ausgegangen wird, dass alle Menschen kommunizieren können und wollen und es vielmehr Aufgabe des Umfeldes darstellt, die notwendigen Voraussetzungen für erfolgreiche Kommunikation zu schaffen (vgl. Braun/Kristen 2003). Diese Herangehensweise wird sehr plastisch in Lebers Poster (2009), das für die frühe kommunikative Entwicklung nicht nur hilfreichen Analysekriterien, sondern auch praktische UK-Ideen bietet.

3.1.2 Erschwernisse der kommunikativen Entwicklung

Die Erschwernisse der kommunikativen Entwicklung potentieller UK-Nutzer stellen elementare Kontextfaktoren für Maßnahmen der Unterstützten Kommunikation dar und haben unmittelbare Auswirkungen auf den Spracherwerb und den UK-Erwerb. Nonn identifiziert in diesem Zusammenhang zwei zentrale Risiken für ein unterstützt kommunizierendes Kind:

»Zum einen besteht als Folge der zugrunde liegenden Kondition ein verändertes Lern-, Kommunikations- und Sprachvermögen und zum anderen treten bereits in der präverbalen Kommunikation mit seinen Bezugspersonen Interaktionsprobleme auf. Diese beiden Risiken stehen in einem engen Zusammenhang, da einerseits die Interaktion zwischen Eltern und Kind von elterlichen Erwartungshaltungen geprägt ist, die andererseits die zentralen Verarbeitungsleistungen des Kindes überfordern« (Nonn 2011, 35).

Im Einzelnen lassen sich auf Seiten der potentiellen UK-Nutzer folgende Faktoren nennen, die den notwendigen gegenseitigen Feinabstimmungsprozess erheblich beeinträchtigen können (vgl. Braun 1994, 32 ff; Wachsmuth 2006, 145 ff; Nonn 2011, 35 ff; Weid-Goldschmidt 2013, 19 ff.):

- Reduzierte bzw. veränderte Erfahrungen mit der dinglichen und sozialen Umwelt
- Größere Passivität bzw. geringere Motivation aufgrund schwerwiegender Beeinträchtigungen
- Verhaltensbesonderheiten, die das soziale Umfeld verunsichern
- Verzögerung bzw. Ausbleiben von erwarteten »Meilensteinen« der Normalentwicklung
- Idiosynkratische kommunikative Verhaltensweisen, die häufig nicht verstanden werden
- Eingeschränkte Fähigkeit, eine gemeinsame Aufmerksamkeit (joint attention) herzustellen.

Dass diese schwerwiegenden Entwicklungshemmnisse nicht zwangsläufig zu gravierenden Kommunikationsstörungen führen müssen, zeigen Autobiografien kompetenter UK-Nutzer auf beeindruckende Weise auf (vgl. u. a. Brown 1982; Rush 1986; Lemler 2002).

»Über das Hören und Beobachten, über unterstütztes Handeln und besonders über versprachlichtes Beobachten mit Hilfe des Kommunikationspartners kann sich offensichtlich auch bei Kindern, die mit schweren motorischen Beeinträchtigungen geboren wurden, ›Sprache im Kopf‹ aufbauen. Die neueren Forschungen zu Spiegelneuronen erklären vielleicht, dass Beobachten von Anderen fehlende eigene Handlungserfahrungen kompensieren und damit sozusagen passive ›Erfahrungen‹ ermöglichen kann« (Weid-Goldschmidt 2013, 19).

Festzuhalten bleibt jedoch, dass UK-Interventionen nicht darauf aufbauen können, dass die potentiellen Nutzer über kommunikative Erfahrungen und Entwicklungen verfügen, die mit denen von Menschen ohne Behinderungen vergleichbar sind. Deutlich wird auch, dass eine Intervention, die sich einzig auf die UK-Nutzer bezieht, der komplexen Situation nicht gerecht werden kann.

3.2 Perspektive auf die Bezugspersonen

Wie zentral das soziale Umfeld für die Entwicklung von Sprache erscheint, verdeutlichen die interaktionsbezogene Spracherwerbstheorie von Bruner (1977, 1987) und in seiner Nachfolge das sozialpragmatische Spracherwerbsmodell von Tomasello (2009). Nach Bruner (1977) ist das Kind mit bestimmten inneren Voraussetzungen zum Spracherwerb ausgestattet und entwickelt sein Wissen um die Begriffe und Funktionen der Sprache schon vor dem eigentlichen Sprechen durch eine aktive Auseinandersetzung mit der sprachlichen Umwelt, insbesondere durch Handlungsvollzüge mit den zentralen Bezugspersonen. Bruner führt in diesem Zusammenhang den Begriff »Formate« ein, mit dem er das ritualisierte, kindorientierte und die Sprache in gemeinsame Handlungen einbettende Verhalten der Bezugspersonen meint, die somit den notwendigen Rahmen für einen gelingenden Spracherwerbsprozess bilden (Bruner 1987). Dabei benötigen die Bezugspersonen von Kindern ohne Behinderung kein Fachwissen über die Sprachentwicklung, sondern unterstützen den Spracherwerb ihres Kindes intuitiv (Papoušek/Papoušek 1989; Sarimski 1993).

Bei potentiellen UK-Nutzern jedoch ist diese intuitive elterliche Didaktik nur sehr begrenzt wirksam, denn von beiden Interaktionspartnern werden Fähigkeiten gefordert, die in der normalen Sprachentwicklung keine Rolle spielen (vgl. Nonn 2017). Zudem erfordern Maßnahmen der Unterstützten Kommunikation, sobald es sich um symbolische Kommunikation handelt, eine zusätzliche kognitive Leistung: Zum lautsprachlichen Zeichen muss noch ein Bildsymbol, eine Gebärde oder sogar eine Kodierungssequenz auf einer elektronischen Kommunikationshilfe erlernt und eingesetzt werden (vgl. Hallbauer/Kitzinger 2016, 34).

»Ein unterstützt kommunizierendes Kind (…) nimmt von seinem sozialen Umfeld Lautsprache auf und verarbeitet sie rezeptiv; aber expressiv wird von dem Kind erwartet (…), dass es seine alternative(n) Kommunikationsform(en) kompetent einsetzt. Für diese alternative Form der Sprachproduktion fehlt ihm aber ein Modell« (Nonn 2017, 15).

Das stellt die Bezugspersonen und auch die Professionellen vor die außerordentlich schwierige Aufgabe, dass sie nicht wie gewohnt einzig ihre natürliche Muttersprache in Alltagshandlungen weitergeben können, sondern sich zusätzlich in eine für sie fremde Verständigungsmethode einarbeiten und diese bewusst einsetzen müssen (vgl. Wachsmuth 2006, 151 f; Weid-Goldschmidt 2013, 20 f; Hallbauer/Kitzinger 2016, 34). Gülden/Müller sprechen in diesem Zusammenhang in Analogie zu »an das Kind gerichtete Sprache« von der »an das Kind gerichteten Alternative« (KGA) und fordern:

»Dieses Fachwissen sollte verstärkt (…) in die UK transferiert werden und professionalisiert durch Logopädie bzw. akademischer Sprachheilpädagogik und auch anderer sonderpädagogischer und therapeutischer Berufe in der Versorgung unterstützt kommunizierender Menschen zum Einsatz kommen. Ähnlich dem Einsatz lautsprachbegleitender Gebärden muss ein ›lautsprachbegleitender Einsatz der Kommunikationshilfe‹ in der Förderung und Therapie konstatiert werden« (Gülden/Müller 2016, 11).

Auch unter dem Terminus ›Modelling‹ (vgl. Castañeda/Fröhlich/Waigand 2017) wird richtigerweise betont, dass Kinder, die Unterstützte Kommunikation erlernen sollen, dringend auf zuverlässige und kontinuierliche Modelle angewiesen sind.

Damit Bezugspersonen überhaupt eine Chance haben, die beschriebenen hohen Anforderungen zu bewältigen, wurde schon 1985 von Light vorgeschlagen, diesen Personenkreis gezielt zu schulen. In Deutschland hat besonders das COCP-Modell (Heim/Jonker/Veen 2005) einen immer größeren Bekanntheitsgrad erreicht, was zur Hoffnung Anlass gibt, dass sich Partnertrainings zunehmend als wichtiger Bestandteil von UK-Interventionen etablieren (vgl. Hartmann u. a. 2018; Willke in diesem Band).

3.3 Perspektive auf UK-Modi

Für eine übergreifende Systematik der UK-Modi soll hier ein Modell zugrunde gelegt werden, das Leber bereits 1996 in die UK-Diskussion eingeführt hat und das in erster Linie im Hinblick auf UK-Diagnostik (Kristen 2004; vgl. auch Boenisch/Sachse 2007a) wirksam wurde, nämlich Bloom und Laheys (1978) Unterscheidung zwischen Form als die syntaktischen, Inhalt als die semantischen und Funktion als die pragmatischen Aspekte von Sprache und Kommunikation. Adaptiert für die Unterstützte Kommunikation lässt sich »Form« somit auf die körpereigenen UK-Formen bzw. auf die hilfsmittelgestützte Kommunikation beziehen, »Inhalt« umfasst die Auswahl, Anordnung und Repräsentation des Vokabulars und »Funktion« die Frage der Vokabularstrategien und die besonderen Anforderungen der Gesprächssituation.

3.3.1 Form: Körpereigene Kommunikationsformen und hilfsmittelgestützte Kommunikation

Bei körpereigenen Kommunikationsformen lassen sich nicht-intentionale Formen, wie Atmung, sensomotorische Aktivitäten, Muskelspannung, Herzfrequenz, und intentionale Formen, wie gezielte Blick- oder Zeigebewegungen, bewusster Einsatz von Mimik, Gestik und Vokalisationen, Ja/Nein-Zeichen oder die Nutzung von Gesten und Gebärden sowie individuelle Systeme, beschreiben (vgl. Braun/Kristen 2003; Braun 2014, 17 f.). Für Menschen mit schweren kognitiven Einschränkungen bleiben die nicht-intentionalen Formen der Kommunikation, die einzig durch die korrekte Interpretation des Gegenübers gedeutet werden können, häufig eine zentrale, wenn auch immer wieder scheiternde Möglichkeit der gegenseitigen Verständigung. Allerdings bietet Unterstützte Kommunikation Zeichensysteme an (▶ Kap. 3.3.2), die teilweise erheblich früher erworben werden als die Lautsprache (vgl. u. a. Wilken 2018, 12) und somit eine Brücke von der nicht-intentionalen zur intentionalen Kommunikation bilden können (vgl. Braun/Orth 2005; Grandič 2006; Leber 2007).

Eine besondere Bedeutung kommt bei den körpereigenen Kommunikationsformen dem Einsatz von Gebärden zu, da Gebärden ein Vokabular bieten, das ebenso umfassend ist wie die Lautsprache (vgl. u. a. Adam 1993; Wilken 2002; Köhnen/Roth 2007; Appelbaum 2016). Dabei muss jedoch ausdrücklich betont werden, dass im Rahmen von UK-Interventionen in der Regel nicht die Gebärdensprache als eigenständiges Sprachsystem genutzt wird, sondern man sich des umfangreichen Vokabulars bedient, das dann begleitend zur Lautsprache für bestimmte Schlüsselwörter eingesetzt wird (Dangschat/Plachta in diesem Band). Für Menschen mit schweren Hörsehbehinderungen oder Taub-Blindheit wurden entsprechend taktile Gebärdensysteme entwickelt (Pittroff 1999 und 2000; Trissia et al. in diesem Band).

> Körpereigene Kommunikationsformen bilden die Basis eines jeden UK-Systems, denn sie sind jederzeit verfügbar, schnell und ortsunabhängig zu nutzen und mit vertrauten Partnern/Partnerinnen häufig sehr effektiv. Gleichzeitig jedoch bleibt die Kommunikation bei körpereigenen Kommunikationsformen auf eingeweihte Personen begrenzt, so dass eine externe Kommunikationshilfe in vielen Fällen unverzichtbar erscheint.

Im Bereich der hilfsmittelgestützten Kommunikation wird zwischen nichtelektronischen und elektronischen Kommunikationshilfen unterschieden. Nichtelektronische Hilfsmittel beginnen bei Ich-Büchern (Braun/Vollbracht 2009; Birchler Hofbauer 2015; Fröhlich 2019) und Tagebüchern (Kristen 1997) und reichen von Kommunikationskästen und Tagesplänen mit konkreten Objekten über Kommunikationsschürzen, Tischsets und Thementafeln bis hin zu umfangreichen Kommunikationsordnern (Boenisch/Sachse 2007 b; Bollmeyer 2011). Auch bei den elektronischen Kommunikationshilfen handelt es sich keineswegs nur um komplexe Geräte, sondern auch um einfache adaptierte Spielzeuge und Hilfsmittel zur Erarbeitung von Ursache-Wirkungs-Zusammenhängen (Malzer 2014). Das vielfältige und sich angesichts der technischen Entwicklungen stetig erneuernde Spektrum führt über sprechende Taster, einfache Geräte mit statischem Display und mehreren Ebenen bis hin zu dynamischen Kommunikationshilfen (Bünk/Sesterhenn/Liesen 2003) und in jüngster Zeit auch zu Tabletcomputern oder auch Smartphones mit entsprechenden UK-Apps (vgl. Hallbauer/Kitzinger 2015; Krstoski 2019).

Die technische Entwicklung des letzten Jahrzehnts hat nicht nur zu einer hohen Qualität der synthetischen Sprachausgaben beigetragen, sondern macht es möglich, dass inzwischen auch bei sehr schweren Körperbehinderungen Ansteuerwege für Sprachcomputer gefunden werden, z. B. durch Augensteuerung oder Kopfsteuerung (vgl. Ehlert 2011). So schaffen komplexe elektronische Kommunikationshilfen nicht nur die Chance zu direkter Kommunikation von Angesicht zu Angesicht, sondern eröffnen auch die immer bedeutsamer werdende Welt der sozialen Medien (vgl. Hartung 2015; Bosse in diesem Band).

Während bei nichtelektronischen Kommunikationshilfen noch ein hohes Maß an Abhängigkeit von den Kommunikationspartnern besteht, ermöglichen komplexe elektronische Kommunikationshilfen im Prinzip eine unabhängige Kommunikation (Lage 2006). Allerdings besteht hier, wie oben bereits ausgeführt, ein enger Zusammenhang sowohl zu den motorischen und kognitiven Möglichkeiten der UK-Nutzer wie auch zu den Fähigkeiten ihrer Partner und den äußeren Kontextfaktoren, so dass die hohen Erwartungshaltungen, die mitunter in die Anschaffung einer komplexen Hilfe gesetzt werden, sich nicht immer erfüllen können.

Eine umfangreiche Tabelle, die Vor- und Nachteile der verschiedenen UK-Modi auflistet, findet sich in der Dissertation von Aßmann (2014, 73 ff.). Hier seien nur die wichtigsten Punkte genannt (vgl. Braun 1997, 7).

Tab. 1: Unterstützende Kommunikationsformen im Vergleich

	Körpereigene Kommunikationsformen	Nichtelektronische Kommunikationshilfen	Elektronische Kommunikationshilfen
Vorteile	Jederzeit verfügbar Erlauben eine schnelle und spontane Kommunikation Erlauben eine ortsunabhängige Kommunikation Mit vertrauten Partnern häufig die effektivste Form	Kommunikation mit unvertrauten Partnern eher möglich Leicht transportierbar Robust Relativ einfach herzustellen und zu modifizieren Mit vertrauten Partnern schnell und effektiv	Kommunikation mit unvertrauten Partnern Kommunikation trotz räumlicher Distanz Weniger Abhängigkeit von den Kokonstruktionsfähigkeiten der Partner Mehr Gesprächssteuerung Kommunikation in Gruppen Schriftliche Kommunikation

Tab. 1: Unterstützende Kommunikationsformen im Vergleich – Fortsetzung

	Körpereigene Kommunikationsformen	Nichtelektronische Kommunikationshilfen	Elektronische Kommunikationshilfen
Nachteile	Nur für Eingeweihte verständlich Kommunikation über komplexe Inhalte schwierig Abhängigkeit von der physischen Nähe und der totalen Aufmerksamkeit des Partners Abhängigkeit von den Kokonstuktionsfähigkeiten des Partners Kommunikation in Gruppen schwierig	Bildsymbole wirken u. U. kindlich Abhängigkeit von der physischen Nähe und der totalen Aufmerksamkeit des Partners Abhängigkeit von den Kokonstuktionsfähigkeiten des Partners Kommunikation in Gruppen schwierig	Lange Pausenzeiten innerhalb des Gesprächs Aufwendige Einarbeitung Anfälligkeit für technische Störungen Regelmäßige Wartung Abhängigkeit von der Bereitstellung des Gerätes In zahlreichen Alltagssituationen schwer einsetzbar (z. B. Pflegesituationen) Transportierbarkeit relativ Teuer, dadurch hoher Erwartungsdruck

Im Regelfall verfügen UK-Nutzer über verschiedene UK-Modi, denn die Interventionen zielen auf die Entwicklung eines multimodalen Kommunikationssystems, das in möglichst vielfältigen Lebenslagen Verständigungsmöglichkeiten bieten kann (Kristen 1994, 17).

3.3.2 Inhalt: Repräsentation, Auswahl und Anordnung des Vokabulars

Im Übergangsbereich zwischen Form und Inhalt lässt sich die Frage verorten, durch welche Zeichen semantische Inhalte repräsentiert bzw. symbolisiert werden (vgl. Niediek 2016), denn Unterstützte Kommunikation nutzt auch Repräsentationsformen, die den Weg zum semantischen Verständnis erleichtern oder sogar ebnen: Eine Besonderheit der Unterstützten Kommunikation liegt darin, dass neben (laut)sprachlichen Zeichen auch Objektzeichen (Gegenstände, Miniaturen), akustische Zeichen (Töne, Klangfolgen), olfaktorische Zeichen, taktile Zeichen, optische Zeichen (Fotos, Piktogramme) oder Bewegungszeichen (Berührungen, Gebärden) zum Einsatz kommen. Für Menschen auf einem frühen kognitiven Entwicklungsniveau können diese Zeichen als Ersatzsprache auf rezeptiver oder sogar expressiver Ebene wirksam werden (vgl. Leber 2007, 162 f; Braun 2014, 16). Welche Repräsentation des Vokabulars für einen UK-Nutzer gewählt wird, muss sorgfältig vorüberlegt werden, denn der Umfang des Vokabulars wirkt entscheidend auf kommunikative Chancen. Erfreulicherweise existieren neben Gebärdensammlungen inzwischen auch sehr ansprechende Piktogrammsammlungen, z. B. die PCS-Symbole oder die Metacom-Symbole, die beide auch nutzerfreundliche Bearbeitungsmöglichkeiten am Computer bieten.

Wie bedeutsam sich neben der Auswahl des Repräsentationssystems auch die eigentliche Auswahl des Vokabulars gestaltet, wurde in der internationalen Literatur, besonders initiiert vom Linguisten Bruce Baker (u. a. 1986), ausführlich diskutiert. In Deutschland fand diese Thematik jedoch erst durch die Forschung von Boenisch/Sachse (u. a. 2007b, 2009) eine breitere Beachtung. Die notwendige Unterscheidung zwischen Kernvokabular und Randvokabular hat die UK-Landschaft hierzulande entscheidend vorangebracht und zur Entwicklung von Kommunikationsordnern (Kölner Mappe, Moheco-Mappe) geführt (Bollmeyer 2011), den Ansatz der Fokuswörter (Sachse 2013; Willke 2013) verbreitet und auch die Vokabularauswahl für neuere elektronische Kommunikationshilfen maßgeblich beeinflusst. Auch die Bedeutung und Notwendigkeit eines umfangreichen Vokabulars für UK-Nutzer wurde in diesem Zusammenhang stärker akzentuiert.

Wichtig bleibt in diesem Zusammenhang jedoch zu reflektieren, dass die Vokabularnutzung von lautsprachlich kommunizierenden Kindern und Jugendlichen mit oder ohne Behinderungen nur bedingt aussagekräftig für Menschen ohne ausreichende lautsprachliche Fähigkeiten erscheint, da der Einsatz von UK-Modi aus Effektivitätsgründen häufig eine telegrammstilartige Kommunikation erforderlich macht, bei der themenspezifisches Randvokabular oft präziser und schneller die kommunikativen Bedürfnisse und Absichten eines Menschen repräsentiert als die in der Lautsprache z. B. häufig verwendeten Präpositionen, Pronomen oder Modalverben. Auch das kognitive Entwicklungsalter der potentiellen UK-Nutzer erscheint für die Auswahl des Vokabulars bedeutsam (vgl. Scholz/Stegkemper 2018, 27). Insofern darf die dringend notwendige Beachtung von Kernvokabular nicht dazu führen, die Bereitstellung des für die Motivation zentralen individuellen Vokabulars eines Nutzers/einer Nutzerin zu vernachlässigen: Es geht um eine »angemessene Mischung« (Boenisch 2013, 31).

Die Anordnung des Vokabulars auf einer Kommunikationshilfe, zunächst nur von den motorischen Möglichkeiten der potentiellen Nutzer aus betrachtet, wurde ebenfalls durch die Erkenntnisse über das Kern- und Randvokabular verändert, so dass es inzwischen zum Standard gehört, besonders häufig genutztes Kernvokabular an prominenter und leicht zu erreichender Position anzuordnen.

3.3.3 Funktion: Vokabularstrategien und Gesprächssituation

Der Blick auf die Funktion von kommunikativen Äußerungen hat einerseits die UK-Diagnostik stark beeinflusst (vgl. Boenisch/Sachse 2007a) und andererseits dazu geführt, dass Vokabularstrategien nicht nur auf der Basis von Kern- und Randvokabular entwickelt wurden, sondern auch nach pragmatischen Gesichtspunkten organisiert werden, wie z. B. beim Einsatz der PODD-Kommunikationsoberflächen oder von Kommunikationsordner wie ZAK und FLIP (vgl. Castañeda/Waigand 2017).

»Von einer Startseite mit pragmatischen Satzanfängen gelangt man über Links auf die zur ausgewählten kommunikativen Funktion passenden Unterseite (…). Damit die Nutzer möglichst effektiv kommunizieren können, wurden Wörter ausgewählt, die in einer bestimmten Situation oder für eine bestimmte kommunikative Funktion passend sind« (Castañeda/Waigand 2017, 22).

Es bleibt abzuwarten, welche Vokabularstrategien sich im kommunikativen Alltag als besonders hilfreich erweisen.

Im Zusammenhang mit der Funktion von Kommunikation rücken auch die pragmatischen Besonderheiten einer UK-Gesprächssituation (Kraat 1984; Braun 1994; Wachsmuth 2006) in den Fokus und machen transparent, warum auch bei kompetenten Nutzern und erfahrenen Partnern enorme Schwierigkeiten auftreten können. Als eins von vielen möglichen Beispielen für diese Besonderheiten sei hier auf die völlig ungewöhnlichen Pausenzeiten zwischen zwei Gesprächsschritten verwiesen, die beide Partner in einer UK-Gesprächssituation aushalten müssen: Während in einem Gespräch lautsprachlich kommunizierender Partner in weniger als einer Sekunde ein Sprecherwechsel stattfindet, sind in UK-Gesprächen häufige und in der Regel als unangenehm erlebte Pausenzeiten die Regel (vgl. Braun 1994, 73).

Die Förderung der sozial-pragmatischen Fähigkeiten sowohl bei den Partnern (vgl. 3.2) wie aber auch bei den UK-Nutzern stellt eine bisher vernachlässigte Komponente der UK-Förderung dar (Sachse/Schmidt 2017), die zukünftig stärkere Beachtung finden muss und wird.

3.4 Perspektive auf die gesellschaftlichen Rahmenbedingungen

Wie ausschlaggebend gesellschaftliche Rahmenbedingungen das Ausmaß bestimmen, in dem eine individuelle Schädigung tatsächlich als Behinderung erlebt wird, zeigt sich am Beispiel der Kommunikation sehr eindrucksvoll in dem Buch »Jeder sprach hier Gebärdensprache« von Groce (2005). Darin wird von der Insel Martha's Vineyard berichtet, deren isolierte Lage zu Beginn des 18. Jahrhunderts dazu geführt hatte, dass sich eine spezifische Erbkrankheit in der Bevölkerung verbreitete. Da diese Erbkrankheit zu Gehörlosigkeit führte und fast jede Familie betroffen war, stellte die Kommunikation über Gebärdensprache einen selbstverständlichen Bestandteil des Gemeinwesens und Soziallebens der Inselgesellschaft dar. Infolgedessen führte Gehörlosigkeit hier nicht zu sozialen oder gesellschaftlichen Einschränkungen.

3.4.1 Politische Entwicklung

Erfreulicherweise findet Unterstützte Kommunikation immer häufiger Einzug in die Gesetzgebung, in die Formulierung von Richtlinien, Curricula, Leitfäden, Schulprogrammen, Qualitätsmanagementsystemen oder Leitgedanken. Als Beispiel sei hier die Behindertenrechtskonvention genannt, in der Unterstützte Kommunikation unter dem Terminus »ergänzende und alternative Formen der Kommunikation« in Artikel 2 explizit aufgenommen wurde (vgl. Niediek 2012). Die Tatsache, dass UK in der UN-Behindertenrechtskonvention ausdrücklich erwähnt wird, kann nicht hoch genug geschätzt werden. Hier werden Leitlinien aufgestellt und Ansprüche formuliert, die in der politischen Diskussion verwendet und juristisch eingefordert werden können (vgl. Seiler-Kesselheim/Wachsmuth 2010).

Unbestritten bleibt, dass Maßnahmen der Unterstützten Kommunikation für das Gelingen der Inklusion von Menschen ohne ausreichende lautsprachliche Möglichkeiten unverzichtbar sind (vgl. Niediek 2012). Die große Gefahr besteht allerdings darin, dass Inklusion zu einem Sparmodell pervertiert wird, bei dem im Alltag die fachliche Versorgung nicht nur mit UK leidet.

3.4.2 Institutionelle Rahmenbedingungen

UK hat nur dann eine Chance, die Lebensqualität von Menschen ohne ausreichende lautsprachliche Möglichkeiten zu verändern, wenn sie institutionell fest verankert wird, also fachlich gut ausgebildetes Personal mit ausreichender Zeit und guten finanziellen Ressourcen kontinuierlich dafür sorgen kann, UK-Maßnahmen zu etablieren, zu erhalten und auszubauen (vgl. Lage/Steiner 2018). Beispiele gibt es dafür inzwischen zahlreich (vgl. u. a. Lage/Steiner 2018; Becker/Knab 2018; van Eickels/Sauermost/Dorn 2018), allerdings bleibt es nach wie vor ein individueller Glücksfall, ob potentielle UK-Nutzer auf ein solch förderliches Umfeld stoßen oder nicht. So konstatiert Birte Müller, Mutter eines UK-Nutzers:

»Elektronische Kommunikationshilfen bieten Menschen mit Behinderungen endlich die Möglichkeit, ihr Leben mehr mitzugestalten, aber natürlich müssen wir auch für die Rahmenbedingungen sorgen, damit sie von ihnen benutzt werden können. Und wenn am Ende keiner hinhört, nützt das alles nicht« (Müller 2017, 34).

Dem ist nichts hinzuzufügen.

Literatur

Adam, H. (1985): Kommunikation mit nichtsprechenden geistigbehinderten Kindern. In: Geistige Behinderung 3, 1–24.

Adam, H. (1993): Mit Gebärden und Bildsymbolen kommunizieren. Würzburg: edition bentheim.

Antener, G. (2001): Und jetzt? Das Partizipationsmodell in der Unterstützten Kommunikation. In: Boenisch, J./Bünk, C. (Hrsg.): Forschung und Praxis der Unterstützten Kommunikation. Karlsruhe: von Loeper, 257–267.

Appelbaum, B. (2016): Gebärden in der Sprach- und Kommunikationsförderung. Idstein: Schulz-Kirchner Verlag.

Aßmann, K. (2014): Die Anwendung alternativer und ergänzender Kommunikationsformen und -hilfen bei nicht und kaum sprechenden, mehrfach beeinträchtigten Erwachsenen in Wohnheimen für behinderte Menschen in den neuen Bundesländern und dem ehemaligen Ostteil Berlins. Halle-Wittenberg: Dissertation. https://d-nb.info/1053959451/34 [03.01.2019].

Baker, B./Higgins, J. M./Costello, J./Stump, R. (1986): Systematic approaches to vocabulary selection for communication aid users. A short course presented at the Annual Convention of the American Speech-Language-Hearing Association. Detroit, Michigan.

Becker, C./Knab, M. (2018): Meilensteine und kleine Schritte auf unserem Weg zur UK! In: Unterstützte Kommunikation 1, 23–26.

Beukelman, D./Mirenda, P. (1998): Augmentative and Alternative Communication. Baltimore: Paul Brookes.

Biermann A. (1999): Gestützte Kommunikation im Widerstreit. Berlin: Edition Marhold.

Birchler Hofbauer, K. (2015): »Ich-Buch« für die Unterstützte Kommunikation. AV Akademikerverlag: Riga.

Blackstone, S. (Ed.) (1986): Augmentative communication: An introduction. Rockville, Maryland: American Speech-Language-Hearing-Association.

Bloom, L./Lahey, M. (1978): Language development and language disorders. Somerset, New Jersey: Wiley and sons.

Bober, A. (2010): Zur Wirkungsweise der körperlichen Stütze während der Gestützten Kommunikation (FC). Analyse des Forschungsstands und Ableitung weiterführender Forschungsfragen. Universität zu Köln: Hochschulschrift.

Boenisch, J. (2009): Kinder ohne Lautsprache. Grundlagen, Entwicklungen und Forschungsergebnisse zur Unterstützten Kommunikation. Karlsruhe: von Loeper.

Boenisch, J. (2013): Neue Ergebnisse aus der Kernvokabularforschung. In: Hallbauer, A./Hallbauer, Th./Hüning-Meier, M. (Hrsg.): UK kreativ. Karlsruhe: von Loeper, 17–33.

Boenisch, J./Sachse, S. (2007a): Diagnostik und Beratung in der Unterstützten Kommunikation. Karlsruhe: von Loeper.

Boenisch, J./Sachse, S. (2007b): Sprachförderung von Anfang an: Zum Einsatz von Kern- und Randvokabular in der frühen Förderung. In: Unterstützte Kommunikation, 3, 12–20.

Bollmeyer, H. (2011): Kommunikationsmappen und -tafeln im Kontext eines individuellen Kommunikationssystems. In: Unterstützte Kommunikation, 1, 6–14.

Braun, U. (1992): Wie nennen wir das Kind? ISAAC's Zeitung 2, 12.

Braun, U. (1994): Unterstützte Kommunikation bei körperbehinderten Menschen mit einer schweren Dysarthrie. Frankfurt a.M.: Peter Lang.

Braun, U. (1997): Kleine Einführung in den Einsatz von Kommunikationstafeln. In: Unterstützte Kommunikation, 2-3, 6–12.

Braun, U. (2014): Unterstützte Kommunikation bei Rett-Syndrom. In: Braun, U./Koch-Buchtmann, A./Westphal, M. (Hrsg.): Augenblicke – Unterstützte Kommunikation und Rett-Syndrom. Karlsruhe: von Loeper.

Braun, U./Kristen, U. (2003): Körpereigene Kommunikationsformen. In: isaac-Gesellschaft für UK/von Loeper (Hrsg.): Handbuch der Unterstützten Kommunikation. von Loeper: Karlsruhe, 02.003.001-02.007.001.

Braun, U./Orth, St. (2005): UK und erste Zeichen mit schwerstbehinderten Kindern. In: Boenisch, J./Otto, K. (Hrsg.): Leben im Dialog. Karlsruhe: von Loeper, 122–135.

Braun, U./Vollbracht, T. (2009): Ein Ich-Buch für Paule. In: Unterstützte Kommunikation, 2, 33–37.

Brown, Ch. (1982): Mein linker Fuß. Berlin: Hensel Verlag.

Bruner, J. (1977): Wie das Kind lernt, sich sprachlich zu verständigen. In: Z. f. Pädagogik 26, 829–845.

Bruner, J. (1987): Wie das Kind sprechen lernt. Bern: Hans Huber Verlag.

Bünk, Ch./Sesterhenn, C./Liesen, I. (2003): Elektronische Kommunikationshilfen mit dynamischen Displays im Vergleich. In: isaac-Gesellschaft für UK/von Loeper (Hrsg.): Handbuch der Unterstützten Kommunikation. von Loeper: Karlsruhe, 04.005.001-04.023.001.

Castañeda, C./Fröhlich, N./Waigand, M. (2017): Modelling in der Unterstützten Kommunikation. Heiligenbrücken: Selbstverlag Monika Waigand.

Crossley, R. (1997): Gestützte Kommunikation. Ein Trainingsprogramm. Weinheim und Basel: Beltz.

Ehlert, U. (2011): Einen Augenblick bitte! In: Unterstützte Kommunikation, 4, 15–18.

Eichel, E. (1996): Gestützte Kommunikation bei Menschen mit autistischer Störung. Dortmund: projekt verlag.

Franzkowiak, Th. (1989): Grafische Symbolsysteme in der Übersicht. Bundesverband für spastisch Gelähmte und andere Körperbehinderte e.V.: Düsseldorf.

Frey, H. (1989): Kommunikation nichtsprechender Körperbehinderter. In: Fröhlich, A.D. (Hrsg.): Kommunikation und Sprache körperbehinderter Kinder. Dortmund: verlag modernes lernen, 171–186.

Fröhlich, N. (2019): Ich-Buch 4.1. Downloadmaterial. https://die-uk-kiste.jimdo.com/themen/unterstütz te-kommunikation-1/ich-bücher/ [29.01.2019].

Gabus, J. (1989): Behinderte ohne sprachliche Ausdrucksmöglichkeiten. In: Fröhlich, A.D. (Hrsg.): Kommunikation und Sprache körperbehinderter Kinder. Dortmund: verlag modernes lernen, 187–213.

Gangkofer, M. (1993): Bliss und Schriftsprache. Bottighofen: Libelle.

Grandič, A. (2006): Alles Absicht – Oder was? In: Unterstützte Kommunikation, 3, 17–22.

Gülden, M./Müller, A. (2016): Die an das Kind gerichtete Alternative (KGA). In: Unterstützte Kommunikation 1, 6–11.

Groce, N.E. (2005): Jeder sprach hier Gebärdensprache. Seedorf: Signum. 2. Auflage.

Hallbauer, A./Kitzinger, A. (Hrsg.) (2015): Unterstützt kommunizieren und lernen mit dem iPad. Karlsruhe: von Loeper.

Hallbauer, A./Kitzinger, A. (2016): Vom Zeichen zum Symbol. Bedeutungserwerb in Lautsprache und Unterstützter Kommunikation. In: Unterstützte Kommunikation, 4, 33–38.

Hartmann, A./Mühlhaus, T./Müller, T./Stüwer, F. (2018): Konzept einer UK-Eltern-Kind-Gruppe. Unterstützung des Umfelds durch die Partnerstrategien des COCP-Programms. In: Unterstützte Kommunikation, 3, 37–39.

Hartung, L. (2015): Mein Alltag mit dem iPad. In: Unterstützte Kommunikation 4, 22–23.

Heim, M./Jonker, V./Veen, M. (2005): COCP: Ein Interventionsprogramm für nicht sprechende Personen und ihre Kommunikationspartner. In: isaac-Gesellschaft für UK/von Loeper (Hrsg.): Handbuch der Unterstützten Kommunikation. von Loeper: Karlsruhe, 01.026.007-01.026.015.

Hennig, B. (2018): Interviews: Antworten aus der Praxis. In: Unterstützte Kommunikation, 4, 6–7.

Ihssen, W. (1985): Mit den Händen reden. In: Geistige Behinderung, 1, 49–53.

Köhnen, M./Roth, H. (2007): So können wir uns besser verständigen. Dortmund: verlag modernes lernen.

Kraat, A. (1987): Communication interaction between aided and natural speaker: A state of the art report. Wisconsin, Madison: Trace R&D Center.

Kristen, U. (1994): Praxis Unterstützte Kommunikation. Düsseldorf: verlag selbstbestimmtes leben.

Kristen, U. (1997): »Heute ist mir in der Schule ein Zahn ausgefallen« – Über den Einsatz eines Kommunikationstagebuchs. In: Unterstützte Kommunikation – ISAAC's Zeitung 4, 24–29.

Kristen, U. (2004): Das Kommunikationsprofil – Ein Beratungs- und Diagnosebogen. In: isaac-Gesellschaft für UK/von Loeper (Hrsg.): Handbuch der Unterstützten Kommunikation. von Loeper: Karlsruhe, 12.017.001-12.038.001.

Krstoski, I. (2019): UK-App Blog. https://uk-app-blog.blogspot.com [25.01.2019].

Lage, D./Antener, G. (2000): UK-Multiplikatorinnen-Ausbildung in Einrichtungen für Menschen mit Entwicklungsbeeinträchtigungen. In: ISAAC (Hrsg.): Unterstützte Kommunikation mit nichtsprechenden Menschen. Karlsruhe: von Loeper, 137–151.

Lage, D. (2006): Unterstützte Kommunikation und Lebenswelt. Eine kommunikationstheoretische Grundlegung für eine behindertenpädagogische Konzeption. Bad Heilbrunn: Klinkhardt.

Lage, D./Steiner, S. (2018): Gelingensbedingungen für die nachhaltige Verankerung der UK in Organisationen der Behindertenhilfe. In: Unterstützte Kommunikation, 1, 6–12.

Leber, I. (1996) Unterstützte Kommunikation – wozu eigentlich? In: Unterstützte Kommunikation – ISAAC's Zeitung 1, 6–10.

Leber, I. (2007): Erste Zeichen in der Unterstützten Kommunikation bei Kindern mit schweren Behinderungen. In: Sachse, S./Birngruber, C./Arendes, S. (Hrsg.): Lernen und Lehren in der Unterstützten Kommunikation. Karlsruhe: von Loeper, 162–173.

Leber, I. (2009): Kommunikation einschätzen und unterstützen. Poster und Begleitheft zu den Fördermöglichkeiten in der UK. 2. Aufl. Karlsruhe: von Loeper.

Lemler, K/Gemmel, St. (2002): Kathrin spricht mit den Augen. Kevelaer: Butzon & Becker.

Light, J. (1985): The communicative interaction patterns of young nonspeaking physically disabled children and their primary caregivers. Ontario: Don Mills.

Malzer, R. (2014): Heute gebe ich mal den Ton an! – Spiel- und Freizeitmöglichkeiten und Teilhabe mit Schaltern. In: Braun, U./Koch-Buchtmann, A./Westphal, M. (Hrsg.): Augenblicke – Unterstützte Kommunikation und Rett-Syndrom. Karlsruhe: von Loeper, 83–99.

Mirenda, P. (1993): AAC: Bonding the uncertain mosaic. In: Augmentative and Alternative Communication 9, 3–10.

Nagy, C. (1993): Einführung in die Methode der gestützten Kommunikation (Facilitated Communication-FC). München: Eigenverlag des Regionalverbands »Hilfe für das autistische Kind«.

Niediek, I. (2012): Recht auf Kommunikation. Ein Streifzug durch die UN-Konvention über die Rechte von Menschen mit Behinderungen. In: Unterstützte Kommunikation 2, 20–26.

Niediek, I. (2016): Zeichen, Piktogramme & Co in der Unterstützten Kommunikation. In: Unterstützte Kommunikation 4, 6–17.

Nonn, K, (2011): Unterstützte Kommunikation in der Logopädie. Stuttgart, New York: Thieme.

Nonn, K. (2014): Gesucht wird eine Lokomotive, die den Spracherwerb zieht: Das sozialpragmatische Spracherwerbsmodell von Tomasello als theoretischer Bezugsrahmen für UK. In: UK und Forschung 3, 24–46.

Nonn, K. (2017): »It takes two to talk«. Pragmatik – Kommunikation und ihre Bedeutung für UK. In: Unterstützte Kommunikation 1, 6–18.

Papoušek, H./Papoušek, M. (1989): Frühe Kommunikationsentwicklung und körperliche Beeinträchtigung. In: Fröhlich, A.D. (Hrsg.): Kommunikation und Sprache körperbehinderter Kinder. Dortmund: verlag modernes lernen, 29–45.

Pittroff, H. (1999): Zum Thema »Taktile Gebärdensprache bei hörsehbehinderten und taubblinden Menschen.« In: Das Zeichen, Zeitschrift für Sprache und Kultur Gehörloser 47/3, 76–83.

Pittroff, H. (2000): Mit hörsehbehinderten und taubblinden Menschen taktil gebärden. In: hörgeschädigte kinder 37/2, 59–61.

Renner, G. (2004): Theorie der Unterstützten Kommunikation. Berlin: Edition Marhold.

Roßdeutscher, W. (1992): Kommunikationshilfen für Schwerstbehinderte. Untersuchung zum Einsatz von technischen Kommunikationshilfen unter besonderer Berücksichtigung von Personal Computern. Berlin: Schiele & Schön.

Rothmayr, A. (2001): Pädagogik und Unterstützte Kommunikation. Karlsruhe: von Loeper.

Rush, W. (1986): Journey out of silence. Lincoln, Nebraska: Media Publishing.

Sachse, S./Boenisch, J. (2009): Kern- und Randvokabular in der Unterstützten Kommunikation: Grundlagen und Anwendung. In: isaac-Gesellschaft für UK/von Loeper (Hrsg.): Handbuch der Unterstützten Kommunikation. von Loeper: Karlsruhe, 01.026.030-01.026.040.

Sachse, S. (2010): Interventionsplanung in der Unterstützten Kommunikation. Karlsruhe: von Loeper.

Sachse, S. (2013): Fokuswörter in der Praxis: Grundlagen. In: Unterstützte Kommunikation, 1, 14–20.

Sachse, S./Schmidt, L. (2017): Kompetente UK-Nutzung durch Fokus auf sozial-pragmatische Fähigkeiten. In: Lage, D./Ling, K. (Hrsg.): UK spricht viele Sprachen. Karlsruhe: von Loeper, 303–319.

Sarimski, K. (1993): Interaktive Frühförderung. Behinderte Kinder: Diagnostik und Beratung. Weinheim: Beltz.

Scholz, M./Stegkemper, J. (2018): Die Gestaltung externer Hilfsmittel der Unterstützten Kommunikation. In: Unterstützte Kommunikation 4, 25–35.

Schuchmann, St./Braun, U. (2011): Technisierung menschlicher Beziehungen durch Sprachcomputer? In: Unterstützte Kommunikation, 2, 30–33.

Seiler-Kesselheim, A. (2008): Beratungsangebote in der Unterstützten Kommunikation. Karlsruhe: von Loeper.

Seiler-Kesselheim, A./Wachsmuth, S. (2010): Die Bedeutung der UN-Konvention über die Rechte von Menschen mit Behinderung für unterstützt Kommunizierende. In: isaac-Gesellschaft für UK/von Loeper (Hrsg.): Handbuch der Unterstützten Kommunikation. von Loeper: Karlsruhe, 16.025.001-16.029.001.

Tomasello, M. (2009): Die Ursprünge der menschlichen Kommunikation. Frankfurt a. M.: Suhrkamp.

van Eickels, N./Sauermost, A./Dorn, T. (2018): Auf dem Weg zur Selbstverständlichkeit. In: Unterstützte Kommunikation, 1, 27–31.

von Tetzchner, St./Martinsen, H. (2000): Einführung in Unterstützte Kommunikation. Heidelberg: Edition S.

Wachsmuth, S. (1986): Mehrdimensionaler Ansatz zur Förderung kommunikativer Fähigkeiten Geistigbehinderter. In: Bachmann, W. (Hrsg.): Studientexte. Heil- und Sonderpädagogik. Bd. 10. Gießen: Institut für Heil- und Sonderpädagogik.

Wachsmuth, S. (2006): Kommunikative Begegnungen. Aufbau und Erhalt sozialer Nähe durch Dialoge mit Unterstützter Kommunikation. Würzburg: edition bentheim.

Weid-Goldschmidt, B. (2013): Zielgruppen Unterstützter Kommunikation. Karlsruhe: von Loeper.

WHO (2005): Internationale Klassifikation der Funktionsfähigkeit, Behinderung und Gesundheit (ICF). http://www.soziale-initiative.net/wp-content/uploads/2013/09/icf_endfassung-2005-10-01.pdf [**19.01.2019**].

Wilken, E. (2002): Präverbale sprachliche Förderung und Gebärden-unterstützte Kommunikation in der Frühförderung. In: Wilken, E. (Hrsg.): Unterstützte Kommunikation. Eine Einführung in Theorie und Praxis. Stuttgart: Kohlhammer.

Wilken, E. (2018): Verstehst du mich? Kommunikationsförderung in der Eltern-Kind-Interaktion bei kleinen (noch) nicht sprechenden Kindern. In: Unterstützte Kommunikation, 3, 7–13.

Willke, M. (2013): Fokuswörter in der Praxis: Die Interventionsplanung. In: Unterstützte Kommunikation, 1, 20–22.

Partizipation im Kontext von Unterstützter Kommunikation

Tobias Bernasconi & Karin Terfloth

Anliegen des folgenden Beitrags ist eine Klärung der Begriffe Partizipation und Teilhabe. Im weiteren Verlauf wird Partizipation mit Blick auf die Systemebenen Gesellschaft, Organisation und Interaktion als Beobachtungsschema genutzt, um die Bedeutung von Unterstützter Kommunikation auf allen Systemebenen aufzuzeigen.

1 Soziale Teilhabe und politische Partizipation

Teilhabe und Partizipation sind zentrale und vielschichtige Begriffe, sowohl in der Sonder- und Heilpädagogik als auch im Rahmen aktueller Sozialpolitik. Von Kardorff zerlegt den Teilhabebegriff in vier Aspekte: teilnehmen (aktive Nutzung der Bürgerrolle), teilhaben (über Zugangsmöglichkeiten verfügen), teilgeben (Einbringen von Kompetenzen) und Teil sein (diskriminierungsfreie Anerkennung/soziale Zugehörigkeit) (vgl. Kardorff 2014, 10).

Im Deutschen wird Teilhabe vielfach synonym zum Begriff Partizipation verwendet. Dabei kommt es mitunter zu einer Vermischung der inhaltlichen Bedeutung von *sozialer Teilhabe* im Sinne von sozialem Einbezogensein in eine Lebenssituation und *politischer Partizipation* im Sinne von Mitbestimmung an Entscheidungsprozessen (vgl. Schwab 2016, 127 f.). Dies wird z. B. an der Übersetzung der UN-BRK deutlich. Art. 3 beschreibt als Ziel der Konvention u. a. die »full and effective participation and inclusion in society« (BGBL 2008, 1424). Der Begriff Partizipation wurde dabei mit ›Teilhabe‹ ins Deutsche übersetzt. Beck (2013, 5) stellt diese Übersetzung in Frage, wenn dadurch der inhaltliche Gehalt des englischen Begriffes ›participation‹ verloren geht. Heiden (2014, 7) plädiert sogar dafür, auf die Begrifflichkeiten Teilhabe und Teilnahme »zu verzichten und – ohne Eindeutschung – im vollumfänglichen Sinne von »Partizipation« zu sprechen«.

Teilhabe sowie Partizipation basieren auf einem wechselseitigen Verhaltensbezug zwischen Individuen – also auf Interaktion. In Interaktion zu sein, sich für andere relevant zu fühlen und an Entscheidungen im privaten, sozialen und öffentlichen Raum beteiligt zu sein ist damit der zentrale Aspekt von Teilhabe und Partizipation.

2 Partizipation und Inklusion

In der soziologischen Systemtheorie wird der Begriff Partizipation im Kontext des Begriffs der Inklusion verwendet. Partizipation beschreibt dabei die Relevanz von Personen für und in sozialen Systemen im Sinne von Inklusion (vgl. Hafen 2012, 303). Inklusion ist jedoch nur dann eine sinnvolle Kategorie, wenn sie von Exklusion unterschieden wird. Exklusion ist folglich die Irrelevanz einer Person für soziale Systeme und beschreibt fehlende Partizipation.

Inklusion und Exklusion lassen sich somit weder begrifflich noch inhaltlich voneinander trennen und stellen ein Analyseschema für verschiedene Systemebenen dar: (1) die Ebene der gesellschaftlichen Funktionssysteme (z. B. dem Rechtssystem, der Erziehung, der Politik), (2) die Ebene der Organisation (z. B. WfbM, Wohneinrichtung, Schule, etc.) und (3) die Ebene der Interaktion (Beratung, Unterrichtsgespräch, Alltagskommunikation, etc.).

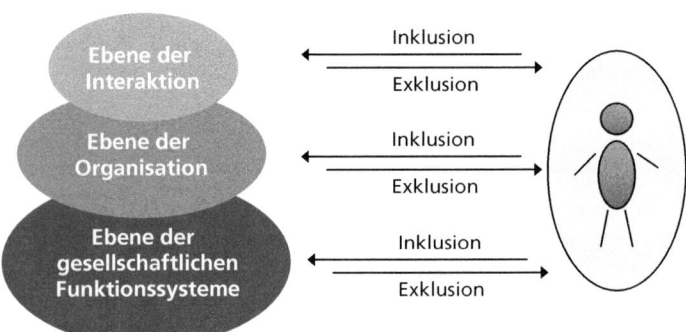

Abb. 1:
Partizipation an sozialen Systemen

Partizipation bedeutet dann, in verschiedenen Teilsystemen kommunikativ adressiert zu werden (vgl. Fuchs 2011, 132). Dies meint aber auch, »jemand zu sein, der in Betracht kommt, jemand zu sein, dem Mitteilungshandeln zugetraut werden kann« (ebd. 132).

Im Folgenden wird ein differenzierter Blick auf die drei genannten Systemebenen und Möglichkeiten zur Partizipation bzw. Inklusion geworfen.

2.1 Die Ebene der gesellschaftlichen Funktionssysteme

Systemtheoretisch differenziert sich die Gesellschaft in verschiedene Funktionssysteme aus, die prinzipiell für die Inklusion aller Personen offen sind. Andererseits regeln die Funktionssysteme die Inklusionsmöglichkeiten der Individuen selbst und leiten die Inklusionserfordernisse von den jeweiligen Codes ab (vgl. Hillebrandt 1999, 267). Das bedeutet, dass innerhalb der einzelnen Funktionssysteme die Codes, welche über Inklusion und Exklusion entscheiden, immer wieder neu ausgehandelt werden oder durch das Funktionssystem selber vorgegeben sein können.

Inklusion und Exklusion lassen sich beispielsweise im Funktionssystem Recht anhand der Umsetzung des in unterschiedlichen nationalen wie internationalen Konventionen und Gesetzen abgebildeten Rechts auf Kommunikation erkennen. Kommunikation als

Menschenrecht wird oftmals mit Verweis auf die allgemeine Erklärung der Menschenrechte begründet, die in Art. 19 jedem Menschen das Recht auf Freiheit in Meinung und Meinungsäußerung zugesteht (vgl. McLeod 2018). Mulclair et al. (2018, 38) betonen weiter: »Not only is communication a human right, it is the essence of what makes us human.« Auch das Grundgesetz der Bundesrepublik Deutschland legt in Art. 2 die freie Entfaltung der Persönlichkeit sowie in Art. 5 das Recht auf freie Meinungsäußerung fest. Die UN-Kinderrechtskonvention von 1989 verweist in Art. 12 und 13 auf das Recht zur freien Meinungsäußerung von Kindern.

In der UN-BRK wird Kommunikation wörtlich genannt. Art. 2 verweist darauf, dass dabei auch ergänzende und alternative Formen einbezogen sind (vgl. BGBL 2008, 1423). Verbunden mit dem allgemeinen Ziel der UN-BRK, die Partizipation von Menschen mit Behinderung zu steigern, wird so das Recht auf Kommunikation sowie Maßnahmen zur praktischen Umsetzung des Rechts maßgeblich gestärkt. Die zentrale Nennung von Kommunikation als Grundprinzip wirkt sich in der UN-BRK weitergehend auch auf weitere Lebensbereiche und -kontexte aus, die in anderen Artikeln benannt werden. Zu nennen ist hier z. B. Art. 9 (Zugänglichkeit), Art. 21 (freie Meinungsäußerung), aber auch Art. 24 (Bildung) und Art. 30 (kulturelle Teilhabe). Kommunikation fungiert hier als Medium, um Partizipation in den unterschiedlichen Bereichen zu ermöglichen. Laut Muclair et al. (2018) geht es darüber hinaus vor allem darum, ein globales Bewusstsein und die Anerkennung der Notwendigkeit des Rechts auf Kommunikation zu stärken.

2.2 Die Ebene der Organisation

Die Inklusion in Funktionssystemen wird durch Organisationen geregelt. Das gesellschaftliche Inklusionsgebot stößt an die Exklusionsgrenzen der Institutionen, welche die jeweilige Zugehörigkeit an die Mitgliedschaft binden (vgl. Wetzel 2004, 138).

Dabei bilden ›Entscheidungen‹ den zentralen Moment in Organisationen. Mitglieder einer Organisation sind an die Entscheidungen der Organisation gebunden. Partizipation bedeutet dann, die Bedürfnisse der Mitglieder zu erfassen und bei den Planungen von Maßnahmen in der Organisation zu berücksichtigen (vgl. Hafen 2012, 304). So setzten Organisationen auf Partizipation mit dem Ziel der Selbst- und Mitbestimmung, um Angebote im Sinne der Zielgruppe auszurichten und Zustimmung für die eigenen Maßnahmen zu erreichen. Es geht dabei um Partizipationsmöglichkeiten der Organisationsmitglieder im Entscheidungsfindungsprozess. Im Kontext von UK kann hier gefragt werden, welche Rolle die Klientinnen und Klienten selbst im Rahmen von UK-Beratungen z. B. bei der Frage nach lebensrelevanten Interventionszielen einnehmen und wie viel Partizipationsmöglichkeiten dabei existieren: Wird die unterstützt kommunizierende Person als ›Objekt‹ der Beratung und Intervention gesehen und inwieweit wird ihr Grad der ›Teilhabe‹ von anderen bestimmt?

Dies hängt letztlich damit zusammen, dass die Mitgliedschaft in Organisationen an Rollenerwartungen gebunden sind (vgl. Luhmann 1984, 430). Jedem Individuum werden zahlreiche Adressen in Form von Rollen zugeschrieben, wie zum Beispiel Mutter/Vater, UK-Nutzerinnen und Nutzer etc. Diese werden in Interaktion konstruiert. Das heißt, dass Rollen sozial zugeschrieben werden. Auch die Zuschreibung der Rolle »UK-Nutzer« kann – je nach Ausgestaltung der Rolle durch die unterschiedlichen Zuschreibungen – Auswirkungen auf die Mitbestimmung an Entscheidungsprozessen haben.

Kommunikative Verhaltensweisen, wie Lautieren, unklare Gestik und Mimik, werden häufig nicht als Mitteilungen, sondern eher als auffälliges, störendes oder pathologisches Verhalten gedeutet, ignoriert oder sanktioniert. Diese Kommunikationsmöglichkeiten werden kaum als lohnenswerte Quellen für interessante Informationen in Mitbestimmungsprozessen eingeschätzt. Daher sind Mitbestimmungsformen in Organisationen häufig an der Kommunikation von lautsprachlich kommunizierenden Personen ausgerichtet. Im Kontext einer Adressenzuschreibung »kommunikativ und kognitiv eingeschränkt« wird auch das Vorgehen der stellvertretenden Meinungserhebung wesentlich schneller praktiziert und gerechtfertigt.

Ansatzpunkte für die Partizipation von Personen mit UK-Bedarf liegen damit zuvorderst in der Veränderung der Bedingungen des Umfelds. Ziel muss es sein, eine gelingende Meinungserhebung auch bei schwersten kommunikativen Beeinträchtigungen zu ermöglichen, z. B. durch Orientierungshilfen, bildgestützte oder beobachtbare Verfahren (vgl. Niediek 2012), Teamberatungen bzw. Beratungsformen wie moderierte runde Tische (vgl. Giel/Liehs 2016). Durch funktionale und passende Kommunikationsunterstützung kann ggf. in den Organisationen eine größere Akzeptanz und damit Einschluss in soziale Prozesse entstehen (vgl. Beukelman/Garrett/Yorkston 2007).

Dies weist darauf hin, dass UK-Interventionen grundsätzlich nicht nur personenspezifisch, sondern auch personenübergreifend gedacht und gestaltet werden sollten. In vielen Organisationen bedarf es für eine Erweiterung der Partizipationsmöglichkeiten beispielsweise durch die Schulung von Fachkräften auf allen Verantwortungsebenen von Organisationen sowie der Schärfung des Bewusstseins für die Notwendigkeit der Verwendung von UK (vgl. Wahl et al. 2015) und der Sensibilisierung des Umfeldes der Organisation (vgl. Niediek 2012, 41).

2.3 Die Ebene der Interaktion

Interaktion im Verständnis der soziologischen Systemtheorie zeigt eine gewisse Eigendynamik zwischen mindestens zwei Bewusstseinssystemen (vgl. Fuchs 1999, 93 f.). Jegliches wahrgenommene (intentionales oder nicht-intentionales) Verhalten des einen kann eine Grundlage für einen interaktiven Anschluss des anderen sein. Kommunikative Anschlüsse sind in Interaktion abhängig vom Beobachtenden und dessen Deutungsmustern (vgl. Terfloth 2007, 2019). Dabei werden nicht Personen in soziale Bezüge eingeschlossen, sondern vielmehr die Personen durch sog. ›soziale Adressen‹ berücksichtigt. Der Personenbegriff in der Systemtheorie bezeichnet also nicht ein Individuum, sondern die sozial sichtbar gewordenen Beobachtungen über das Individuum. Es handelt sich somit um eine kommunikativ konstruierte Wirklichkeit (vgl. Luhmann 2002, 101 ff.) bzw. eine in Interaktion entstandene Zuschreibung von Merkmalen. Diese Zuschreibungen können in weiteren Interaktionen relevant sein. Personenzuschreibungen, die einmal konstruiert wurden, können über die ursprüngliche Interaktionssituation hinaus Bedeutung haben und in Interaktionen selektiv wirken (vgl. Kieserling 1999, 71). Dies wird z. B. daran deutlich, wenn Menschen ohne Lautsprache aufgrund ihrer fehlenden kommunikativen Möglichkeiten auch fehlende kognitive Fähigkeiten zugeschrieben werden (vgl. Terfloth 2007).

Wird einem Individuum in Interaktion eine soziale Adresse zugeschrieben, so wird dieses Individuum relevant für die Interaktion und als Mitteilender in Betracht gezogen. In diesem Fall spricht man von Inklusion in Interaktionssystemen. Erfolgt keine Adressierung, kann von Exklusion gesprochen werden. Diese Bezüge sind entscheidend, denn das psychische Bedürfnis, Bedeutsamkeit in Interaktion zu erlangen, ist grundlegend (vgl. Fuchs 2011, 131 f.). Befindlichkeiten mitzuteilen, zustimmen oder protestieren können sind bedeutsam für das Wohlbefinden eines Individuums. Interaktive Rückmeldungen bzw. Anschlüsse geben Hinweise darüber, wie die eigenen Wünsche und Bedürfnisse sozial eingeordnet werden. Die Nicht-Berücksichtigung eines anwesenden Individuums und somit dessen Exklusion aus der Interaktion ist phasenweise nicht ungewöhnlich. Eine dauerhafte Nicht-Berücksichtigung wirkt sich jedoch negativ auf die psychische Entwicklung und die Lebensqualität aus. In der Folge können Interaktionen direkt unterlassen und Menschen auf ihren Körper bzw. ihre kommunikative Beeinträchtigung reduziert werden. Trotz körperlicher Anwesenheit können Menschen dann aus der Interaktion ausgeschlossen sein, denn entscheidend sind die sozialen Konstruktionen über die Ansprechbarkeit und Mitteilsamkeit eines Individuums (vgl. Terfloth 2007, 78 f.).

Auch im Kontext von Interaktionssituationen mit Personen ohne Lautsprache kann es zu Irritationen kommen, welche sich z. B. aufgrund der veränderten Gesprächssituation (vgl. Braun 2008) oder aufgrund fehlender Erfahrungen (vgl. Bernasconi 2015) ergeben können. Durch Wiederholung verdichten sich diese Erfahrungen zu einer generalisierten Vorstellung von *nicht sprechen können*, welche nicht mehr hinterfragt wird. Zudem kann die Personenzuschreibung *ohne Lautsprache* so dominant erlebt werden, dass weitere Aspekte der Persönlichkeit und mögliche Fähigkeiten der Person in den Hintergrund rücken und die soziale Anerkennung weiter sinkt. Light/McNaughton (2015, 92) schätzen den Forschungsstand in diesem Kontext derart ein, dass bisher nur wenige Erkenntnisse existieren, wie die soziale Akzeptanz von unterstützt kommunizierenden Personen durch Interventionen gesteigert werden könnte.

Interventionen in der UK fokussieren jedoch häufig die unterstützt kommunizierende Person selbst bzw. ihre Fähigkeiten, abgebildet in der Nutzung eines bestimmten Wortschatzes. Umfassende Interventionen sollten sich jedoch an *allen* Bereichen der kommunikativen Kompetenz (vgl. Light 1989) orientieren. So kann beispielsweise die Erweiterung strategischer Fähigkeiten dazu führen, dass die unterstützt kommunizierende Person von ihrem Umfeld anders wahrgenommen wird. Soziale Kompetenzen können adressierte Rollenzuschreibungen irritieren und verändern. Menschen benötigen dabei kommunikative ›Irritationen‹, um Begriffe und gedankliche Unterscheidungen ausbilden zu können (vgl. Fuchs 2005, 11). Sie benötigen Anregungen durch kommunikative Anschlüsse anderer, denn diese können nur begrenzt selbst simuliert werden. Dies verweist erneut auf die große Bedeutung des Umfelds. Anregungen zur kommunikativen Weiterentwicklung entstehen z. B. über Modelling oder die Orientierung an Partnerstrategien (Sachse/Bernasconi sowie Willke in diesem Band).

3 Ausblick

Für die Analyse von Partizipationschancen im Kontext von UK sind letztlich alle drei beschriebenen Ebenen von Bedeutung. Während auf der gesellschaftlichen und organisationsbezogenen Ebene die Inklusion von unterstützt kommunizierenden Personen in den jeweils spezifischen Leitlinien verankert werden kann, stellen die Partizipationschancen auf der Interaktionsebene eine besondere Herausforderung in der Weiterentwicklung von UK-Initiativen dar.

Dabei lässt sich festhalten:

- Gesellschaftlich ist die Bewusstseinsbildung für die Bedeutung von UK wesentlich.
- Im Rahmen von Organisationsentwicklung ist UK ein Baustein, um Mitgestal-

tungsmöglichkeiten für unterstützt kommunizierende Personen zu realisieren.
- In Interaktionen ist die Reflexion der Sicht auf und von unterstützt kommunizierenden Personen von zentraler Bedeutung.

Auch Lage und Furrer (2014) verweisen auf eine ähnliche Systematik und unterscheiden die individuelle Ebene (kompetentes Handeln mit UK), das soziale Umfeld hinsichtlich der Sensibilisierung bzw. Schulung der potentiellen Interaktionspartner (UK-Kultur), die strukturellen Rahmenbedingungen der Lebenswelten (organisationale Zukunftsplanung) sowie die Ebene der Gesellschaft (vgl. ebd.).

Mit Blick über die drei Ebenen hinweg ereignet sich Partizipation im Kontext von UK folglich immer im Spannungsfeld zwischen Möglichkeitsstrukturen in der Gesellschaft und individuellen Voraussetzungen der unterstützt kommunizierenden Personen und ihrem Umfeld. Unterstützt kommunizierende Personen können durch fehlende soziale Partizipation ausgegrenzt und von politischer Partizipation durch unzureichende Versorgung mit UK ausgeschlossen sein. Daher erscheint insbesondere der Blick auf die Verschränkung der beschriebenen Ebenen sowohl in der UK-bezogenen Forschung als auch im Kontext von UK-Versorgungsmodellen bedeutsam.

Literatur

Beck, I. (2013): Partizipation. Aspekte der Begründung und Umsetzung im Feld von Behinderung. In: Teilhabe 1, 4–11.
Bernasconi, T. (2015): Zu Besonderheiten in der Kommunikation mit Menschen mit schwerer und mehrfacher Behinderung. In: Unterstützte Kommunikation 20 (1), 15–22.
Beukelman, D./Garrett K. L./Yorkston, K.M. (2007): Augmentative Communication Strategies für Adults with Acute or Chronical Medical Conditions. Baltimore: Brookes Publishing Co.
BGBL (2008): Gesetz zu dem Übereinkommen der Vereinten Nationen vom 13. Dezember 2006 über die Rechte von Menschen mit Behinderungen sowie zu dem Fakultativprotokoll vom 13. Dezember 2006 zum Übereinkommen der Vereinten Nationen über die Rechte von Menschen mit Behinderungen. Bundesgesetzblatt Teil II, Nr. 35, 1419–1457.
Braun, U. (2008): Besonderheiten der Gesprächssituation. In: isaac-Gesellschaft für UK/von Loeper (Hrsg.): Handbuch der Unterstützten Kommunikation. von Loeper: Karlsruhe, 01.026.002-01.026.006.
Fuchs, P. (1999): Intervention und Erfahrung. Frankfurt/M.: Suhrkamp.
Fuchs, P. (2005): Die Psyche. Studien zur Innenwelt der Außenwelt der Innenwelt. Weilerswist: Vellbrück.

Fuchs, P. (2011): Das Fehlen von Sinn und Selbst – Überlegungen zu einem Schlüsselproblem im Umgang mit schwerstbehinderten Menschen. In: Fröhlich, A./Heinen, N./Klauß, Th./Lamers, W. (Hrsg.): Schwere und mehrfache Behinderung – interdisziplinär, Oberhausen: Athena, 129–141.
Giel, B./Liehs, A. (2016): »Moderierte Runde Tische« (MoRTi) in der Inklusion. Sprachtherapie aktuell: Schwerpunktthema: Sprachtherapie und Inklusion. 3(1): e2016-04.
Hafen, M. (2012): Partizipation. In: Wirth, J.V./Kleve, H. (Hrsg.): Lexikon des systemischen Arbeitens. Grundbegriffe der systemischen Praxis, Methodik und Theorie. Heidelberg: Carl Auer, 303–306.
Heiden, H.-G. (2014): »Nichts über uns ohne uns!« Von der Alibi-Beteiligung zur Mitentscheidung! http://www.nw3.de/attachments/article/115/Nichts%20über%20uns%20ohne%20uns%20-%20Von%20der%20Alibi-Beteiligung%20zur%20Mitentscheidung!.pdf [18.04.2019]
Hillebrandt, F. (1999): Exklusionsindividualität. Moderne Gesellschaftsstruktur und die Konstruktion des Menschen. Leske + Budrich: Opladen.
Kardorff, E. v. (2014): Partizipation im aktuellen gesellschaftlichen Diskurs – Anmerkungen zur Vielfalt eines Konzepts und seiner Rolle in der Sozialarbeit. In: Archiv für Wissenschaft und Praxis der sozialen Arbeit, 2, 4–15.

Kieserling, A. (1999): Kommunikation unter Anwesenden. Frankfurt/M.: Suhrkamp.

Lage, D./Furrer (2014): Rahmenbedingungen für die Unterstützte Kommunikation – die neuen Herausforderungen. In: Schweizerische Zeitschrift für Heilpädagogik, 20, 11–12.

Light, J. (1989): Toward a definition of communicative competence for individuals using augmentative and alternative communication systems. In: Augmentative and Alternative Communication, 5, 137–144.

Light, J./McNaughton, D. (2015): Designing AAC Research and Intervention to Improve Outcomes for Individuals with Complex Communication Needs. In: Augmentative and Alternative Communication 31, 85–96.

Luhmann, N. (1984): Soziale Systeme. Grundriss einer allgemeinen Theorie. Frankfurt/M.: Suhrkamp.

Luhmann, N. (2002): Einführung in die Systemtheorie. Heidelberg: Carl-Auer-Systeme Verlag.

McLeod, S. (2018): Communication rights: Fundamental human rights for all. In: International Journal of Speech-Language Pathology, 1, 3–11.

Mulcair, G./Pietranton, A.A./Williams, C. (2018): The International Communication Project: Raising global awareness of communication as a human right. In: International Journal of Speech-Language Pathology, 1, 34–38.

Niediek, I. (2012): Unterstützte Kommunikation als Aufgabe im Gemeinwesen. In: isaac-Gesellschaft für UK/von Loeper (Hrsg.): Handbuch der Unterstützten Kommunikation. von Loeper: Karlsruhe, 15.036.001-15.043.001.

Schwab, S. (2016): Partizipation. In: Hedderich, I./Biewer, G./Hollenweger, J./Markowetz, R. (Hrsg.): Handbuch Inklusion und Sonderpädagogik. Bad Heilbrunn: Klinkhardt, 127–131.

Terfloth, K. (2007): Zur Interaktion im Unterricht mit SchülerInnen mit schwerer und mehrfacher Behinderung. In: Behinderte Menschen, 70–81.

Terfloth, K. (2019): Interaktion im Kontext von Teilhabe und Teilgabe. In: Maier-Michalitsch, N. (Hrsg.): Teilhabe und Teilgabe – Menschen mit Komplexer Behinderung bereichern unsere Gesellschaft. Verlag selbstbestimmt leben. Düsseldorf.

Wahl, M./Renner, G./Terfloth, K./Lamers, W. (2015): Unterstützte Kommunikation in Förder- und Betreuungsgruppen: Bedarf an Aus-, Fort- und Weiterbildungen – Ergebnisse einer deutschlandweiten Befragung. In: uk & forschung, 5, 11–18.

Wetzel, R. (2004): Eine Widerspenstige und keine Zähmung. Systemtheoretische Beiträge zu einer Theorie der Behinderung. Heidelberg: Systeme Verlag.

UK-Förderung oder UK-Therapie?

Jens Boenisch & Kerstin Nonn

Im Zuge der zunehmenden Professionalisierung und Institutionalisierung von UK stellt sich immer häufiger die Frage, wann eine UK-Intervention als pädagogische Förderung und wann als Therapie zu verstehen ist. Diese Frage ist wegen inhaltlicher und methodischer Überschneidungsgebiete nicht einfach zu beantworten. Außerdem lässt sich diese Frage aus zwei unterschiedlichen Perspektiven erarbeiten: a) mit Blick auf die Theoriebildung von UK und deren Verankerung im heilpädagogischen System bzw. im medizinisch-therapeutischen Rehabilitationssystem und b) mit Blick auf die unterschiedlichen Kostenträger. Letzteres wird relevant, wenn z. B. ein Schüler mit UK-Bedarf in der Schule entweder 1) UK-Förderung bekommt oder 2) unter Berücksichtigung seiner UK-Hilfsmittel sprachtherapeutisch bzw. logopädisch behandelt wird oder 3) beides passiert oder 4) gar keine Förderung erfolgt, da sich keine Profession oder kein Kostenträger für UK zuständig fühlt. Die Frage nach UK-Förderung oder UK-Therapie ist somit auch eine Frage nach dem Selbstverständnis von UK.

Gelingende Kommunikation für Menschen ohne (verständliche) Lautsprache zu ermöglichen ist sowohl das Ziel von UK-Pädagogen als auch von in der UK tätigen Therapeuten (vgl. Lüke/Vock 2019, 2). Dass beide Professionen trotz deutlich unterschiedlicher beruflicher Sozialisation die gleiche Zielstellung verfolgen, ist keine Selbstverständlichkeit. Immerhin basiert die Arbeit auf unterschiedlichen Tätigkeitsfeldern und unterschiedlichen Handlungsprinzipien. Gemeinsam ist beiden Professionen aber auch das wertschätzende humanistische Grundverständnis, welches dem Prinzip folgt, dass kein Mensch aufgrund der Schwere seiner Behinderung von einer Förderung ausgeschlossen wird. Bevor die Ausdifferenzierung zur Schärfung der Kontur von UK-Förderung und UK-Therapie erfolgt, wird den folgenden Ausführungen im Sinne einer wissenschaftstheoretischen und praxisrelevanten Positionierung (Theoriebildung) eine Präambel vorangestellt. Mit der Präambel wird eine Grundposition vorgelegt, von der aus das Gemeinsame und das Differente von UK-Förderung und UK-Therapie zu verstehen ist.

Präambel

Die Sonderpädagogin Ursula Braun brachte im Rahmen ihrer Promotion 1990 das Konzept der *Alternative and Augmentative Communication (AAC)* aus den USA nach Deutschland und führte mit den damaligen Weggefährten den Begriff *Unterstützte Kommunikation (UK)* ein (vgl. Braun 1994 und Braun in diesem Band). AAC wird im anglo-amerikanischen Raum als ein therapeutisches Konzept verstanden. In Deutschland etablierte sich die UK zunächst als ein pädagogisches Konzept, wird inzwischen aber auch in therapeutischen Settings zunehmend häufiger angewendet (vgl. u. a. Giel/Liehs 2010; Kaiser-Mantel 2012; Nonn 2012; Lüke/Vock 2019). Von Beginn an wurde in der UK-Community ein humanistisches Menschenbild vertreten, welches die Arbeit mit schwerbehinderten Menschen ohne Lautsprache bis heute prägt (vgl. Kristen 1992 u.1994; Braun 1996; Braun/Kristen 2008; Wachsmuth in diesem Band). Ausgehend von den individuellen Bedürfnissen der Menschen ohne Lautsprache zielt Förderung und Therapie auf *gelingende Verständigung mit dem Umfeld*. Im Fokus steht dabei der kaum- oder nichtsprechende Mensch als *Person*. Es geht u. a. darum, durch Förderung und Therapie die Entwicklung der eigenen *Personalität* zu unterstützen (Kruse 2016) und weniger die linguistische Korrektheit der deutschen Sprache als zentralen Gegenstand der Förderung dogmatisch zu verfolgen. Vor diesem Hintergrund lassen sich folgende Grundpositionen als Eckpfeiler pädagogisch-therapeutischen Handelns formulieren:

- UK verhilft Menschen mit schweren kommunikativen Beeinträchtigungen und individuell sehr unterschiedlichen Fähigkeitsprofilen, sich effektiver mit ihren Gesprächspartnern zu verständigen (Weid-Goldschmidt 2013).
- Die vorhandenen sprachlichen und kommunikativen Fähigkeiten des betroffenen Menschen sind der Ausgangspunkt für ein multimodales Kommunikationssystem. Es werden körpereigene und externe Hilfen genutzt, um die Kommunikation der betroffenen Person zu verbessern (Boenisch 2009; Braun 1996).
- Von UK profitieren Menschen jeden Alters sowohl mit schweren sprechmotorischen Störungen als auch mit kognitiven, sensorischen und neuropsychologischen Beeinträchtigungen, deren Sprachverarbeitung gestört ist (Nonn/Päßler-van Rey 2014). Es müssen von Seiten der Menschen ohne Lautsprache keine Voraussetzungen oder Kriterien erfüllt werden, um UK anwenden zu können (Lüke/Vock 2019, 141).
- Die UK-Versorgung für ein Kind, einen Jugendlichen und einen Erwachsenen ist ein Lehr-Lern-Prozess. Er basiert auf einer Haltung, dass sowohl dem UK-Nutzer unabhängig von der Art und Schwere der Behinderung zugetraut wird, UK zu erlernen, als auch den Bezugspersonen die Kompetenz zugetraut wird, UK zu vermitteln. Es bedarf dabei viel Zeit, Geduld und Übung auf beiden Seiten, bis die Kommunikation gelingt (Davison-Hoult/Ward 2017).
- UK benötigt ein Beratungs- und Versorgungskonzept, das alle Kommunikationspartner rund um die Person mit nicht ausreichender Lautsprache sowie sie selbst in die Versorgung integriert, um erfolgreich und nachhaltig zu sein (Boenisch/Sachse 2018; Giel et al. 2018, Willke in diesem Band).
- UK zielt auf soziale Teilhabe, Partizipation und eine verbesserte Lebensqualität in den unterschiedlichen Systemen der Gesellschaft wie Familie, Erziehung, Bildung, Peers, Freizeit, berufliche Rehabilitation und Leben in sozialen Netzwerken (Hamm/Mirenda 2006; Beukelman/Mirenda 2013; Blackstone/Berg 2006).

1 Pädagogische Förderung im Kontext von UK

Pädagogischer Förderbedarf ist das, »was ein Individuum in seinen Lern- und Lebensgemeinschaften an Unterstützung benötigt, um die intendierten Ziele zu erreichen. Sonderpädagogische Förderung und Sonderpädagogischer Förderbedarf sind nichts anderes« (Schuck 2016, 116). Schuck verweist mit seiner Gleichstellung von pädagogischer und sonderpädagogischer Förderung darauf, dass es die gleichen erziehungswissenschaftlichen Prinzipien (Lernanregung, Begleitung, Unterstützung, Entwicklungsförderung) und die übergeordneten Erziehungs- und Bildungsziele sind, die auf jedes heranwachsende Kind zutreffen. Auch der Begriff der Individuellen Förderung (als Äquivalent zu pädagogischer Förderung) wird grundsätzlich nicht anders definiert. Es geht um die Beachtung von Heterogenität, um die Akzeptanz von Individualität und individuellen Entwicklungsbedarfen (Haag/Streber 2016). Pädagogische Förderung *als professionelle Aufgabe* steht in der Regel im Kontext von Erziehung und Bildung und findet in Form ergänzender Lernangebote überwiegend in Bildungsinstitutionen statt. Es handelt sich somit vor allem um einen institutionell angebundenen und mit Erziehungs- oder Bildungsauftrag versehenen Terminus.

Jedoch ist auch bei prinzipiell gleicher Zielstellung eine Unterscheidung zwischen pädagogischer und heil- bzw. sonderpädagogischer Förderung notwendig. Erst mit festgestelltem (diagnostiziertem) sonderpädagogischen und somit zusätzlichem Förderbedarf hat das Kind Anspruch auf personelle und ggf. auch materielle Ressourcen, die eine besondere, über das übliche Maß hinausgehende individuelle Förderung ermöglichen, um allgemeine Lern- und Bildungsziele zu erreichen. Um die dafür notwendigen Interventionen erfolgreich im (Schul-) Alltag zu implementieren, sollten die Fördereinheiten möglichst hochfrequent angeboten werden. Dies gilt insbesondere für die spezifische Förderung in der UK, da es für die Anwendung von UK im Umfeld des Kindes kaum oder keine Vorbilder gibt, an denen sich das Kind orientieren kann. Eine im (sonder-)pädagogischen Kontext hochfrequente Förderung kann z. B. in Form einer »*unterrichtsimmanenten Kommunikationsförderung*« (Bünk/Baunach 2002, 93) oder als *therapieunterstützender Unterricht* erfolgen (vgl. Bergeest/Boenisch 2019, 307). Dies erfordert, dass in Kooperation mit den Therapeuten die nächsten Förder- und Therapieziele festgelegt und die einzuleitenden Interventionsmaßnahmen abgestimmt werden.

Darüber hinaus ist es Aufgabe sonderpädagogischer Förderung, UK-Interventionen auch ohne spezifischen Therapiebedarf durchzuführen, wenn dadurch die Entwicklung des Kindes, dessen Bildungsprozesse und Sozialisationsbedingungen unterstützt werden. Individuelle sowie sonderpädagogische Förderung sind erweiterte Angebote, wenn die regulären Angebote nicht ausreichen, die angestrebten Erziehungs- und Bildungsziele zu erreichen und die Anwendung individueller bzw. spezialisierter Förderkonzepte notwendig wird. D. h., auch unter erschwerten Bedingungen ist die Aneignung von Weltwissen, Schriftsprachkompetenzen, Wortschatzerweiterung, Grammatikkompetenzen, metasprachlichem, mathematischem und fächerbezogenem Wissen sowie die musikalisch-ästhetische, motorische und sensorische Entwicklungsförderung keine Therapie, sondern Teil individueller oder (sonder-) pädagogischer Förderung (siehe hierzu auch das Praxisbeispiel in Kap. 3). Die Grundformel lautet: Professionalisierte pädagogische Förderung ist an Erziehungs- und Bildungsziele gebunden und somit von Therapie abzugrenzen.

2 Therapie im Kontext von UK

2.1 Rahmenbedingungen für Therapien

Der Terminus Therapie (*altgriech.: therapeia*) bedeutet Dienst, Pflege, Heilung und zielt auf eine individuell zugeschnittene Behandlung.

Im Gegensatz zur pädagogischen Förderung geht einer therapeutischen Maßnahme immer eine (medizinische) Diagnose voraus, aus der das therapeutische Ziel abgeleitet wird. Dabei wird berücksichtigt, wie sich die jeweiligen Einschränkungen auf den Alltag der Patienten auswirken.

> **Rechtliche Rahmenbedingungen für Therapien**
>
> Eine Therapie wird rechtlich gesehen den Heilmitteln zugeordnet und unterliegt der Heilmittelrichtlinie (HeilM-RL) (SGB V). Dementsprechend sind Stimm-, Sprech- und Sprachtherapie, Physio- und Ergotherapie im Rahmen des deutschen Gesundheitssystems Heilmittel. Die Sozialgesetzbücher SGB V und SGB IX geben den rechtlichen Rahmen für deren Anwendung vor. Eine Therapie kann somit auch eine Leistung der medizinischen Rehabilitation behinderter und von Behinderung bedrohter Menschen sein (SGB IX). Gesetzlich Versicherte haben bei einer ärztlich festgestellten Diagnose (Aphasie, Stottern, Sprachentwicklungsstörung bei Mehrfachbehinderung etc.) einen Anspruch auf die Versorgung mit Heilmitteln. Die HeilM-RL gibt für jede Leitsymptomatik die Indikation, Anzahl, Häufigkeit und Dauer der Behandlung vor. D. h. die Behandlung und Behandlungsintensität ist weder vom Arzt noch vom Therapeuten beliebig definierbar. Eine Therapie erfolgt aber immer auf der Grundlage einer vom Arzt ausgestellten Verordnung. Damit ist sie eine medizinisch indizierte Maßnahme. Sie wird von einem Heilmittelerbringer, der durch eine gesetzlich festgelegte Ausbildung oder Anerkennung einer gleichwertigen Ausbildung über eine Kassenzulassung verfügt, durchgeführt. Jedoch dürfen Heilmittel »bei Kindern nicht verordnet werden, wenn heil-/sonderpädagogische Maßnahmen geboten sind, es sei denn, eine zusätzliche Verordnung von Heilmitteln ist medizinisch indiziert. Werden Heilmittel als therapeutische Leistung im Rahmen der Frühförderung bereits erbracht, dürfen sie nicht zusätzlich verordnet werden« (Der Heilmittelkatalog 2018: Prinzip der Heilmittelverordnung). Eine Therapie kann somit nur erfolgen, wenn sie sich klar abgrenzt von anderen heilpädagogischen und sonderpädagogischen Maßnahmen und über diese hinaus erforderlich ist. Erst wenn die heilpädagogische Frühförderung oder die sonderpädagogischen Maßnahmen in der (Förder-) Schule nicht greifen, hat das Kind einen Anspruch auf eine Therapie bzw. Heilmittel. Somit ist eine potentielle UK-Therapie immer als additive und nicht als alltagsintegrierte Leistung zu verstehen.

Die seit 2018 geltenden Änderungen des SGB IX machen es erforderlich, den rechtlichen Rahmen für Therapie zu erweitern, da nun »sämtliche Maßnahmen, die zur Besserung oder Heilung einer Krankheit beitragen«, sofern sie gezielt deren »Ursachen oder auslösende Faktoren angehen und zu beseitigen oder mildern versuchen« (GBE 2018), als Therapiemaßnahmen anerkannt werden (sollen) (vgl. auch Kamps/Boenisch in diesem Band). Dadurch vergrößert sich nun auch rechtlich das Handlungsspektrum der Therapeuten. Denn bereits heute sind die Maßnahmen einer Therapie »weit mehr als nur die

Behandlung von Krankheiten und Symptomen; sie versteht sich als ein Prozess, der die Genesung des Patienten und die Wiederherstellung oder Verbesserung seiner Wahrnehmungs-, Handlungs- und Leistungsfähigkeit im Alltag, Beruf und Freizeit bezweckt und vor allem auf die Teilhabe am gesellschaftlichen Leben gerichtet ist« (Nellessen-Martens et al. 2015, 1).

Dieser erweiterte Blick auf Behandlung resultiert auch aus der wachsenden Bedeutung der ICF (International Classification of Functioning, Disability and Health) im Gesundheitswesen (vgl. DIMDI 2005). Nicht (nur) die körperliche oder seelische Heilung, sondern die Aktivität und soziale Teilhabe des Patienten treten beim Behandlungsprozess in den Vordergrund. Die Behandlung am Menschen ist nicht losgelöst zu betrachten vom sozialen Umfeld, von organisatorischen, baulichen und rechtlichen Rahmenbedingungen, sofern sie eine Partizipation am gesellschaftlichen Leben verhindern.

Ziel von UK-Therapie ist eine erfolgreiche Kommunikation im Alltag und nicht die Kommunikation im isolierten Therapieraum der Sprachtherapie (Blackstone/Berg 2006). Die Verfolgung von Ressourcen-orientierten, individuums- und alltagsbezogenen Interventionszielen der ICF (Grötzbach et al. 2014), beispielsweise basierend auf der Anwendung des Kooperativen Partizipationsmodells (Lage/Knobel Furrer 2017) und UK-spezifischer Beobachtungsbögen (z. B. Goals Grid von tobiidynavox/Clarke 2018; Sachse/Bernasconi in diesem Band), stellen für die Therapieplanung und Therapieevaluation praktikable Analyseinstrumente dar.

2.2 Nachweis zur Wirksamkeit von »UK-Therapie«

Wenn Krankenkassen eine UK-Therapie finanzieren sollen, bedarf es eines Nachweises der Wirksamkeit von UK-Interventionen. Therapieevaluation als Instrument der Wirksamkeitsprüfung ist in der UK aufgrund der z. T. sehr schweren Schädigung und der daraus resultierenden komplexen Bedingungszusammenhänge und Wirkfaktoren besonders kompliziert. Umso wichtiger sind zuverlässige Messinstrumente, da bei therapeutischen Interventionen deren positive Wirkung (Effektivität) nachgewiesen werden muss, um als Therapieform anerkannt zu werden. Spezifisch therapeutische Maßnahmen der UK sollten daher – wie alle Heilmittel im Gesundheitswesen – entweder durch Forschungsergebnisse bestätigt worden sein oder basierend auf dem allgemein anerkannten Stand der medizinischen Erkenntnis erfolgen und in der Praxis nachweisbar wirken (vgl. SGB V, § 137c). Letzteres erfolgt in der Regel über eine Dokumentation der einzelnen Behandlungen. Dies hat in der UK im Vergleich zu anderen Therapieformen eine herausgehobene Stellung, da der Nachweis ihrer grundsätzlichen Wirksamkeit (externe Validität) kaum über typische Massenbeobachtungen (klinische Studien) erfolgen kann. Vielmehr muss die UK vermehrt auf die Möglichkeit der internen Validierung zurückgreifen. Der Wirksamkeitsnachweis der spezifischen UK-Intervention lässt sich in der Regel nur über methodisch saubere Einzelfallstudien und sogenannte Metaanalysen erreichen (u. a. Kent-Walsh et al. 2015; Ganz et al. 2017, vgl. Lüke/Vock 2019, 118 ff; Wendt/Schlosser zu »Effektivitätsforschung« in diesem Band). Wie UK-Einzelfallstudien mit hoher Validität durchgeführt werden können, hat Schlosser bereits 2003 und in der Folge eine Vielzahl an anglo-amerikanischen AAC-Studien verdeutlicht (vgl. hierzu auch Wendt/Schlosser zu »Einzelfallforschung« in diesem Band). Trotz vorgelegter Wirknachweise von UK-Interventionen bleibt jede therapeutische Maßnahme höchst individualisiert, da sie auf jeden einzelnen Patienten, seine Bedürfnisse und sein soziales Umfeld neu zugeschnitten werden muss. Daher gehört zu einer internen Evidenz bei so komplexen

Therapiesettings wie der UK neben der individuellen Erfahrung und der Therapiedokumentation auch Supervision, Teamberatung und Hospitation – also der Austausch mit Fachexperten zur Überprüfung und kritischen Reflexion der eigenen Behandlungsmethode (vgl. Bürki/Steiner 2012).

Der Nachweis der Wirksamkeit ist nicht nur für den Erfolg von UK-Interventionen, sondern auch für die Anerkennung als Therapieform relevant. Die o. g. Aspekte konstituieren somit zugleich die Rahmenbedingungen für eine UK-Therapie, die im Folgenden ausdifferenziert werden soll.

3 Grundzüge einer UK-Therapie

UK-Therapie ist ein auf die Besonderheiten und spezifischen Herausforderungen in der Kommunikation bei Menschen ohne verständliche Lautsprache fokussiertes Konzept, das nur von in der UK grundständig ausgebildeten oder durch umfassende UK-Weiterbildungen spezialisierte Therapeuten durchgeführt werden sollte. Inwiefern Sonderpädagogen mit nachgewiesener UK-Expertise, die in Deutschland bisher die größte Anzahl an UK-Experten stellen, von Krankenkassen anerkannte UK-Diagnostik und UK-Therapien durchführen dürfen, um den Behandlungsbedarf decken zu können, muss im Einzelfall geprüft werden.

Grundsätzlich ist bei der Durchführung von UK-Therapie zu beachten, dass diese unter vergleichbaren Rahmenbedingungen stattfindet wie Sprachtherapie/Logopädie. Lüke/Vock (2019, 129 ff.) haben hierzu ein erstes Modell zum »Konzeptionellen Einbezug von Methoden der UK in der Sprachtherapie« (KEMUKS) vorgelegt. Ergänzend hierzu ist jedoch darauf zu achten, dass es neben der Spezialisierung in UK weiterer Qualifizierungen bedarf. Hierzu gehört unabdingbar Fachwissen aus der der Körper-, Geistig- und Sprachbehindertenpädagogik bzw. Sprachtherapie als Voraussetzung für die Durchführung von UK-Therapien. Die Komplexität des Aufgabengebietes erfordert ein fundiertes Basiswissen aus diesen verschiedenen Arbeitsfeldern.

In Abgrenzung zur Logopädie/Sprachtherapie sowie in Abgrenzung zur pädagogischen Förderung in Bildungseinrichtungen lassen sich mit Blick auf Qualitätssicherung folgende Merkmale für eine UK-Therapie festhalten (vgl. hierzu ergänzend auch Bernasconi/Boenisch/Giel/Sachse in diesem Band):

A) Strukturqualität in der UK-Therapie

- Ambulante oder stationäre Einzeltherapie unter Berücksichtigung alltagsrelevanter Themenschwerpunkte und Handlungssituationen (Therapie-Einheiten können auch in Kleingruppen-Settings und typischen Alltagssituationen durchgeführt werden)
- Fachwissenschaftlich abgesicherte Kompetenz und Zugriff auf umfassendes UK-Inventar (elektronische Kommunikationshilfen unterschiedlicher Komplexität, nichtelektronische Hilfen, Gebärden, Diagnostikmaterialien und -software etc.) zur Durchführung umfassender UK-Diagnostik (ggf. in freien Praxen, auf jeden Fall in UK-Beratungsstellen)
- Fachgerechter Umgang mit unterschiedlichen elektronischen und nichtelektronischen Kommunikationshilfen bzw. alternativen Kommunikationsformen (Laden, Befestigung,

Positionierung/Ansteuerung, Transport, Lichteinfluss, Regenschutz, Vokabularerweiterung, Seitenseterstellung, Gebärdenauswahl und -einsatz, Erstellung von Kommunikationstafeln/-büchern/-ordnern etc.)
- Auf wissenschaftlichen Studien basierende und an den Stadien der Sprachentwicklung orientierte Kommunikationsförderung unter Beachtung UK-spezifischer Entwicklungsbesonderheiten
- Fachgerechter Einsatz von ausgewählten UK-Inhalten angesichts unterschiedlicher Entwicklungsstadien (vorsymbolische/präintentionale Entwicklung, Zusammenhang von Ursache-Wirkung, symbolische/intentionale Kommunikation, Wortschatzerweiterung, Fokuswörter, Grammatikerwerb, Förderung der Pragmatik etc.)
- Fachgerechter und der Art und Schwere der Beeinträchtigung des Patienten angemessener Einsatz von Vermittlungsstrategien
- Strategien zum Erlernen des Einsatzes der alternativen Kommunikationshilfen bei unterschiedlich schwerer körperlicher, sensorischer und/oder kognitiver Beeinträchtigung (Gesprächssituationen nutzen, -anlässe initiieren, Alltagskommunikation trainieren etc.)
- Therapiezielformulierung in Anlehnung an die ICF-Klassifikation und das (Kooperative) Partizipationsmodell
- Einheitliche Systematik in der Therapiedokumentation bezüglich des methodischen Vorgehens, der Therapieziele und der Therapieerfolge (Wirksamkeit), d. h. auf Evaluation ausgerichtete Verschriftlichung unter Einhaltung datenschutzrechtlicher Vorgaben (DSGVO)

B) Prozessqualität in der UK-Therapie

- Zu Art und Schwere der kognitiven, körperlich-motorischen und sensorischen Beeinträchtigung des Patienten angemessene Therapiezielformulierung
- Entwicklung eines UK-spezifischen Therapieplans
- Alternativen zum methodischen Vorgehen bei Feststellung von fehlendem Fortschritt in der Entwicklung des UK-Nutzers
- Fokussierung auf gelingende Kommunikation unter Einbezug alternativer Kommunikationsformen und unter besonderer Berücksichtigung pragmatischer Kompetenzen
- Beachtung von erforderlicher Positionierung der UK-Nutzer und/oder deren Kommunikationshilfen während der UK-Therapie (Vermeidung pathologischer Reflexe in der Grundhaltung)
- Festlegen eines Zielwortschatzes und der dazugehörigen Vokabularorganisation
- Kommunikation mit anderen Personen starten, aufrecht erhalten und beenden lernen
- Interaktion mit mehreren Personen und mit Fremden anleiten
- Einbindung von Social Media Optionen mit UK-Hilfsmitteln zur Stärkung der sozialen Teilhabe
- Beim deutlich erschwerten Schriftspracherwerb (Literacy) die Voraussetzungen, Vorläuferfähigkeiten und Möglichkeiten der Intervention eruieren und ggf. therapeutische Maßnahmen zum Erwerb von Literacyfähigkeiten unter Einbezug der UK-Hilfen einleiten
- Dem UK-Nutzer gezielt Anleitung und Unterstützung bieten beim Kompetenzerwerb zum selbstständigen und eigeninitiierten Einsatz der alternativen Kommunikationshilfe im Alltag
- Modellhaftes Anleiten zur Nutzung der alternativen Kommunikationshilfe des UK-Nutzers und dessen sozialen Umfeldes in unterschiedlichen Situationen (Modelling)

- Schulung des sozialen Umfeldes des UK-Nutzers in den Bereichen Anwendung von UK im Alltag, Partnerstrategien, Modelling, Pflege technischer Hilfsmittel sowie linguistisches Verständnis für Wortschatzerweiterung und systematische Vokabularspeicherung bei elektronischen Hilfen

C) Ergebnisqualität und Evaluation der UK-Therapie

- Entwicklung und Durchführung eines UK-spezifischen Evaluationskonzeptes zur Sicherstellung der individuellen Therapieerfolge
- Anwendung von Beobachtungs- und Messverfahren aus der Einzelfallforschung (single case study design) als Basis für eine Evidenz-basierte Therapiedurchführung
- Durchführung der Evaluation nach systematischen, überprüfbaren und nachvollziehbaren Merkmalen
- Interne Validierung der Therapieerfolge bzw. Therapiemisserfolge unter Zuhilfenahme von Klienten-/Angehörigeneinschätzung, kollegialer Hospitation und Supervision, kollegialer Fallberatung und kritischer Reflexion der eigenen Tätigkeit
- Befragung interdisziplinär beteiligter Professioneller und Dokumentation zu beobachtbaren Veränderungen und der sozialen Teilhabe im Alltag
- Befragung von Angehörigen und ggf. interdisziplinär beteiligter Professioneller zur Lebensqualität durch die veränderten Kommunikationsmöglichkeiten

3 UK-Förderung und UK-Therapie – Zwei Konzepte, ein Ziel

Trotz der oben genannten Merkmale sonderpädagogischer UK-Förderung und therapeutischer Interventionen ist in der Praxis eine klare Trennung von Förderung und Therapie nicht (immer) möglich oder sinnvoll. Die einzelnen Maßnahmen sind u. U. temporär sogar gleich, werden jedoch von verschiedenen Berufsgruppen durchgeführt. Oder der Therapeut nimmt phasenweise am Unterricht teil, um zur Erreichung der Therapieziele die bisherigen Übungen und Handlungsabläufe im Alltag des Kindes zu implementieren. Ähnlich wie beim Abgrenzungsversuch von pädagogischer und sonderpädagogischer Förderung gilt auch bei der Abgrenzung von UK-Therapie und sonderpädagogischer Förderung, dass das Interventionsziel gleich ist. Die Unterscheidung liegt weniger in der übergeordneten Zielformulierung als vielmehr in der methodischen Anwendung, in der Detailzielformulierung, im Setting der Intervention und in der Berufsgruppe, die die formulierten Interventionsziele aus ihrem Professionsverständnis zu erreichen versucht. Besonders deutlich wird die vergleichbare Zielausrichtung im Spiegel des ICF-Modells. Sowohl die Behandlungen im Gesundheitswesen als auch die sonderpädagogische Förderung verfolgen mit Blick auf Gesundheit, Behandlung und Entwicklungsförderung das gleiche Ziel: soziale Teilhabe und Partizipation. Partizipation für unterstützt Kommunizierende ist – auch im Sinne der UN-BRK – mehr als nur physisch anwesend zu sein und teilzuhaben; sie bedeutet vielmehr, sich aktiv beteiligen zu können, sich einzumischen, eigene Bedürfnisse formulieren und die eigene Meinung vertreten zu können (Bernasconi/Terfloth in diesem Band).

UK-Therapie ist aufgrund rechtlicher Vorgaben (SGB V, SGB IX) primär auf Heilbehandlung ausgerichtet. Sie wird von spezifisch für dieses Arbeitsfeld ausgebildeten und anerkannten »UK-Therapeuten« als additive Leistung des Gesundheitswesens durchgeführt. »UK-Pädagogen«, die im Allgemeinen oder heil-/sonderpädagogischen Bildungswesen tätig sind, haben die Aufgabe, UK-Maßnahmen alltagsimmanent in pädagogische Prozesse zu integrieren. Bei guter Zusammenarbeit beider Professionen besteht die Möglichkeit, die Interventionsintensität und somit die Wirksamkeit der Maßnahmen deutlich zu steigern. Unterstützt auf der einen Seite die therapeutische Maßnahme die Entwicklung des Kindes, um an Bildungsprozessen teilhaben zu können, so intensiviert im Gegenzug der Therapie-unterstützende Unterricht die Therapiemaßnahme und verhilft dadurch zu einer besseren Effektivität bei der Erreichung des gemeinsamen Ziels soziale Teilhabe resp. Partizipation.

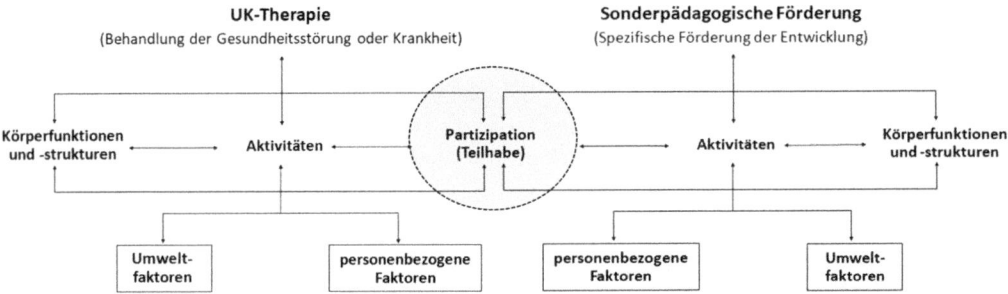

Abb. 1: Das doppelte ICF-Modell im Gesundheits- und Bildungswesen

Beispiel: Ein Schüler ist mit einer komplexen elektronischen Kommunikationshilfe versorgt worden. In der UK-Therapie lernt der Schüler die linguistische Systematik des auf diversen Unterseiten verborgenen Vokabulars (Wo finde ich welches Wort?), die Anwendung der grammatikalischen Funktionen sowie die Nutzung der richtigen Grammatik bei Satzbildung (z. B. Pluralbildung, Flexion der Wörter, Verbendstellung). In der (sonder-)pädagogischen Förderung bzw. im Therapie-unterstützenden Unterricht lernt der Schüler im Kontext des Fachunterrichts neue Wörter auf seiner elektronischen Hilfe zu finden oder neu einzuspeichern sowie deren Bedeutung, er lernt diese im Kontext richtig anzuwenden (Bildungssprache) und erweitert dadurch seinen Wortschatz, sein Weltwissen und seine kognitiven Kompetenzen. Die UK-Therapie sichert hier also die Voraussetzung, aktiv an Bildungsprozessen teilhaben zu können. Die pädagogische Förderung baut auf diesen Grundlagen auf und implementiert die neuen Fertigkeiten in den Bildungsprozess. Dadurch werden wiederum die therapeutischen Ziele zur Übertragung in den Alltag unterstützt. In diesem zirkulären, sich gegenseitig unterstützenden Prozess können so sowohl die nächsten Therapieziele als auch die nächsten Lernziele kontinuierlich erarbeitet und ausgebaut werden.

Aufgrund der weiten Verbreitung von UK im pädagogischen System besteht eine gute Chance, bei guter Kooperation von UK-Pädagogen und UK-Therapeuten eine hochfrequente UK-Intervention zu erreichen. Zu beachten ist dabei jedoch, dass in Bildungsinstitutionen mit zu wenigen UK-Pädagogen die alltagsintegrierten UK-Aufgaben nicht an Therapeuten delegiert werden können. Diese Übertragungsproblematik besteht insbesondere in der schulischen Inklusion, wenn Sonderpädagogen ohne UK-Fachkenntnisse und nur stundenweise in einer Klasse mit einem UK-Nutzer tätig sind und dadurch eine notwendige UK-spezifische Förderung im Alltag ausbleibt. Andererseits arbeiten seit mehreren Jahrzehnten viele UK-Pädagogen an Förderschulen in therapieähnlichen Settings, da es nach wie vor viel zu wenig ausgebildete UK-Therapeuten gibt. Die Aus- und Weiterbildung muss auf beiden Seiten voranschreiten, um die Synergieeffekte aus einer professionsübergreifenden Kooperation von UK-Pädagogen und UK-Therapeuten ausschöpfen zu können.

Literatur

Bergeest, H./Boenisch, J. (2019[6]): Körperbehindertenpädagogik. Bad Heilbrunn.

Beukelman, D. R./Mirenda, P. (2013[3]): Augmentative and Alternative Communication. Baltimore: Paul Brookes.

Blackstone, S./Hunt Berg, M. (2006): Manual Soziale Netzwerke. (dt. Übersetzung von S. Wachsmuth). Karlsruhe: von Loeper.

Boenisch, J. (2009): Kinder ohne Lautsprache. Grundlagen, Entwicklungen und Forschungsergebnisse zur Unterstützten Kommunikation. Karlsruhe: von Loeper.

Boenisch, J./Sachse, S. K. (2018[3]): Diagnostik und Beratung in der Unterstützten Kommunikation. Theorie, Forschung und Praxis. Karlsruhe: von Loeper.

Braun, U. (1994): Unterstützte Kommunikation bei körperbehinderten Menschen mit einer schweren Dysarthrie: eine Studie zur Effektivität tragbarer Sprachcomputer im Vergleich zu Kommunikationstafeln. Diss., Frankfurt/M.

Braun, U. (1996[2]): Kleine Einführung in Unterstützte Kommunikation. In: Braun, U. (Hrsg.): Kinder mit cerebralen Bewegungsstörungen. Bd. III: Unterstützte Kommunikation. Düsseldorf, 3–9.

Braun, U./Kristen, U. (2008): Körpereigene Kommunikationsformen. In: isaac-Gesellschaft für UK/von Loeper (Hrsg.): Handbuch der Unterstützten Kommunikation. von Loeper: Karlsruhe, 02.003.001-02.007.001.

Bünk, C./Baunach, M. (2002): Unterstützte Kommunikation mit körperbehinderten Schülern. In: Boenisch, J./Daut, V. (Hrsg.): Didaktik des Unterrichts mit körperbehinderten Kindern. Kohlhammer: Stuttgart, 92–105.

Bürki, M./Steiner, J. (2012): Die vermessen(d)e Sprachtherapie: Anmerkungen zu einem adäquaten Rahmen für Wirksamkeit. In: VHN 3, 185–190.

Davison-Hoult, A./Ward, C. on behalf of Rett UK (2017): An Introduction to AAC for People with Rett Syndrome and other Complex Communication Needs. Rett UK.

Der Heilmittelkatalog (2018): https://heilmittelkatalog.de (28.12.2018).

DIMDI. Deutsches Institut für Medizinische Dokumentation und Information (2005): Website: Internationale Klassifikation der Funktionsfähigkeit, Behinderung und Gesundheit (ICF). https://www.dimdi.de/dynamic/de/klassifikationen/icf/index.html [06.01.2019].

Ganz, J.B./Morin, K.L./Forster, M.L./Vannest, K.J./Tosun, D.G./Gregori, E.V./Gerow, S.L. (2017): High-technology augmentative and alternative communication for individuals with intellectual and developmental disabilities and complex communication needs: a meta analysis. In: Augmentative and Alternative Communication, 4, 224–238.

GBE (2018): Gesundheitsberichterstattung des Bundes: Therapeutische Leistungen. www.gbe-bund.de/glossar/Therapie.html [31.12.2018].

Giel, B./Liehs, A. (2010): Unterstützte Kommunikation als Bestandteil von Sprachtherapie. In: Unterstützte Kommunikation, 2, 7–11

Grötzbach, H./Hollenweger-Haskell, J./Iven, C. (2014): ICF und ICF-CY in der Sprachtherapie: Umsetzung und Anwendung in der logopädischen Praxis. Idstein: Schulz-Kirchner.

Haag, L./Streber, D. (2016): Individuelle Förderung. Eine Einführung in Theorie und Praxis. Weinheim.

Hamm, B./Mirenda, P. (2006): Post-school quality of life for individuals with developmental disabilities who use AAC. In: Augmentative and Alternative Communication, 2, 134-147.

Kaiser-Mantel, H. (2012): Unterstützte Kommunikation in der Sprachtherapie. München: Ernst Reinhardt.

Kent-Walsh, J./Murza, K.A./Malani, M.D./Binger, C. (2015): Effects of Communication Partner Instruction on the Communication of Individuals using AAC: A Meta-Analysis. In: Augmentative and Alternative Communication, 4, 271–284.

Kristen, U. (1992): Warum haben Hunde Haare? Grundlagen einer personenzentrierten Kommunikationsförderung bei nicht- und kaumsprechenden Kindern, Jugendlichen und Erwachsenen. In: Das Band, 5, 29–32.

Kristen, U. (1994): Praxis Unterstützte Kommunikation. Düsseldorf.

Kruse, A. (2016): Potentiale des Alters. Ein Überblick über aktuelle Ergebnisse der Altersforschung für Prävention und Rehabilitation. Forum Logopädie, 5, 6–11.

Lage, D./Knobel Furrer, C. (2017): Das Kooperative Partizipationsmodell. Ein notwendiger Relaunch. In: Lage, D./Ling, K. (Hrsg.): UK spricht viele Sprachen. Karlsruhe: von Loeper, 125–138.

Lüke, C./Vock, S. (2019): Unterstützte Kommunikation bei Kindern und Erwachsenen. Springer: Heidelberg.

Nellessen-Martens, G./Froböse, I./Fiehn, R. (2015[4]): Therapie – Gemeinsames Handeln. In: Froböse, I./Wilke, C. (Hrsg.): Training in der Therapie. Urban-Fischer: München, 1–21.

Nonn, K. (2011): Unterstützte Kommunikation in der Logopädie. Stuttgart: Thieme.

Nonn, K./Päßler-van Rey, D (2014): ICF in der Unterstützten Kommunikation. In: Grötzbach, H./Hollenweger Haskell, J./Iven, C. (Hrsg.): ICF und ICF-CY in der Sprachtherapie. Idstein: Schulz-Kirchner, 275–286.

Schlosser, R. W. (2003): The efficacy of augmentative and alternative communication: Toward evidence-based practice. Academic Press: San Diego, CA.

Schuck, K.D. (2016): Fördern, Förderung, Förderbedarf. In: Dederich, M./Beck, I./Bleidick, U./Antor, G. (Hrsg.): Handlexikon der Behindertenpädagogik. Stuttgart, 116–120.

tobii Dynavox/Clarke, V. (2018): Goals Grid – Förderziele in der Unterstützten Kommunikation. (dt. Übersetzung von S. K. Sachse). www. http://tdvox.web-downloads.s3.amazonaws.com/Materialkiste/Analyse_Status_Verlauf/TobiiDynavox-F%C3%B6rderziele_in_der_UK_GoalsGrid.pdf [23.05.2019].

Weid-Goldschmidt, B. (2013): Zielgruppen Unterstützter Kommunikation. Fähigkeiten einschätzen – Unterstützung gestalten. Karlsruhe: von Loeper.

Bildung und UK

Tobias Bernasconi

Bildung ist ein komplexer und schwierig zu definierender Begriff. Im Kontext der UK ist Bildung bisher ein eher am Rande behandeltes Thema. So finden sich keinerlei Veröffentlichungen, die sich explizit mit der Frage nach dem Zusammenhang von Bildung und UK auseinandersetzen. Der vorliegende Beitrag versucht Folgendes: Zunächst soll (1) der Begriff inhaltlich gefüllt und darauf aufbauend (2) ein für die UK tragfähiger Bildungsbegriff entworfen werden. Daran anknüpfend werden (3) Zusammenhänge von Bildung und UK beschrieben und abschließend (4) Hinweise für eine Bildung ermöglichende Arbeit in der UK gegeben.

1 Begriffsklärung

Was ist Bildung? Die Frage nach Begriff, Inhalt und Bedeutung von Bildung ist eine jahrhundertealte Problemstellung, die bis heute nicht abschließend beantwortet ist, sondern vielmehr weiterhin nur vage und je nach Verständnis und Werthaltung unterschiedlich gefüllt werden kann (vgl. Störmer 2009, 184). Dabei ist es aktuell nicht möglich, »einen konsensfähigen Begriff von Bildung innerhalb der fachwissenschaftlichen Diskussion zu erhalten« (Sauter 2016, 170). Neben unterschiedlichen Grundhaltungen wird Bildung zudem in unterschiedlichen Kontexten, z. B. als ein gesellschaftlicher, sozialpolitischer oder erziehungswissenschaftlicher Begriff mit z. T. unterschiedlicher Intention benutzt.

In der Pädagogik gilt Bildung als ein »Grundsachverhalt« (Antor/Bleidick 2001, 6) und zentraler Begriff neben Erziehung, Entwicklung, Lernen und Sozialisation. Ricken (vgl. 2010, 32 f.) schlägt eine Systematisierung der genannten Begriffe vor und setzt Bildung an einen Punkt eines Koordinatensystems, in dem die Begriffe Entwicklung und Sozialisation auf der horizontalen Achse als unterschiedliche Veränderungsprozesse (Entwicklung bezogen auf die körperliche, psychische etc. Entwicklung des Individuums; Sozialisation mit Blick auf das Hineinwachsen in die soziale Welt) platziert sind. Die Begriffe Erziehung und Bildung markieren auf einer vertikalen Achse die Antwort auf die Entwicklungs- und Sozialisationsaufgaben im Sinne von pädagogischer Unterstützung (▶ Abb. 1).

Im Zentrum des Koordinatenkreuzes steht der Begriff des Lernens, als »Ausdruck dessen, dass es in pädagogischen Bemühungen der Erziehung und Bildung im Kern um Prozesse des Lernens geht« (ebd., 33). Das Koordinatensystem erweist sich dabei in Abhängigkeit der jeweiligen pädagogischen Herausforderung bzw. Lebenssituation des Individuums als flexibel, d. h. je nach Entwicklungs- bzw. Sozialisationsaufgaben verschieben sich auch die Bildungs- und Erziehungsnotwendigkeiten.

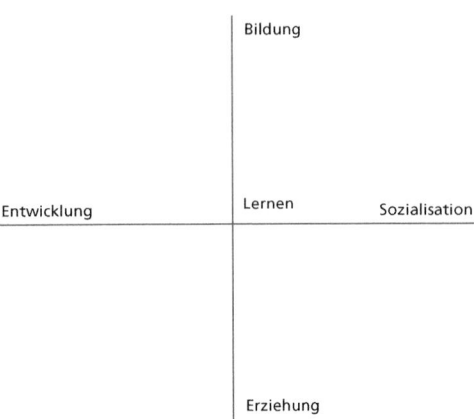

Abb. 1: Systematisierung erziehungswissenschaftlicher Grundbegriffe in Anlehnung an Ricken (2010)

Die Systematisierung zeigt dabei vor allem aber, dass Bildung nicht isoliert gesehen werden kann, sondern immer in einem gesamtlebensweltlichen Zusammenhang steht.

Über verschiedene Epochen hinweg bis in die Neuzeit hinein hat es immer wieder neue, unterschiedlich akzentuierte (erziehungswissenschaftliche, theologische, philosophische) Analysen und Beschreibungen des Begriffs und seines Inhaltes gegeben (vgl. Störmer 2009). Für die Pädagogik ist insbesondere der in der Zeit der Aufklärung entstandene und auf Kant zurückgehende Bildungsbegriff zentral, welcher Aufgabe und Bestimmung der pädagogischen Begleitung darin sieht, dass der Mensch sich (durch Erziehung) zu einem vernunftbestimmten (gebildeten) Menschen entwickelt (vgl. Zirfas 2012, 77). Dieses Verständnis von Bildung ist deshalb so zentral, da es die Grundlage für die gesellschaftliche Dimension von (Schul-)Bildung legt und sich bis heute in vielen Bildungsvorstellungen hält (vgl. Seitz 2010). Gleichsam entsteht hier jedoch eine Unterscheidung in bildungsfähige und (noch nicht) bildungsfähige Menschen, was letztlich die Grundlage für das insbesondere von der Sonder- und Heilpädagogik zurückgewiesene Konzept einer sog. Bildungsunfähigkeit legt (vgl. Speck 1998, 45). Auch wenn die Begrifflichkeit nicht mehr verwendet wird, hält sich das zugrundeliegende Konzept jedoch weiterhin, wenn »Bildungsangebote entlang von Taxonomien« (Seitz 2010, 47) für verschiedene Personengruppen angeboten werden.

In jüngerer Vergangenheit wurde der Bildungsbegriff in der erziehungswissenschaftlichen Diskussion z. T. als ein idealisierend-überhöhender Begriff oder als historisch überholt bezeichnet (vgl. Störmer 2009, 182). In diesem Zusammenhang wurden andere Begrifflichkeiten wie Qualifikation, Identität, Autopoiesis oder auch Lernen vorgeschlagen und verwendet (Lenzen 1997; Antor/Bleidick 2001; Koller 2012). Diese Begriffe enthalten jedoch allesamt nicht den inhaltlichen Gehalt des deutschen Wortes *Bildung*, das wie kein anderes den komplexen und lebenslangen, sozial verankerten »Prozess der Entfaltung des Menschen in seinen unterschiedlichen Fähigkeitsbereichen« (Seitz 2010, 46) bezeichnet.

Als ein eher sozialpolitischer Begriff wird Bildung aktuell in der nationalen Gesetzgebung im Rahmen der Ratifizierung des Übereinkommens der Vereinten Nationen über die Rechte der Menschen mit Behinderung (UN-BRK) als ein unteilbares Menschenrecht verankert. In der UN-BRK wird Bildung mit ›lebenslangem Lernen‹ umschrieben, was deutlich machen soll, dass erst durch die Entfaltung der menschlichen Möglichkeiten, der Persönlichkeit sowie der Begabungen und Fähigkeiten das Ziel der umfassenden Teilhabe an der freien Gesellschaft ermöglicht werden kann (vgl. BGBL 2008, 1436).

2 Skizzierung eines tragfähigen Bildungsbegriffes

Die Vielzahl der existierenden Bildungsbegriffe erfordert eine inhaltliche Klärung darüber, was in einem bestimmten Kontext unter Bildung verstanden werden soll. Für diesen Beitrag wird Bildung in Anknüpfung an Koller (2012, 16) als »grundlegende Veränderung des Verhältnisses von Ich und Welt« verstanden. Der Veränderungsprozess ist dabei *relational* und *transformatorisch*, was im Folgenden erläutert wird.

Bildung als relationaler Prozess meint, dass sich im Bildungsprozess sowohl Bildungsobjekt als auch Bildungsgegenstand bzw. die Welt verändern, aneinander anpassen und so ›gebildet‹ aus der Situation hervorgehen. Sie vollziehen sich primär im Subjekt und gehen vom Subjekt aus und stellen nicht eine Art Lernens im Sinne eines Ursache-Wirkungs-Prozesses dar. Gleichzeitig findet Bildung durch Interaktion mit anderen Menschen oder Dingen statt. *Transformatorische Bildungsprozesse* sehen selbige entsprechend nicht als einen kontinuierlichen Weg, der bestimmbar ist und einer ›logischen‹ Abfolge folgt, sondern als etwas Sprunghaftes (Koller 2012, 74). Bildungsprozesse sind in diesem Kontext dann vor allem eine (entwicklungs)logische Konsequenz auf »krisenhafte Ereignisse« (Koller 2012, 16). Krisen bezeichnen dabei jedoch nicht gesundheitliche oder seelische Problemlagen im Sinne von Krankheiten. Koller (2012, 16) beschreibt Krisenerfahrung vielmehr als »die Konfrontation mit einer Problemlage, für deren Bewältigung sich das bisherige Welt- und Selbstverhältnis als nicht mehr ausreichend erweist«. Kernpunkt des Bildungsgeschehens ist damit eine Irritation bisheriger Wahrnehmungs-, Denk und Handlungsweisen, etwa in Folge »*gesellschaftlich* bedingte[r] Problemlagen« oder »*individuelle*[r] Krisenerfahrungen«, welche die Möglichkeit zur Herausbildung neuer Welt- und Selbstdeutungen bieten (Koller 2012, 72, H.i.O.).

Auch nach Vygotskijs Entwicklungstheorie ist die kindliche Entwicklung dadurch bestimmt, dass krisenhafte Umbrüche das gesamte System psychischer Prozesse umgestalten. Dabei sind die einzelnen Entwicklungsstufen »durch relativ stabile Gleichgewichtsphasen gekennzeichnet, die von instabilen, krisenhaften Konflikten abgelöst werden« (Hoffmann, 2013, 291). Phasen der Entwicklung finden verstärkt dann statt, wenn Menschen sich von ihrer Zone der aktuellen Entwicklung in die Zone der nächsten Entwicklung (ZdnE) begeben. Dabei werden stabile Annahmen, Routinen oder Handlungsabläufe instabil und in Frage gestellt und durch das Entwickeln oder Annehmen von Neuem abgelöst (vgl. Bergeest/Boenisch 2019, 36). Bergeest (2002) hat diesen Zusammenhang von Stabilität und Instabilität im Kontext der kognitiven Entwicklung von Menschen mit Körperbehinderung beschrieben und macht deutlich, dass es nicht primär darum geht, Phasen der Instabilität in stabile Handlungsmuster und Weltanschauungen zu überführen, sondern vielmehr eine *Balance* zwischen Stabilität und Instabilität zu finden (vgl. ebd. 9). Krisen im hier beschriebenen Sinne sind damit »kein negativ konnotierter, auszublendender Störfaktor von Bildung, sondern der Kern des Bildungsgeschehens« (Bernasconi/Böing 2015, 113).

3 Bildung im Kontext von UK

Bildungsprozesse im Kontext von UK spielen sowohl in institutioneller als auch in individueller Hinsicht eine Rolle. Mit institutioneller Bildung sind organisierte Bildungsangebote gemeint, die in pädagogischen Institutionen angeboten bzw. gestaltet werden.

Institutionell organisierte Bildung beginnt dabei im Bereich der frühen Kindheit, setzt sich in der Schulzeit fort und spielt auch im nachschulischen Erwachsenenleben eine Rolle.

UK hat in diesem Kontext zwei Funktionen:

1. UK kann Bildungs*gegenstand* sein. Das bedeutet, dass Inhalte der UK in Bildungsinstitutionen gelernt und gelehrt werden. Im Art. 24 der UN-BRK wird das Recht auf Bildung von Menschen mit Behinderung beschrieben. Der Unterpunkt 3a konkretisiert das Recht auf »das Erlernen von Brailleschrift, alternativer Schrift, ergänzenden und alternativen Formen, Mitteln und Formaten der Kommunikation« (BGBL 2008, 1437). Das Erlernen von neuen Funktionen der eigenen Kommunikationshilfe, das Erschließen von neuen Wörtern und deren pragmatischer Gebrauch sowie das Vermitteln von bestimmten strategischen Kompetenzen ist damit ein Bestandteil der Umsetzung des Rechts auf Bildung.
2. UK kann *Mittel* für Bildungsprozesse sein. Art 24., Abs 3c formuliert hier, dass »Bildung in den Sprachen und Kommunikationsformen und mit den Kommunikationsmitteln, die für den Einzelnen am besten geeignet sind« (ebd., 1438), angeboten werden muss. UK wird damit zum ›Antrieb‹ für den Bildungsprozess, wenn z. B. mittels neu gelernter Begriffe oder sozialer Strategien neue Erfahrungen gemacht, Dinge erschlossen und benennbar werden, wenn eigene Gedanken geäußert werden, kurz: wenn die Welt durch UK gestaltet und beschrieben wird.

UK steht demnach in einem wechselseitigen Verhältnis zu Bildung. Zum einen hat UK eine Mittlerfunktion, die Austausch über individuell bedeutsame Inhalte, Dinge, Erfassungen und Gedanken erst ermöglicht; zum anderen wird dadurch Bildung realisiert. Kurz gesagt: durch UK entstehen Bildungschancen und Bildungschancen realisieren sich durch UK.

Für die institutionelle Bildung heißt dies, dass Bildung nicht erst ein bestimmtes Kompetenzniveau benötigt, sondern ein zu erfüllendes Grundrecht jeder Person ist.

Auf individueller Ebene ist der Zusammenhang zwischen UK und Bildung in Anknüpfung an die theoretischen Grundlagen zunächst ein relationaler Prozess. UK ist dabei zum einen das Ausdrucksmittel, das den Austausch über die Welt ermöglicht. Gleichsam kann mittels UK auch die umgebende Welt verändert werden. Des Weiteren ermöglicht (Unterstützte) Kommunikation eine aktive Auseinandersetzung mit der Welt. Dabei sind insbesondere ›krisenhafte‹ Situationen im Sinne des oben dargestellten transformatorischen Bildungsgedankens Ausgangspunkt für neue Entwicklungen. So ist beispielsweise das Auslösen einer Reaktion mittels einer kleinen Hilfe möglicherweise für eine Person ein völlig neues Interaktionsmuster, für das ein neues Handlungsmuster entwickelt werden muss, welches gleichsam jedoch neue Erfahrungen und damit Entwicklungschancen ermöglicht. Oder das Gestalten von sozialen Beziehungen und das Benennen von eigenen Ideen, Meinungen oder Standpunkten kann zunächst zu einer Verunsicherung der unterstützt kommunizierenden Person und ihres Umfelds führen (Instabilität), ermöglicht dann aber die Transformation hin zu einer anderen Entwicklungsstufe (Stabilität).

In Anknüpfung an das oben angesprochene Koordinatensystem nach Ricken erweist sich UK damit als Aufgabe *und* Antwort für Entwicklungs- und Sozialisationsaufgaben sowie Bildung und Erziehung (▶ Abb. 2).

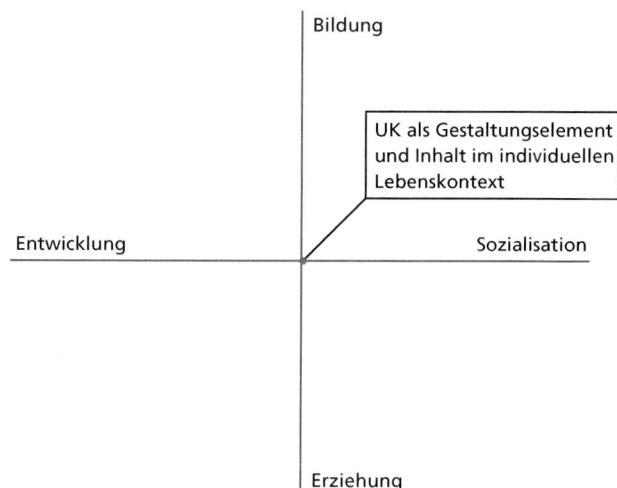

Abb. 2:
UK im Kontext von Bildung, Erziehung, Sozialisation und Entwicklung

Durch Veränderungen der Lebenssituation verschiebt sich auch der Schnittpunkt der Koordinatenachsen, d. h. die pädagogischen Herausforderungen und Chancen variieren in Abhängigkeit der individuellen Lebenssituation. UK ermöglicht es den betroffenen Personen und ihrem institutionellen und familiären Umfeld, Entwicklungspotentiale zu erkennen, Bildungs- und Erziehungsprozesse zu initiieren und zu unterstützen.

4 Hinweise für die praktische Umsetzung

Ansatzpunkt für UK-Interventionen, welche Bildung ermöglichen und berücksichtigen, müssen individuell bedeutsame Alltagssituationen sein. Zur Analyse von Alltagssituationen kann beispielsweise auf die ICF und eine systematische Interventionsplanung mit dem Fokus auf Alltagsaktivitäten der betreffenden Person zurückgegriffen werden (Bernasconi in diesem Band).
Des Weiteren erfordert die Arbeit im Kontext von Bildung und UK eine reflexive Auseinandersetzung mit eigenen Vorstellungen, Werten und Grundhaltungen in Bezug auf Bildung und UK. Da Bildungsprozesse sprunghaft und nicht kontinuierlich verlaufen, bedeutet pädagogische Begleitung in diesem Zusammenhang, auch individuelle, unerwartete und ggf. zunächst unverständliche Bildungswege anzuerkennen und zu unterstützen. Die Besonderheit an Bildungsprozessen liegt ja gerade in ihrer nur begrenzten Vorhersagbarkeit. Seitz (2010, 49) macht in diesem Kontext deutlich, dass »in bildungsbezogenen Erwartungen von Pädagogen ein Bild vom Gegenüber gezeichnet wird, das eine veränderliche, aber zwangsläufig jeweils begrenzte Perspektive darstellt«. Je begrenzter dieses Bild sich gestaltet, desto schwieriger ist es, auch Unerwartetes oder Unverhofftes beim Gegenüber wahrnehmen zu können. Reflexionsinstrumente im Rahmen von Beratung, Diagnostik und der Evaluation von Interventionen können hier helfen, Entwicklungen oder kommunikative Kompetenzen einer Person in einem veränder-

ten Licht zu sehen. Im Sinne eines relationalen Bildungsgedankens wird zudem die eigene Person als eine Variable mit ins Bildungsgeschehen eingebunden. Entsprechend ist das eigene Verhalten und dessen Auswirkungen im Rahmen von UK-Interventionen zu reflektieren. Insbesondere in Kontexten, in denen Ko-Konstruktionen eine besondere, teilweise elementare Bedeutung zukommt, muss demnach immer wieder auch das Nicht-Verstehen und die Begrenztheit des Wissens um den Anderen im pädagogischen Prozess anerkannt werden (vgl. Bader 2005, 59).

Die Unvorhersagbarkeit von Bildungsprozessen erfordert es somit, das Vertrauen in die individuelle Entwicklungsfähigkeit des Menschen nicht zu verlieren und eine stetige und kontinuierliche Begleitung zu gewährleisten. Dabei darf sich die Ermöglichung von Bildungschancen nicht im bloßen ›Warten auf die individuelle Entwicklung‹ beschränken.

Insbesondere im Kontext von UK sind immer auch neue Inhalte, neue Kontexte, spannende, unbekannte Themen und Situationen des sozialen Kontextes bewusst in die Intervention einzubeziehen. Der Entwicklungsprozess zur ZdnE kann nur dann erfolgreich verlaufen, wenn die gemeinsam erlebte und gestaltete Situation emotional positiv ausgekleidet wird. Durch den gemeinsam gestalteten Prozess entstehen Bildungs- und Entwicklungschancen nicht nur für die unterstützt kommunzierende Person, sondern auch für die familiären und institutionellen Bezugspersonen. Auch Menschen ohne Bedarf an UK entwickeln sich durch die Beschäftigung mit UK weiter. Oftmals stellt ja gerade die pädagogische Arbeit das fachliche und familiäre Umfeld vor Krisensituationen und neue Herausforderungen, z. B. mit Blick auf Modelling, Grundhaltungen oder Ideen bei der Interventionsplanung.

Zusammenfassende Grundsätze für bildungsbezogenes Arbeiten im Kontext UK

- Bildung wird vom Menschen für sich durch die Auseinandersetzung mit der Welt und anderen Menschen erworben. Ziel von Bildungsprozessen ist die Selbstfindung durch Herstellen von Zusammenhängen über die gesellschaftlich-kulturelle und soziale Welt. UK ist damit Gegenstand von Bildungsprozessen.
- Bildung ist nicht lediglich für ›begabte‹ Personen, sondern ein grundlegendes Menschenrecht für Alle. Entsprechend darf keine Person von Bildungsangeboten aufgrund einer Beeinträchtigung oder eines bestimmten kommunikativen Entwicklungsstands ausgeschlossen werden. Im Sinne des Vorschussvertrauens und dem Wissen darüber, dass letztlich die Person selbst den ›letzten Schritt‹ im Bildungsprozess geht, sind Bildungsangebote derart zu gestalten, dass sie die gemeinschaftliche Auseinandersetzung mit Ungewohntem, Neuem und die Bewältigung der ›Krise‹ ermöglichen.
- Bildung und UK ermöglichen die Partizipation an bedeutsamen Situationen im persönlichen Alltag. Systematische UK-Interventionen sind damit auch Grundlage für kulturelle Bildung und Partizipation.
- Bildung braucht Inhalte und UK kann Bildungsinhalt sein. Interventionsziele erhalten damit zum einen eine individuell bedeutsame Komponente, welche gleichsam die Lebenswelt verändern kann (relationaler Bildungsgedanke). Zum anderen sollten Interventionen im stabilen Entwicklungsniveau starten und so das gemeinsame Ergründen des (noch) Instabilen ermöglichen (transformatorischer Bildungsgedanke).

Letztlich birgt die anfangs angesprochene Schwierigkeit der Definition des Bildungsbegriffes auch die Chance, ihn als zu bearbeitende Fragestellung zu nutzen (vgl. Sauter 2016, 170). Entsprechend müssen auch im Kontext UK immer wieder kritisch Bildungschancen, aber auch -barrieren analysiert und hinterfragt werden.

Literatur

Antor, G./Bleidick, U. (2001): Handlexikon der Behindertenpädagogik. Schlüsselbegriffe aus Theorie und Praxis. Stuttgart: Kohlhammer, 6–8.

Bader, I. (2005): Kommunikation mit Menschen mit schwerer Behinderung. In: Lebenshilfe e. V. (Hrsg.): Schwere Behinderung – eine Aufgabe für die Gesellschaft! Marburg, 81–102.

Bergeest, H. (2002): Die Balance von Stabilität und Instabilität – Didaktische Grundlagen des Unterrichts mit körperbehinderten Kindern. In: Boenisch, J./Daut, V. (Hrsg.): Didaktik des Unterrichts mit körperbehinderten Kindern. Stuttgart: Kohlhammer, 3–19.

Bergeest, H./Boenisch, J. (2019[6]): Körperbehindertenpädagogik. Grundlagen – Förderung – Inklusion. Bad Heilbrunn: Klinkhardt.

Bernasconi, T./Böing, U. (2015): Pädagogik bei schwerer und mehrfacher Behinderung. Stuttgart: Kohlhammer.

BGBL (2008): Gesetz zu dem Übereinkommen der Vereinten Nationen vom 13. Dezember 2006 über die Rechte von Menschen mit Behinderungen sowie zu dem Fakultativprotokoll vom 13. Dezember 2006 zum Übereinkommen der Vereinten Nationen über die Rechte von Menschen mit Behinderungen. Bundesgesetzblatt Teil II, Nr. 35, 1419–1457.

Hoffmann, T. (2013): Wille und Entwicklung. Problemfelder – Konzepte – Pädagogische-psychologische Perspektiven. Wiesbaden: Springer VS.

Koller, H.-C. (2012): Bildung anders denken. Einführung in die Theorie transformatorischer Bildungsprozesse. Stuttgart: Kohlhammer.

Lenzen, D. (1997): Lösen die Begriffe Selbstorganisation, Autopoieses und Emergenz den Bildungsbegriff ab? In: Zeitschrift für Pädagogik 43 Jg., 949–968.

Ricken, N. (2010): Allgemeine Pädagogik. In: Kaiser, A./Schmetz, D./Wachtel, P./Werner, B. (Hrsg.): Bildung und Erziehung. Stuttgart: Kohlhammer, 15–42.

Sauter, S. (2016): Grundbegriffe und Grundlagen: Erziehung, Bildung, Entwicklung und Heterogenität. In: Hedderich, I./Biewer, G./Hollenweger, J./Markowetz, R. (Hrsg.): Handbuch schulische Inklusion und Sonderpädagogik. Bad Heilbrunn: Klinkhardt, 169–178.

Seitz, S. (2010): Erziehung und Bildung. In: Kaiser, A./Schmetz, D./Wachtel, P./Werner, B. (Hrsg.): Bildung und Erziehung. Stuttgart: Kohlhammer, 43–58.

Speck, O. (1998): Bildung – ein Grundrecht für alle. In: Dörr, G. (Hrsg.): Neue Perspektiven in der Sonderpädagogik. Düsseldorf: Verlag selbstbestimmtes Leben, 33–55.

Störmer, N. (2009): Bildung. In: Greving, H./Ondracek, P. (Hrsg.): Spezielle Heilpädagogik. Eine Einführung in die handlungsfeldorientierte Heilpädagogik. Stuttgart: Kohlhammer, 182–198.

Zirfas, J. (2012): Eine Pädagogische Anthropologie der Behinderung – Über Selbstbestimmung, Erziehungsbedürftigkeit und Bildungsfähigkeit. In: Moser, V./Horster, D. (Hrsg.): Ethik der Behindertenpädagogik. Stuttgart: Kohlhammer, 75–89.

Sozialisationsbedingungen – eine kritische Auslegeordnung

Dorothea Lage

1 Einleitende Gedanken

Dieser Beitrag wirft einen kritischen Blick auf gesellschaftliche und politische Gegebenheiten rund um Bedingungen der Sozialisation im Kontext von Behinderung und von UK. Es ist ein Versuch, eine sozialisationstheoretische Auslegeordnung vorzunehmen und Aspekte dieser auch kritisch zu beleuchten.

Die gelingende Sozialisation eines Menschen ist eng verknüpft mit dem Meistern bestimmter Entwicklungsaufgaben zum Erlangen bestimmter Status-Dimensionen, insbesondere dem sozialen Status, dem ökonomischen Status und dem politischen Status. Dieser Prozess wird in der Sozialisation auch als »produktive Realitätsverarbeitung« bezeichnet. Als Mittel und Strukturen, die die Gesellschaft für das Meistern und das Erlangen zur Verfügung stellt, gelten die demokratischen Maxime der Chancengleichheit und sozialen Gerechtigkeit sowie die so genannten Hauptinstanzen der Sozialisation. Hierzu gehören die Familie (auch im Sinne einer sozialen Absicherung durch Sozialversicherungsgesetze), die Bildungssysteme (auch im Sinne der Schulpflicht), die (sozialen) Medien (auch Sinne von Zugehörigkeit und Information) und die Peers (auch im Sinne eines sozialen Netzwerks).

Die Pädagogik und die Sozialwissenschaften erforschen und formulieren dementsprechend Theorien zur Sozialisation, beispielsweise Klaus Hurrelmann als ein gängiger Vertreter zum Thema Sozialisation in der Pädagogik.

Im Kontext von Behinderung, und damit auch im Kontext der UK, muss dagegen kritisiert werden, dass die bekannten Sozialisationstheorien die Bedingungen von Menschen mit Entwicklungsbeeinträchtigungen zu wenig berücksichtigen. Denn den Sozialisationstheorien liegen tendenziell normative Vorstellungen zugrunde, wie das Aufwachsen geschieht und das aktive Handeln eines Individuums in den gesellschaftlichen Systemen sich gestaltet.

In der Behindertenpädagogik setzt sich Jantzen (2018) mit den Sozialisationsbedingungen im Kontext von Behinderung auseinander. Er konstatiert in seiner 2018 neu aufgelegten Schrift zu Sozialisation und Behinderung, dass in der Gesellschaft nach wie vor – trotz Bemühungen um Inklusion – erhebliche negative Einflüsse die Sozialisation von Menschen mit Entwicklungsbeeinträchtigungen prägen: soziale Isolation, prekäre Lebenslagen mit Armutsrisiko sowie große Teilhabe- und Inklusionsbarrieren. Meines Erachtens verweist er zu Recht auf die behindernden Bedingungen: die »produktive Realitätsverarbeitung« hängt maßgeblich mit den sozialen (Ausgangs-)Bedingungen zusammen, die eine Sozialisation erst ermöglichen – gerade hierin liegt die Grenze der Sozialisationstheorien.

Daher stehen drei Fragen im Raum: a) Kann die UK mit Blick auf die Sozialisation zur Erhöhung der Teilhabe vom Menschen mit Entwicklungsbeeinträchtigungen beitragen? b) Wird sich unsere Gesellschaft angesichts des Inklusions- und Teilhabe*gebotes* der UN-BRK (2009) dahingehend wandeln, dass sie sich in all ihren sozialen Systemen und

Strukturen partizipativer und inklusiver ausgestaltet? Und zwar derart, dass für alle Menschen die gleichberechtigte Teilhabe an allen Lebensbereichen der Gesellschaft gewährleistet und somit die Grundlage für die Inklusion geschaffen ist? c) Und welche Entwicklungs- und Forschungsaufgaben ergeben sich daraus zum Thema Sozialisation im Kontext von Behinderung und UK?

Zu beachten ist, dass das Gebot der UN-BRK marginalisierte Menschen mit Entwicklungsbeeinträchtigungen in den sozialen Systemen der Gesellschaft nun sichtbar macht, aber die dafür notwendigen flankierenden Maßnahmen kaum umzusetzen sind. Die Exkludierten zu inkludieren führt dazu, dass auf die soziale Umwelt erhebliche Belastungen zukommen, die nur von einer hoch ausdifferenzierten Expertenkultur, wie z. B. Spezialisierte für UK, für schulische Integration, für inklusive Pädagogik, für die Arbeitsintegration, für Freizeit-Assistenz, für Pflege etc., bewältigt werden kann. Durch diese Ausdifferenzierung einer Expertenkultur wird die Exklusion gleichsam reproduziert. Und genau diese Expertenkultur fordert nun normalisierte Lebensbedingungen. Dadurch besteht die Gefahr, dass die betroffenen sozialen Systeme (Familien, Bildungssysteme, Betriebe, etc.) der Sozialisation wesentlich mehr *be-* als entlastet werden. Das ist ein überdauerndes und nahezu unlösbares Problem im Kontext von Behinderung, da die sozialen Systeme der Gesellschaft zu wenig partizipativ und inklusiv strukturiert sind. Und: Sie können kaum umstrukturiert werden, weil sozialstaatliche und -politische Ressourcen zunehmend abgebaut werden – es bräuchte weitere umfassende Investitionen, insbesondere im Erwachsenenbereich für Menschen mit schweren Entwicklungsbeeinträchtigungen, und zwar sowohl bezogen auf die Dienstleistungsangebote als auch auf die Aus- und Weiterbildung der Fachpersonen.

Was hat das nun mit Sozialisationsbedingungen im Kontext der UK zu tun? Offensichtlich liegen die Sozialisationsbedingungen im Kontext von Behinderung grundsätzlich im Argen. Bräuchte es sonst die menschenrechtlichen Vorgaben in der UN-BRK für die Teilhabe, Kommunikation und Inklusion von Menschen mit Behinderungen? Der Bezug zur UK steht in Art. 2 der Begriffsbestimmungen: Kommunikation »schließt Sprachen, Darstellung, Brailleschrift, taktile Kommunikation, Großdruck, leicht zugängliches Multimedia sowie schriftliche, auditive, in einfache Sprache übersetzte, durch Vorleser zugänglich gemachte sowie ergänzende und alternative Formen, Mittel und Formate der Kommunikation, einschließlich leicht zugänglicher Informations- und Kommunikationstechnologie ein« (UN-BRK 2009).

2 Sozialisationsbedingungen

2.1 Zum Begriff Sozialisation

Unter Sozialisation wird das Zusammenspiel zwischen gesellschaftlichen Umweltfaktoren und angeborenen Individualfaktoren verstanden, das zur Persönlichkeitsentwicklung eines Menschen beiträgt: Sozialisation bezeichnet den »Prozess, durch den in wechselseitiger Interdependenz zwischen der biopsychischen Grundstruktur individueller Akteure und ihrer sozialen und physischen Umwelt relativ dauerhafte Wahrnehmungs-, Bewertungs- und Handlungsdispositionen entstehen« (Hurrelmann et al. 2015, 25).

Rahmenbedingungen der Sozialisation werden in Sozialisationstheorien weit gefasst, nämlich als das jeweils besondere soziale und zeitgeschichtliche Umfeld, in der ein Mensch aufwächst, in den Kindergarten und die Schule geht, eine Berufsausbildung absolviert, eine Arbeitstätigkeit ausübt, Beziehungen mit anderen Menschen eingeht oder beendet, sich in Vereinen engagiert, Freizeittätigkeiten ausübt und weitere soziale Netzwerke spannt. Hurrelmann/Bauer (2015) subsumieren all diese Prozesse in dem *Modell der produktiven Realitätsverarbeitung*. Es geht dabei um die wechselseitige Beziehung zwischen einem Menschen und gesellschaftlich vermittelter Realität, die vor allem für die Identitätsbildung und Persönlichkeitsentwicklung von Menschen bedeutend ist. Dies beinhaltet verschiedene Dimensionen der individuell unterschiedlichen Bewältigung: a) die Entwicklungsaufgaben, um sich im sozialen und gesellschaftlichen Leben gut zurecht zu finden und mehr oder weniger aktiv an diesem teilzuhaben, b) der Widerstreit zwischen sozialer Integration und Individuation, eine Ich-Identität zu bilden trotz möglicher Gefahren bei nicht gelingender Bewältigung der Aufgaben, c) die Persönlichkeitsentwicklung während des ganzen Lebenslaufs zu meistern trotz flexibler und unsicherer Strukturen, demografischem Wandel, veränderten Generationenbeziehungen und individuell unterschiedlichen Lebensbiographien sowie d) die Sozialisation in den einzelnen Lebensphasen Kindheit, Jugend, Erwachsene und Senioren (vgl. Hurrelmann/Bauer 2015, 98 ff.).

2.2 Zum Begriff Sozialisationsbedingungen

Bereits seit den 1970er Jahren setzen sich Geulen/Hurrelmann mit den Rahmenbedingungen auseinander und entwickelten das *Strukturmodell der Sozialisationsbedingungen* (1980, 64), das in der Pädagogik nach wie vor Gültigkeit hat. Die darin skizzierten vier Ebenen zeigen auf, dass und wie die Einflussfaktoren in einer *systematischen* Beziehung und in einem hierarchischen Verhältnis zueinanderstehen, die die Persönlichkeitsentwicklung und Subjekt-Werdung eines Menschen im Prozess der lebenslangen Sozialisation beeinflussen (vgl. Hurrelmann/Bauer 2015, 46 ff.). In dem Modell sind die gesellschaftlich bedingten Faktoren danach strukturiert, wie intensiv, direkt oder indirekt sie den unmittelbaren Sozialisationsprozess beeinflussen.

- Die *erste* Ebene bezieht sich auf die *individuelle Entwicklung* mit der Herausbildung von Persönlichkeitsmerkmalen, Erfahrungsmustern, Einstellungen, Kompetenzen, Wissen und emotionalen Strukturen, die einen Menschen kompetent und sozial handlungsfähig machen. Der Mensch erwirbt diese Fähigkeiten in Interaktionen und Kooperationen mit anderen Menschen.
- Die *zweite* Ebene ist sehr eng mit der ersten verbunden, es sind die direkt beeinflussenden Entwicklungsbedingungen. Es sind die *Tätigkeiten*, zwischenmenschlichen *Beziehungen* und *Rollen*, die ein Mensch im sogenannten *Mikrosystem* ausübt, erfährt und einnimmt, und eine unmittelbare sozialisatorische Wirkung zeigen. Dazu zählen die Eltern-Kind-Beziehung, die Kommunikation zwischen Gleichaltrigen, Freunden und Verwandten oder schulischer Unterricht. Das soziale Umfeld ist somit maßgeblich daran beteiligt, dass und welche kulturellen Bedeutungen der Dinge und Handlungen weitergegeben werden. Hier entstehen die Lebenswelten eines Menschen (vgl. Lage 2006, 51 ff.).
- *Institutionen* und *Organisationen*, die *Mesosysteme*, bilden die *dritte* Ebene. Sie sind quasi als Verbindungselemente zwischen Lebenswelt und Gesamtgesellschaft zu verstehen. Diese sozialisatorischen Sozialen Systeme sind fest in der Gesellschaft eingebettet und verfolgen oftmals bestimmte Zwecke im Sozialisationsprozess. Kindergärten, alle Arten der Schulen und Lehrbetriebe sind Institutionen, die den Zweck der (Aus- und Weiter-)Bildung verfolgen. Andere Institutionen beeinflussen die Sozialisation eher indirekt oder

nebenbei, wie z. B. Betriebe, Vereine, (soziale und Massen-) Medien und soziale Netzwerke. Organisationen unterscheiden sich von Institutionen dadurch, dass sie (hoch) arbeitsteilig funktionieren und dies in Anpassungsprozessen immer wieder optimieren, wie z. B. Krankenhäuser, Gefängnisse, Pflege- und Behinderteneinrichtungen. Diese Ausdifferenzierung und Strukturierung der Aufgaben sind notwendig, um Wirksamkeit und Wirtschaftlichkeit der Dienstleistungs- und Organisationsangebote nachweisen zu können.
- Schließlich sind Mensch, Lebenswelten und Soziale Systeme (vgl. Luhmann 1984) eingebunden in das gesamtgesellschaftliche System, die *vierte* Ebene. Dieses *Makrosystem* bildet die Komponenten der *politischen, kulturellen, ökonomischen und sozialen Strukturen* heraus. Es finden darin die großen Modernisierungen und Veränderungen der institutionellen Strukturen und kulturellen Bedeutungen statt: der soziale Wandel in modernen Gesellschaften. Auch diese Prozesse haben sozialisatorische Wirkung. Sichtbar wird dies beispielsweise in den Diskursen um Globalisierung vs. Individualisierung, Pluralismus vs. Wertewandel oder -verlust, Neoliberalismus vs. Demokratieverständnis.

Zusammenfassend ist festzuhalten, dass mit dieser Grundstruktur der Sozialisationsbedingungen die individuelle Persönlichkeitsentwicklung im Mikrosystem nur in Zusammenhang mit den umfassenden gesellschaftlichen Komponenten des Makrosystems zu verstehen und zu erklären ist.

2.3 Behindernde Sozialisationsinstanzen – behinderte Sozialisation

Die UN-BRK (2009) beschreibt Behinderung als eine schwerwiegende und überdauernde Beeinträchtigung oder sogar Ausschluss der Teilnahme und Teilhabe an gesellschaftlichen und gemeinschaftlichen Systemen und Gütern (vgl. Art. 1). Verursacht wird Behinderung durch das *Zusammenspiel* von Individual- und Umweltfaktoren, die es erschweren oder verunmöglichen (können), die in Aktivitäten und an Teilhabeorten auftretenden Barrieren zu überwinden (vgl. DIMDI 2005). Dies gilt somit auch für die aktive *mit*gestaltende Teilhabe an den Sozialisationsinstanzen. Menschen mit schweren Entwicklungsbeeinträchtigungen werden strukturell – und dies geschieht über medizinische, sonderpädagogische und (schul-)psychologische Diagnostik – daran gehindert und somit *be*hindert, allgemein gesellschaftlich anerkannte Sozialisationsinstanzen zu nutzen, um sich in die Gemeinschaft und Gesellschaft zu sozialisieren. Liegt eine schwere mehrfache Entwicklungsbeeinträchtigung vor, werden die betreffenden Menschen oftmals schon im sehr frühen Alter in Sonder-Sozialisationsinstanzen (Spezialgruppen im Kindergarten, Einzelbetreuung) eingewiesen; eben weil unsere Gesellschaft derart ausdifferenziert ist, dass sie für alle Sonder-Bedürfnisse den besonderen Unterstützungsbedarf erhebt und damit die Einweisung in Sonder-Instanzen mit den Expertenkulturen erfolgt. Stichweh (2009, 37) kritisiert, dass diese seit dem letzten Jahrhundert aufgebaute Errungenschaft der differenzierten Sonderpädagogiken *Institutionen der inkludierenden Exklusion* manifestieren und fördern. Gleichzeitig sind die speziellen und individuell ausgerichteten sonderpädagogischen Unterstützungskonzepte zwingend notwendig, um adäquate Entwicklungsbedingungen für Menschen mit Entwicklungsbeeinträchtigungen zu gestalten. Ein Dilemma in der Realisierung von Sozialisationschancen.

Sozialisation ist somit eng verbunden mit dem Gebot der Inklusion. In Anlehnung an Hoffmann (2018) sind Sozialisation und deren Bedingungen aus behindertenpädagogischer Sicht eigentlich nur in ihrer konkreten Negation zu beschreiben, und zwar aufgrund der Mechanismen gesellschaftlicher Ausgrenzung durch die bestehenden Macht- und Herrschaftsstrukturen. Der Autor fordert »Inklusion systematisch vom Standpunkt der Überflüssigen, der Ausgegrenzten, der Verdammten aus zu denken, vom Ort der Exklusion her« (Jantzen 2016, 142 zit. in Hoffman 2018, 32). So könnte kritisch gefragt werden: Kann dann im Kontext der UK etwas anders sein?

3 Sozialisationsbedingungen und UK

Im Weiteren sind Überlegungen und Fragen formuliert, die als Grundlage für weiterzuführende Forschungen und Diskurse zu Sozialisationsbedingungen und UK dienen können.

> Ein Beispiel: M. ist 23 Jahre alt und ungefähr so groß wie ein 8-jähriger Junge. Aufgrund einer Chromosenaberration und einer postnatalen Encephalitis lebt er mit schweren mehrfachen Beeinträchtigungen in den Entwicklungsbereichen Kognition, Motorik, Hören und Sehen. Er kommuniziert mit sehr wenigen körpereigenen Signalen, gelegentlich vermeidet er auch den Blickkontakt. Drei Handlungsweisen werden im sozialen Umfeld kommunikativ gedeutet und aufgenommen (Schlagen an den Hals: *Ich will nicht*; Ausstrecken der Arme: *Ich will schlafen*; Wegdrehen des Kopfes: *Ich will meine Ruhe*). Kommunikation findet viel statt, und zwar *über* ihn. Was M. kommunikativ versteht, ist nicht bekannt. Es wird angenommen, dass er vor allem taktil Informationen aufnehmen kann. Die Interaktionen basieren darauf, dass das Gegenüber so tut, als ob Sinn und Absicht hinter dem Handeln von M. steht. Das Beobachten und Einordnen seiner Signale ist sehr aufwendig und anfällig für Missverständnisse, weil das Rückfragen nicht möglich ist. Die Begleitpersonen in der WG fühlen sich überlastet und überfordert, weil für sie kaum zu erkennen ist, ob das Handeln von M. eine Anschlussreaktion auf ihr Handeln ist oder nicht. Zeigt M. keine Reaktion, wiederholen und verstärken sie ihr Handeln. Das adäquate und entwicklungsfreundliche Handeln der Begleitpersonen erfordert Fachkenntnisse, Geduld und Zeit.

3.1 Das Subjekt mit der individuellen Entwicklung

Dieses Handeln, dass sich jemand derart kümmert, passiert in jedem Familiensystem, in das ein Säugling hineintritt. Dieses notwendige Sich-Kümmern wird sozial geschätzt und getragen, weil ein Ende mit zunehmender altersbedingter Entwicklung und Inklusion absehbar ist. Es wird erwartet, dass bei einem kleinen Kind die Praxis des Sich-Kümmerns und die Strategie des Tun-Als-Ob abgelöst wird durch offensichtlich selbständiges, selbstbestimmtes, kommunikatives und kompetentes Handeln – aber eben nicht bei M., obwohl die gleiche Strategie angewendet wird.

Zu fragen gilt somit, ob außerhalb eines Familiensystems solche Bedingungen, also die Praxis des ständigen Sich-Kümmerns wie bei M., für die Entwicklung und Sozialisation in den typischen Instanzen wie regulären Kindergärten und Schulklassen, Ausbildungsstätten etc. überhaupt gegeben sind? Das hieße ja auch Inklusion.

Natürlich ist das Beispiel mit M. ein extremes. Inklusion und Teilhabe gilt jedoch für alle Menschen. Deshalb sind die schwächsten Mitglieder einer Gesellschaft, wie die Menschen mit schweren mehrfachen Entwicklungsbeeinträchtigungen, in Konzeptionen für mögliche Verbesserungen der Sozialisationsbedingungen in sozialen Systemen an den Ausgangspunkt zu setzen. Lösungsvorschläge für diese Thematik sind allerdings noch zu entwickeln und zu evaluieren – eine dringende Aufgabe für die nächste Zeit, damit nicht doch ein »Rest« bleibt (vgl. Rödler et al. 2001). Wenn in jeglichen sozialen Systemen adäquate (professionelle) Unterstützung beim Kommunizieren mit UK zur Verfügung steht, sind Entwicklungschancen und Sozialisationsmöglichkeiten für diese Personengruppe wesentlich verbessert (vgl. Lage, 2016). Für den Kontext der UK heißt das, dass in der UK-Expertenkultur die UK-Themen der Menschen mit schwersten mehrfachen Beeinträchtigungen wesentlich umfassender zu bearbeiten und erforschen sind. Teilhabe- und Inklusionschancen sind systematisch einzubeziehen, damit alle Menschen die Voraussetzungen für ihre Selbst-Sozialisation erhalten, um »den aktiven Part, den das Individuum in seiner Entwicklung und Erhaltung als eine gesellschaftlich handlungsfähige Persönlichkeit spielt« (Heinz 2012, 62), übernehmen zu können. Im Kontext der UK ist somit zu fragen, wie UK-Personen als aktive Agenten Kompetenzen zur Gestaltung ihrer Biografie erwerben und einsetzen lernen.

3.2 Das Mikrosystem mit den Lebenswelten

Im Mikrosystem stehen alltägliche Handlungsweisen und -koordinationen zwischen den Menschen sowie die entwicklungsfreundliche Funktion des kommunikativen Handelns im Zentrum. Welche sozialisatorischen Funktionen die jeweiligen Lebenswelten im Kontext der UK spielen und welche Probleme der Kolonialisierung (z. B. das Dilemma um strategisches vs. kommunikatives Handeln im professionellen Kontext) in diesen auftreten, ist bereits herausgearbeitet (vgl. Lage 2006).

Die Lebenswelt von M. in der WG ist geprägt von wenigen Routine-Tätigkeiten und von Beziehungen, in denen die Gegenüber Angst vor seinem selbstverletzenden Handeln haben. Dies führt zum Vermeiden von sozialen Interaktionen – sowohl von Seiten der Peers als auch der Begleitpersonen. M. werden die Rollen »Körper-Sprecher« (kommuniziert nicht wie die anderen in der WG) und »Verwöhnter« (zuhause bieten die Familienmitglieder eine Praxis des Sich-Kümmerns) zugeschrieben. Welche soziale Rolle M. für sich sieht, ist nicht bekannt. M. erlebt zwei völlig unterschiedliche Qualitäten in seinen Lebenswelten: anerkennende Zuwendung vs. Ablehnung. Diese Bedingungen sind für keinen Menschen entwicklungsfreundlich.

Der Sozialisationsbereich Arbeit steht M. nicht zur Verfügung. Aufgrund seiner schweren Entwicklungsbeeinträchtigung hat er keinen Zugang zu den institutionsinternen Werkstatt- und Beschäftigungsgruppen, da es nicht möglich ist, ihn in einen Arbeits- oder Beschäftigungsprozess einzubinden. Daher verbringt M. den ganzen Tag in der WG, morgens und nachmittags ist er je mindestens eine Stunde ohne Begleitung, dann sitzt er auf dem Sofa. M. ist alleine. Ob ihm das gefällt, weiß niemand. Die Gefahr sozialer Isolation ist strukturbedingt verstärkt.

Jedes zweite Wochenende ist M. bei seinen Eltern. Dann werden viele gemeinsame Tätigkeiten in der Öffentlichkeit unternommen. Er spielt Spiele auf einem Tablet mit den Eltern. Die Eltern kommunizieren mit ihm über Body-Signs, der Kommunikationskanal, den M. und seine Eltern früher während seiner Schulzeit gelernt haben.

Bezogen auf die UK bedeutet das zunächst, dass die Fachpersonen ihre Handlungsplanungen vermehrt auf M.s Kompetenzentwicklung in UK ausrichten müssen – sprich: ihre eigenen UK-Kompetenzen für diese Zielgruppe erweitern müssen. Zweitens, dass Gelegenheitsbarrieren im Sinne des Partizipationsmodells und Grundhaltungen bewusst zu machen, zu reflektieren und zu verändern sind (vgl. Lage 2019). Und drittens, dass diese

Grundhaltung Fachpersonen befähigt, »entsprechende dialogische Räume initiieren und aufrechterhalten zu können, innerhalb derer, *auf welchem Niveau auch immer* [Hervorhebung von DL], Reziprozität und Resonanz gesichert werden, je entsprechend unserer Eigenartigkeit wie der Einzigartigkeit des je Anderen« (Jantzen 2009, 17).

Es stellt sich die Frage, in welchen Sozialisationsräumen diese Bedingungen gegeben sind.

3.3 Das Mesosystem mit den Institutionen, Organisationen und Netzwerken

Mit dem Übergang in die Erwachsenenorganisation wurden an M. andere Entwicklungsaufgaben gestellt: neue Begleit- und Peerpersonen, nicht mehr täglich am Abend bei den Eltern zu sein, viel Zeit alleine verbringen zu müssen. Die Begleitpersonen von M. trauen ihm kaum zu, diese zu bewältigen. Es besteht dort auch eine andere Kommunikationskultur: UK ist bekannt, wird aber nicht benutzt. M. ist der einzige Erwachsene, der über gar keine Lautsprache verfügt. Man könnte von einer Fehlplatzierung im Fall von M. sprechen, doch sind in der Region, in der M.s Eltern leben, die Erwachsenenplätze rar und schließlich waren sie froh, überhaupt eine Behindertenorganisation zu finden, die M. einen Wohnplatz bieten konnte.

In inklusiven Lebensbedingungen bieten die Mesosysteme für die Menschen sozialisatorische Kontexte für Alltags- und Belastungsbewältigungen und biografisches Handeln (vgl. Heinz, 2012, 66). Zu fragen ist nun, welche Sozialisationsbedingungen Menschen mit schweren mehrfachen Entwicklungsbeeinträchtigungen wie M. *vorfinden*. Zudem ist zu untersuchen, inwieweit dann inklusive Lebensbedingungen darauf vorbereitet sind, diesen Menschen Sozialisationsgelegenheiten zu *bieten*.

Ein Forschungsbericht des Schweizer Bundesamtes für Sozialversicherung (2016) zur Analyse der Abgabe von Kommunikationsgeräten stellt heraus: »die Unterstützung in Erwachseneneinrichtungen ist aufgrund knapperer Ressourcen und weniger geschultem Personal schwächer« (S. V) und die »UK-Kompetenzen sind ausbaufähig« (S. VII). Und es ist – zumindest in der Schweiz – bekannt, dass Organisationen der Behindertenhilfe, insbesondere für Erwachsene mit schweren mehrfachen Beeinträchtigungen, Schwierigkeiten haben, gut ausgebildetes und hoch qualifiziertes Personal zu gewinnen. Auch finden Fachpersonen eine umfassende Wissensvermittlung zu UK vor allem in Weiterbildungen, nicht aber in ihren Ausbildungen vor. Dies alles sind strukturell bedingte Exklusionsrisiken und mangelnde Sozialisationsbedingungen für Menschen wie M. Denn er kann sich nicht auf eine adäquate Unterstützung und eine individuell ausgerichtete Begleitung für seine Kompetenzentwicklung verlassen, so dass in all seinen sozialen Systemen die UK für ihn, wie er sie benötigt, zur Verfügung steht. Zudem ist zu bedenken, dass M. in Sondereinrichtungen kaum Vorbilder und Peer-Groups findet, anhand derer er seine Entwicklungsaufgaben bewältigen könnte.

Nach wie vor besteht ein erheblicher Entwicklungsbedarf hinsichtlich der gesellschaftlichen Strukturen des Zusammenlebens zwischen den Menschen und des Verhältnisses zwischen Macht und Mensch mit Behinderung (vgl. Hoffmann 2018). Die Mesosysteme sind kritisch zu beleuchten und Vorschläge zu erarbeiten, so dass sie barrierefreier und inklusiver und den Anforderungen gerecht werden, damit sie auch für Menschen mit schweren mehrfachen Beeinträchtigungen zugänglich sind. Diese Aufgabe ist noch nicht erfüllt.

3.4 Das Makrosystem mit den gesamtgesellschaftlichen Komponenten

Schließlich geht es um gesamtgesellschaftliche und politische Dimensionen der Sozialisationsbedingungen, die bereits in den einleitenden Gedanken dieses Beitrags angesprochen werden: die Realisierung von gleichberechtigten Sozialisationschancen in sozialen System und Lebenswelten (vgl. Beck/Greving 2012, 36). Die Finanzlage in den Sozial- und Bildungssystemen erschwert es, schnell genug grundlegende und notwendige Veränderungen sowohl in den Sonder-Institutionen als auch für inklusive Strukturen in Regelinstitutionen vorzunehmen. Spätestens in der Sozialisationsphase des Erwachsenenalters werden in den gesamtgesellschaftlichen Strukturen die isolierenden und mangelnden Bedingungen offensichtlich. Insbesondere im Arbeitsmarkt sind umfassenden flankierende Maßnahmen aufzubauen, damit Arbeitgeber bereit werden, die Teilhabe am Arbeitsmarkt auch für M. zu ermöglichen – hierzu müssen auch erst noch das Lobbying und die entsprechenden Konzeptionen für die Unterstützungen und das Job-Coaching für Menschen mit schweren Entwicklungsbeeinträchtigungen entwickelt werden. Diese umfassende Entwicklungsarbeit ist noch zu leisten.

Die soziale Anerkennung und Aufwertung der Rollen (vgl. Osburn 2006) sowohl von Menschen mit schweren Beeinträchtigungen als auch von Fachpersonen in der sozialen und pflegerischen Arbeit ist eine politische Aufgabe, um kollektive Wertevorstellungen zu bestimmten (beruflichen) Tätigkeiten zu verändern.

Im Sinne von Teilhabe und Inklusion ist also zu fragen, ob Menschen mit schweren mehrfachen Beeinträchtigungen die gleichen Chancen haben, ob sie in ihrer eigenen Art geachtet und respektiert sind, ob sie diskriminiert werden oder nicht, ob ihre Sozialisationsräume eine normalisierte Teilhabekultur mit Rechten und Pflichten und Lebenswelten mit Selbstbestimmung und Mitwirkung ermöglichen, ob ihre sozialen Rollen sozialgesellschaftlich anerkannt sind und ob ihre Unterstützung zutrauend, adäquat und entwicklungsfreundlich ist. Antworten hierzu müssen erforscht und verbreitet werden.

4 Schlussbetrachtung

Sozialisationsbedingungen verweisen im Kontext von UK auf die allgemeinen. Innerhalb der UK-Expertenkultur sollten vermehrt kritische soziologische Diskurse geführt werden, um die gesellschaftlichen Inklusionsdilemmata stärker ins Blickfeld zu rücken und mögliche Veränderungen der Sozialisationsbedingungen – auch für M. – umsetzen zu können. Ansonsten besteht die Gefahr, dass doch ein Rest bleibt: die Menschen mit schweren mehrfachen Entwicklungsbeeinträchtigungen. In Zeiten der Individualisierung, Digitalisierung und Globalisierung können wir nicht mehr nicht-politisch und nicht-soziologisch handeln und denken, wenn wir Inklusion und Teilhabe für Alle leben wollen – auch nicht in unserer wissenschaftlichen und professionellen UK-Expertenkultur. Es braucht also eine gesellschaftliche Zukunftsplanung (vgl. Lage/Knobel 2014, 25 f.), um die sozialen Realitäten weiter zu entwickeln. Deshalb sind Konzeptionen für mögliche Verbesserungen der Sozialisationsbedingungen in sozialen Systemen an den schwächsten Mitgliedern einer Gesellschaft auszurichten, wie den Menschen mit schweren mehrfachen Entwicklungsbeeinträchtigungen. Steht in jeglichen sozialen Systemen genügend (professionelle) Unterstützung beim Kommunizieren mit UK zur Verfügung, sind Entwicklungschancen und Sozialisationsmöglichkeiten für diese Personengruppe wesentlich verbessert.

Literatur

Beck, I./Greving, H. (2012): Lebenswelt, Lebenslage. In: Beck, I./Greving, H. (Hrsg.): Lebenslage und Lebensbewältigung. Stuttgart: Kohlhammer, 15–59.

Bundesamt für Sozialversicherung (2016): Forschungsbericht zur Analyse der Abgabe von Kommunikationsgeräten an IV-Versicherte. www.bsv live.admin.ch/praxis/forschung/00106/01326/index.html [21.7.2016].

DIMDI (Hrsg.) (2005): Internationale Klassifikation der Funktionsfähigkeit, Behinderung und Gesundheit. Genf: WHO.

Geulen, D./Hurrelmann, K. (1980): Zur Programmatik einer umfassenden Sozialisationstheorie. In: Hurrelmann, K./Ulich, D. (Hrsg.): Handbuch der Sozialisationsforschung. Weinheim: Beltz, 51–67.

Heinz, W.R. (2012): Sozialisation, Biografie und Lebenslauf. In: Beck, I./Greving, H. (Hrsg.): Lebenslage und Lebensbewältigung. Stuttgart: Kohlhammer, 60–83.

Hoffmann, T. (2018): Inklusive Pädagogik als Pädagogik der Befreiung. In: Hoffmann, T./Jantzen, W./Stinkes, U. (Hrsg.): Empowerment und Exklusion. Zur Kritik der Mechanismen gesellschaftlicher Ausgrenzung. Gießen: Psychosozial, 19–48

Hurrelmann, K./Bauer, U. (2015): Einführung in die Sozialisationstheorie. Das Modell der produktiven Realitätsverarbeitung, 11. Auflage. Weinheim: Beltz

Hurrelmann, K./Bauer, U./Grundmann, M./Walper, S. (2015): Handbuch der Sozialisationsforschung. Weinheim: Beltz.

Jantzen, W. (2009): Schwerste Behinderung als sinnvolles und systemhaftes Verhalten unter isolierenden Bedingungen anhand der Beispiele Anencephalie, Epilepsie und Autismus. http://basaglia.de/Artikel/Schwerste%20Behinderung%202009.pdf [1.2.19].

Jantzen, W. (2018): Sozialisation und Behinderung. Unveränderte, um zwei aktuelle Vorworte erweiterte Neuauflage der Ausgabe von 1974. Gießen: Psychosozial.

Lage, D. (2019): Grundlegende Aspekte zur Unterstützten Kommunikation. In: Schweizerische Zeitschrift für Heilpädagogik, 1, 6–12.

Lage, D. (2016): Kein Rest soll bleiben! Teilhabe für Menschen mit schweren mehrfachen Beeinträchtigungen durch UK. In: Bayrische Sozialnachrichten, 5, 9–12.

Lage, D./Knobel Furrer, C. (2014): Rahmenbedingungen für die Unterstützte Kommunikation – die neuen Herausforderungen. In: Schweizerische Zeitschrift für Heilpädagogik, 11/12, 20–26.

Lage, D. (2006): Unterstützte Kommunikation und Lebenswelt. Eine kommunikationstheoretische Grundlegung für eine behindertenpädagogische Konzeption. Bad Heilbrunn: Klinkhardt.

Luhmann, N. (1984): Soziale Systeme. Grundriss einer allgemeinen Theorie. Frankfurt/M.: Suhrkamp.

Osburn, J. (2006): An Overview of Social Role Valorization Theory. In: SVR Journal, 1, 4–13.

Rödler, P./Berger, E./Jantzen, W. (Hrsg.) (2001): Es gibt keinen Rest! Basale Pädagogik für Menschen mit schwersten Beeinträchtigungen. Weinheim: Beltz.

Stichweh, R. (2009): Leitgesichtspunkte einer Soziologie der Inklusion und Exklusion. In: Stichweh, R./Windolf, P. (Hrsg.) (2009): Inklusion und Exklusion: Analysen zur Sozialstruktur und sozialen Ungleichheit. Wiesbaden: VS, 29–42.

UN-BRK (2009): Übereinkommen über die Rechte von Menschen mit Behinderungen. https://www.behindertenrechtskonvention.info [28.2.2019].

Unterstützte Kommunikation und soziale Medien

Ingo Bosse

Ein bedeutender Teil sozialer Kommunikation bei Kindern und Jugendlichen findet heutzutage über soziale Medien statt (vgl. Antener 2014, 9). 91 Prozent der 12- bis 19-Jährigen gaben 2018 an, täglich Zugang zum Internet zu haben. Kommunikation ist einer der wichtigsten Gründe für die Nutzung des Internets. Ein Großteil der Nutzungsdauer entfällt dabei auf die Kommunikation über soziale Medien: An erster Stelle steht Whatsapp. »95 Prozent der Jugendlichen zwischen zwölf und 19 Jahren in Deutschland tauschen sich regelmäßig über diese Kommunikationsplattform aus (...) Auf Platz zwei steht Instagram (67%), dahinter liegt Snapchat mit 54 Prozent regelmäßigen Nutzern. Facebook (15%) wird nur noch von wenigen Jugendlichen regelmäßig genutzt« (vgl. Medienpädagogischer Forschungsverbund Südwest 2018, 72). Diese Bedeutungszunahme sozialer Medien für soziale Netzwerke und Kommunikation ist weltweit zu beobachten. Im Jahr 2018 bezeichnen z. B. mehr als 93 Prozent junger Australier (15 bis 24 Jahre) soziale Netzwerke als den mit Abstand wichtigsten Grund für die Nutzung des Internets (Australian Bureau of Statistics ABS 2018).

Zunehmend beschäftigt sich auch die Forschung und Praxis im Bereich Unterstützter Kommunikation in englischsprachigen Ländern mit der Nutzung sozialer Medien durch Heranwachsende und Erwachsene mit komplexen Kommunikationsbedürfnissen. Für Deutschland liegen bisher kaum Veröffentlichungen dazu vor. Die internationale Forschung konnte die Bedeutung sozialer Medien für die volle und gleichberechtigte Partizipation an Bildung, Arbeitsleben und für das Sozialleben herausarbeiten (vgl. Hemsley/Murray 2015; Paterson 2017). Weiterhin werden die besonderen Vorteile, die soziale Medien für Menschen mit komplexen Kommunikationsbedürfnissen und für Personen mit körperlich-motorischen Beeinträchtigungen haben können, diskutiert: Die Nutzung sozialer Medien kann Lösungen für Schwierigkeiten bieten, die in der persönlichen Kommunikation auftauchen, wie z. B. Zeitdruck – Nachrichten können offline ohne Zeitlimit vorbereitet und dann versendet werden (vgl. Paterson 2017, 23). Zur sozialen Inklusion von UK Nutzenden können soziale Medien beitragen (vgl. Hemsley/Balandin/Palmer/Dann 2017, 14). Dadurch, dass mehr soziale Beziehungen gepflegt werden können, sind soziale Medien in der Lage, zur sozialen Teilhabe von UK Nutzenden beizutragen (vgl. Hemsley et al. 2017). Paterson (2017) konnte belegen, dass sogar die Lebenszufriedenheit insgesamt steigen kann.

Doch trotz dieser Vorteile gehören UK Nutzende zu den Gruppen, die weiterhin am stärksten von der digitalen Kluft betroffen sind (vgl. Sachdeva/Tuikka/Kimppa/Suomi 2015). Sie benötigen für die Nutzung des Internets oftmals noch intensive Schulung und Unterstützung und sind mit mangelnder Barrierefreiheit konfrontiert (vgl. Raghavendra/Newman/Wood/Grace/Hutchinson 2015).

Dieser Beitrag gibt einen Überblick über die Forschung, stellt ein aktuelles Forschungsprojekt zur Nutzung von Internet und Sozialen Medien durch junge Menschen mit komplexen Kommunikationsbedürfnissen vor und gibt Hinweise für die praktische Umsetzung von Trainingsprogrammen.

1 Aktueller Forschungsstand: Unterstützte Kommunikation und soziale Medien

Für Personen, die Schwierigkeiten in der Verwendung natürlicher Sprache haben, bieten soziale Medien zusätzliche Kommunikationsmöglichkeiten, z. B. indem die Interaktion nicht direkt erfolgt und somit die Dominanz, die Kommunikationspartner haben können, entfällt. Es gibt Atempausen in der Kommunikation. Hemsley et al. (2017) weisen darauf hin, dass soziale Medien einen großen Einfluss auf die soziale Inklusion von UK Nutzenden haben können. Hynan/Goldbart/Murray (2015) konnten wie auch Cooper/Balandin/Trembath (2009) herausarbeiten, dass soziale Beziehungen von UK Nutzenden durch soziale Medien bereichert werden können und dass sie helfen, das zum Teil vorhandene Gefühl von Einsamkeit zu mindern. Damit kann auch die Lebenszufriedenheit insgesamt steigen (vgl. Paterson 2017).

Die wachsende Bedeutung sozialer Medien für UK Nutzende liegt auch in der Weiterentwicklung elektronischer Kommunikationshilfen begründet. Ein Großteil der Talker erlaubt es inzwischen, im Internet zu surfen, online Musik zu hören, E-Books zu lesen und direkt in soziale Medien zu posten (vgl. Rehavista 2018). Kommunikationsapps wie z. B. die Quasselkiste erlauben ein direktes Posten von Mitteilungen, die neben schriftsprachlichen Äußerungen auch aus Videos oder Fotos bestehen können (vgl. Prentke Romich 2017, 68).

Australische Daten zeigen erhebliche Bestrebungen, soziale Medien zu nutzen, um sich mit anderen zu verbinden/zu kommunizieren. Die Studie von Raghavenda et al. (2015) macht zugleich deutlich, dass junge Leute mit Beeinträchtigungen überwiegend in passiven, nicht-sozialen online Aktivitäten wie z. B. Videos schauen und alleine Spiele spielen engagiert sind. Einige Befragte beschäftigten sich mit diesen Aktivitäten mehr als fünf Stunden pro Tag. Als Hauptbarriere wurden geringe Literacy-Fähigkeiten herausgearbeitet: Mehr als die Hälfte der australischen Befragten gab an, Hilfe zu benötigen von jemandem, der ihnen Informationen vorliest und Wörter schreibt. Diese Barrieren bestätigt Paterson (2017): Kommunikation über soziale Medien erfordert Literacy-Kompetenz, um erfolgreich im Internet zu navigieren; operative Kompetenz, um körperlich eine Maus oder eine Tastatur bedienen zu können; und strategische Kompetenz, um Beschränkungen zu umgehen, die mit langsamer Kommunikation verbunden sein können.

1.1 Die digitale Kluft und die Bedeutung von Medien- und Informationskompetenz

Die Forschung zur digitalen Kluft beschäftigt sich mit Ungleichheiten im Zugang zu und in der Nutzung von digitalen Medien. Ungleichheiten sind durch sozio-ökonomische Faktoren, Bildung, Region, ethnische Zugehörigkeit und Beeinträchtigungen bestimmt. Sachdeva et al. (2015) haben für die Benachteiligung von Menschen mit Behinderungen den Begriff des ›digital disability divide‹ geprägt. Zusätzlich zu den Aspekten des Zugangs und der Nutzung, die für alle benachteiligten Personengruppen zutreffen, kommt für Menschen mit Beeinträchtigungen der Aspekt der Zugänglichkeit/Barrierefreiheit hinzu. »Selbst wenn man Zugang zu Mediengeräten und digitalem Inhalt hat, kann es technische, strukturelle und kognitive Barrieren in der Beschaffenheit der Medien selbst geben, die die Nutzung mit körperlichen, kognitiven oder Sinnesbeeinträchtigungen erschweren oder ganz verhindern« (Bosse 2018, 831). Personen mit komplexen Kommunikationsbedürfnissen gehören zu den Gruppen, die am stärksten von der digitalen Kluft betroffen sind (vgl. Caron/Light 2016). Eine entscheidende Rolle bei der Überwindung der digitalen Kluft spielt Bildung, insbesondere der Erwerb von Medien- und Informationskompetenz. Die UNESCO versteht unter Medien- und Informationskompetenz (»media and information literacy«), Bürgern zu ermöglichen, die Funktionen von Medien und anderen Informationsanbietern zu verstehen, ihren Gehalt kritisch zu beurteilen, fundierte Entscheidungen als Nutzer und Produzent von Informationen und Medieninhalten zu tätigen (vgl. UNESCO 2018).

1.2 Barrieren bei der Internetnutzung für Menschen mit Behinderungen

Die erste bundesweite Studie zur Mediennutzung von Menschen mit Behinderungen aus dem Jahr 2016 (MMB16) liefert Daten über den Zugang zu Medien, deren Nutzung und Barrieren, die dabei auftreten (Bosse/Hasebrink/Haage/Hölig/Adrian/Kellermann/Suntrup 2016). Sie konzentriert sich auf Massenmedien, einschließlich des Internets. Die Studie zeigt, dass die Ausstattung von Menschen mit Behinderungen mit mobilen internetfähigen Endgeräten schlechter ist als in der Gesamtbevölkerung, insbesondere bei Menschen mit Lernschwierigkeiten. Auffällig sind die altersbezogenen Unterschiede hinsichtlich der Nutzung des Internets. Bezogen auf alle Befragten sind die Anteile innerhalb der jüngeren Altersgruppe (14–49 Jahre) deutlich größer als in der Gruppe der ab 50-Jährigen. Rund drei von vier der 14- bis 49-Jährigen und gut jeder Zweite der über 50-Jährigen nutzten das Internet mindestens mehrmals wöchentlich. Wie in der Betrachtung der vier Teilgruppen, nach denen die Studie differenziert (Seh-, Hör-, Bewegungsbeeinträchtigungen und Lernschwierigkeiten), deutlich wird, steht die Nutzung des Internets zwar in einem engen Zusammenhang zum Alter der Befragten, ist jedoch auch eine Frage der Beeinträchtigung. So nutzen anteilig deutlich mehr seh-, hör- und bewegungsbeeinträchtigte Menschen das Internet als Menschen mit Lernschwierigkeiten. Deutlich wurde auch der Zusammenhang mit Lebensbedingungen: Wer in Einrichtungen der Behindertenhilfe lebt, hat seltener Zugang zu mobilen digitalen Geräten als in Privathaushalten. Insgesamt macht die Studie deutlich, dass eine Beeinträchtigung mit speziellen Risiken für die Internetnutzung einhergeht. Für Menschen mit körperlichen und motorischen Beeinträchtigungen liegen Barrieren in der Internetnutzung vor allem in der Nutzbarkeit. Häufig genannt wurden nicht einstellbare Schriftgrößen, eine zu kleinteilige Benutzerführung, z. B. mit Links, die zu nah beieinanderstehen, oder eine komplizierte und nicht selbsterklärende Navigation (vgl. Bosse et al. 2016).

2 Studie zur Nutzung von sozialen Medien durch junge Menschen mit komplexen Kommunikationsbedürfnissen

Im Jahr 2018 führten die TU Dortmund und die Katholische Hochschule Freiburg eine Studie zur Nutzung des Internets und sozialer Medien von jungen Menschen (10–25 Jahre) mit komplexen Kommunikationsbedürfnissen durch. Die so identifizierten Unterstützungsmöglichkeiten und Barrieren für die Teilhabe an der Internet- und Social Media-

Nutzung können außerdem als Grundlage für die Entwicklung von Lehr- und Lernkonzepten oder Trainings dienen.

Im Fokus von Modul I standen folgende Forschungsfragen:

- Wie nutzen junge Menschen mit komplexen Kommunikationsbedürfnissen das Internet und soziale Medien?
- Was sind Förderfaktoren und Barrieren für die Nutzung des Internets und sozialer Medien für diese Gruppe?
- Inwiefern sind diese Nutzungsmuster international vergleichbar?

Die Gesamtstudie nutzte einen australischen standardisierten Fragebogen mit länderspezifischen Anpassungen. Der Fragebogen besteht aus zwei Teilen. Im ersten Teil werden soziodemographische Daten, Bildungsstand der Eltern, Literacy-Kompetenzen und Nutzung von UK-Systemen erfasst. Weiterhin wurden für die Klassifikation der Fähigkeiten der oberen Extremitäten, insbesondere der Fein- bzw. Handmotorik, das Manual Ability Classification System – MACS (vgl. Eliasson et al. 2006) und für die Erfassung der kommunikativen Leistungen eines Menschen im Alltag das Communication Function Classification System – CFCS (vgl. Hidecker et al. 2011) verwendet. Grobmotorische Fähigkeiten wurden mit dem Gross Motor Function Classification System – GMFCS (vgl. Paulson/Vargus-Adams 2017) erfasst. Alle drei Instrumente weisen eine gute Reliabilität und Validität auf. Durch die Nutzung des australischen Fragebogens soll die internationale Vergleichbarkeit gewährleistet werden. Im zweiten Teil des Fragebogens steht die Online Nutzung oder Nicht-Nutzung und die Art der Nutzung mit dem Schwerpunkt soziale Medien im Fokus. Die Befragung von 24 Personen (10–25 Jahre) mit körperlichen Beeinträchtigungen und komplexen Kommunikationsbedürfnissen ist online basiert, auf Wunsch wurde Unterstützung durch Studierende gegeben, die von 21 der Befragten genutzt wurde.

Folgende Forschungsfrage stand im Fokus von Modul II:

- Welche Aspekte beeinflussen die standardisierte Interviewführung mit Menschen mit komplexen Kommunikationsbedürfnissen?

Die face-to-face-Befragungen im zweiten Modul wurden mittels Konversationsanalyse untersucht. Sie diente der Identifizierung von vier Einflussfaktoren für die Durchführung von Interviews mit Menschen mit komplexen Kommunikationsbedürfnissen: Erhebungsinstrument, Rahmenbedingungen, Interviewer und Befragter. Diese Systematisierung der Einflussfaktoren ist eine künstliche Differenzierung. Während jeder Faktor die Interviews beeinflusst, werden diese Faktoren wiederum von beiden Interviewpartnern, insbesondere vom Interviewer, beeinflusst. Dies zeigt, dass die Durchführung von Interviews mit Menschen mit komplexen Kommunikationsbedürfnissen in erster Linie vom Interviewer beeinflusst wird. Daher muss der Interviewer besonders berücksichtigt werden. Bisher sind die Studien unveröffentlicht. Die ausführlichen Ergebnisse zu beiden Studienteilen erscheinen Ende 2019.

Die Daten aus beiden Modulen liefern erste Anhaltspunkte, dass Lese- und Schreibfähigkeiten die Internetnutzung von jungen Leuten mit komplexen Kommunikationsbedarfen stärker beeinflussen als motorische Fähigkeiten. Die Ergebnisse zeigen, dass zahlreiche Webseiten für Menschen mit niedrigen Lese- und Schreibfähigkeiten schwierig zu verstehen und anzusteuern sind. Veränderungen sind notwendig hinsichtlich des barrierefreien Designs von Webseiten und sozialen Medien. Der internationale Standard für die Barrierefreiheit des Internets, der Web Content Accessibility Guidelines – WCAG 2.1 (vgl. W3C 2018), deckt kognitive Barrierefreiheit nicht ab und ist darüber hinaus in den meisten Ländern nicht für den privaten Sektor vorgeschrieben.

3 Schlussfolgerungen: Medienkompetenzvermittlung in Bildungsangeboten

Bisher liegen keine deutschen Forschungsergebnisse für systematische Schulungen oder Fortbildungen zu sozialen Medien für UK Nutzende vor. Das australische Team um Raghavendra hat ein Trainingsprogramm entwickelt und durchgeführt, um personalisierte Ziele in der Nutzung sozialer Medien erreichen zu können. Die Teilnehmenden erhielten zunächst maßgeschneiderte Trainings und Unterstützung zur Erreichung personalisierter Ziele in der Nutzung sozialer Medien. Es folgte ein durch online-Mentoren unterstütztes Trainingsprogramm mit dem Ziel der Weiterentwicklung und Festigung der erworbenen Fähigkeiten. Die Ergebnisse zeigen, dass technische und soziale Schwierigkeiten im Zugang und in der Nutzung des Internets mit geeigneten assistiven Technologien und personalisiertem Training angesprochen werden können. Soziale Interaktionen über das Netz können dazu führen, Freundschaften zu schließen und zu halten. Auf Grund des Trainingsprogramms erweiterte sich die Anzahl der online-Kommunikationspartner und die Literacy-Fähigkeiten der Teilnehmer (vgl. Raghavendra/Newman/Grace/Wood 2013).

In Deutschland werden derzeit vor dem Hintergrund der Strategie der Kultusministerkonferenz zur digitalen Bildung (vgl. Kultusministerkonferenz 2016) Konzepte zur Förderung von Medienkompetenz in der Schule erarbeitet. Instrumente, die zur Vermittlung von Medienkompetenz dienen, wie z.B. der Medienkompetenzrahmen NRW, berücksichtigen dabei bisher nicht die spezifischen Bedürfnisse von Schülern mit sonderpädagogischem Förderbedarf (vgl. Pola/Koch 2019, 133). Einige Förderschulen haben inzwischen eigene Konzepte entwickelt, in denen die spezifischen Bedürfnisse von Schülern mit Körperbehinderung und komplexen Kommunikationsbedarfen Berücksichtigung finden (vgl. Schule am Marsbruch 2019). Es gilt, in weiteren Entwicklungen diese mit der Förderung von Literacy für UK Nutzende zu verknüpfen und um den Aspekt der Media- und Information-Literacy zu erweitern, um auch UK Nutzenden eine volle Partizipation an der Informationsgesellschaft ermöglichen zu können. Es gilt, Lehrkräfte für die Bedeutung von Medien- und Informationskompetenz zu sensibilisieren, sie zu befähigen, Media- und Information-Literacy in ihren Unterricht zu integrieren und sie dafür mit geeigneten pädagogischen Methoden, Lehrplänen und Quellen zu versorgen (vgl. UNESCO 2018). Darüber hinaus sind außerschulische Bildungsangebote auszubauen. Die Gesellschaft für Unterstützte Kommunikation hat dazu einen ersten Schritt unternommen, indem in Zusammenarbeit mit der Technischen Universität Dortmund erstmals ein Workshop zu »Kommunikation im Netz – Kurs zum Programm ›Skype‹« (vgl. Gesellschaft für Unterstützte Kommunikation 2019) erprobt und evaluiert wird.

Literatur

Antener, G. (2014): Unterstützte Kommunikation. Entwicklung und Perspektiven eines Fachgebiets, Schweizerische Zeitschrift für Heilpädagogik 20 (11/12), 6–11.

Australian Bureau of Statistics (2016): Household Use of Information Technology, Australia, 2014-15 (Cat.No. 8146.0). Canberra.

Bosse, I. (2018): Schulische Teilhabe durch Medien und assistive Technologien. In: Hurrelmann, K./Quenzel, G. (Hrsg.): Handbuch Bildungsarmut. Wiesbaden: VS Verlag, 827–852.

Bosse, I./Hasebrink, U./Haage, A./Hölig, S./Adrian, S./Kellermann, G./Suntrup, T. (2016): Mediennutzung von Menschen mit Behinderungen. Forschungsbericht. http://www.die-medienanstalten.de/fileadmin/Download/Publikationen/2016_Studie-Mediennutzung_Menschen_mit_Behinderungen_Langfassung_bf_final.pdf [08.03.2019].

Caron, J./Light, J. (2016): »Social Media has Opened a World of ›Open communication‹«: experiences of Adults with Cerebral Palsy who use Augmentative and Alternative Communication and Social Media, Augmentative and Alternative Communication, 1, 25–40.

Cooper, L./Balandin, S./Trembath, D. (2009): The loneliness experiences of young adults with cerebral palsy who use alternative and augmentative communication. In: Augmentative and Alternative Communication, 3, 154–164.

Eliasson, A.-C./Krumlinde-Sundholm, L./Rösblad, B./Beckung, E./Arner, M./Ohrvall, A.-M. et al. (2006): The Manual Ability Classification System (MACS) for children with cerebral palsy: scale development and evidence of validity and reliability. In: Developmental Medicine and Child Neurology, 7, 549–554.

Gesellschaft für Unterstützte Kommunikation (2019): Kommunikation im Netz – Kurs zum Programm »Skype«. Nutzertreffen. http://www.gesellschaft-uk.de/index.php/fort-und-weiterbildung/veranstaltungskalender/cat.listevents/2019/3/15/- [15.03.2019].

Hemsley, B./Balandin, S./Palmer, S./Dann, S. (2017): A call for innovative social media research in the field of augmentative and alternative communication. In: Augmentative and Alternative Communication, 1, 14–22.

Hemsley, B./Murray, J. (2015): [Editorial] Distance and proximity: Research on social media connections in the field of communication disability. In: Disability and Rehabilitation, 37, 1509–1510.

Hidecker, M. J. C./Paneth, N./Rosenbaum, P. L./Kent, R. D./Lillie, J./Eulenberg, J.B. et al. (2011): Developing and validating the Communication Function Classification System for individuals with cerebral palsy, Developmental Medicine and Child Neurology, 53 (8), 704–710.

Hynan, A./Goldbart, J./Murray, J. (2015): A grounded theory of Internet and social media use by young people who use augmentative and alternative communication (AAC). In: Disability and Rehabilitation, 17, 1559–1575.

Kultusministerkonferenz. (2016): Bildung in der digitalen Welt. Strategie der Kultusministerkonferenz. https://www.kmk.org/aktuelles/thema-2016-bildung-in-der-digitalen-welt.html [08.03.2019].

Medienpädagogischer Forschungsverbund Südwest (2018): JIM Studie 2018. Jugend, Information, Medien. Basisinformationen zum Medienumgang 12- bis 19-Jähriger.

Paterson, H. L. (2017): The use of social media by adults with acquired conditions who use AAC: current gaps and considerations in research. In: Augmentative and Alternative Communication, 1, 23–31.

Paulson, A./Vargus-Adams, J. (2017): Overview of Four Functional Classification Systems Commonly Used in Cerebral Palsy. In: Children, 4.

Pola, A./Koch, S. (2019): Berufsfeld Förderschulen. In: Bosse, I./Schluchter, J.-R./Zorn, I. (Hrsg.): Handbuch Inklusion und Medienbildung. Weinheim: Beltz Juventa, 132–140.

Prentke Romich Deutschland (2017): Bedienungsanleitung. Quasselkiste Wortschatz-App V1.0.1. https://www.prentke-romich.de/wp-content/.../Quasselkiste-App-1.0.1-Handbuch.pdf [08.03.2019].

Raghavendra, P./Newman, L./Grace, E./Wood, D. (2013): ›I could never do that before‹. Effectiveness of a tailored Internet support intervention to increase the social participation of youth with disabilities. In: Child: Care, Health and Development, 39(4), 552–561.

Raghavendra, P./Newman, L./Wood, D./Grace, E./Hutchinson, C. (2015): »It's Helped Me Connect With More Friends«: Supporting Social Media Use To Enhance The Social Networks Of Young People With Disabilities Living In Rural South Australia. Research Report to the National Disability Research and Development Agenda. Adelaide: Flinders University.

Rehavista (2018): Broschüre Neuheiten ab Juli 2018, www.rehavista.de/rehavista-broschuere-neuheiten.pdf [08.03.2019].

Sachdeva, N./Tuikka, A.-M./Kimppa, K. K./Suomi, R. (2015): Digital disability divide in information society. A framework based on a structured literature review. In: Journal of Information, Communication and Ethics in Society, 3/4, 283–298.

Schule am Marsbruch. LWL Förderschule Förderschwerpunkt körperliche und motorische Entwicklung (2019): Medienkonzept 2019. https://www.marsbruch.net/dateien/file/242-medienkonzept/ [16.04.2019].

UNESCO (2018): Concept Note – 2020 Global Education Monitoring Report on inclusion. Verfügbar unter www.unesco.org/gemreport [08.03.2019].

W3C (2018): Web Content Accessibility Guidelines (WCAG) 2.1. https://www.w3.org/TR/2018/REC-WCAG21-20180605/ [22.02.2019].

Geschichte der Unterstützten Kommunikation

Susanne Wachsmuth

Der Erwerb der Lautsprache galt lange als unabdingbare Voraussetzung für die Entwicklung des Denkens und der Aneignung der Kultur. Daraus entwickelte sich das Primat der Lautsprache, das bis weit in das 20. Jahrhundert hinein in Deutschland galt – alternative Kommunikationsformen wurden abgelehnt. Das wird besonders in der Geschichte der Gehörlosenpädagogik deutlich, die versuchte, alle Schülerinnen und Schüler zur Lautsprache zu führen, und den Gebrauch ihrer Gebärden rigoros unterband (Adam 1993, 118 f.).

Gleichzeitig gab es wohl immer private Versuche, Menschen ohne Lautsprache zu unterstützen; sie waren allerdings auf einen engen Personenkreis begrenzt und wurden wieder vergessen. Alexandre Dumas schildert in dem 1844 erschienenen Buch »Der Graf von Monte Christo« die Kommunikation zwischen Noirtier von Villefort, der nicht lautsprachlich kommunizieren kann, und Valentine, die geschickt alternative Strategien einsetzt. So nutzen die beiden Augenbewegungen, Mimik, Scanning durch das Wörterbuch und Wortvorhersagestrategien zur Verständigung.

Die Entwicklung der Unterstützten Kommunikation speist sich aus unterschiedlichen Impulsen. Diese Entwicklungen sind allerdings miteinander verwoben, da z. B. Gebärden häufig grafisch dargestellt und mit Abbildungen ergänzt oder weil Abbildungen für die Kennzeichnung von Tasten der elektronischen Hilfsmittel benötigt werden.

1 Gebärden

Bevor die Gebärden der Gehörlosen von der Pädagogik anerkannt und dann sogar für nicht gehörlose Personen eingesetzt wurden, hat William C. Stokoe (1919–2000) die Gebärdensprache wissenschaftlich untersucht. Das wurde erst möglich, als die Bewegungen während des Gebärdens gefilmt und dann in Zeitlupe analysiert werden konnten. In seinem Artikel »Sign Language Structure« veröffentlichte Stokoe 1960 die Erkenntnis, dass sich die Gebärden – ähnlich wie die Lautsprache, die sich aus einer begrenzten Anzahl von Phonemen zusammensetzt – aus einer begrenzten Anzahl von Kinemen zusammensetzt, und dass die Verwendung der Gebärden grammatikalischen Regeln unterliegt. Diese Veröffentlichung trug wesentlich dazu bei, die Gebärdensprache als vollwertige Sprache und Muttersprache der Gehörlosen anzuerkennen und zu realisieren, dass sie ebenso wie die Lautsprache, das Denken und die Aneignung von Kultur ermöglicht.

Es hatte schon vor der Verbreitung von Unterstützter Kommunikation und als dieser Begriff noch nicht existierte vereinzelte Ansätze gegeben, Menschen mit geistiger Behinderung Gebärden zu lehren. Insbesondere in Großeinrichtungen, in denen Personen mit verschiedenen Behinderungen zusammenleben – also Menschen mit geistiger Behinderung und mit Hörbehinderung, wie zum Beispiel in der Haslachmühle – hatte man beobachtet, dass die Menschen mit geistiger Behinderung vom Einsatz der Gebärden profitierten und dass sie die Gebärden sowohl verstehen als auch selber einsetzen konnten. Diese Versuche in verschiedenen Institutionen waren noch unkoordiniert. Mehrere Einrichtungen, die im Verband evangelischer Einrichtungen für Menschen mit geistiger und seelischer Beeinträchtigung zusammengeschlossen sind, entschieden sich, die unterschiedlichen Gebärdensammlungen in ihren Einrichtungen zu vereinheitlichen und gaben erstmals 1991 die Sammlung »Schau doch meine Hände an« heraus. Damit sollte der »babylonischen Sprachverwirrung« entgegengewirkt werden. In der Sammlung finden sich nicht nur Gebärden für viele wichtige Alltagsbegriffe, sondern auch Hinweise, wie sie eingeführt und im Gruppenleben eingesetzt werden können. Eine zweite erweiterte Auflage erschien 1995. Die Sammlung wurde immer wieder überarbeitet und ergänzt und liegt jetzt auch auf DVD und als App vor.

Ursprünglich für die Frühförderung von Kindern mit Down-Syndrom entwickelte Etta Wilken 1999 die »Gebärden-unterstützte Kommunikation (GuK)«, die heute auch für Kinder mit anderen Sprachentwicklungsverzögerungen erfolgreich angewendet wird und aus der Kombination von grafischen Abbildungen von (meist) Gegenständen und den dazugehörigen Gebärden besteht.

Eine Sonderstellung nehmen die taktilen Gebärden ein, die für taubblinde Menschen entwickelt wurden. Hier ist die Entwicklung – insbesondere die Einführung standardisierter Symbole – noch in den Anfängen, obwohl es bereits seit 1965 Veröffentlichungen von Jan van Dijk gibt, die die kommunikative Entwicklung von taubblinden Kindern zum Thema haben, und sich in den 1990er Jahren die Deafblind International (DbI) als ein weltweiter Verband der Taubblindenpädagogik gegründet hat. Er umfasst 190 Mitglieder in 70 Ländern.

2   Grafische Symbole

Als Begründer der Kommunikation mit grafischen Symbolen kann Charles Bliss (1897–1985) benannt werden. Sein Wörterbuch »Semantography«, das ursprünglich als eine Welt-Schriftsprache gedacht war, wurde 1971 von Mitarbeitern des Ontario Cripples Children's Centre entdeckt, die auf der Suche nach einer Schrift für ihre Schüler und Schülerinnen mit Cerebralparese waren, die nicht über die Lautsprache verfügten und daher trotz hinreichender Intelligenz nicht schreiben lernten. Sie adaptierten die Bliss-Symbole mit der Genehmigung von Charles Bliss an die Bedürfnisse ihrer Schüler und Schülerinnen. Diese Symbole erwiesen sich als eine große kommunikative Hilfe und wurden lebhaft rezipiert.

Neben individuellen Bliss-Tafeln entstand auch ein Wörterbuch der Bliss-Symbole.

Auch heute findet man immer noch begeisterte Anhänger dieses elaborierten Systems, das im Gegensatz zu den allermeisten anderen Sammlungen auch grammatikalische Funktionen aufweist. Ein weiterer Vorteil besteht darin, dass sich die Symbole aus einfachen Grundformen wie Wellenlinien, Herzformen, Kreisen oder Quadraten zusammensetzen und einfach selber zu zeichnen sind – ggf. auch mit einer speziellen Schablone. Die Zeichen sind relativ abstrakt und ihre Bedeutung ist oft nicht intuitiv zu erschließen.

Es erschien daher zu diesem Zeitpunkt insbesondere für Schülerinnen und Schüler mit dem Förderschwerpunkt geistige Behinderung sinnvoller, mit ikonischen Darstellungen zu arbeiten, die bald mit Hilfe von PCs schnell und einfach verfügbar waren. In den folgenden Jahren entstanden viele verschiedene Bildersammlungen – zunächst als Kopiervorlagen –, die die bezeichneten Dinge, Eigenschaften, Tätigkeiten und Situationen unmittelbarer abbilden sollen. Eine der ersten war PIC (Pictogram Ideogram Communication, 1980); die sehr weit verbreitete Sammlung PCS (Picture Communication Symbols) erschien 1981. 1989 wurde das Softwareprogramm »Boardmaker« veröffentlicht, das die Erstellung von Kommunikationstafeln deutlich vereinfachte und das mit PCS ausgeliefert wurde.

Dies trug sehr zur Verbreitung dieser Symbolsammlung bei.

In Deutschland war es Reinhard Löb, der 1985 die erste kombinierte Gebärden- und Bildersammlung herausgab. In Deutschland inzwischen weit verbreitet sind Metacom-Symbole, die seit 2000 von der Designerin Annette Kitzinger erstellt werden und 2018 in der Version 8 über 10.000 Symbole umfasst. Die Sammlungen sind auf die Bedürfnisse der Zielgruppe (Alter, visuelle Fähigkeiten, regionales Vokabular u. a.) abgestimmt. Das Metacom-Symbolsystem hat in Deutschland in vielen Einrichtungen die PCS-Symbole abgelöst. Auch auf elektronischen Kommunikationshilfen werden inzwischen überwiegend Metacom-Symbole angeboten.

3 Elektronische Kommunikationshilfen

Elektronische Kommunikationshilfen wurden unabhängig voneinander in Europa und Nordamerika entwickelt. Die ersten Hilfsmittel beruhten auf der Adaption von Schreibmaschinen an körperliche Einschränkungen und waren nicht mobil.

Schon 1966 gründeten Ed Prentke und Barry Romich die Prentke Romich Company, die ab 1969 begann, elektronische Kommunikationshilfen zu konstruieren. Bedeutsam wurde die Firma besonders nach 1982 durch die Mitarbeit von Bruce Baker, der die linguistische Wortstrategie Minspeak entwickelte. Damit war es trotz der begrenzten Anzahl von Tasten auf einer Kommunikationshilfe möglich, durch Kombinationen von Tasten immer neue Worte zu generieren und auch grammatikalische Anpassungen vorzunehmen. Seit 1990 arbeitet Prentke-Romich auch in Deutschland.

Als erste tragbare elektronische Kommunikationshilfe überhaupt lässt sich wahrscheinlich die Talking Brooch (1973) von Alan Newell bezeichnen: Die auf einer tragbaren Tastatur von Hand eingegebenen Buchstaben erschienen auf einer Art »Brosche« oder auch Display, das man an der Kleidung für das Gegenüber gut lesbar befestigte.

Im deutschsprachigen Raum ist insbesondere der Schweizer Jean-Claude Gabus zu nennen, der bereits 1972 eine mit der Zunge zu bedienende Umfeldsteuerung entwickelte sowie Schreibmaschinen, die auf die Bedürfnisse von Personen mit motorischen Einschränkungen angepasst waren. Er gründete 1982 die Fondation Suisse pour les Téléthèses und entwickelte dort ab 1984 die erste europäische elektronische Kommunikationshilfe mit Sprachausgabe: Hector.

Neben den komplexen elektronischen Hilfen wurde eine große Anzahl sogenannter »Kleiner Hilfen« entwickelt. So stellt die Firma Ablenet seit 1985 statische Kommunikationshilfen her. Erstaunlicherweise wird der BIGmack erst seit 1994 angeboten.

Neuerungen im Bereich der Elektronik wurden von Hilfsmittelfirmen auf die Kommunikationshilfen angewendet, so dass die Geräte fortwährend verbessert werden konnten und auch leichter wurden, so dass sie heute besser zu transportieren sind.

Eine entscheidende Neuerung war 2010 die Einführung von iPads, für die es bereits 2011 drei deutschsprachige Apps zur Unterstützten Kommunikation gab: MetaTalkDE, Sonoflex und Tipptalker und seit 2012 GoTalkNOW (Hallbauer/Kitzinger 20015, 7).

4 Gestützte Kommunikation/Facilitated Communication

In den 1970er Jahren wurde die Methode, durch Stützung der Hand oder des Armes nicht lautsprachlich Kommunizierenden zum Schreiben oder Deuten zu verhelfen, von Rosemary Crossley in Australien mit einer jungen Frau mit einer cerebralen Bewegungsstörung angewendet. Diese Stütze wurde auf Menschen mit Autismus und Down-Syndrom erweitert. Schnell fanden die Ideen auch in Deutschland Verbreitung, und es entstanden einige Texte, die als auf diese Weise geschriebene Autobiografien gelten. Die Methode ist umstritten, weil nicht zweifelsfrei festgestellt werden kann, ob der Text vom Stützer oder Gestützten geschrieben wird (American Speech-Language-Hearing Association, 2018).

5 Meilensteine

5.1 Gründung der International Society for Augmentative and Alternative Communication (ISAAC) und der Gesellschaft für Unterstützte Kommunikation e.V.

Seit den 1970er Jahren wurden in Zeitschriften, der lokalen Presse oder auf Kongressen immer wieder von erfolgreichen Interventionen bei Menschen mit unzureichender Lautsprache berichtet (Beukelman/Mirenda 1998). Sie wurden als etwas Besonderes, Bemerkenswertes, aber noch nicht als eine Jedem zustehende Unterstützung vorgestellt. 1980 und 1982 fanden die ersten International Conferences on Nonspeech Communication in Toronto statt. 1983 wurde ISAAC gegründet, bereits seit 1985 publiziert ISAAC die Fachzeitschrift »AAC – Augmentative and Alternative Communication«. Viele der ersten Mitglieder arbeiten als Sprachtherapeutinnen und Sprachtherapeuten. Die Gesellschaft hatte bereits 1998 Mitglieder in 50 Ländern.

Ende der 1980er Jahre lernte Ursula Braun, eine Sonderpädagogin für körperbehinderte Schülerinnen und Schüler, in den USA die Methoden der Augmentative and Alternative Communication (AAC) kennen und importierte diese Ideen nach Deutschland. Sie und ihre Kolleginnen und Kollegen übersetzen den Begriff der Augmentative and Alternative Communication mit »Unterstützte Kommunikation« und gründeten 1990 die deutschsprachige Sektion der International Society of Augmentative and Alternative Communication, ISAAC, die wesentlich zur Verbreitung der neuen Ansätze beigetragen hat.

2014 löste sich die deutschsprachige Sektion von ISAAC und nannte sich um in »Gesellschaft für Unterstützte Kommunikation e.V.«, die zurzeit ca. 1.800 Mitglieder im deutschsprachigen Raum zählt. Durch ihre Aktivitäten werden die Bestrebungen verschiedener Fachleute gebündelt und vorangetrieben. Es sind neben Vertreterinnen und Vertretern der Pädagogik u.a. auch Ergotherapie, Logopädie, Medizin, Psychologie und Linguistik vertreten; die Vernetzung hilft, neue Methoden oder Erkenntnisse zu entwickeln und zu verbreiten. Wie ihr internationaler Vorläufer organisiert die deutschsprachige Gesellschaft seit 1992 zweijährig Kongresse, die von bis zu 1000 Fachleuten sowie direkt oder indirekt Betroffenen besucht werden und entscheidend zur Verbreitung und Verbesserung von UK beitragen.

5.2 Bedürfnismodell

Die ersten Personen, die mit Hilfsmitteln der Unterstützten Kommunikation versorgt wurden, hatten fortschreitende neurologische Erkrankungen wie Amyotrophe Lateralsklerose (ALS) oder traumatisch bedingten Lautsprachverlust ohne Einschränkungen der kognitiven Fähigkeiten. Auch die Schülerinnen und Schüler mit Cerebralparesen, für die ein Ersatz zum Schreiben gesucht wurde, hatten keine oder nur wenige intellektuelle Einschränkungen. Intelligenz galt als Voraussetzung für eine Förderung der kommunikativen Fähigkeiten: man sprach vom »Kandidatenmodell«. Als alternative Kommunikationsform wurde die Schrift angeboten.

Priorität hatte allerdings die Lautsprache. Menschen mit einer Aphasie wurden erst dann mit UK versorgt, wenn die Maßnahmen der Logopädie keinen Erfolg hatten. Menschen mit geistiger Behinderung, von denen man hoffte, dass sie noch zur Lautsprache kämen, wurden logopädisch betreut. Traute man ihnen ein Symbolverständnis gar nicht zu, wurde ihnen auch keine UK angeboten.

Allmählich erweiterte sich der Kreis der Nutzerinnen und Nutzer auf Personen, die (noch) nicht lesen und schreiben konnten. 1985 beschreiben Beukelman et al. das »Communication Needs Model« und seine Ziele. Nun gilt, dass jeder, der ein kommunikatives Bedürfnis hat – und das nimmt man von allen Menschen an –, das Recht auf UK hat. Durch diese Öffnung des Nutzer- und Nutzerinnenkreises verändert sich der Personenkreis, der aktiv mit UK zu tun hatte. Die Schrift als Alternative wird durch Gebärden und Bilder ergänzt, die Bezugspersonen geraten stärker in den Fokus (z. B. im COCP – Programm von Heim/Jonker 1996), auch unwillkürliche vegetative Veränderungen von Körpermerkmalen werden als Kommunikation interpretiert (z. B. Basale Kommunikation von Mall, 1984), und die Vorausläuferfähigkeiten wie Objektpermanenz, geteilte Aufmerksamkeit und das Erkennen des Ursache-Wirkungsprinzips gelangen in den Fokus von Förderung. Frühe Interventionen orientieren sich an den allerersten kindlichen Interaktionsmustern, wobei es das Ziel ist, in lustvolle Interaktionen zu treten (z. B. Intensive Interaction, Nind/Hewett 1984).

5.3 Publikationen und Forschungen

Inzwischen gibt es auf dem Feld der Unterstützten Kommunikation eine riesige Anzahl von Veröffentlichungen, so dass hier tatsächlich nur sehr wenige, als für den deutschsprachigen Raum historisch bedeutsam empfundene, genannt werden können.

Stephen von Tetzchner, ein norwegischer Wissenschaftler, verfasste 1991 zusammen mit Harald Martinsen die *Einführung in Unterstützte Kommunikation*. Das Buch wurde 1998 gründlich überarbeitet und ins Englische übersetzt. 2000 erschien eine Ausgabe in deutscher Sprache und gilt als ein Grundlagenwerk. Von Tetzchner behandelt die verschiedenen Gruppen von Nutzern mit entwicklungsbedingten Störungen des Lautspracherwerbs ausführlich und bietet einen guten Überblick über eine Reihe nicht lautsprachlicher Kommunikationsmittel bzw. Interventionsstrategien.

Als eines der ersten deutschen Bücher, die große Verbreitung fanden, erschien 1994 von Ursi Kristen Praxis Unterstützte Kommunikation.

Das mittlerweile dreibändige Werk *Handbuch der Unterstützten Kommunikation* wird seit 2003 von ISAAC bzw. GesUK und dem von Loeper Literaturverlag gemeinsam herausgegeben. Es ist eine Fachartikelsammlung zu allen Bereichen der Unterstützten Kommunikation. Es wird laufend aktualisiert. Hier ist der aktuelle und relevante Wissensbestand der Unterstützten Kommunikation übersichtlich zusammengestellt.

Ebenfalls von großer Relevanz sind die Zeitschrift *Unterstützte Kommunikation* und seit 1996 die Tagungsbände zu den nationalen Kongressen, die jeweils zeitgleich erscheinen.

Enormen Einfluss auf die Förderung mit UK haben die Forschungen zum Kern- und Randvokabular von Gail van Tatenhove in den USA sowie Jens Boenisch und Stefanie Sachse in Deutschland, so dass Kommunikationstafeln und -ordner, aber zunehmend auch elektronische Kommunikationshilfen nach diesen Erkenntnissen und entwickelten Prinzipien aufgebaut sind.

5.4 Implementierung von Unterstützter Kommunikation in Deutschland

Die Notwendigkeit der Förderung der kommunikativen Fähigkeiten trat erst stärker in das Bewusstsein der Pädagogik, als die allgemeine Schulpflicht für *alle* Schülerinnen und Schüler eingeführt wurde, und somit auch schwer behinderte Kinder, die die Lautsprache nur unzureichend verstehen oder nicht verständlich sprechen, aufgenommen wurden. Davor, bis in die 1980er Jahre, wurde dieser Personenkreis häufig noch von der Schulpflicht »befreit«.

Da in Deutschland Sonderpädagoginnen die Ersten waren, die UK anwendeten, haben sich die Methoden zunächst in Förderschulen etablieren können, und hier zunächst an Schulen für körperbehinderte Schüler. Die Schulen für Schüler mit geistiger Behinderung zogen allerdings bald nach, in vielen Lehrplänen ist die Förderung mit und zur Unterstützten Kommunikation inzwischen verankert.

Universitäten und Fachhochschulen lehren zunehmend Inhalte der Unterstützten Kommunikation und tragen so dazu bei, das UK-Konzept zu verbreiten.

Der vor- und nachschulische Bereich wird erst allmählich mit eingezogen, und die eher medizinisch orientierten Fachleute, insbesondere die Logopädinnen oder Phoniater, erkennen die Bedeutung der Unterstützten Kommunikation nur schrittweise. Hier unterscheidet sich das deutsche vom anglo-amerikanischen System, in dem UK in den Bereich der Sprachtherapie gehört.

5.5 UN-Behindertenrechtskonvention

Einen bedeutsamen Impuls hat die Verbreitung der Unterstützten Kommunikation durch die Ratifizierung der UN-Konvention »Übereinkommen über die Rechte behinderter Menschen« durch die Bundesregierung am 27.3.2009 bekommen. Hier wird insbesondere in den Artikeln 4 und 24 die Verpflichtung des Staates bekräftigt, allen Menschen die Hilfen zur Verfügung zu stellen, die sie für ihre Kommunikation benötigen. Sie ist die Basis für die formale Legitimation von Unterstützter Kommunikation in allen Bereichen des Lebens.

Literatur

Adam, H. (1993): Mit Gebärden und Bildsymbolen kommunizieren. Würzburg: edition bentheim.

American Speech-Language-Hearing Association (ASHA)(2018): Position Satement: Facilitated Communication.www.asha.org/policy/ps2018-00352/?utm_source=asha&utm_medium=enewsletter&utm_content=092018&utm_campaign=accessschools

Beukelman, D./Yorkstone, K./Smith, K. (1985): Third-party payer response to requests for purchase of communication augmentation systems: A study of Washington state, Augmentative and Alternative Communication, 1, 5–9.

Bliss, Ch. (1949): International Semantography: A non-alphabetical Symbol Writing readable in all languages. Eigenverlag.

Boenisch, J./Musketa, B./Sachse, S. (2007): Die Bedeutung des Vokabulars für den Spracherwerb und Konsequenzen für die Gestaltung von Kommunikationsoberfläche. In: Sachse, St./Birngruber, C./Arendes, S. (Hrsg.): Lernen und Lehren in der Unterstützten Kommunikation. Karlsruhe: von Loeper. 355–371.

Crossley, R. (1997): Gestützte Kommunikation: Ein Trainingsprogramm. Weinheim, Basel: Beltz Verlag.

Dumas, A. (1844): Les trois mousquetaires. Paris.

Hallbauer, A./Kitzinger, A. (Hrsg.) (2015): Vorwort der Herausgeberinnen. In: Unterstützt kommunizieren und lernen mit dem iPad. Karlsruhe: von Loeper.

Heim, M./Jonker, V. (1996): De implementatie van het programma Communicatieve Ontwikkeling van nietsprekende kinderen en hun Communicatie-Partners - Een evaluatie-onderzoek. Universiteit von Amsterdam, Instituut vor Algemene Taalwetenschap: Publikatie nummer 70.

Hessisches Kultusministerium (2013): Richtlinien für Unterricht und Erziehung im Förderschwerpunkt geistige Entwicklung. Wiesbaden.

isaac-Gesellschaft für UK/von Loeper (seit 2003–2017) (Hrsg.): Handbuch der Unterstützten Kommunikation. von Loeper: Karlsruhe.

Kristen, U. (1994): Praxis Unterstützte Kommunikation. Eine Einführung. Düsseldorf.

Nind, M./Hewett, D. (1994): Access to Communication: Developing the Basics of Communication with People with Severe Learning Difficulties Through Intensive Interaction. London: David Fulton.

Stokoe, W. C. (1960): Sign Language Structure. Studies in linguistics occasional paper 8. Buffalo: University of Buffalo Press.

van Dijk, J. (1965): The first steps of the deaf-blind child towards language: Proceedings of the Conference on the Deaf-Blind, Refsnes, Denmark. Watertown, MA: Perkins School for the Blind.

van Tatenhove, G. (2005): Language functions and early generative language production. aaclanguagelab.com/files/languagefunctionsearlygenerativelanguageproductionStand 13.1.2019.

Verband Evangelischer Einrichtungen für Menschen mit geistiger und seelischer Behinderung e.V. (Hrsg.) (1995): »Schau doch meine Hände an«. Sammlung einfacher Gebärden zur Kommunikation mit nichtsprechenden Menschen. Reutlingen.

von Tetzchner, St./Martinsen, H. (2000): Einführung in die Unterstützte Kommunikation. Heidelberg: Universitätsverlag.

Wilken, E. (2002): Präverbale sprachliche Förderung und Gebärden-unterstützte Kommunikation in der Frühförderung. In: Wilken, E. (Hrsg.): Unterstützte Kommunikation. Eine Einführung in Theorie und Praxis. Stuttgart: Kohlhammer, 29–46.

Internationale Perspektiven auf die Unterstützte Kommunikation – Objektive Entwicklungen und subjektive Einschätzungen

Gregor Renner

1 Einleitung

Kann die deutschsprachige Unterstützte Kommunikation sich selbst genügen, kann sie von internationalen Entwicklungen profitieren oder kann sie sogar international etwas beitragen? Zu diesen Fragen hatte die Fachwelt in den langen Jahren seit der verbandlichen Organisation der Unterstützten Kommunikation in Deutschland 1990 durchaus wechselvolle Antworten und Positionierungen. Auch meine eigenen Positionierungen haben sich im Laufe der Jahre gewandelt,

- von einer skeptischen Haltung gegenüber euphorischen Schilderungen der Unterstützten Kommunikation in Nordamerika Anfang der 1990er Jahre
- bis zur Übernahme von Verantwortung für die Internationale Gesellschaft für Unterstützte Kommunikation (ISAAC), zuletzt als deren Präsident.

Vor diesem Hintergrund soll dieser Beitrag neben den obligatorischen objektiven Darstellungen auch einige persönliche Erfahrungen und Gedanken enthalten.

2 Unterstützte Kommunikation (UK)/Ergänzende und Ersetzende Kommunikation/Augmentative and Alternative Communication (AAC)

Das Fachgebiet der Unterstützten Kommunikation hat sich international ab den späten 1950er Jahren in Nordamerika entwickelt (Zangari/Lloyd/Vicker 1994). In den 1970er Jahren wurden die Blisssymbole (Bliss 1965) in Kanada eingeführt, aber es dauerte bis in die 1980er Jahre, bevor Bliss auch in Deutschland (Frey 1981, 1983, 1989) Einzug hielt. Mehrere Forscherinnen und Forscher (wie Braun 1994, Gangkofer 1993, Lage 1990) besuchten Nordamerika, lernten dort die Augmentative and Alternative Communication (AAC) kennen und brachten sie nach Deutschland. Mit tatkräftiger Unterstützung der Internationalen Gesellschaft für Unterstützte Kommunikation (ISAAC – International Society for Augmentative and Alternative Communication) gründete sich 1990 der deutsche Verband ISAAC – GSC Gesellschaft für Unterstützte Kommunikation e. V. als deutschsprachige ISAAC-Sektion (GSC – German Speaking Countries; vgl. Braun in diesem Band).

Für mich persönlich war die Begeisterung der Gründerinnen und Gründer Anfang der

1990er Jahre nicht wirklich nachvollziehbar. Nach meinem Eindruck schienen die Praktiken, die aus Nordamerika berichteten wurden, durchaus vergleichbar mit den im deutschsprachigen Raum vertretenen Konzepten, wenn auch nicht in der flächendeckenden Anwendung.

Die praxisorientierte ISAAC's Zeitung (später Zeitschrift Unterstützte Kommunikation) wurde ins Leben gerufen, die zweijährlichen UK-Kongresse begannen und die ersten Einführungslehrbücher erschienen. Allerdings war die deutsche Forschungslandschaft noch sehr überschaubar und eine Forschungszeitschrift vergleichbar dem AAC-Journal, die seit 1985 publiziert, fehlte.

In der Beschäftigung mit den theoretischen Grundlagen der Unterstützten Kommunikation Ende der 1990er Jahre im Rahmen meiner Dissertation musste ich feststellen, dass der internationale Diskurs deutlich umfangreicher war als der deutsche – Anlass für meinen ersten Besuch einer internationalen ISAAC-Konferenz mit Forschungssymposium 1998 in Dublin. Die Breite und Tiefe der Themen, nicht nur im Theoriebereich, verbunden mit vielen Vernetzungsmöglichkeiten, machten mir deutlich, worin die Qualität der internationalen Einbindung besteht: Weniger darin, dass AAC anders praktiziert wird, sondern darin, dass eine größere Community das gleiche Themenfeld differenzierter entwickeln kann. Seitdem habe ich alle ISAAC-Konferenzen und alle Forschungssymposien besucht.

Die deutsche Gesellschaft für UK hatte in den 20 Jahren seit Mitte der 1990er Jahre eine beachtliche Erfolgsgeschichte. Sie konnte die Zahl ihrer Mitglieder bis 2005 bereits auf über 1.700 steigern und damit die Hälfte aller internationalen ISAAC-Mitglieder stellen. 2006 war sie der Ausrichter der großen zweijährlichen internationalen ISAAC-Konferenz. ISAAC-Mitglieder aus Deutschland waren damals im internationalen ISAAC-Vorstand. In den 2010er Jahren ging das Interesse des Vorstands des deutschen Verbands stark zurück. Die deutschsprachige Sektion ISAAC – Gesellschaft für Unterstützte Kommunikation e. V. kündigte nach kontroversen Diskussionen und Mitgliederentscheid die internationale Mitgliedschaft. Der Verein gab sich einen neuen Namen. Der internationale Austausch hat seitdem enorm an Bedeutung verloren und begrenzt sich überwiegend auf einzelne Wissenschaftler.

Bei mir war die Entwicklung gegenläufig. Ich hatte in den 2000er Jahren an einem großen internationalen Forschungsprojekt teilgenommen (von Tetzchner 2018), war Mitglied im ISAAC-Forschungskommittee geworden und später ihr Leiter. Ich hatte mich erfolgreich auf die erste Professur für Unterstützte Kommunikation an der Katholischen Hochschule Freiburg (2008) und später auf die ISAAC-Präsidentschaft beworben und war in dieser Funktion 2014 bis 2018 im internationalen Vorstand.

3 Aktuelle internationale Einbindung der Unterstützten Kommunikation im deutschsprachigen Raum

Seit der Aufgabe des Status als ISAAC-Sektion im Jahr 2015 ist die deutsche Gesellschaft für Unterstützte Kommunikation einfaches ISAAC-Mitglied. Sie proklamiert weiterhin einen internationalen Anspruch, hat allerdings praktisch keine entsprechenden Aktivitäten (vgl. Gesellschaft für Unterstützte Kommunikation e. V. 2018), kein Mitglied im internationalen ISAAC-Vorstand oder in einem der ISAAC-Committees (Stand 2019). Von über

1800 Mitgliedern der Gesellschaft für Unterstützte Kommunikation im Jahr 2018 waren 15 auch Mitglied in ISAAC, weniger als 1 %. Im siebenköpfigen Vorstand der Gesellschaft für Unterstützte Kommunikation ist ein Mitglied in ISAAC. Dementsprechend hat der wissenschaftliche Beirat der Gesellschaft für Unterstützte Kommunikation e. V. 2018 angeregt, auf Vorstandsebene die stärkere Vernetzung mit dem internationalen ISAAC Verband auf den Weg zu bringen. Auch wurde die Bedeutung der internationalen Forschung für die deutsche UK-Entwicklung betont.

Den Beitrag zum internationalen Erkenntnisstand kann man an den Artikeln in der führenden Forschungszeitschrift Augmentative and Alternative Communication (AAC-Journal) festmachen. Von Tetzchner und Jensen (1996) sahen unterschiedliche Entwicklungslinien der Unterstützten Kommunikation in Nordamerika und in Europa. In einer Analyse von acht Ausgaben des AAC-Journals von 1993 bis 1994 waren von 52 Artikeln (einschließlich der Schreiben an den Herausgeber) von 97 verschiedenen Autoren 41 Artikel von Autoren aus Nordamerika (79 %), 3 Artikel von Autoren aus Nordamerika gemeinsam mit Autoren aus anderen Ländern (6 %), 7 Artikel von Autoren aus Europa (13 %) und 1 Artikel aus Japan (2 %). Von den 97 Autoren selbst hatten 82 (85 %) ihre Arbeitsstelle in Nordamerika, 10 (10 %) in Europa und 5 (5 %) in Japan und Australien (vgl. von Tetzchner und Jensen 1996, 3). Auch 2017 spielten weder deutsche Einreichungen noch Publikationen beim AAC-Journal eine Rolle (vgl. Taylor & Francis Group 2018, 5). Keins der 26 Mitglieder der Redaktion des AAC-Journals im Jahr 2018 kam aus Deutschland, Österreich oder der Schweiz. Alle waren in englischsprachigen Ländern beheimatet. Von 483 Abonnenten des AAC-Journals im Jahr 2018 waren 11 aus Deutschland (2 %) und je 1 aus Österreich und der Schweiz. An der internationalen ISAAC-Konferenz 2018 in Australien nahmen von insgesamt 1037 Teilnehmern 7 Personen aus Deutschland (<1 %) teil. Es gab 5 Beitragseinreichungen aus Deutschland, keine aus Österreich oder der Schweiz.

Eine bibliographische Analyse über Veröffentlichungen 1978–2014 ergab einen Anteil von 62 % der nordamerikanischen Artikel an allen Artikeln zur Unterstützten Kommunikation. Unter den 10 Ländern mit den meisten Artikeln zur Unterstützten Kommunikation sind Italien, Schweden, Norwegen und die Niederlande, jedoch nicht Deutschland vertreten (vgl. Krüger/Renner/Berberian/Guimarães 2016, 7).

4 Entwicklungen in der internationalen Kooperation

Positive Beispiele internationaler Einbindung gibt es vor allem im wissenschaftlichen Bereich. So gibt es Forscher aus Deutschland mit akademischer Sozialisation in angelsächsischen Ländern, wie Ralf Schlosser, Oliver Wendt oder Rolf Black, die von dort aus mit Wissenschaftlern in Deutschland kooperieren (wie Schlosser/Braun 1992) und punktuell auch in Deutschland lehren.

Neben einem internationalen Artikel mit ausschließlich deutschen Autoren (Hörmeyer/Renner 2013) gibt es mehrere Beiträge, die auf eine deutsche Beteiligung an internationalen Forschungskooperationen zurückgehen. Dazu zählen Beiträge zu psycholinguistischen Aspekten der Unterstützten Kommunikation (Langer/Hickey 1999), zu Lesefertigkeiten (Erikson/Sachse 2010), zur umstrittenen Methode der Gestützten Kommunikation (Schlosser et al. 2014) und zum Kern- und Randvokabular (Boenisch/Soto 2015).

Stephen von Tetzchner hat neben der oben erwähnten europäischen Perspektive (von Tetzchner/Jensen 1996) auch ein internationales Forschungsprojekt zu den sprachlichen und kommunikativen Fertigkeiten von unterstützt kommunizierenden Kindern und Jugendlichen ohne geistige Behinderung im Alter von fünf bis 15 Jahren mit deutscher Beteiligung durchgeführt. Aus diesem Projekt ist eine Sonderausgabe des AAC-Journals hervorgegangen (von Tetzchner 2018; Deliberato et al. 2018; Murray et al. 2018; Smith et al. 2018; Batorowicz et al. 2018; Stadskleiv et al. 2018; von Tetzchner et al. 2018). Aus dieser Forschungskooperation gingen weitere hervor, etwa zur Nutzung von Internet und sozialen Medien (Bosse/Renner/Wilkens/Raghavendra/Smith i.V.).

Auch in der Praxis der Unterstützten Kommunikation gibt es positive Beispiele für internationale Wechselwirkungen. So haben sich eine Reihe von Ansätzen aus anderen Ländern in Deutschland etabliert, wie COCP (Heim/Jonker/Veen 1998, 2005), TEACCH (Mesibov/Shea/Schopler 2005), PECS (Bondi/Frost 2002), PODD (Porter/Cafiero 2009), Kern- und Randvokabular (Clendon/Erickson 2008) und weitere. Auch umgekehrt gab es Versuche, Ansätze aus Deutschland, wie den der Basalen Kommunikation (Mall 1992) international bekannt zu machen (Mall 2002). Auch sind individuelle Aktionen in Entwicklungsländern zu nennen (wie Reinhardt 2017, 2019).

Im Bereich der Hilfsmittelhersteller und -vertiebsfirmen ist die internationale Einbindung stark entwickelt. In der Folge sind eine Vielzahl von Kommunikationshilfsmitteln internationaler Hersteller auch in Deutschland verfügbar. Gleichzeitig erfolgt die Entwicklung und Herstellung von Kommunikationshilfsmitteln kaum noch in Deutschland. Beim Vertrieb nutzen die deutschen Firmen deutsche und internationale Konferenzen, um über ihre Produkte zu informieren.

Bei den Eltern und anderen Angehörigen von unterstützt kommunizierenden Personen stellt die internationale Vernetzung eine größere Herausforderung dar, besonders durch die Barriere der englischen Sprache.

In noch stärkerem Maß gilt das für die zentrale Zielgruppe der unterstützt kommunizierenden Personen selbst. Englisch als Fremdsprache stellt für sie eine besondere Herausforderung dar. Sofern sie überhaupt in der Schule die Gelegenheit hatten, entsprechende Kompetenzen zu entwickeln, sind die Möglichkeiten der jeweiligen Kommunikationshilfsmittel in dieser Hinsicht oft begrenzt.

5   Perspektiven für Forschung und Praxis

Für die Forschung eröffnen sich daraus mehrere Perspektiven. So ist für deutsche Studien eine Orientierung an dem internationalen Forschungsstand sinnvoll und wünschenswert, aber noch nicht selbstverständlich. Das Aufarbeiten von englischsprachigen Forschungsartikeln sollte für alle in der akademischen Welt möglich sein und immer mehr zur gelebten wissenschaftlichen Praxis werden.

Eine weitere Perspektive besteht in der Beteiligung von Forscherinnen und Forschern aus deutschsprachigen Ländern an internationalen Publikationen, wie sie in bibliographischen Analysen gemessen und im Verlauf bestimmt werden. Gleiches gilt für Daten aus dem deutschsprachigen Raum in internationalen empirischen Untersuchungen oder die internationale Verbreitung von spezifischen

Ansätzen der Unterstützten Kommunikation aus deutschsprachigen Ländern. Die dafür notwendigen englischen Sprachkompetenzen beim Sprechen und Verstehen sowie beim Verfassen englischer Texte stellen für viele in der deutschsprachigen Wissenschaftswelt noch eine größere Herausforderung dar, die es anzugehen gilt. Über die sprachliche Seite hinaus gibt es eine angelsächsisch geprägte Text- und Artikelkultur (vgl. APA 2010), die sich stark von der deutschen unterscheidet und explizit erlernt werden muss, um englische Forschungsartikel aus Deutschland erfolgreich bei internationalen Forschungszeitschriften unterzubringen. Die Vermittlung entsprechender Kompetenzen ist bisher noch zu wenig in der Hochschullehre verankert.

Praxisperspektiven bestehen etwa darin, systematischer als bisher Ansätze aus der internationalen AAC-Gemeinschaft für den deutschsprachigen Raum aufzuarbeiten und zu etablieren, aber auch bewährte Ansätze aus der deutschsprachigen UK-Szene international bekannt zu machen und zur Diskussion zu stellen. Insgesamt wäre ein stärkeres internationales Engagement aus dem deutschsprachigen Raum wünschenswert. Das betrifft insbesondere eine wesentlich stärkere internationale Ausrichtung der deutschsprachigen Gesellschaft für Unterstützte Kommunikation und eine angemessene Beteiligung an der Internationalen Gesellschaft für Unterstützte Kommunikation (ISAAC) in der praktischen Arbeit der weltweiten Verbreitung der Unterstützten Kommunikation, in der Organisation der Verbandsstrukturen und natürlich auch in finanzieller Hinsicht. Bei der Förderung von Unterstützter Kommunikation in Ländern, in denen UK noch am Anfang steht, spielen deutlich kleinere Verbände etwa aus Großbritannien oder aus Polen eine wesentlich größere Rolle.

Von einer starken Verbindung und Vernetzung der deutschsprachigen Gemeinde der Unterstützten Kommunikation und der internationalen Szene der Augmentative and Alternative Communication profitieren beide Seiten.

Literatur

APA American Psychological Association (2010): Publication manual of the American Psychological Association.

Batorowicz, B./Stadskleiv, K./Renner, G./Dahlgren Sandberg, A./von Tetzchner, S. (2018): Assessment of aided language comprehension and use in children and adolescents with severe speech and motor impairments. In: Augmentative and Alternative Communication, 34 (1), 54–67.

Bliss, C. (1965): Semantography. 2. Aufl. Sidney: Semantography Publications.

Boenisch, J./Soto, G. (2015): The Oral Core Vocabulary of Typically Developing English-Speaking School-Aged Children. Implications for AAC Practice. In: Augmentative and Alternative Communication, 31 (1), 77–84.

Bondy, A./Frost, L. (2002): The Picture Exchange Communication System. Trainings Manual. Newark: Pyramid Educational Products, Inc.

Bosse, I./Renner, G./Wilkens, L./Raghavendra, P./Smith, M. (i.V.): Internet and social media use patterns by adolescents who use Augmentative and Alternative Communication (AAC).

Braun, U. (1994): Unterstützte Kommunikation bei körperbehinderten Menschen mit einer schweren Dysarthrie. Eine Studie zur Effektivität tragbarer Sprachcomputer im Vergleich zu Kommunikationstafeln. Frankfurt /M.: Peter Lang.

Clendon, S./Erickson, K.A. (2008): The Vocabulary of Beginning Writers. Implications for Children with Complex Communication Needs. In: Augmentative and Alternative Communication, 24 (4), 281–293.

Deliberato, D./Jennische, M./Oxley, J./Nunes, L./Walter, C./Massaro, M./Almeida, M./Stadskleiv, K./Basil, C./Coronas, M./Smith, M./von Tetzchner, S. (2018): Vocabulary comprehension and strategies in name construction among children using aided communication. In: Augmentative and Alternative Communication, 34(1), 16-29.

Erickson, K./Sachse, S. (2010): Reading Acquisition, AAC and the Transferability of English Research to Languages with More Consistent or Transparent Orthographies. In: Augmentative and Alternative Communication, 26 (3), 177–190.

Frey, H. (1981): Die Bliss-Symbol-Methode. In: Das Band 1, 37–39.

Frey, H. (1989): Kommunikation nichtsprechender Körperbehinderter. Fröhlich, A. (Hrsg.): Kommunikation und Sprache körperbehinderter Kinder. Dortmund: Verlag modernes Lernen.

Frey, H. (1983): Verständigung mit Symbolen. In: Das Band 6, 34–40.

Gangkofer, M. (1993): BLISS und Schriftsprache. Bottighofen/Schweiz: Libelle.

Gesellschaft für Unterstützte Kommunikation e.V. (2018): Bericht des Vorstands für den Zeitraum vom 17.11.2017–09.11.2018. http://portal.gesellschaft-uk.de/index.php?option=com_comprofiler&view=pluginclass&plugin=cbgroupjivefile&action=file&func=show&id=304&Itemid=128&format=raw [14.02.2019].

Heim, M./Jonker, V./Veen, M. (1998): Het COCP-programma. Handleiding en materiaal. Tweede geheel herziene druk. Wijk aan Zee/Amsterdam: Revalidatiecentrum Heliomare/Universiteit van Amsterdam.

Heim, M./Jonker, V./Veen, M. (2005): COCP: Ein Interventionsprogramm für nichtsprechende Menschen und ihre Kommunikationspartner. In: isaac-Gesellschaft für UK/von Loeper (Hrsg.): Handbuch der Unterstützten Kommunikation. von Loeper: Karlsruhe, 01.026.007-01.026.015.

Hörmeyer, I./Renner, G. (2013): Confirming and Denying in Co-Construction Processes. A Case Study of an Adult with Cerebral Palsy and two Familiar Partners. In: Augmentative and Alternative Communication, 3, 259–271.

Krüger, S./Renner, G./Berberian, A./Guimarães, A. (2016): Review of prevailing terminologies in the area of Augmentative and Alternative Communication. In: Communication Matters, 30 (2), 6–11.

Lage, D. (1990): Zur Erfassung kommunikativer Fähigkeiten bei lautsprachbehinderten Zerebralparetikern - dargestellt anhand von fünf Einzelfallstudien. Lizentiatsarbeit am Institut für Sonderpädagogik der Universität Zürich. (Eigenverlag).

Langer, S./Hickey, M. (1999): Augmentative and alternative communication and natural language processing. current research activities and prospects. In: Augmentative and Alternative Communication, 15 (4), 260–268.

Langer, S./Hunnicutt, S./Hickey, M. (1999): Language Processing Techniques and Resources for Communication Aids. Loncke, F. et al. 1999 (Eds.). London, UK: Whurr Publishers Ltd, 77-83.

Mall, W. (1992): Kommunikation mit schwer geistig behinderten Menschen. Ein Werkheft. Heidelberg.

Mall, W. (2002): Basic Communication. An unconditional way to encounter. Video presented at the 10th Biennial Conference of the International Society for Augmentative and Alternative Communication, August 10th–15th 2002 in Odense, Denmark.

Mesibov, G./Shea, V./Schopler, E. (2005): The TEACCH approach to autism spectrum disorders. New York: Kluwer Academic/Plenum.

Murray, J./Dahlgren Sandberg, A./Smith, M./Deliberato, D./Stadskleiv, K./von Tetzchner, S. (2018): Communicating the unknown. Descriptions of pictured scenes and events presented on video by children and adolescents using aided communication and their peers using natural speech. In: Augmentative and Alternative Communication, 34 (1), 16–29.

Porter, G./Cafiero, J. (2009): Pragmatic Organization Dynamic Display (PODD) Communication Books. A Promising Practice for Individuals With Autism Spectrum Disorders. In: Perspectives on Augmentative and Alternative Communication, 18 (4), 121–129.

Reinhard, S. (2017/2019): Erfahrungsbericht von einer Schule in Chenab Nager, Pakistan, Teil 1. In: Unterstützte Kommunikation 2017 (4). Teil 2. In: Unterstützte Kommunikation 2019 (1).

Schlosser, R./Braun, U. (1992): Toward a Comprehensive Efficacy Evaluation of AAC Intervention. In: Gardner-Bonneau, D. (Hrsg.). Methodological Issues in Research in Augmentative and Alternative Communication. Toronto: ISAAC, 36–43.

Schlosser, R./Balandin, S./Hemsley, B./Iacono, T./Probst, P./von Tetzchner, S. (2014): Facilitated Communication and Authorship. A Systematic Review. In: Augmentative and Alternative Communication, 30 (4), 359–368.

Smith, M./Batorowicz, B./Dahlgren Sandberg, A./Murray, J./Stadskleiv, K./van Balkom, H./Neuvonen, K./von Tetzchner, S. (2018): Constructing narratives to describe video events using aided communication. In: Augmentative and Alternative Communication, 34 (1), 40–53.

Stadskleiv, K./Batorowicz, B./Massaro, M./van Balkom, H./von Tetzchner, S. (2018): Visual-spatial cognition in children using aided communication. In: Augmentative and Alternative Communication, 1, 68–78.

Taylor & Francis Group (2018): Publishing Report Augmentative and Alternative Communication. Unpublished Report.

von Tetzchner, S./Jensen, M. (1996): Introduction. In: von Tetzchner, S./Jensen, M. (Hrsg.). Augmentative and Alternative Communication: European Perspectives. London: Whurr, 1–18.

von Tetzchner, S./Launonen, K./Batorowicz, B./Nunes, L./Walter, C./Oxley, J./Massaro, M./Stadskleiv, K./Yang, C./Deliberato, D. (2018): Communication aid provision and use among children and adolescents developing aided communication. An international survey. In: Augmentative and Alternative Communication, 1, 79–91.

von Tetzchner, S. (2018): Introduction to the special issue on aided language processes, development, and use. An international perspective. In: Augmentative and Alternative Communication, 1, 1–15.

Zangari, C./Lloyd, L./Vicker, B. (1994): Augmentative and Alternative Communication. A historic perspective. In: Augmentative and Alternative Communication, 1, 27–59.

B   Sprachentwicklung in der UK

Sprachentwicklung unterstützt kommunizierender Kinder

Kerstin Nonn

1 Einleitung

Zwischenmenschliche Kommunikation ist ab dem Tag der Geburt essentiell für ein Kind und seine Lebensqualität. Das Besondere an menschlicher Kommunikation ist, dass sie primär durch Sprache und sozialkognitive Fähigkeiten wie bspw. das Lernen am Modell geprägt ist (vgl. Tomasello 2009). Wichtige Vorausläuferfähigkeiten bilden die Grundlage für den Spracherwerb: aus der Sprachwahrnehmung bspw. der frühe Wissensaufbau prosodischer Strukturen oder aus der Kognition bspw. die Entstehung von Objektpermanenz und Symbolfunktion (vgl. Grimm 2003). Ein Kind erwirbt seine Muttersprache weitestgehend unabhängig von kulturellen und sozialen Unterschieden (vgl. Szagun 2016). Dabei erfolgt der Spracherwerb implizit, d. h. unbewusst und beiläufig. Gleichzeitig ist er zeitlich variabel, d. h. jedes Kind durchläuft den Spracherwerb in seinem eigenen Entwicklungstempo (vgl. Sachse 2007). Verschiedene Phasen kennzeichnen den Entwicklungsverlauf vom ersten Schrei über das erste Wort bis zur ersten eigenen Geschichte, die ein Kind erzählt. Gleichzeitig benötigt ein Kind seine Eltern und weitere Bezugspersonen, um Kommunikation und Sprache zu erlernen. Der Spracherwerb zeichnet sich ab dem Tag der Geburt durch ein reichhaltiges Sprachangebot an das Kind aus. Das Sprachangebot ist in vielen unterschiedlichen Situationen des Alltags direkt oder indirekt an das Kind gerichtet; ca. 6.000 Wörter hört ein Kind pro Tag von seinen Bezugspersonen. Mit 9 Jahren hat ein regelentwickeltes Kind die Regularitäten seiner Muttersprache in allen Bereichen erworben und ist sprachkompetent (vgl. Davison-Hoult/Ward 2017).

Wenn ein Kind von Geburt an in seiner Kommunikations- und Sprachentwicklung schwer beeinträchtigt ist, hat dies weitreichende Folgen auf seine Entwicklung und seine sozialen Beziehungen (Sarimski 2017). Seine Kooperationsfähigkeit und Teilhabe an der Kommunikation mit seinen Eltern und weiteren Bezugspersonen sind von Anfang an erschwert (Füssenich 2014). Damit das Kind trotzdem frühe und kontinuierlich positive Erfahrungen in der Kommunikation und Selbstwirksamkeit machen kann, gibt es Unterstützte Kommunikation (UK) (Heim et al. 2010). UK stellt den betroffenen Kindern, ihren Familien und ihrer sozialen Umgebung zur Lautsprache alternative oder ergänzende Kommunikationsformen zur Verfügung, so dass alle Beteiligten lernen können, sich via UK mitzuteilen und auszutauschen. UK ist ein Lehr-Lern-Prozess, der Zeit braucht (vgl. Davison-Hoult/Ward 2017). Wie die Sprachentwicklung eines unterstützt kommunizierenden Kindes als Lehr-Lernprozess abläuft und welche Rolle die Bezugspersonen dabei spielen, wird im Folgenden dargestellt.

2 Der frühe Spracherwerb

Der Spracherwerb als Lehr-Lern-Prozess wird im interaktionistischen Ansatz Jerome Bruners (1987) und im sozial-pragmatischen Ansatz Michael Tomasellos (2009) dargelegt: Ein Kind erwirbt seine Muttersprache primär durch soziales Handeln. In gemeinsamen Interaktionen mit seinen Eltern macht es wiederkehrende, quasi ritualisierte Alltagserfahrungen (Aufstehen, Waschen, Mahlzeiten, Spielen, Kuscheln, Zubettgehen etc.). Bruner bezeichnet diese gemeinsamen, gewohnheitsmäßigen Handlungsmuster als Formate (1987). Sprachliche Strukturen im Kopf des Kindes entwickeln sich dabei aus der Interaktion zwischen der an das Kind gerichteten Sprache der Eltern und den informationsverarbeitenden Fähigkeiten des Kindes (vgl. Tomasello 2009).

Genau in diesen beiden Voraussetzungen liegen die Entwicklungsrisiken für ein Kind mit einer Behinderung. Zum einen liegt auf Seiten des Kindes als Folge der zugrundeliegenden Kondition (Cerebralparese, genetisches Syndrom, Autismus-Spektrum-Störung etc.) ein verändertes Lern-, Kommunikations- und Sprachvermögen vor und zum anderen treten bereits in der frühen präverbalen Kommunikation mit seinen Bezugspersonen Interaktionsprobleme auf (Sarimski 2009). Diese beiden Risiken stehen in einer Wechselbeziehung, da einerseits die Interaktion zwischen Eltern und Kind von elterlichen Erwartungshaltungen geprägt ist, die andererseits die zentralen Verarbeitungsleistungen des Kindes überfordern.

Sprachverarbeitung und Kommunikation sind neurobiologisch komplexe Prozesse, die auf die Funktionsfähigkeit von Aufmerksamkeitssteuerung, Gedächtnis und Planungsfähigkeiten (sogenannte exekutiven Funktionen) sowie auf die Regulation von Aktivitäten und Affekten angewiesen sind (vgl. Sarimski 2017). Diese Voraussetzungen können durch eine Behinderung eingeschränkt sein.

Im Fokus des frühen Spracherwerbs liegt der Erwerb grundlegender sozial-kommunikativer Funktionen. Bereits in den ersten Lebensmonaten erwirbt das Kind in der vorsprachlichen Kommunikation die Fähigkeit, bestimmte Verhaltensweisen bewusst i. S. einer Ursache-Wirkung-Beziehung und mit einer Absicht (= Intention) verbunden einzusetzen, um sich mitzuteilen. Es handelt sich dabei um die sogenannte intentionale Kommunikation (vgl. Sarimski 2009). Bei einem Kind mit Behinderung dagegen kann durch ein verändertes Kommunikationsverhalten die Interaktion mit der Bezugsperson aus dem Gleichgewicht kommen. Das Kind verhält sich passiver in der sozialen Kommunikation, weniger ausdauernd in der Erkundung der dinglichen Umwelt und hat größere Probleme, den Aufmerksamkeitsfokus flexibel und situationsangemessen zu wechseln (Sarimski 2017). Es ergreift seltener eine kommunikative Initiative und bleibt in die eigene Aktivität versunken. Genau an diesen besonderen Voraussetzungen setzen frühe Interventionsprogramme wie das niederländische, evidenzbasierte COCP-Programm an (Heim et al. 2010): Die Umgebung des Kindes wird als ein kommunikationsreiches und strukturiertes Umfeld gestaltet. Hilfreiches kommunikatives Verhalten der Bezugspersonen ermöglicht eine natürliche Kommunikation im Alltag und fördert die kommunikativen Fähigkeiten des Kindes.

2.1 Triangulärer Blickkontakt

Zwischen dem 9.–12. Lebensmonat erwirbt das regelentwickelte Kind den triangulären Blickkontakt (Zollinger 1995), der für die Sprach- und Denkentwicklung essentiell ist. Zollinger sieht in ihm den Ursprung von Sprache, weil dem Kind die referentielle und kommunikative Funktion von Sprache in konkreten Situationen von einer Bezugsperson vermittelt wird.

Hier ein Beispiel: Ein 9 Monate altes Kind schaut zunächst einen Ball an und wendet seinen Blick dann zu seiner Mutter, um sich zu versichern, ob sie ihre Aufmerksamkeit auch auf den Ball richtet. Die Mutter sagt mit freudiger Stimme: »Ja, da ist ja ein Ball!« Das Kind blickt zurück zum Ball und quietscht vor Vergnügen. Dem Kind ist in diesem Moment des triangulären Blickkontakts bewusst, dass sich die Äußerung der Mutter auf das Objekt, den Ball, bezieht. Der trianguläre Blickkontakt stellt bereits eine hohe Integrationsleistung verschiedener kognitiver, sozialer und emotionaler Entwicklungsbereiche dar. Er wirkt auf die weitere Sprachentwicklung wie ein »Entwicklungsmotor« (Nonn 2014) und ist eine Schlüsselvariable für den frühen Wortschatz- und Grammatikerwerb (vgl. Sarimski 2017).

Bei einem Kind mit einer Behinderung können Situationen der geteilten Aufmerksamkeit seltener auftreten und eine andere Qualität haben (vgl. Sarimski 2009, 2017). Das Kind kann Schwierigkeiten in der zeitlichen Organisation und im flexiblen Wechsel des Aufmerksamkeitsfokus haben: Es reagiert stark verlangsamt bzw. zeitverzögert (vgl. Sarimski 2017). Das Kind kann zudem unbewusst-reaktive Signale oder unspezifische Verhaltensweisen zeigen, die von den Bezugspersonen nicht oder falsch verstanden werden. Es könnte bspw. als Signal zur Kontaktaufnahme mit dem Fuß klopfen. Das Klopfen versteht die Bezugsperson nicht als Initiierung einer geteilten Aufmerksamkeitsausrichtung (Nonn 2011). Diese andere Qualität im kindlichen Verhalten kann dazu führen, dass das Kind weniger sprachlichen und situationsbezogenen Input bekommt, der gerade in Bezug auf den frühen Wortschatz von Bedeutung wäre. Als Ersatzstrategien lenken die Eltern die Interaktionen stärker, verhalten sich direktiver und nehmen häufiger Körperkontakt zum Kind auf, anstatt responsiv auf die Beiträge des Kindes einzugehen und bspw. situationsrelevante Gegenstände zu benennen. Das bewusste Herstellen einer gemeinsamen Aufmerksamkeit steht am Beginn jeder Interaktion mit einem unterstützt kommunizierenden Kind, das Kommunikation und Sprache erlernt, und kann durch Hilfestellungen wie ein erwartungsvoller Blick, Warten, Einsatz der Zeigegeste, Kopfwendung und/oder Lenkung der Blickbewegungen auf ein gemeinsames Ziel gefördert werden (vgl. Nonn 2014; O'Neill et al. 2018).

2.2 Lernen am Modell

Eine weitere wichtige sozial-kognitive Fähigkeit für den Spracherwerb ist das *Lernen am Modell* (Tomasello 2009). Das Kind hat eine angeborene, hohe Motivation zur Kooperation mit anderen Menschen und empfindet eine große Freude an gemeinsamen Aktivitäten (»Wir-Intentionalität«). Auf dieser Grundlage kommt die Fähigkeit zur Nachahmung in sinnvollen, sozialen Interaktionen mit einer erwachsenen Bezugsperson vor allem in der Phase des Wortlernens zum Einsatz. Die Bezugsperson folgt der Aufmerksamkeit des Kindes oder lenkt die Aufmerksamkeit des Kindes und stellt somit eine gemeinsame Aufmerksamkeit her, in der das Kind *ein neues Wort* durch Imitation lernt (Tomasello 2009). Wenn man die Sprachlernsituation eines regelentwickelten Kindes mit der eines unterstützt kommunizierenden Kindes vergleicht, zeigt sich ein großer Unterschied: Wenn ein unterstützt kommunizierendes Kind nur zweimal pro Woche in einer Fördersituation für 20 Minuten sein Kommunikationssystem nutzen darf, würde es 700 Jahre brauchen, um genauso viel sprachliche Anregung wie ein regelentwickeltes Kind zu bekommen (Davison-Hoult/Ward 2017). Smith/Grove (2003) beschreiben dieses Problem in der Asymmetrie-Hypothese. Das unterstützt kommunizierende Kind ist sozusagen doppelt benachteiligt. Es hat so gut wie keine Möglichkeit im Alltag, diese besondere Art zu kommunizieren einzuüben und zu erlernen.

Hinzu kommt, dass dem Kind ein UK-Vorbild fehlt, das ihm zeigt, wie es UK zur Verständigung einsetzen kann. Gülden/Müller (2016) betonen in diesem Zusammenhang, dass sich auch der Spracherwerb nicht von selbst vollzieht. Dem Kind fehlt zum einen das Modell, wie man via UK kommuniziert, und zum anderen müsste dieses Modell klar und prägnant sein, weil die Möglichkeiten des Kindes zum Lernen am Modell durch seine zugrundeliegende Behinderung eingeschränkt sein können. Das kontinuierliche Modelling ist daher die wichtigste Lehrstrategie für den Spracherwerb: Die Bezugspersonen nutzen aktiv und intensiv selbst die Kommunikation via UK (Castañeda et al. 2017). Sie zeigen dem Kind, wie es sein Kommunikationssystem im Alltag flexibel und effektiv einsetzen kann – immer und immer wieder (vgl. Gülden/Müller 2016; Nonn 2014). Somit lernt das Kind über Imitation die zentrale pragmatisch-kommunikative Fähigkeit, seine Kommunikationshilfe in der Verständigung mit anderen Menschen einzusetzen. Die hohe Wirksamkeit von Modelling für die Entwicklung von Sprachverständnis *und* Sprachproduktion bei unterstützt kommunizierenden Kindern unterschiedlichen Alters, unterschiedlicher zugrundeliegender Konditionen und sprachlicher Fähigkeiten wurde in der Metaanalyse von 26 Einzelfallstudien mit 103 Kindern von O'Neill et al. (2018) nachgewiesen.

3 Aufbau von Wortschatz und Grammatik

Um einen Wortschatz aufbauen und später eine Grammatik erwerben zu können, wendet ein Kind bereits im ersten Lebensjahr höchst effiziente Strategien an. Bereits ab dem achten Lebensmonat klassifiziert ein Kind Wörter hinsichtlich ihrer Wortart, ob es sich um ein Inhaltswort (Nomen, Verben, Adjektive) oder Funktionswort (bspw. Artikel, Präpositionen, Fragewörter) handelt. Diese nachgewiesene frühe Verarbeitungsfähigkeit ist wichtig für den Wortschatzaufbau in Unterstützter Kommunikation, weil es den frühen Nutzen von Funktionswörtern im Kernvokabular stützt. Das Kind erlebt im Alltag, wie seine Bezugspersonen Wörter in bestimmten Situationen immer wieder benutzen (vgl. Bruner 1987). Sie versprachlichen Ereignisse im Tagesablauf und Handlungen des Kindes mit Objekten wie bspw.: »Jetzt hast du die Rassel runtergeworfen. Die Mama gibt sie dir wieder. Da hast du sie.« Ab dem 10. Lebensmonat erkennt das Kind Wortformen wieder und verknüpft sie mit einer Bedeutung. Diese Kopplungen aus Form und Bedeutung werden als *lexikalische Einträge* in das *mentale Lexikon* aufgenommen. Wörter bestehen nun aus zwei Seiten: Sie haben eine konventionell festgelegte Bedeutung und eine Form, die im Fall von UK nicht nur aus einer Lautkette, sondern auch aus einer Gebärde, Geste, einem Bildsymbol etc. bestehen kann.

Das Sprachverständnis geht der Sprachproduktion zeitlich voraus. Der rezeptive Wortschatz ist im Umfang größer als der expressive Wortschatz: Ein Kind versteht mit 12–16 Monaten bereits ca. 100–150 Wörter und kommt einfachen Aufforderungen nach, obwohl es durchschnittlich erst 20–30 Wörter produziert. Der Erwerb der ersten 50 Wörter, die ein Kind selbst produziert, zeichnet sich durch ein langsames Entwicklungstempo über einen Zeitraum von ca. sechs Monaten aus: Ein Kind erwirbt in dieser Phase nur alle zwei bis drei Tage ein neues Wort. Bis zum Alter von 16–20 Monaten spricht ein Kind ca. 50–200 Wörter. Mit spätestens 24 Monaten sollte ein Kind mindestens 50 Wörter sprechen: Die 50-Wörter-Grenze ist ein wichtiger

Meilenstein im Spracherwerb und wird von Kindern mit durchschnittlich 18 Monaten erreicht (vgl. Kauschke 2015).

Aus welchen Wörtern besteht der erste Wortschatz eines Kindes? Mit ca. 13 Monaten treten die ersten »echten« Wörter auf: Ihr Verständnis und ihre Verwendung sind nicht mehr an eine bestimmte Situation gebunden, sondern zunehmend symbolisch und kontextflexibel in der Verwendung. Die Wörter beziehen sich auf das direkte Umfeld und den Alltag des Kindes: auf Menschen, konkrete Gegenstände und Handlungen, die für das Kind von Interesse sind. Zunächst ist der Wortschatz eines Kindes vor allem thematisch strukturiert: Wörter stehen in einem affektiv-sozialen Gesamtzusammenhang und sind demnach im mentalen Lexikon abgelegt. Ein zweijähriges Kind ordnet bspw. die Wörter: »Kakao, Becher, Müslischale, Banane« dem Thema »Frühstück« zu. Ein fünfjähriges Kind hingegen ordnet nach Kategorien: Kakao, Banane = Lebensmittel, Becher, Müslischale = Geschirr. Das mentale Lexikon hat sich umstrukturiert: Wörter werden nunmehr nach hierarchisch geordneten Begriffssystemen zu Taxonomien geordnet. Taxonomien sind Ordnungsstrukturen, die auch in der UK bei komplexen Hilfen (Kommunikationstafel/-ordner, elektronisches Sprachausgabegerät) eingesetzt werden, weil sie den Zugriff auf einen umfangreichen Wortschatz ermöglichen. Dieser Zugriff gelingt mit Hilfe des taxonomischen Prinzips: Wörter bilden demnach Kategorien ab und sind in drei Ebenen angeordnet: Oberbegriffe, Unterbegriffe und Basiswörter wie bspw. Fahrzeuge – Fahrrad, Flugzeug, Bagger, Ufo etc. – Auto. ›Auto‹ ist ein Basiswort und ein typischer Vertreter für den frühen Wortschatz. Ein Basiswort ist der typische und meist verwendete sprachliche Ausdruck für ein Objekt. Aus Basiswörtern ist der Grundwortschatz einer Sprache aufgebaut. Basiswörter werden häufig im Alltag verwendet und treten im Vergleich zu den Ober- und Unterbegriffen in der Alltagskommunikation häufiger auf (Kannengießer 2015). Basiswörter können somit Bestandteil des Kern- und Randvokabulars sein, das sich an der Häufigkeit des Gebrauchs eines Wortes in der Alltagskommunikation orientiert (Boenisch 2017). Ab der 50-Wörter-Grenze beginnt ein Kind, abstrakte Wortkategorien zu etablieren und erlernt die *Symbolfunktion von Sprache*: Wörter stehen stellvertretend für reale Gegebenheiten (Sachse 2007). Die Umstrukturierung des mentalen Lexikons in eine kategoriale Organisation entwickelt sich erst im Verlauf der Kindheit reziprok zum Wortschatzzuwachs und zur kognitiven Entwicklung (Ulrich 2017). Diese Umstrukturierung von einer thematischen hin zu einer hierarchisch kategorialen Organisation in Ober-, Unterbegriffe und Basiswörter sollte als Entwicklungsprozess beim Aufbau eines Kommunikationssystems berücksichtigt werden (vgl. Nonn 2011).

Die deutsche Sprache ermöglicht kreative, regelgesteuerte Wortbildungsprozesse an der Schnittstelle zwischen Semantik und Morphologie, so dass der Wortschatz durch Komposition und Derivation erweitert werden kann (Ulrich 2017). Daher ist es für die Gestaltung eines Kommunikationssystems wichtig, diese Wortbildungen bspw. durch die Funktionen »Bildung von Nominalkomposita« (Apfelsaft, Erdbeerjoghurt, Salamipizza etc.) i. S. der Komposition oder »Bildung von Denominativa« (Bagger – baggern, Flöte – flöten) i. S. der Derivation von Verben aus Nomen zu ermöglichen. Typisch für den weiteren Wortschatzerwerb ist ein schnelles Wachstum, ein müheloser Erwerb und damit verbunden eine immense Differenzierung des Wortschatzes, der in der Literatur als ›Vokabelspurt‹ (Szagun 2016) bezeichnet wird, wobei es interindividuell große Unterschiede in der Art und im Verlauf des Wortschatzerwerbs gibt (Kauschke 2015). Das Kind lernt durchschnittlich fünf bis zehn Wörter täglich. Mit 2;6 Jahren spricht ein Kind durchschnittlich 500 Wörter, mit drei Jahren 800 Wörter und bei der Einschulung ca. 5.000 Wörter. Schulkinder zwischen 7–16 Jahren erweitern ihren

Wortschatz um durchschnittlich 3.000–3.500 Wörter pro Jahr. Mit 16 Jahren hat der aktive Wortschatz eine Größe von ca. 12.000–16.000 Wörtern erreicht.

Die Wortschatzentwicklung eines unterstützt kommunizierenden Kindes unterscheidet sich grundsätzlich von der eines regelentwickelten Kindes, da die Wortauswahl und Gestaltung des Kommunikationssystems von einer anderen Person übernommen werden (vgl. Beukelman/Mirenda 2013). Die Autonomie und Erfahrungen der Selbstwirksamkeit in dem Sinne, welche Wahrnehmungen, Gefühle oder Gedanken ein unterstützt kommunizierendes Kind versprachlichen und mitteilen möchte, sind eingeschränkt. Boenisch et al. (2007) zeigen in einer Vergleichsstudie zum Einsatz des aktiven Wortschatzes von Kindern im Alter von 2 bis 7 Jahren mit und ohne körperlicher Beeinträchtigung folgende Besonderheiten, die auf den Spracherwerb unterstützt kommunizierender Kinder übertragen werden können: Der aktive Wortschatz der Kinder mit einer körperlichen Beeinträchtigung war um ca. 30 bis 45 % geringer als bei der Vergleichsgruppe. Die Kinder setzen Sprache nicht so umfassend wie ein regelentwickeltes Kind ein, um am Spielgeschehen teilnehmen und Eindrücke während des Spiels durch Sprache immer wieder neu sortieren und gliedern zu können. Eine Übereinstimmung beider Gruppen besteht aber im Gebrauchswortschatz: Alle Kinder benutzten ein identisches Vokabular, das hauptsächlich aus Funktionswörtern besteht. Die häufigsten Wörter sind Personalpronomen (ICH, DU, WIR) und Verben (SEIN + Flexionsformen, HABEN, MÖCHTEN, WOLLEN, KÖNNEN). Zu demselben Ergebnis kommt auch die Studie von Boenisch zum Wortschatz von Kindern und Jugendlichen mit und ohne geistige Behinderung (2014). Es gibt eine hohe Übereinstimmung und eine große Ähnlichkeit des Wortgebrauchs im Alltag. 80 % des Alltagsvokabulars sind alters- und bildungsunabhängig (vgl. Boenisch 2014). Dieses Vokabular wird als Kernvokabular bezeichnet. Es besteht aus den 200 bis 300 Wörtern der deutschen Sprache, die am häufigsten verwendet werden und eine erfolgreiche Alltagskommunikation ermöglichen (vgl. Boenisch 2017). Diese Erkenntnisse aus der Kernvokabularforschung sind leitend für den Wortschatzerwerb eines unterstützt kommunizierenden Kindes: Ein erster Wortschatz besteht aus ca. 50 Wörtern, der sich zum einen am physiologischen lautsprachlichen Erwerb des Deutschen und zum anderen an der altersentsprechenden Alltagskommunikation orientiert (vgl. Boenisch 2009, 2014; Boenisch/Sachse 2007; Sachse/Boenisch 2009). Als Beispiel dient die reduzierte Kölner Kommunikationstafel (© Boenisch/Sachse) mit den Wortgruppen der interaktiven Wörter (»Ja/Nein, Tschüss, Quatsch«) und relationalen Wörter (»das, mehr, auch, weg« etc.). Beide Wortgruppen sind Teil des ersten Wortschatzes und erfüllen die spezifischen UK-Kriterien, dass die Wörter in der Alltagskommunikation häufig vorkommen und dem Kind die »Kraft der Sprache« (Boenisch 2017, 212) vermitteln. Die Wörter können sowohl in Form von Bildsymbolen (bspw. durch Metacom oder PCS) als auch in Form von Gebärden (Dangschat/Ender 2017) repräsentiert sein. Eine ausführliche Vorstellung des Kernvokabularansatzes findet sich bei Boenisch/Sachse in diesem Band.

Zwischen Wortschatz- und Grammatikentwicklung besteht ein prädiktiver Zusammenhang: Der Wortschatzerwerb geht dem Grammatikerwerb zeitlich voran. Es ist ein gewisser Wortschatz (200–300 Wörter) erforderlich, bevor der Grammatikerwerb an Fahrt gewinnt (»Effekt der kritischen Masse«). Ein unterstützt kommunizierendes Kind benötigt daher als ersten Wortschatz sowohl eine ausreichende Anzahl an Kernvokabular als auch an Verben in seinem Kommunikationssystem, um Mehrwortäußerungen bzw. Sätze bilden zu können.

In der Grammatikentwicklung erwirbt ein Kind ein komplexes System von Regeln und Repräsentationen, die der Muttersprachkompetenz zugrunde liegen. Die morphologischen Regeln bestimmen, wie Wörter gemäß ihrer Wortart gebeugt und gebildet werden. Deutsch zeichnet sich durch eine reichhaltige Morphologie aus. Die syntaktischen Regeln bestimmen die Funktionen, die Wörter und Wortgruppen im Satz übernehmen, und den Satzbau, also die korrekte Stellung der Wörter im Satz (Kannengießer 2015). Ein wichtiges Maß für die Satzentwicklung ist die durchschnittliche Äußerungslänge (abgekürzt: MLU, mean length of utterance). Ein Kind durchläuft auch in der Grammatikentwicklung verschiedene Zwischenstufen, bis es schließlich die morpho-syntaktischen Regeln seiner Muttersprache erworben hat. Grammatische Entwicklungsprozesse zeigen sich neben einer zunehmenden Äußerungslänge an der wachsenden Komplexität und Korrektheit der Äußerungen (Kauschke 2015).

Ab einem Alter von 18–24 Monaten und dem Erreichen der 50-Wörter-Grenze beginnt die produktive Grammatikentwicklung, wenn das Kind Wortkombinationen in Form von Zwei- und Mehrwortäußerungen bildet (Kauschke 2015). Das Kind entdeckt die Funktion von Grammatik, dass es Wörter zueinander in Beziehung setzen und damit neue Bedeutungen entstehen lassen kann (Kreativität von Sprache). Zwei- und Mehrwortäußerungen können mit Hilfe von semantischen Funktionen interpretiert werden. Semantische Funktionen beschreiben grammatische Bedeutungen, die Wörter in Sätzen haben können. Die folgenden Beispiele zeigen die Struktur von Zweiwortäußerungen:

Vorhandensein: Objekt + relationales Wort: /Auto da/

Handlungsträger (= Subjekt) + Handlung: /Mama gucken/ oder /Papa malt/

Objekt + Handlung: /Milch trinken/

Person + Lokalisierung: /Peter Klo/ (= Peter ist auf dem Klo.)

Das Kind gebraucht zunächst einen Telegrammstil und lässt bestimmte Satzelemente wie bspw. Artikel oder obligatorische Satzteile wie bspw. das Subjekt aus. Trotzdem folgen diese verkürzten Äußerungen bereits den grammatischen Regularitäten der Muttersprache: Das Verb erscheint zu Beginn überwiegend am Ende einer Äußerung (bspw. /Milch trinken/). Die Zweiwortäußerungen werden häufig durch die relationalen Wörter »da, auch, hier, mehr« und das Negationselement »nicht« zu Mehrwortäußerungen erweitert (bspw. /auch Milch trinken/) (Kauschke 2015). Diese Funktionswörter haben eine entwicklungsauslösende Funktion auf die Satzbildung. Sie sind Teil des Kernvokabulars und werden auch im Konzept der Fokuswörter (Sachse/Willke 2011) einem unterstützt kommunizierenden Kind früh zur Verfügung gestellt (Sachse/Willke in diesem Band).

Die Entwicklung der Verbposition und Verbflexion im Hauptsatz verläuft von Infinitiven am Satzende (bspw. Max Ball spielen) zu flektierten Verben in der Zweitposition (bspw. Max spielt mit Peter Ball). Zentral für den Erwerb der Syntax im Deutschen ist die je nach Satzart variierende Verbposition, also die Stellung des flektierten Verbs in Haupt-, Frage- und Nebensätzen (Kauschke 2015). Im Hauptsatz sowie in einer Ergänzungsfrage (W-Frage) steht das flektierte Verb in der Verb-Zweit-Stellung (bspw. Anton backt einen Kuchen. Wer backt einen Kuchen?). Der Erwerb der Verbzweitstellung im Hauptsatz, die sogenannte Hauptsatzregel, ist ein Meilenstein im Spracherwerb und erfolgt im Alter zwischen dem 24.–36. Lebensmonat. Die Hauptsatzregel des Deutschen beinhaltet auch die Flexibilisierung der Satzstruktur: Die erste Position im Hauptsatz vor dem flektierten Verb, das sogenannte Satzvorfeld, kann im Deutschen variabel besetzt werden, wie die folgende Inversion zeigt.

Lisa fährt heute mit dem Rad in die Schule.
Mit dem Rad fährt Lisa heute in die Schule.
Heute fährt Lisa mit dem Rad in die Schule.

Im Anschluss erwirbt das Kind im Alter zwischen 3–4 Jahren die Struktur von Nebensätzen: Im Nebensatz befindet sich das flektierte Verb in der Verb-Endstellung (bspw. Oma freut sich, dass Anton einen Kuchen backt.). Die Wortart der Konjunktionen (dass, wenn, ob, damit etc.) hat eine wichtige entwicklungsauslösende Funktion für den

Erwerb von Nebensätzen und ist ebenfalls Bestandteil des Kernvokabulars (Sachse/Boenisch 2009).

In der Morphologie erwirbt ein Kind als erstes Paradigma Verbendungen im Alter zwischen 2–3 Jahren (Kauschke 2015). Vollverben werden zunächst als Stammform ohne Endung (malen = mal) oder als Infinitiv (malen) verwendet und auf verschiedene Personen übertragen (ich, Oma, Menschen etc. malen). Nach und nach bildet das Kind zuerst die Endung -t, gefolgt von -e und schließt mit der -st-Form den Erwerb des Präsens ab. In der Verbmorphologie erfolgt als nächstes der Erwerb der Tempuskategorie Perfekt (Szagun 2016). Auch das ist ein großer Entwicklungsschritt, denn das Kind ist dadurch in der Lage, über Vergangenes zu sprechen und zu erzählen.

In der Nominalflexion treten bereits vor dem zweiten Geburtstag erste Pluralformen auf. Der Erwerb vollzieht sich aber über mehrere Jahre. Dies gilt auch für den Erwerb des Kasussystems, dessen Erwerbsreihenfolge 1. Nominativ – 2. Akkusativ – 3. Dativ ist und der sich im Vergleich zum Satzbau wesentlich länger über die ersten Grundschuljahre hinzieht (Szagun 2016). Auch die Grammatikentwicklung eines unterstützt kommunizierenden Kindes zeigt Besonderheiten. Als Referenz dient wiederum die Studie von Boenisch et al. (2007). Die Äußerungen der Kinder mit und ohne körperliche Beeinträchtigung sind grammatikalisch deutlich unterschiedlich (Boenisch et al. 2007): Die mittlere Äußerungslänge (MLU) zeigt im Verlauf der Studie einen Schereneffekt: Zu Beginn bilden alle Kinder im Alter von 30 Monaten überwiegend Vier-Wort-Äußerungen. Danach stagniert die Äußerungslänge bei den Kindern mit körperlicher Beeinträchtigung bzw. sinkt sogar ab, während sie bei den regelentwickelten Kindern auf über sieben Wörter im Alter von 5 Jahren ansteigt. Studien zur grammatischen Entwicklung unterstützt kommunizierender Kinder sind sehr selten; die methodischen Möglichkeiten einer zuverlässigen Testung sind noch im Aufbau (King et al. 2015). Im Forschungsreview von insgesamt 31 Studien zeigt sich eine große interindividuelle Variationsbreite grammatischer Fähigkeiten (Binger/Light 2008). Ein wichtiges Ergebnis ist, dass viele unterstützt kommunizierende Kinder kurze Äußerungen produzieren: Einwortäußerungen, Zweiwortäußerungen wie bspw. die Kombination aus der Zeigegeste und einem Wort (/da ball/) oder Mehrwortäußerungen mit der Grundstellung des Verbs, im Deutschen also in der Endposition.

4 Zusammenfassung und Ausblick

Für den Spracherwerb gilt: Wörter fallen nicht vom Himmel, sondern sind das Ergebnis eines langen Entwicklungswegs, den ein Kind gemeinsam mit seinen Eltern geht (Füssenich 2014). Ein unterstützt kommunizierendes Kind benötigt ein geeignetes Modell, um die Regularitäten von Kommunikation und Muttersprache erwerben zu können. Seine Bezugspersonen benötigen ein strukturiertes Training und eine kontinuierliche Begleitung, um dem Kind ein Modell in UK zu sein (O'Neill et al. 2018). Ein unterstützt kommunizierendes Kind sollte früh ein sprachlich reichhaltiges Kommunikationssystem zur Verfügung haben, das entwicklungs- und alltagsorientiert aufgebaut ist:

- Kern- und Randvokabular mit verschiedenen Wortarten
- taxonomisches Prinzip als angestrebtes Ordnungssystem des Randvokabulars

- Bildung von Mehrwortäußerungen und Sätzen (= Zugang zur Syntax)
- Flexionen und Wortbildung (= Zugang zur Morphologie)
- System ist stets erweiterbar und somit flexibel
  (vgl. Davison-Hoult/Ward 2017; Sachse/Boenisch 2009).

Das Sprachentwicklungsprofil eines unterstützt kommunizierenden Kindes ist in den Modalitäten und einzelnen linguistischen Bereichen individuell sehr unterschiedlich ausgeprägt (Asynchronität). Wichtig ist eine klare Trennung zwischen Sprachverständnis und Sprachproduktion von Anfang an (Nonn 2011). Der Spracherwerb wird durch UK als Lehr-Lern-Prozess ermöglicht, so dass als Folge eine kommunikative Kompetenz entsteht. Eine kommunikative Kompetenz, welche die sprachliche Kompetenz miteinschließt, ist das Tor zu einer gelingenden Verständigung, die eine Vielzahl weiterer positiver Werte wie Partizipation und Selbstwirksamkeit nach sich zieht und als ein lebenslanger Lernprozess zu verstehen ist.

Literatur

Beukelman, D. R./Mirenda, P. (2013³): Augmentative and Alternative Communication. Baltimore: Paul Brookes.

Binger, C./Light, J. (2008): The Morphology and Syntax of Individuals who use AAC: Research Review and Implications for Effective Practice. In: Augmentative and Alternative Communication, 2, 123–138.

Boenisch, J. (2017): Kernvokabular – Schlüssel zur gelingenden Kommunikation bei Kindern mit komplexer Behinderung. In: Sprachförderung und Sprachtherapie in Schule und Praxis, 6, 208–216.

Boenisch, J. (2014): Kernvokabular im Kindes- und Jugendalter: Vergleichsstudie zum Sprachgebrauch von Schülerinnen und Schülern mit und ohne geistige Behinderung und Konsequenzen für die Unterstützte Kommunikation. In: uk & forschung, 3, 4–23.

Boenisch, J. (2009): Kinder ohne Lautsprache. Grundlagen, Entwicklungen und Forschungsergebnisse zur Unterstützten Kommunikation. Karlsruhe: von Loeper.

Boenisch, J./Musketa, B./Sachse S. (2007): Die Bedeutung des Vokabulars für den Spracherwerb und Konsequenzen für die Gestaltung von Kommunikationsoberflächen. In: Sachse, S./Birngruber C./Arendes, S. (Hrsg.): Lernen und Lehren in der Unterstützten Kommunikation. Karlsruhe: von Loeper, 355–371.

Boenisch, J./Sachse, S. (2007): Diagnostik und Beratung in der Unterstützten Kommunikation. Karlsruhe: von Loeper.

Bruner, J. (1987): Wie das Kind sprechen lernt. Bern: Hans Huber.

Castañeda, C./Fröhlich, N./Waigand, M. (2017): Modelling in der UK. Ein Praxisbuch für Eltern, pädagogische Fachkräfte, Therapeuten und Interessierte. Heigenbrücken: Monika Waigand.

Dangschat H./Ender, K. (2017): Gebärden im Fokus. In: Lage, D./Ling, K. (Hrsg.): UK spricht viele Sprachen. Karlsruhe: von Loeper, 21–36.

Davison-Hoult, A./Ward, C. on behalf of Rett UK (2017): An Introduction to AAC for People with Rett Syndrome and other Complex Communication Needs. Rett UK.

Füssenich, I. (2014): Frühe sprachliche Bildung beobachten und begleiten. In: Sprache, Stimme, Gehör, 38, 158–162.

Grimm, H (2003): Störungen der Sprachentwicklung. Göttingen: Hogrefe.

Gülden, M./Müller, A. (2016): Die an das Kind gerichtete Alternative (KGA). AUCH der Spracherwerb mit einem Kommunikationsgerät vollzieht sich nicht von selbst. In: Unterstützte Kommunikation, 1, 6–11.

Heim, M./Jonker, V./Veen, M. (2010): Het COCP-Programma in de zorg voor verstandelijk gehandicapten (COCPvg). Handleiding en materiaal. Universiteit van Amsterdam/Heliomare Revalidatie.

Kannengießer, S. (2015): Sprachentwicklungsstörungen. Grundlagen, Diagnostik und Therapie. 3. Aufl. München: Urban & Fischer.

Kauschke, C. (2015): Frühe Entwicklung lexikalischer und grammatischer Fähigkeiten. In: Sachse, S. (Hrsg.): Handbuch Spracherwerb und Sprachentwicklungsstörungen. Kleinkindphase. München: Urban & Fischer, 3–14.

King, M.R./Binger, C./Kent-Walsh, J. (2015): Using dynamic assessment to evaluate the expressive syntax of children who use augmentative and alternative communication. In: Augmentative and Alternative Communication 1, 1–14.

Nonn, K. (2011): Unterstützte Kommunikation in der Logopädie. Stuttgart: Thieme.

Nonn, K. (2014): Gesucht wird eine Lokomotive, die den Spracherwerb zieht: Das sozialpragmatische Spracherwerbsmodell von Michael Tomasello als theoretisches Bezugssystem für UK. In: uk & forschung, 3, 24–46.

O'Neill, T./Light, J./Pope, L. (2018): Effects of Interventions That Include Aided Augmentative and Alternative Communication Input on the Communication of Individuals With Complex Communication Needs: A Meta-Analysis. In: Journal of Speech, Language, and Hearing Research, 61 (7), 1743–1765.

Sachse, S. (2007): Neuropsychologische und neurophysiologische Untersuchungen bei Late Talkers im Quer- und Längsschnitt. München: Dr. Hut.

Sachse, S./Boenisch, J. (2009): Kern- und Randvokabular in der UK: Grundlagen und Anwendung. In: isaac-Gesellschaft für UK/von Loeper (Hrsg.): Handbuch der Unterstützten Kommunikation. von Loeper: Karlsruhe, 01.026.030-01.026.040.

Sachse, S./Willke, M. (2011): Fokuswörter in der Unterstützten Kommunikation. Ein Konzept zum sukzessiven Wortschatzaufbau. In: Bollmeyer, H./Engel, K./Hallbauer, A./Hüning-Meier, M. (Hrsg.): UK inklusive. Teilhabe durch Unterstützte Kommunikation. Karlsruhe: von Loeper, 375–394.

Sarimski K. (2009): Frühförderung behinderter Kleinkinder. Grundlagen, Diagnostik und Intervention. Göttingen: Hogrefe.

Sarimski, K. (2017): Grundlagen der Sprachtherapie bei Kindern mit genetischen Syndromen. In: Sprachförderung und Sprachtherapie in Schule und Praxis, 6, 202–207.

Smith, M./Grove, N. (2003): Asymmetry in input and output for individuals who use AAC. In: Light, J. C./Beukelman, D. R./Reichle, J. (Eds.): Communicative competence for individuals who use AAC: From research to effective practice. Baltimore: Paul H. Brookes, 163–195.

Szagun, G. (20166): Sprachentwicklung beim Kind. Weinheim: Beltz.

Tomasello, M. (2009): Die Ursprünge der menschlichen Kommunikation. (dt. Übersetzung von J. Schröder). Frankfurt/M.: Suhrkamp.

Ulrich, M. (2017): Lexikalische Störungen. In: Mayer, A./Ulrich, M. (Hrsg.): Sprachtherapie mit Kindern. München: Reinhardt, 85–150.

Zollinger, B. (1995): Die Entdeckung der Sprache. Bern: Haupt.

Besonderheiten im kommunikativen Verhalten

Susanne Wachsmuth

Sowohl die Entwicklung der kommunikativen Kompetenz als auch die Interaktionen unterliegen besonderen Bedingungen und sind teilweise verändert, wenn Unterstützte Kommunikation eingesetzt wird. Einige dieser Besonderheiten sind durch den Einsatz passender Kommunikationsformen oder Übungen zu kompensieren, andere sind kaum veränderbar. Indem Partner und Partnerinnen über diese Besonderheiten informiert sind, können sie sich und ihr eigenes Verhalten darauf einstellen, so dass sowohl die Förderung als auch die Interaktion zufriedenstellender gelingen.

1 Kommunikative Entwicklung mit UK

Modelle

Bevor sich ein Kind absichtsvoll äußern kann, hat es bereits tagtäglich viele Situationen erlebt, in denen sich Menschen lautsprachlich miteinander verständigen. Kinder, die sich mit Hilfe Unterstützter Kommunikation verständigen sollen, haben nur selten oder nie die Möglichkeit, ihre besondere Kommunikationsform im Alltag zu beobachten. Sie müssen an den Gebrauch und die Regeln ihrer Kommunikationsform »künstlich« herangeführt werden. UK ist also keine Muttersprache, die dem Kind Modelle bietet. Bezugspersonen müssen es lernen, bewusst selber UK als lebendiges Element des Alltags zu verwenden.

Übungsmöglichkeiten

Die für die Lautsprache notwendigen Organe stehen dem Kind bereits seit Beginn des Lebens zur Verfügung. Zwar werden sie zunächst nicht kommunikativ genutzt, doch permanent geübt: beim Essen und Trinken, beim Spielen und beim Lallen. Zum Beginn der eigentlichen Lautsprachentwicklung haben Kinder bereits mannigfaltige Erfahrungen. Zusätzlich zu sensorischen, motorischen und kognitiven Beeinträchtigungen sind bei unterstützt Kommunizierenden die Möglichkeiten, mit einem alternativen Kommunikationsmittel Erfahrungen zu machen, eingeschränkt. Der Gebrauch von Kommunikationshilfen wird darüber hinaus situativ erschwert, weil es den Kindern oft nicht möglich ist, gleichzeitig zu spielen und zu kommunizieren. Denn im Gegensatz zu lautsprachlich kommunizierenden Kindern, die beim Sprechen die Hände frei haben, müssen sie sich entscheiden, ob sie zur Kommunikationstafel oder zu dem Spielzeug schauen wollen, ob sie auf die Kommunikationshilfe zeigen oder das Spielzeug ergreifen wollen. Viele können entweder nur kommunizieren oder spielen (vgl. Heister-Trygg 2002).

Besonders technische Hilfsmittel sind mit einer Fülle von Raffinessen ausgestattet, die erst im Laufe der Zeit erobert werden können.

In der Regel erfolgt die Versorgung mit Kommunikationshilfen nach einer relativ kurzen Einweisungszeit, die weder dem nichtsprechenden Benutzer oder der Benutzerin noch deren Bezugspersonen ausreicht, um das Hilfsmittel vollkommen zu beherrschen.

Rollenerfahrung

Für das Gelingen einer Interaktion ist die Fähigkeit notwendig, »sich schnell und mit Geschick in die Rolle der anderen zu versetzen und sein Verhalten von der Situation der anderen bestimmen zu lassen…« (vgl. Goffman 1999, 127). Das setzt voraus, dass man Rollenerfahrung hat. Bei Menschen, die von Geburt an nicht sprechen können, ist diese Erfahrung sehr eingeschränkt. Manche sind an ihre Rolle als Behinderte und ›auf-Hilfe-Angewiesene‹ gebunden. Viele Rollen bleiben ihnen verschlossen und entsprechend schwierig ist es für sie, sich in diese Rollen hinein zu denken und adäquat auf sie zu reagieren.

2   Asymmetrisches Dialogverhalten

Verschiedene Kommunikationsmodi und Asymmetrie

Während des üblichen Dialogverhaltens wird i. d. R. der gleiche Kommunikationsmodus genutzt: meist die Lautsprache. In Dialogen mit UK ist es in der Regel so, dass unterschiedliche Modi verwendet werden. Dabei sind diese nicht gleichwertig: Der sprechende Partner ist meist im Vorteil. Sein Medium ist in der Regel effektiver, für ihn leichter verfügbar, wesentlich schneller und allgemein akzeptiert. Die Ungleichwertigkeit zeigt sich auch daran, dass die Äußerungen des oder der unterstützt Kommunizierenden in der Regel in die Lautsprache übertragen werden. Die Interaktion ist daher tendenziell asymmetrisch und von der Lautsprache dominiert.

Vokabular

Die Freude an einem Gespräch ist in hohem Maße davon abhängig, ob man mit UK das sagen kann, was intendiert ist – also ein entsprechendes Vokabular zur Verfügung steht bzw. über Strategien verfügt, vorhandene Ausdrucksmittel geschickt einzusetzen und damit sowohl erzählen, gratulieren, wünschen, schimpfen usw. zu können. Kinder wählen sich im Lautspracherwerbsprozess aus einem riesigen sie umgebenden Vokabular die Worte aus, die für sie wichtig sind. Unterstützt Kommunizierenden wird ein von Anderen ausgewähltes Vokabular zur Verfügung gestellt.

Eine besondere Rolle spielen idiosynkratrische Zeichen, die nur von vertrauten Personen verstanden werden. Selbst wenn nichtsprechende Menschen nicht über konventionelle Zeichen verfügen, so benutzen sie dennoch in aller Regel Zeichen, um auf sich aufmerksam zu machen oder sich mitzuteilen (vgl. Einert 2001, 11). Diese Zeichen entsprechen u. U. so wenig den Normen der üblichen Verständigung, dass sie gar nicht als Bedeutungsträger wahrgenommen werden. Teilweise erscheinen sie nur lästig, werden als »Tick« interpretiert, oder es wird sogar versucht, diese Verhaltensweisen durch striktes Ignorieren zu unterdrücken. Andere Zeichen können nur von engen Bezugspersonen oder von erfahrenen Fachleuten interpretiert werden (Tanne 2015, 12 ff.). So erfüllt zum Beispiel das »Schnüffeln« von blinden, mehrfachbehinderten Kindern die Funktion, das Gegenüber zu erkennen, und das Anblasen kann die

Funktion der Kontaktaufnahme haben. Erst wenn diese Zeichen als bedeutsam erlebt werden, finden Kontaktpersonen einen Zugang zu ihrem behinderten Gegenüber.

3   Gesprächsstruktur und Interaktion

Eröffnung und Schließen eines Dialogs

Thümmel weist in ihren Untersuchungen für Kinder im Schulalter nach, dass es ihnen oftmals gar nicht erst gelingt, kundzutun, dass sie an Kommunikation interessiert sind. Ihre vagen Äußerungen werden von den Anderen nicht wahrgenommen. Selbst engagierte Lehrkräfte nehmen an, dass nichtsprechende Kinder gar nicht kommunizieren wollen (vgl. Thümmel 1998). Janice Light und Cathy Binger beobachten bei behinderten Menschen, die mit einem alternativen Kommunikationsmittel versorgt sind, eine Ungeschicklichkeit in der Eröffnung der Konversation, insbesondere mit fremden potentiellen Partnern und Partnerinnen. So verpassen sie regelmäßig die Chance, über ihre Art der Kommunikation aufzuklären, und verursachen auf diese Weise eine Verunsicherung beim Gegenüber (vgl. Light/Binger 1998). Ebenso wichtig wie die Eröffnung eines Dialogs ist auch dessen Beendigung. Die Einschätzung der Qualität einer Begegnung und der Wunsch nach einem weiteren Treffen hängen sehr davon ab, ob ihr Abschluss als angenehm empfunden wird. Wenn unterstützt Kommunizierende mit Hilfe ihrer Tafeln oder elektronischen Kommunikationshilfen das Gespräch beenden, wirkt das oft abrupt, weil die einleitenden Phrasen zu fehlen scheinen.

Blickkontakt

Wenn unterstützt Kommunizierende auf das Gerät oder eine Symboltafel schauen müssen, entfällt der Blickkontakt bzw. ist eingeschränkt. Mimik kann schwer wahrgenommen werden. Dadurch fällt die Interpretation der Äußerungen – sind sie scherzhaft gemeint, stimmt das den Sprecher traurig, weiß er noch mehr zu diesem Thema usw. – schwer, und es bleibt oft unklar, wann das Gegenüber den nächsten Gesprächsschritt übernehmen kann.

Partnerorientierte Äußerungen

Verunsicherungen entstehen auch auf Grund von fehlender Rückmeldung, durch die i. d. R. angezeigt wird, dass man an dem Gegenüber interessiert ist und gerne weiter kommunizieren möchte. Das geschieht häufig durch Mimik, Gestik und kleine Einschübe wie »ach so«. Sie drücken Zustimmung, Interesse, Ablehnung, Erstaunen oder Unglauben aus und ermuntern zum Weiterreden. Ihr Ausbleiben bewirkt, dass die Dialoge erheblich verkürzt werden. Eine andere Methode, soziale Rückmeldung zu geben, besteht darin, partnerorientierte Fragen zu stellen. Zum Beispiel: »Wie geht's?«, »Was hast du am Wochenende gemacht?«. Sie signalisieren Interesse am Anderen.

Langsamkeit

Ein Hauptproblem ist die lange Zeit, die das Gespräch mit Unterstützter Kommunikation benötigt. Das verunsichert; denn Sprechende sind das lange Warten nicht gewöhnt, und das kann dann als peinlich empfunden werden. Bei Benutzern und Benutzerinnen alternativer Kommunikationsformen kann die Verzögerung bis zu mehreren Minuten dauern. Lautsprachlich Kommunizierende fühlen sich verpflichtet, die Verantwortung für den Fortgang der Unterhaltung zu übernehmen (vgl. Buzolich/Wiemann 1988). Um unnatürliche Pausen zu vermeiden, sind die natürlich sprechenden Partner daran interessiert, möglichst schnell wieder selber zu sprechen. Dafür bieten ihnen die langen Pausen während der Erstellung einer Mitteilung mit Unterstützter Kommunikation viele Gelegenheiten.

Häufig werden diese Lücken im Gesprächsfluss durch zusätzliche Fragen gefüllt.

Beispiel:
T: Was hast du gestern Abend gemacht?
C: (Beginnt eine Antwort auf einer Kommunikationstafel zu formulieren)
T: Warst du zu Hause?
T: Hast du Fernsehen geguckt? Hast du Walt Disney gesehen? (Harris 1982, 31, Übersetzung S.W.)

Dieses Verhalten kann dazu führen, dass unterstützt Kommunizierende nicht mehr wissen, auf welche der Fragen sie antworten sollen oder dass sich eine angefangene Antwort inzwischen erübrigt hat.

Die herabgesetzte Kommunikationsgeschwindigkeit hat insbesondere für die UK-Nutzer große Nachteile. Sie sind aus Zeitmangel gezwungen, sich auf das Wichtigste zu beschränken. Es ist schwierig, zu unterbrechen oder anzuzeigen, dass man gerade jetzt schnell etwas Wichtiges beitragen oder einer lautsprachlichen Äußerung widersprechen möchte. Sie können sich nicht den Luxus leisten, schnell einen witzigen Kommentar abzugeben (die entsprechende Situation wäre schon längst vorbei). Viele Äußerungen wie Beschimpfungen, soziale Floskeln im Vorübergehen (z. B. Hallo, wie geht's?) sind unmöglich. Sie sind darauf angewiesen, dass die Partner und Partnerinnen sich die Zeit nehmen, Äußerung zu gestatten und abzuwarten. Auch werden ihre Zeichen u. U. nicht immer erkannt, nur halb erkannt oder fehlinterpretiert. Möglicherweise folgen sie dann aber lieber der Denkrichtung der Interpretierenden als ganz auf den Dialog zu verzichten. Viele Gespräche werden aus Zeitmangel abgebrochen, bevor das Gesprächsziel erreicht ist. Das ist äußerst frustrierend (Kristen 1994, 46).

4   Partnerinnen und Partner

Einstellung zur UK

Beukelman und Mirenda (1998) weisen darauf hin, dass die Dialogfähigkeit nichtsprechender Menschen nur gefördert werden kann, wenn sie dabei von *allen* Verantwortlichen unterstützt werden. Primäre Bezugspersonen sind der Unterstützten Kommunikation gegenüber nicht immer positiv eingestellt: Einige halten sie für überflüssig, weil die Verständigung zwischen den engen Vertrauenspersonen gelingt. Andere fürchten die Einmischung von Außenstehenden in die enge kommunikative Bindung. Wieder Andere fürchten durch den Einsatz von Unterstützter Kommunikation endgültig auf den (Wieder-) Erwerb der Lautsprache zu verzichten. Oder es werden die vielfältigen Belastungen gescheut, die mit der Einführung einer neuen Kommunikationsform verbunden sind – das ist nachvollziehbar und teilweise berechtigt.

Bei den professionellen Bezugspersonen spielen andere Gründe eine Rolle. Nachdem über mehr als hundert Jahre das Orale Dogma Gültigkeit hatte, die Lautsprache als unabdingbar für die soziale und kognitive Entwicklung jedes Menschen galt und die Ausbildung der Pädagogen und Therapeutinnen entsprechend ausgerichtet war (Adam 1993, 118 ff.), ist die Umstellung auf die Förderung mit alternativen und augmentativen Kommunikationsmitteln mit Problemen verbunden. Zudem ist Unterstützte Kommunikation häufig von der Beherrschung spezifischer Kommunikationshilfen abhängig. Es kann nicht vorausgesetzt werden, dass allen der Umgang mit diesen Methoden geläufig ist. Das alles weckt Ängste, und daraus ergeben sich Widerstände. Zudem ist zu bedenken, dass die Förderung in Unterstützter Kommunikation einen erheblichen Zeitaufwand bedeutet. Die Belastungen, die dadurch auf die Bezugspersonen zukommen sind nicht zu leugnen. Daneben ist die Fähigkeit zum Dialog zwischen den Bezugspersonen gefordert. Nur wenn diese sich ehrlich zu ihren Zielen, Möglichkeiten und Grenzen bekennen, wenn ein Konsens gefunden werden kann, wie die Kommunikation zu fördern ist, kann man erwarten, dass alle gemeinsam den Menschen mit Behinderung unterstützen.

Ko-Konstruktion

Bei einem Dialog mit Hilfe Unterstützter Kommunikationsmittel ist der lautsprachlich kommunizierende Zuhörer oder die Zuhörerin oft genötigt, die Äußerungen des Gegenübers zu übersetzen, zu erweitern und zu interpretieren. Er wird zum *Ko-Konstrukteur* der Aussage. Insbesondere wenn vom Nichtsprechenden nur einzelne Zeichen benutzt werden, ist der Sprechende gezwungen, den Sinn zu erraten. Denn das einzelne Zeichen kann sowohl als Ausdruck eines Wunsches, einer Ablehnung oder als Themenangebot gemeint sein. Hier entsteht ein atypisches Rollenverhalten für den lautsprachlich Kommunizierenden. Er muss das, was sein Partner sagen will, wiederholen, und sich dann erkundigen, ob er es richtig verstanden hat. Bei der Ko-Konstruktion werden zwei verschiedene Arten der Rückmeldung gegeben:

1. Der lautsprachlich Kommunizierende gibt die Rückmeldung, was er verstanden hat. Dabei wiederholt er die Äußerung des Partners, wobei er unvollständige Aussagen gegebenenfalls ergänzt oder interpretiert. Zum Beispiel wird so aus dem Zeigen des Nichtsprechenden auf ein Glas des Nichtsprechenden die Rückmeldung »Du willst sagen: Ich möchte Saft trinken«;
2. Der lautsprachlich Kommunizierende gibt die Art von Rückmeldung, die er auch einem sprechenden Partner geben würde. Also in dem gegebenen Beispiel möglicherweise: »Nein, nicht schon wieder, ich habe wirklich keine Lust, noch mal in die Küche zu gehen.«

Diese zwei Arten der Rückmeldung müssen deutlich voneinander getrennt gesehen werden. Dabei kann es zu erheblichen Schwierigkeiten kommen, insbesondere wenn negative Äußerungen getätigt werden sollen. Es erfordert hohe Disziplin, die Aussage »du nervst mich« zurückzumelden, bevor darauf emotional reagiert wird (vgl. Bober 2002). Leicht geschieht es, dass Sprechende die Zeichen der nichtsprechenden Person falsch interpretieren, also gar nicht verstehen, was das Gegenüber mitteilen will. Entweder sie stellen durch Nachfragen fest, dass sie nicht verstanden haben oder sie gehen selbstverständlich davon aus, verstanden zu haben und widmen sich einem anderen als dem vorgegebenen Inhalt. Dann haben die UK-Benutzer und Benutzerinnen die Wahl, ob sie über das Thema sprechen wollen, das ihnen vorgeschlagen wird. Oder sie können versuchen, in die gewünschte Thematik zurück zu kommen. Das ist mühsam und erfordert noch zusätzliche Zeit. Besonders, wenn die Auswahl der Symbole schon so schwierig und langwierig war, ist es außerordentlich frustrierend, nicht verstanden zu werden. Es kommt zu Kommunikationsabbrüchen oder Zusammenbrüchen, die von beiden Partnern als sehr belastend empfunden werden.

Interpretation der pragmatischen Absicht

Viele Äußerungen von unterstützt Kommunizierenden werden, gerade wenn sie unter großen Anstrengungen getan werden, vom Gegenüber als Appell verstanden. Die Äußerung »kalt draußen« wird in lautsprachlich geführten Gesprächen in der Regel als eine Aufforderung zum Smalltalk über das Wetter verstanden und kann eine Einleitung einer längeren Konversation sein. Die gleiche Aussage kann bei unterstützt Kommunizierenden so interpretiert werden, dass sich das Gegenüber Gedanken macht, ob Hilfe benötigt wird, und zu Angeboten wie einer Jacke oder eines Heißgetränkes führen. Solche Reaktionen ignorieren einerseits das Gesprächsangebot und signalisieren, dass die Äußerung als Wunsch oder Forderung interpretiert wird. Erlebnisse dieser Art können dazu führen, dass unterstützt Kommunizierende sich tatsächlich darauf beschränken, Appelle zu formulieren (vgl. Wachsmuth 2015).

Belastende Faktoren für Dialoge

Goffman (1999) begründet, warum Dialoge misslingen können. Seine Darstellung bezieht sich auf lautsprachliche Dialoge, kann aber direkt auf Dialoge mit UK übertragen werden. Er sieht vier belastende Faktoren:

1. *Ablenkung von außen*: störende Ereignisse lenken vom Gespräch ab. Da es meist lange dauert, bis ein unterstützt Kommunizierender seine Gedanken formuliert hat, ist die Gefahr, dass das Gegenüber sich inzwischen von anderen Ereignissen ablenken lässt, relativ groß.
2. *Ich-Befangenheit*: sowohl unterstützt Kommunizierende als auch lautsprachlich Kommunizierende können durch die Beschäftigung mit ihrer Rolle, die sie in der Interaktion einnehmen, abgelenkt werden. Das geschieht zum Beispiel, wenn ein unterstützt Kommunizierender in der Rolle eines Menschen, der eine Reise erlebt hat, spricht, vom Gegenüber allerdings in der Rolle als geschickter unterstützt Kommunizierender gesehen wird. Dann kann es sein, dass nicht die Reiseerlebnisse im Fokus des Interesses stehen, sondern die Kommunikationstafel und der Umgang mit ihr. Diese Nicht-Anerkennung als Reisender führt zu Irritationen oder Frustrationen. Umgekehrt sind lautsprachlich Kommunizierende mit ihrer Rolle als Fachkräfte für UK, die von sich erwarten, UK zu verstehen, im Gespräch so sehr mit sich beschäftigt, dass sie darüber ihre Rolle als interessierten Gesprächsteilnehmer vernachlässigen.
3. Unter *Interaktionsbefangenheit* versteht Goffman die Angst vor dem Gesprächszusammenbruch, die gerade viele Gespräche mit unterstützt Kommunizierenden begleitet und manchmal zu einem Vermeidungsverhalten führt.
4. Unter *Fremdbefangenheit* versteht man die Situation, dass entweder ein Thema zu sehr interessiert (z. B. Spezialthemen von Menschen mit Autismus) oder Besonderheiten des Gegenübers – wie z. B. die Behinderung – vom eigentlichen Inhalt ablenken.

Mögliche Kommunikationspartner

Es gibt nur wenige Untersuchungen und Anregungen zur Interaktion von unterstützt Kommunizierenden untereinander (Heister-Trygg 2002). Die vorliegenden Schriften beziehen sich in der Regel auf die Kommunikation zwischen lautsprachlich und unterstützt Kommunizierenden. Während nach Auswertung von Untersuchungen der sozialen Netzwerke festgestellt werden kann, dass insbesondere unterstützt kommunizierende Kinder i. d. R. familiär gut eingebunden sind und viele Ansprechpartner im nahen Umfeld haben, zeigt sich, dass im Laufe des Lebens einige Verschiebungen stattfinden. Da selten eigene Familien gegründet werden, fallen oft später primäre Bezugspersonen weg. Die Anzahl von Freunden ist relativ gering, problematisch ist die unerwiderte Wahrnehmung der Assistenten als Freunde. Die altersangemessene Kontaktaufnahme mit Fremden ist häufig eingeschränkt. Demgegenüber ist der Kreis der professionellen Helfer unverhältnismäßig groß und unterliegt starken Wechseln (vgl. Wachsmuth/Schmidt 2011).

Es wird deutlich, dass die Arbeit mit Unterstützter Kommunikation außerordentlich vielschichtig ist und die Einbeziehung von lautsprachlich Kommunizierenden erfordert. Neben dem Alter muss auch die kommunikative Erfahrung in Abhängigkeit vom Zeitpunkt des Lautsprachverlustes bzw. unzureichendem Erwerbs und die soziale Umgebung berücksichtigt werden.

Literatur

Adam, H. (1993): Mit Gebärden und Bildsymbolen kommunizieren. Würzburg: bentheim.
Beukelman, D./Mirenda, P. (1998): Augmentative and Alternative Communication. Baltimore, Maryland.
Bober, A. (2006^2): Angebote Unterstützter Kommunikation in Wohnheimen für Menschen mit geistiger Behinderung. In: Wilken, E. (Hrsg.): Unterstützte Kommunikation. Stuttgart: Kohlhammer, 201–232.
Braun, U. (1994): Unterstützte Kommunikation bei körperbehinderten Menschen mit einer schweren Dyarthrie. Frankfurt/M.: Peter Lang.
Buzolick, M. J./Wiemann, J. M. (1988): Turn Taking in Atypical Conversations: the Case of the Speaker/Augmentated-Communicator Dyad. In: Journal of Speech and Hearing Research, 31, 3–18.
Collins, S./Markovà, J./Murphy, J. (1997): Bringing Conversation to a Close: the Management of Closing in Interactions Between AAC Users and »Natural« Speakers. In: Clinical Linguistics and Phonetics, 11/6, 467–493.
Einert, K. (2001): Unterstützte Kommunikation in der Prävention und frühen Therapie. In: Forum Logopädie, 15/6, 7–18.
Goffman, E. (1999): Interaktionsrituale. Frankfurt/M.: Suhrkamp.
Harris, D. (1982): Communicative Interaction Processes Involving Non-Vocal Physically Handicapped Children. In: Topics in Language Disorders, 2, 21–37.
Heister-Trygg, B. (2002): Communication in Groups – for Children and Adolescents with Communication Impairments. Stockholm: Hjälpmedelsinstitutet.
Hirdes, J.P./Ellis-Hale, K./Hirdes B.P. (1993): Prevalence and Policy Implications of Communication Disabilities among Adults. In: Augmentative and Alternative Communication, 9/4, 273–280.
Kristen, U. (1994): Praxis Unterstützte Kommunikation. Düsseldorf: selbstbestimmtes Leben.
Light, J. C./Binger, C. (1998): Building Communicative Competence with Individuals who Use Augmentative and Alternative Communication. Baltimore, Maryland.
Tanne, Schweizerische Stiftung für Taubblinde (2015): Sinn-voll. Wahrnehmungsförderung bei Menschen mit einer mehrfachen Sinnesbehinderung. Langnau am Albis.
Thümmel, I. (1998): Damit Kommunikation gelingt! Schüler mit schwersten Behinderungen verstehen – sich mit ihnen verständigen! Sonderpädagogischer Kongress Hannover.
Wachsmuth, S. (2015): Hallo, ich mag dich! Wie unterstützt und lautsprachlich kommunizierende Menschen gelingende Beziehungen entwickeln können. Karlsruhe: von Loeper.
Wachsmuth, S./Schmidt, M. (2011): Partizipation von unterstützt kommunizierenden Personen. In: Teilhabe, 3, 113–118.

Kernvokabular – Bedeutung für den Sprachgebrauch

Jens Boenisch & Stefanie K. Sachse

In den Jahren 2001/2002 wurde in einer bundesweiten Studie die kommunikative Situation kaum- und nichtsprechender Schüler mit Körperbehinderungen erhoben. Obwohl zu diesem Zeitpunkt bereits viele Kinder und Jugendliche ohne Lautsprache mit UK-Hilfen versorgt waren, wurde deutlich, dass vorhandene Kommunikationshilfen kaum genutzt werden. Nur wenige Schüler verwendeten ihre Kommunikationstafeln (4%) oder elektronischen Kommunikationshilfen (8%) im Alltag. Die meisten Schüler nutzten überwiegend körpereigene Kommunikationsformen wie Mimik, Gestik, Vokalisationen oder Blickbewegungen (Boenisch 2003; 2009). Im Anschluss an diese Studie drängte sich die Frage auf, warum diese Schüler ihre Kommunikationshilfen im Alltag nicht einsetzen.

Vor dem Hintergrund internationaler Erkenntnisse zur Alltagssprache richtete sich der Blick auf die Auswahl des Vokabulars von Kommunikationshilfen: Welches Vokabular müsste auf Kommunikationshilfen vorhanden sein, um damit im Alltag mitreden zu können?

1 Vokabularauswahl

Vokabularauswahl ist von Anfang an Thema in der internationalen UK-Fachdiskussion (vgl. Beukelman et al. 1989). Adäquates Vokabular ermöglicht zum einen gelingende Alltagskommunikation und zum anderen die Erweiterung der kommunikativen Fähigkeiten der unterstützt kommunizierenden Person. Mit welchen Wörtern ist das möglich? Die Analyse des Sprachgebrauchs sprechender Kinder, Jugendlicher und Erwachsener bietet dazu wichtige Erkenntnisse.

Sprachanalysen – Hinweise zum Gebrauchswortschatz sprechender Kinder

Sprachanalysen geben u. a. Auskunft darüber, welche Wörter wie häufig verwendet werden. Gegenstand der Kindersprachanalysen von Boenisch et al. (2007) ist der Gebrauchswortschatz von sprechenden Kindern mit und ohne Körperbehinderungen.

Kindergartenstudie: In dieser Studie wurde der Sprachgebrauch von 46 Kindern mit Körperbehinderungen und 25 Kindern ohne Beeinträchtigung im Alter von 2;3–7;7 Jahren in verschiedenen Spielsituationen (z. B. Puppenhaus) untersucht (ebd.). Die Situationen wurden per Video aufgenommen, die Äußerungen der Kinder transkribiert und für beide Gruppen in Bezug auf den Wortschatzgebrauch (verwendete Wörter, Häufigkeit, Wortarten etc.) analysiert. Ein Überschneidungsbereich hochfrequenter Wörter würde die Hypothese zulassen, dass diese Wörter unabhängig von einer Bewegungsbeeinträchtigung erworben werden und somit eher einen allgemeingültigen Charakter haben. Wenn dem so wäre, sollten diese Wörter auch bei der Vokabularauswahl in der UK berücksichtigt werden.

Erste Ergebnisse: Bei den 100 und 200 am häufigsten verwendeten Wörtern gab es zwischen beiden Gruppen kaum Unterschiede. Auch die Häufigkeiten der Wortnutzung waren vergleichbar: Verhältnismäßig wenig Wörter machen einen Großteil des Gesprochenen aus. Insgesamt wurden ca. 55.500 Wörter aufgezeichnet und analysiert. Jede Gruppe hat dabei ca. 1.600 verschiedene Wörter verwendet, wobei die 100 häufigsten Wörter bereits 2/3 des Gesprochenen ausmachen. Die ca. 200 am häufigsten genutzten Wörter entsprechen 80 % des Gesprochenen. D. h. von den 1.600 verschiedenen Wörtern werden 200 immer gebraucht (›ja, ein/e/n, das, da‹ > 1.000 Mal); 1.400 Wörter werden jedoch nur selten verwendet – oft nur ein oder zwei Mal (z. B. besetzt, Besuch, Arbeit).

Auffallend war weiterhin, dass von den 100 am häufigsten verwendeten Wörtern nur 20 % Substantive waren – das überraschte, weil vorab angenommen wurde, dass in den Spielsituationen deutlich mehr Substantive (Puppe, Bett, Zimmer, Baby, etc.) gebraucht werden. Insgesamt wurden verhältnismäßig wenige Inhaltswörter (Substantive, Vollverben, Adjektive) verwendet. Im Gegenteil: Der Großteil der am häufigsten verwendeten Wörter waren Funktionswörter (Pronomen, Hilfsverben, Konjunktionen, Adverbien, ▶ Tab. 1). Inhaltswörter treten verstärkt erst nach der 200er Marke und mit einer vergleichsweise geringen Wiederholungsfrequenz auf.

Tab. 1: Die 50 am häufigsten gebrauchten Wörter der Kinder mit Körperbehinderung (n=46; 3-7 Jahre; 23.000 Wörter)

Pronomen	Verben	Adjektive	Adverbien	Präpositionen
ich, du, wir, man, es, mein	sein, haben, können, machen, kommen, gucken, müssen, wissen		da, hier, nicht, noch, jetzt, mal, so, auch, rein, denn, hin, doch, zu, dann	mit, auf, in
Konjunktionen	**Artikel**	**Interjektionen**	**Fragewörter**	**Nomen**
und, aber	ein, das, die, der, den	ja, nein, oh, mmh, ah	was, wo	Auto, Bett, Papa, Mama, Ball

Die Wörter aus der Top 50 Liste bieten bereits viele Kombinationsmöglichkeiten: *Ich auch, und du?; Was noch?; Hab ich doch!; Jetzt nicht.; So geht es auch.; Machst du mit?* (▶ Tab. 1).

Deutlich wird, dass eine verhältnismäßig kleine Anzahl von Wörtern sehr häufig gebraucht wird. Das Besondere an diesen Wörtern ist, dass sie in fast jedem Satz vorkommen und unabhängig vom Vorhandensein einer Körperbehinderung immer verwendet werden.

Für die am häufigsten verwendeten Wörter einer Sprache wird der Begriff »Kernvokabular« (core vocabulary) verwendet (vgl. Baker et al. 2000; Beukelman et al. 1989; Balandin/Iacono 1999; Banajee et al. 2003; Trembath et al. 2007).

Kernvokabular bezeichnet die ca. 200 am häufigsten verwendeten Wörter einer Sprache. Das Kernvokabular macht 80 % des Gesprochenen aus und wird unabhängig von der individuellen Lebenssituation und vom Thema flexibel eingesetzt. Es sind vor allem situations*un*spezifische Funktionswörter (Pronomen, Hilfsverben, Adverbien, Präpositionen, Artikel, Konjunktionen), die durch einzelne Inhaltswörter (Nomen, Verben, Adjektive) ergänzt werden.

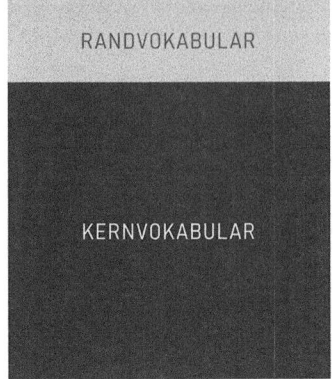

Abb. 1: Kern- und Randvokabular im Wortschatz und im Sprachgebrauch. Zur Einordnung: Ein sprechendes Kind verfügt zum Zeitpunkt des Schuleintritts über einen aktiven Wortschatz von ca. 5.000 Wörtern (links), davon sind ca. 200 Wörter das Kernvokabular, das 80 % des Gebrauchs ausmachen (rechts).

Als »Randvokabular« (fringe vocabulary) werden die Wörter bezeichnet, die deutlich seltener verwendet werden. Zum Randvokabular gehören hauptsächlich Inhaltswörter. Diese sind erforderlich, um sich über verschiedene Themen austauschen und Sprache dekontextualisiert verwenden zu können (z. B. Auto, tanken, Stau, anschnallen).

Schulstudie (Boenisch 2014): In dieser Studie sollte die Frage beantwortet werden, welches Vokabular Schüler im Förderschwerpunkt geistige Entwicklung (GE) verwenden: Nutzen sie auch Kernvokabular oder verwendet diese Personengruppe deutlich mehr Inhaltswörter als die Vergleichsgruppe? Zur Beantwortung dieser Frage wurde der Gebrauchswortschatz von Schülern aus dem Förderschwerpunkt GE (zwischen 8 und 16 Jahren, n=44) und Schülern der Allgemeinen Schule (n=58) verglichen. Dabei zeigte sich, dass auch die Schüler aus dem Förderschwerpunkt GE das gleiche Kernvokabular verwendeten wie die Kontrollgruppe.

Vergleicht man die 200 am häufigsten verwendeten Wörter der beiden Gruppen, sind die Wortlisten nahezu identisch. Zudem gibt es kaum Unterschiede im Gebrauch der verschiedenen Wortarten und bei den Häufigkeitskurven (▶ Abb. 2 und ausführlich Boenisch 2014).

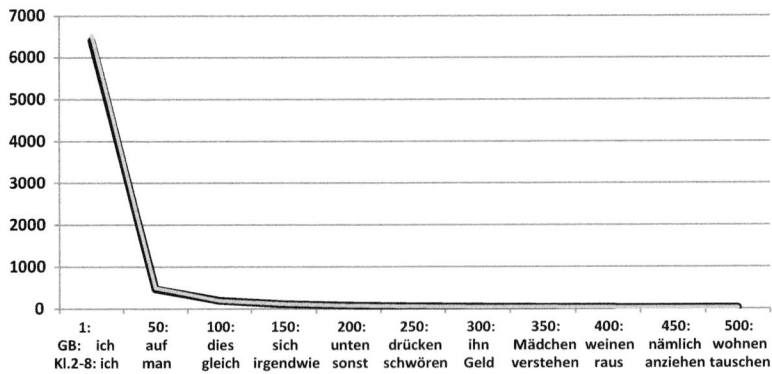

Abb. 2: Absolute Häufigkeiten der TOP 500 Wörter der Schüler aus der Förderschule Geistige Entwicklung (Schulbesuchsjahr 2–10, n=125.454 Wörter; schwarze Kurve) und der nichtbehinderten Schüler aus Klasse 2 bis 8 (n=125.607 Wörter, graue Kurve)

Diese Ergebnisse werden auch durch internationale Studien bekräftigt. Neben Baker et al. (2000) und Balandin/Iacono (1999) stützen auch Erhebungen zum Sprachgebrauch bzw. Kernvokabular von bilingualen Sprechern (vgl. Robillard et al. 2014), von Schülern, die Englisch als Zweitsprache verwenden (vgl. Boenisch/Soto 2015), und zum Gebrauch von Kernvokabular beim freien Schreiben (vgl. Clendon/Erickson 2008) die deutschen Ergebnisse. D. h., es kann festgehalten werden, dass Kernvokabular als universales Vokabular unabhängig vom Alter, vom Thema, von der Sprache oder vom Vorhandensein einer Behinderung verwendet wird. »Core vocabularies are small in size and do not change across environments or between individuals« (Banajee et al. 2003, 68).

Kernvokabular in der UK

Ein Ergebnis der o. g. Studien sind Wortlisten mit dem deutschen Kernvokabular. Beim Abgleich der Listen mit dem Vokabular auf den Kommunikationshilfen, die kaum eingesetzt wurden, zeigte sich, dass Kernvokabular nur selten vorhanden war. Ohne Kernvokabular ist eine flexible Kommunikation jedoch kaum möglich. Die Nutzung des überwiegend themen*un*spezifischen Kernvokabulars ermöglicht es, auch mit wenig Vokabular in vielfältigen Situationen flexibel reagieren zu können: *Ich auch; Nicht du – ich mache das; Kann ich das haben?; Ich kann das auch* etc. Im Alltag bestimmt die Situation häufig den Kontext. D. h., dass man oft keine oder nur wenige Inhaltswörter benötigt, um sich verständigen zu können. Für den Erfolg der Kommunikation, für die Erfahrung, ›ich kann mitreden‹, ist Kernvokabular unerlässlich. Es stellt mit seinen wenigen Wörtern den Schlüssel zur gelingenden Alltagskommunikation dar.

Diese Erkenntnis steht dem traditionellen Konzept der Sprachförderung bei sprachentwicklungsverzögerten Kindern oder des Sprachenlernens (Englisch, Französisch, Deutsch als Zweitsprache etc.) entgegen. Hier dominieren oft Inhaltswörter (vgl. Boenisch et al. 2018; Vilbusch 2018). Auch in der UK gab es lange einen Fokus auf Inhaltswörter. Die Kommunikation war somit häufig eingeschränkt und nur zu bestimmten Themen möglich (z. B. Essensauswahl, eigene Interessen). Mit Wörtern wie *Pizza, Tomate, Zwiebeln, Käse, essen, lecker* kann man sich kaum an Gesprächen beim Vorbereiten der Pizza oder während des Essens beteiligen. Aussagen wie ›*Ich nehme auch noch was!; Wie bitte?; Kannst du das an-machen?; Das war gar nicht so.*‹ sind dagegen nicht nur in dieser Situation hilfreich.

Die Ausdrucksmöglichkeiten mit einem vorrangig aus Inhaltswörtern bestehenden Vokabular sind auch deshalb so begrenzt, weil man z. B. mit Substantiven zwar etwas benennen oder einfordern, aber kaum verschiedene Kommunikationsfunktionen ausdrücken kann (z. B. verhandeln, begründen, etwas bestätigen).

Auf der Grundlage dieser Ergebnisse können Aussagen darüber getroffen werden, welches Vokabular den Einsatz von Kommunikationshilfen in Alltagssituationen ermöglicht: eine Kombination aus Kern- und Randvokabular. Kernvokabular kann auf der Grundlage der Listen gewählt werden; bei der Auswahl des Randvokabulars sollten auch die persönlichen Interessen berücksichtigt werden.

Die Herausforderung, die sich im Anschluss an die Studien ergeben hat, war die Übertragung des Kernvokabulars auf die Kommunikationshilfen. Dabei sollte das Kernvokabular nicht nur ›irgendwie‹ auf den Kommunikationshilfen hinzugefügt werden (z. B. auf einer zusätzlichen Seite mit ›kleinen Wörtern‹). Wie im Sprachgebrauch der untersuchten Personengruppen sollte die Möglichkeit bestehen, Kern- und Randvokabular flexibel zu kombinieren.

2 Kölner Kommunikationsmaterialien mit Kern- und Randvokabular

Eine Möglichkeit für die Anordnung von Kern- und Randvokabular bieten die Kölner Kommunikationshilfen (vgl. Boenisch et al. 2007; Boenisch 2017): Das Kernvokabular wird in einem festen Rahmen außen angeboten; das themenspezifische Randvokabular auf kleineren Innenseiten in der Mitte. So können Kern- und Randvokabularwörter flexibel kombiniert werden (▶ Abb. 3 u. 4).

Bei der Entwicklung und Überarbeitung der Materialien wurden nicht nur Ergebnisse aus Wortschatzanalysen berücksichtigt, sondern auch Hinweise zur Gestaltung von Kommunikationsoberflächen (z. B. Erickson/Clendon 2009; Beukelman et al. 1989; Murray/Goldbart 2009; Zangari/van Tatenhove 2009). Durch die entsprechende Gestaltung können die Alltagskommunikation und die Sprachentwicklung der unterstützt kommunizierenden Kinder und Jugendlichen unterstützt werden. So wurden z. B. die Wortarten so angeordnet, dass einfache Aussagesätze in Leserichtung von links nach rechts gebildet werden können. Es werden auch grammatikalische Formen (ge-Form, Plural) angeboten und die Farbkodierung der Wortarten orientiert sich an den Sprachfördermaterialien von Maria Montessori. Darüber hinaus wurden unterschiedlich komplexe Oberflächen mit einer einheitlichen Struktur entwickelt, um möglichst gleichbleibende Positionen der Felder anbieten zu können (strukturelle Konsistenz bei mitwachsendem Wortschatz; vgl. Sachse/Wagter/Schmidt 2013). Für Personen, die mit 140 Symbolen evtl. noch überfordert sind, wird eine Tafel angeboten, auf der 100 Felder noch nicht belegt sind. Diese Tafel ist jedoch genau wie die ›Zieltafel‹ mit 140 Feldern angelegt. D. h. die Struktur steht schon fest, jedes Symbol hat eine feste Position, unabhängig davon, ob es bereits zu sehen ist oder nicht. Wird der Wortschatz erweitert, werden die Symbole sukzessiv angeboten. Durch die gleichbleibenden Positionen der Wörter wird auch das Umlernen beim Wechsel auf andere Versionen vermieden.

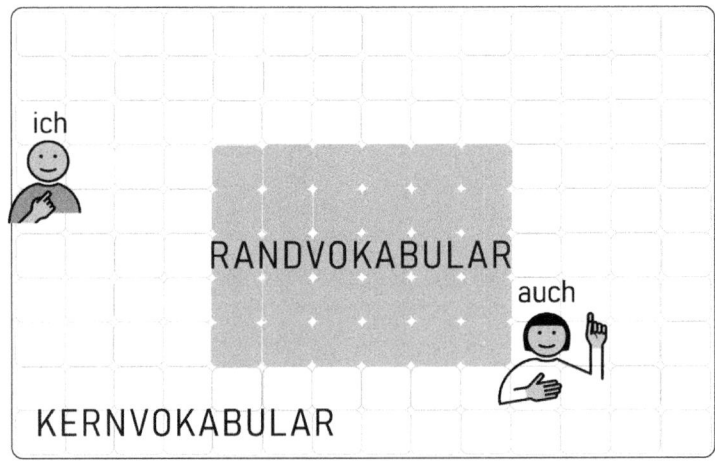

Abb. 3: Unterschiedlich komplexe Hilfen mit gleichem Aufbau und ähnlichen Positionen der Symbole: Kölner Kommunikationstafel im Vergleich zum Kölner Kommunikationsordner (Abb. 4) (Symbole Metacom © Annette Kitzinger)

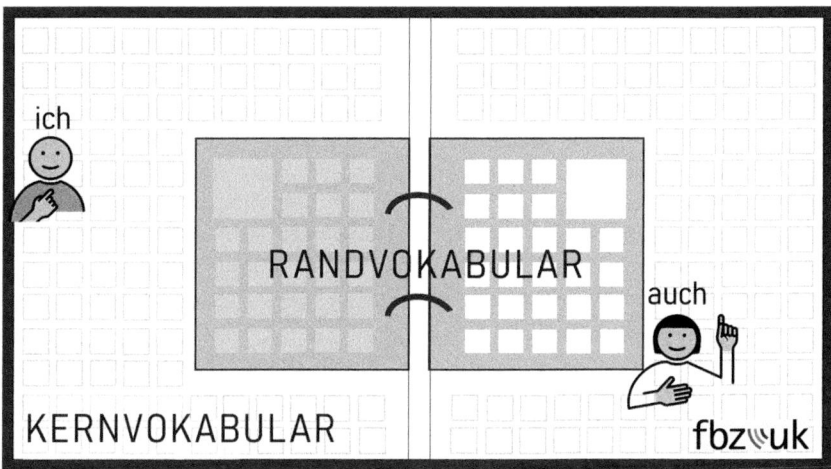

Abb. 4: Kölner Kommunikationsordner (Symbole Metacom © Annette Kitzinger)

Auf der Basis der Kernvokabularforschung wurde neben den nichtelektronischen Kommunikationshilfen auch eine elektronische Version nach gleichem Prinzip entwickelt (MyCore, vgl. Sachse/Wagter/Schmidt 2013). Die verschiedenen Hilfen liefern ein Beispiel für ein multimodales und zugleich konsistentes Kommunikationssystem. Allerdings genügt das Bereitstellen von Kommunikationshilfen allein nicht. Es bleibt die Frage zu beantworten, wie das (Kern-)Vokabular so vermittelt werden kann, dass die unterstützt kommunizierende Personen ihre Hilfen auch einzusetzen lernen.

3 Kernvokabular verwenden

Wie kann man Kernvokabularwörter vermitteln? Viele dieser Wörter sind nicht bildproduzierend (›opak‹): Anders als z. B. bei *Tisch* oder *fahren* verbindet man kein konkretes Bild mit *auch*, *das* oder *mit*. Solche Wörter werden durch mehr oder weniger opake Symbole dargestellt. Das kann zunächst nachteilig erscheinen, hat jedoch in der deutschen UK-Diskussion zu positiven Entwicklungen und einer Neuausrichtung in der Förderung beigetragen. Durch diese Schwierigkeit bedingt galt es von Anfang an, auch Fragen der Vermittlung aufzugreifen (vgl. Boenisch/Sachse 2007). Im Folgenden werden das Modelling und die motorische Automatisierung als Strategien zur Unterstützung des UK-Einsatzes erläutert.

Kernvokabular, Modelling und Fokuswörter

Dieses Kapitel zur Vermittlung von Kernvokabular trägt den Titel ›Kernvokabular verwenden‹, weil die Verwendung der Kommunikationshilfen vorrangig durch den Einsatz in echten Kommunikationssituationen gelernt wird. D. h., die Alltagskommunikation und die verschiedenen Aktivitäten bieten den

Rahmen für UK-Einsatz und Förderung. Dadurch, dass das situations*un*spezifische Kernvokabular in verschiedenen Situationen verwendet werden kann, wird der hochfrequente Gebrauch der Hilfen möglich. Dem Modelling kommt hier besondere Bedeutung zu (siehe Willke in diesem Band): Die Bezugspersonen nutzen die Kommunikationsformen im Alltag mit und demonstrieren so, welche Wörter man wie gebrauchen kann, um bestimmte Gesprächsbeiträge zu leisten.

Spontanes Modelling stellt dabei für einige Bezugspersonen eine große Herausforderung dar. Aus diesem Grund wurde das Fokuswörterkonzept entwickelt (siehe Sachse/Willke in diesem Band). Die Idee ist, dass immer ein paar wenige Wörter ›im Fokus‹ der Förderung stehen und verstärkt mitgenutzt werden.

Um das Modelling auch in Klassen zu vereinfachen, wurden Wandposter mit dem Kernvokabular der 140-er Tafel und des Kommunikationsordners entwickelt. Diese sind zudem mit Klettkärtchen ausgestattet, so dass Aussagen und Fragen auch geklettet und so visualisiert werden können. Die Wortstellung (›wir wollen …‹ vs. ›wollen wir …‹) kann so »sichtbar« gemacht werden. Sprache nimmt neben ihrer auditiven eine zusätzliche visuelle Gestalt an. Heel-Beckmann et al. (2013) berichten über positive Erfahrungen mit der erweiterten Wortschatztafel mit Schülern der Förderschule GE: Es konnten Fortschritte im Gebrauch, im Austausch und beim verwendeten Wortschatz beobachtet werden (ebd.). Berichtet wird zudem, dass auch sprechende Schüler vom Einsatz der Wortschatztafel profitierten.

Kernvokabular spielt in allen Kommunikationsformen eine Rolle – egal, ob bei Kommunikationshilfen oder Gebärden. Für den parallelen Einsatz von Symbolen und Gebärden ist auch die SINGmap entstanden – ein Gebärdenposter mit der gleichen Vokabularanordnung wie auf der 140er Tafel (vgl. Dangschat/Ender 2017 und Dangschat/Plachta in diesem Band).

Motorische Automatisierung

Durch feste Positionen der Wörter auf den Kommunikationsoberflächen und gleiche Bewegungsmuster werden die Wörter hauptsächlich über motorische Automatisierung gelernt. D. h., dass die Ikonizität eines Symbols weniger bedeutsam für den Einsatz ist, als teilweise angenommen wurde. Man muss nicht ein bestimmtes Symbol (auf wechselnden Positionen) finden können, um in einem zweiten Schritt den Gebrauch erlernen zu können. Wichtig sind feste Positionen – viele unterstützt Kommunizierende können sich die Position der Symbole oft besser merken als deren Aussehen (vgl. Hüning-Meier/Pivit 2003, 03.003.001). Das Gleiche gilt auch für Pluralformen oder Verbendungen: Diese werden nicht theoretisch erklärt und geübt, sondern durch das wiederholte Nutzen der entsprechenden Hand- oder Augenbewegung zum entsprechenden Feld zunehmend automatisiert verwendet. So trägt der motorisch automatisierte *Gebrauch* der Wörter und Grammatikformen in der Alltagskommunikation zur Erweiterung der kommunikativen Fähigkeiten einer unterstützt kommunizierenden Person bei.

3 Rückblick und Ausblick

Durch den Fokus auf Kernvokabular und die damit verbundenen Veränderungen in der Vermittlung hat sich ein Paradigmenwechsel in der UK vollzogen. Die veränderte Sichtweise wird auch im Kontext von Fremdsprachenunterricht (vgl. Lingk/Bartosch/Sachse in diesem Band) und Deutsch als Zweitsprache (DaZ) diskutiert. Auch in der bisherigen DaZ-Förderung lag der Fokus häufig auf der Vermittlung von Inhaltswörtern und auf Bildungssprache. Im Rahmen eines Projektes wurden Sprachfördermaterialien auf Kernvokabularbasis für den DaZ-Einsatz entwickelt und die o. g. Prinzipien in der Sprachförderung von Kindern mit Fluchterfahrung in über 70 Kitas und Grundschulen in NRW erprobt (vgl. Boenisch et al. 2018). Erste Ergebnisse aus dem Projekt deuten darauf hin, dass der Fokus auf Kernvokabular den Spracherwerb der Kinder positiv unterstützt. Zudem wird deutlich, dass die flexible Nutzung von Kernvokabular die Basis eines kompetenten Sprachgebrauchs darstellt. Diese Basis ist für die Aneignung von Bildungssprache hoch relevant: Nur mit Kernvokabular kann man Begründungen formulieren (›Weil…‹), Zusammenhänge herstellen (›Das zeigt sich auch bei‹), etwas Vergleichen (›Das ist ja wie in…‹) oder verschiedene Perspektiven gegenüberstellen (›Das könnte so oder so sein‹; vgl. ebd.). Auch für Wissensaneignung und Schulerfolg spielt Kernvokabular eine Rolle – z. B. bei der Beschreibung zeitlicher oder historischer Ereignisse, bei der Erklärung von Abläufen oder beim Lösen von Textaufgaben. D. h. nicht nur für die Sprachentwicklung, sondern auch für den kompetenten Sprachgebrauch, für die Entwicklung von Weltwissen und Bildungssprache ist Kernvokabular unverzichtbar.

Literatur

Baker, B./Hill, K./Devylder, R. (2000): Core Vocabulary is the same across environments. Verfügbar unter http://www.csun.edu/~hfdss006/conf/2000/proceedings/0259Baker.htm [23.05.2019].

Balandin, S./Iacono, T. (1999): Crews, wusses, and whoppas: core and fringe vocabularies of Australian meal-break conversations in the workplace. In: Augmentative and Alternative Communication, 2, 95–109.

Banajee, M./Dicarlo, C./Stricklin, B. S. (2003): Core Vocabulary Determination for Toddlers. In: Augmentative and Alternative Communication, 2, 67–73.

Beukelman, D./Jones, R./Rowan, M. (1989): Frequency of word usage by nondisabled peers in integrated preschool classrooms. In: Augmentative and Alternative Communication, 4, 243–248.

Boenisch, J. (2003): Zur Situation unterstützt kommunizierender Kinder und Jugendlicher an Schulen für Körperbehinderte und Geistigbehinderte in Deutschland. In: Boenisch, J./Bünk, C. (Hrsg.): Methoden der Unterstützten Kommunikation. von Loeper: Karlsruhe, 19–35.

Boenisch, J. (2009): Kinder ohne Lautsprache. Grundlagen, Entwicklungen und Forschungsergebnisse zur Unterstützten Kommunikation. Karlsruhe: von Loeper.

Boenisch, J. (2014): Die Bedeutung von Kernvokabular für unterstützt kommunizierende Kinder und Jugendliche. In: LOGOS, 3, 164–178.

Boenisch, J. (2017): Kernvokabular - Schlüssel zur gelingenden Kommunikation bei Kindern mit komplexer Behinderung. In: Sprachförderung und Sprachtherapie 4, 208–216.

Boenisch, J./Lingk, L./Heitmann, L./Fretter, D. (2018): Kernvokabular trifft DaZ. Neukonzeption eines inklusiven didaktischen Sprachförderkonzeptes auf Kernvokabularbasis für Flüchtlingskinder mit Deutsch als Zweitsprache. https://shop.fbz-koeln.de/wp-content/uploads/2019/04/2018-Zwischenbericht_final.pdf [24.05.2019].

Boenisch, J./Musketa, B./Sachse, S. (2007): Zur Bedeutung des Vokabulars für den Spracherwerb und Konsequenzen für die Gestaltung von Kommunikationsoberflächen. In: Sachse, S./Birngruber, C./Arendes, S. (Hrsg.): Lernen und Lehren in der Unterstützten Kommunikation, von Loeper: Karlsruhe, 355–371.

Boenisch, J./Sachse, S. (2007). Sprachförderung von Anfang an. In: Unterstützte Kommunikation, 3, 12–20.

Boenisch, J./Soto, G. (2015): The oral core vocabulary of typically developing English-speaking school-aged children: Implications for AAC Practice. In: Augmentative and Alternative Communication, 1, 77–84.

Clendon, S./Erickson, K. A. (2008). The Vocabulary of Beginning Writers: Implications for Children with Complex Communication Needs. In: Augmentative and Alternative Communication, 4, 281–293.

Dangschat, H./Ender, K. (2017): Gebärden im Fokus. Kommunikation mit SIGNmap und SINGbox. In: Lage, D./Ling, K. (Hrsg.): UK spricht viele Sprachen. von Loeper, Karlsruhe, 21–36.

Erickson, K.A./Clendon, S. A. (2009): Addressing Literacy Demands of the Curriculum For Beginning Readers And Writers. In: Soto, G./Zangari, C. (Eds.): Practically Speaking: Language, Literacy, and Academic Development for Students With AAC Needs. Baltimore, 195–215.

Heel-Beckmann, C./Bünk, M./Kohnen, M./Schmidt, C. (2013): Kreativer Umgang mit der Wortschatztafel im Unterricht. In: Hallbauer, A./Hallbauer, T./Hüning-Meier, M. (Hrsg.): UK kreativ! Wege in der Unterstützten Kommunikation. von Loeper: Karlsruhe, 71–78.

Hüning-Meier, M./Pivit, C. (2003): Nichtelektronische Kommunikationshilfen – Eine Übersicht. In: isaac-Gesellschaft für UK/von Loeper (Hrsg.): Handbuch der Unterstützten Kommunikation. von Loeper: Karlsruhe, 03.003.001-03.012.001.

Murray, J./Goldbart, J. (2009): Cognitive and language acquisition in typical and aided language learning: A review of recent evidence from an aided communication perspective. In: Child Language Therapy, 1, 31–58.

Robillard, M./Mayer-Crittenden, C./Minor-Corriveau, M./Bélanger, R. (2014): Monolingual and Bilingual Children With and Without Primary Language Impairment: Core Vocabulary Comparison. In: Augmentative and Alternative Communication, 3, 267–278.

Sachse, S./Wagter, J./Schmidt. L. (2013): Das Kölner Vokabular und die Übertragung auf eine elektronische Kommunikationshilfe. In: Hallbauer, A./Hallbauer, Th./Hüning-Meier, M. (Hrsg.): UK kreativ. Wege in der Unterstützten Kommunikation. von Loeper: Karlsruhe, 35-53.

Trembath, D./Balandin, S./Togher, L. (2007): Vocabulary selection for Australian children who use augmentative and alternative communication. In: Journal of Intellectual and Developmental Disability, 4, 291–301.

Vilbusch, S. (2018): Die Rolle von Kernvokabular im DaZ-Anfangsunterricht am Beispiel einer Analyse ausgewählter Lehrwerke. Bachelorarbeit. Universität zu Köln.

Zangari, C./van Tatenhove, G. (2009): Supporting More Advanced Linguistic Communicators in the Classroom. In: Soto, G./Zangari, C. (Eds.): Practically Speaking. Language, Literacy and Academic Development for Students with AAC Needs. Baltimore, 173–193.

Lautsprachunterstützende Gebärden in der UK

Birgit Appelbaum & Karolin Schäfer

Lautsprachunterstützende Gebärden (LUG), also die Ergänzung einer lautsprachlichen Äußerung durch ein gebärdetes Schlüsselwort, haben sich in der Unterstützten Kommunikation weitgehend etabliert, da sie für Menschen verschiedener Altersgruppen mit unterschiedlichen Beeinträchtigungen und Bedarfen gleichermaßen gut geeignet sind und den Vorteil haben, als körpereigene Kommunikationsform immer zur Verfügung zu stehen (Braun 2000, 7). So wird zusätzlich zum auditiven auch zunehmend der visuell gestische Kanal als möglicher Zugangsweg zur Kommunikation eingesetzt. Hinzu kommt, dass der Einsatz von LUG niedrigschwellig ist und vergleichsweise einfach erscheint.

Die Erfolge, die in den letzten dreißig Jahren durch lautsprachunterstützende Gebärden in der UK erreicht werden konnten, sprechen für sich – und dennoch ist es nicht so einfach, wie es auf den ersten Blick erscheint. Die praktische Umsetzung von Gebärden wird in Deutschland bis heute durch verschiedene, u. a. historische Faktoren beeinflusst, die auch Auswirkungen auf die Forschung in diesem Bereich haben.

1 Forschungsergebnisse

Verschiedene Studien beschreiben den Vorteil des Einsatzes von lautsprachunterstützenden Gebärden speziell für Kinder mit Down-Syndrom (vgl. Kouri 1989; Remington/Clarke 1996; Clibbens 2001; Clibbens 2002; Wright et al. 2013). In einer Langzeitstudie in Finnland konnte gezeigt werden, dass bei Kindern mit Down-Syndrom nicht nur lexikalische, sondern auch kommunikative Fähigkeiten und damit einhergehend u. a. das Sozialverhalten positiv beeinflusst werden konnten (vgl. Tiilikka/Hautamäki 1986), auch noch fünf Jahre nach der Intervention (vgl. Launonen 1998, 8 f.). Andere Untersuchungen bestätigen, dass auch Kinder mit Autismus-Spektrum-Störung, allgemeiner Entwicklungsstörung und Erwachsene mit geistiger Behinderung von lautsprachunterstützenden Gebärden in ihrer linguistischen, kommunikativen und lautsprachlichen Entwicklung profitieren (vgl. Tan et al. 2014; Gevarter et al. 2013; Meuris et al. 2014a; Meuris et al. 2014b), so dass die Gebärden in einigen Fällen sogar eine Brücke in die Lautsprache bildeten (vgl. Toth 2009). Der gleichzeitige Einsatz von Gebärden und Lautsprache hat außerdem positiven Einfluss auf die Sprachverständnisleistung von Kindern mit geistiger Behinderung, indem z. B. zwei Informationen im Satz besser erinnert werden (vgl. Rudolph 2018, 13).

In Deutschland liegen bisher keine breit angelegten kontrollierten (Langzeit-)Studien vor. Allerdings bestätigen Elternbefragungen (vgl. Wagner/Sarimski 2012; Krause-Burmester 2012) und auch zahlreiche Beobachtungen (vgl. Wilken 1999; Beckmann 2006; Nonn

2011; Kaiser-Mantel 2012; Appelbaum 2016), dass Gebärden bei der Kommunikationsförderung und der Erweiterung des expressiven Wortschatzes hilfreich sein und kommunikative Fähigkeiten bei Menschen mit UK-Bedarf effektiv und nachhaltig gefördert werden können.

Dies hängt vermutlich auch damit zusammen, dass der Gebrauch von deiktischen Gesten auch in der normgerechten Sprachentwicklung von Kindern ohne UK-Bedarf der gesprochenen Sprache vorausgeht. Der aktive Gebrauch von Gesten setzt keine Entwicklung der Symbolfunktion voraus, d. h., dass deiktische Gesten untrennbar und elementar zu Interaktionsprozessen gehören, die sich natürlicherweise und kulturübergreifend entwickeln und vorsprachliches Verstehen ermöglichen (vgl. Liszkowski 2015, 34). »Der Weg zu lautsprachlichen Äußerungen führt über die gestische Modalität« (ebd., 36). Die Wortproduktion entwickelt sich demnach erst nach der Zeigegeste (Indexfingerpoint), dem Zeigeblick o. Ä., dann werden ggf. beide Komponenten miteinander gekoppelt, z. B. ZEIGEN + /da/. Es findet also ein Wechsel von der deiktischen zur repräsentationalen Kommunikation, d. h. ein Wechsel in der Gewichtung der Modalitäten, statt (vgl. ebd., 35).

> »Auch die Gebärden zur Unterstützung der Kommunikation sind somit nicht problematisch, sondern ermöglichen, ein natürliches Verständigungsmittel bewusster einzusetzen und um konventionelle Zeichen zu erweitern« (Wilken 1999, 8).

Diese Erfahrungen haben dazu beigetragen, dass lautsprachunterstützende Gebärden mittlerweile nicht nur bei Menschen mit Behinderung, sondern auch z. B. bei Kindern mit umschriebenen Sprachentwicklungsstörungen (USES) zur Sprach- und Kommunikationsförderung eingesetzt werden. Studien in diesem Bereich haben gezeigt, dass das gleichzeitige Angebot von Lautsprache und Gesten/Gebärden den Wortschatzerwerb bei Kindern mit USES unterstützen kann (vgl. Lüke et al. 2011, 156; Lüke/Ritterfeld 2014).

2 Gebärden in der UK – von den Anfängen bis heute

Gebärden gehörten zu den ersten Kommunikationsformen, die in der Unterstützten Kommunikation in Deutschland eingesetzt und in der Literatur beschrieben wurden. Zu nennen sind hier insbesondere die Pionierarbeiten von Etta Wilken (1999) zur Kommunikationsanbahnung und Förderung von nicht- oder wenig sprechenden Kindern mit Down-Syndrom mit der Gebärdensammlung »GuK« (Gebärden-unterstützte Kommunikation), in der Gebärden, Symbole und Schriftbild auf Bildkarten miteinander vereint werden. Über ihre Erfahrungen mit GuK berichtet Wilken, dass

> »Gebärden [...] sowohl eine quantitative Zunahme von Wissen (Vergrößerung des Wortschatzes) als auch eine qualitative Reorganisation des Wissens (Oberbegriffe, Vergleiche, Relationen) fördern, da solche wesentlichen Funktionen von Sprache nicht an die verbale Sprache, wohl aber an differenzierte Kommunikationssysteme gebunden sind« (Wilken 2014, 77).

Neben GuK entstanden in den 1990er und 2000er Jahren zahlreiche Gebärdensammlungen, deren Gebärdenrealisierung teilweise sehr verschieden und untereinander nicht kompatibel ist.

Dazu gehören unter anderem:

- Gebärden-Lexika, Band 1–4 (»blaue Bücher«) (Maisch/Wisch 2006)

- Makaton (Siegel 2000)
- Schau doch meine Hände an (SdmHa) (Bundesverband evangelischer Behindertenhilfe 2007)
- Zeig's mir mit Gebärden (AK UK Düsseldorf und Kreis Mettmann 2005-2013)
- Das große Wörterbuch der Deutschen Gebärdensprache (Kestner 2017).

Grundlage für die Entstehung der unterschiedlichen Gebärdensammlungen war die Annahme der beteiligten professionellen Bezugspersonen, dass Gebärden für die Zielgruppe unterstützt kommunizierender Personen vereinfacht werden sollten, damit sie z. B. motorisch besser ausführbar sind. Letztendlich ist die dabei entstandene Vielfalt historisch nachvollziehbar, trägt aber aktuell im Ergebnis eher dazu bei, viele neue Variationen von Gebärden zu produzieren und erschwert so den oft geäußerten Wunsch nach Vereinheitlichung (vgl. Appelbaum et al. 2017, 7).

Darüber hinaus gibt es bisher keine Hinweise dafür, dass die motorische Vereinfachung von Gebärden zu einer verbesserten Nutzung durch die unterstützt kommunizierenden Personen führt. Im Gegenteil: Sie bergen sogar die Gefahr, schwieriger in der Erfassung, Unterscheidung und/oder Umsetzung zu sein (vgl. Bober 1994, 9).

Da der Gebärdeneinsatz in der UK weitgehend in der Praxis entstanden und von vielen engagierten Personen zeitgleich in unterschiedlichen Kontexten eingeführt wurde, erklärt sich die Verselbstständigung der einzelnen Gebärdensammlungen, da sie ursprünglich z. T. für unterschiedliche Zielgruppen, Regionen oder Einrichtungen geschaffen wurden.

3   Begriffsklärungen im Kontext von Gebärden

Schon früh wurde im UK-Kontext in Fachmagazinen und Vorträgen empfohlen, dass »Gebärden und Lautsprache [für die Zielgruppe unterstützt Kommunizierender] simultan dargeboten werden [sollten], sodaß [sic!] der visuelle und auditive Kanal genutzt werden« (Ihssen 1990, 4). Damit wich das Vorgehen in der Unterstützten Kommunikation von Anfang an deutlich von der Didaktik der Deutschen Gebärdensprache (DGS) im Sinne einer eigenständigen Sprache ab. Die Deutsche Gebärdensprache (DGS), als natürlich entstandene, vollwertige Sprache, verfügt sowohl über ein umfassendes Vokabular als auch über eine eigenständige Grammatik, welche deutlich von der Grammatik der Lautsprache abweicht. Sie wird hauptsächlich von gehörlosen Menschen zur Kommunikation eingesetzt. Durch Hand- und Mundbewegungen und nahezu ohne Stimmeinsatz, aber mit entsprechender Mimik, entsteht ein gebärdensprachlicher Gesamteindruck. So werden z. B. Fragesätze über die Körpersprache/Mimik entsprechend gekennzeichnet. In der Hörgeschädigtenpädagogik beschäftigt sich die Forschung im Bereich der Deutschen Gebärdensprache unter anderem mit dem Einsatz bilingual-bimodaler Konzepte, d. h. der Zweisprachigkeit in zwei verschiedenen Modalitäten (vgl. Herrmann/Blitz 2016, 13) in der Sprachförderung und im Schulunterricht hörgeschädigter Kinder. Dieser Zugang findet (zumindest bisher) im Bereich UK weniger Beachtung.

Der Einsatz von Lautsprachunterstützenden Gebärden (LUG), und damit der Bezug zum Bereich »Lautsprache«, ist in der UK deutlich populärer, wobei parallel zur gesprochenen Sprache Schlüsselwörter und/oder Kernvokabular gebärdet werden. Diese können, müssen aber nicht identisch sein. Die Bezugsperson entscheidet bei LUG entsprechend der aktuellen Förderziele, welches

Wort/welche Wörter im Satz unterstützend gebärdet werden. Dabei kommt dem Inhalt einer Aussage die zentrale Rolle zu, grammatische Strukturen bleiben nahezu unberücksichtigt.

Bei Lautsprachbegleitenden Gebärden (LBG) wird jedes einzelne gesprochene Wort auch zeitgleich gebärdet, so dass die Lautsprache eins zu eins simultan visualisiert wird. Das gilt auch für grammatische Strukturen, z. B. Verbflexionen wie /e/ oder /st/ (Beispiel: ich gehe – du gehst) mit dem Fingeralphabet (FA)/Graphembestimmten Manualsystem (GMS) (vgl. Appelbaum 2016, 60). LBG können speziell beim Schriftspracherwerb als wichtige Unterstützung dienen, um z. B. lautsprachlich-syntaktische Strukturen zu visualisieren.

Auch der Einsatz Taktiler Gebärden ist für den Bereich der UK interessant: Der Empfänger einer Nachricht erfühlt mit seiner Hand oder seinen Händen die Gebärden, die der Sender ausführt. Taktile Gebärden richten sich ursprünglich an taubblinde Menschen/Menschen mit Hörsehbehinderung. Es profitieren davon aber auch hörende Menschen mit z. B. körperlich-motorischen Beeinträchtigungen.

Zu erwähnen sind darüber hinaus noch die künstlich geschaffenen Manualsysteme. Die dabei benutzten Handzeichen (Synonym: Lautgesten, Lautgebärden) visualisieren die Laut- oder Schriftsprache auf Laut- bzw. Buchstabenebene (vgl. Kaiser-Mantel 2012, 28) und unterstützen generell pädagogische und therapeutische Zielsetzungen, z. B. die Visualisierung von Artikulationsprozessen in der Sprachtherapie. Sie dienen aber auch als Unterstützung im Lese-Rechtschreibprozess. Je nach zugrundeliegendem Konzept werden die Handzeichen dabei sehr unterschiedlich realisiert.

Abbildung 1 zeigt eine Übersicht und Einteilung der verschiedenen Möglichkeiten im Umgang mit Gebärden für die Bereiche Laut- und Gebärdensprachen.

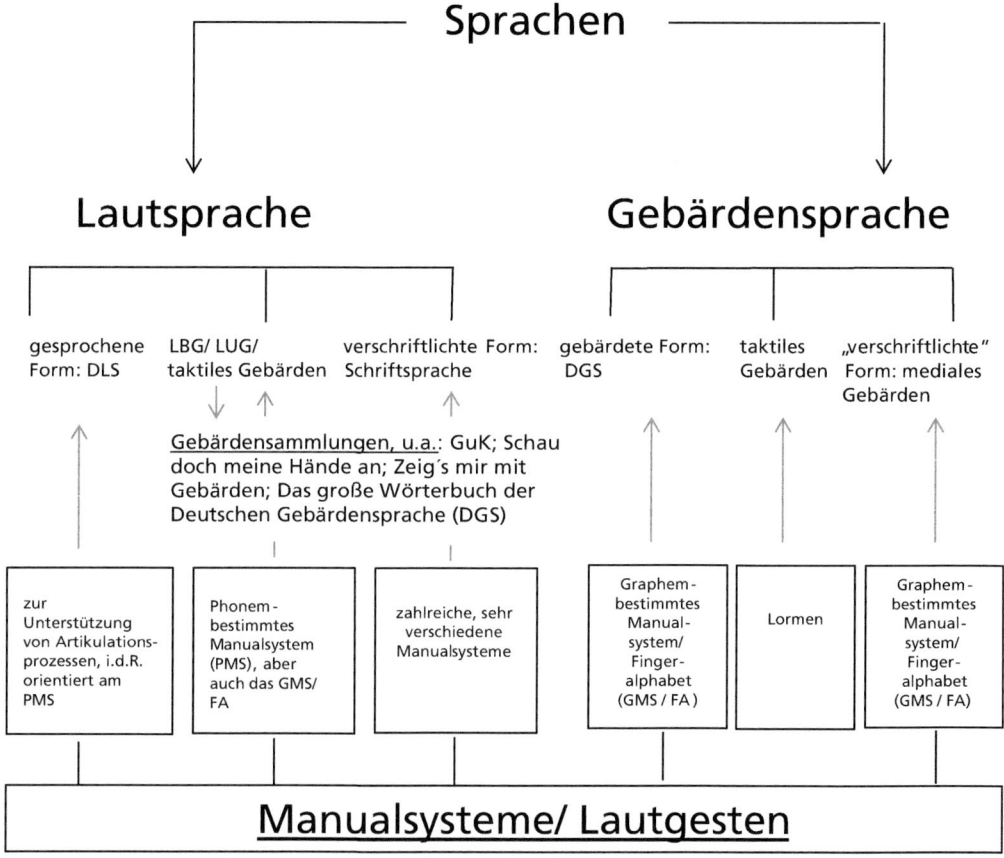

Abb. 1: Übersicht zu den lautsprachlichen und alternativen Sprachsystemen, modifiziert und erweitert nach Audeoud et al. (2016, 5)
Legende: DLS = Deutsche Lautsprache, LBG = Lautsprachbegleitende Gebärden, LUG = Lautsprachunterstützende Gebärden, DGS = Deutsche Gebärdensprache, GMS/ FA = Graphembestimmtes Manualsystem/ Fingeralphabet, PMS = Phonembestimmtes Manualsystem

4 Zukünftige Forschungsfragen und Bedarfe

Die uneinheitliche Nutzung von Begrifflichkeiten im Zusammenhang mit der Art des Gebärdeneinsatzes erschwert den Überblick über die wenigen vorliegenden nationalen Studien. Ist von den Vorteilen des Gebärdeneinsatzes für die Zielgruppe unterstützt kommunizierender Personen die Rede, wird nicht immer deutlich, wie Gebärden eingesetzt wurden. Auch werden die Begriffe »Gebärden«, »Gebärdensprache/-system« und »Gebärdensammlung« nicht immer klar voneinander abgegrenzt. Im englischen Sprachraum finden sich u. a. weitere Begrifflichkeiten wie »key word signing« (vgl. Bowles/Frizelle 2016;

Meuris et al. 2014b) für Lautsprachunterstützende Gebärden, aber auch »signed speech« oder »sign intervention« (vgl. Launonen 1998) für Lautsprachbegleitende Gebärden, wobei auch hier die Begrifflichkeiten stark variieren und Unterschiedliches bedeuten können.

Internationale Studien nutzen i. d. R. das Vokabular der jeweiligen Landesgebärdensprache. In Deutschland gibt es dazu divergente Meinungen, was sich in der Nutzung unterschiedlicher Gebärdensammlungen widerspiegelt. Optimalerweise sollte die ausgewählte Gebärdensammlung den Einsatz von Kernvokabular/Fokuswörtern ermöglichen. Die Nutzung der DGS als Gebärdenpool stellt darüber hinaus eine Möglichkeit dar, von vornherein einen großen Wortschatz mit verschiedenen Wortarten zu nutzen, der langfristig nicht an Grenzen stößt, d. h. eine uneingeschränkte Erweiterung ermöglicht. Videobasiertes Lern-/ Nachschlagematerial ist im Vergleich zu Papierversionen besonders hilfreich, weil es die Bezugspersonen unterstützt, ihr Gebärdenangebot möglichst differenziert und eindeutig auszuführen.

Betrachtet man die Zielgruppe der Personen mit UK-Bedarf, die Gebärden lebenslang nutzen und daher weiterführende Unterstützung u. a. im Bereich der Grammatikentwicklung benötigen, muss beachtet werden, dass dies auf Dauer durch den vornehmlichen Einsatz von LUG nicht zu leisten ist (vgl. Appelbaum et al. 2017, 15). Der Bedarf an DGS, LBG und/oder Taktilen Gebärden sollte daher in der UK nicht von vornherein ausgeschlossen werden. LUG können als Brücke in die Lautsprache dienen, aber ebenso gut in die DGS. Im Sinne einer multimodalen Kommunikation können darüber hinaus bei Bedarf nichtelektronische und/oder elektronische Kommunikationshilfen ergänzend genutzt werden.

Insgesamt sollten das Einbinden des Umfeldes sowie die Implementierung von Gebärden in die unterschiedlichen UK-Arbeitsfelder (noch) mehr Berücksichtigung finden. Grenzen des Einsatzes können auch durch Bezugspersonen entstehen, wenn es ihnen schwerfällt, sich auf eine Kommunikationsform mit lautsprachunterstützendem Gebärdeneinsatz einzulassen (vgl. Ruffert 2015, 90).

Internationale Studien fokussieren sich sowohl auf therapeutische und pädagogische Bezugspersonen (train-the-trainer), aber auch auf Peers von Kindern, Jugendlichen und Erwachsenen (vgl. Bowles/Frizelle 2016; Meuris et al. 2014a und 2014b). Letztendlich fehlen in Deutschland bisher Schulungskonzepte und/oder eine konkrete, wissenschaftlich fundierte Vorgehensweise. Für professionelle Bezugspersonen sollte des Weiteren in Qualifizierungsmaßnahmen nicht ausschließlich die Erweiterung des Gebärdenwortschatzes im Vordergrund stehen, sondern auch die Vermittlungsmethodik sowie Kenntnisse in Bezug auf diagnostische Möglichkeiten erläutert werden (vgl. Appelbaum 2018).

5 Fazit

Gesten und Gebärden übernehmen nicht nur eine wichtige Vorläuferfähigkeit im Spracherwerb, indem sie beim Erreichen der frühen Meilensteine in der Kommunikationsentwicklung unterstützen können, sondern stehen grundsätzlich auch für eine lebenslange kommunikative Nutzung zur Verfügung.

Fest steht, dass einem Einsatz von Lautsprachunterstützenden Gebärden (LUG) in der UK weder eine hemmende Wirkung noch eine Verhinderung des Erwerbs lautsprachlicher Fähigkeiten nachgewiesen werden konnte (vgl. Wagner/Sarimski 2012, 22). Daher gilt: »Für den Gebrauch von Gesten und Gebärden ist es nie zu spät und selten zu früh!« (Appelbaum 2018, 02.048.001).

Kinder mit UK-Bedarf mit Gebärden zu fördern und als gutes Lautsprach- bzw. Gebärdenvorbild zu fungieren erfordert ein fundiertes Wissen und Können im Bereich der Kommunikations-, Gesten-/Gebärden(sprach)- sowie der Lautsprachentwicklung. Letztendlich sind trotz der Niedrigschwelligkeit im Umgang mit Gebärden sowohl die eigene fachliche Expertise, aber auch das Know-how des Umfeldes entscheidend für den Erfolg bei den sehr unterschiedlichen Bedürfnissen der zu betreuenden unterstützt kommunizierenden Personen. Umso bedauerlicher, dass umfängliche systematische Reviews und vergleichende Forschungsarbeiten sowie eine Forschung nach dem Konzept der evidenzbasierten Praxis zur Gebärdennutzung in der UK im deutschsprachigen Raum bisher fehlen (vgl. Appelbaum et al. 2017, 10). Dass sich das ändert, ist absolut notwendig und wünschenswert.

Literatur

AK UK Düsseldorf/Kreis Mettmann (2005-2013): Zeig's mir mit Gebärden. Düsseldorf: Eigenverlag.

Audeoud, M./Becker, C./Krausneker, V./Tarcsiová, D. (2016): Bi-bi Toolbox. Impulse für die bimodal-bilinguale Bildung. De-Sign Bilingual: Developing & Documenting/Sign Bilingual Best Practice in Schools. https://www.univie.ac.at/teach-designbilingual/fileadmin/user_upload/Bi-Bi_Toolbox_D.pdf [15.05.19].

Appelbaum, B. (2016): Gebärden in der Sprach- und Kommunikationsförderung. Idstein: Schulz-Kirchner.

Appelbaum, B. (2018): Frühe Sprachentwicklung unter besonderer Berücksichtigung von Gesten und Gebärden und Auswirkungen auf die Diagnostik. In: isaac-Gesellschaft für UK/von Loeper (Hrsg.): Handbuch der Unterstützten Kommunikation. von Loeper: Karlsruhe, 02.043.001-02.048.001.

Appelbaum, B./Schäfer, K./Braun, U. (2017): Gebärden in der Unterstützten Kommunikation (UK) - eine Bestandsaufnahme und mögliche Perspektiven für die Forschung. In: uk & forschung 7, 4–17.

Beckmann, W. (2006): Einsatz der Deutschen Gebärdensprache (DGS) in der Unterstützten und Alternativen Kommunikation. In: isaac-Gesellschaft für UK/von Loeper (Hrsg.): Handbuch der Unterstützten Kommunikation. von Loeper: Karlsruhe, 02.021.001-02.026.001.

Bober, A. (1994): Schau doch meine H/Bände an – Zur Schwierigkeit von Handzeichen (1). In: ISAAC's Zeitung, 8, 3–9.

Bowles, C./Frizelle, P. (2016): Investigating peer attitudes towards the use of key word signing by children with Down syndrome in mainstream schools. In: British Journal of Learning Disabilities, 44, 284–291.

Braun, U. (2000): Keine Angst vor Gebärden. In: Unterstützte Kommunikation 4, 6–11.

Bundesverband evangelischer Behindertenhilfe e.V. (BeB) (2007): Schau doch meine Hände an. Reutlingen: Diakonie-Verlag.

Clibbens J. (2001): Signing and lexical development in children with Down syndrome. In: Down Syndrome Research and Practice, 7, 3, 101–105.

Clibbens, J. (2002): Strategies for achieving joint attention when signing to children with Down's syndrome. In: International Journal of Language & Communication Disorders 37, 3, 309–323.

Gevarter, C./O'Reilly, M.F./Rojeski, L./Sammarco, N./Lang, R./Lancioni, G.E./Sigafoos, J. (2013): Comparing communication systems for individuals with developmental disabilities: A review of single-case research studies. In: Research in Developmental Disabilities 34, 4415–4432.

Herrmann, B./Blitz, D. (2016): Begriffsklärungen. In: Deutscher Gehörlosen-Bund e.V. (Hrsg.): Sprachen bilden. Bilinguale Förderung mit Gebärdensprache – Anregungen für die Praxis, 13. www.kurzlink.de/DGB-Sprachen-bilden, [10.05.2019].

Ihssen, W. (1990): Mit den Händen reden – Gebärdensprache bei nichtsprechenden Menschen mit geistiger Behinderung. In: ISAAC's Zeitung 1 (Erstausgabe), 3–4.

Kaiser-Mantel, H. (2012): Unterstützte Kommunikation in der Sprachtherapie. München: Ernst Reinhardt.

Kestner, K. (2017): Das große Wörterbuch der Deutschen Gebärdensprache (DVD-ROM), 3. Aufl. Guxhagen: Verlag Karin Kestner.

Kouri, T. (1989): How manual sign acquisition relates to the development of spoken language: A case study. In: Language, Speech, and Hearing Services in Schools, 20/1, 50–62.

Krause-Burmester, M. (2012): Umgang und Einsatz von Gebärden bei Kindern mit Down-Syndrom - Gibt es einen Einfluss auf die Sprachentwicklung? In: uk & forschung 2, 23–26.

Maisch, G./Wisch, F.H. (2006[9]): Gebärdenlexikon. Band 1: Grundgebärden. Hamburg: verlag hörgeschädigte kinder.

Launonen, K. (1998): Early manual sign intervention: Eight-year follow-up of children with Down syndrome. In: International Society for Augmentative and Alternative Communication (Hrsg.): Proceedings of the ISAAC Conference, Dublin 1998, 1–12.

Liszkowski, U. (2015): Kommunikative und sozialkognitive Voraussetzungen des Spracherwerbs. In: Sachse, S. (Hrsg.): Handbuch Spracherwerb und Sprachentwicklungsstörungen. Kleinkindphase. München: Urban & Fischer, 27–38.

Lüke, C./Ritterfeld, U. (2014): The influence of iconic and arbitrary gestures on novel word learning in children with and without SLI. In: Gesture, 2, 204–225.

Lüke, C./Rohlfing, K./Stenneken, P. (2011): Gebärden und kommunikative Mitteilungen bei Kindern mit umschriebenen Sprachentwicklungsstörungen. In: Sprache-Stimme-Gehör 4, e149–e157.

Meuris, K./Maes, B./De Meyer, A.M./Zink, I. (2014a): Manual signing in adults with intellectual disabilities: Influence of sign characteristics on functional sign vocabulary. In: Journal of Speech, Language and Hearing Research, 1–21.

Meuris, K./Maes, B./Zink, I. (2014b): Key word signing Usage in Residential and Day Care Programs für Aduts with intellectual disability. In: Journal of Policy and Practice in Intellectual Disabilities, 4, 255–267.

Nonn, K. (2011): Unterstützte Kommunikation in der Logopädie. Stuttgart: Thieme.

Remington, B./Clarke, S. (1996): Alternative and augmentative systems of communication for children with Down syndrome. In: Rondal, J./Perera, J./Nadel, L. (Eds.): Down Syndrome: Psychological, Psychobiological and Socio-Educational Perspectives. London, 129–143.

Rudolph, A. (2018): Der Einfluss von lautsprachunterstützenden Gebärden auf das Sprachverständnis von Kindern mit Intelligenzminderung. In: uk & forschung 8, 13–22.

Ruffert, M. (2015): Möglichkeiten und Grenzen der Unterstützten Kommunikation im Alltag einer Wohngruppe für erwachsene Menschen mit geistiger Behinderung und Kommunikationseinschränkungen. Exemplarische Darstellung der Etablierung von lautsprachunterstützten Gebärden. Unveröffentlichte Masterarbeit, Alanus-Hochschule: Alfter.

Siegel, G. (2000): MAKATON-Deutschland. Mainz: o.A.

Tan, X.Y./Trembath, D./Bloomberg, K./Iacono, T./Caithness, T. (2014): Acquisition and generalization of key word signing by three children with autism. In: Developmental Neurorehabilitation, 1–12.

Tiilikka, P./Hautamäki, J. (1986): Portaat-varhaiskasvatu-sohjelma. The finnish edition of portage guide to early education. Helsinki.

Toth, A. (2009): Bridge of signs: can sign language empower non-deaf children to triumph over their communication disabilities? In: American Annals of the Deaf, 154/2, 85–95.

Wagner, S./Sarimski, K. (2012): Entwicklung des Wortschatzes für Gebärden und Worte bei Kindern mit Down-Syndrom im Verlauf. In: uk & forschung 2, 19–22.

Wilken, E. (1999): Förderung des Spracherwerbs durch die Gebärden unterstützte Kommunikation (GuK) bei Kindern mit Down-Syndrom. https://down-syndrom-netzwerk.de/wp-content/uploads/2018/11/wilken1-1.pdf [30.04.2019].

Wilken, E. (2014): Sprachförderung bei Kindern mit Down-Syndrom. Mit ausführlicher Darstellung des GuK-Systems. Stuttgart: Kohlhammer.

Wright, C.A./Kaiser, A.P./Reikowsky, D.I./Roberts, M.Y. (2013): Effects of a naturalistic sign intervention on expressive language of toddlers with Down syndrome. In: Journal of Speech, Language and Hearing Research 56, 994–1008.

Kommunikation mit hörsehbehinderten/taubblinden Menschen

Bettina Trissia, Tanja Geck & Katharina Tüscher

1 Kommunikation und Taubblindheit – aktuelle Einblicke

Taubblinde Menschen können lormen! Wie soll ein taubblinder Mensch kommunizieren lernen? In diesem Spannungsfeld werden immer wieder Fragen zum Bereich Kommunikation mit hörsehbehinderten/taubblinden[1] Menschen an uns herangetragen. Dieser Beitrag soll einen, zugegeben sehr kleinen, Einblick in die Welt der Möglichkeiten der Kommunikation mit Menschen mit Taubblindheit geben.

Was bedeutet Taubblindheit? Taubblindheit ergibt sich nicht aus der Addition einer Hör- und einer Sehbehinderung, sie ist eine Behinderung eigener Art. Die Definition umfasst Menschen, deren »Fähigkeit zur Nutzung akustischer Informationen, zur verbalen Kommunikation und [deren] Fähigkeit zur Nutzung visueller Informationen und zur visuellen Orientierung so stark eingeschränkt sind, dass sie auf die Nutzung anderer Informationen angewiesen sind« (AGTB 2018, o. S.). Auch Menschen mit einer wesentlichen Hörsehbehinderung und Menschen, die von Hörsehbehinderung bedroht sind, gehören zu dieser Personengruppe. Die Möglichkeiten zur Kompensation des einen Fernsinns durch den anderen ist nicht oder nur eingeschränkt gegeben. Hieraus entsteht ein Behinderungsbild mit spezifischen und heterogenen Bedürfnissen. »Das Erscheinungsbild der Taubblindheit ist bei jedem Menschen ganz verschieden und beruht sowohl auf dem Ausmaß seiner sensorischen als auch auf dem Einfluss zusätzlicher Behinderungen« (Rødbroe/Janssen 2014, 13) und dem Zeitpunkt des Eintritts der Taubblindheit.

In der Entwicklung eines Menschen zeigt sich, dass soziale Interaktion und Kommunikation fundamentale Bestandteile der sich vollziehenden kognitiven und sozialen Prozesse sind. Soziale Beziehungen und Umwelterfahrungen sind Grundlage für die Entwicklung der Persönlichkeit und der Kommunikation. Kommunikation beinhaltet den Wunsch nach sozialer Interaktion und Zugehörigkeit, nach Wirksamkeit und Sicherheit.

Unter den Bedingungen der Taubblindheit entstehen jedoch besondere Erschwernisse in der sozialen Interaktion, beim Erwerb kommunikativer Kompetenzen, beim Erhalt von Informationen, bei der Teilhabe an und Orientierung in der Umwelt. Eine erfolgreiche Förderung der Persönlichkeit gelingt nur, wenn diese mit der Grundhaltung, der Entwicklung und Pflege des dialogischen Prinzips verbunden ist, der taubblinde Mensch als gleichwertiger kommunikativer Partner gesehen wird und die Erfordernisse des Einzelnen in seinen Möglichkeiten Berücksichtigung finden (Wachsmuth 2006). Fehlende oder eingeschränkte Fernsinne stellen Bezugspersonen vor die Herausforderung, die der Taubblindheit implizierte Isolation zu verhindern. Bei-

---

[1] Wir verwenden für Hörsehbehinderung/Taubblindheit sowie hörsehbehindert/taubblind, angepasst an den international gebräuchlichen Begriff ›deafblind‹, die Begriffe Taubblindheit/taubblind.

läufiges Lernen und Interagieren durch Zuhören, Beobachten, Experimentieren – all dies ist eingeschränkt. Berühren und Begreifen werden Basis des Lernens, des Antizipierens, des Aufbaus von Beziehungen. Bezugspersonen müssen zu zugewandten und kooperierenden Partnern werden, die dem taubblinden Menschen die Welt begreifbar machen. Die erhöhte Abhängigkeit des taubblinden Menschen von anderen Personen verlangt jedoch nicht nur Empathie und Zuwendung, sondern auch ein hohes Maß an Fachlichkeit. Dies bedeutet unter anderem, dass alle Personen, die dem taubblinden Menschen zugewandt sind, sich in einem Netzwerk verstehen müssen, welches sich stetig entwickelt und Informationen über die Entwicklung, den Beziehungsaufbau, die Kommunikationsentwicklung des Menschen austauscht. Dazu gehören Familienangehörige, Mitarbeiter, Therapeuten und weitere Personen.

2 Kommunikationssysteme

So vielfältig die Auswirkungen der Taubblindheit auf den Einzelnen sind, so vielfältig sind die verschiedenen Erfordernisse im Bereich Kommunikation, die eine individuell ausgerichtete Förderung bedingen. Angeborene oder erworbene Taubblindheit, eine fortschreitende Verschlechterung von Seh- und/oder Hörvermögen, zusätzliche Beeinträchtigungen im kognitiven, motorischen und sozial-emotionalen Bereich, cerebral bedingte Wahrnehmungsstörungen oder Erkrankungen erfordern unterschiedliche Kommunikationssysteme.

Diese unterteilt man in flüchtige Systeme (Gefühlsaustausch, Bodily Emotional Traces/BET, Gesten, Gebärden/Taktiles Gebärden, Fingeralphabet, Lormen/ein Tastalphabet auf der Handinnenfläche; Lautsprache) und stabile Systeme (Bezugsobjekte/BO, Tastsymbole, Fotos, Piktogramme, Schrift/Braille) und diese nochmals nach ihrem Abstraktionsgrad. Der Schwierigkeitsgrad des Erlernens steigt mit dem Abstraktionsgrad des Kommunikationssystems und den Voraussetzungen wie Symbolverständnis oder Objektpermanenz; beides muss vorhanden sein.

Um einen eigenen Beitrag zu seiner gesamten Entwicklung leisten zu können, ist das taubblinde Kind wie alle anderen Kinder darauf angewiesen, dass seine Aktivität richtig verstanden wird, damit es zu seinem Verhalten passende Anregungen und Antworten bekommt. Ein Kind, das regelmäßig nicht gehört wird, weil seine Signale nicht wahr- oder ernst genommen werden, zieht sich resigniert zurück oder reagiert durch ungewöhnliche Verhaltensweisen. Demzufolge müssen so oft wie möglich erfolgreiche Kommunikationssituationen stattfinden bzw. vom Gegenüber initiiert werden. So können sich die Betroffenen sicher und aufgehoben fühlen und eine befriedigende Teilhabe und eine größtmögliche Selbständigkeit und -bestimmung wird ermöglicht (vgl. Lemke-Werner/Pitroff 2009; Keesen 2018). Allerdings sind bei taubblinden Kindern, die aus ihrer frühesten Kindheit bereits Deprivationsfolgen mitbringen, diese auch mit kompetenter Förderung nicht vollständig zu kompensieren.

Im Rahmen der Kommunikationsanbahnung und frühen Förderung von geburtstaubblinden Kindern werden vor allem BO, BETs und Taktiles Gebärden genutzt.

2.1 Bezugsobjekte und Bodily Emotional Traces

Kommunikation bedeutet die wechselseitige Bezugnahme auch auf Inhalte, die in der

Wahrnehmung nicht gegenwärtig sind. Das Kind möchte uns sagen, dass es gerne schwimmen möchte, weil es Lust darauf hat und nicht, weil wir gerade am Schwimmbad vorbeikommen. Dies setzt innere Bilder, Vorstellungen, das Wissen um die Permanenz der Objekte voraus. Dem liegt zu Grunde, dass schon der Säugling zusehends stabile taktile oder visuelle Eindrücke eines Dinges zum Hinweis auf sein umfassendes Ganzes nimmt, schließlich das Ding selbst als Indiz für ein ganzes Ereignis auffasst und so das Kommende innerlich vorwegnehmen kann. Bei der Entwicklung von Vorstellungen spielen also Dinge eine große Rolle. Sie können gesehen, erfühlt, ergriffen und bestätigt werden. So kann zum Beispiel ein flauschiges Badetuch zu Beginn jeder Badesituation zum Bezugsobjekt werden. Indem man ihm eine bestimmte Bedeutung zuweist, steht es repräsentativ für eine Aktivität und bahnt somit die Möglichkeit der symbolischen Ausdrucksfähigkeit an (vgl. Lemke-Werner 2009, 71 ff.). Darüber hinaus kann es Personen sowie komplexe Situationen repräsentieren. Entscheidend für das Gelingen ist bei der Auswahl des Objektes die Frage danach, was für das jeweilige Kind das Besondere ist – woran *das Kind* die Handlungen/Personen erkennt. Demzufolge sind BO stets individuell auszuwählen, um dem Kind dabei zu helfen, sich auf Personen und bevorstehende Ereignisse einzustimmen, eine Situation zu verstehen/antizipieren, Sicherheit zu erlangen, erste Entscheidungen zu treffen, eigenaktiv zu werden, eigene Wünsche zu äußern (Selbstbestimmung), zeitliche Strukturen zu überblicken (Tag, Woche, Monat, Jahr), ins Gespräch zu kommen (auch über Vergangenes und Zukünftiges), Gebärden zu erlernen und ein Bildverständnis zu erwerben.

Die mit der Etablierung der BO einhergehende Erkenntnis, dass es ein stabiles, verlässliches Kommunikationssystem gibt, ist unerlässlich für die weitere Kommunikationsentwicklung. Neben den BO leisten dies auch die BETs als körperliche Spuren einzelner emotional bedeutsamer Erlebnisse. Indem prägnante Eindrücke über die Haut, durch Bewegungen, über den Geruchs- oder Geschmackssinn wahrgenommen werden, können sie für ein Erlebnis stehen. Sie entstehen also immer als innere Bilder aus dem direkten Erleben und Erfahren der Kinder und entsprechen natürlichen, körperlich erfahrbaren (mimetischen) Gesten. Sie sind ein Ausgangspunkt gemeinsam aufgebauter Kommunikation, da sie dem taubblinden Kind sehr früh die Möglichkeit geben, sich mitzuteilen. Indem der Partner die gezeigte Geste imitierend aufgreift, schafft er die Möglichkeit, über ihre Bedeutung zu verhandeln bzw. diese gemeinsam zu verabreden. Die positive Rückmeldung lässt die Erkenntnis der Selbstwirksamkeit reifen und erlaubt dem Kind, sich als aktiven Kommunikationspartner zu erleben.

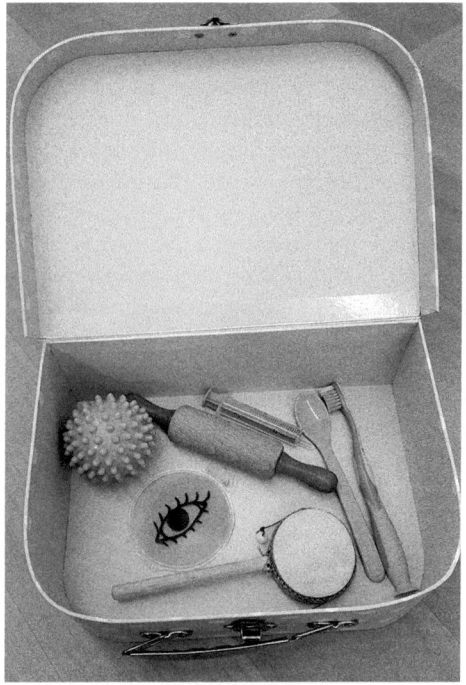

Abb. 1: Koffer mit Bezugsobjekten

Abb. 2:
Ursprüngliches und abstrahiertes BO

2.2 Taktiles Gebärden

Eine besondere Bedeutung in der Kommunikation mit taubblinden Menschen kommt dem Körper, insbesondere den Händen zu. Diese sind Instrument der Wahrnehmung, der Mitteilung, Mittel zur Orientierung und zum Erfassen der Umwelt. Beim Einsatz des Taktilen Gebärdens dienen die Hände als Ersatz für Augen, Ohren und Stimme, der taktil-kinästhetische Sinn tritt in den Vordergrund, und Hände werden zu Informationsträgern. Sie müssen in besonderer Weise gebraucht und eingesetzt werden, um als Kommunikationsinstrument genutzt werden zu können. Mit den Händen schaffen wir Gelegenheiten für Dialoge, aber auch für Ängste. Die Hands-on-Hand-Methode schafft Voraussetzungen, natürliche Kommunikation aufzubauen, gemeinsam etwas zu tun. Der Partner kann die Hände des anderen abfühlen, er kann selbst erkunden und explorieren – er wird interaktiv, vertrauensvoll, kommunikativ. Das Verbiegen der Hände in die richtige Form hingegen führt zu Vertrauensverlust und ist manipulativ. Die Förderung einer auf Symmetrie, Gleichberechtigung und Wechselseitigkeit beruhenden Kommunikation führt auch zur Ausdifferenzierung der Techniken beim Taktilen Gebärden. Immer wieder müssen wir uns als Kommunikationspartner selbst hinterfragen und auf ganz besondere Art und Weise auf den taubblinden Menschen einlassen (vgl. Arbeitskreis »Kommunikation mit hörsehbehinderten/taubblinden Menschen« 2009).

Grundlegende Muster werden in Tab. 1 benannt.

Tab. 1: Übersicht Taktiles Gebärden

	Vorteile	Nachteile
Geführtes Gebärden	Formbarkeit der Hände	Ist übergriffig Freiwilligkeit des Zuhörens/Sprechens ist fraglich Sprecher-Hörer-Beziehung ist unklar
TG mit Handwechsel	Einfaches Beidhandgebärden Sprecher-/Hörerwechsel ist eindeutig Gute Abfühlmöglichkeit	Erfordert Abklären von Richtungs-, Zeit- und Personengebärden
TG ohne Handwechsel	Flüssige (natürliche) Unterhaltung	Setzt hohe Kompetenzen beim Abfühlen sowie Kenntnisse der Gesprächsregeln voraus

Abb. 3:
Fachgespräch im Museum

3 Praxisbeispiele

Auf die Darstellung der Entwicklung verschiedener Interventionskonzepte zur Kommunikationsanbahnung bei taubblinden Menschen verzichten wir an dieser Stelle. Heutige Entwicklungen sind jedoch nicht zu trennen von der Methode nach Jan van Dijk (vgl. Köhler-Krauß 2009, 61 ff.), von den Erfahrungen aus dem europäischen und v. a. skandinavischen Bereich der Taubblindenarbeit, den zahlreichen Übersetzungen englischsprachiger Konzepte und der unermüdlichen Arbeit vieler. Erst hieraus entstanden Forschungsansätze und Arbeitskreise, die uns zum Mittelpunkt unserer heutigen pädagogischen Arbeit führten.

Das Konzept »Co-Creative Communication« ist mittlerweile ein anerkannter Ansatz zur Umsetzung von Kommunikationsinterventionen im Bereich Taubblindheit [hier geburtstaubblind]« (Nafstad/Rødbroe 2018, 13), der sich stetig weiterentwickelt. Die hier genutzten Interventionsmöglichkeiten umfassen grundlegende interaktive und kommunikative Prozesse. *Jeder* Mensch gilt als kompetenter Partner und wird in seinen Lebensäußerungen ernst genommen. Nicht mehr die reine Sprachanbahnung und Sprecherziehung stehen im Vordergrund, sondern die Entwicklung der Kommunikation in der Gemeinsamkeit (vgl. Skusa et al. 2017, 4). Der Kommunikationspartner des taubblinden Menschen ist in einem responsiven Grundverhalten aufmerksam, zugewandt, gesprächsbereit, authentisch und themenoffen. Aktivitäten, Äußerungen, Signale und Beiträge werden beobachtet, und es wird gezeigt, dass diese wahrgenommen werden.

Kommunikationspausen des Kindes müssen abgewartet werden, um Zeit für das Verstehen und Antworten zu geben. Neugier soll geweckt, Impulse gesetzt und die entstehenden Bedeutungen stets verhandelt werden. Die Interaktion wird nicht durch sofortige Bestätigung des vermeintlich Verstandenen beendet.

Die gemeinsame Sprache bezieht sich nicht ausschließlich auf ein konventionelles, von außen gesetztes, sondern auf ein gemeinsam erarbeitetes, verhandeltes Vokabular, welches die Sichtweise der Welt auf taubblindenspezifische individuelle Art spiegeln kann, denn »die Betonung der Diversität des In-der-Welt-Seins und der variantenreichen Weisen, in denen man sich ausdrücken kann, die Bereitschaft, sich auf die Verschiedenheit des Anderen einzulassen ... bedarf der Fähigkeit es auszuhalten, dass man sich in einem Spannungsfeld befindet, in dem wir nicht so werden wie der Andere ... und der Andere nicht so gemacht werden kann wie wir« (Nafstad/Rødbroe 2018, 23).

Die folgenden Praxisbeispiele geben einen Einblick in den Kommunikationsaufbau im Rahmen der kindlichen Entwicklung.

3.1 Toni

Toni ist ein Junge mit CHARGE-Syndrom, der von Geburt an gehörlos ist, aber erst im Alter von 11 Jahren erblindete. Die größte Herausforderung für sein Umfeld bestand im Wesentlichen im Aushalten des oben benannten Spannungsfeldes und der Tatsache, dass Toni nun in einer ganz anderen Welt eine ganz andere Entwicklung nahm, als sein Umfeld es sich gewünscht hat. Zu akzeptieren, dass *er* es ist, der Weg und Tempo bestimmen wird, und wir *ihm* vertrauen müssen, damit der Weg ein für ihn erfolgreicher wird, war nicht einfach. Es half uns, dass Ende der 1980er Jahre innerhalb von *deafblind international* eine europäische AG für Kommunikation gegründet wurde. Angestoßen durch die große Unzufriedenheit über die kommunikativen Kompetenzen taubblinder Kinder wurde das Konzept von Co-Creating Communication entwickelt, welches eine Problematik darin sah, dass »wir glauben, dass bei der Erziehung taubblinder Kinder bislang versucht wurde, deren Wege des Lernens und der Entwicklung vorzubestimmen. Wir betrachten dies als einen Mangel an Vertrauen in die Kreativität des taubblinden Menschen, sich sein eigenes Tagesprogramm und seine eigene Ordnung zu erschaffen« (Nafstad/Rødbroe 1999, 64). Während man in der Theorie wenig Schwierigkeiten hat, diesem Satz zuzustimmen, tun sich bei der Umsetzung viele Hürden und Konflikte auf. Vor allem der Faktor Zeit führt immer wieder zu Diskussionen, denn es geht bei Tonis Weg mit gänzlich neuer Lebenssituation nicht um Tage oder Wochen. Es dauerte Monate, bevor erste Entwicklungen zu erkennen waren, und Jahre, bevor diese sich etablierten.

Dass Toni beispielsweise mittlerweile nicht nur sein Zimmer, die Gruppe und sogar die Einrichtung verlässt, mit dem Rollstuhlfahrrad Touren unternimmt, das Kinderbecken des Freibades oder den Weihnachtsmarkt besucht, hatte einen Vorlauf von gut drei Jahren. Denn nach der Erblindung kauerte sich Toni in seinem Bett in die Ecke und wandte der Welt den Rücken zu. Er war nicht bereit aufzustehen und schubste jeden ärgerlich weg, der versuchte, mit ihm in Kontakt zu treten. Ignorierte der Erwachsene die Ablehnung, reagierte Toni massiv autoaggressiv. Die Kontaktaufnahme erfolgte, indem der Erwachsene zunächst an Tonis Bettende klopfte, um sich bemerkbar zu machen. Danach stellte der Erwachsene Körperkontakt her, indem er sich mit seinem Gebärdennamen auf Tonis Oberarm zu erkennen gab. Im Laufe der ersten Woche wurde Toni dieses Vorgehen so vertraut, dass er es zuließ, dass die Namensgebärde nicht mehr am Oberarm, sondern in seinen Händen ausgeführt werden konnte. Das ist bemerkenswert, da Toni sehend Handkontakt vehement ablehnte. Da er sich früher ausschließlich visuell orientierte, war dieser auch nicht nötig. Toni erkannte jedoch schnell, dass Hände in seiner

Zukunft eine wichtige Rolle spielen werden. Neben den Namensgebärden wurden Toni die Gebärden für die Grundbedürfnisse Essen, Wickeln und Waschen sowie parallel dazu BO angeboten. Seine Bereitschaft, diese zu erfühlen, war gleich Null: Er schmiss sie sofort weg. Wahrscheinlich hatte er dennoch in der Kürze des Wegwerfens erfasst, um was es sich handelte, denn er zeigte sich umgehend kooperativ und nahm die für die jeweilige Tätigkeit richtige Körperhaltung ein. Nach einem Monat war er soweit, für das Wickeln die Toilettenräume aufzusuchen, und nach einem weiteren Monat konnte das Waschen im Bett durch Baden in der Badewanne ersetzt werden. Solche Erfolge forderten Erwachsene heraus, stets weitergehende Angebote außerhalb des Bettes zu machen, und es erforderte viel Geduld sowie großes Vertrauen in Tonis Kompetenzen, es auszuhalten, dass es über ein Jahr dauerte, bis er bereit war, mit einem vertrauten Erwachsenen aufzustehen, sich im Gruppenraum auf das Sofa zu setzen und von dort aus die Welt sukzessiv zurückzuerobern. Von zentraler Bedeutung war, dass sich die Lernangebote ausschließlich an Tonis Ausgangsbedingungen, seinen Interessen, seinem Zeitbedarf sowie den durch seine Sinnes- und Körperbeeinträchtigungen bedingten Aneignungs- und Verarbeitungsstrategien orientierten. Dies gilt auch für Ida.

3.2 Ida

Ida ist aufgrund eines Waardenburg-Anophtalmiesyndroms von Geburt an blind und hochgradig schwerhörig. Sie ist auf der rechten Seite mit einem Cochlea-Implantat versorgt. Zusätzlich ist Ida durch Fehlbildungen aufgrund einer generalisierten muskulären Hypotonie motorisch beeinträchtigt.

Ida ist ein sehr zufriedenes, fröhliches und pfiffiges Mädchen, das zur Auseinandersetzung mit ihrer Lebenswelt viel Anregung und Beständigkeit benötigt. Ida nimmt ihre Umwelt wahr, und es ist zu erkennen, dass sie sich für Lautsprache interessiert. Sie horcht auf, wenn Stimmen oder bestimmte Geräusche zu hören sind. Vieles erschließt sie sich über den Tonfall/die Sprachmelodie, sie kennt einzelne Signalwörter und taktile Gebärden. Hat Ida über einen langen Zeitraum die Hände ihres Gesprächspartners beiseitegeschoben, vermutlich, weil ihr der Sinn und Zweck nicht klar waren, ist sie inzwischen dazu bereit, mehrere Wörter hintereinander abzufühlen. Ida versteht langsam, dass Gebärden etwas ausdrücken können. So gebärdet sie inzwischen einzelne Wörter mit dem Erwachsenen gemeinsam (aufstehen, essen, fertig, Toilette) und erfasst deren Bedeutung/Aufforderung. Allein gebärdet sie noch nicht.

Der Tagesablauf wird ihr über abstrahierte BO verdeutlicht. Sie kann unmissverständlich deutlich machen, was sie möchte und was nicht. Gefällt ihr ein Angebot nicht, signalisiert sie dies durch Wegschieben oder Wegwerfen; bei Angeboten, die ihr gefallen, ist sie mit Freude bei der Sache und kann ausdauernd und sehr konzentriert mitarbeiten. Durch die Erfahrung, wählen zu können, erlebt Ida sich als selbstwirksam. Dies ermutigt sie, neuen Angeboten aufgeschlossener gegenüber zu treten als zuvor und ihre eigenen Wünsche, Vorlieben und Bedürfnisse zu äußern. So kann sie z. B. signalisieren, dass die Schuhe und Orthesen ausgezogen werden sollen, dass das Essen oder Trinken fertig ist oder dass sie gerne Anschwung beim Schaukeln haben möchte.

Ida untersucht ihre Umgebung taktil nach auswertbaren Informationen. Gerne befühlt sie die unterschiedlichen Spielzeuge und ist während der Gruppenstunden, in denen am Tisch gemeinsam Fühl- und Tasterfahrungen gemacht werden, mit den Händen aktiv beteiligt.

Idas Hauptinteresse liegt nach wie vor in der Erkundung der Gegenstände und noch nicht im sachgerechten Gebrauch selbiger. Gegenstände, welche sie lange genug erkunden konnte, setzt sie entsprechend ein. Konnte sie nicht lange genug in ihrem Tempo und auf ihre Art explorieren, hat sie wenig bis keine Freude an entsprechendem Arbeiten und ist eher lustlos bei der Sache.

Um Idas spezifische Kommunikationsinteressen und -möglichkeiten gezielt aufgreifen und weiterentwickeln zu können, ist die Begleitung durch Personen, die ihr Vertrauen entgegenbringen, unerlässlich. So kann Kommunikation im gemeinsamen Handeln und in Beständigkeit als bedeutsam erlebt und deren Möglichkeiten behutsam erweitert werden.

4 Fazit

Beide Beispiele verdeutlichen, wie abhängig der taubblinde Mensch von der Art und Weise, dem Umfang und dem Inhalt der Angebote durch die Außenwelt ist. Die Faktoren Individualität, Zeit und Tempo bestimmen die Entwicklung der Kommunikation in erheblichem Maße. Im Rahmen der Kommunikationsanbahnung zeigt sich, dass alle Kommunikationssysteme (aktiv/passiv; stabil/flüchtig) bereitgestellt werden müssen, diese nebeneinander existieren, sich mischen und ihre Berechtigung haben.

Literatur

AGTB (2018): Beschreibung des Personenkreises und Zielgruppen der Menschen mit Taubblindheit/Hörsehbehinderung, die von den Einrichtungen und Diensten der Arbeitsgemeinschaft für taubblinde Menschen (AGTB) in Deutschland betreut werden. https://agtb-deutschland.de/wissenswertes/ [08.01.2019].

Arbeitskreis »Kommunikation mit hörsehbehinderten/taubblinden Menschen« (2009): Empfehlungen zum Taktilen Gebärden. In: Lemke-Werner, G./Pittroff, H. (Hrsg.): Taubblindheit Hörsehbehinderung. Ein Überblick. Edition Bentheim: Würzburg, 163–179.

Keesen, E. (2018): Angeborene Taubblindheit und die Konstruktion der Welt. Psychische Grundbedürfnisse in subjektiven Lebensräumen Würzburg: Edition Bentheim.

Köhler-Krauß, R. (2009): Die Hinführung des taubblinden bzw. nicht sprechenden mehrfachbehinderten sehgeschädigten Kindes zur Kommunikation. In: Lemke-Werner, G./Pittroff, H. (Hrsg.): Taubblindheit Hörsehbehinderung. Ein Überblick. Edition Bentheim: Würzburg, 61–69.

Lemke-Werner, G. (2009): Bezugsobjekte – ein Weg zum besseren Verständnis alltäglicher Zusammenhänge und eine Möglichkeit, mit anderen zu kommunizieren. In: Lemke-Werner, G./Pittroff, H. (Hrsg.): Taubblindheit Hörsehbehinderung. Ein Überblick. Edition Bentheim: Würzburg, 71–75.

Lemke-Werner, G./Pitroff, H. (Hrsg.) (2009): Taubblindheit Hörsehbehinderung. Ein Überblick. Würzburg: Edition Bentheim.

Nafstad, A./Rødbroe, I. (1999): Co-Creating Communication. In Gemeinsamkeit sich entwickelnde Kommunikation. Dronninglund, Denmark: NUD (Nordic Staff Training Center for Deafblind Services).

Nafstad, A./Rødbroe, I. (2018): Kommunikative Beziehungen. Intervention zur Gestaltung von Kommunikation mit Menschen mit angeborener Taubblindheit. Würzburg: Edition Bentheim.

Rødbroe, I./Janssen, M. (2014): Kommunikation und angeborene Taubblindheit. Angeborene Taubblindheit und die Kernprinzipien der Intervention. Würzburg: Edition Bentheim.

Skusa, C./Becker, T./Lokay, A./Weiberg-Gerke, U. (2017): Von sozialer Interaktion zu Kommunikation. Einschätzung des Kommunikationsstandes eines Menschen mit Taubblindheit/Hörsehbehinderung. Würzburg: Edition Bentheim.

Wachsmuth, S. (2006): Kommunikative Begegnungen. Edition Bentheim: Würzburg.

Mehrsprachigkeit und Unterstützte Kommunikation

Lena Lingk

Mehrsprachigkeit ist kein Einzelphänomen, sondern prägt seit vielen Jahren unsere Gesellschaft. Für die einzelne Person erhöht der Gebrauch der verschiedenen Sprachen die Teilhabechancen in den verschiedenen Lebensbereichen und prägt die soziale Identität (vgl. Lanza 1997; Soto/Yu 2014). In Theorie und Praxis der Unterstützen Kommunikation (UK) wird das Thema bisher noch wenig behandelt.

Im vorliegenden Beitrag wird ein stärkerer Fokus auf eine mehrsprachige UK gefordert, indem theoretische Grundlagen aufgezeigt werden, um anschließend förderliche Rahmenbedingungen einer mehrsprachigen kompetenten UK-Entwicklung abzuleiten.

1 Begriffsverständnis und Merkmale

Für den Begriff Mehrsprachigkeit existiert keine einheitliche Definition (vgl. Ostad 2008). Damit das Thema Mehrsprachigkeit stärker in den Fokus der UK rücken kann, ist es wichtig, ein Begriffsverständnis festzulegen, das für diesen Bereich gelten kann.

Gogolin (2014) nimmt eine pädagogische Perspektive ein und verwendet den Begriff »lebensweltliche Mehrsprachigkeit« (Gogolin 2014, 416). Ein Mensch gilt als mehrsprachig, wenn dieser »alltäglich in mehr als einer Sprache lebt« (ebd.). Menschen, die mehrsprachig sind, erwerben und gebrauchen ihre Sprachen für unterschiedliche Zwecke (um Ärger auszudrücken, um über eigene Gefühle zu berichten, einen Witz zu erzählen, jemanden zu überzeugen usw.), in unterschiedlichen Kontexten (in der Familie, in der Schule, beim Einkaufen, auf dem Spielplatz, im Urlaub usw.) und mit unterschiedlichen Menschen (Eltern, Geschwister, Lehrkraft, Freund, Postbote, Arzt usw.). Dadurch erwerben sie kommunikative Kompetenz (vgl. Lanza 1997). Kommunikative Kompetenz bedeutet, dass neben dem Erwerb grammatikalischer Fähigkeiten auch der angemessene Sprachgebrauch (pragmatische Fähigkeiten) in den sozial und kulturell geprägten Situationen erworben wird (ebd.). Die Fähigkeiten in den unterschiedlichen Sprachen bewegen sich nicht unbedingt auf demselben Niveau, sondern werden durch den Zeitpunkt des Spracherwerbs, die Intensität des Sprachgebrauchs sowie durch emotionale, soziale und persönliche Aspekte beeinflusst. Es handelt sich um ein dynamisches Sprachenkontinuum (vgl. Kielhöfer/Jonekeit 1995, 11; Lanza 1997, 6), auf dem sich die starke Sprache und die schwache Sprache zwischen zwei Polen bewegen. Zur Beschreibung der Sprachwahl benutzt Grosjean (1996, 23) das situative Kontinuum der Sprachmodi. D.h. je nach Kontext und Kommunikationspartner befindet sich die mehrsprachige Person entweder in einem einsprachigen

Modus (Gesprächspartner versteht nur eine Sprache), in einem mehrsprachigen Modus (Gesprächspartner versteht alle Sprachen) oder in einem Zwischenstadium.

> Aus diesen Überlegungen lässt sich folgendes Begriffsverständnis von Mehrsprachigkeit für die UK ableiten:
> Unterstützt kommunizierende Menschen, die in ihrem Alltag mit mehr als einer Sprache leben, gelten als mehrsprachig. Für eine gelingende Teilhabe am Alltag sind sie auf ein mehrsprachiges Kommunikationssystem und ein UK-affines Umfeld in den verschiedenen Sprachen angewiesen. Übergreifendes Ziel ist der Erwerb mehrsprachiger UK-Kompetenz. Die jeweiligen Fähigkeiten in den Sprachen (linguistische, soziale, strategische und operationale Fähigkeiten, vgl. Light 1989) sind als dynamisch zu begreifen und hängen vom Erwerbszeitpunkt sowie den sozialen, emotionalen und persönlichen Bedingungen ab. Die Wahl der Sprache und der jeweiligen Kommunikationsform ist an den sozialen Kontext gebunden.

2 Mehrsprachigkeit in der UK: Zahlen und Bedarfe

Ein Drittel (32,61 %) der unterstützt kommunizierenden Kinder und Jugendlichen ist mehrsprachig (vgl. Vock 2012 zit. n. Vock/Lüke 2013).

Eine Untersuchung von Lingk (vgl. Boenisch/Lingk 2017) zeigte, dass an Förderschulen für körperliche und motorische Entwicklung sowie geistige Entwicklung in Nordrhein-Westfalen fast ein Drittel der Schüler mit Migrationshintergrund einen UK-Bedarf hat (29,18 %). Mehr als der Hälfte dieser Kinder und Jugendlichen steht kein mehrsprachiges Kommunikationssystem zur Verfügung (64,9 %). Bei den erfassten Schülern wurde vor allem nicht Deutsch als Familiensprache gesprochen (86,09 %). Auch internationale Studien belegen, dass die Familiensprache in der UK-Intervention nur ungenügend berücksichtigt wird (vgl. Huer et al. 2001; McCord/Soto 2004). Welche Bedarfe lassen sich aus den Erkenntnissen für die mehrsprachige UK ableiten?

1. *Bereitstellen von mehrsprachigen Kommunikationshilfen:* Die Entwicklung mehrsprachiger Kommunikationshilfen sollte durch Kernvokabularlisten in den Familiensprachen untermauert werden. Kooperationspartner (z. B. Elternhaus, mehrsprachige Lehrkräfte, Therapeuten, Assistenten, Dolmetscher) können bei der Gestaltung mehrsprachiger Kommunikationshilfen hilfreich sein. Dabei ist nicht nur der Sprachgebrauch (z. B. unterschiedlicher Satzbau) in den jeweiligen Sprachen zu berücksichtigen, sondern auch Aspekte der kultursensiblen Symbolauswahl und der Sprachausgabe/-synthese (vgl. Huer 2000; McCord/Soto 2004; Vock/Lüke 2013; Lücke/Vock 2019).

2. *Entwicklung und Erprobung mehrsprachiger UK-Interventionen:* Kernidee der Intervention ist, eine Sprachumgebung zu schaffen, die sich positiv auf die kommunikativen Fähigkeiten der Kinder und Jugendlichen auswirkt (vgl. Kohnert 2013). Dies erfordert auch die Bereitstellung UK-relevanter Informationen für das Umfeld in den verschiedenen Sprachen. Soto/Yu (2014) sprechen von einem bilingualen Ansatz in der Inter-

ventionsplanung (»bilingual approach in intervention«, Soto/Yu 2014, 85). Gemeint ist ein Ansatz, der die verschiedenen Sprachen in der UK-Intervention anerkennt und berücksichtigt. Im sprachübergreifenden Ansatz (»cross-linguistic approach«, Kohnert 2010, 468) werden kontrastive Sprachvergleiche, Übersetzungen oder bilinguale Bilderbücher verwendet, um die Sprachen (bewusst) voneinander zu unterscheiden.

3 Erwerbsformen und Gelingensbedingungen

In der Forschung werden zwei unterschiedliche Formen des Erwerbs mehrerer Sprachen unterschieden (vgl. Chilla et al. 2013, 23 ff.):

- Der *simultane Erwerb* zweier oder mehrerer Sprachen (vor dem 3. Lebensjahr) und
- der *sukzessive Erwerb* einer weiteren Sprache (kindlicher Zweitspracherwerb, zwischen dem 3. und 10. Lebensjahr; Erwachsenen-Zweitspracherwerb, ab dem 10. Lebensjahr).

Der simultane und der frühe sukzessive Zweitspracherwerb (bis zum 4. Lebensjahr) ähneln dem Erstspracherwerb. Ab dem Alter von 4 Jahren verläuft der kindliche Zweitspracherwerb als Mischform aus Grundzügen des Erst- und Zweitspracherwerbs (vgl. Tracy 2008). Wesentliches Merkmal des Zweitspracherwerbs ist, dass die jeweilige Sprache in der Umgebung gesprochen wird. Beim Fremdspracherwerb hingegen entspricht die zu lernende Sprache nicht der Umgebungssprache (vgl. Jeuk 2018, 17).

In der UK sollte das Erwerbsalter für simultane oder sukzessive Erwerbsprozesse individuell diskutiert werden, da der Spracherwerb und die Versorgung mit einer Kommunikationshilfe häufig außerhalb der regelhaften Zeitfenster verlaufen. Ob es sich um einen simultanen oder um einen sukzessiven Zweitspracherwerb handelt, lässt sich zunächst über das Vorhandensein eines ein- oder mehrsprachigen Kommunikationssystems (▶ Abb. 1) sowie über die Erfassung der Inputbedingungen (Familiensprache, Umgebungssprache) bestimmen. Der Erhebungsbogen zum Mehr-Sprachenkontext von Ritterfeld/Lüke (2013) liefert eine Unterstützung, um die verschiedenen Sprachen im Umfeld des Kindes zu erfassen.

Für den simultanen Zweitspracherwerb formulieren Kielhöfer/Jonekeit (1995, 14 ff.) drei wesentliche Gelingensbedingungen:

1. *Funktionaler Sprachgebrauch und Sprachtrennung:* Die Verwendung der verschiedenen Sprachen sollte funktional getrennt werden. Diese Trennung kann unterschiedlich erfolgen (z. B. Umgebungssprache/Familiensprache, Schulsprache/Familiensprache, Schulsprache/Spielsprache/Familiensprache, gesprochene/geschriebene Sprache). Somit wird »ausdrücklich eine vom Kind logisch nachvollziehbare personen- bzw. kontextabhängige Unterscheidung beider Sprachen gelernt« (Wilken 2019, 118). Wenn die Familiensprache nicht der Umgebungssprache entspricht, ist es günstig, die Familiensprache beizubehalten und nicht in die Umgebungssprache zu wechseln. Damit wird ein Gegengewicht zur dominanten Umgebungssprache geschaffen (vgl. Kielhöfer/Jonekeit 1995). Mehrsprachige Kommunikationshilfen müssen also einen schnellen Wechsel zwischen den verschiedenen Sprachen ermöglichen.

2. *Emotionale und sprachliche Zuwendung:* Jede Sprache wird möglichst natürlich und ohne zu übersetzen benutzt. Dabei geht es um das Erleben der Sprachen in den

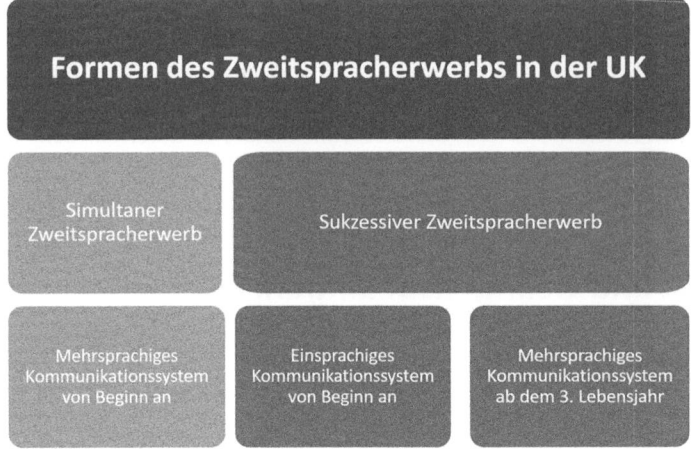

Abb. 1:
Formen des Zweitspracherwerbs in der UK (vereinfachte Darstellung)

verschiedenen sozialen Situationen. Die Bedeutung der emotionalen und sprachlichen Zuwendung zeigt, wie wichtig es ist, dass auch jeweils die stärkere Sprache von den Familienmitgliedern genutzt wird. Die Verwendung der schwächeren Sprache würde sich möglicherweise unnatürlich anfühlen und die emotionale Zuwendung wäre erschwert. Emotionale und sprachliche Zuwendung kann nur über den Einsatz der mehrsprachigen Kommunikationshilfe im Alltag bzw. *echten Kommunikationssituationen* gelingen. Der Fokus auf sozial-pragmatische Fähigkeiten in den unterschiedlichen Sprachen ist dabei unerlässlich (vgl. Lingk/Nonn/Sachse in diesem Band).

3. *Positive Spracheinstellung:* Eine positive Einstellung zu den jeweiligen Sprachen unterstützt den Spracherwerb. Insbesondere sog. Minderheitensprachen (Kohnert 2010, z. B. Türkisch, Arabisch, Farsi), die nicht zu den Bildungssprachen (z. B. Englisch, Französisch, Spanisch) gehören, haftet ein negatives Sprachprestige an, welches Identitätskrisen oder Sprachverlust zur Folge haben kann. Sozial Gleichgesinnte und Vorbilder können den Spracherwerb positiv beeinflussen. Unterstützt kommunizierende Menschen sind auf *Sprachvorbilder* (Modelling) angewiesen, die ihnen zeigen, wie die Kommunikationshilfe in der jeweiligen Sprache zur Kommunikation genutzt werden kann. Die Einbeziehung Gleichaltriger kann gewinnbringend sein (»peer-modeling«, Robertson/Ellis Weismer 1997).

Die genannten Gelingensbedingungen für den simultanen Zweitspracherwerb lassen sich auch auf den sukzessiven Zweitspracherwerb in Kita und Schule übertragen. So wird eine positive Spracheinstellung durch interkulturelles Lernen gefördert, sprachliche Zuwendung wird durch das Aufgreifen alltäglicher Situationen als Kommunikationsanlässe möglich und die Sprachtrennung wird durch Sprachmodelle realisiert (vgl. Tracy 2008; Jeuk 2018).

Verschiedenste Studien zeigen, dass der Erwerb von Mehrsprachigkeit auch unter kognitiver, sprachlicher und kommunikativer Beeinträchtigung möglich ist (vgl. Håkansson et al. 2003; Niederberger 2003; Feltmate/Kay-Raining Bird 2008; Ostad 2008). Der simultane oder sukzessive Erwerb einer weiteren Sprache wirkt sich nicht negativ auf bestehende sprachliche Fähigkeiten aus (Feltmate/Kay-Raining Bird 2008; Chilla et al. 2013; Lüke/Vock 2019). Ganz im Gegenteil, Mehrsprachigkeit wird als wertvolle kognitive Ressource erachtet (Kielhöfer/Jonekeit 1995).

4 Zweitspracherwerbshypothesen

Der Zweitsprachspracherwerb wird durch unterschiedliche Spracherwerbshypothesen beschrieben. Eine übergreifende Theorie für diesen Erwerb existiert nicht (Grießhaber 2013; Jeuk 2018). In der nachfolgenden Tabelle werden ausgewählte und häufig rezipierte Hypothesen vorgestellt und auf die mehrsprachige UK übertragen:

Tab. 1: Zweitspracherwerbshypothesen und Implikationen für mehrsprachige UK-Interventionen

Zweitspracher-werbshypothese	Inhalt	Bedeutung für mehrsprachige UK-Interventionen
Kontrastivhypothese (Lado 1969)	Beim Zweitspracherwerb erfolgen positive (korrekte Äußerung) oder negative Transfers (inkorrekte Äußerung) von der Erst- zur Zweitsprache (vgl. Grießhaber 2013).	Sprachenspezifische Vokabularauswahl und -anordnung auf den Kommunikationshilfen kann negative Transfers minimieren. Konkrete Hinweise in Bezug auf die häufigsten Familiensprachen sind in Krifka et al. (2014) enthalten.
Identitätshypothese (Dulay/Burt 1974)	Der Erst- und Zweitspracherwerb verlaufen nach universalen, identischen Prinzipien (vgl. Grießhaber 2013).	Der Erstspracherwerb kann als eine Orientierung für die Interventionsplanung genutzt werden.
Interlanguagehypothese (Selinker 1974)	Die sog. Lernersprache (»Interlanguage«) wird als drittes System einbezogen. Dieses entwickelt sich in fünf Stufen: sprachliche Transfer, Übungstransfer, Strategien des Zweitspracherwerbs, Strategien der Zweitsprach-Kommunikation, Übergeneralisierungen (vgl. Selinker 1974).	Zweitsprach-Kommunikationsstrategien berücksichtigen, z. B. Themenvermeidung, Sprachwechsel, Entlehnung, Wortneubildung, Gestik und Mimik (vgl. Jeuk 2018, 34). Übergeneralisierungen durch kreativen Umgang mit Sprachstrukturen zulassen. Es geht (zunächst) weniger um die formale Korrektheit, sondern um die kommunikative Absicht (vgl. Tracy 2008; Jeuk 2018).
Interdependenzhypothese (Cummins 1982)	Kompetenzen in der Erstsprache beeinflussen den Erwerb der Zweitsprache. Die Begriffe BICS (basic interpersonal communicative skills, sog. Alltagssprache) und CALP (cognitive academic language proficiency, sog. Bildungssprache, vgl. Gogolin/Lange 2011) werden thematisiert (vgl. Jeuk 2018). BICS-Fähigkeiten sind vor allem kontextgebunden und dominieren im Alltag. Mit CALP-Fähigkeiten sind der kontextfreie Sprachgebrauch und die Schriftlichkeit gemeint, die eng mit dem schulischen Erfolg verbunden sind. Insbesondere die erworbenen CALP-Fähigkeiten in der Erstsprache unterstützen den Zweitspracherwerb.	Familiensprache in der Förderung beachten, z. B. (frühe) Literacy-Erfahrungen (Jeuk 2018). Die BICS-Fähigkeiten unterstreichen die Bedeutung der Alltagskommunikation (Kernvokabular). Eine gut ausgebildete Alltagssprache gilt als Brücke zur Bildungssprache (vgl. Gibbons 2002; Jeuk 2018).

Die Zweitspracherwerbshypothesen liefern wichtige Anhaltspunkte für die mehrsprachige UK-Förderung. Dennoch wird deutlich, dass die sozialen Bedingungen und das sprachliche Handeln (pragmatische Aspekte) nur unzureichend abgebildet werden (vgl. Grießhaber 2013).

5 Code-Mixing und Code-Switching als pragmatische Fähigkeiten

Das oben beschriebene situative Kontinuum der Sprachmodi von Grosjean (1996) beschreibt den vielseitigen Sprachgebrauch Mehrsprachiger. Dieser sollte auch in mehrsprachigen UK-Interventionen berücksichtigt werden. Dabei sind das Code-Mixing und Code-Switching wichtige Strategien, die den Zweitspracherwerb unterstützen.

Beim *Code-Mixing* (Sprachmischung) erfolgt ein Ineinanderfließen beider Sprachen, wenn z. B. Wörter fehlen (Kannst du move a bit? vgl. Kielhöfer/Jonekeit 1995). Sprachmischungen haben eine pragmatische Funktion: Ziel ist es, die Kommunikationssituation aufrechtzuerhalten (vgl. Chilla et al. 2013). Jeuk (2018) benennt weitere pragmatische Fähigkeiten, die auch für die schnelle Wortschatzaneignung relevant sind: Fragen stellen (Was heißt das? – Qu'est que Bagger en français?), Unwissenheit ausdrücken (Weiß nicht.) oder über die Sprache nachdenken (Hört sich komisch an! – Warum heißt das so?).

Fehlerhafte Sprachmischungen werden durch Interferenzen beschrieben (Papa ist nicht fertig ≠ Papa est pas fini, bekommen ≠ become, vgl. Chilla et al. 2013).

Auch dem Code-Switching (Sprachwechsel) wird eine wichtige pragmatische Funktion zugesprochen: Die Kinder lernen, wann und mit wem welche Sprache gesprochen wird (vgl. Lanza 1997). Dabei wechseln sie mündlich oder schriftlich von einer Sprache in die andere (Come on. Jetzt komm schon.).

Die Ausführungen machen deutlich, dass Sprachmischungen und -wechsel durch mehrsprachige Kommunikationshilfen unterstützt werden müssen (z. B. zwei unterschiedliche BIGmacks besprechen, doppelseitige Kommunikationstafel, Vokabularwechsel auf elektronischer Kommunikationshilfe).

6 Zusammenfassung und Ausblick

Die mehrsprachige Realität sollte in der UK anerkannt werden. Kinder, deren Lebenswelt mehrsprachig ist, brauchen zwei oder mehr Sprachen, um kommunikativ erfolgreich zu sein und teilhaben zu können. Eine positive Haltung und Einstellung des Umfeldes zur Mehrsprachigkeit sowie die Berücksichtigung von Kooperationspartnern sind gewinnbringend und ermöglichen eine frühzeitige Intervention (vgl. Tracy 2008; Chilla et al. 2013; Vock/Lüke 2013; Soto/Yu 2014; Lüke/Vock 2019). Ziel der Interventionsplanung sollte die kompetente mehrsprachige UK-Nutzung im Alltag sein. Als Orientierung für die

Interventionsplanung kann das Fähigkeitskontinuum von Dowden/Cook (2012) verwendet werden, ist jedoch um folgende Inhalte zu ergänzen:

1. *Erfassung der mehrsprachigen kommunikativen Kompetenz:* Das Fähigkeitskontinuum sollte a) für die Familiensprache(n) und b) für die Zweitsprache(n) gelten und als dynamisch betrachtet werden. Auf dieser Grundlage werden die unterschiedlichen Fähigkeiten der unterstützt kommunizierenden Person in den verschiedenen Sprachen deutlich. Zudem wird der Grad der Abhängigkeit in den jeweiligen Sprachen vom Kommunikationspartner ersichtlich.
2. *Erfassung des Erwerbshintergrunds:* Die sprachlichen Kontexte (*Wer* spricht in *welcher* Sprache, *wie*/Kommunikationsform und *wo* mit dem Kind?) werden als Variablen ergänzt. Damit können die einzelnen Sprachen und deren Verwendungskontexte näher bestimmt werden.
3. *Erfassung des Sprachgebrauchs:* Sprachmischungen und -wechsel werden als pragmatische Fähigkeiten aufgenommen.

Literatur

Boenisch, J./Lingk, L. (2017): Bilinguale UK bei Migration ermöglichen. Vortrag auf dem Kongress Unterstützte Kommunikation, 16.–18.11.2017, Dortmund.

Chilla, S./Rothweiler, M./Babur, E. (2013²): Kindliche Mehrsprachigkeit. Grundlagen – Störungen – Diagnostik. München, Basel: Ernst Reinhardt Verlag.

Cummins, J. (1982): Die Schwellenniveau – und die Interdependenzhypothese. Erklärungen zum Erfolg zweisprachiger Erziehung. In: Swift, J. (Hrsg.): Bilinguale und multikulturelle Erziehung. Würzburg: Könighausen und Neumann, 34–43.

Dowden, P./Cook, A. M. (2012): Improving Communicative Competence Through Alternative Selection Methods. In: Johnston, S. S./Reichle, J./Feeley, K. M./Jones, E. A. (Eds.): AAC strategies for individuals with moderate to severe disabilities. Baltimore: Paul H. Brookes Publishing Co., 81–118.

Dulay, H. C./Burt, M.K. (1974): You can't learn without goofing. In: Richards, J. C. (Ed.): Error Analysis. Perspectives on Second Language Acquisition. London: Longman, 95–123.

Feltmate, K./Kay-Raining Bird, E. (2008): Language Learning in Four Bilingual Children with Down Syndrome: A Detailed Analysis of Vocabulary and Morphosyntax. In: Canadian Journal of Speech-Language Pathology and Audiology, 1, 6–20.

Gibbons, P. (2002): Scaffolding Language, Scaffolding Learning. Teaching Second Language Learners in the Mainstream Classroom. Portsmouth: Heinemann.

Gogolin, I. (2014): Integration durch Bildung. Mehrsprachigkeit fördern: Erkenntnisse und einige Ideen für die Praxis. In: Schule NRW, 9, 415–417.

Gogolin, I./Lange, I. (2011): Bildungssprache und Durchgängige Sprachbildung. In: Fürstenau, S./Gomolla, M. (Hrsg.): Migration und schulischer Wandel: Mehrsprachigkeit. Wiesbaden: VS Verlag für Sozialwissenschaften, 107–128.

Grießhaber, W. (2013): Spracherwerbsprozesse in Erst- und Zweitsprache. Eine Einführung. (2. Aufl.). Duisburg: Universitätsverlag Rhein-Ruhr.

Grosjean, F. (1996): Living with Two Languages and Two Cultures. In: Parasnis, I. (Ed.): Cultural and Language Diversity and the Deaf Experience. Cambridge: Cambridge University Press, 20–37.

Håkansson, G./Salameh, E.K./Nettelbladt, U. (2003): Measuring language development in bilingual children: Swedish-Arabic children with and without language impairment. In: Linguistics, 2, 255–288.

Huer, M. B. (2000): Examing Perceptions of Graphic Symbols Across Cultures: Preliminary Study of the Impact of Culture/Ethnicity. In: Augmentative and Alternative Communication, 16, 180–185.

Huer, M. B./Parette, H.P./Saenz, T. I. (2001): Conversations with Mexican Americans regarding children with disabilities and augmentative and alternative communication. In: Communication Disorders Quarterly, 22, 197–206.

Jeuk, S. (2018⁴): Deutsch als Zweitsprache in der Schule. Grundlagen – Diagnose – Förderung. Stuttgart: Kohlhammer.

Kielhöfer, B./Jonekeit, S. (1995): Zweisprachige Kindererziehung (9. Aufl.). Tübingen: Stauffenburg Verlag.

Kohnert, K. (2010): Bilingual children with primary language impairment: Issues, evidence and implications for clinical actions. In: Journal of Communication Disorders, 43, 456–473.

Kohnert, K. (2013²): Language Disorders in Bilingual Children and Adults. San Diego, Oxford, Melbourne: Plural Publishing.

Krifka, M./Błaszczak, J./Leßmöllmann, A./Meinunger, A./Stiebels, B./Tracy R./Truckenbrodt, H. (2014): Das mehrsprachige Klassenzimmer. Über die Muttersprachen unserer Schüler. Berlin, Heidelberg: Springer.

Lado, R. (1969²): Moderner Sprachunterricht. Eine Einführung auf wissenschaftlicher Grundlage. München: Max Hueber Verlag.

Lanza, E. (1997): Language Mixing in Infant Bilingualism. Oxford: Oxford University Press.

Light, J. (1989): Toward a definition of communicative competence for individuals using augmentative and alternative communication systems. In: Augmentative and Alternative Communication, 5, 137–144.

Lüke, C./Vock, S. (2019): Unterstützte Kommunikation bei Kindern und Erwachsenen. Praxiswissen Logopädie. Berlin: Springer Verlag.

McCord, M. S./Soto, G. (2004): Perceptions of AAC: An Ethnographic Investigation of Mexican-American Families. In: Augmentative and Alternative Communication, 4, 209–227.

Niederberger, A. (2003): Zweisprachigkeit bei Menschen mit geistiger Behinderung – Eine Untersuchung mit Fallbeispielen. In: Fröhlich, A. (Hrsg.): Zweisprachigkeit bei Kindern mit geistiger Behinderung. Düsseldorf: verlag selbstimmes leben, 17–94.

Ostad, J. (2008): Zweisprachigkeit bei Kindern mit Down-Syndrom. Hamburg: Verlag Dr. Kovač.

Ritterfeld, U./Lüke, C. (2012): Mehrsprachen-Kontexte – Erfassung der Inputbedingungen von mehrsprachig aufwachsenden Kindern. http://www.sk.tu-dortmund.de/media/other/Mehrsprachen-Kontexte.pdf [27.03.2019].

Robertson, S. B./Weismer, S.E. (1997): The Influence of Peer Models on the Play Scripts of Children With Specific Language Impairment. In: Journal of Speech, Language, and Hearing Research, 40, 49–61.

Selinker, L. (1974): Interlanguage. In: Richards, J. C. (Ed.): Error Analysis. Perspectives on Second Language Acquisition. London: Longman, 31–54.

Soto, G./Yu, B. (2014): Considerations for the Provision of Services to Bilingual Children Who Use Augmentative and Alternative Communication. In: Augmentative and Alternative Communication, 1, 83–92.

Tracy, R. (2008): Wie Kinder Sprachen lernen. Und wie wir sie dabei unterstützen können. (2. Aufl.). Tübingen: francke verlag.

Vock, S. (2012): Unterstützte Kommunikation bei mehrsprachigen Kindern und Jugendlichen. Unveröffentlichte Masterarbeit, Universität Bielefeld.

Vock, S./Lüke, C. (2013): Unterstützte Kommunikation bei mehrsprachigen Kindern und Jugendlichen. In: isaac-Gesellschaft für UK/von Loeper (Hrsg.): Handbuch der Unterstützten Kommunikation. von Loeper: Karlsruhe, 01.026.060-01.026.069.

Wilken, E. (2019¹³): Sprachförderung bei Kindern mit Down-Syndrom. Stuttgart: Kohlhammer.

Unterstützte Kommunikation im Fremdsprachenunterricht

Lena Lingk, Roman Bartosch & Stefanie K. Sachse

2014 veröffentlichten Roman Bartosch und Andreas Rohde den Sammelband »Im Dialog der Disziplinen«. Ziel war der Austausch zwischen der Englischdidaktik und den Förderschwerpunkten mit Blick auf (1) den Englischunterricht in den verschiedenen Förderschwerpunkten, (2) den Englischunterricht in der Inklusion und (3) die Annäherung der wissenschaftlichen Arbeitsbereiche. Im vorliegenden Beitrag wird dieser Dialog der Disziplinen fortgeführt, indem gemeinsame Herausforderungen und Anforderungen an den Englischunterricht mit unterstützt kommunizierenden Schülerinnen und Schülern thematisiert werden.

1 Ziele

Im Englischunterricht (EU) geht es – ähnlich wie bei UK-Interventionen – darum, Kinder und Jugendliche beim Erwerb kommunikativer Fähigkeiten und im Hinblick auf gesellschaftliche Teilhabe zu unterstützen. Ein Blick auf die zu vermittelnden Kompetenzen zeigt die inhaltliche Nähe beider Disziplinen:

- *Fremdsprachendidaktische Perspektive:* Seit einigen Jahren wird der Begriff der erfolgreichen, fremdsprachlichen Kommunikation diskutiert und weiterentwickelt, wobei Konzepte wie das der kommunikativen Kompetenz (vgl. Piepho 1974; Canale/Swain 1980; CEFR 2001 u. 2018), der Diskursfähigkeit (vgl. Hallet 2012; Legutke 2013) oder der interkulturellen kommunikativen Kompetenz (vgl. Byram 1997) in den Blick rücken. Den Ansätzen und Konzepten liegt ein gemeinsamer Fokus auf authentische Sprachhandlungssituationen zugrunde. *Zentral ist dabei die Frage, ob die Kommunikation als bedeutsam und somit geglückt verstanden wird,* und nicht, ob Aussagen grammatikalisch korrekt sind (vgl. Schäfer 2015).
- *UK-Perspektive:* Auch UK-Interventionen zielen auf gelingende Alltagskommunikation und die Erweiterung kommunikativer Kompetenz ab (vgl. Light 1989; Light/McNaughton 2014). Die Kinder und Jugendlichen lernen, verschiedene Gespräche zunehmend aktiv mitzugestalten.

2 Gemeinsame Herausforderungen

Der Fokus der Englischdidaktik und der UK ist also auf den gelingenden sprachlichen Austausch gerichtet. Dabei sehen sich beide Disziplinen mit den folgenden Herausforderungen konfrontiert:

- Wie können möglichst interessante Situationen und Redeanlässe geschaffen und die Rahmenbedingungen so gestaltet werden, dass alle ihre kommunikativen Fähigkeiten – auch in der zunächst ungewohnten Situation des Miteinandersprechens in der Fremdsprache – ausprobieren?
- Welches Vokabular brauchen die Schülerinnen und Schüler, um die kommunikativen Anforderungen sprachlich bewältigen zu können und gleichzeitig die kommunikative Kompetenz weiterzuentwickeln?
- Welche Implikationen lassen sich für die Professionalisierung von Lehrkräften ableiten?

2.1 Bedeutungsvolle Kommunikation und Redeanlässe

Wie können die angestrebten Inhalte umfassend umgesetzt werden? Nation (2007) beschreibt vier didaktische Bereiche des Fremdsprachenunterrichts, die zu berücksichtigen sind:

1. Fokus auf bedeutungsvollem Input,
2. Fokus auf bedeutungsvollem Output,
3. Fokus auf Sprachstrukturen und
4. Aufbau der Sprachkompetenz/flüssiges Sprechen.

In Tabelle 1 werden diese vier Bereiche erläutert und Beispiele für die Umsetzung gegeben.

Tab. 1: Die vier didaktischen Bereiche des Fremdsprachenunterrichts nach Nation (2007) mit Umsetzungsbeispielen

Didaktischer Bereich (vgl. Nation 2007)	Inhalt	Umsetzung
Bedeutungsvoller Input (meaning-focused input)	Sprachlicher Input wird durch Hören, Lesen und Mitnutzen der Kommunikationshilfe unterstützt Involviertsein in Sprachhandlungssituationen als Ziel: »fluency before accuracy« (vgl. auch Bach/Timm 2013; Haß 2015, 21)	Vorlesen, Filme, Videoclips, Lieder, Bücher (Dialogische Bilderbuchbetrachtung) Lehrkraft als Modell: *It's Wednesday, today, so we only talk English during breakfast* (hängt das englische Vokabularposter auf, schlägt die englischen Seiten in Nils' Kommunikationsordner auf); die Schüler stöhnen; L: *Oh, do you say* (modelt am Vokabularposter und spricht parallel:) *O NO, NOT AGAIN.*
Bedeutungsvoller Output (meaning-focused output)	Output (Sprachgebrauch) durch Sprechen, Brainstorming, Diktieren und Schreiben echte Relevanz herstellen (vgl. Bach/Timm 2013)	Dialoge, Präsentationen, Geschichten, Anweisungen und verschiedene Schreibaktivitäten (Blog auf Englisch, Notizen, Comics: *Let's write a story*

Tab. 1: Die vier didaktischen Bereiche des Fremdsprachenunterrichts nach Nation (2007) mit Umsetzungsbeispielen – Fortsetzung

Didaktischer Bereich (vgl. Nation 2007)	Inhalt	Umsetzung
	Kommunikation der Schülerinnen und Schüler untereinander	*ein Dialog könnte lauten: too hard? - not for me. What could happen?*) Informationslücken, Rollenspiele und handlungsauffordernde Aktivitäten (vgl. Gibbons 2002; Roth 2013) aufgabenorientierter Unterricht, kooperativ-inklusive Formen (vgl. Nunan 2004; Hallet 2011; Bartosch 2018)
Sprachstrukturen (language-focused learning)	bewusst mit verschiedenen Aspekten der Zielsprache auseinandersetzen (z. B. Aussprache Rechtschreibung, Grammatik, Vokabular) *Anmerkung: Gut strukturierte Kommunikationshilfen können einen positiven Einfluss auf die Entwicklung metalinguistischer Fähigkeiten haben.*	explizite Sprachvermittlung (Voraussetzung: metasprachliches Wissen) Visualisierung sprachlicher Strukturen (z. B. Kletten von Symbolkarten)
Sprachkompetenz/flüssiges Sprechen (fluency development)	Anwendung der Bereiche Hören, Sprechen, Lesen und Schreiben Erleben von Interaktion Fokus auf pragmatische Fähigkeiten (z. B. Fragen stellen, Meinung ausdrücken, etwas kommentieren, etwas beschreiben) als didaktisches Bindeglied, um den Wortschatz im kommunikationsorientierten Unterricht zu vermitteln	bedeutungsvolle Themen (z. B. Eurovision Song Contest, climate change, Social Media) alltägliche Kommunikationsanlässe aufgreifen (z. B. Streit in der Pause) verschiedene pragmatische Fähigkeiten berücksichtigen: – z. B. Baa Baa Smart Sheep (Sommerset 2010) bietet sich u. a. zum Kommentieren an: *O-o, oh no!*

2.2 Vokabularauswahl

Der zu vermittelnde Wortschatz bzw. die Vokabularauswahl wird sowohl in der UK als auch in der Fremdsprachendidaktik seit vielen Jahren diskutiert (vgl. Hutz 2012). In der UK haben die Ergebnisse der Kernvokabularforschung zu einem Paradigmenwechsel in der Sprachförderung unterstützt kommunizierender Kinder und Jugendlicher geführt (vgl. Boenisch 2013, 17). Wurde früher in der UK-Förderung der Wortschatz auf den Kommunikationshilfen vor allem durch das subjektive Ermessen des Umfeldes festgelegt, führten die Erkenntnisse zum Kernvokabular zu einer wissenschaftlich fundierten Vokabularauswahl auf den Kommunikationshilfen und ermöglichen dadurch eine alltagsintegrierte Sprachförderung unterstützt kommunizierender Kinder und Jugendlicher von Anfang an (vgl. Boenisch/Sachse 2007). Boenisch/Soto (2015) legten Ergebnisse zum Kernvokabular auch für Kinder und Jugendliche vor, die Englisch als Mutter- und als Zweitsprache sprechen.

Wortlisten bieten also eine Orientierungshilfe für den systematischen Wortschatzbau.

In einigen Referenzmaterialien für den Englischunterricht wird allerdings bewusst auf Wortlisten verzichtet (vgl. Rohde 2014, 12). Auch im Gemeinsamen Europäischen Referenzrahmen für Sprachen werden keine Wortlisten angeboten (vgl. Eldridge et al. 2010). Als Ziele werden sprachenübergreifende Kompetenzen formuliert (Kann-Formulierungen wie z. B. für das erste Sprachniveau A1: »Kann einfache Sätze verstehen und verwenden«, vgl. Council of Europe). Dabei kann das Kernvokabular ein stabiles Sprachfundament für den Einstieg in die Fremdsprache liefern und die Entwicklung der kommunikativen Kompetenz unterstützen.

Die Erkenntnisse zum Kernvokabular sollten auch im Fremdspracherwerb Beachtung finden. Boenisch (2015) sieht im Kernvokabular eine *potentielle inklusive Basis* des Englischunterrichts, weil Möglichkeiten der Differenzierung immanent sind. Die kooperativ-kommunikative Erarbeitung bzw. Nutzung des Kernvokabulars im Zusammenspiel mit offenen, kommunikationsfördernden und komplexen Aufgaben (vgl. Hallet 2011) ermöglicht das Einbeziehen von Schülerinnen und Schülern mit ganz unterschiedlichen kommunikativen Fähigkeiten.

Anforderungen an Kommunikationshilfen

Aus diesen Ausführungen lassen sich einige Hinweise für die Kommunikationshilfen, die im Englischunterricht zur Verfügung stehen müssen, ableiten (ausführlich bei: Schmidt/Sachse 2015; Sachse/Schmidt 2016). So sollte u. a.

- *sprachenspezifisches Kernvokabular* berücksichtigt werden (keine Übersetzung einer deutschen Liste);
- der schnelle *Wechsel vom Englischen ins Deutsche* möglich sein (sog. Transfer). Immer dann, wenn Unklarheiten oder Unsicherheiten entstehen, wechseln Kinder und/oder Lehrkräfte in die vertrautere Sprache (vgl. Elsner 2015; Schäfer 2015). Auch wenn der Einsatz des Deutschen im Fremdsprachenunterricht eine Ausnahme bleiben sollte (Schäfer 2015), brauchen auch unterstützt kommunizierende Kinder die Möglichkeit, auf ihrer Kommunikationshilfe zwischen beiden Sprachen hin- und herzuwechseln. Eine einheitliche Verwendung der Symbole sowie der Farbkodierung für die Wortarten kann diesen Wechsel erleichtern. Damit können »die Kinder bereits vorhandene Fähigkeiten nutzen und ihr Wissen von einer Sprache auf die andere übertragen« (Sachse/Schmidt 2016, 24).

Erfahrungen mit Kommunikationshilfen im EU

Erfahrungen zeigen, dass z. B. große Kommunikationstafeln, an denen Wörter und Aussagen geklettet und somit visualisiert werden können, auch für sprechende Schüler eine Hilfestellung sein können. Durch das Zeigen auf die Symbole trauen sich einige Schüler eher, begleitend mitzusprechen (vgl. Sachse/Schmidt 2016).

Damit die Kinder lernen, die Kommunikationshilfen auch als solche zu verwenden (und nicht nur als didaktisches Material), müssen die Lehrkräfte diese auch mitnutzen. Diese sprachförderliche Verhaltensweise wird in der UK als *Modelling* bezeichnet (u. a. Castañeda et al. 2017). Auch im Fremdsprachenunterricht werden Modellierungsstrategien, wie das Erweitern von Aussagen, das korrektive Feedback oder das Wiederholen von Äußerungen (vgl. Pawlak 2014) genutzt. Im Englischunterricht mit unterstützt kommunizierenden Kindern erlangt der Einsatz von Kommunikationshilfen die Bedeutung eines sprach- *und* lernförderlichen Prinzips.

Unterstützte Kommunikation im Fremdsprachenunterricht

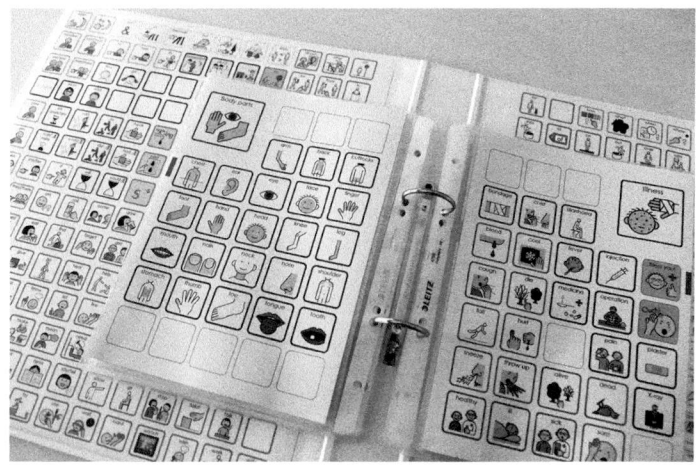

Abb. 1a/b:
Englischer und bilingualer Kommunikationsordner (© Kölner Kommunikationsmaterialien)

2.3 Professionalisierung

Wie die Ausführungen gezeigt haben, stellt sich die Situation für (angehende) Lehrkräfte komplex dar: So müssen fachspezifische, allgemein- und sonderpädagogische sowie spracherwerbstheoretische Aspekte sinnvoll miteinander in Beziehung gesetzt (vgl. Bartosch/Rohde 2018; Rohde/Schick 2018) und zu einer inklusiven Methodik, von der alle Lernenden auf verschiedene Weisen profitieren, entwickelt werden (vgl. Schick 2018). Aus der Perspektive der UK und der Fremdsprachendidaktik sollten die Bereiche sprachförderliches Verhalten (Modelling, Visualisieren), Vokabularauswahl (Kernvokabular) und Schaffung authentischer Kommunikationssituationen fester Bestandteil der Professionalisierungsbemühungen sein.

3 Fazit

Der Fremdsprachenunterricht soll die Lernenden dazu befähigen, in der Klasse, aber auch außerhalb des Klassenraums in der Fremdsprache zu handeln (vgl. Haß 2015, 21).

Um die Lernenden zu einem kompetenten Sprachhandeln zu befähigen, dient die Vermittlung von Kernvokabular als Fundament für den weiteren Wortschatzaufbau. Ergänzend muss der Erwerb und Gebrauch pragmatischer Fähigkeiten unterstützt werden. Diese wiederum sind eng mit alltagsrelevanten und bedeutungsvollen Kommunikationssituationen verbunden. In diesem Prozess sind unterstützt kommunizierende Kinder insbesondere auf bilinguale Kommunikationshilfen angewiesen, die den Sprachgebrauch in beiden Sprachen unterstützen. Guter UK-Englischunterricht ist idealerweise auch sinnvoll in inklusiven Klassen bzw. für sprechende Kinder, da z. B. grammatische Strukturen, die gerade im Primarbereich eben nicht explizit vermittelt werden, über den sprachenspezifischen Aufbau der Kommunikationshilfen abgebildet werden und somit (implizit) gelernt werden können.

Literatur

Bach, G./Timm, J.-P. (2013): Handlungsorientierung als Ziel und als Methode. In: Bach, G./Timm, J.-P. (Hrsg.): Englischunterricht. Grundlagen und Methoden einer handlungsorientierten Unterrichtspraxis. Stuttgart: Francke, 1–22.

Bartosch, R. (2018): Lernen in Beziehungen: Textensembles und kreative Schreibaufgaben zwischen Komplexitätsreduktion und Komplexitätserhalt. In: Bartosch, R./Köpfer, A. (Hrsg.): Inklusion und Nachhaltigkeit. Entwicklungslinien moderner Englischdidaktik. Trier: Wissenschaftlicher Verlag, 219–241.

Bartosch, R./Rohde, A. (2018): Zukunftsstrategie LehrerInnenbildung: Vorurteilsbewusster und sprachsensibler Englischunterricht in der Zuwanderungsgesellschaft. In: Gebele, D./Zepter, A.L. (Hrsg.): Deutsch als Zweitsprache. Unterricht mit neu zugewanderten Kindern und Jugendlichen. Hohengehren: Schneider Verlag, 204–218.

Bartosch, R./Rohde, A. (Hrsg.) (2014): Im Dialog der Disziplinen: Englischdidaktik – Förderpädagogik – Inklusion. Trier: Wissenschaftlicher Verlag.

Boenisch, J. (2013): Neue Ergebnisse aus der Kernvokabularforschung. In: Hallbauer, A./Hallbauer, T./Hüning-Meier, M. (Hrsg.): UK kreativ! Wege in der Unterstützten Kommunikation. Karlsruhe: von Loeper, 17–34.

Boenisch, J. (2015): Zur Bedeutung von Kernvokabular im inklusiven Englisch-Anfangsunterricht. In: Bongartz, C./Rohde, A. (Hrsg.): Inklusion im Englischunterricht. Frankfurt/Main, 145–168.

Boenisch, J./Sachse, S. (2007): Sprachförderung von Anfang an: Zum Einsatz von Kern- und Randvokabular in der frühen Förderung. In: Unterstützte Kommunikation, 3, 12–20.

Boenisch, J./Soto, G. (2015): The oral core vocabulary of typically developing English-speaking school-aged children. In: Augmentative and Alternative Communication, 1, 77–84.

Byram, M. (1997): Teaching and Assessing Intercultural Communicative Competence. Bristol: Multilingual Matters.

Canale, M./Swain, M. (1980): Theoretical Bases of Communicative Approaches to Second Language Teaching and Testing. In: Applied Linguistics, 1, 1–47.

Castañeda, C./Fröhlich, N./Waigand, M. (2017): Modelling in der Unterstützten Kommunikation. Ein Praxisbuch für Eltern, pädagogische Fachkräfte, Therapeuten und Interessierte. Die UK-Ideenkiste Monika Waigand: Heigenbrücken.

Council of Europe (2001): Common European Framework of Reference for Languages: Learning, Teaching and Assessment. Strasbourg: Cambridge University Press. https://rm.coe.int/1680459f97 [20.02.2019].

Council of Europe (2018): Common European Framework of Reference for Languages: Learning,

Teaching and Assessment. Companion Volume with new descriptors. Strasbourg. https://rm.coe.int/cefr-companion-volume-with-new-descriptors-2018/1680787989 [20.02.2019].

Eldridge, J./Neufeld, S./Hancioğlu, N. (2010): Towards a Lexical Framework for CLIL. In: International CLIL Research Journal, 3, 79–95.

Elsner (2015): Inklusion von Herkunftssprachen – Mehrsprachigkeit als Herausforderung und als Chance. In: Bongartz, C./Rohde, A. (Hrsg.): Inklusion im Englischunterricht. Frankfurt/Main, 71–94.

Gibbons, P. (2002): Scaffolding Language, Scaffolding Learning. Teaching Second Language Learners in the Mainstream Classroom. Portsmouth: Heinemann.

Hallet, W. (2011): Lernen fördern: Englisch. Kompetenzorientierter Unterricht in der Sekundarstufe I. Berlin: Klett/Kallmeyer.

Hallet, W. (2012): Die komplexe Kompetenzaufgabe. Fremdsprachige Diskursfähigkeit als kulturelle Teilhabe und Unterrichtspraxis. In: Hallet, W./Krämer, U. (Hrsg.): Kompetenzaufgaben im Englischunterricht. Grundlagen und Unterrichtsbeispiele. Seelze: Klett Kallmeyer, 8–19.

Haß, F. (2015): Fachdidaktik Englisch. Tradition – Innovation – Praxis, Stuttgart: Klett.

Hutz, M. (2012): Storing Words in the Mind. The Mental Lexicon and Vocabulary Learning. In: Eisenmann, M./Summer, T. (Eds.): Basic Issues in EFL Teaching and Learning. Heidelberg: Winter, 105–117.

Legutke, M. (2013): Kommunikative Kompetenz und Diskursfähigkeit. In: Hallet, W./Königs, F. G. (Hrsg.): Handbuch Fremdsprachendidaktik. Seelze: Klett Kallmeyer, 70–75.

Light, J. (1989): Toward a definition of communicative competence for individuals using augmentative and alternative communication systems. In: Augmentative and Alternative Communication, 5, 137–144.

Light, J./McNaughton, D. (2014): Communicative Competence for Individuals who require Augmentative and Alternative Communication: A New Definition for a New Era of Communication? In: Augmentative and Alternative Communication, 1, 1–18.

Nation, P. (2007): The Four Strands. In: Innovation in Language Learning and Teaching, 1, 2–13.

Nunan, D. (2004): Task-Based Language Teaching. Cambridge: Cambridge University Press.

Pawlak, M. (2014): Error Correction in the Foreign Language Classroom. Heidelberg: Springer.

Piepho, H.-E. (1974): Kommunikative Kompetenz als übergeordnetes Lernziel im Englischunterricht. Dornburg-Frickhofen: Frankonius.

Rohde, A. (2014): Didaktische Überlegungen zum inklusiven Englischunterricht. In: Bartosch, R./Rohde, A. (Hrsg.): Im Dialog der Disziplinen. Englischdidaktik, Förderpädagogik, Inklusion: Trier, 9–25.

Rohde, A./Schick, K. (2018): Inklusiver Englischunterricht aus der Sicht sonderpädagogischer Förderschwerpunkte. In: Lang-Wojtasik, G./König, S. (Hrsg.): Inklusion als gesellschaftliche, pädagogische und hochschulische Herausforderung. Ulm: Klemm & Oelschläger, 95–105.

Roth, H.-J. (2013): Kommunikation und Sprache. In: Holzbrecher, A. (Hrsg.): Interkulturelle Schule. Eine Entwicklungsaufgabe. Schwalbach: Wochenschau-Verlag, 117–142.

Sachse, S./Schmidt, L. (2016): Kernvokabular im Englischunterricht. Die Kölner Kommunikationsmaterialien im Einsatz. In: Unterstützte Kommunikation, 3, 23–30.

Schäfer, U. (2015). Inklusives Lehren und Lernen im Englischunterricht. In: Bongartz, C.M./Rohde, A. (Hrsg.). Inklusion im Englischunterricht. Frankfurt am Main: Peter Lang, 57–69.

Schick, K. (2018): Wortschatzförderung im frühen Englischunterricht für Kinder mit lexikalischen Störungen. Aachen: Shaker.

Schmidt, L./Sachse, S. (2015): Englisch lernen und sprechen mit dem Kölner Vokabular. In: Antener, G./Blechschmidt, A./Ling, K. (Hrsg.): UK wird erwachsen. Initiativen in der Unterstützten Kommunikation. Karlsruhe: von Loeper, 322–337.

Sommerset, M. (2010): Baa Baa Smart Sheep. Candlewick.

Pragmatische Fähigkeiten als Schlüssel zur kommunikativen Kompetenz unterstützt kommunizierender Personen

Lena Lingk, Kerstin Nonn & Stefanie K. Sachse

Pragmatische Fähigkeiten sind in der UK zentral – sowohl beim Einsatz von UK in Alltagssituationen als auch im Kontext der Interventionsplanung.

Im vorliegenden Beitrag wird gezeigt, wie der Blick auf pragmatische Fähigkeiten helfen kann, Schwierigkeiten beim UK-Einsatz besser zu beschreiben, alltagsrelevante Interventionsziele zu formulieren und bei der Umsetzung verschiedene Einflussfaktoren (insb. den Gesprächspartner) im Blick zu halten.

1 Kompetente UK-Nutzung und pragmatische Fähigkeiten

Unterstützt kommunizierende Kinder und Jugendliche, die ihre Kommunikationsformen kompetent einsetzen können, nehmen aktiv an Gesprächen teil, spielen mit anderen, streiten sich, fragen nach. Diese und weitere Fähigkeiten werden durch vielfältige Erfahrungen in echten Kommunikationssituationen mit verschiedenen Gesprächspartnern erworben. Diese Fähigkeiten sind u. a. erforderlich, um ein Teil der Klassengemeinschaft zu werden und um Freundschaften zu schließen.

Diese Fähigkeiten, die das konkrete sprachliche Handeln der Gesprächspartner beschreiben, werden als pragmatische Fähigkeiten bezeichnet. Sie umfassen u. a.

- was eine Person mit einer Äußerung beabsichtigt (Intentionen),
- wie die Person das Gespräch gestaltet – z. B. verschiedenen Partnern gegenüber (Mitschüler, Schulleiter),
- wie die Person Sprecherwechsel vornimmt (Turn Taking, Einhalten von Gesprächsregeln),
- wie die Person nichtsprachliche und paraverbale Mittel einsetzt (z. B. Blickkontakt, Mimik, Gestik),
- wie die Person Missverständnisse zu klären versucht (Reparaturverhalten) (vgl. Kannengieser 2015; Nonn 2017; Sallat/Spreer 2017).

2 Definition, Merkmale, Beispiele

Grundsätzlich beschreibt Pragmatik den tatsächlichen Sprachgebrauch von Kindern und Erwachsenen in sozialen Situationen (vgl. Senner 2011; Kannengieser 2015; Sallat/Spreer 2017).

Um den UK-Einsatz und Probleme dabei gut beschreiben zu können, bieten sich Begriffe aus der Pragmatik an. Im Folgenden werden ausgewählte Aspekte dargestellt und Beispiele aus der UK-Praxis gegeben.

Um in der Kommunikation den eigenen Beitrag (›Turn‹) adäquat gestalten zu können, muss zunächst der Kontext einer Äußerung verstanden werden. Hier ist zwischen einem ›reinen‹ Sprachverständnis und ›Situationsverständnis‹ zu unterscheiden. Situationsverständnis bezeichnet das Erleben wiederkehrender Abläufe, was passiert und was von einem erwartet wird. Gemeint ist damit z. B., dass ein Kind zu Beginn der Pause, wenn alle rausgehen, versteht, dass es auch seine Jacke anziehen soll. Die Frage ›Soll ich zu machen?‹ ist in diesem Kontext eindeutig. Die Situation selbst bietet viele Hinweise, und ein Kind ist nicht allein auf das Verstehen der Wörter angewiesen, um adäquat reagieren zu können. D. h. aber auch, dass die pragmatischen Fähigkeiten der Kinder abhängig davon sind, wie sie die Situation deuten.

Bietet die Situation weniger eindeutige Hinweise, ist ein gemeinsamer begrifflicher Hintergrund (vgl. Heinemann 2008) erforderlich, damit Kommunikation funktionieren kann. Der gemeinsame Hintergrund zwischen zwei Kommunikationspartnern beinhaltet alles, was beide im jeweiligen Kontext wissen. Dieses Wissen resultiert aus Erfahrungen: Die Kinder lernen dabei auch, was der Gesprächspartner meint bzw. im jeweiligen Kontext beabsichtigt. Tomasello (2009) spricht hier von der Fähigkeit des Perspektivwechsels. Fragt die Lehrerin an einem anderen Tag draußen auf dem Schulhof: »Kannst du die Jacke zu machen?«, möchte sie nicht wissen, ob das Kind grundsätzlich über diese Fähigkeit verfügt, sondern, dass es die Aufforderung als solche versteht und entsprechend handelt. Fragt dagegen die Oma am Nachmittag anerkennend: »Kannst du deine Jacke (schon allein) zumachen?«, wird eine Antwort erwartet, die sich auf diese Fähigkeit bezieht. Die Beispiele zeigen, wie Kinder in unterschiedlichen Situationen und vor allem mit unterschiedlichen Gesprächspartnern Erfahrungen in Kommunikation machen und so auch lernen, wie man Wörter, Aussagen und Fragen einsetzen muss, um etwas Bestimmtes erreichen zu können (z. B. stolz zu sagen: »Ich kann meine Jacke schon alleine zumachen«, um Anerkennung einzufordern).

Damit die Kommunikation weiter funktioniert, muss das Gegenüber entsprechend und verlässlich handeln. Grice (1979) bezeichnet dieses verlässliche Handeln beider Partner als Kooperationsprinzip (vgl. Tomasello 2009, 100). Die grundlegende Haltung, auf der zwischenmenschliche Kommunikation basiert, ist ein echtes Interesse am Gegenüber, an dem, was der Andere ausdrücken und erreichen möchte. In der UK spielt diese Haltung eine ganz grundlegende Rolle und wird vielerorts gelebt: Allen (wahrgenommenen) Kommunikationsversuchen werden pragmatische Absichten zugesprochen und es wird entsprechend gehandelt, so dass die unterstützt kommunizierende Person verlässliche Erfahrungen in Kommunikation sammeln kann – unabhängig davon, auf welchem Kommunikationsniveau sie sich bereits verständigen.

3 Pragmatische Fähigkeiten unterstützt Kommunizierender

Pragmatische Fähigkeiten spielen eine zentrale Rolle bei der erfolgreichen Integration von Menschen mit Behinderungen. Studien zeigen, dass gute soziale Fähigkeiten der Schlüssel zur schulischen und beruflichen Integration sind und dass die sozialen Fähigkeiten maßgebliche Auswirkungen auf die Lebensqualität haben (vgl. Cutts/Sigafoos 2001; Fussell et al. 2005).

Unterstützt Kommunizierende haben jedoch oft große Schwierigkeiten im Erwerb umfänglicher pragmatischer Fähigkeiten und übernehmen in Gesprächen eher eine *passive Rolle* (vgl. Sturm/Clendon 2004, Beukelman/Mirenda 2006). Hier muss die Frage gestellt werden, woran das liegt – vermutlich spielen a) das Fehlen von Modellen und b) stark eingeschränkte Möglichkeiten zum kreativen Ausprobieren der eigenen kommunikativen Möglichkeiten in ganz unterschiedlichen Kontexten eine Rolle.

Castañeda/Waigand (2017) berichten, dass nichtsprechende Personen die Kommunikationshilfe häufig mit nur wenigen Kommunikationspartnern nutzen – »hauptsächlich in der Schule und dort vornehmlich zum Beantworten und Stellen von Fragen [...]. Mit Schulende ist die Notwendigkeit der Verwendung für Nutzer, die ihr Gerät nie groß anders als in dieser begrenzten Schulsituation erleben durften, nicht mehr nachvollziehbar« (ebd. 2017, 20).

Senner (2011) untersuchte, wie Eltern unterstützt kommunizierender Jugendlicher die sozialen Fähigkeiten ihrer Kinder einschätzen. Dabei wurde deutlich, dass ein Großteil der Kinder und Jugendlichen Fähigkeiten wie das ›adäquate Beginnen/Beenden eines Gesprächs‹, ›Halten von Blickkontakt während des Gesprächs‹, ›Nutzen altersgerechter bzw. peergroup-entsprechender Formulierungen‹ oder ›aktive Teilhabe an strukturierten Gesprächen‹ nur selten oder gar nicht zeigten. Aus den Ergebnissen lässt sich ableiten, dass durch gezielte Interventionen die genannten Schwierigkeiten verändert werden können, wenn entsprechende Formulierungen auf den Kommunikationshilfen vorhanden und Modelle angeboten werden.

Die Problematik begrenzter pragmatischer Fähigkeiten und der Folgen werden auch von unterstützt kommunizierenden Personen selbst wahrgenommen. In einer Studie wurden sie gebeten, Forschungsprioritäten für die UK zu benennen (vgl. O'Keefe et al. 2007): Eine der Prioritäten ist es, unterstützt kommunizierende Personen besser auf das Erhalten von Freundschaften sowie das Finden eines Partners und Jobs vorzubereiten.

Aus diesen Ausführungen lassen sich zwei wichtige Aufträge für Interventionsteams ableiten: Zum einen sollte das Spektrum der Gesprächspartner ständig erweitert werden; nur mit vertrauten Gesprächspartnern im Austausch zu sein, bedeutet eine starke Eingrenzung der Lernmöglichkeiten der unterstützt kommunizierenden Person. Dabei ist auch der Austausch mit gleichaltrigen Personen zentral (vgl. Garrison-Harrell et al. 1997), um gemeinsame Themen, Interessen, Wünsche, Geheimnisse usw. zu teilen – das sind Grundlagen für Freundschaften und Beziehungen. Zum anderen müssen das angebotene Vokabular und die Modelle deutlich mehr Kommentare, verschiedene Begrüßungen, Formulierungen usw. umfassen.

4 Kommunikative Kompetenz in Abhängigkeit vom Gesprächspartner

Ein weiterer Aspekt, der im Zusammenhang mit pragmatischen Fähigkeiten und in der UK ganz allgemein thematisiert wird, ist die oft große Abhängigkeit vom Gesprächspartner – sowohl als echter Partner im Gespräch als auch als Modell zur Unterstützung der Sprachentwicklung im Allgemeinen und der pragmatischen Fähigkeiten im Speziellen (vgl. Heim et al. 2005; Willke 2017).

Hier lohnt ein Blick auf das Modell der Entwicklung der kommunikativen Unabhängigkeit von Dowden (1999; siehe Sachse/Bernasconi in diesem Band). Dieses Modell nimmt die unterstützt kommunizierende Person und den Gesprächspartner in den Blick. Deutlich wird,

1. welche Rolle den Gesprächspartnern zukommt und dass zu viel Unterstützung die Entwicklung der unterstützt kommunizierenden Personen einschränken kann,
2. dass unterstützt kommunizierende Personen zunehmend unabhängiger von ihren Gesprächspartnern werden können (also lernen, zunächst ›moderiert‹ und später ›frei‹ zu kommunizieren),
3. dass kommunikative Kompetenz kein (unerreichbares) Fernziel ist, sondern dass unterstützt kommunizierende Personen in allen Phasen der Entwicklung in bestimmten Kontexten und mit bestimmten Gesprächspartnern kompetent kommunizieren (lernen) können.

5 Entwicklung und Förderung pragmatischer Fähigkeiten

Die pragmatischen Fähigkeiten sind Basis und treibende Kraft des Spracherwerbs gleichzeitig. Nonn (2014) nutzt die Metapher einer Lokomotive, die den gesamten Spracherwerb zieht. Sie spricht auch vom *sozialen Spracherwerb* (ebd., 29) und beschreibt damit, dass ein Kind in konkreten Kommunikationssituationen, im Austausch mit seiner Umwelt und den damit verbundenen Erfahrungen lernt, wie man in verschiedenen Situationen kommuniziert. Dieses, an konkrete Handlungssituationen gebundene Lernen geschieht Tag für Tag, oft über den einzelnen Tag verteilt und wird in derselben Weise oder leicht verändert unzählige Male wiederholt.

Daraus lassen sich Grundprinzipien für die Interventionen ableiten:

1. *Modelle in echten Situationen:* Sprache erlernt ein Kind, indem es gute Vorbilder hat, die ihm zeigen, wie man Lautsprache zur Kommunikation einsetzt und indem das Kind selbst Sprache in der Alltagskommunikation mit seinen Bezugspersonen gebraucht – immer und immer wieder (vgl. Bruner 1987; Tomasello 2009). In der UK werden solche Vorbilder durch das Modelling (vgl. Castañeda et al. 2017) in Alltagssituationen und z. T. vorbereiteten Kontexten angeboten.
2. *Neue Kommunikationsformen für vorhandene Kommunikationsfunktionen:* Paul (1997) verweist darauf, dass viele Einwortäußerungen die gleichen Kommunikationsfunktionen erfüllen wie zuvor Vokalisationen. Oft können Kinder ihre kommunikativen Absichten recht eindeutig zeigen: Sie weinen und schreien, um Protest auszudrücken; sie beißen jemanden und erhalten garantiert Aufmerksamkeit. Durch

Vorbilder, Unterstützung und ähnlichen Erfolg können die Kinder lernen, wie man gleiche Kommunikationsabsichten anders ausdrücken kann (vgl. Paul/Norbury 2012). Schubst z. B. ein Kind im Streit ein anderes Kind weg (Funktion: Wut ausdrücken, Form: Schubsen), kann man zeigen, wie man mit dem Talker auch laut *Lass mich!* oder *Ich will nicht.* sagen kann.
3. *Breites Repertoire an sprachlichen Handlungsmöglichkeiten:* Bis zum dritten Lebensjahr lernen viele Kinder pragmatische Fähigkeiten wie Antworten, Ablehnen, Imitieren, Benennen, Zustimmen, Klagen, Grüßen, Auffordern, Verbieten, Fragen sowie Vorformen des Begründens (vgl. Trautmann 2010). Obwohl die Kinder nur wenige Wörter kennen, können sie schon viele verschiedene kommunikative Absichten ausdrücken. Für die UK heißt das, dass auch entsprechende Vorbilder angeboten werden müssen.
4. *Vorhandene Fähigkeiten ausdifferenzieren:* In der weiteren Sprachentwicklung lernt ein Kind nicht nur, was z. B. die Wörter »versprechen, behaupten, fragen« bedeuten, sondern auch, wie man diese Handlungen in konkreten Situationen ausführt (vgl. Hickmann 2000). Diese Einsichten sind kaum voneinander zu trennen – die Kinder lernen nicht erst die Bedeutung (wie eine Definition) und üben dann die Anwendung. Wörter werden in verschiedenen, für die Kinder nachvollziehbaren, sozialen Situationen gelernt (vgl. Grassmann 2014): bei der Bilderbuchbetrachtung, beim Anziehen, Anstellen an der Rutsche, Verkleiden, Kochen, Verabschieden usw. Nach dieser Auffassung heißt ›ein Wort lernen‹, zu lernen, *wie* dieses Wort in der Situation verwendet wird (vgl. Grassmann 2014).
5. *Verschiedene Gesprächspartner als Herausforderung und Chance:* Es ist wichtig, dass die unterstützt Kommunizierenden mit vertrauten und weniger vertrauten Gesprächspartnern in Austausch treten und so lernen, was ich beim Gegenüber voraussetzen kann

und was erwähnt werden muss oder welche Hinweise zur Kommunikationsform hilfreich sein können.

Für die UK-Förderung bedeuten diese Grundprinzipien, dass unterstützt kommunizierende Kinder kommunikative Kompetenz nicht durch das Üben verschiedener Satzmuster erwerben, auch nicht durch das Suchen von Wörtern auf ihrem Talker, sondern durch den echten Einsatz ihrer Kommunikationsformen in Alltagssituationen. Die Förderung muss deshalb konsequent in den Alltag verlegt werden.

Eine ganz andere Idee zur Förderung pragmatischer Fähigkeiten kommt aus der Zweitspracherwerbsforschung: die Nutzung von Social Media Plattformen wie Facebook, WhatsApp, Instagram etc. Diese Plattformen ermöglichen einen echten sozialen Austausch – unabhängig von räumlicher Nähe und z. T. unabhängig von der Zeit, die die Eingabe des eigenen Beitrags dauert. Der Austausch ist durch Unvorhersehbarkeit und einen offenen Charakter gekennzeichnet, was einen kreativen Sprachgebrauch der Kinder und Jugendlichen unterstützt (vgl. Lantz-Andersson 2018): So wurden Emoticons, Slang-Ausdrücke, Kommentare usw. verwendet, um Aussagen zu unterstreichen. Lantz-Andersson (2018) nutzt zur Bezeichnung den Begriff ›language play‹.

Ein umfassenderes Angebot auf den Kommunikationshilfen (z. B. Emoticons) und ein deutlich kreativerer Umgang mit den Möglichkeiten der Kommunikationshilfen (z. B. auf der Buchstabenseite ›H H‹ zu wählen, weil es das so ähnlich klingt wie die häufig gebrauchte Reaktion auf wenig witzige Witze ›ha-ha‹), wären hier erstrebenswert. Der Einsatz ist in der face-to-face-Kommunikation ebenso wie über Social Media möglich. Eine kreative Nutzung der Möglichkeiten kann sich auch positiv auf die Wahrnehmung als Gesprächspartner auswirken. So berichten Senner/Baud (2016), dass unterstützt Kommunizierende von ihrem Umfeld als kompetentere Gesprächspartner eingeschätzt wurden, wenn sie mit ihren Kommunikationshilfen verschiedene Begrüßungen und Verabschiedungen, Ausdrücke des Verstehens und der Bestätigung usw. nutzen.

6 Zusammenfassung und Ausblick

Die pragmatischen Fähigkeiten einer Person haben Einfluss auf deren Sozialkontakte, Freundschaften, Beziehungen und die Lebensqualität. Damit können sie als Schlüssel zur Entwicklung und Förderung kommunikativer Kompetenz unterstützt Kommunizierender gelten. Vor diesem Hintergrund wird hier ein (stärkerer) Fokus auf sozial-pragmatische Fähigkeiten in der UK in sämtlichen Phasen der Entwicklung kommunikativer Kompetenz gefordert. Sozial-pragmatische Fähigkeiten lassen sich nicht isoliert üben, sondern sie sind eingebettet im Alltag und in echte Kommunikationssituationen.

Literatur

Beukelman, D. R./Mirenda, P. (2006^3): Augmentative and alternative communication supporting children and adults with complex communication needs. Baltimore.

Bruner, J. (1987): Wie das Kind sprechen lernt. Bern: Hans-Huber-Verlag.

Castañeda, C./Fröhlich, N./Waigand, M. (2017): Modelling in der UK. Ein Praxisbuch für Eltern, pädagogische Fachkräfte, Therapeuten und Interessierte. Heigenbrücken: Monika Waigand Eigenverlag.

Castañeda, C./Waigand, M. (2017): Pragmatisch, praktisch, gut?! – Ideen zur Unterstützung pragmatischer Fertigkeiten in der (Unterstützten) Kommunikation. In: Unterstützte Kommunikation 1, 18–24.

Cutts, S./Sigafoos, J. (2001): Social competence and peer interactions of students with intellectual disability and inclusive high school. In: Journal of Intellectual and Developmental Disability, 2, 127–141.

Dowden, P. (1999): Different strokes for different folks. In: Augmentative Communication News, 12, 7–8.

Fussell, J. J./Macias, M. M./Saylor, C. F. (2005): Social skills and behavior problems in children with disabilities with and without siblings. In: Child Psychiatry Hum Dev, 2, 227–241.

Garrison-Harrell, L./Kamps, D./Kravits, T. (1997): The effects of peer networks on social-communicative behaviors for students with autism. In: Focus on Autism and Other Developmental Disabilities, 12, 241–254.

Grassmann, S. (2014): The pragmatics of word learning. In: Matthews, D. (Ed.): Pragmatic development in first language acquisition. Amsterdam, 139–160.

Grice, H. (1979): Intendieren, Meinen, Bedeuten. In: Meggle, G. (Hrsg.): Handlung, Kommunikation, Bedeutung. Frankfurt a. M.: Suhrkamp, 2–15.

Hart, B./Risley, T. R. (1975): Incidental teaching of language in the preschool. In: Journal of Applied Behavior Analysis, 4, 411–420.

Heim, M./Jonker, V./Veen, M. (2005): COCP: Ein Interventionsprogramm für nicht sprechende Personen und ihre Kommunikationspartner. In: isaac-Gesellschaft für UK/von Loeper (Hrsg.): Handbuch der Unterstützten Kommunikation. von Loeper: Karlsruhe, 01.026.007-01.026.015.

Heinemann, W. (2008): Textpragmatische und kommunikative Ansätze. In: Janich, N. (Hrsg.): Textlinguistik. 15 Einführungen. Tübingen: Gunter Narr.

Hickmann, M. (2000): Pragmatische Entwicklung. In: Grimm, H. (Hrsg.): Enzyklopädie der Psychologie. Göttingen: Hogrefe, 193–227.

Kannengieser, S. (2015³): Sprachentwicklungsstörungen: Grundlagen, Diagnostik und Therapie. München: Urban & Fischer.

Lantz-Andersson, A. (2018): Language play in second language: Social media as contexts for emerging sociopragmatic competence. In: Education and Information Technologies, 2, 705–724.

Nonn, K. (2014): Gesucht wird eine Lokomotive, die den Spracherwerb zieht: Das sozialpragmatische Spracherwerbsmodell von Michael Tomasello als theoretisches Bezugssystem für Unterstützte Kommunikation. In: uk & forschung, 3, 24–46.

Nonn, K. (2017): »It takes two to talk.« Pragmatik – Kommunikation und ihre Bedeutung für UK. In: Unterstützte Kommunikation, 1, 6–17.

O'Keefe, B. M./Kozak, N. B./Schuller, R. (2007): Research priorities in augmentative and alternative communication as identified by people who use AAC and their facilitators. In: Augmentative and Alternative Communication, 1, 89–96.

Paul, R./Norbury, C. (2012): Language disorders from infancy through adolescence. St. Louis: Elsevier.

Paul, R. (1997): Facilitating Transitions in Language Development for Children Using AAC. In: Augmentative and Alternative Communication, 3, 141–148.

Sallat, S./Spreer, M. (2017): Pragmatische Störungen. In: Mayer, A./Ulrich, T. (Hrsg.): Sprachtherapie mit Kindern. München: Ernst Reinhardt, 227–298.

Senner, J. (2011): Parent Perceptions of Pragmatic Skills in Teens and Young Adults Using AAC. In: Communication Disorders Quarterly, 2, 103–108.

Senner, J./Baud, M. (2016): Chat with Me: Pragmatic Skill Intervention in AAC. Vortrag auf der int. ISAAC-Konferenz 2016 in Toronto, Canada.

Sturm, J. M./Clendon, S. A. (2004): Augmentative and alternative communication, language, and literacy. In: Topics in Language Disorders, 1, 76–91.

Tomasello, M. (2009): Die Ursprünge der menschlichen Kommunikation. (dt. Übersetzung von J. Schröder). Frankfurt a. M.: Suhrkamp.

Trautmann, C. (2010): Pragmatische Basisqualifikationen I und II. In: Ehlich, K./Bredel, U./Reich, H. H. (Hrsg.): Referenzrahmen zur altersspezifischen Sprachaneignung. Forschungsgrundlagen. Bonn, Berlin: Bundesministerium für Bildung und Forschung, 31–50.

Willke, M. (2017): Scaffolding – Wie Bezugspersonen Kinder in der Sprachentwicklung unterstützen. In: Unterstützte Kommunikation, 1, 25–29.

C Diagnostik in der UK

UK-Diagnostik – eine Einführung

Carolin Garbe & Thomas Herrmann

1 Merkmale einer UK-Diagnostik

Fragestellungen und Methoden der UK-Diagnostik sind von großer Bedeutung für zahlreiche Handlungsfelder der Unterstützten Kommunikation. Sie bilden eine Grundlage für Entscheidungsprozesse, etwa bei der Planung individueller Fördermaßnahmen in Kita, Schule, WfbM oder Wohnstätte, ebenso auch bei der Entscheidung über therapeutische Maßnahmen sowie über geeignete Kommunikationsformen und Kommunikationshilfen unter Beteiligung von Reha-Firmen, Kostenträgern und firmenunabhängiger Beratungsstellen.

Entscheidungen, die in diesen Zusammenhängen getroffen werden, haben oftmals für die betroffenen Menschen, die auf Unterstützte Kommunikation angewiesen sind, eine sehr große Tragweite. Ob Interventionsmaßnahmen gelingen und inwieweit sie zu mehr Lebensqualität und sozialer Teilhabe beitragen können, hängt maßgeblich von einer passenden, möglichst akkuraten Einschätzung der Ausgangslage und den entsprechenden Schlussfolgerungen für die weitere Förderung ab.

1.1 Aufgaben der UK-Diagnostik

Je nachdem, welche Fragestellung zugrunde liegt, kann UK-Diagnostik zu sehr unterschiedlichen Zwecken eingesetzt werden:

- Im Sinne einer *Eingangsdiagnostik* oder Ersterhebung hilft sie, die Ausgangssituation zu Beginn einer Therapie, einer Förderung oder einer Beratungssituation zu erfassen und zu beschreiben. Eine Anamnese kann dabei helfen, zu einem besseren Verständnis der Hintergründe zu gelangen.
- Als *Förder- oder Prozessdiagnostik* (Bundschuh 1999, 51 ff.) begleitet sie die Planung und Evaluation von pädagogischen und therapeutischen Interventionsmaßnahmen über einen längeren Zeitraum. Dies erfolgt beispielsweise im Rahmen einer individuellen Förderplanung oder der Fortschreibung eines individuellen Hilfeplans.
- Angelegt als *Kind-Umfeld-Analyse* (Sander 2002) verfolgt sie einen systemischen Ansatz und nimmt neben den unmittelbar auf das Kind bezogenen Faktoren auch die Lebensumgebung des Kindes sowie die Wechselwirkungen zwischen dem Kind und seinem Umfeld in den Blick.
- Als Teil einer *Zuweisungsdiagnostik* kann sie mit dazu beitragen, z. B. Entscheidungen über den geeigneten Förderort, den geeigneten Arbeitsplatz oder die geeignete Wohnstätte zu treffen. In der Praxis ist damit oftmals eine weitere Funktion von Diagnostik verbunden, nämlich den gegenwärtigen Ist-Stand zu erheben, um auf dieser Grundlage die Zuschreibung von Fähigkeiten und Defiziten und damit auch Einstufungen oder Etikettierungen vorzunehmen. Eine Gefahr ist darin zu sehen, dass dieses Vorgehen zu langfristigen Fest-

schreibungen führt und der prozesshafte, auf die weitere Entwicklung ausgerichtete Charakter einer Förderdiagnostik aus dem Blick gerät.

Angesichts der Vielfalt dieser sehr unterschiedlichen Ansprüche, Zugangsweisen und Fragestellungen, die mit Diagnostik verbunden sind, ist es notwendig, das Konzept einer Diagnostik in der Unterstützten Kommunikation zu konkretisieren und insbesondere unter qualitativen Gesichtspunkten zu betrachten.

- Was genau verstehen wir unter einer Diagnostik in der Unterstützten Kommunikation und was sind ihre spezifischen Merkmale?
- Welche Zielsetzungen sind mit einer UK-Diagnostik verbunden?
- Was können wir von einer UK-Diagnostik erwarten und wo liegen ihre Grenzen?

Mit der folgenden Begriffsbestimmung wird der Versuch unternommen, dies konkreter zu fassen.

1.2 Definition einer UK-Diagnostik

Der im Deutschen gebräuchliche Begriff »Diagnostik« wird oftmals in erster Linie mit medizinischen Fragestellungen assoziiert. Im Englischen sprechen Beukelman und Mirenda (2002) von »Criteria-based Assessment« (kriteriengeleitete Bewertung/Einschätzung), was mit Blick auf die beschriebene Vorgehensweise treffender erscheint.

UK-Diagnostik, wie sie im Folgenden beschrieben wird, leitet sich in erster Linie aus der sonderpädagogischen Diagnostik ab. Die Grundlage hierfür bilden traditionell Elemente der psychologischen Diagnostik. In diesem Sinne sei hier UK-Diagnostik in Anlehnung an Bundschuh (1999, 51) verstanden als die Gesamtheit der Verfahren und Theorien, die dazu dienen, kommunikatives Verhalten von Personen mit Förderbedarf im Bereich Unterstützter Kommunikation zu erfassen, zu beschreiben und systematisch einzuordnen.

Darüber hinaus beansprucht UK-Diagnostik auch, begünstigende und hinderliche Faktoren im Umfeld der betreffenden Person zu erfassen, um diese in die Planung weiterer Maßnahmen einbeziehen zu können.

UK-Diagnostik ist zudem grundsätzlich mit Förderung verbunden. Dementsprechend sind alle Maßnahmen der Informationsgewinnung im Rahmen der UK-Diagnostik von der pädagogischen, ggf. auch therapeutisch ausgerichteten Zielsetzung geleitet, Bedingungen für die erfolgreiche Nutzung alternativer Kommunikationsformen und eine erfolgreiche Kommunikationsentwicklung insgesamt zu schaffen. Dies spiegelt sich auch in wesentlichen qualitativen Aspekten einer UK-Förderdiagnostik wider:

- Diagnostik erfolgt im Hinblick auf Förderung. Sie begleitet den Förderprozess und liefert Anhaltspunkte zur weiteren Planung.
- Die Diagnostiksituation entspricht weitgehend der allgemeinen Fördersituation. Sie findet im Alltag statt und nimmt dort keinen gesonderten Raum ein.
- Gegenstand der Diagnostik ist die gesamte Fördersituation. Insofern ist hier gleichermaßen das Verhalten von UK-Nutzer und Bezugsperson, die stattfindende Interaktion sowie der Einfluss der gegebenen Rahmenbedingungen von Interesse (vgl. Herrmann 2000).

UK-Diagnostik in diesem Sinne umfasst eine Betrachtung aller Bereiche, die für die Weiterentwicklung kommunikativer Kompetenzen und letztlich für gelingende Kommunikation von Bedeutung sind. Dazu gehören etwa die verschiedenen Entwicklungsbereiche (Kommunikation/Sprache, Kognition, Motorik, Wahrnehmung, Emotion) sowie die individuellen Interessen und Verhaltensdispositionen.

Light beschreibt folgende vier Bereiche als relevant für kommunikative Kompetenz: linguistische Fähigkeiten, operationale Fähigkeiten, strategische Fähigkeiten und soziale Fähigkeiten (vgl. Light 1989). Damit sich eine Person in diesen vier Bereichen entwickeln kann, müssen auch die äußeren Einflussfaktoren mit ihren begünstigenden und hinderlichen Auswirkungen in die Diagnostik einbezogen werden.

Mit dem Partizipationsmodell (vgl. Beukelman/Mirenda 2002, 147 ff; Lage/Knobel Furrer 2017) und dem COCP-Programm (Heim/Jonker/Veen 2005) liegen zwei zyklische Modelle vor, die diese Aspekte berücksichtigen und sich als Rahmen für eine UK-Förderdiagnostik anbieten.

Eine UK-Diagnostik, die einen derartig umfangreichen Einblick für sich beansprucht, ist eine äußerst komplexe Aufgabe, die kaum von einer Person und einer Fachdisziplin allein zu leisten ist. »Sie erfordert das Einbeziehen der Bezugspersonen und die interdisziplinäre Zusammenarbeit. Egal welche Profession – niemand kann auf allen Gebieten, die eine UK-Diagnostik umfasst, Experte sein. Nutzen wir die Chancen des interdisziplinären Teams!« (Francois 2008, 16).

1.3 UK-Diagnostik liegt im Auge des Betrachters

Ging man in der traditionellen psychologischen Diagnostik davon aus, dass die gewonnenen Erkenntnisse idealerweise objektiv, d. h. unabhängig von der diagnostizierenden Person sind, so kann das für die hier dargestellte Vorgehensweise kaum gelten. Ist die Diagnostik eingebettet in den Alltag des sozialen Miteinanders und der Kommunikationsförderung, so ist sie ebenso eingebettet in die zwischenmenschlichen Beziehungen, die das Miteinander bestimmen. Wer beobachtet, ist gleichzeitig ein Teil der zu beobachtenden Situation. Daher ist es erforderlich, sich der eigenen Rolle und damit auch der eingeschränkten Objektivität sowie der hiermit verbundenen möglichen Fehlerquellen bewusst zu sein (vgl. Strasser 2005, 42).

Umso wichtiger ist daher ein regelmäßiger Austausch unter den Bezugspersonen. Er kann dazu dienen, sich über Beobachtungen und subjektive Einschätzungen zu verständigen, sie intersubjektiv abzugleichen und bei Bedarf eine Problemsituation und mögliche Lösungsansätze aus mehreren Perspektiven zu betrachten.

Vor diesem Hintergrund spielen die Haltungen und persönlichen Sichtweisen der diagnostizierenden Person eine besondere Rolle:

- Welche Vorstellungen und Erwartungen hat sie im Hinblick auf eventuell vorhandene Fähigkeiten und Entwicklungsmöglichkeiten der Person mit Förderbedarf im Bereich Kommunikation?
- Welche Ressourcen, Kenntnisse und Einstellungen in Bezug auf UK bringt die diagnostizierende Person mit?

Entscheidend für den erfolgreichen Verlauf eines (förder-)diagnostischen Prozesses ist, dass es im Sinne einer zielorientierten Zugangsweise gelingt, vorhandene Kompetenzen und Entwicklungschancen zu identifizieren und auf dieser Grundlage möglichst konkret weitere Perspektiven und Maßnahmen einer Förderung herauszuarbeiten. Dies erfordert einerseits die Bereitschaft, der auf UK angewiesenen Person einen Vertrauensvorschuss zu gewähren, und gleichzeitig sensibel darauf zu achten, Überforderungen und unpassende Leistungserwartungen zu vermeiden. Ebenso erfordert es den reflektierten Umgang mit den diagnostischen Methoden, damit Beobachtungen und Einschätzungen nicht leichtfertig als »Wahrheiten« angenommen werden.

1.4 Diagnostische Methoden

Als diagnostische Methoden lassen sich allgemein folgende drei Formen beschreiben:

Gespräch bzw. *Befragung, Beobachtung* und *Test*. Auch in der UK-Diagnostik sind alle drei Formen zu finden und bieten damit die Möglichkeit einer umfassenden Informationsgewinnung. Sie bilden ein methodisches Spektrum, das sich zwischen freien, spontanen, subjektiv-intuitiven Verfahren auf der einen Seite und standardisierten, geplanten und zielgeleiteten Verfahren auf der anderen Seite erstreckt.

- Ein *Gespräch* mit Bezugspersonen kann z. B. viele hilfreiche Hintergrundinformationen zur Biografie, aber auch zu vorhandenen Einschätzungen und Ressourcen ergeben, es ist jedoch immer durch die subjektiven Wahrnehmungen und die Persönlichkeiten des Diagnostikers und der Bezugsperson geprägt. Damit das Gespräch strukturiert verläuft, können Fragebögen zur Vorbereitung und/oder als Leitfaden für das Gespräch selbst dienen. Im Fachgebiet der Unterstützten Kommunikation sind inzwischen zahlreiche Frage- und Erhebungsbögen vorhanden (vgl. Sachse 2010, 64–68).
- Mit der *Beobachtung* interaktiver Situationen lassen sich viele kommunikativ relevante Fähigkeiten und Strategien feststellen. Dies kann im Alltag sowohl spontan und ohne konkrete Planung erfolgen als auch in strukturierten und gezielt vorbereiteten Beobachtungssituationen. Eine Interpretation zu einem späteren Zeitpunkt oder im Team ist möglich, wenn die Situation selbst per Video aufgezeichnet wurde. Hierzu bietet das COCP für die sog. Partnerstrategien ein Instrument zur Videoanalyse an (Heim/Jonker/Veen 2005), das den Fokus auf das Verhalten des Kommunikationspartners richtet. Die Auswertung eines Videos ist zeitaufwändig, bietet aber oft neue und detaillierte Erkenntnisse im Hinblick auf kommunikative Verhaltensweisen – insbesondere, wenn die Auswertung im Team erfolgt und so mehrere Sichtweisen und Interpretationen zusammenkommen und diskutiert werden. Zur Interpretation des kommunikativen Verhaltens einer Person während oder im Nachgang einer Beobachtung können dabei Beobachtungsbögen oder -skalen zur kommunikativen Entwicklung genutzt werden (vgl. Sachse 2010, 266-275).
- Ein standardisiertes *Testverfahren* besteht aus einer vorgegebenen Zusammenstellung von Aufgaben. Da sie sich nicht unmittelbar aus dem Alltag der jeweiligen unterstützt kommunizierenden Person ableiten, ist anzunehmen, dass diese mit wenig vertrauten Anforderungen und Fragen konfrontiert wird. Ein Testverfahren sollte von der Person des Untersuchers unabhängig auswertbar sein – wobei sich die Beziehungsqualität zwischen Diagnostiker und Proband immer auch im Testablauf und damit im Testergebnis niederschlägt. Ein Test liefert dann entsprechend der Aufgaben oder Anforderungen Informationen zu einem oder mehreren ausgewählten Fähigkeitsbereichen (vgl. Aktas 2012).

Im Rahmen von UK-Diagnostik erscheint das *Gespräch* als immer wiederkehrende Methode notwendig, um so viele Hintergrundinformationen wie möglich zusammenzutragen.

Tests müssen meist – abweichend von den standardisierten Vorgaben – angepasst werden, weil sich die Voraussetzungen zur Bewältigung einer Testsituation (z. B. in den Bereichen Motorik, Wahrnehmung und Kognition) von Person zu Person sehr stark unterscheiden. Oft kann daher nur vermutet werden, welche Faktoren sich in welcher Weise letztlich auf das Testergebnis auswirken. Die Testergebnisse lassen sich dann kaum mehr in konkrete Förderziele übertragen und sind eher als eine Momentaufnahme im (förder-)diagnostischen Prozess zu werten.

Die Methode der *Beobachtung* dagegen nimmt in der UK-Diagnostik eine zentrale Rolle ein, weil hier im Alltag stattfindende Interaktionssituationen und das Verhalten beider Kommunikationspartner zum Gegenstand der Betrachtung werden.

1.5 Fragestellungen in der UK-Diagnostik

UK-Diagnostik als Bestandteil einer systematischen Therapie oder Förderung erfordert immer eine konkrete Fragestellung. Durch sie wird die Zielrichtung eines diagnostischen Prozesses wesentlich bestimmt (vgl. Sachse 2010, 59 f.). Der erste diagnostische Schritt ist demnach die Klärung der Fragestellung. Dazu sollten bereits alle am Prozess beteiligten Personen einbezogen werden. Ausgangspunkt bildet oft eine grundlegende, eher allgemein gefasste Frage, z. B.:

- Wie kann die Kommunikationshilfe erfolgreich eingesetzt werden?

Hilfreich kann es sein, die Ausgangsfrage in Teilfragen auszudifferenzieren. Je konkreter diese formuliert werden, desto präziser lassen sich Materialien und Verfahren auswählen, mit denen sie bearbeitet werden können. Mögliche Teilfragen sind z. B.:

- In welchen Situationen kann und möchte die Person kommunikativ teilnehmen?
- Wie werden diese Situationen durch die Kommunikationspartner gestaltet?
- Wie kann die unterstützt kommunizierende Person die Kommunikationshilfe bedienen?
- Welches Vokabular wird zur Verfügung gestellt?

Diese Fragen beziehen sich auf verschiedene diagnostische Teilbereiche und erfordern jeweils unterschiedliche Herangehensweisen.

2 Bausteine einer UK-Diagnostik

Maßgeblich für die Beantwortung der Fragen sind daher die Kriterien und Kategorien, die dem Erkenntnisprozess zugrunde gelegt werden. Sie bilden – oftmals auf Basis wissenschaftlich fundierter Modelle – wesentliche Bezugssysteme im förderdiagnostischen Prozess. Die Bezugssysteme können in den nachfolgenden vier Bausteinen zusammengefasst werden (vgl. hierzu auch Sachse 2010, 71 ff; Bundschuh 1999, 52):

- Kommunikative Entwicklung
- Didaktische Struktur des Lerngegenstandes, hier der alternativen Kommunikationsform
- Strukturen und Anforderungen kommunikativer Handlungen/Interaktionen
- Ein Konzept für gelingende soziale Teilhabe

Eine trennscharfe Abgrenzung ist in der Praxis oftmals nicht möglich und auch nicht unbedingt beabsichtigt. Vielmehr müssen stets verschiedene Bausteine berücksichtigt werden. Sie weisen z. T. Überschneidungen auf und ergänzen sich in der Gesamtbetrachtung.

2.1 Entwicklung als diagnostischer Gegenstand

Die Frage nach dem Stand der kommunikativen Entwicklung ist eine der zentralen in der UK-Diagnostik. Auf welchem Stand der Kommunikationsentwicklung befindet sich eine Person? Welche kommunikativen Fähigkeiten hat die Person bereits erworben? Welche

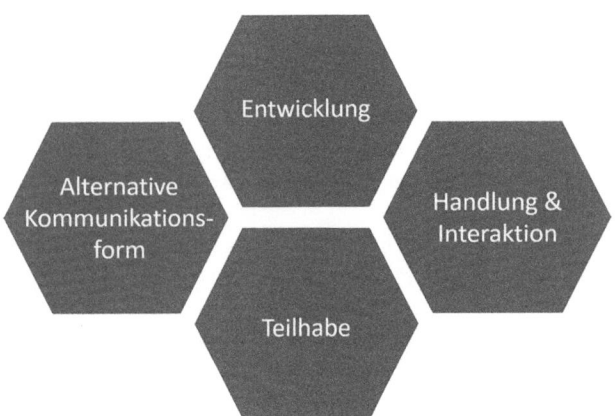

Abb. 1:
Bausteine einer UK-Diagnostik

kommunikativen Funktionen nutzt sie im Alltag? Mit welchen Formen kann sie ihre kommunikativen Bedürfnisse ausdrücken? Was sind erforderliche Schritte hin zu einer »Zone der nächsten Entwicklung«?

Auch wenn der Fokus auf dem kommunikativen Bereich liegt, wird Entwicklung als ganzheitlicher Prozess aller Entwicklungsbereiche verstanden (vgl. Fröhlich 1998). Die kommunikativen Fähigkeiten entwickeln sich in Wechselwirkung mit Wahrnehmung, Motorik, Kognition, Emotion und Sozialverhalten.

Und was ist der »Motor«, der diese Entwicklung antreibt? Tomasello (2009) beschreibt dazu, dass sich Kommunikation durch Kooperation und gemeinsames Handeln mit anderen Menschen entwickelt. Dadurch, dass zwei Menschen ihre Aufmerksamkeit gemeinsam ausrichten, schaffen sie sich einen gemeinsamen Hintergrund. In diesem Kontext entwickelt sich mehr und mehr eine kommunikative Absicht, so dass nach ersten Zeigegesten auch symbolische und sprachliche Kommunikation möglich wird.

Den Verlauf der Kommunikationsentwicklung von einer noch ungezielten hin zu einer symbolischen Form beschreibt Kane (2008) in fünf Stufen: ungezieltes Verhalten, gezieltes Verhalten, partnerbezogene Äußerungen, konventionelle Äußerungen und symbolische Kommunikation. Dabei werden die grundlegenden kommunikativen Funktionen *Fordern* (Handlung oder Gegenstand), *Kommentieren* und *Protestieren* in den fünf Stufen beschrieben. Entwicklung verläuft dabei nicht immer linear, häufig zeigen Kinder Kommunikationsfunktionen auf verschiedenen Stufen, d. h. mit unterschiedlich ausgeprägter Intention und Symbolik. Wesentlich sind hier die *linguistischen Fähigkeiten* (vgl. Light 1989). Ebenso ist aber auch von Interesse, wie diese in Interaktionssituationen des Lebensalltags einfließen.

Im Bereich der kommunikativ-sprachlichen Entwicklung reicht das Spektrum an Diagnostikmaterialien von Elternfragebögen über Beobachtungsinventare bis hin zu standardisierten Tests. Damit werden u. a. die linguistischen Modalitäten *Vorausläuferfähigkeiten*, *Sprachverstehen* und *Sprachproduktion* abgedeckt.

Übersichten zu den Materialien finden sich bei Nonn (2011) und Kaiser-Mantel (2012). Orientiert an den individuellen Bedarfen der zu testenden Person müssen diese oft adaptiert werden, um durchführbar zu sein (Kaiser-Mantel 2012, 48-51). Die Fähigkeiten im Sprachverstehen und im passiven Wortschatz sind zum einen schwierig einzuschätzen und zum anderen besonders wichtig für die Planung der weiteren Förderung, da hieraus Rückschlüsse für den Umfang und die Struktur eines alternativen Symbolvokabulars gezogen werden können. Schellen (2016, 29 ff.) beschreibt detailliert, welche sprachtherapeutischen Testverfahren herangezogen werden können bzw. wie testähnliche Situationen hergestellt werden können, um diese Informationen zu erheben.

Weiter gibt es speziell für den Einsatz in der UK entwickelte Beobachtungsmaterialien (z. B. Leber 2009; Kristen 2004, Weid-Goldschmidt 2013), die den Fokus auf die kommunikativen Funktionen nach Kane richten. Mit dem TASP (Bruno/Hansen 2009) und der TippMal-App (Lauther 2016) sind außerdem zwei Tests verfügbar, mit denen Teilbereiche des Sprach- und Symbolverständnisses überprüft werden können. Es bleibt auch hier kritisch anzumerken, dass das Nicht-Zeigen von erwarteten Verhaltensweisen nicht mit einem Nicht-Können gleichgesetzt werden darf, da wie beschrieben oft viele zusätzliche Einflussfaktoren die abrufbaren Leistungen beeinflussen. »Wir können nur sehen, was jemand kann – nicht, was er nicht kann« (Irene Leber).

2.2. Strukturen und Anforderungen alternativer Kommunikationsformen als diagnostischer Gegenstand

Die Frage, welche alternative Kommunikationsform für eine Person geeignet ist, stellt sich häufig und oft immer wieder im Laufe einer Förderung. Dabei ist zu erfassen, welche Lernanforderungen die verschiedenen alternativen Kommunikationsformen an die Person und auch an die Bezugspersonen stellen und inwieweit diese den vorhandenen kommunikativen Fähigkeiten und Bedürfnissen entsprechen. Die Fähigkeiten der effektiven Nutzung einer Kommunikationsform bezeichnet Light (1989) auch als *operationale Fähigkeiten*.

Eine alternative Kommunikationsform wird jedoch im Alltag nur als Verbesserung der Kommunikationssituation erlebt, wenn *beide* Seiten, unterstützt kommunizierende Person und Kommunikationspartner, sie als passend und effektiv wahrnehmen.

Auf der Seite der unterstützt kommunizierenden Person steht dabei zunächst die Frage der Bedienbarkeit im Mittelpunkt: Ist eine Kommunikationsform motorisch ausführ- bzw. bedienbar? Ist sie visuell, auditiv oder taktil wahrnehmbar und dadurch zugänglich? Ist eine Kommunikationshilfe aufgrund ihrer Komplexität und Größe alltagstauglich? Ist eine bestimmte Kommunikationsform für die unterstützt kommunizierende Person ansprechend und motivierend – passt sie also im weitesten Sinne zu ihrer Persönlichkeit?

Alternative Kommunikationsformen werden zunächst in körpereigene und externe Formen unterteilt, die externen Formen differenzieren sich dann weiter in nichtelektronische und elektronische Formen. Für den Bereich der externen Kommunikationsformen schlagen Scholz und Stegkemper (2018) vor, den Vergleich verschiedener Hilfsmittel anhand von fünf Fragen zu vollziehen und so die jeweiligen Anforderungen zu beschreiben:

1. Welches Vokabular wird zur Verfügung gestellt? – Vokabularauswahl
2. Wie wird Bedeutung repräsentiert? – Auswahl der Zeichen
3. Wie wird das Vokabular dargestellt? – Optische Gestaltung, Organisation und Layout
4. Wie wird auf das Vokabular zugegriffen? – Ansteuerung
5. Wie wird das Gewählte ausgedrückt? – Ausgabe

Aus Sicht der Autoren können diese Fragen nicht nur bei der Beurteilung elektronischer, sondern auch nichtelektronischer und körpereigener Kommunikationsformen hilfreich sein (z. B. bei der Auswahl eines Gebärdenlexikons oder der Zusammenstellung von Bildsymbolen).

Auch im weiteren Verlauf einer Förderung spielt die differenzierte Betrachtung der Strukturen und Anforderungen der jeweiligen alternativen Kommunikationsform eine wesentliche Rolle. Mit der Erweiterung kommunikativer Fähigkeiten erschließt sich die unterstützt kommunizierende Person diese Strukturen Schritt für Schritt. Aus der Einschätzung des erreichten Lernstandes ergeben sich Hinweise für weitere mögliche Lern- und Entwicklungsschritte im Hinblick auf die jeweilige Kommunikationsform.

2.3 Anforderungen unterschiedlicher Handlungen und Interaktionen als diagnostischer Gegenstand

Jede Handlung und Interaktion im Alltag hat spezifische Strukturen und stellt konkrete Anforderungen an die *strategischen Fähigkeiten* der kommunizierenden Personen (vgl. Light 1989). So kommunizieren wir alle multimodal, d. h. mit unterschiedlichen sprachlichen und nonverbalen Kommunikationsformen und passen sie meist intuitiv und unbewusst der jeweiligen Interaktionssituation an. Für unterstützt kommunizierende Personen ist dieser Anpassungsprozess und damit auch der effektive, situationsangemessene Einsatz vorhandener Kommunikationsformen und -strategien oft schwieriger.

Linguistisch betrachtet sind diese Kompetenzen als Pragmatik oder auch Sprach-Handeln zu bezeichnen (Nonn 2017, 8). Um erfolgreich zu kommunizieren, muss eine Person die Anforderungen einer Alltagssituation erfassen (z. B. in der Bäckerei ein Brötchen bestellen) und adäquat ihre Kommunikationsformen einzusetzen wissen. Sie muss zum einen wissen bzw. lernen, was kommunikativ von ihr in einer Situation erwartet wird (z. B. auf eine Frage antworten) und zum anderen muss sie wissen bzw. lernen, welche Wirkung ihre Zeichen beim Kommunikationspartner auslösen (z. B. durch Zeigen einen Gegenstand einfordern).

Zunächst gilt es zu klären, inwieweit die unterstützt kommunizierende Person Strategien zur Anpassung an die Situation erwerben muss – und inwieweit die Situation eine Anpassung an die Ressourcen der unterstützt kommunizierenden Person erfordert.

Als Bezugssystem für Handlungen bzw. Interaktionen können vor allem die konkreten Anforderungen des Alltags betrachtet werden: Was muss eine Person können, um Hilfe zu erbitten? Was muss sie können, um im Schülercafé eine Bestellung aufzunehmen? Was muss sie können, um in der WfbM ein Gespräch mit anderen Mitarbeiterinnen und Mitarbeitern zu beginnen und ggf. Fragen zu stellen?

Im Rahmen einer schulischen Förderung werden solche Aktivitäten als Teil der individuellen Förderplanung nach Bedeutsamkeit ausgewählt. Sie werden in einzelne Elemente zergliedert und je nach Bedarf modifiziert, damit diese dann Schritt für Schritt erlernt werden können.

Im (sprach-)therapeutischen Setting können die pragmatischen Fähigkeiten detailliert erfasst und trainiert werden. Nonn formuliert für unterstützt sprechende Personen drei Schlüsselstrategien »für die optimale Nutzung des Kommunikationssystems: 1. aktiv an der Kommunikation teilnehmen und Initiativen ergreifen! 2. eindeutig in den Mitteilungen sein! 3. möglichst schnell kommunizieren!« (Nonn 2017, 11).

In nachschulischen Kontexten werden die für die betreffende Person wichtigen Handlungen und Interaktionen und die jeweils nötigen Lern- oder Adaptionsschritte im individuellen Teilhabe- oder Hilfeplan beschrieben.

Einen hilfreichen Einblick in die Strukturen und Anforderungen von alltäglichen Interaktionssituationen kann auch der Vergleich der unterstützt kommunizierenden Person mit ihren lautsprachlich kommunizierenden Peers bieten, wie z. B. im Partizipationsmodell vorgesehen (vgl. Beukelman/Mirenda 2002, 147 ff; Lage/Knobel Furrer 2017). Hieraus ergeben sich oft Hinweise auf das benötigte Vokabular und auf die Art und Weise, wie es eingesetzt wird.

2.4 Teilhabe als diagnostischer Gegenstand

Gelingende Kommunikation ist ein Schlüssel zu Partizipation und sozialer Teilhabe (Bernasconi/Terfloth in diesem Band).

Im Sinne der UN-Behindertenrechtskonvention ist damit eine »volle und wirksame Teilhabe an der Gesellschaft« (UN-BRK Artikel 3c 2006) und damit auch ein gleichberechtigter Austausch auf Augenhöhe aller an Handlungen oder Aktivitäten beteiligter Personen gemeint. Diagnostisch ist deshalb relevant zu klären, welche konkreten Aktivitäten in der Lebenssituation der unterstützt kommunizierenden Person vorkommen und wie das Niveau der Teilhabe aktuell einzuschätzen ist.

Als hilfreiches Bezugssystem zur Beschreibung von Teilhabe, aber auch als übergreifendes Modell, das die vorgenannten Bausteine einer UK-Diagnostik mit einschließt, kann die ICF (Internationale Klassifikation der Funktionsfähigkeit, Behinderung und Gesundheit) betrachtet werden. Sie zielt darauf ab, einen ganzheitlichen, systemisch orientierten Blick auf die Bereiche zu richten, die einer diagnostischen Betrachtung bedürfen.

Wurde die ICF ursprünglich als Klassifikationssystem für den gesundheitlichen Bereich konzipiert, so lässt sie sich ebenso als pädagogisches Instrument nutzen (vgl. DIMDI 2005, 11; Sachse/Bernasconi 2018, 43 ff.).

Die ICF nennt einerseits *Funktionsfähigkeit und Behinderung* als Gegenstand der Betrachtung. Hierzu zählen die Komponenten:

- Körperfunktionen und -strukturen
- Aktivitäten und Partizipation (Teilhabe).

Des Weiteren wird aber auch der Einfluss der *Kontextfaktoren* mit berücksichtigt. Diese werden in die folgenden Komponenten gegliedert:

- Umweltfaktoren
- Personenbezogene Faktoren.

Die ICF stellt einen Zusammenhang zwischen den Gesichtspunkten der *Funktionsfähigkeit* und den *Kontextfaktoren* mit Blick auf eine gelingende Teilhabe her und beschreibt deren Wechselwirkung. So können z. B. Lernaktivitäten oder interpersonelle Interaktionen durch veränderte kommunikative Funktionen eingeschränkt sein. Kommunikative Fähigkeiten und insbesondere auch die vorhandenen *sozialen Fähigkeiten* (vgl. Light 1989) bestimmen demnach wesentlich das Niveau der Funktionsfähigkeit, auf dem ein Mensch in der Lage ist teilzuhaben.

Im Abschnitt *Aktivitäten und Partizipation (Teilhabe)* werden kommunikative Aktivitäten und Aspekte sozialer Interaktion beschrieben, die jeweils hinsichtlich der individuellen Leistung und Leistungsfähigkeit eines Menschen eingeschätzt werden können. Im Weiteren lassen sich aus dieser Einschätzung individuelle Teilhabeziele für konkrete Aktivitäten, Situationen oder Lebensbereiche ableiten.

Entscheidenden Einfluss auf die Qualität sozialer Teilhabe nehmen auch Bezugspersonen einer unterstützt kommunizierenden Person in ihren unterschiedlichen Rollen.

Wachsmuth übersetzte mit den Sozialen Netzwerken das Modell der »Circles of Friends« von Blackstone und Hunt Berg (2006), das auf der ICF aufbaut, ins Deutsche. Dieses Material eignet sich, um soziale Bezüge zu analysieren und Rückschlüsse für die Förderung abzuleiten.

Eine unterstützt kommunizierende Person sollte in die Lage versetzt werden, als Kooperationspartner aktiv am diagnostischen Prozess teilzunehmen, z. B. über das Auswählen und Bewerten von Themen innerhalb eines Gesprächs. Es sollte nicht die Frage sein, *ob* die Person sich beteiligen kann, sondern *in welcher Form* dies individuell möglich ist (vgl. Lage/Knobel Furrer 2017).

3 Fazit

UK-Diagnostik soll ihren Beitrag dazu leisten, die kommunikative Kompetenz einer Person so zu erweitern, dass sie sich möglichst unabhängig und möglichst umfangreich verständlich machen kann. Die hier beschriebenen vier Bausteine können eine Orientierung bieten, wenn es darum geht, eine UK-Diagnostik und daraus folgende Interventionsmaßnahmen systematisch zu planen und umzusetzen. Anhand der Bausteine werden unterschiedliche, miteinander verbundene Perspektiven und Bezugssysteme repräsentiert, innerhalb derer sich die Unterstützte Kommunikation bewegt. Neben der Betrachtung der individuellen Voraussetzungen der unterstützt kommunizierenden Person erfordern sie immer auch die Berücksichtigung der lebensweltlichen Bezüge und der hier vorhandenen Ressourcen.

Die abschließende tabellarische Übersicht kann hier als Leitfaden verstanden werden. Diagnostische Verfahren, Materialien und Konzepte, die deutschsprachig vorliegen, werden den vier Bausteinen *Entwicklung, alternative Kommunikationsform, Handlung und Interaktion* sowie *Teilhabe* schwerpunktmäßig zugeordnet. Dabei erhebt die Übersicht keinerlei Anspruch auf Vollständigkeit. Einzelne Methoden, wie z. B. Gespräch und Beobachtung, können zu verschiedenen Bausteinen wichtige Informationen liefern und sind daher mehreren zugeordnet.

Je nach Fragestellung kommt den einzelnen Bausteinen eine unterschiedliche Gewichtung zu. Im Zusammenspiel bilden sie jedoch einen Rahmen, der dazu beitragen kann, bestmögliche Voraussetzungen für die Entwicklung eigenständiger Kommunikationsmöglichkeiten und damit auch für soziale Teilhabe zu schaffen.

Bausteine / Interventionsmodelle	Entwicklung	alternative Kommunikationsform (aKf)	Handlung & Interaktion	Teilhabe
	Bereiche: • **Kommunikation** (nicht-intentional - intentional) • Motorik • Kognition • Sensorik • Emotionalität	Struktur: • Vokabular • Zeichen • Organisation • Ansteuerung • Ausgabe	Durchführung von Aufgaben und Aktivitäten in Wechselwirkung mit der Umwelt/ Lebenswelt (vgl. ICF)	Einbezogensein in Lebenssituationen (vgl. ICF)
Diagnostische Elemente einer zirkulären Interventionsplanung z.B. mit Partizipationsmodell oder COCP	Anamnese/**Gespräche** mit Bezugspersonen z.B. mit Handreichung UK-Diagnostik (Boenisch/Sachse 2007) Elternfragebogen ELFRA 1&2 (Grimm/Doil 2006) **Beobachtung** in offenen und strukturierten Alltagssituationen			
	Goals Grid (bei Sachse/Bernasconi 2018)			
	Diagnostik von Kognition und Kommunikation (Kane 2008)	Analyse der Strukturen und Anforderungen der aKf	Partnerstrategie des COCP (Heim et al. 2006)	
	Zielgruppen UK (Weid-Goldschmidt 2013)	Zielwortschatz: Kern- und Randvokabular (Sachse/Boenisch 2009)	PlanBe (Rehavista 2014)	
	Kommunikationsmatrix (Rowland 2004)	Eyegaze Analyse Tool (Rehavista 2014)	Zugangs- und Gelegenheitsbarrieren: Parti-Modell (Lage et al. 2017)	
	Schau Hin (Rehavista 2014)		Pragmatische Schlüsselstrategien (Nonn 2017)	Peer-Vergleich: Parti-Modell (Lage et al. 2017)
	Kommunikationsprofil (Kristen 2004)		Das pragmatische Profil (Dohmen 2009)	Soziale Netzwerke (Blackstone/Berg; Wachsmuth 2006)
	Kommunikation einschätzen und unterstützen (Leber 2009)		Analyse von Handlungen/ Zergliederung in Teilhandlungen (ggf. Modifikation)	
	Triple C (Bloomberg et al. 2009)			
	BKF-R (Scholz et al. 2013)			
	DiaKomm (Schreiber/Sevenig 2017)			
	TASP (Bruno; Hansen 2009)			
	Tipp mal-APP (Lauther 2016)			
	Sprachtherap. Verfahren z.B. SETK, PDSS, TROG D (ggf. adaptiert)			
	**Formulierung kurz-, mittel- und langfristiger Ziele**			

Abb. 2: Diagnostische Konzepte in der Unterstützten Kommunikation

Literatur

Achilles, S. (2003): Einführung in die Diagnostik. In: isaac-Gesellschaft für UK/von Loeper (Hrsg.): Handbuch der Unterstützten Kommunikation. von Loeper: Karlsruhe, 14.003.001-14.010.001.

Aktas, M. (2012): Entwicklungsorientierte Sprachdiagnostik und -förderung bei Kindern mit geistiger Behinderung. Theorie und Praxis. München: Urban & Fischer.

Beukelman, D./Mirenda, P. (2002[4]): Augmentative and Alternative Communication. Management of Severe Communication Disorders in Children and Adults. Baltimore: Brookes.

Blackstone, S.W./Hunt Berg, M. (2006): Soziale Netzwerke. Ein Instrument zur Erfassung der Kommunikation unterstützt kommunizierender Menschen und ihrer Kommunikationspartnerinnen und -partner. (dt. Übersetzung von S. Wachsmuth). von Loeper: Karlsruhe.

Bloomberg, K./West, D./Johnson, H/Iacono, T. (2009): The Triple C Checklist of Communication Competencies. Victoria; SCOPE Limited.

Boenisch, J./Sachse, S. (2007): Diagnostik und Beratung in der Unterstützten Kommunikation. Kalsruhe: von Loeper.

Bruno, J. (2009): Diagnostiktest TASP – Zur Abklärung des Symbol- und Sprachverständnisses in der Unterstützten Kommunikation. (dt. Übersetzung F. Hansen). Berlin: Rehavista.

Bundschuh, K. (1999): Diagnostik/Förderdiagnostik. In: Bundschuh, K./Heimlich, U./Krawitz, R. (Hrsg.): Wörterbuch Heilpädagogik. Bad Heilbrunn: Klinkhardt, 51–57.

DIMDI (2005): ICF - Internationale Klassifikation der Funktionsfähigkeit, Behinderung und Gesundheit. Hrsg. Deutsches Institut für medizinische Dokumentation und Information. www.dimdi.de/dynamic/.downloads/klassifikationen/icf/icfbp2005.zip [01.01.2019].

Dohmen, A. (2009): Das pragmatische Profil. Analyse kommunikativer Fähigkeiten von Kindern. München: Urban und Fischer Verlag.

Fox, A.V. (Hrsg.) (2013): TROG-D Test zur Überprüfung des Grammatikverständnisses. Idstein: Schulz-Kirchner-Verlag.

Francois, C. (2008): UK-Diagnostik. Ein Beispiel! In: Unterstützte Kommunikation 3, 13–16.

Fröhlich, A. (1998): Basale Stimulation – ein Konzept für die Arbeit mit schwer beeinträchtigten Menschen. Düsseldorf: Verlag Selbstbestimmtes Leben.

Garbe, C./Herrmann, T. (2013): Diagnostik und Interventionsplanung in der Unterstützten Kommunikation. In: Boenisch, J./Wachsmuth, S. (Hrsg.): Studienhandbuch Lehrgang Unterstützte Kommunikation, unveröff. Studienbuch. Karlsruhe, 4.1–4.18.

Grimm, H./Doil, H. (2006): ELFRA Elternfragebögen für die Früherkennung von Risikokindern. Göttingen: Hogrefe Verlag.

Grimm, H./Aktas, M./Frevert, S. (2010): SETK 3-5, Sprachentwicklungstest für drei- bis fünfjährige Kinder. Diagnose von Sprachverarbeitungsfähigkeiten und auditiven Gedächtnisleistungen. Göttingen: Hogrefe Verlag.

Grimm, H./Aktas, M./Frevert, S. (2010): SETK-2, Sprachentwicklungstest für zweijährige Kinder. Diagnose rezeptiver und produktiver Sprachverarbeitungsfähigkeiten. Göttingen: Hogrefe Verlag.

Heim, M./Jonker, V./Veen, M. (2005): COCP: Ein Interventionsprogramm für nichtsprechende Personen und ihre Kommunikationspartner. In: isaac-Gesellschaft für UK/von Loeper (Hrsg.): Handbuch der Unterstützten Kommunikation. von Loeper: Karlsruhe, 01.026.007-02.026.015.

Herrmann, T. (2000): Aspekte einer verstehenden Diagnostik in der Kommunikationsförderung. In: ISAAC (Hrsg.): Unterstützte Kommunikation mit nichtsprechenden Menschen. Karlsruhe: von Loeper, 86-106.

Kaiser-Mantel, H. (2012): Unterstützte Kommunikation in der Sprachtherapie. München: Reinhardt.

Kane, G. (2008[3]): Diagnostik von Kognition und Kommunikation. In: isaac-Gesellschaft für UK/von Loeper (Hrsg.): Handbuch der Unterstützten Kommunikation. von Loeper: Karlsruhe, 14.011.001-14.022.01.

Kauschke, C./Siegmüller, J. (2010): Patholinguistische Diagnostik bei Sprachentwicklungsstörungen. München: Elsevier Verlag.

Kristen, U. (2004): Das Kommunikationsprofil. Ein Beratungs- und Diagnosebogen. In: isaac-Gesellschaft für UK/von Loeper (Hrsg.): Handbuch der Unterstützten Kommunikation. von Loeper: Karlsruhe, 12.017.001-12.038.001.

Lage, D./Knobel Furrer, C. (2017): Das Kooperative Partizipationsmodell. In: Lage, D./Ling, K. (Hrsg.): UK spricht viele Sprachen. Karlsruhe: von Loeper, 125–138.

Lauther, B. (2016): Tipp mal App zur qualitativen Sprachverständnisüberprüfung von Irene Leber und Anja Vollert. Programmierung: Benno Lauther. Illustrationen: Annette Kitzinger. https://tippmal.com/legal/impressum/ [01.02.2019].

Leber, I. (2009): Kommunikation einschätzen und unterstützen. Poster und Begleitheft zu den

Fördermöglichkeiten in der UK. Karlsruhe: von Loeper.

Light, J. (1989): Toward a definition of communicative competence for individuals using augmentative and alternative communication systems. Augmentative and Alternative Communication, 5 (2) 137–144.

Nonn, K. (2011): Unterstützte Kommunikation in der Logopädie. Stuttgart: Thieme Verlag

Nonn, K. (2017): »It takes two to talk.« Pragmatik. Pragmatik – Kommunikation und ihre Bedeutung für UK. In: Unterstützte Kommunikation 1, 6–17.

Reha Vista (2014): Eyegaze Analyse Tool (EAT). https://www.rehavista.de/?at=Produktsuche&ag=17&f=ad&p=R00860&srcANR=&srcName=EAT&srcText= [01.05.2019].

Reha Vista (2014): Plan Be. https://www.rehavista.de/index.php?srcName=PlanBe&findName=Finden&srcText=&at=Produktsuche&srcANR= [01.05.2019].

Reha Vista (2014): Schau Hin. https://www.rehavista.de/?at=Produktsuche&ag=17&f=ad&p=R00862&srcANR=&srcName=schau%2Bhin&srcText= [01.05.2019].

Rowland, C. (2004): Communication Matrix. (Dt. Version von Scholz, M./Jester, M., 2015: Die Kommunikationsmatrix. https://communicationmatrix.org/Content/Translations/Communication_Matrix_German_FINAL.pdf [31.12.2018].

Sachse S. (2010): Interventionsplanung in der Unterstützten Kommunikation. Karlsruhe: von Loeper.

Sachse S./Bernasconi T. (2018): Gelingende Alltagskommunikation und Teilhabe durch systematische Förderung der kommunikativen Kompetenz. In: Unterstützte Kommunikation 3, 40–46.

Sachse, S./Boenisch, J. (2009): Kern- und Randvokabular in der Unterstützten Kommunikation: Grundlagen und Anwendung. In: isaac-Gesellschaft für UK/von Loeper (Hrsg.): Handbuch der Unterstützten Kommunikation. von Loeper: Karlsruhe, 01.026.030-01.026.040.

Sander, A. (2002): Kind-Umfeld-Analyse: Diagnostik bei Schülern und Schülerinnen mit besonderem Förderbedarf. In: Mutzeck, W. (Hrsg): Förderdiagnostik. Weinheim: Beltz, 12–24.

Schellen, J. (2016): Sprachverstehensdiagnostik mit Kindern und Jugendlichen mit komplexen kommunikativen Bedürfnissen. In: Unterstützte Kommunikation 4, 25–32.

Scholz, M./Wagner, M./Haag, K./Herale, P. (2014). BKF-R - Revision eines bestehenden Beobachtungsverfahrens zur Diagnostik und Förderung in der Unterstützten Kommunikation. Zeitschrift für Heilpädagogik, 65 (5), 186–192.

Scholz, M./Stegkemper, M. (2018): Die Gestaltung externer Hilfsmittel zur Kommunikation. Eine forschungsorientierte Betrachtung anhand fünf grundlegender Fragen. In: Unterstützte Kommunikation 4, 25–35.

Schreiber, V./Sevenig, H. (2017): Diagnostik und Kommunikationsförderung: DiaKomm. Karlsruhe: von Loeper.

Strasser, U. (2005[6]): Wahrnehmen – Verstehen – Handeln: Förderdiagnostik für Menschen mit einer geistigen Behinderung. Luzern: Edition SZH/CSPS.

Tomasello, M. (2009): Die Ursprünge der menschlichen Kommunikation. Frankfurt: Suhrkamp.

UN-Behindertenrechtskonvention (2006): Übereinkommen über die Rechte von Menschen mit Behinderungen. https://www.behindertenrechtskonvention.info/uebereinkommen-ueber-die-rechte-von-menschen-mit-behinderungen-3101/ [04.02.2019].

Weid-Goldschmidt, B. (2013): Zielgruppen Unterstützter Kommunikation. Fähigkeiten einschätzen – Unterstützung gestalten. Karlsruhe: von Loeper.

Diagnostik der präintentionalen Kommunikation

Irene Leber

1 Abgrenzung des Personenkreises

Menschen mit schweren Behinderungen erleben nach wie vor, dass ihnen Fähigkeiten abgesprochen werden, weil sie diese nicht zeigen können. Selbst wenn Diagnostik stattfindet, so werden sie vielleicht mit den »falschen« Instrumenten überprüft und es wird das Vorhandensein von hohen kognitiven Fähigkeiten gar nicht erst in Betracht bezogen. Werden bei einer Person Fähigkeiten der präintentionalen Kommunikation überprüft, sollte daher zu allererst geklärt werden, ob die Person überhaupt zu diesem Personenkreis gehört!

Hilfen bei dieser groben Einschätzung liefern uns allgemeine Entwicklungstheorien oder Diagnostikinstrumente wie die *ICF-CY* (WHO 2017), die Entwicklungstabelle von Kuno Beller (2016) oder die Skalen der sensomotorischen Entwicklung von Uzgiris/Hunt (1987). Darüber hinaus können Diagnostikinstrumente der Sprachbehindertenpädagogik oder der Unterstützten Kommunikation genutzt werden und, falls nötig, den entsprechenden körperlichen, motorischen, auditiven, visuellen Beeinträchtigungen oder der Autismus-Spektrum-Störung angepasst werden. Liegt keine Sehbehinderung vor, liefert der Blick der Person wesentliche Hinweise (Einschätzen und Unterstützen). Versucht sie bereits durch Blicke auf etwas hinzuweisen, gehört sie nicht zu dem im Folgenden beschriebenen Personenkreis. Das Blickverhalten kann auch technisch mit dem Programm Eyegaze Analyse Tool (EAT, Rehavista, o.J.) an einem Computer mit Augensteuerung überprüft werden.

2 Personenkreis in der Entwicklungsphase der präintentionalen Kommunikation

Menschen, die präintentional kommunizieren (im Folgenden wird der Begriff »Kommunikation« auch für die vorsymbolische Kommunikation verwendet), drücken sich über körpereigene Kommunikationsformen aus. In der Phase der präintentionalen Kommunikation werden die ersten kommunikativen Funktionen erworben und eine Erwartungshaltung entwickelt. Die Kommunikation findet ganz im Hier und Jetzt statt. Entwicklung ist meist nur sehr langsam und in sehr kleinen Schritten möglich. Auch kann es sein, dass Rückschritte verkraftet werden müssen. Die Phase der präintentionalen Kommunikation endet mit der Triangulation, dem Erlangen des Verständnisses und der Absicht, mit anderen Menschen etwas teilen zu können.

Kinder ohne Beeinträchtigung beenden die präintentional kommunikative Entwicklungsphase bereits vor ihrem ersten Geburtstag (Bober/Castañeda 2013, 3.65). Die situationsunabhängige Kommunikation über Symbole (Wörter, Gebärden, grafische Symbole) über Vergangenes und Zukünftiges wird erst anschließend erlernt.

Personen mit Beeinträchtigung, die präintentional kommunizieren, sind sehr auf ihre Bezugspersonen angewiesen. Pflege und gesundheitliche Probleme nehmen meist großen Raum in ihrem Leben ein. Enge Bezugspersonen erahnen, was die Person möchte, braucht oder mag und entscheiden dann oft für diese. Das Umfeld ist häufig so überlastet, dass es wenig Entscheidungs- oder Kommunikationsmöglichkeiten für die präintentional kommunizierende Person schaffen kann. Selbstbestimmung und Angebote der Unterstützten Kommunikation rücken dann möglicherweise in den Hintergrund.

Phasen der präintentionalen Kommunikationsentwicklung

1. *Phase: Sich selbst wahrnehmen*
Die präintentionale Kommunikation beginnt mit einer Phase, in der es schwierig ist, Vorlieben und Abneigungen der Person zu erkennen und zu deuten. Es bleibt manchmal offen, ob sie Angebote überhaupt wahrnehmen und spüren oder ob sie lediglich nicht auf diese reagieren kann.
2. *Phase: Personen, Dinge und Handlungen wahrnehmen*
Die erste noch unbewusste Steuerung der Kommunikationspartner und -partnerinnen erfolgt durch eine Reaktion auf Angebote. Die Person reagiert durch erhöhte Aktivität, die sich in den vegetativen Funktionen, der Atmung und Körperspannung zeigt oder in einer aufmerksamen Körperhaltung. Deutlicher wird diese Reaktion, wenn die Person einen aufmerksamen Blick entwickelt.
3. *Phase: Personen, Dinge und Handlungen wahrnehmen und als unangenehm oder angenehm bewerten*
Auf die Wahrnehmung eines Reizes oder Angebotes folgt eine positive, neutrale oder negative Reaktion. Die Person scheint das Angebot zu genießen und reagiert zufrieden und erfreut, sie reagiert ohne sichtbare Bewertung oder das Angebot scheint ihr Unbehagen zu bereiten und sie wirkt unzufrieden und abweisend. Meist ist an der Mimik zu erkennen, wie das Angebot ankommt. Vielleicht wendet die Person den Kopf zu oder ab, öffnet den Mund oder schließt ihn bei Missfallen, berührt oder ergreift eine Person oder einen Gegenstand oder reagiert durch Lautieren oder Lächeln. Gefällt ihr ein kommunikativer Austausch, hält sie aufmerksam den Blickkontakt. In der Regel passen die Bezugspersonen ihr Verhalten nach und nach diesen Reaktionen an.
4. *Phase: Personen, Dinge und Handlungen einfordern*
Durch die Reaktionen der Bezugspersonen lernt die Person, dass ihre Wünsche berücksichtigt werden und dass sie selbst Personen, Dinge oder Handlungen beeinflussen kann. Zunächst möchte sie den angebotenen Kontakt oder die Handlung fortsetzen und wiederholen oder mehr von etwas haben. Sie streckt ihren Arm nach etwas aus, ergreift dann Dinge, lässt sie wieder fallen und lautiert. Personen und Objekte werden mit dem Blick verfolgt. Es wird eine erste Erwartungshaltung aufgebaut, die auch in alltäglichen Abläufen, z. B. am Wedeln mit den Armen zu beobachten ist. Mit zunehmender Erwartungshaltung entwickelt sich ebenso die entsprechende Enttäuschung, wenn diese nicht erfüllt wird. Aus Abweisung oder Ablehnung wird Protest.
5. *Phase: Personen, Dinge und Handlungen auswählen*
Durch wiederholte Erlebnisse und die Erinnerung daran weiß die Person schon im

Voraus, was ihr gefällt und macht Unterschiede zwischen beliebteren und weniger beliebten Dingen und Personen. Sie bemerkt, dass sie das eine dem anderen vorziehen kann und fängt an, zwischen Personen, Handlungen, angebotenen Dingen oder Lebensmitteln auszuwählen, indem sie sich diesen zuwendet und nach ihnen greift.

3 Ziel der Diagnostik bei präintentional kommunizierenden Menschen

Die Diagnostik der präintentionalen Kommunikation stellt die präintentional kommunizierende Person selbst, aber auch ihr Umfeld und ihre Lebensbedingungen in den Mittelpunkt. Ziel ist die Analyse der gegenwärtigen Situation unter Einbeziehung der zukünftigen Lebensperspektiven.

Oberste Absicht ist, die Person besser zu verstehen und von ihr besser verstanden zu werden, um ihr mehr Sicherheit zu geben und Teilhabe und Mitbestimmung zu ermöglichen.

Je genauer die kommunikativen Fähigkeiten eingeschätzt werden, umso besser können die Angebote kleinsten Lernschritten angepasst werden und desto größer sind die Erfolgserlebnisse für die präintentional kommunizierende Person und ihr Umfeld.

4 Methoden der Diagnostik der präintentionalen Kommunikation

4.1 Probleme bei der Einschätzung

Die Einschätzung von Personen, die präintentional kommunizieren, ist u. a. aus folgenden Gründen besonders schwierig:

- Die ausgeprägte Individualität der Personen und zusätzliche körperliche, visuelle und auditive Beeinträchtigungen erlauben lediglich eingeschränkte Hinweise auf die einzuschätzenden Fähigkeiten. Gesundheitliche Faktoren wie epileptische Anfälle oder Probleme aus dem Autismus-Spektrum erschweren die Einschätzung zusätzlich. Entwicklungstheorien und Screenings für Menschen ohne Behinderung müssen daher adaptiert werden.
- Testverfahren werden genutzt, da sie durch standardisierte Werte Objektivität vorzugeben scheinen. Der Personenkreis der präintentional kommunizierenden Personen lässt sich jedoch nicht mit Testverfahren überprüfen.
- Viele ihrer Fähigkeiten sind vom Gesundheitszustand und der Tagesform abhängig und können oft schwer reproduziert werden.
- Ist die Person häufig unruhig, weint viel oder ist ausschließlich mit sich selbst beschäftigt, können Schmerzzustände hierfür eine Ursache sein. Diese können es für die Person unmöglich machen, sich zu öffnen und auf kommunikative Angebote

einzulassen. Dann ist zunächst eine Analyse des Schmerzes notwendig. Hilfen bei der Einschätzung von Schmerzzuständen bietet die *EDAAP-Skala* (Belot et al. 2009), *ein Bogen zur Evaluation der Schmerzzeichen bei Jugendlichen und Erwachsenen.*

4.2 Einbeziehen des Umfeldes

Präintentional kommunizierende Menschen sind vollständig auf ihr Umfeld und damit auf ihre Bezugspersonen angewiesen. Das kommunikative Verhalten der Bezugspersonen hat eine besondere Bedeutung für Erfolge in ihrer Kommunikationsentwicklung. Je einfühlsamer die Bezugspersonen sich in kommunikativen Situationen verhalten, umso leichter können Entwicklungsschritte gelingen. Daher ist es sehr wichtig, das Umfeld mit in die Diagnostik einzubeziehen.

4.2.1 Analyse der Lebensumstände

Folgende Faktoren können sich sehr günstig oder ungünstig auf die kommunikative Entwicklung der Person auswirken:

- Wer sind die wichtigsten Bezugspersonen?
- Wie sieht deren Haltung aus? Besteht ein Interesse daran, die Person in ihrer Kommunikation zu unterstützen?
- Unter welchen Lebensbedingungen findet die Kommunikation im Alltag statt? Wie sieht die Familiensituation aus oder wie ist die Personalsituation in der Einrichtung?
- Steht ein Wechsel der Lebensbereiche an?

Boenisch/Sachse (2007) bieten in ihrer umfassenden *Handreichung UK-Diagnostik* strukturierte Fragestellungen auch zu diesem Themenbereich (Punkt 7: Umfeld).

4.2.2 Analyse des kommunikativen Verhaltens der Bezugspersonen

Auch Bezugspersonen mit der entsprechenden Haltung und Bereitschaft, die präintentional kommunizierende Person zu unterstützen, können sich unbewusst ungünstige kommunikative Verhaltensweisen angewöhnt haben. Dann machen selbst kleine Veränderungen des eigenen Verhaltens manchmal die nächsten Entwicklungsschritte möglich.

Um das eigene Verhalten zu reflektieren, ist die Analyse kommunikativer Situationen per Filmaufnahmen sehr hilfreich. Dies bedeutet jedoch für viele Menschen eine große Überwindung, weshalb mit Beispielen gelingender Kommunikation gearbeitet und Kritik nur sehr einfühlsam besprochen werden sollte.

Die Partnerstrategien aus dem COCP-Programm (Heim/Jonker/Veen 2005) wurden für die gemeinsame Analyse von Filmaufnahmen eines z. T. mehrwöchigen Eltern-Kind-Programmes entwickelt und geben, nicht nur für die präintentionale Kommunikation, wertvolle Hinweise für die Strukturierung kommunikativer Situationen:

1. Folgen Sie der Führung des Kindes
2. Stimulieren Sie die gemeinsame Aufmerksamkeit
3. Schaffen Sie Möglichkeiten zur kommunikativen Intervention
4. Erwarten Sie Kommunikation, die zum Niveau des Kindes passt
5. Regulieren Sie das Tempo der Interaktion (machen Sie Pausen)
6. Modellieren Sie die expressiven Kommunikationsformen aus dem Repertoire des Kindes
7. Achten Sie darauf, dass Ihr Sprachniveau dem Niveau des Kindes angepasst ist
8. Regen Sie das Kind (schrittweise) an
9. Belohnen Sie das Kind für die Kommunikationsversuche.

In ähnlicher Weise bietet auch das Co-Creating Communication-Modell von Nafstad/Rødbroe (1999) Partnerstrategien für Menschen mit mehrfachen Sinnesbeeinträchtigungen an, die sowohl als Beobachtungshilfen bei Filmaufnahmen als auch als Strukturierungshilfen für Angebote genutzt werden können (vgl. Hunsberger-Ehrlich 2011):

1. Emotionale Verbundenheit
2. Soziale Interaktion
   - Kommunikationsförderung in Alltagssituationen
   - Gefühle (mit)erleben
   - Einladung zur Interaktion
   - Routinen und neue Herausforderungen
   - Anpassung des Tempos
   - Körperlich-taktile, gustatorische und olfaktorische Eindrücke
   - Auf der gleichen Ebene sein
3. Nähe und Distanz
4. Exploration
5. Kommunikation

4.2.3 Analyse des Verhaltens der an der Diagnostik beteiligten Personen

Die zu beobachtende Person kann ihre kommunikativen Fähigkeiten nur dann zeigen, wenn die an der Diagnostik beteiligten Personen ihr Sicherheit geben, sie wertschätzend behandeln, ihr Zeit und Aufmerksamkeit geben und an der Kommunikation Spaß und ein echtes Interesse haben.

4.3 Fähigkeiten der Person

4.3.1 Nutzung vorhandener Informationen

Austausch mit den Bezugspersonen

Um die Fähigkeiten der Person gut einzuschätzen, ist die Zusammenarbeit mit den Bezugspersonen sowie deren Austausch untereinander sehr wichtig. Beobachtungen müssen miteinander diskutiert und gemeinsam interpretiert werden. Dabei ist eine zugewandte offene Haltung gegenüber den präintentional kommunizierenden Personen und deren Umfeld Voraussetzung.

Aktenanalyse, Dokumentation

In Dokumentationen sind wichtige Hinweise zum besseren Verstehen der Person zu finden. Je schwieriger die Person zu verstehen ist, umso wichtiger ist es, vorhandene Informationen weiter zu geben. Dies kann z. B. in Form eines »Über-mich-Buches« (Braun 2011) oder eines UK-Übergabebogens geschehen (Leber/Vollert 2011).

4.3.2 Formen der Beobachtung

Die Diagnostik der präintentionalen Kommunikation beruht im Wesentlichen auf Beobachtung. Grundlage dafür ist, dass die präintentional kommunizierende Person gesund ist, ausgeschlafen, nicht schwitzt oder friert, satt ist und sich sicher fühlen kann.

Direkte und indirekte Beobachtung

Informationen können in der direkten Beobachtung gewonnen werden. Da das gleichzeitige Kommunizieren und Beobachten eine Doppelrolle der Diagnostizierenden erfordert, ist es sinnvoll, bei der direkten Beobachtung zu zweit zu sein. Viele Feinheiten lassen sich erst bei der indirekten Beobachtung mit Filmaufnahmen erkennen. Beim wiederholten Ansehen, in Zeitlupe und beim gemeinsamen Reflektieren finden sich immer wieder Hinweise, die bei der direkten Beobachtung verborgen bleiben.

Beobachtung im Alltag

Gerade bei alltäglichen Routinen lässt sich am leichtesten erkennen, in wie weit die Person gewohnte Handlungen wiedererkennt, erwartet und wie sie mit ihren Bezugspersonen kommuniziert. Dabei kann es z. B. folgende Fragestellungen geben:

- Reagiert die Person unterschiedlich, je nachdem, ob sie allein ist oder eine Person in ihrer Nähe ist? Werden Unterschiede zwischen den Bezugspersonen gemacht? Werden Bezugspersonen erkannt, und wenn ja, wodurch: beim Anblick, beim Hören der Stimme oder bei einer Berührung?
- Macht die Person den Mund auf, wenn der Löffel mit Essen ihn berührt – oder bereits, wenn der Löffel in Sicht- oder Riechweite ist? Gibt es bereits eine Reaktion, wenn der Teller auf den Tisch gestellt wird oder das Geräusch des Passiergerätes zu hören ist?
- Werden Speisen unterschieden? Werden schlecht schmeckende Speisen gegessen oder ausgespuckt? Wird das Essen, das nicht schmeckt, durch vorheriges Schließen des Mundes abgelehnt oder durch das Wegdrehen des Kopfes?

Aus all diesen Informationen lassen sich Hinweise auf die Phasen der präintentionalen Kommunikation (▶ Kap. 2) ableiten.

Beobachtung im Rahmen von strukturierten Angeboten

Neben den oben genannten Verfahren zur Gewinnung von Informationen ist es in der Diagnostik der Unterstützten Kommunikation notwendig, strukturierte motivierende Angebote unter günstigen Rahmenbedingungen zu machen. Die zu beobachtende Person kann ihre Fähigkeiten nur zeigen, wenn sie sich in einer motivierenden kommunikativen Situation befindet. Diagnostik und kommunikatives Angebot selbst sind hier nicht mehr voneinander zu trennen.

4.3.3 Hilfen für die strukturierte Beobachtung der präintentionalen Kommunikation

Strukturierte Beobachtung benötigt ein gut strukturiertes Angebot und/oder eine differenzierte Fragestellung. Theorien aus Pädagogik, Psychologie und Therapie liefern hierfür wertvolle Hinweise. Die Untersuchungsinstrumente nutzen nicht immer dieselben Begrifflichkeiten und teilen in unterschiedliche Bereiche und Stufen ein. Die Zuteilung einzelner Fähigkeiten zu bestimmten Stufen stimmt in den verschiedenen Diagnostikinstrumenten nicht immer überein. Umso wichtiger ist es, dass die Bezugspersonen die Definitionen miteinander abklären.

Im Folgenden werden Hilfen genannt, mit denen Beobachtungssituationen gestaltet und Fragen für eine systematische Beobachtung gefunden werden können.

Wird eine kommunikative Situation während eines Angebotes beobachtet, sollte zunächst eine Beobachtung ohne Angebot und erst daran anschließend eine Beobachtung während des Angebotes stattfinden. Nur so kann festgestellt werden, ob das beobachtete Verhalten mit dem Angebot in Verbindung steht oder auch ohne dieses vorhanden ist.

Wird das Angebot z. B. durch einen Ton, ein Wort, eine Berührung oder ein Zeichen wie den Bodysigns (Hunsberger-Ehrlich 2011) angekündigt, kann die Person vielleicht nach und nach lernen, eine Erwartungshaltung aufzubauen. Die Beobachtung einer Erwartungshaltung lässt wiederum Schlüsse auf den kommunikativen Entwicklungsstand zu.

Angebote werden besser wahrgenommen, wenn sie lange genug andauern und/oder mehrmals wiederholt werden. Bei der Überprüfung mit der Hilfe von Schau hin (Rehavista 2019) wird jedes Wahrnehmungsangebot fünf Mal angeboten. Erst dann kann eine zuverlässige Reaktion festgestellt und festgehalten werden.

Sind der Person alle Voraussetzungen gegeben, sich auf Angebote einzulassen, stellt sich die Frage, welche Angebote (auditiv, visuell, taktil, vibratorisch, propriozeptiv, gustatorisch ...) diese bevorzugt. Anregungen für kommunikative Angebote finden sich in der Pädagogik der Menschen mit schwerer Behinderung, wie z. B. der Basalen Stimulation (Fröhlich 1998), Basalen Kommunikation (Mall 2008), dem Tonischen Dialog (Praschak 1990) oder der Intensive Interaction (Hewett 2012).

Bei Menschen mit sehr schweren Behinderungen, deren Reaktionen schwer lesbar sind, können neben der Beobachtung der Körperspannung und der Atmung medizinische Messverfahren sehr hilfreich sein. Ein Fingerpulsoximeter misst einen erhöhten Puls oder die Veränderung der Sauerstoffsättigung des Blutes. So kann herausgefunden werden, welche Angebote wahrgenommen werden oder zu (zu viel) Aufregung führen und welche Voraussetzungen die Person braucht, um sich auf die Wahrnehmung von Menschen, Dingen und Handlungen einzulassen.

Um die Wahrnehmung eigener Bewegungen zu verstärken und zu beobachten, können Resonanzbretter genutzt werden. Einen ähnlichen Effekt hat auch das Nutzen von Knisterfolien oder Befestigen von einem Streifen Rettungsdecke oder Glöckchen an Fuß oder Arm.

Die Wahrnehmung eigener Töne kann mit technischen Hilfen wie Lichtern, die auf Töne reagieren, verdeutlicht werden. Die App Furry Friend (Plutinosoft) oder Nachsprech-Tiere hat immer wieder eine erstaunliche Wirkung auf die Eigenwahrnehmung von Lautäußerungen. Töne und Bewegungen können auch im Rahmen der Intensive Interaction (Hewett 2012) gespiegelt werden.

Die Spiegelung des eigenen Verhaltens kann der präintentional kommunizierenden Person helfen, eigene Verhaltensweisen besser wahrzunehmen oder bekannte und vertraute Verhaltensweisen bei ihren Bezugspersonen wahrzunehmen. Dies greifen einige dialogorientierten Ansätze auf. Intensive Interaction nennt sieben Partizipationsebenen von der Tolerierung der Anwesenheit des Partners bis hin zur selbst initiierten sozialen Interaktion, die auch sehr gut als Kriterien für gezielte Beobachtungen genutzt werden können.

Um die Wahrnehmung von Personen zu erleichtern, kann mit Hilfe von Verkleidungsutensilien wie einer Clowns-Nase (Idee von Andreas Grandič), dicken Brillen oder Hüten nachgeholfen werden, die sich die Kommunikationspartner aufsetzen. Auf diese Weise kann festgestellt werden, inwieweit die Person die Veränderung von Gesichtern wahrnimmt und sich darüber wundert.

Veröffentlichungen, Handreichungen und Beobachtungsverfahren enthalten eine Vielzahl an Items zur Beobachtung, die nach verschiedenen Kriterien strukturiert sind und können für eine gezielte Beobachtung sehr hilfreich sein:

- *Handreichung UK-Diagnostik* von Boenisch/Sachse (2007)
- *Triple C-Checkliste* von Bloomberg/West (Kristen 2007)
- *COCP-Programm* von Heim/Jonker/Veen (2005)
- *Diagnostik von Kognition und Kommunikation* von Kane (2003)
- *Kommunikationsprofil* von Kristen (2004)
- *Kommunikation einschätzen und unterstützen* von Leber (2009)
- *Van Dijk Schema* von Nelson/van Dijk/Birngruber (2011)
- *Beobachtungsbogen zu kommunikativen Fähigkeiten (BKFr)* von Scholz/Wagner (2016)
- *Diakomm* von Schreiber/Sevenig (2017).

Beispielhaft wird hier die Kommunikationsmatrix von Rowland (2004) kurz beschrieben, da sie für die Diagnostik der präintentionalen Kommunikation besonders geeignet erscheint.

Sie wurde von Scholz/Jester 2015 ins Deutsche übersetzt und angepasst und kann im Internet kostenfrei heruntergeladen werden.

Rowland nennt vier Hauptgründe zur Kommunikation, von denen die ersten drei für die präintentionale Kommunikation relevant sind:

1. Um etwas abzulehnen, was man nicht will...
2. Um zu bekommen, was man will...
3. Um sich an sozialen Interaktionen zu beteiligen...

Die erfassten Fähigkeiten dieser kommunikativen Funktionen werden in sieben Stufen unterteilt von denen drei der präintentionalen Phase zuzuordnen sind.

Vorintentionale Verhaltensweisen:
Drückt Unwohlsein aus/Drückt Wohlbefinden aus/Drückt Interesse an anderen Personen aus
Intentionale Verhaltensweisen:
Protestiert/Will Handlung fortsetzen/Will mehr haben/Zieht Aufmerksamkeit auf sich
Unkonventionelle Kommunikation mit Hilfe vorsymbolischer Verhaltensweisen:
Verlangt Fortsetzung der Handlungen/Verlangt neue Handlung/Verlangt mehr von einem Objekt/Trifft Auswahl/Verlangt neues Objekt/Fordert Aufmerksamkeit/Zeigt Zuneigung

Im Profil der Kommunikationsmatrix lässt sich anschließend auf einen Blick erkennen, wo sich die Stärken einer Person befinden.

5 Fazit

Die Diagnostik der präintentionalen Kommunikation umfasst die Analyse des Umfeldes und der Person selbst. Sie ist nicht mit standardisierten Testverfahren möglich. Sie erfordert die Interpretation von Beobachtungen, deren Kriterien mit den verschiedenen Bezugspersonen definiert und diskutiert werden. Die Beobachtungen können entweder im Alltag oder in motivierenden, strukturierten Situationen stattfinden. Diagnostik und kommunikatives Angebot selbst sind dann nicht mehr voneinander zu trennen. Für die systematische Fragestellung können Entwicklungstheorien, pädagogische Ansätze oder Diagnostikinstrumente genutzt werden.

Die Diagnostik der präintentionalen Kommunikation erfordert viel Wissen, Einfühlsamkeit, Flexibilität und Geduld. Sie ist Grundlage dafür, präintentional kommunizierenden Menschen so passgenau wie möglich die kleinsten nächsten Schritte in der Entwicklung ihrer Kommunikation zu ermöglichen!

Literatur

Beller, S. (2016): Kuno Bellers Entwicklungstabelle 0–9. Berlin: Eigenverlag.
Belot, M. et al. (2009): Bogen zur Evaluation der Schmerzzeichen bei Jugendlichen und Erwachsenen mit Mehrfachbehinderung. D – die EDAAP-Skala. www.bvkm.de.
Bober, A. (2015): Dialogorientierte Verfahren zur Unterstützung sozialer Interaktionen. (Präsentation). http://www.gesellschaft-uk.de/index.php/service/downloads-fortbildungen/file/34-dialogorientierte-verfahren-zur-unterstuetzung-der-sozialen-interaktion-praesentation [22.05.2019].
Bober, A./Castañeda, C. (2013): Vorsymbolische und nichtsymbolische Kommunikation. In: Boenisch, J./Wachsmuth, S. (Hrsg.): Studienhandbuch Lehrgang Unterstützte Kommunikation, unveröff.

Studienbuch (unveröff.). von Loeper: Karlsruhe, 3.62-3.78.

Boenisch, J./Sachse, S. (2007): Diagnostik und Beratung in der Unterstützten Kommunikation. Karlsruhe: von Loeper.

Braun, U. (2011): METACOM-Ich-Buch Vorlage. https://www.cluks-forum-bw.de/unterstuetzte-kommunikation/erste-schritte/?tx_cforum_listpost%5Bpost%5D=982&tx_cforum_listpost%5Baction%5D=show&tx_cforum_listpost%5Bcontroller%5D=Post&cHash=9c0078b869939c1766f75f77ba5c55af [19.1.2019].

Fröhlich, A. (1998): Basale Stimulation. Düsseldorf: Verlag Selbstbestimmtes Leben.

Heim, V./Jonker, V./Veen, M. (2005): COCP. Ein Interventionsprogramm für nichtsprechende Personen und ihre Kommunikationspartner. (dt. Übersetzung von B. Weid-Goldschmidt). In: isaac-Gesellschaft für UK/von Loeper (Hrsg.): Handbuch der Unterstützten Kommunikation. von Loeper: Karlsruhe, 01.026.007-01.026.015.

Hewett, D. (2012): The Intensive Interaction Handbook. London: Sage Publications.

Hunsberger-Ehrlich, J. (2011): Kommunikationsentwicklung schwer mehrfach-behinderter und sinnesbehinderter Menschen. isaac-Gesellschaft für UK/von Loeper (Hrsg.): Handbuch der Unterstützten Kommunikation. von Loeper: Karlsruhe, 01.026.050-01.026.059.

Kane, G (2003): Diagnostik von Kognition und Kommunikation. In: isaac-Gesellschaft für UK/von Loeper (Hrsg.): Handbuch der Unterstützten Kommunikation. von Loeper: Karlsruhe, 14.011.001-14.022.001.

Kristen, U. (2004): Diagnosebogen zur Abklärung kommunikativer Fähigkeiten. In: isaac-Gesellschaft für UK/von Loeper (Hrsg.): Handbuch der Unterstützten Kommunikation. von Loeper: Karlsruhe, 14.023.001-14.030.001.

Kristen, U. (2007): Diagnostik mit der Triple-C-Checkliste. In: Sachse, S./Birngruber, C./Arendes, S. (Hrsg.): Lernen und Lehren in der Unterstützten Kommunikation. Karlsruhe: von Loeper, 303-310.

Leber, I. (2009): Kommunikation einschätzen und unterstützen. Karlsruhe: von Loeper.

Leber, I./Vollert, A. (2011): Übergänge in der Unterstützten Kommunikation gestalten. Die »UK-Übergabebögen«. In: isaac-Gesellschaft für UK/von Loeper (Hrsg.): Handbuch der Unterstützten Kommunikation. von Loeper: Karlsruhe, 08.070.01–08.085.001.

Mall, W. (2008): Kommunikation ohne Voraussetzungen: Mit Menschen mit schwersten Beeinträchtigungen. Heidelberg: Edition Schindele.

Nafstad, A./Rødbroe, I. (1999): Co-creating communication. Dronninglund/Dänemark: Forl. Nord-Press.

Nelson, C./Van Dijk, J. (2011): Jedes Kind hat Potential: »Child-guided Assessment«-Strategien zur Einschätzung von Kindern mit mehrfachen Behinderungen. (dt. Übersetzung von C. Birngruber). In: isaac-Gesellschaft für UK/von Loeper (Hrsg.): Handbuch der Unterstützten Kommunikation. von Loeper: Karlsruhe, 14.054.001-14.065.001.

Praschak, W. (1990): Sensumotorische Kooperation mit Schwerstbehinderten als Herausforderung für eine allgemeine und integrative Pädagogik. Hannover: Schäffner

Rowland, C. (2004): Communication Matrix. (Dt. Version von Scholz, M./Jester, M., 2015: Die Kommunikationsmatrix). https://communicationmatrix.org/Content/Translations/Communication_Matrix_German_FINAL.pdf [31.12.2018].

Scholz, M./Wagner, M. (2016): Beobachtungsbogen zu kommunikativen Fähigkeiten – Revision. http://www.bkf-r.de [31.12.2018].

Schreiber, V./Sevenig, H. (2017): DiaKomm – Diagnostik und Kommunikationsförderung. Karlsruhe: von Loeper.

Uzgiris, I./Hunt, J. (1987): Ordinalskalen zur Sensomotorischen Entwicklung. Manual (dt. Übersetzung von K. Sarimski). Weinheim: Beltz.

WHO-World Health Organization/Hollenweger, J. (2017): ICF-CY: Internationale Klassifikation der Funktionsfähigkeit, Behinderung und Gesundheit bei Kindern und Jugendlichen, Göttingen: Hogrefe.

Bezugsquellen

Eyegaze Analyse Tool (EAT): www.rehavista.de.
Plutinosoft: App Furry Friend: itunes.apple.com [12.01.2019].

Schau hin: www.rehavista.de.

Diagnostik des Kommunikationsstandes bei Menschen mit Taubblindheit/Hörsehbehinderung

Bettina Trissia, Tanja Geck & Katharina Tüscher

1   Allgemeine Grundlagen

Wie bekomme ich Zugänge zu einem taubblinden Kind und erfahre mehr über dessen Kommunikationsstand? Welche Interventionsschritte sind notwendig, um Kommunikation anzubahnen?

Setzt man voraus, dass kleine und kleinste Äußerungen im Alltagsgeschehen schnell untergehen, dass Kommunikation auf verschiedenen Ebenen stattfindet, dass der ganze Körper das Medium des taubblinden Menschen für Sprache sein kann, dass der Zugang zu einem taubblinden Menschen erschwert ist, dass der Partner sich intensiv auf eine taubblinde Welt einlassen muss, ist klar, dass eine Einschätzung des Kommunikationsstandes nicht einfach über einen Test erfolgen kann. Diese Diagnostik erfordert eine fokussierte und kompetente Auseinandersetzung mit dem jeweiligen Kind und dessen Entwicklungsbedingungen.

Im Rahmen einer intensiven Auseinandersetzung mit diesem Thema erarbeiteten Kolleginnen im Bildungszentrum Hören – Sehen – Kommunikation des Deutschen Taubblindenwerks ein Instrument zur Einschätzung der Kommunikation in der Praxis: »Von sozialer Interaktion zu Kommunikation« (Skusa et al. 2017).

Das vorliegende Raster gliedert sich in drei übergeordnete Bereiche:

I.   Soziale (Dyadische) Interaktion (»Du und Ich«)
II. Kommunikative (Triadische) Interaktion (»Du und Ich und Es«)
III. Symbolische Kommunikation.

Es bietet Hilfestellung bei Fragen zur Ermittlung des Kommunikationsstandes, zur Rolle als Partner auf dem jeweiligen Entwicklungsstand, zu möglichen Interventionsschritten, zur zeitlichen Einordnung dieser Schritte und worauf bei der Anbahnung von neuen Schritten geachtet werden muss (vgl. Skusa et al. 2017, 4 ff.).

Die den drei Bereichen zugeordneten Tabellen gliedern sich in die Spalten: Kindliche Äußerung (Ausgangssituation) – Partnerverhalten – Schicht (layer) – Interventionen zur weiteren Förderung.

Im durchgehend angewandten Prinzip finden sich beispielhafte Äußerungen und dazugehörige Empfehlungen. »Mit dem Begriff ›Schicht‹… wird ausgedrückt, dass die Kommunikationsentwicklung nicht in Stufen verläuft, sondern die neu erworbenen Kompetenzen sich jeweils schichtmäßig übereinanderlegen…« (Skusa et al. 2017, 6). So findet man im Bereich Soziale Interaktion z. B. die Schichten »Erste Kontaktaufnahme«, »Emotionales und motorisches Einschwingen«, »Ko-Regulation« oder im Bereich Symbolische Kommunikation die Schichten »Entwicklung eines individuellen gemeinsamen Vokabulars« oder »Aufbau eines zunehmend konventionellen Vokabulars« (vgl. Skusa et al. 2017, 7 ff.). Schichten, die sich übereinanderlegen, beinhalten eine besondere Herausforderung für die Analyse des tatsächlichen Kommunikationsstandes. Es ist empfehlenswert, bei der Diagnostik auch Videos einzusetzen, »[denn] die Analysen zielen darauf ab

Tab. 1: Auszug I: Soziale Interaktion – Primäre Intersubjektivität – Stufe 10 (vgl. Skusa et al. 2017, 11)

Kindliche Äußerung (Ausgangssituation)	Partnerverhalten	Schicht (layer)	Interventionen zur weiteren Förderung
10. Kind zeigt Ansätze zur Übernahme und Fortsetzung der gemeinsamen Interaktionshandlung ... Kind beginnt, sich kompetent und selbstwirksam zu erleben	Partner unterstützt das Kind so, dass es sich selbst aktiv erleben kann und bestätigt seine Äußerungen. Dabei bedenkt und beachtet er, dass die vom Kind ausgehenden Initiativen zögerlich, vage, ungelenk sein werden	**»Quasi-Reziprozität«**	Ansatzpunkte ergeben sich vor allem anhand miteinander geteilter Erfahrungen aus dem alltäglichen Leben... Voraussetzung: Rituale und Routinehandlungen müssen beim Kind verankert sein – sie bilden den Rahmen und schaffen Sicherheit

herauszufinden, wie sich der bestimmte taubblinde Mensch in die Kerngebiete Kontakt, sozial-interaktives Spiel, Exploration und Konversation einbringt« (Nafstad/Rødbroe 2018, 213). Das Videomaterial ermöglicht es, Beziehungsqualität und Zugänge genauer zu erkennen und einzustufen sowie nächste Schritte zu planen. Primäres Ziel ist es nicht, den taubblinden Menschen auf einen bestimmten Entwicklungsstand festzulegen, sondern vielmehr im gemeinsamen Austausch Möglichkeiten zu erkennen, selbst verlässlicher Kommunikationspartner für den taubblinden Menschen zu werden oder zu sein und ihn in seiner aktiven Rolle als Kommunikationspartner zu unterstützen.

Im Folgenden finden sich zwei Praxisbeispiele, die die Möglichkeiten dieses Einschätzungsinstruments verdeutlichen sollen.

2 Einschätzung des Kommunikationsstandes: Ida

Im Beitrag »Kommunikation mit hörsehbehinderten/taubblinden Menschen« (Trissia et al. in diesem Band) wurde unter 3.2 das geburtstaubblinde Mädchen Ida vorgestellt.

Aktuell ist Idas Kommunikationsstand in den ersten Bereich »Soziale Interaktion – Primäre Intersubjektivität (Dyadische Interaktion »Du und Ich«)« einzuordnen. Dieser Bereich ist in 13 Ausgangssituationen, im Folgenden Stufen genannt, unterteilt. Ida befindet sich auf der Stufe 10, die der Schicht »Quasi-Reziprozität« entspricht (▶ Tab. 1.). Dies bedeutet, dass Ida Ansätze zur Übernahme und Fortsetzung der gemeinsamen (eingespielten) Interaktionshandlung zeigt. Sie antizipiert ansatzweise den nächsten Schritt in einer Routinehandlung oder antizipiert und imitiert die Vorschläge des Partners im Interaktionsspiel. Sie beginnt, sich kompetent und selbstwirksam zu erleben. Die Aufgabe/Rolle des Kommunikationspartners besteht darin, Ida so zu unterstützen, dass sie sich selbst aktiv erleben kann, und ihre Äußerungen zu bestätigen. Dabei muss der Partner bedenken und beachten, dass die von Ida ausgehenden Initiativen zögerlich, vage und ungelenk sein können. Im Hinblick auf die weitere Förderung sollten sich Ansatzpunkte anhand miteinander geteilter Erfahrungen aus dem alltäglichen Leben und den damit verbundenen Eindrücken ergeben, z. B. durch Innehalten bei Routinehandlungen. Dabei liegt die Voraussetzung darin, dass Rituale und Routinehandlungen bei Ida verankert sein müssen, denn sie bilden den Rahmen und schaffen Sicherheit (vgl. Skusa et al. 2017, 11).

In diesem Beispiel ist es so, dass Ida tatsächlich auch die vorigen Stufen (1–9) erfolgreich durchlaufen hat. Zurzeit befindet sie sich in Stufe 10, zeigt aber bereits auch Äußerungen, die im zweiten Bereich »Kommunikative Interaktion – Sekundäre Intersubjektivität (Triadische Interaktion *Du und Ich und Es*)« erfolgen, ohne die Stufen 11 bis 13 des ersten Bereichs durchlaufen zu haben. Wichtig ist, die anderen Stufen nicht zu übergehen, weil der Eindruck entsteht, das Kind sei vermeintlich schon weiter in seinem Kommunikationsstand, sondern zu schauen, wo angesetzt werden muss, um auch die übersprungenen erfolgreich zu durchlaufen. Nur wenn die einzelnen Stufen abgesichert werden, kann eine bestmögliche Ausgangsposition für eine gelingende Kommunikation stattfinden.

Im zweiten Bereich »Kommunikative (Triadische) Interaktion« hat Ida sowohl die erste als auch die zweite Stufe erreicht. Dies entspricht der Schicht, der »Quasi miteinander geteilten Aufmerksamkeit«.

- *Stufe 1:* Ida folgt der Aufmerksamkeit des Partners zu einem dritten Element (z. B. Musikinstrument), benötigt dazu jedoch dessen Unterstützung. Der Partner versucht also, die Aufmerksamkeitsrichtung von Ida taktil auf ein drittes Element zu lenken und sich mit ihr dazu auszutauschen. Zur weiteren Förderung sollte der Partner Situationen schaffen, in denen im bekannten Ablauf offensichtlich etwas verändert ist, z. B. etwas fehlt (der Karton, in dem sich das Musikinstrument befindet).
- *Stufe 2:* Ida gibt dem Partner – etwa mittels Körperausdruck, Lauten – zu erkennen, was ihre Aufmerksamkeit erregt bzw. welches Bedürfnis sie hat (z. B. Ausziehen der Orthesen), und initiiert, den Fokus gemeinsam darauf zu richten. An dieser Stelle sollte der Partner Ida folgen und dabei bedenken und beachten, dass ihre Aufmerksamkeitsausrichtung vielleicht nur vage geschieht, ihre Körpersprache und ihr Verhalten vielleicht sogar als Desinteresse oder Passivität missdeutet werden könnten.
- *Stufe 3:* »Miteinander geteilte Aufmerksamkeit« hat Ida noch nicht erreicht. Um diese zu erlangen, sollte der Partner damit beginnen, gezielt stabile Zeichensysteme einzusetzen – dem Wahrnehmungsvermögen von Ida angepasst – wie z. B. konkrete Gegenstände oder Bezugsobjekte (vgl. Skusa et al. 2017, 13 f.).

Bei der Einschätzung des Kommunikationsstandes von taubblinden Menschen sind deren Persönlichkeit und Biographie zu berücksichtigen.

3 Einschätzung des Kommunikationsstandes: Lea

Während Idas Verhalten gemeinhin mit Begriffen wie ›faul, bequem, Prinzessin, einfallslos, bescheiden und pflegeleicht‹ bedacht wird, werden bei Lea Begriffe wie ›kommandiert gerne Leute rum, hat Leute im Griff, tyrannisiert ihr Umfeld oder auch Dickkopf‹ zur Verhaltensbeschreibung herangezogen. Sie gilt als sehr anstrengend und (heraus-)fordernd. Solche Begriffe sind weder zur Beschreibung regulär entwickelter Kinder noch im Bereich Taubblindheit angemessen. Sie sind unprofessionell, irreführend und erschweren eine angemessene Förderung. Diese basiert auf guter Diagnostik, im Bereich Taubblindheit maßgeblich auf der des Kommunikationsstandes. Nur wenn der Partner in der Lage ist, gezeigtes Verhalten auf dieser Basis zu interpretieren und einzuordnen, kann das Kind die ihm zustehende Förderung erhalten. Wenn es gelingt, einen Bogen zwischen Kommunikationsvermögen und gezeigtem Verhalten zu schlagen, ist die Gefahr der Über- oder Unterschätzung deutlich minimiert. Im Falle von Lea hätte so vielleicht vermieden werden können, sie durch standardisierte Erziehungsmaßnahmen in ihrer Entwicklung beständig zu hemmen. Als Lea mit 5 ½ Jahren in eine Internatsklasse des Bildungszentrums eingegliedert wurde, hatte sie schon viel erlebt. Als Zwillingsfrühgeburt hatte sie mit massiven gesundheitlichen Problemen zu kämpfen; ihre Krankenhaus- und Arzterfahrungen waren enorm. Der Besuch des Kindergartens kann als eine Geschichte dauernder Missverständnisse zusammengefasst werden. Ihrem liebe- und verständnisvollen familiären Umfeld ist es zu verdanken, dass sie sich trotz allem ihre Lebensfreude und ihren unbändigen Wunsch nach einem Miteinander bewahrt hat. Wo lag nun das Problem? Da Lea auf den ersten Blick sehr souverän und selbstbewusst wirkt, wurde sie massiv überschätzt. Es wurde nicht berücksichtigt, dass Lea extrem kurzsichtig ist und nur im Nahbereich (max. 50 cm) Dinge/Personen erkennt. Angebote (z. B. Gebärden) außerhalb dieses Bereiches erkennt sie nicht, ebenso wenig die im Raum befindlichen Personen – sie ist die meiste Zeit damit beschäftigt zu raten, was da gerade vor sich geht, und hat es in dieser Disziplin weit gebracht. Aber: Das bei ihr vorherrschende Grundgefühl ist permanente Unsicherheit. Sie ist außerdem hörgeschädigt und obwohl sehr früh mit einem CI versorgt, nicht bereit, dieses zu tragen. Sie nimmt Geräusche wahr, aber entnimmt lautsprachlichen Äußerungen nur bedingt deren Inhalt. Des Weiteren hat sie eine linksseitige mittelgradige Lähmung, was ihre motorische Entwicklung und auch das Gebärden sehr erschwert; sie ist komplett auf Hilfe und Unterstützung durch ein Gegenüber angewiesen. Diese Abhängigkeit steht in gravierendem Kontrast zu ihrem starken Willen, möglichst viel allein zu machen und selbständig zu sein. Ein Dilemma – vor allem in Kombination mit nicht gelingender Kommunikation. Damals erfüllte sie die Kriterien von Bereich I, Stufe 4 »Kind zeigt – noch ohne partnerbezogene Intention – ›Äußerungen‹ (jeglicher Art)« (Skusa et al. 2017, 8). Hätte man das gewusst, wäre die Förderung sicher nicht auf verhaltensregulierende Maßnahmen, sondern auf kommunikationsfördernde Angebote ausgerichtet worden. Die Schicht »Emotionales und motorisches Einschwingen« fordert vom Partner, dass er versucht, sich in das kindliche Tun einzuklinken, indem er dessen Äußerung(en) aufgreift, so dass beide das Gleiche erfahren und im gleichen Tempo, mit gleicher Intensität, in gleicher Form… gemeinsam dieselbe(n) Äußerung(en) erleben (vgl. Skusa et al. 2017, 8). Dies hätte zur Folge, dass die nächste Schicht »Attunement« hätte erreicht werden können, in welcher Lea erlebt hätte, dass *sie* gesehen und verstanden wird. Konkret hätte das in dieser Zeit bedeutet, dass sich der Partner neben sie auf den Boden legt und dort auf dem Rücken liegend ihre Bewegungen nachmacht. Neben der sportlichen Herausforderung ist dies für Erwachsene kein gesellschaftlich anerkanntes Verhalten. Nur wenige Kollegen ließen sich auf solch ein ungewöhnliches Kommunikationsangebot ein, so dass die Kontaktaufnahme schon in diesem Stadium scheiterte. Zu der körperlich/peinlich besetzten Hürde kam, dass Lea *gleichzeitig* bereits Kriterien des Bereichs II, Stufe 2 erfüllte, d. h. in der Triadischen Interaktion »Du und Ich und Es« ihrem Partner eindeutig zeigte, was ihre Aufmerksamkeit erregt und initiierte, den Fokus gemeinsam darauf zu richten (vgl. Skusa et al. 2017, 14). Es fehlten also zehn kindliche Schritte (Stufen), die durchlaufen werden sollten, damit auch bei der miteinander geteilten Aufmerksamkeit eine Wechselseitigkeit gegeben ist. Eine Weiterentwicklung in die nächste Schicht war nicht möglich, weil die Versuche des Partners, etwas zu initiieren, ins Leere liefen. Dass Lea einige Gebärden (Windel wechseln und Essen) beherrschte und anwandte, hatte zur Folge, dass die Förderung auf Gebärdenzuwachs und Wortschatzerweiterung abzielte, *ohne* zu bedenken, dass Gebärden kein Selbstzweck, sondern ein Kommunikationssystem sind, welches den gleichen Erwerbsregeln unterliegt wie die Lautsprache. Auch diese ist kein Selbstzweck, sondern dient letztlich dem Miteinander. Dass Lea auch das Wort ›essen‹ relativ verständlich sagen konnte, tat sein Übriges, sie in ihrem Kommunikationsvermögen vollkommen zu überschätzen. In der Summe führte dies dazu, dass Lea in keiner gemeinsamen Situation Sicherheit und Vertrauen aufbauen konnte und konsequenterweise war sie zu diesem Zeitpunkt bereits dazu übergegangen, ihr jeweiliges Gegenüber bei »Fehlverhalten« zu schlagen, zu treten, zu kneifen, zu beißen und alles mit lautem, schrillen Schreien zu untermauern. Natürlich ist es auch Anliegen der Schule, Lea zu befähigen, sich im sozialverträglichen Rahmen auszudrücken. Das Aufzeigen von für Lea nachvollziehbaren Alternativen war ein aufwändiger und langandauernder Prozess, der vom Partner viel Empathie, Einfühlungsvermögen und Fachlichkeit erwartet. Es dauerte 1½ Jahre, bis sie sich gesehen und verstanden fühlte und bereit war, sich auf Angebote des Partners einzulassen. Mittlerweile sind die Schichten der »Ko-Regulation«, der »Quasi-Reziprozität« erreicht, und es können »Echte Geben-Nehmen-Spiele« gespielt werden. Wie instabil ihr Sicherheitsgefühl ist, zeigt sich, wenn die räumliche und/oder personelle Umgebung wechselt. Feste und Feiern mit großen unübersichtlichen Menschenmengen, Begegnungen mit Unbekannten oder Einkäufe/Ausflüge sind für sie eine Überforderung, in welchen sie umgehend in alte Verhaltensmuster fällt. Der nächste Schritt ist, sie sukzessive in diesen Bereichen positive Erfahrungen machen zu lassen, so dass alles, was jetzt im vertrauten Rahmen funktioniert, auf andere Bereiche übertragbar wird. Da sie mittlerweile mehr Gebärden beherrscht, ihr Wortschatz sich parallel weiterentwickelt hat, wird es immer einfacher, schwierige Situationen miteinander zu verhandeln und Alternativen aufzuzeigen. Es ist unerlässlich, durch weitere Videoanalysen diagnostisch tätig zu bleiben, um ihr mit den Förderzielen und -angeboten gerecht zu bleiben und zwischen »müsste können« und »kann« zu unterscheiden. So kennt sie beispielsweise die Gebärden für »komm bitte mit, ich serviere dir den Tee in deinem Zimmer« und müsste bereits folgen können, aber: sie beginnt bitterlich zu weinen, wenn der Erwachsene vorausgehend ihrem Gesichtsfeld entschwindet, sie sich verlassen und hilflos fühlt, weil sie das Gesagte/Gebärdete nicht schnell genug und eindeutig erfassen konnte. Hier muss sich der Partner nach gemachter Aussage rückversichern, ob Lea ihn wirklich verstanden hat.

Mit Ida und Lea haben wir zwei Prototypen beschrieben, wie sie uns im Alltag oft begegnen: Während man bei den einen die Eigenaktivität herauskitzeln muss, damit eine auf Wechselseitigkeit basierende »echte« Kommunikation stattfindet, muss bei den anderen das Vertrauen aufgebaut werden, dass es ein Gewinn und keine Gefahr ist, sich auf die Angebote des Gegenübers einzulassen. Beide sind auf einen erfahrenen, fachkompetenten, geduldigen Partner mit verstehender Grundhaltung angewiesen.

4 Fazit

Abschließend ist zu sagen, dass wir im vorliegenden Beitrag sowie in Trissia/Geck/Tüscher (in diesem Band) nur einen minimalen Einblick in die Thematik geben können. Die vorhandene weiterführende Literatur (vgl. AGTB 2018) zum Thema Taubblindheit kann einen umfassenderen Wissensstand vermitteln. Intensive netzwerkorientierte und interdisziplinäre Zusammenarbeit haben die Entwicklungen im Bereich Förderung taubblinder Menschen vorangetrieben. Durch das herausragende Engagement vieler Menschen wurden Möglichkeiten geschaffen, taubblinde Menschen aus der Isolation in die Teilhabe mitzunehmen, Aufmerksamkeit auf die Bedürfnisse derer zu lenken, die nur einen geringen Anteil der Bevölkerung ausmachen und die doch so intensive und große Bedarfe haben. Durch die Stiftungsprofessur »Taubblindheit« an der PH Heidelberg mit Prof. Dr. Andrea Wanka in diesem Jahr (2019) entstehen neue Möglichkeiten der intensiven Auseinandersetzung und validierten Forschung.

Literatur

AGTB 2018, Literaturliste zum Themenbereich Hörsehbehinderung/Taubblindheit. https://agtb-deutschland.de/fachliteratur/ [02.05.2019].

Nafstad, A./Rødbroe, I. (2018): Kommunikative Beziehungen. Intervention zur Gestaltung von Kommunikation mit Menschen mit angeborener Taubblindheit. Würzburg: Edition Bentheim.

Skusa, C./Becker, T./Lokay, A./Weiberg-Gerke, U. (2017): Von sozialer Interaktion zu Kommunikation. Einschätzung des Kommunikationsstandes eines Menschen mit Taubblindheit/Hörsehbehinderung. Würzburg: Edition Bentheim.

Augensteuerung und Gaze Viewer als Diagnostikinstrumente

Friederike Hogrebe & Karolin Schäfer

Eye Tracking bezeichnet die Aufzeichnung der Augenbewegungen einer Person während der Betrachtung eines Bildschirms. Diese Technologie bildet die Grundlage für die Augensteuerung, bei der die verfolgten Augenbewegungen zur Steuerung einer Computeroberfläche genutzt werden (vgl. Wilkinson/ Mitchell 2014, 107).

1 Funktionsweise von Augensteuerungen

Eine Augensteuerung ist zumeist mit einer oder mehreren Kameras ausgestattet, die die Pupillenbewegungen der Person, die vor einem Bildschirm positioniert ist, kontinuierlich filmen. Zeitgleich werden die Augen mit einer für den Menschen unsichtbaren Lichtquelle nahe des Infrarotbereichs beleuchtet, ohne dass die Augen geblendet werden. Auf diese Weise kann das Augensteuerungssystem genau berechnen, wohin der Blick einer vor dem Bildschirm sitzenden Person gerichtet ist (vgl. Ehlert 2011, 15).

Vor der Nutzung einer Augensteuerung ist eine Kalibrierung notwendig, bei der die Person einem Punkt oder ähnlichen Stimulus auf dem Bildschirm mit den Augen folgen muss. Dabei muss der Abstand zu dem Augensteuerungssystem innerhalb eines bestimmten Toleranzbereiches liegen. Mit der Kalibrierung wird eine individuelle Einstellung bzw. Justierung vorgenommen, da Augenabstand und Blickbewegungen je nach Person immer etwas unterschiedlich ausfallen (vgl. ebd., 16).

Nach der Kalibrierung kann die Auswahl von Feldern auf einem Bildschirm über Dwell-Klick (d. h. längeres Verweilen der Augen auf dem Feld), bewusstes Augenschließen (d. h. länger als ein kurzer Lidschlag) oder einen externen Taster für den linken Mausklick erfolgen (vgl. Breul 2008, 05.016.011).

2 Zielgruppen

Durch verbesserte technische Eigenschaften sind die Zielgruppen für Augensteuerungen in den letzten Jahren deutlich erweitert worden. Vor allem das Vorhandensein und die Verbesserung der Akkulaufzeit der Systeme haben dazu beigetragen, dass die Geräte überhaupt mobil genutzt werden können. Bei Kindern mit Rett-Syndrom und Infantiler Cerebralparese werden Augensteuerungen häufig eingesetzt. Auch Personen, die noch nicht intentional kommunizieren, können über Softwareanwendungen wie Look-to-learn o. Ä. erste basale Ursache-Wirkungserfahrungen mit der Augensteuerung sammeln.

Die Ansteuerung elektronischer Kommunikationshilfen über Taster-Scanning ist mittlerweile durch den Einsatz von Augensteuerungen nahezu vollständig abgelöst worden. Eine Sonderform bildet hier noch das auditive Scanning, das häufig von Personen mit schwerer Sehbeeinträchtigung genutzt wird.

3 Bedeutung der Umwelt

Aus Sicht der ICF (vgl. WHO 2005, 14–16) ist zu beachten, dass beim Einsatz einer Augensteuerung verschiedene Aspekte eine Rolle spielen. Nicht allein die visuellen Fähigkeiten des Nutzers auf Ebene der Körperstrukturen und -funktionen sind für die Betrachtung des Einsatzes relevant, sondern auch Faktoren des Umfelds, da dieses das System bereitstellen sowie in Gesichtsnähe in einem passenden Abstand positionieren muss, damit die unterstützt kommunizierende Person überhaupt aktiv werden kann. Auch die Beleuchtungsbedingungen beeinflussen die Anwendbarkeit der Technologie. Da Tageslicht einen hohen Infrarotanteil hat, gelingt die Nutzung einer Augensteuerung im Freien nicht so gut wie in geschlossenen Räumen (vgl. Ehlert 2011, 17).

4 Besonderheiten des Einsatzes einer Augensteuerung

Bei der Nutzung einer Augensteuerung kann nicht verhindert werden, dass das Auge zugleich aufnehmendes und ansteuerndes Organ ist, da die Orientierung auf der Oberfläche und die Auswahl von Feldern gleichermaßen über das Auge erfolgen (vgl. Drewes et al. 2007, 80). Dies hat zur Folge, dass viele Personen, die eine Augensteuerung erstmalig testen, ein Gefühl der Unruhe und Anstrengung beschreiben, weil die Verfolgung der Blickbewegungen in Echtzeit erfolgt und ungewollte Eingaben bereits durch zu langes Verweilen auf einem Feld ausgelöst werden. Dies macht insbesondere auch die Verwendung von Augensteuerungen als Diagnostikinstrument schwierig.

Das Erlernen der selbstständigen Aktivierung und Deaktivierung der Pausefunktion gehört zu den wichtigsten Lernschritten für Augensteuerungsnutzer.

4.1 Funktionelle Grundlagen von Eye Tracking und Augensteuerung

Das menschliche Auge ist so gebaut, dass die höchste Auflösungsfähigkeit visueller Details nur durch eine kleine Stelle auf der Netzhaut (Fovea) geleistet werden kann. In der Regel werden Objekte, die zentral fixiert werden, auf der Fovea abgebildet. Währenddessen werden die umgebenen Aspekte des Gesichtsfeldes auf peripheren Netzhautstellen abgebildet. Dadurch können keine feinen Details des Eindrucks analysiert werden. Mittels einer schnellen Augenbewegung, einer sogenannten Sakkade, wird ein anderer Bereich des Gesichtsfeldes in die zentrale Netzhautstelle verlagert (vgl. Pola 2006, 89–90). Für die Dauer der Sakkade wird ein Teil der aufgenommenen Informationen, insbesondere die Bewegungsinformationen, die durch den Blickwechsel entstehen, unterdrückt (vgl. Ilg/Thier 2012, 36). Der Endpunkt einer Sakkade wird Fixation genannt (vgl. Zihl et al. 2012, 34).

4.2 Visuelle Bedingungen von unterstützt kommunizierenden Personen

Komplexe elektronische Kommunikationshilfen, die mittels Augensteuerung bedient werden, aber auch viele andere Aspekte der Umwelt enthalten in hohem Maße detailreiche visuelle Informationen. Gleichzeitig offenbaren Untersuchungen zu den Sehfunktionen von Personen mit Beeinträchtigungen, dass zu einem erheblichen Maße unentdeckte Seheinträchtigungen vorliegen, insbesondere bei komplexen Formen der Beeinträchtigung (vgl. Mervis et al. 2002, 540). Möglicherweise sind die eingeschränkten Kommunikationsmöglichkeiten und die damit verbundenen Herausforderungen in der augenärztlichen Diagnostik für diese Unterversorgung verantwortlich.

Für Menschen mit Cerebralparese (CP) liegen aus den vergangenen Jahren eine Reihe von Untersuchungen zu den visuellen Fähigkeiten vor. Beispielsweise wiesen in einer Untersuchung von Fazzi und Kollegen 98,4 % der Personen mit Tetraplegie Abweichungen in der Fähigkeit, bewegte Objekte zu verfolgen, auf. Dies könnte sich auch auf die Kalibrierung einer Augensteuerung auswirken. Auch die Fixation zeigte sich in der gleichen Untersuchung bei 49,6 % der Personen mit CP beeinträchtigt, bei Personen mit Tetraplegie sogar in wesentlich höherem Maße (78,7 %; vgl. Fazzi et al. 2012, 734). Sakkaden sind ebenfalls in 58,8 % (Hemiplegie) bis 100 % (Tetraplegie) beeinträchtigt (vgl. ebd.). Das Vorliegen einer Kurz- oder Weitsichtigkeit kommt mit Anteilen zwischen 37 % (vgl. Arnoldi et al. 2006, 100) und 78 % (vgl. Fazzi et al. 2012, 734) ebenfalls häufig vor. Vom Abweichen eines Auges durch Schielen (Strabismus) sind zwischen 26 % (vgl. Dufresne et al. 2014, 326) und über 80 % (vgl. Fazzi et al. 2012, 734) der Personen mit CP betroffen.

Neben diesen okulomotorischen Herausforderungen und einer Reihe von weiteren Sehbeeinträchtigungen okulärer Ursache unterliegen Personen mit Cerebralparese einer erhöhten Wahrscheinlichkeit, von cerebral bedingten Sehbeeinträchtigungen (Cerebral Visual Impairment, CVI) betroffen zu sein, bei denen die wahrnehmungsbezogene Verarbeitung der aufgenommenen Seheindrücke erschwert sein kann (vgl. Chokron/Dutton 2016, 6). Dies kann beispielsweise Auswirkungen auf die Verarbeitung nah benachbarter Objekte (Crowding) oder die Prozessierung von Linien, Gesichtern oder Formen haben.

Anhand der bespielhaften Darstellung der Personen mit Cerebralparese wird deutlich, dass Zielgruppen der Unterstützten Kommunikation mutmaßlich in hohem Maße von unterschiedlichen Sehbeeinträchtigungen betroffen sind. Treten im Versorgungsprozess mit Hilfsmitteln Schwierigkeiten in der Bedienung auf, so gibt es unterschiedliche Interpretationsmöglichkeiten. Higginbotham et al. (vgl. 2007, 248) formulieren die Sorge, dass visuelle Schwierigkeiten fälschlicherweise als Kognitions-, Gedächtnis- und Lernbeeinträchtigungen interpretiert werden können.

4.3 Mögliche Auswirkungen auf die Nutzung einer Augensteuerung

Sehbeeinträchtigungen unterschiedlicher Genese und Ausprägung können einen Einfluss auf die Bedienung einer Augensteuerung haben. Die Nutzung von Brillen bei Personen mit starker Fehlsichtigkeit und der Einsatz von Gleitbrillen sind trotz des technischen Fortschritts nicht ganz unproblematisch. Ungewollte Reflexionen durch einfallendes Licht können auch durch entspiegelte Modelle nicht gänzlich vermieden werden und so möglicherweise die Aufzeichnung der Augenbewegungen negativ beeinflussen.

Bei weiteren Einschränkungen und Störungen der Augenbewegungen ist zwischen der technischen Perspektive des Eye Trackings unter dieser Bedingung und der funktionalen Perspektive der Nutzung der Kommunikationshilfe mit Augensteuerung zu unterscheiden.

- *Fixation:* Eine ausreichend stabile Fixation ist für die erfolgreiche Kalibrierung sowie für das spätere Auslösen von Aussagen auf der Kommunikationshilfe notwendig. Anpassungen lassen sich in der Toleranz der Genauigkeit der Fixation (z. B. durch größere Felder) sowie der erforderlichen Fixationsdauer vornehmen.
- *Strabismus:* Ein konstanter Strabismus (Schielen) ist bei der Ansteuerung einer Augensteuerung unproblematisch. Schwankende Schielbedingungen und große Schielwinkel können von den Systemen weniger gut kompensiert werden. Es ist möglich, eine Kalibrierung auf ein Auge zu beschränken (vgl. Karl et al. 2015, 05.007.001), jedoch ist dies bei alternierendem Schielen (abwechselnder Übernahme der Führung durch beide Augen) keine Lösung.
- *Augenbeweglichkeit:* Ein weiteres Problem betrifft die eingeschränkte Beweglichkeit der Augen in eine oder mehrere Blickrichtungen. Möglicherweise können so Felder in bestimmten Bereichen des Bildschirms nicht erreicht werden.
- *Gesichtsfeldausfälle:* Beim Vorliegen von Gesichtsfeldausfällen können einzelne Bereiche des Bildschirms, die sich im Bereich des Ausfalls (Skotoms) befinden, ohne kompensierende Kopf- oder Augenbewegungen nicht wahrgenommen werden.
- *Nystagmus:* Unwillkürliche Augenbewegungen wie ein Nystagmus (»Augenzittern«) führen nicht nur zu einer Abnahme der Fixationsgenauigkeit und einer Zunahme des Zeitbedarfs (vgl. Zihl/Dutton 2015, 101) und damit auch zu einer negativen Beeinflussung des Detailsehens, sondern können auch bei starker Ausprägung beim derzeitigen Technikstand eine Kontraindikation für die Nutzung einer Augensteuerung sein.

Eine isolierte Übungsbehandlung zur Beeinflussung der visuellen Fähigkeiten führt nur in wenigen Fällen zu deutlichen Verbesserungen (z. B. Kompensationstraining bei Gesichtsfeldausfällen) und sollte stets in Absprache mit dem behandelnden Augenarzt durchgeführt werden (vgl. Gentile/Abegg 2016, 76).

5 Gaze Viewer als Diagnostikinstrument – Möglichkeiten und Grenzen

Mittels zusätzlicher Software wie beispielsweise des Gaze Viewers können die Blickverläufe einer Person, die eine Augensteuerung nutzt, über einen selbstgewählten Zeitraum aufgezeichnet werden, um die Blickverläufe auszuwerten und zu analysieren.

Auf diese Weise können nicht allein Blickverläufe in ihrer Reihenfolge nachvollzogen und sichtbar gemacht werden, sondern auch, wie lange die unterstützt kommunizierende Person etwas angesehen hat. Parallel dazu kann eine Sprachaufnahme erfolgen, um nachzuvollziehen, welche Aussagen anwesende Bezugspersonen getätigt haben und ob daraufhin Reaktionen der unterstützt kommunizierenden Person auf dem Bildschirm beobachtet werden können. Dies ist nicht nur in der Kommunikationssoftware möglich, sondern auch in jeder anderen Anwendung und hat daher für verschiedene Situationen eine hohe praktische und diagnostische Relevanz (z. B. bezogen auf das gemeinsame Betrachten von Fotos, Bilderbüchern, Videos, Schrift, Apps o. Ä.). Dabei lässt sich beispielsweise beobachten, ob bestimmte Bereiche des Bildschirms an passenden Stellen der begleitenden Unterhaltung angeschaut werden, ob Kinder bereits über Vorwissen zu Buchstaben und Wörtern verfügen oder wie der Verlauf der Blickbewegungen über einen Satz oder Text ausfällt (z. B. in Leserichtung von links nach rechts).

Die Darstellung der Blickverläufe erfolgt in Form von Heatmaps (Wärmebilder) oder Gazeplots (Blickverlaufswege) (▶ Abb. 1). Heatmaps spiegeln die Intensität der Fixationen innerhalb eines bestimmten Bereiches wider, indem Bereiche mit vielen Fixationen anders eingefärbt sind, als solche mit wenigen (vgl. Wilkinson/Mitchell 2014, 111). Gazeplots zeigen Fixationen und die verbindenden Sakkaden mittels Punkten und Strichen an, so dass der zeitliche Verlauf der einzelnen Blickverläufe nachvollzogen werden kann.

  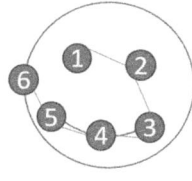

Abb. 1: Schematische Abbildung von Blickverlaufsdarstellungen (eigene Darstellung nach Hogrebe)

Präsentierte Abbildung   Heatmaps   Gazeplots

Bei der Verwendung von Eye Tracking und Gaze Viewer als Diagnostikinstrument ist trotz aller Sinnhaftigkeit Vorsicht geboten: Abgebildet werden kann ausschließlich das motorische Blickverhalten der Person in einer Momentaufnahme, d. h. es kann mit Sicherheit festgestellt werden, dass die zentralen Pupillenreflexe einer Person für einen begrenzten Zeitraum auf der visuellen Oberfläche des Bildschirms ruhten. Die Augenbewegungen sind jedoch nur scheinbar Ausdruck der Kognition und des Sprachverständnisses. Es ist daher nicht oder nur sehr eingeschränkt möglich, aus der Momentaufnahme expressiver Leistungen Rückschlüsse auf rezeptive Leistungen wie das Sprachstehen, das Leseverständnis, die Kognition, das Symbolverständnis oder die Sehfähigkeit einer Person zu ziehen. Es kann auch nicht beantwortet werden, ob die unterstützt kommunizierende Person tatsächlich erkennt, was auf der Oberfläche abgebildet ist (vgl. Walthes 2013, 137). Unklar bleibt ebenfalls, ob die in der diagnostischen Situation beobachtete Leistung über die Erprobungssituation und einen längeren Zeitraum hinaus aufrechterhalten kann (vgl. Hyvärinen 2008, 125) oder ab wann Ermüdungserscheinungen auftreten. Gaze Viewer beantwortet also auch nicht die Frage, ob eine Augensteuerung langfristig genutzt werden kann oder sollte.

Eine Sprachverständniseinschätzung mit Gaze Viewer, die keine sicheren Ergebnisse liefert, lässt Raum für verschiedene Interpretationen:

- das Sprachverständnis der Person ist tatsächlich eingeschränkt oder die Person hat die Anweisung aufgrund einer möglichen

Hörbeeinträchtigung nicht gehört/nicht verstanden;
- die Rezeption der visuellen Oberfläche ist aufgrund von abbildungsbezogenen (Refraktion, Visus, Gesichtsfelddefekte etc.) oder wahrnehmungsbezogenen (cerebral bedingt, Crowding, Neglect etc.) Bedingungen erschwert;
- die Expression (Ansteuerung einer Schaltfläche) ist durch (okulo)motorische Bedingungen erschwert.

Wichtig zu beachten ist auf der anderen Seite allerdings auch, dass vermeintliche »Treffer« mit den Augen im entscheidenden Moment ebenfalls Zufallsergebnisse sein können.

6 Fazit

Augensteuerungen bieten fraglos ein großes Potential für den Bereich der Unterstützten Kommunikation. Motorisch schwer beeinträchtigte Nutzer werden durch ihren Einsatz dazu befähigt, ihr Potential über die Augen zu entfalten. Menschen, denen früher aufgrund ihrer sehr eingeschränkten körperlich-motorischen Fertigkeiten auch kognitiv wenig zugetraut wurde, erhalten durch Augensteuerungen die Möglichkeit, das Gegenteil zu beweisen. Viele Einstellungen in der jeweiligen Software sind heute nach den Initialeinstellungen nahezu selbsterklärend. Eine Kalibrierung muss nicht bei jeder Nutzung neu erfolgen, ist aber auch nicht automatisch jahrelang passend.

Die Erwartung, dass mithilfe der vermeintlich aufwendigsten und teuersten Technik das beste Resultat erzielt werden kann, auch bei Personen mit unklaren sensorischen, kognitiven und kommunikativen Voraussetzungen, kann jedoch auch ein Trugschluss sein. Diese Voraussetzungen können auch mit einer Diagnostik mittels Gaze Viewer nicht geklärt werden. Bei visuellen Beeinträchtigungen ist Vorsicht geboten – blickmotorische Fähigkeiten und visuelle Wahrnehmung sind nur eingeschränkt trainierbar (vgl. Gentile/Abegg 2016, 76) und verbessern sich nicht zwangsläufig mit der Zeit. Vermutlich sind viele Menschen mit UK-Bedarf von Einschränkungen in der visuellen Wahrnehmung betroffen (vgl. Blackstone 2005, 2). Die Nutzung einer Augensteuerung kann auch frustrierend sein, wenn es motorisch über einen längeren Zeitraum nicht gelingt, Felder sicher anzusteuern und wenn trotz intensiver Nutzung keine Verbesserungen eintreten. Bei unklaren Voraussetzungen sollten Alternativen über körpereigene Kommunikationsformen wie Partnerscanning und Abfragesysteme bekannt sein und ohnehin zusätzlich zur Technik genutzt werden.

Die Herausforderungen bei der Positionierung und Kalibrierung einer Augensteuerung sollten nicht unterschätzt werden. Eine Diagnostik, die allein auf der Beobachtung des Blickverhaltens basiert, sollte kritisch reflektiert werden.

Literatur

Arnoldi, K. A./Pendarvis, L./Jackson, J./Agarwal Batra, N. N. (2006): Cerebral Palsy for the Pediatric Eye Care Team. Part III: Diagnosis and Management of Associated Visual and Sensory Disorders. In: American Orthoptic Journal 56, 97-107.

Breul, W. (2008): »Schau mir in die Augen…« – Möglichkeiten und Besonderheiten der Augensteuerung. In: isaac-Gesellschaft für UK/von Loeper (Hrsg.): Handbuch der Unterstützten Kommunikation. von Loeper: Karlsruhe, 05.016.011-05.016.013.

Blackstone, S. W. (2005): Vision and AAC. In: Augmentative Communication News 17 (4), 1-4.

Chokron, S./Dutton, G. N. (2016): Impact of Cerebral Visual Impairments on Motor Skills. Implications for Developmental Coordination Disorders. In: Frontiers in Psychology 7, 1471.

Dufresne, D./Dagenais, L./Shevell, M. I. (2014): Spectrum of visual disorders in a population-based cerebral palsy cohort. In: Pediatric neurology 50 (4), 324-328.

Drewes, H./Hußmann, H./Schmidt, A. (2007): Blickgesten als Fernbedienung. In: Mensch & Computer, 79-88.

Ehlert, U. (2011): Einen Augenblick, bitte! In: Unterstützte Kommunikation 4/11, 14-19.

Fazzi, E./Signorini, S./La Piana, R./Bertone, C./Misefari, W./Galli, J. et al. (2012): Neuroophthalmological disorders in cerebral palsy: ophthalmological, oculomotor, and visual aspects. In: Developmental Medicine and Child Neurology 54 (8), 730-736.

Gentile, E./Abegg, M. (2016): Sehtraining für Kinder. In: Therapeutische Umschau 73 (2), 73-77.

Higginbotham, D. J./Shane, H./Russell, S./Caves, K. (2007): Access to AAC: present, past, and future. In: Augmentative and Alternative Communication 23(3), 243-257.

Hyvärinen, L. (2008): Cerebrale Sehschädigungen im Kindesalter. In: Leyendecker, C. H. (Hrsg.): Gemeinsam Handeln statt Behandeln. Aufgaben und Perspektiven der Komplexleistung Frühförderung. München: Ernst Reinhardt Verlag, 118-126.

Ilg, U./Thier, P. (2012^3): Neuronale Grundlagen visueller Wahrnehmung. In: Karnath, H./Thier, P. (Hrsg.): Kognitive Neurowissenschaften. Berlin: Springer, 35-43.

Karl, D./Markl, T./Renner, G. (2015): Ansteuerungsmöglichkeiten von elektronischen Kommunikationshilfen. In: isaac-Gesellschaft für UK/von Loeper (Hrsg.): Handbuch der Unterstützten Kommunikation. von Loeper: Karlsruhe, 05.003.001-05.009.009.

Mervis, C. A./Boyle, C. A./Yeargin-Allsopp, M. (2002): Prevalence and selected characteristics of childhood vision impairment. In: Developmental Medicine and Child Neurology, 08, 538-541.

Pola, J. R. (2006): Development of eye movements in infants. In: Duckman, R. H. (Ed.): Visual development, diagnosis, and treatment of the pediatric patient. Philadelphia: Lippincott Williams & Wilkins, 89-109.

Walthes, R. (2013): Sehen – Anderssehen – Nichtsehen? In: Frühförderung interdisziplinär 3, 131-138.

Wilkinson, K. M./Mitchell, T. (2014): Eye Tracking Research to Answer Questions about Augmentative and Alternative Communication Assessment and Intervention. In: Augmentative and Alternative Communication, 2, 106-119.

World Health Organization (WHO) (2005): Internationale Klassifikation der Funktionsfähigkeit, Behinderung und Gesundheit (ICF). Genf: WHO.

Zihl, J./Mendius, K./Schuett, S./Priglinger, S. (2012): Sehstörungen bei Kindern. Visuoperzeptive und visuokognitive Störungen bei Kindern mit CVI. Wien, New York: Springer.

Zihl, J./Dutton, G. (2015): Cerebral Visual Impairment in Children. Visuoperceptive and Visuocognitive Disorders. Wien, New York: Springer.

UK-Diagnostik bei Menschen aus dem Autismus-Spektrum

Maria Lell

1 Einführung

»Möchtest du Saft?« fragt Pia und tobt, als die Tante »Nein danke!« antwortet, anstatt ihr Saft zu geben. Max lässt sich abfällig über Frisur und Kleidung der Klassenkameraden aus und wundert sich, wenn sie ihn links liegenlassen. Juri kniet auf dem Boden, schaukelt stundenlang mit dem Oberkörper und summt rhythmisch dazu »ääö«. Frau A. geht zum Kühlschrank und ist verzweifelt, weil er leer ist, obwohl sie gerade jetzt Hunger hat.

In unterschiedlichen Ausprägungsformen und Schweregraden zeigt sich bei jeder dieser Personen eine Autismus-Spektrum-Störung (ASS). In allen Fällen kann Unterstützte Kommunikation (UK), mit individuell ausgerichteter Diagnostik, weiterführend sein.

Der Autismus stellt die UK-Diagnostik aber vor besondere Herausforderungen. Mehr noch als bei allen anderen Formen der Beeinträchtigung hängen diagnostische Rückschlüsse und Ergebnisse davon ab, dass der von den Mitmenschen abweichende Erlebenszugang und somit die tief liegende Isolation der Betroffenen erkannt und überbrückt werden. Nur bei Überwinden der zwangsweisen sozialen und kommunikativen Sperre treten die unsichtbaren Dysfunktionen, aber auch die Potenziale bei den Betroffenen sowie die Möglichkeiten der Unterstützung deutlicher zutage.

Zuerst geht es also darum, wie Menschen im Autismus Spektrum (AS) überhaupt kontaktmäßig erreicht werden. Eng damit verbunden sind die weiteren Fragen: Wie erschließt sich diagnostisch bei der Vielzahl von irritierten Funktionen schrittweise die momentan beste *inhaltliche* Förderung? Wie lassen sich die Rahmenbedingungen im Lebens- und Lernumfeld auf den Einzelfall abstimmen, gangbare Lernwege identifizieren und Methoden, Techniken und Kommunikationsformen der UK effektiv anwenden (vgl. Castañeda/Fröhlich in diesem Band)?

2 Besonderheiten des Syndroms Autismus

Autismus ist eine genetisch determinierte, tiefgreifende und lebensbegleitende Entwicklungsstörung, die auf neurobiologische Abweichungen in Aufbau und Funktion des Gehirns zurückzuführen ist (vgl. Bölte 2009). Sie äußert sich gemäß der ICD-10 (Dilling et al. 2005) durch repetitive, stereotype Verhaltensweisen, begrenzte und oftmals extrem ausgeprägte Interessenlagen und vor allem durch Auffälligkeiten im komplexen Bereich der wechselseitigen zwischenmenschlichen Verständigung.

Während bei anderen Menschen mit UK-Bedarf gewisse motorische, sensorische und kognitive Einschränkungen sekundär auch eine Behinderung der Kommunikation nach sich ziehen, läuft bei Autismus alles darauf hinaus, dass die neurobiologische Grundausstattung per se betroffen ist, auf der Interaktion und Kommunikation und ihre unbewusst ablaufenden Mechanismen *primär* beruhen (▶ Abb. 1).

Nach außen hin tritt Autismus vor allem durch ungewöhnliches, für die Mitmenschen schwer nachvollziehbares Verhalten in Erscheinung und löst allseits Befremden und Unverständnis aus. Eltern und Bezugspersonen aus verschiedenen Lebensbereichen wie Kindergarten, Schule, Tagesstätte, Wohnheim und Arbeitsplatz fühlen sich stark überfordert und hilflos, weil der methodische Schlüssel fehlt, um an die Ursache der Problematik heranzukommen (s. Bsp. 1: Toni).

> Toni hopst in Vorfreude auf und ab, weil er gleich ein Gummibärchen von seiner Mutter bekommt. Er schlussfolgert dann, er hätte die Süßigkeit wegen des Hopsens erhalten. Als er noch ein Gummibärchen möchte, signalisiert er dies wieder durch eine hüpfende Bewegung. Weil die Mutter deren Absicht nicht versteht und es kein Gummibärchen gibt, steigert sich Toni wie aus heiterem Himmel in Wut. Deren wahre Ursache wird mit UK-Diagnostik leichter durchschaubar.

3 Diagnostik

3.1 Ziele und Zielgruppen

Für das große Spektrum der Ausprägungsformen des Autismus steht eine ganze Palette an Methoden zur Verfügung, die zum Teil eigens dafür konzipiert wurden, wie beispielsweise TEACCH (Häußler et al. 2008) und ESDM (Roger et al. 2014). Gerade im Kontext von Autismus fungiert UK nicht nur im Sinn alternativer und sprachergänzender Kommunikationsformen, sondern erbringt auch notwendige didaktische Hilfestellungen sowie Konzepte zum Aufbau sozialer, handlungsbezogener und lebenspraktischer Kompetenz (vgl. Kaiser-Mantel 2013). Wesentliche Voraussetzung dafür ist das Erschließen des jeweiligen situativen Zusammenhangs und Unterstützung beim Verstehen von Sprache. Entsprechend umfasst die Zielgruppe Personen mit Intelligenzminderung bis hin zu Hochbegabten, wobei die Skala auch von fehlender bis hin zu gut ausgeprägter rezeptiver und expressiver Sprachkompetenz reicht.

Die jeweils individuelle Förderdiagnostik konzentriert sich in Inhalt und Niveau auf alle in Tab. 1 dargelegten Bereiche und darüber hinaus auf Umgebungsfaktoren und Interaktionsmuster von Bezugspersonen. Ziel ist es, möglichst viele Indizien zu sammeln und zu prüfen, welche unterstützenden Maßnahmen geeignet sein könnten.

3.2 Herausforderungen und Grundhaltung

Generell ist es im Bereich der UK-Diagnostik nicht einfach, Kompetenzen einzuschätzen (vgl. Weid-Goldschmidt 2015); bei Menschen mit Autismus bedeutet das eine ganz besondere Herausforderung. Auch wenn in der Regel keine sichtbare motorische Beeinträchtigung vorhanden ist, sind viele von ihnen dennoch stark darin limitiert, absichtsvoll und gezielt motorisch zu handeln oder auch schnell genug auf Anforderungen zu reagieren. Wenn die Reaktion ausbleibt, ist zunächst schwer abschätzbar, ob es die Folge einer kognitiven Überforderung ist oder ob es vielmehr an fehlendem lösungsorientierten Handeln in angemessener Zeit und/oder einer sensorischen Irritation liegt. Meist bestehen Einschränkungen in allen möglichen Bereichen der sensorischen Verarbeitung: visuell, auditiv, taktil-kinästhetisch, olfaktorisch, gustatorisch (vgl. Attwood 2012; Häußler 2005). Vor allem auch, wenn die Betroffenen nicht sprechen, nur Echolalien oder bloße Stereotypien und Floskeln äußern, ist es mitunter überaus schwierig, ihrem wahren Potenzial gerecht zu werden.

Die diagnostische Kunst besteht darin, den Brückenschlag zu Personen im AS zu schaffen, sich wertschätzend in ihre Perspektive zu begeben, sie aus der Reserve zu locken und ihre befremdlichen Verhaltensweisen als Informationsquelle zu nutzen. Ungewöhnliches Verhalten sollte nicht negativ interpretiert, sondern als sinnvolle Strategie erkannt werden, mit der Menschen mit Autismus z. B. sensorische Funktionsstörungen, Überforderung und ungeordnete Eindrücke zu kompensieren suchen.

> Leo läuft stundenlang im Zimmer herum und tippt dabei immer wieder alle möglichen Dinge an. Bei der veranlassten weiterführenden Diagnostik in einem Sehbehindertenzentrum werden Probleme der Akkommodation und des Bewegungssehens festgestellt. Das Antippen von Gegenständen aus der Bewegung heraus ist für Leo also ein überaus sinnvoller Weg, seine Sehfunktionen zu trainieren.

3.3 Diagnostikverfahren

Das formale Prozedere der allgemeinen UK-Diagnostik gilt im Wesentlichen auch bei Autismus (vgl. Boenisch/Sachse 2018 sowie Garbe/Herrmann in diesem Band). Dennoch gibt es im Detail deutliche Unterschiede.

Befragung der Eltern und engen Bezugspersonen

Für die Befragung der Bezugspersonen eignen sich diverse allgemein für die UK konzipierte Anamnese- und Fragebögen. Spezifisch auf die Thematik bei Autismus ausgerichtet sind:

- die Fragebögen A-FFIP (Teufel et al. 2017): Allgemeiner Aufnahmebogen und Fragebogen für Erzieherinnen/Erzieher;
- die Fragebögen aus dem TEACCH-Programm: PEP-R (Schopler et al. 2018) bis zu einem Entwicklungsalter von sieben Jahren, TTAP (Mesibov et al. 2017) für Jugendliche und Erwachsene;
- das Pragmatische Profil (Dohmen 2009).

Beobachtung

Im Gegensatz zum ruhigen Schonraum einer Untersuchung fallen die Probleme von Menschen mit Autismus vornehmlich unter Alltagsbedingungen auf. Die Beobachtung sollte sich analog den Empfehlungen des COCP-Programms (vgl. Nonn 2011) auf drei Ebenen vollziehen:

- in der typischen alltäglichen Interaktion mit engen Bezugspersonen;
- in exemplarischen Situationen des Umfelds in Kindergarten, Schule, Beruf ...;
- im persönlichen Kontakt zum Untersucher.

Eine videografierte Analyse ist dabei für die diagnostische Beurteilung außerordentlich wertvoll (vgl. Nonn 2011, 102; Boenisch/Sachse 2018, 39). Videos bilden zwar einige womöglich entscheidende Umgebungsbedingungen nicht ab, wie z. B. Gerüche, Lichtspiegelungen,

Mechanismen der ASS

Abweichung in neuronalen Systemen beeinträchtigt entscheidende Basisfunktionen

Soziale Funktionalität	Wahrnehmung	Exekutive	Kognition
Zwischenmenschliche Abstimmung Blickkontakt, Blickfolge, initiative und responsive geteilte Aufmerksamkeit, soziale Rückversicherung, Einfühlen in die Perspektive anderer (Theory of Mind) Erfahrung von Selbstwirksamkeit intuitives Erlernen der sozialen Regeln	Herausfiltern wichtiger Reize unter dem Aspekt schlüssiger Kohärenz synchrone Integration von Reizen aus allen Sinneskanälen Hyper- und/oder Hyposensibilität sensorische Funktionen und Aktivitäten (z. B. auditive, visuelle, taktil-kinästhetische, …)	flexible Anpassung an die Dynamik der Umwelt Erlernen, Abrufen und motorisches Ausführen von zielgerichteten Handlungsmustern Impulskontrolle Steuerung der Aufmerksamkeit Arbeitsgedächtnis	Kontextgeleitetes Auswerten und Bündeln von Informationen aus verschiedenen Ebenen Verstehen von situativen und kausalen Zusammenhängen, pragmatische Inferenzziehung Erwerb von Weltwissen

Das Erleben einer ungeordneten Welt, Stress durch Reizüberflutung sowie fehlende zwischenmenschliche Kongruenz in Tempo und Inhalt bei der Informationsverarbeitung verstärken zusätzlich Einschränkungen in

Kommunikation	Sprache	Lernen	Verhalten	Umgang mit Gefühlen
Pragmatik Aspekte: soziale Koordination; Organisation kommunikativer Vorgänge Körpersprache paraverbaler Ausdruck Tonfall, Sprachmelodie, Lautstärke, … Initiative	Sprechen Sprachverstehen Pragmatik Aspekte: Ellipsen auf der Basis von Kontexten; Wortwahl Lexikon Wortschatz und dessen Organisation, Wortbedeutungen Grammatik, auch Textgrammatik	implizites Lernen durch intuitives Beobachten, Imitieren und Kooperieren explizites Lernen durch Unterricht und Instruktion Generalisieren	Variabilität im Agieren Tempo und Angemessenheit von Reaktionen Exploration Flexibilität Eigenständigkeit Umgangsformen	Verstehen, Einordnen und Regulieren eigener Gefühle Modus im Ausdruck des Befindens Zeigen von Empathie Interpretieren des Ausdrucks von Gefühlen anderer

Schwerwiegende Irritationen im alltäglichen Miteinander, z.B.: fehlendes Sprechvermögen, dabei kein Ansatz zu gestischer Kompensation; monotones Sprechen in hoher Stimmlage; mangelndes Heranziehen der diversen Kontexte, um Kernvokabular, Metaphern, Ironie und eigentliche Botschaft zu verstehen; falsche Wortwahl (z.B. „ein Großer" für Salzstange); Echolalie; lange Monologe oder stereotype Äußerungen statt Turntaking; fehlendes Gespür für andere (z.B. mangelnde Anteilnahme; ehrliche, aber unhöfliche Kommentare); Verwechslung von „ich" und „du"; stereotype sensorische Eigenstimulierung (z.B. Wedeln mit den Händen, Produktion lauter Geräusche); Veränderungsangst; Rückzug; Wutausbrüche; mangelnde Vorausschau und Planung im alltäglichen Handeln; …

Abb. 1: Mechanismen der ASS (bezugnehmend auf: Achhammer et al. 2016; Attwood 2012; Dohmen 2009; Dziobek/Bölte 2009; Freitag et al. 2017; Frith 1992; Häußler 2005; Teufel 2017; Vermeulen 2016 u. v. a.)

Vibrationen oder Luftzug. Dafür fallen bei mehrmaligem Ansehen immer wieder neue Details auf. Zudem geschieht die persönliche Begegnung, durch die Videokamera aufgenommen, viel konzentrierter und wird nicht durch ständiges Notieren von Beobachtungen unterbrochen.

Beobachtungsleitfäden, die auf Alter und Funktionsniveau der Klienten sowie auf Interventionsziele ausgerichtet sind, dienen dazu, die wesentlichen Momente der Interaktion systematisch zu erfassen. Es finden sich für die Interaktionsanalyse bei Kindern und deren Bezugspersonen gut überschaubare Beobachtungsbögen von Schelten-Cornish et al., z. B. online zu »Vorsprachliche Fähigkeiten und Eltern-Kind-Interaktion (BFI)« (Schelten-Cornish/Wirts 2008) oder »Pragmatische Fähigkeiten (BFP)« (Schelten-Cornish et al. 2012) sowie die umfassenden Diagnosebögen von Boenisch/Sachse (2018).

Formelle Diagnostik

Wegen der Probleme in exekutiven Funktionen und bei der sensorischen Verarbeitung führen standardisierte Intelligenz- und Sprachtests bei Menschen mit Autismus nicht unbedingt zu validen Aussagen über das Kompetenzprofil oder Entwicklungsalter. Insbesondere können visuelle Funktionsstörungen die Wahrnehmung von Bildern und damit auch die Ergebnisse nonverbaler Intelligenztests stark verzerren (vgl. Freitag et al. 2015). Auch weichen laut Vermeulen (2016) Sprachverständnis- und Wortschatzkompetenz unter der klaren Struktur von Testbedingungen deutlich vom normalen Alltag ab. Manchmal lassen sich Tests auch gar nicht oder nur in adaptierter Form durchführen. Bormann-Kischkel und Ullrich (2017) empfehlen für die neuropsychologische Diagnostik eine sensible Testdurchführung und ein adaptives Vorgehen. Zu Details in der formellen Sprachdiagnostik und zu Möglichkeiten der Adaptation sei auf die Ausführungen von Aktas (2012) verwiesen.

Einschlägig für Autismus bis zum Alter von 7 Jahren ist der PEP-R von Schopler et al. (2013), für ältere Kinder, Jugendliche und Erwachsene das TTAP von Mesibov et al. (2017).

> Kevin erreicht zwar im Grammatikverständnis-Test TROG-D die volle Punktzahl. Im Alltag hat er jedoch erhebliche Sprachverständnisprobleme, weil sich bei ihm Äußerungen wie »Das da!«, »Du auch?« oder »Das Haar in der Suppe« nicht automatisch mit dem dazugehörigen Kontext verknüpfen.

Semiformelle Funktionsdiagnostik

Bei Autismus birgt ein formloses, aber gezieltes Abtasten des Status quo viele diagnostische Vorteile in sich, z. B. durch kleinschrittiges Verändern von Anforderungen, Umgebungsbedingungen und Hilfestellungen auf allen möglichen Funktionsebenen.

Zunächst ist das Vorgehen von Kontaktsuche zu den Betroffenen bestimmt. Ihre noch so ungewöhnlichen Ideen sollten aufgegriffen werden, damit eine wechselseitige Interaktion zustande kommt.

> Juri spricht nicht und kapselt sich ab; durch die Schaukelbewegung, begleitet von rhythmischem »ääö«, scheint er sich zu beruhigen und zu schützen. Die untersuchende Person findet Kontakt zu Juri, indem sie ihn spiegelt, d. h. sich neben ihn auf den Boden kniet, mitschwingt und ebenfalls »ääö« summt. Juri hält kurz inne und stimmt vergnügt lächelnd wieder in den Rhythmus ein. Dieser Kniff, im Handlungsformat des Kindes den Kontakt zu suchen, fördert prompt erste Ressourcen zu Tage: Turntaking, gegenseitiges Imitieren (hier von Variationen in Lautstärke, Tonhöhe und Vokalen bis hin zu »ääja«), Explorieren von Selbstwirksamkeit.

Muster der Annäherung:

- synchrones Spiegeln von Verhalten (z. B. Schaukelbewegungen mit »ääö«-Summen) (vgl. Hansen/Klug 2013);
- Eingehen auf Spezialthemen (z. B. Alarmanlage oder Spiel mit Murmeln);
- Rücksichtnahme auf sensorische Nöte (z. B. Empfindlichkeit gegenüber Gerüchen durch Parfums, Essen oder Zigaretten).

Erst nach sorgfältiger Diagnose unter Zuhilfenahme des einfühlsamen Sich-Einlassens lässt sich der Unterstützungsbedarf abstecken. Es folgt auf die identifizierten Kommunikationsäußerungen die Suche nach geeigneten Rahmenbedingungen, Motivationshilfen sowie Methoden und Techniken für Kommunikation und Lernen.

Ein inhaltlicher Schwerpunkt liegt auf den Strukturen der Sprache, insbesondere der Pragmatik (vgl. Lingk/Nonn/Sachse in diesem Band). Im Kontext von Autismus sind vor allem relevant: aktives Sprechen und Verstehen, kommunikative Funktionen von Sprache, Wortschatz und deren Bedeutungsvielfalt erkennen (z. B. bei bildhafter Sprache), situativen Bezug auf unausgesprochene Kontexte wahrnehmen (z. B. geteiltes Wissen, Perspektive des anderen, paraverbaler Ausdruck, nonverbale Signale, vgl. Vermeulen 2016), Gesprächsregeln und Regeln des zwischenmenschlichen Umgangs einhalten oder Erzählfähigkeit ausbauen (s. Pia und Max).

> Pia kann zwar sprechen, verwendet jedoch in verzögerter Echolalie eine oft gehörte Formulierung; sie vertauscht bei dem Wunsch nach Saft »du« und »ich« sowie Frage und Appell. Die UK-Diagnostik stellt hier die Weichen für eine Sprachtherapie.
>
> Max tut, entgegen jeglicher Höflichkeitsregel, ungeniert kund, was er so denkt. Bei ihm sucht die UK-Diagnostik Möglichkeiten, die Regeln des zwischenmenschlichen Miteinanders und deren Sinn und Zweck zu verinnerlichen.

Weitere, für Autismus wesentliche Aspekte der formlosen Diagnostik sind der Grad der Eigenständigkeit im Handeln und die tieferliegenden Funktionen ungewöhnlicher Verhaltensweisen. Für die Diagnostik ist auch überaus wichtig, dass mangelnder Blickkontakt und zu geringes Beachten der Mimik keineswegs immer als soziales Desinteresse zu deuten sind, sondern auch die Folge zentraler visueller Funktionsstörungen sein können (vgl. Freitag et al. 2017, 224).

> Frau A. tut sich schwer, ihren Alltag vorausschauend zu organisieren. Die UK-Diagnostik entwirft Strategien, die ihr helfen, rechtzeitig einkaufen zu gehen, die Wäsche zu waschen usw.
>
> Der zehnjährige Anton kommt nach der Pause regelmäßig zu spät zum Unterricht. Eine Belohnung mit Gummibärchen und eine Bestrafung durch Nachsitzen ändern daran nichts. Schließlich wird diagnostisch die Funktion von Antons Verhalten ermittelt, nämlich dass er die Toilette allein und ungestört aufsuchen will. Ein anders organisierter Toilettengang führt zur pädagogischen Lösung des Problems.

Anhaltspunkte für semiformelle diagnostische Vorgehensweisen finden sich z. B. in:

- »Förderdiagnostik-Kiste« von Häußler et al. (2016): ideenreiches Konzept zur UK-Diagnostik bei Grundschulkindern und Jugendlichen mit Asperger Syndrom
- Castañeda/Hallbauer (2015): diagnostische Möglichkeiten des iPads hinsichtlich Schriftsprache, Bildung von Oberbegriffen und Mehrwortsätzen sowie Symbolerkennung und -ansteuerung
- TRANS-PIKS (Lell 2017): konsequent analytisch-diagnostisch vorgehende, sprach-

therapeutisch fundierte Methode der Unterstützten Kommunikation

Unterstützende Checklisten und Beurteilungs-Skalen:

- Social Skills Assessment – Erhebungsbogen für soziale Fertigkeiten von Boswell et al. (1996), übersetzt und bearbeitet von Häußler et al. (2008)
- Allgemeines Beobachtungsraster zur Förderdiagnostik und weitere Checklisten von Häußler et al. (2008), insbesondere für Kinder und Jugendliche mit Asperger Syndrom
- Checkliste zur Interventionsplanung zu A-FFIP (Teufel et al. 2017) für Kinder im Vorschulalter
- Early Start Denver Model Checklisten für kleine Kinder mit ASS (für verschiedene Leistungsstufen und Leistungsprofile) nach Roger/Dawson (2010)
- Diagnosebögen von Boenisch/Sachse (2018)
- SORKC-Schema zur Verhaltensanalyse (vgl. Teufel et al. 2017)

4 Fazit

Die UK-Diagnostik bei Autismus setzt Grundwissen über die Mechanismen der ASS voraus und bedarf allergrößten Entgegenkommens und eines Klimas nahezu bedingungsloser Akzeptanz, wobei seltsames Verhalten nicht gleich von vornherein als Ursache der sozialen Hemmnisse verstanden wird, sondern als Folge tiefliegender Dysfunktionen.

Sukzessive gelangt die UK-Diagnostik zu ihren Ergebnissen und gewinnt ihre Anhaltspunkte durch Befragung, Beobachtung sowie vorsichtige Interpretation und Adaptation von Tests. Die Weichen für effektive UK-Strategien werden vor allem in semiformellem Vorgehen entlang hypothetisch geleiteter erster Fördermaßnahmen gestellt. Die untersuchende Person richtet ihren Fokus auf die ganz speziellen Interessen des autistisch geprägten Menschen und stellt damit in kompensierender Weise Kontakt und geteilte Aufmerksamkeit her. Ein Durchbruch zeigt sich an, wenn die Betroffenen Impulse auffangen und Echo geben. Genau hier dockt das diagnostische Abtasten an und es werden die tatsächlichen Potenziale freigelegt.

Literatur

Achhammer, B./Büttner, J./Sallat, S./Spreer, M. (2016): Pragmatische Störungen im Kindes- und Erwachsenenalter. Thieme: Stuttgart.

Aktas, M. (2012): Entwicklungsorientierte Sprachdiagnostik und -förderung bei Kindern mit geistiger Behinderung. München: Urban & Fischer: München.

Attwood, T. (2012[2]): Ein Leben mit dem Asperger Syndrom. Von Kindheit bis Erwachsensein – alles was weiterhilft. Trias: Stuttgart.

Bölte S. (2009): Entwicklung, Verlauf und Prognose. In: Bölte S. (Hrsg.): Autismus. Spektrum, Ursachen, Diagnostik, Intervention, Perspektiven. Huber: Bern.

Boenisch, J./Sachse S. (2018[3]): Diagnostik und Beratung in der Unterstützten Kommunikation. Theorie, Forschung und Praxis. von Loeper: Karlsruhe.

Bormann-Kischkel, Ch./Ullrich, K. (2017[2]): Neuropsychologische Diagnostik. In: Noterdaeme, M./Ullrich, K./Enders, A. (Hrsg.): Autismus-Spektrum-Störungen (ASS). Ein integratives Lehrbuch für die Praxis. Kohlhammer: Stuttgart.

Boswell, S./Braswell, B./Wade, C. (1996): Social Skills Assessment. In: South Carolina Department of Disabilities and Special Needs – Autisme Division (Eds.): Designing and Conducting Socialization Training. South Carolina (USA).

Castañeda, C./Hallbauer, A. (2015[2]): Das iPad in der UK-Beratung und -Diagnostik. In: Hallbauer, A./Kitzinger, A. (Hrsg.): Unterstützt kommunizieren und lernen mit dem iPad. von Loeper: Karlsruhe.

Dilling, H./Mombour, W./Schmidt, M. H. (Hrsg.) (2005[5]): Internationale Klassifikation Psychischer Störungen. ICD-10. Kapitel V (F). Diagnostische Kriterien für Forschung und Praxis. Bern: Huber.

Dohmen, A. (2009): Das Pragmatische Profil. Analyse kommunikativer Fähigkeiten von Kindern. Elsevier: München.

Dziobek, I./Bölte, S. (2009): Neuropsychologie und funktionelle Bildgebung. In: In Bölte S. (Hrsg.): Autismus. Spektrum, Ursachen, Diagnostik, Intervention, Perspektiven. Huber: Bern.

Freitag, Ch./Petz, V./Walthes, R. (2015): Gemeinsam sehen wir weiter ... Eine Adaption des Visuellen Profils für frühpädagogische Berufe. https://www.researchgate.net/publication/262091863_Gemeinsam_sehen_wir_weiter_Eine_Adaption_des_Visuellen_Profils_fur_fruhpadagogische_Berufe/download [6.5.2019].

Freitag, Ch./Walthes, R./Petz, V. (2017[2]): Das sieht doch jede(r) ... In: Hallbauer, A./Hallbauer, Th./ Hüning-Meier, M. (Hrsg.): UK kreativ! von Loeper: Karlsruhe.

Frith, U. (1992): Autismus. Ein kognitionspsychologisches Puzzle. Heidelberg. Spektrum Akademischer Verlag: Berlin.

Häußler, A. (2005): Der TEACCH Ansatz zur Förderung von Menschen mit Autismus. Einführung in Theorie und Praxis. Borgmann: Dortmund.

Häußler, A./Happel, Ch./Tuckermann, A./Altgassen, M./Adl-Amini, K. (2008[2]): Soko Autismus. Gruppenangebote zur Förderung SOzialer KOmpetenz bei Menschen mit AUTISMUS – Erfahrungsbericht und Praxishilfen. verlag modernes lernen: Dortmund.

Häußler, A./Fritsche, J./Tuckermann, A. (2016[2]): Informelle Förderdiagnostik. Ansätze für eine Förderung entdecken. Borgmann: Dortmund.

Hansen, F./Klug, S. (2013): »Intensive Interaction«: Ein praktikabler Ansatz für die Unterstützte Kommunikation?! In: Hallbauer, A./Hallbauer, Th./Hüning-Meier, M. (Hrsg.): UK kreativ! Karlsruhe: von Loeper, 545–554.

Kaiser-Mantel, H. (2013): Unterstützte Kommunikation – Bausteine für die sprachtherapeutische Arbeit mit Kindern und Jugendlichen. In: Hallbauer, A./Hallbauer, Th./Hüning-Meier, M. (Hrsg.): UK kreativ! Karlsruhe: von Loeper, 194–207.

Lell, M. (2017): TRANS-PIKS: Transfer von Symbolen – ein Programm für interaktives Kommunikations- und Sprachtraining. In: Sprachförderung und Sprachtherapie in Schule und Praxis, 2, 91–99.

Mesibov, G./Thomas, J. B./Chapman, S. M./Schopler, E. (2017): TTAP – TEACCH Transition Assessment Profile: Förderdiagnostisches Kompetenzprofil für Jugendliche und Erwachsene auf dem Weg in die Selbstständigkeit. verlag modernes lernen: Dortmund.

Nonn, K. (2011): Unterstützte Kommunikation in der Logopädie. Stuttgart: Thieme.

Roger, S. J./Dawson, G. (2014): Frühintervention für Kinder mit Autismus. Das Early Start Denver Model. Huber: Bern.

Schopler, E./Reichler, R. J./Bashford, A./Lansing, M. D./Marcus, L. M. (2018[4]): PEP-R. Entwicklungs- und Verhaltensprofil. verlag modernes lernen: Dortmund.

Schelten-Cornish, S./Wirts, C. (2008): Beobachtungsbogen für vorsprachliche Fähigkeiten und Eltern-Kind-Interaktion (BFI). http://schelt01.bn-paf.de/Sprachtherapie/ [1.5.2019].

Schelten-Cornish, S./Hofbauer, C./Wirts, C. (2012): Beobachtungsbogen für Pragmatische Fähigkeiten (BFP). http://schelt01.bn-paf.de/Sprachtherapie/ [1.5.2019].

Teufel, K./Wilker, Ch./Valerian, J./Freitag, Ch. M. (2017): A-FFIP – Autismusspezifische Therapie im Vorschulalter. Springer: Berlin.

Vermeulen, P. (2016): Autismus als Kontextblindheit. Vandenhoeck & Ruprecht: Göttingen.

Weid-Goldschmidt, B. (2015[2]): Zielgruppen Unterstützter Kommunikation. Fähigkeiten einschätzen – Unterstützung gestalten. von Loeper: Karlsruhe.

D Intervention und Teilhabe

Ziele formulieren und Maßnahmen beschreiben mit dem ABC-Modell

Stefanie K. Sachse & Tobias Bernasconi

Im Folgenden wird ein Vorschlag für systematische UK-Interventionsplanungen vorgelegt. Dieser ist als Beitrag zur Fachdiskussion und als Orientierungshilfe für eine zunehmend professionalisierte UK-Praxis zu verstehen.

Interventionsplanung ist ein zentrales Thema in der UK. Insbesondere bei der Versorgung mit Kommunikationshilfen wird oft davon ausgegangen, dass sich von einer kommunikativen Beeinträchtigung mehr oder weniger eindeutig Interventionen ableiten lassen. Kommunikative Kontexte sind jedoch so unterschiedlich, so abhängig von Umweltfaktoren (z. B. Gesprächspartner oder Gesprächssituation) und von psychosozialen Faktoren (z. B. Motivation), dass auf der Grundlage der Beschreibung einer kommunikativen Beeinträchtigung allein kaum umfassende UK-Interventionen geplant werden können. Aus Sicht der Autoren muss hier unterschieden werden zwischen a) einem grundsätzlichen Bedarf an UK – der sich tatsächlich oft von einer kommunikativen Beeinträchtigung ableiten lässt – und b) der konkreten UK-Interventionsplanung, die auf den Einsatz von UK in der individuellen Lebenswelt zielt. Dabei sind zwei Fragen zu beantworten:

- Welche Kompetenzen und Kommunikationsformen verbessern bei welchen Aktivitäten die soziale Teilhabe?
- Wie kann langfristig die kommunikative Unabhängigkeit einer u.k. Person unterstützt werden?

Im folgenden Beitrag wird zunächst beschrieben, was kommunikative Unabhängigkeit meint und wie UK-Interventionen definiert werden. Anschließend wird auf zwei Modelle (Kommunikative Kompetenz und ICF) eingegangen und abschließend ein Entwurf für systematische Interventionsplanungen vorgestellt (ABC-Modell).

1 Begriffliches: Kommunikative Unabhängigkeit und UK-Interventionen

Kommunikative Unabhängigkeit

Der Begriff kommunikative Unabhängigkeit wird im Fähigkeitskontinuum (vgl. Dowden 2004) genutzt. Das Fähigkeitskontinuum wurde zur Beschreibung der expressiven Fähigkeiten unterstützt Kommunizierender entwickelt. Im Original werden die Stufen abhängige, moderierte und freie Kommunikation unterschieden (▸ Abb. 1; vgl. auch Blackstone/Hunt Berg 2006; PRD 2015).

Abhängig bezieht sich sowohl auf die Abhängigkeit von den Gesprächspartnern und vorbereiteten Situationen mit den Kommunikationshilfen (z. B. von passenden Aussagen auf dem BIGmack, der zur Verfügung gestellt und auf dessen Verwendung angemessen reagiert wird). Diese Abhängigkeit nimmt im Entwicklungsverlauf immer weiter ab: mehr Wörter/Symbole oder Gebärden können ausgedrückt werden, der Kreis der Gesprächspartner, die diese Kommunikationsformen verstehen und den gemeinsamen Austausch moderieren können, erweitert sich. Langfristig wird mit UK-Interventionen auf die freie Kommunikation der unterstützt kommunizierenden Person hingearbeitet oder wie Burkhart/Porter (2015, o.S.) beschreiben: »being able to say whatever I want to say, to whoever I want to say it to, whenever I want to say it«.

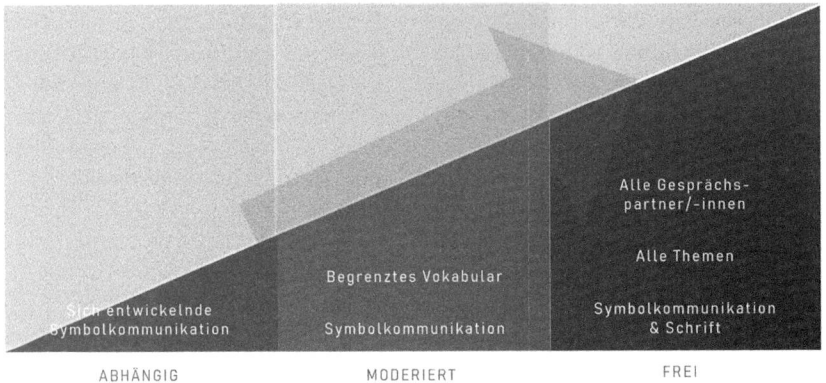

Abb. 1: Entwicklung kommunikativer Unabhängigkeit im Fähigkeitskontinuum (in Anlehnung an Dowden 2004)

UK-Interventionen

UK-Interventionen bezeichnen das geplante und systematische Unterstützen einer nicht lautsprachlich kommunizierenden Person bei der Erweiterung ihrer kommunikativen Unabhängigkeit und Partizipation. Dies geschieht vorwiegend durch Maßnahmen wie das Verändern und Anpassen von Kontextfaktoren (z. B. durch Unterstützungsleistungen der Gesprächspartner, den Einsatz von Kommunikationshilfen in unterschiedlich stark vorbereiteten Situationen; vgl. auch Romski/Sevcik 2018).

Das geplante und systematische Unterstützen zielt konkret ab auf:

1. gelingende Alltagskommunikation,
2. Unterstützung zur Erweiterung der kommunikativen Kompetenz (s. u.) und
3. die Entfaltung der schriftsprachlichen Fähigkeiten der unterstützt kommunizierenden Person (vgl. Light/McNaughton 2015; Beukelman/Mirenda 2013).

Angestrebt wird die Erweiterung der Partizipation einer Person. Wie sich die Partizipation einer unterstützt kommunizierenden Person gestaltet, ist dabei nicht nur von den Fähigkeiten der Person abhängig, sondern auch von den Kontextfaktoren wie den Gesprächspartnern, den Kommunikationsformen, dem adäquaten Vokabular usw.

Anhand dieser Beschreibung wird auch klar, was keine UK-Interventionen sind: So werden das Nutzen von Symbolen im Stundenplan oder der sporadische Einsatz eines BIGmack nicht als UK-Intervention verstanden.

Im UK-Kontinuum werden die Ziele und zu berücksichtigende Aspekte von UK-Interventionen veranschaulicht: Die Ziele von UK-Interventionen sind gelingende Alltagskommunikation und zunehmende kommunikative Unabhängigkeit. Die Umsetzung der Interventionen erfolgt im Rahmen von Aktivitäten, bei denen UK sinnvoll eingesetzt werden kann. Dabei spielen Anerkennung, adäquates Vokabular und adäquate Kommunikationsformen, Modelling und vielfältige bedeutsame Interaktionen eine wichtige Rolle (▶ Abb. 2).

Abb. 2: UK-Kontinuum mit Zielen und zu berücksichtigenden Aspekten von UK-Interventionen

2 Hilfreiche Modelle: Kommunikative Kompetenz und ICF

Kommunikative Kompetenz

Welche konkreten Fähigkeiten machen kommunikative Kompetenz einer unterstützt kommunizierenden Person aus? Light (1989, 139 ff.) legt dazu ein Modell vor, mit dem UK-spezifische Fähigkeiten für unterschiedliche Kommunikationsformen beschrieben werden können (▶ Abb. 3). Das Besondere an diesem Modell ist, dass es sich nicht um ein absolutes, sondern um ein relationales, dynamisches Konstrukt handelt (ebd.). D. h., dass die Kompetenz unter bestimmten Rahmenbedingungen (z. B. vertraute Situation und Gesprächspartner, die die körpereigenen Signale sehr gut verstehen) beschrieben wird. Dieses Modell berücksichtigt also die Abhängigkeit einer unterstützt kommunizierenden Person von verschiedenen Rahmenbedingungen. Es ist deshalb gut geeignet, Fähigkeiten und Interventionsbedarf einer Person bei konkreten Aktivitäten mit bestimmten Personen und der genutzten Kommunikationsform zu beschreiben.

Zur kommunikativen Kompetenz unterstützt kommunizierender Personen gehören:

- *Linguistische Fähigkeiten:* Wortschatz und grammatikalisch-syntaktische Fähigkeiten zur Kombination von Wörtern/Gebärden, um konkrete Gesprächsbeiträge realisieren zu können.
- *Operationale Fähigkeiten:* Um Beiträge in der jeweiligen Kommunikationsform zusammenstellen zu können, muss die unterstützt kommunizierende Person z. B.

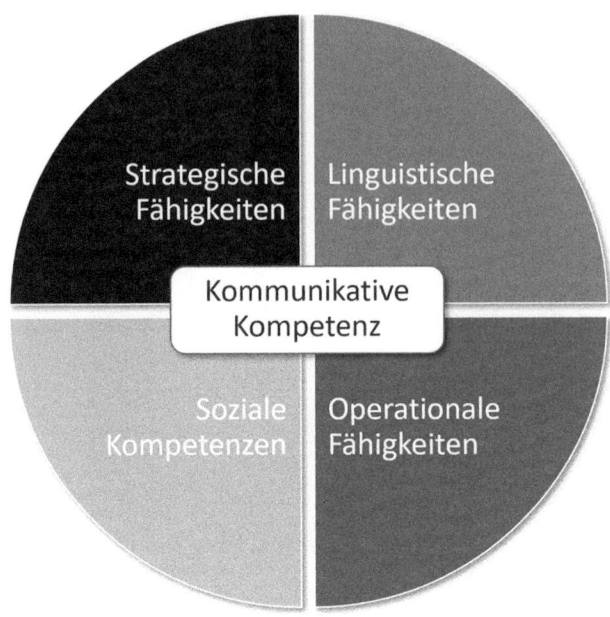

Abb. 3:
Das Modell kommunikativer Kompetenz in der UK (vgl. Light 1989)

Wörter auf der Kommunikationshilfe finden können. Dabei ist nicht das »Finden« von Wörtern in Übungssituationen gemeint, sondern das Finden der Wörter in Alltagssituationen.
- *Soziale Kompetenzen:* Um sich adäquat am Gespräch beteiligen und dabei an die Gesprächspartner anpassen zu können.
- *Strategische Fähigkeiten:* Situationsangepasst die beste bzw. effektivste Kommunikationsform zu wählen, bedeutet z. B. mit vertrauten Personen vorrangig körpereigene Kommunikationsformen zu nutzen und bei Bedarf Wörter oder Namen mit Hilfe der Kommunikationshilfe zu nennen; bestimmten Gesprächspartnern das OK zu geben, dass sie Aussagen vervollständigen dürfen; Möglichkeiten der jeweiligen Kommunikationsform kreativ zu nutzen und Fragen wie »Willst du auch was?« mit dem umgangssprachlich verwendeten Fragepronomen »was« zu bilden (oft auf der Startseite und somit schneller zu erreichen) statt mit dem eigentlich korrekten »etwas« (mehrere Klicks).

ICF

Light/McNaughton (2015) schlagen vor, die ICF (vgl. Bernasconi in diesem Band) als Planungshilfe zu nutzen. Gründe dafür sind die Orientierung an Teilhabe und die Beachtung aller Teilhabe-fördernden oder -hemmenden Umweltbedingungen. Ausgangspunkt und Ziel einer ICF-orientierten Interventionsplanung sind damit Teilhabemöglichkeiten einer Person im Kontext individuell relevanter Aktivitäten unter Beachtung der verschiedenen Komponenten der ICF (vgl. ebd.). Dazu gehören (in Anlehnung an Ryan et al. (2015, 8):

- Körperfunktionen (z. B. lautsprachliche oder alternative Äußerungsformen)
- Aktivitäten (konkrete Gesprächskontexte und -beteiligung)
- Partizipation (Häufigkeit und Qualität der Teilhabe, Erfahrungen der unterstützt kommunizierenden Person)
- Kontextfaktoren (Umweltbedingungen und personenbezogene Aspekte).

3 Empfehlungen zur UK-Interventionsplanung

3.1 Grundsätzliches

Ziel der Interventionen sind gelingende Alltagskommunikation und zunehmende kommunikative Unabhängigkeit. Dabei spielt der Gebrauch der Kommunikationsformen in der Interaktion mit anderen eine zentrale Rolle (vgl. Klang et al. 2016, 46). Der Blick wird demzufolge nicht nur auf die Person ohne Lautsprache gerichtet, sondern auch auf das komplexe Zusammenspiel zwischen UK-Nutzer, Umweltbedingungen und Bezugspersonen. Gleichzeitig werden weniger die Einschränkungen einer Person als vielmehr die angestrebte Teilhabe und Partizipation thematisiert (vgl. Beukelman/Mirenda 2013; Light/McNaughton 2015; Lage/Knobel Furrer 2017; s. auch UK-Kontinuum, ▶ Abb. 2). Damit entsteht eine deutlich erweiterte Perspektive in der Interventionsplanung, aus der folgende grundsätzliche Handlungsempfehlungen resultieren (vgl. Light/McNaughton 2015, 89):

1. Vorhandene Fähigkeiten der betreffenden Person werden erweitert, um Kommunikation zu maximieren. Dies erfordert auch eine differenzierte Diagnostik der kommunikativen Fähigkeiten in unterschiedlichen Situationen, nicht lediglich eine Sprachstandserhebung.
2. Interventionen streben die Partizipation der Person in verschiedenen Alltagskontexten (Kita, Schule, WfMB, Freizeit, Familie) an; es geht vor allem um gelingende Alltagskommunikation.
3. Die Interventionen müssen einen Mehrwert für die Person und ihr Lebensumfeld haben. Interventionsziele orientieren sich daher an der Lebensrealität der unterstützt kommunizierenden Person (vgl. auch Klang et al. 2016).
4. Bei den Kontextfaktoren werden Umweltfaktoren (Einstellungen des Umfelds, Modelling-Fähigkeiten der Bezugspersonen) und personenbezogene Faktoren der unterstützt kommunizierenden Person berücksichtigt (vgl. auch Moorcroft et al. 2018).

Hier wird erneut deutlich, dass der Fokus bei der Interventionsplanung nicht nur auf die unterstützt kommunizierende Person, sondern auf das komplette Umfeld und die Lebenssituation gerichtet wird.

3.2 Vorgehen nach dem ABC-Modell

Entsprechend der vorangegangenen Punkte ist die Teilhabe einer Person an für sie relevanten Aktivitäten Ausgangspunkt und Ziel von UK-Interventionen. Im ABC-Modell werden die bisher beschriebenen Modelle und Empfehlungen in einer handlungspraktischen Form zusammengeführt. Die Kurzbezeichnung »ABC-Modell« bezieht sich auf:

- **A**ktivitäten beschreiben: Zunächst werden im Team mit der unterstützt kommunizierenden Person relevante Aktivitäten (vgl. ICF) besprochen, bei denen eine aktivere Teilhabe angestrebt wird. Dabei wird der Fokus nicht nur auf die unterstützt kommunizierende Person gerichtet, sondern auch auf die anderen, an den Aktivitäten beteiligten Personen.
- **B**ereiche kommunikativer Kompetenz (linguistische, operationale, soziale und strategische Fähigkeiten) und Aufgaben der Bezugspersonen beschreiben: In diesem Schritt werden die Interventionsziele und Maßnahmen so konkret beschrieben, dass diese auch überprüft werden können.
- **K**ontrolle (**C**ontrol) der Maßnahmen und Ziele: Im letzten Schritt wird kontrolliert, dass die Maßnahmen wie geplant umgesetzt werden und ob die Interventionsziele erreicht wurden (in Anlehnung an Light/

McNaughton 2015, 87; Beukelman/Mirenda 2013).

Das ABC-Modell beschreibt zum einen die Schritte bei der Formulierung und Evaluation der individuellen Interventionsziele. Zum anderen wird durch die Assoziation zum ABC daran erinnert, dass zu umfassenden UK-Interventionen immer auch ein Fokus auf schriftsprachliche Fähigkeiten gehört, auch wenn es zunächst nur als Fernziel erscheinen mag. Erweiterte schriftsprachliche Fähigkeiten bedeuten erweiterte Ausdrucksmöglichkeiten (vgl. Willke/Sachse und Sachse in diesem Band).

Abb. 4: Zielformulierung in der UK-Interventionsplanung nach dem ABC-Modell

Im Folgenden werden die drei Bereiche des ABC-Modells genauer beschrieben.

(A) Ziele mit Aktivitätenbezug für den konkreten Lebensalltag formulieren

Die Identifikation einer teilhabebezogenen Aktivität bildet den ersten Schritt einer systematischen Interventionsplanung, d. h. es müssen zunächst Aktivitäten beschrieben werden, bei denen die Teilhabemöglichkeiten der betreffenden Person aktuell begrenzt sind *und* bei denen eine vermehrte Teilhabe als individuell bedeutsam angesehen wird.

Dabei können unterschiedlichste Aktivitäten bedeutsam sein, z. B.:

- Rita weint oft beim morgendlichen Anziehen und sollte deshalb die Möglichkeit bekommen, mitbestimmen zu können, z. B. in welcher Reihenfolge sie welche Kleidungsstücke anzieht (abhängige Kommunikation).
- Daniel zeigt in bestimmten Anforderungssituationen herausforderndes Verhalten (Übergang zur moderierten Kommunikation).
- Nils fühlt sich kaum in die Gruppe der Jungen seiner Klasse integriert und würde gern über Themen wie Computerspiele

mitreden können (moderierte Kommunikation).
- Herr Sommer würde gern wieder mit Verwandten und Bekannten telefonieren und skypen können (Übergang zur freien Kommunikation).

Die Beispiele zeigen, dass die semantische Nähe von ›aktiv‹ und ›Aktivität‹ hilfreich sein kann, wenn individuelle Ziele mit einem konkreten Aktivitätenbezug beschrieben werden. Wichtig ist dabei die Orientierung an den Interessen und Fähigkeiten der betreffenden Personen – nach Möglichkeit sollen solche Aktivitäten ausgewählt werden, die für die Person bedeutsam sind, d. h. einen echten »Mehrwert« für die Person haben, und bei denen eine aktivere Beteiligung realistisch ist. Ein Zutrauen in die Fähigkeiten und das Entwicklungspotential aller Beteiligten ist hier von größter Bedeutung. Gleichzeitig ist zu beachten, dass der Person selbst bereits bei der Auswahl der bedeutsamen Aktivitäten größtmögliches Mitspracherecht eingeräumt werden sollte, da der Aspekt der Bedeutsamkeit oftmals ein interpretativer ist.

In diesem Zusammenhang müssen auch die Möglichkeiten und Grenzen der unterschiedlichen Kommunikationsformen sowie die Rolle der Bezugspersonen reflektiert werden (auch dass z. B. komplexere elektronische Hilfen nicht nur bereitgestellt werden müssen, sondern viel Unterstützung vom Umfeld erforderlich ist).

Tab. 1: Auszug aus der Dokumentation von Rita: Teil A – mit Hinweisen für die Gesprächspartner zum Ankreuzen, wenn diese umgesetzt werden

A – Aktivitäten beschreiben			
Aktivitäten & Fähigkeiten aktuell	**Zielformulierung u. Mehrwert**	**Alternative Kommunikationsformen**	**Gesprächspartner**
Rita hat beim Anziehen aktuell wenig Möglichkeiten zu beeinflussen, was passiert, und weint (deshalb?) oft; reagiert manchmal auf Ansprache, kann Gegenstände im Blickfeld wahrnehmen, genießt Aufmerksamkeit/Zuwendung	Rita erhält mehr Möglichkeiten zur Mitbestimmung und zur eigenen Entscheidung	Gegenstände, Fotos, Symbolkarten, Ablauf visualisieren (Was funktioniert gut?) Körpereigene Kommunikation (Zeigeblick, Zeigen, Ablehnung, Blickkontakt; *Dokumentieren!*)	kündigen nächste Schritte an ermöglichen Mitbestimmung: fragen »was jetzt?«, bieten Auswahlmöglichkeiten mit Kleidungsstücken an, melden zurück, wie sie Zeigen/Zeigeblick usw. interpretieren

(B) Konkrete Ziele und Maßnahmen beschreiben

Das Formulieren konkreter Ziele und Maßnahmen ist eine der größten Herausforderungen in der UK. Hier gibt es bisher keine einheitlichen Vorgaben. Oft besteht die Schwierigkeit darin, dass die Ziele entweder zu allgemein formuliert sind, nur Teilleistungen beschreiben oder ›nur‹ die Versorgung mit einer alternativen Kommunikationsform oder einer bestimmten Hilfe angestrebt wird. Wie können Ziele und Maßnahmen auf der einen Seite konkret genug, auf der anderen Seite aber mit einem Fokus auf Aktivitäten und Teilhabe formuliert werden?

Zur Beantwortung dieser Fragen wird hier auf das oben beschriebene Modell der kommunikativen Kompetenz zurückgegriffen. Dieses ermöglicht die systematische Berücksichtigung der zur Erweiterung der kommunikativen Kompetenz erforderlichen linguistischen, operationalen, strategischen sowie sozialen Fähigkeiten einer Person.

Für die Formulierung konkreter (operationalisierter) Ziele kann z. B. das GoalsGrid (tobii Dynavox/Clarke 2018, Auszüge in Tab. 2) genutzt werden. Im GoalsGrid werden Beispiele für konkrete Interventionsziele zusammengetragen. In den Spalten wird aufgezeigt, wie sich die Fähigkeiten in den vier Bereichen kommunikativer Kompetenz hin zur kommunikativen Unabhängigkeit entwickeln (abhängig bis frei). Dabei werden nicht nur die drei Stufen abhängig, moderiert und frei unterschieden, sondern auch die Übergangsphasen.

Tab. 2: Auszüge aus dem GoalsGrid (vollständig von tobii Dynavox/Clarke 2018)

Aktivität	Bereiche der kommunikativen Kompetenz			
	Linguistische Fähigkeiten	**Operationale Fähigkeiten**	**Soziale Fähigkeiten**	**Strategische Fähigkeiten**
Abhängig	Reagiert regelmäßig auf Ansprache (mind. ein turn) mit Vokalisationen, Zeigen, Augenbewegungen, Mimik und/ oder Gestik	Nimmt die Kommunikationshilfe visuell, auditiv oder körperlich wahr (achtet auf Sprachausgabe oder versucht auszulösen)	Zeigt in der Interaktion immer mal wieder Aufmerksamkeit für Gesprächspartnerin durch Hinschauen, Blickkontakt, Berührung	Merkt, wenn die beabsichtigte Nachricht nicht übermittelt wurde (ist z. B. frustriert, wenn die Kommunikationshilfe nicht funktioniert)
Übergang Abhängig - Moderiert	Nutzt Gebärden, Symbole o. Ä. um Handlungen zu steuern (mehr, fertig, stopp)	Findet häufig genutztes Vokabular in vertrauten Situationen	Nutzt die Kommunikationshilfe in wechselseitiger Interaktion (turn-taking)	Wiederholt eine Aussage, wenn diese nicht gehört/verstanden wurde
Moderiert	Antwortet mit vorbereiteten Phrasen auf Fragen	Navigiert bei bekannten Aktivitäten zu logischen Kategorien bzw. Seiten	Kann ein Gespräch weiterführen, indem etwas kommentiert oder eine allgemeine Frage gestellt wird	Nutzt Reparaturstrategien, wenn nötig (wiederholen, mit anderen Worten sagen, ersten Buchstaben sagen)
Übergang Moderiert – Frei	Bildet im Gespräch neue Sätze/kombiniert 3 und mehr Wörter (nutzt z. B. Kernvokabular, Kategorien, Tastatur und Kommentare)	Navigiert zwischen Seiten mit Kernvokabular, Kategorien, Tastatur und Kommentaren hin und her	Kündigt einen Themenwechsel adäquat an (Ich muss dir was erzählen; oder: Weißt du was?)	Bemerkt und kommentiert Missverständnisse (Falsch; noch mal neu; Warte!)
Frei	Buchstabiert altersentsprechend	Nutzt Funktionen wie Wortvorhersage, Sprachausgabe anpassen, Bearbeiten	Bittet um genauere Erklärung, wenn etwas nicht klar ist	Wählt situations- und partnerabhängig die effektivste Kommunikationsform aus

Auf dieser Grundlage können bei der Interventionsplanung – bezogen auf die ausgewählten Aktivitäten – konkrete Ziele formuliert und im Team besprochen werden. So kann genau beschrieben werden, wie die Teilhabe der Person und die Unterstützung durch die Gesprächspartner aussehen kann. Anforderungen an die alternativen Kommunikationsformen und die Rolle der Bezugspersonen können abgeleitet werden.

Durch den Fokus auf bestimmte Aktivitäten sind alle Beteiligten angehalten, sich über den konkreten Unterstützungsbedarf und konkrete Maßnahmen auszutauschen. D. h. auch die Aufgaben für die Bezugspersonen können und sollten genau beschrieben werden. Hier wird deutlich, dass es auch ein Ergebnis der UK-Interventionsplanung ist, dass die Beteiligten ein klares Bild davon entwickeln, wie die Situationen in Zukunft aussehen könnten und welche Verantwortung die Beteiligten bei der Umsetzung haben. Das Umfeld muss dementsprechend guten Input bzw. gute Modelle anbieten, so dass die unterstützt Kommunizierenden erleben können, wie man die alternativen Kommunikationsformen bzw. die Wörter, Symbole oder Gebärden in verschiedenen Kontexten nutzen und kombinieren kann.

Tab. 3: Auszug aus der Dokumentation von Rita: Teil B – zum Ankreuzen

B – 4 Bereiche der kommunikativen Kompetenz mit Aktivitätenbezug beschreiben			
Linguistische Fähigkeiten	Operationale Fähigkeiten	Soziale Fähigkeiten	Strategische Fähigkeiten
reagiert auf Ansprache durch Zeigen/Zeigeblick, Vokalisationen (genau beobachten und dokumentieren)	nimmt die Fotos oder Symbole und den Ablaufplan wahr (wo am besten?)	nimmt Blickkontakt auf	merkt, dass man erst die Aufmerksamkeit des Gesprächspartners sicherstellen muss
zeigt Interesse an Kleidungsstücken, Farben (was wird bevorzugt?)	interessiert sich für die Fotos und den Ablaufplan	schaut in die richtige Richtung (z. B., wenn etwas gezeigt wird)	zeigt noch einmal, wenn erforderlich
Aufgaben der Bezugspersonen			
bieten konsequent Auswahlmöglichkeiten benennen Ritas Gefühle modeln den UK-Einsatz	bieten Fotos und Symbole an	Erwartungshaltung (zeigen deutlich, dass sie Reaktionen von Rita erwarten) aktiver Blickkontakt	unterstützen das Sprachverständnis (zeigen auf Kleidungsstücke, Mimik)

Die Entscheidung über erforderliche Interventionsmaßnahmen ist nicht immer einfach. Oft werden evidenzbasierte Entscheidungen gefordert. Interventionen sollen dann unter Berücksichtigung von

a) Forschungsergebnissen,
b) Erfahrungen der therapeutischen und pädagogischen Fachleute sowie
c) Perspektiven der beteiligten Akteure (unterstützt kommunizierende Person, familiäre Bezugspersonen) geplant werden (vgl. Schlosser/Raghavendra 2004, 3 f., siehe auch Wendt/Schlosser zu »Effektivitätsforschung« in diesem Band).

Zu a) Bei der Beantwortung der Frage nach angezeigten Interventionen besteht aktuell im deutschsprachigen Raum die Schwierigkeit, dass unterschiedliche UK-Interventionen bisher kaum systematisch beschrieben wurden (Informationen zu förderlichen Methoden in der UK finden sich bei Lüke/Vock 2019, 119).

Bisher sind auch Recherchen zu UK-Interventionsempfehlungen deutlich schwieriger als im englischen Sprachraum. Dort werden Forschungsergebnisse vorrangig in Fachzeitschriften veröffentlicht, die die Titel und Kurzzusammenfassungen der Artikel online zur Verfügung stellen (z. B. in Datenbanken wie sciencedirect.com, eric.ed.gov/oder www.tandfonline.com für das AAC Journal und andere Zeitschriften der Verlagsgruppe). Bei der Suche nach Wirksamkeitsstudien kann auch auf Webseiten zurückgegriffen werden, auf denen gezielt nach Evidenzen gesucht werden kann (vgl. ASHA/Evidence Maps/Augmentative and Alternative Communication).

Zu b) und c): Ergänzend gilt es in jedem Fall, die Erfahrungen der beteiligten Professionellen und die Perspektiven der unterstützt kommunizierenden Personen und ihres Umfelds zu berücksichtigen und diese in einem Abgleich mit den Erkenntnissen zur Wirksamkeit einzelner Methoden zu bringen (vgl. Günther 2013, 26).

Beispiele aus Interventionsplanungen

Herausforderndes Verhalten und UK

Daniel (8 Jahre) hat bisher wenig Ausdrucksmöglichkeiten. Ob Alltagskommunikation gelingt, ist in starkem Maße abhängig von verschiedenen Kontextfaktoren, insbesondere von der Anwesenheit und Aufmerksamkeit vertrauter Bezugspersonen (Übergang zur moderierten Kommunikation). In verschiedenen Situationen zeigt er herausforderndes Verhalten. Es wird eine Beratung initiiert, in der im Team die Frage beantwortet werden soll, ob UK-Maßnahmen helfen könnten, dieses Verhalten zu reduzieren. Bei den konkreten Überlegungen werden die Ergebnisse einer Metaanalyse (Walker/Snell 2013) berücksichtigt. Dazu gehört,

- dass die Analyse der Funktion des herausfordernden Verhaltens als Basis für die Interventionsplanung genutzt werden sollte (z. B. Aufmerksamkeit, Entkommen, konkreter Gegenstand), um gleiche pragmatische Funktionen in adäquateren Formen ausdrücken zu können (vgl. Durand/Moskowitz 2015, 116);
- dass UK-Interventionen besser geeignet sind als PECS, wobei diese Aussage mit Vorsicht zu interpretieren ist (vgl. Walker/Snell 2013, 126);
- dass die Interventionen (= gleiche pragmatische Funktionen mit Hilfe von UK auszudrücken) unter verschiedenen Bedingungen (Kontext, Gesprächspartner, Kommunikationsform) erfolgen (ebd.).

Diese Informationen bieten eine Orientierungshilfe bei der Formulierung konkreter Ziele, die über eine allgemeine ›Erweiterung von Daniels kommunikativen Möglichkeiten‹ hinausgeht. Bei den konkreten Überlegungen wird im Austausch mit allen Akteuren deutlich, dass Daniel mit seinen Verhaltensweisen i. d. R. Anforderungen zu vermeiden versucht (Aktivitäten: in der Schule, wenn er sich Anziehen soll, oder zuhause, wenn die Zähne geputzt werden sollen). Den Wunsch nach Vermeidung ausdrücken zu können (Ich will nicht!), Situationen zu kommentieren (Das ist doof!) und um Hilfe zu bitten (Kannst du helfen?) sind einige der Maßnahmen, die im Team besprochen werden. Dabei wird überlegt, in welchen Kontexten welche Kommunikationsformen praktikabel sind, wer modeln sollte und welche Formulierungen dabei adäquat wären (vgl. auch Bereiche der kommunikativen Kompetenz in der Zeile »Übergang zur moderierten Kommunikation« im GoalsGrid, tobii Dynavox/Clarke 2018).

Unterstützen von Peer-Interaktion

Nils (13 Jahre) ist nur wenig in die Gruppe der Jungen seiner Klasse integriert und würde gern über Themen wie Computerspiele mitreden können (Aktivität). Nils nutzt seine elektronische Kommunikationshilfe bisher nur nach Aufforderung und hauptsächlich in der Kommunikation mit Erwachsenen (moderierte Kommunikation). Im Rahmen der Interventionsplanung wird recherchiert, wie Peer-Interaktionen unterstützt werden können. Verschiedene Untersuchungen liefern relevante Hinweise:

- Welche Hinweise den Peers helfen könnten: z. B. welche Verhaltensweisen Kommunikation erschweren und unterstützen, wie man Zuhören signalisieren kann, wie man verhandeln kann (vgl. Lilienfeld/Alant 2005).
- Dass gemeinsame Erlebnisse ermöglicht werden sollten (Fokus auf Spaß: Ausflüge, Projekte inkl. der Möglichkeit, sich im Nachhinein darüber austauschen zu können) und dass die Peers auch mehr Selbstvertrauen entwickeln, wenn sie die Kommunikation des Mitschülers verstehen; dass Freundschaften aktiv unterstützt werden können (Østvik et al. 2018, 4 ff.).
- Dass die Beteiligten Erfahrungen mit den ›kommunikativen Praktiken‹, den Abläufen und Turns brauchen, um Kommunikation unterstützen zu können (vgl. von Tetzchner et al. 2005, 95).
- Dass Interventionen, die verschiedene Maßnahmen umfassen, größere Effekte zeigen als solche, die nur einen Aspekt berücksichtigten (pragmatische Fähigkeiten der unterstützt kommunizierenden Person, Hinweise und Training der Peers, Anpassen von Kontextfaktoren, z. B. altersgerechte Kommentare, Begrüßungen und Verabschiedungen auf der Kommunikationshilfe speichern oder spezielle Aktivitäten, Ausflüge u. Ä. durchführen; vgl. Therrien et al. 2016).

Konkret wird im Rahmen der Interventionsplanung überlegt, ob und wie Nils selbst Computerspiele spielen und zusätzlich anderen dabei zuschauen oder auch entsprechende Youtube-Kanäle nutzen könnte, so dass verschiedene Aussagen, Fragen und vor allem Kommentare gemodelt und ausprobiert werden können. Dabei wird deutlich, dass zunächst das passende Vokabular bereitgestellt werden muss (zwei Jungen aus der Klasse werden gebeten, beim Speichern ›angesagter‹ Phrasen zu helfen). Als konkrete Ziele werden u. a. formuliert, dass sowohl in der Schule als auch zu Hause einmal wöchentlich eine Aktivität mit Peers organisiert werden sollte, bei der Erwachsene den Austausch der Jugendlichen untereinander eher aus der Ferne durch Tipps und Hinweise unterstützen sollten (=*Maßnahmen*); dass Nils in den Gesprächen lernt, verschiedene Kommentare zu nutzen (Cool, Wow), Fragen zu stellen (Hast du das gesehen?) und Reparaturstrategien zu verwenden, wenn er nicht verstanden wird (vgl. Bereiche soziale und strategische Fähigkeiten in der Zeile »moderierte Kommunikation« im GoalsGrid, tobii Dynavox/Clarke 2018).

Evidenzbasiertes Vorgehen unterstützt somit die systematische Interventionsplanung. Es geht dabei um weit mehr, als konkrete Handlungsempfehlungen aus der Literatur umzusetzen. Vielmehr müssen die Studienerkenntnisse berücksichtigt und deren Verwendbarkeit im individuellen Kontext unter Berücksichtigung der Erfahrung von Professionellen sowie den Wünschen der Klienten geprüft werden. Evidenzbasiertes bzw. -orientiertes Arbeiten ist so ein »starkes und sinnvolles Werkzeug« (Günther 2013, 27) und eine Möglichkeit, die Qualität von UK-Interventionsplanungen zu sichern.

(C) Kontrolle (Control) der Maßnahmen und Ziele

Bereits während der Interventionsplanung sollte überlegt werden, wie die Kontrolle der Maßnahmen und die Evaluation der Ergebnisse aussehen soll. Aus diesem Grund sollten entsprechende Überlegungen und Verantwortlichkeiten in der Dokumentation festgehalten werden (z. B. mit Kontrollkästchen). Dabei ist es von Vorteil, wenn die konkrete Aktivität den Rahmen der Interventionsmaßnahmen darstellt und gleichzeitig zur Kontrolle genutzt werden kann. Veränderungen werden durch den Vergleich mit der ersten Beschreibung und Analyse der Situation sichtbar (in den Beispielen beim Anziehen, in Anforderungssituationen oder im Austausch mit den Peers).

Letztlich hängt die Möglichkeit zur Kontrolle der durchgeführten Maßnahmen und des Erreichens der Ziele sehr von der Art und Weise ab, wie die Ziele formuliert werden. Wird bei der Kontrolle festgestellt, dass eine eindeutige Einschätzung nicht möglich ist, sollten die Ziele und Maßnahmen überarbeitet und operationalisiert werden (d. h. so konkret beschrieben, dass deren Erreichen festgestellt werden kann, vgl. Pretis 2019).

UK-Interventionen haben das Potential, Leben zu verändern: Erweiterte kommunikative Kompetenz ermöglicht mehr Selbstbestimmung, erleichtert die Gestaltung von Freundschaften und Partnerschaften, eröffnet Bildungschancen, erhöht die Lebensqualität. Vor dem Hintergrund dieser enormen Verantwortung sollten die für UK-Interventionen zur Verfügung stehenden und aktivierbaren Ressourcen optimal und effizient genutzt werden, um individuell die besten Fortschritte erreichen zu können. Hier wurde aufgezeigt, wie bei der Zielformulierung für individuelle UK-Interventionen durch den Fokus auf die Aktivitäten Lebensbedeutsamkeit ebenso berücksichtigt werden kann wie die Forderung nach konkreten, überprüfbaren Zielen.

4 Ausblick

Dieser Beitrag ist ein Teil des Kölner Standards zur Interventionsplanung.

Bisher gibt es kaum verbindliche Standards in der UK. Standards können dabei helfen, die Versorgungsqualität zu sichern und die Abhängigkeit von den Fähigkeiten und (unterschiedlichen) Arbeitsweisen einzelner Personen und Institutionen im Versorgungsprozess zu reduzieren. Mit dem Kölner Standard soll eine entsprechende Vorlage als Orientierungshilfe und Beitrag zur Fachdiskussion für eine zunehmend professionalisierte UK-Praxis erarbeitet werden. In Bezug auf Empfehlungen zur Interventionsplanung in der UK sind folgende nächste Schritte geplant:

- Austausch und Weiterentwicklung mit verschiedenen beteiligten Akteuren;
- Auseinandersetzung mit den Fragen, was »gute Ziele und gute Ergebnisse von UK-Interventionen« sind und inwiefern ›Lebensqualität‹ stärker zu berücksichtigen ist (siehe Lund/Light 2006; Beukelman et al. 2005);
- Beschreibung von Qualitätsmerkmalen von Interventionsplanung als UK-Leistung (Bernasconi/Boenisch/Giel/Sachse im vorliegenden Band);
- Übersicht über verschiedene Interventionen und Methoden sowie deren Wirksamkeit als Orientierungshilfe für begründete Interventionsentscheidungen (Stichwort ›evidencez based practice‹).

Kölner Standard zur Interventionsplanung

UK hat sich in den letzten Jahren enorm weiterentwickelt. Im Zuge der Beachtung Unterstützter Kommunikation in der UN-BRK und der zunehmenden Professionalisierung werden neue Chancen deutlich: neue rechtliche Ansprüche in der Versorgung, neue Versorgungsmodelle, diverse Möglichkeiten der Refinanzierung von UK-Leistungen.

Um diese Entwicklungen in den verschiedenen Arbeitsfeldern voranzutreiben, ist es hilfreich, eine gemeinsame Sprache der Akteure aus den verschiedenen Sektoren (Leistungserbringer und Leistungsträger wie Kita, Schule, Hausarzt, Klinik, Reha Krankenkasse, Hilfsmittelfirmen etc.) zu etablieren. D. h. es geht darum, sich professionsübergreifend über den gemeinsamen Gegenstand zu verständigen und gemeinsame Ziele zu definieren.

Der Kölner Standard wird in Form eines Positionspapiers entwickelt. Hierin werden Empfehlungen für unterschiedliche UK-Maßnahmen mit dem Ziel der Qualitätssicherung erarbeitet. Mit dem ›Kölner Standard zur UK-Interventionsplanung‹ wird der Auftakt dieser sektorenübergreifenden Bemühungen markiert. Damit soll ein Schritt in Richtung standardisierte und qualitätsgesicherte Versorgung gegangen werden. So werden die vielfältigen Bemühungen aller in der UK engagierten Personen gebündelt, die seit vielen Jahren gute UK-Interventionen realisieren.

Mit einem solchen Referenzpunkt können nicht nur Gemeinsamkeiten und Unterschiede in der Umsetzung in unterschiedlichen Regionen und Institutionen benannt werden. Auf der Grundlage von Standards werden auch Verhandlungen mit Leistungsträgern erleichtert. Das ist ein Weg, eine flächendeckende Versorgung unterstützt kommunizierender Kinder, Jugendlicher und Erwachsener voranzutreiben.

Literatur

Beukelman, D./Hanson, E./Hiatt, E./Fager, S./Bilyeu, D. (2005): AAC Technology Learning. Part 3: Regular AAC Team Members. In: Augmentative and Alternative Communication, 3, 187–194.

Beukelman, D.R./Mirenda, P. (2013): Augmentative and alternative communication supporting children and adults with complex communication needs. Baltimore.

Blackstone, S.W./Hunt Berg, M. (2006): Soziale Netzwerke. (dt. Übersetzung von S. Wachsmuth). von Loeper: Karlsruhe.

Burkhart, L./Porter, G. (2015): Which way to autonomous communication. http://lburkhart.com/handout%20Which%20Way%20to%20Autonomous%20Communication%20AS%20Porter%20Burkhart.pdf, [18.05.2019].

Dowden, P. (2004): Summary of the Communicative Independence Model. http://depts.washington.edu/augcomm/03_cimodel/commind5_summary.htm, [07.05.2019].

Durand, V.M./Moskowitz, L. (2015): Functional communication training: Thirty years of treating challenging behavior. In: Topics in Early Childhood Special Education, 2, 116–126.

Günther, T. (2013): Evidenz-basierte Praxis oder Praxis-basierte Evidenz? In: Forum Logopädie, 1, 26–27.

Klang, N./Rowland, Ch./Fried-Oken, M./Steiner, S./Granlund, M./Adolfsson, M. (2016): The content of goals in individual educational programs for students with complex communication needs. In: Augmentative and Alternative Communication, 1, 41–48.

Lage, D./Knobel Furrer, Ch. (2017): Das kooperative Partizipationsmodell. In: Lage, D./Ling, K. (Hrsg.): UK spricht viele Sprachen. von Loeper: Karlsruhe, 125–138.

Light, J. (1989): Toward a definition of communicative competence for individuals using augmentative and alternative communication systems. In: Augmentative and Alternative Communication, 2, 137–144.

Light, J./McNaughton, D. (2015): Designing AAC Research and Intervention to Improve Outcomes for Individuals with Complex Communication Needs. In: Augmentative and Alternative Communication, 2, 85–96.

Lilienfeld. M./Alant, E. (2005): The social interaction of an adolescent who uses AAC: The evaluation of a peer-training program. In: Augmentative and Alternative Communication, 4, 278–294.

Lüke, C./Vock, S. (2019): Unterstützte Kommunikation bei Kindern und Erwachsenen. Springer: Heidelberg.

Lund, S./Light, J. (2006): Long-term outcomes for individuals who use augmentative and alternative communication: Part I – what is a »good« outcome? In: Augmentative and Alternative Communication, 4, 284–299.

Moorcroft, A./N. Scarinci, N./Meyer, C. (2018): A systematic review of the barriers and facilitators to the provision and use of low-tech and unaided AAC systems for people with complex communication needs and their families. In: Disability and Rehabilitation: Assistive Technology, 1–22.

Østvik, J./Balandin, S./Ytterhus, B. (2018): Interactional facilitators and barriers to social relationships between students who use AAC and fellow students. In: Society, Health & Vulnerability, 1, 1–14.

Prentke Romich Deutschland (2015): Katalog: Hilfsmittel für UK 2015/16.

Pretis, M. (2019): ICF-basiertes Arbeiten in der Frühförderung. Reinhardt: München.

Romski, M.A./Sevcik, R.A. (2018): The complexities of AAC intervention research: emerging trends to consider. In: Augmentative and Alternative Communication, 4, 258–264.

Ryan, S./Shepherd, T./Renzoni, A./Anderson, C./Barber, M./Kingsnorth, S./Ward, K. (2015): Towards Advancing Knowledge Translation of AAC Outcomes Research for Children and Youth with Complex Communication Needs. In: Augmentative and Alternative Communication, 2, 137–147.

Schlosser, R./Raghavendra, P. (2004): Evidence-Based Practice in Augmentative and Alternative Communication. In: Augmentative and Alternative Communication, 1, 1–21.

Therrien, M.C.S./Light, J./ Pope, L. (2016): Systematic Review of the Effects of Interventions to Promote Peer Interactions for Children who use Aided AAC. In: Augmentative and Alternative Communication, 2, 81–93.

tobii Dynavox/Clarke, V. (2018): Goals Grid – Förderziele in der Unterstützten Kommunikation. (dt. Übersetzung von S. K. Sachse). www. http://tdvox.web-downloads.s3.amazonaws.com/Materialkiste/Analyse_Status_Verlauf/TobiiDynavox-F%C3%B6rderziele_in_der_UK_GoalsGrid.pdf [23.05.2019].

von Tetzchner, S./Brekke, K.M./Sjøthun, B./Grindheim, E. (2005): Constructing Preschool Communities of Learners that Afford Alternative Language Development. In: Augmentative and Alternative Communication, 2, 82–100.

Walker, V./Snell, M. (2013): Effects of Augmentative and Alternative Communication on Challenging Behavior: A Meta-Analysis. In: Augmentative and Alternative Communication, 2, 117–131.

Partnerstrategien in der UK

Melanie Willke

1 Einleitung

Light (1989, 138) macht deutlich, dass die Fähigkeiten einer unterstützt kommunizierenden Person immer in Abhängigkeit von den Fähigkeiten des jeweiligen Gesprächspartners gesehen werden müssen. Für eine gelingende Alltagskommunikation ist somit das Verhalten des Gesprächspartners genauso bedeutsam wie die Fähigkeiten der unterstützt kommunizierenden Person (Sachse/Bernasconi 2018). Damit UK-Nutzer lernen können, erfolgreich zu kommunizieren, benötigen sie Unterstützung durch kompetente Gesprächspartner. In Kommunikationssituationen mit unterstützt kommunizierenden Personen muss der Gesprächspartner einerseits kommunikatives Vorbild sein, indem er zeigt, wie Sprache funktioniert und wie man die alternative Kommunikationsform erfolgreich einsetzt. Gleichzeitig ist er dafür verantwortlich, kommunikative Situationen zu schaffen bzw. so zu gestalten, dass die unterstützt kommunizierende Person ihre aktuellen Fähigkeiten nutzen und weiterentwickeln kann. Besonders für UK-Nutzer, die sich noch am Beginn der Sprachentwicklung befinden, ist ein solches Unterstützungsverhalten durch ihre Bezugspersonen von großer Bedeutung. Welche Strategien diese als Gesprächspartner nutzen können, um eine solche Unterstützung zu bieten, wird im Folgenden dargestellt.

2 Rolle der Bezugspersonen in der Kommunikations- und Interaktionsentwicklung unterstützt kommunizierender Kinder

Bezugspersonen von Kindern, die lautsprachlich kommunizieren (lernen), zeigen in der Regel intuitiv ein Verhalten, das zum aktuellen Entwicklungsstand des Kindes passt und unterstützen es so in seiner Sprachentwicklung. Sie passen ihr kommunikatives Verhalten unbewusst an den aktuellen Lern- und Interessensstand des Kindes an. Sie sind sprachliches Vorbild, stellen Fragen und helfen dem Kind, wenn dieses nicht mehr weiterweiß. So geben sie ihm die Möglichkeit, neue Fähigkeiten zu entwickeln (vgl. Papousek 1994). Dieses Verhalten zeigen Bezugspersonen von sprechenden Kindern in der Regel intuitiv.

Bei unterstützt kommunizierenden Kindern sind die Bezugspersonen häufig vor besondere Schwierigkeiten gestellt. Abweichende Verhaltensweisen des Kindes im Vergleich zu sprechenden Kindern führen bei Eltern zu Irritation und Unsicherheit. Sie können ihre intuitive elterliche Didaktik nicht umfassend anwenden. In der Folge führt dies zu veränderten Interaktionsmustern, bei denen Eltern häufig eine deutliche Dominanz zeigen und Interaktionen stark lenken (vgl. Nonn 2011; Wachsmuth in diesem Band). Eine weitere Herausforderung stellt die Nutzung der alternativen Kommunikationsform dar. Da diese nicht die natürliche Kommunikationsform der Bezugsperson ist, fällt es deutlich schwerer, ein geeignetes Modellverhalten zu zeigen. Die Nutzung erfolgt (vor allem zu Beginn) meist sehr bewusst, weniger intuitiv und in deutlich geringerem Umfang als dies bei Lautsprache der Fall ist. Gleichzeitig machen die unterstützt kommunizierenden Kinder weniger umfängliche Kommunikationserfahrungen. Außerdem erhält Kommunikation unter Umständen einen Fördercharakter. Bezugspersonen setzen die alternative Kommunikationsform bewusst zur Förderung derselben ein und nicht – wie dies bei alltäglicher Sprache der Fall ist – als Mittel in der Kommunikation über etwas Anderes. Studien zu Interventionen mit dem Ziel des Vokabularaufbaus machen deutlich, dass diese häufig »künstlich« gestaltet werden. In vorgeplanten Situationen sollen Nutzer zuvor gelerntes Vokabular abrufen. Eine Übertragung auf alltägliche kommunikative Situationen fehlt meist (Sachse/Willke 2011).

Gesprächspartner sind vor die Herausforderung gestellt, ein gutes Interaktionsverhalten zu zeigen, um die unterstützt kommunizierende Person in ihrer sprachlichen Entwicklung zu unterstützen. Hier bieten sich Strategien an, die unbewusst auch bei der Unterstützung sprechender Kinder genutzt werden. Für die UK müssen diese u. U. bewusst gemacht werden, um zum Einsatz zu kommen.

3 Partnerstrategien

Das förderliche Verhalten von Gesprächspartnern wird als einer der wichtigsten Faktoren in der Sprachentwicklung von unterstützt kommunizierenden Personen angesehen. Die Unterstützung in der Entwicklung sprachlicher Fähigkeiten wird im Rahmen unterschiedlicher Kommunikationsfunktionen realisiert, indem die Gesprächspartner sich auf die Bedürfnisse und Fähigkeiten der Person einstellen und entsprechende Anregungen geben. Dabei treten der UK-Nutzer und der Gesprächspartner in einen interaktiven Austausch mit wechselseitigen Anpassungen. Besonders deutlich wird eine solche Interaktion in der Realisierung von Diskursformen, in denen sich ein interaktiver Austausch entwickelt, der über mehrere Aussagen (Turns) realisiert wird. Gerade das Aufrechterhalten von solchen Interaktionen über mehrere Turns zeigt sich als besondere Herausforderung (vgl. »sustained interaction« bei Sachse/Willke in diesem Band).

Letztlich ist das Ziel jeder sprachlichen Unterstützung die gelingende Alltagskommunikation (vgl. Light 1989). Gleichzeitig soll in der Interaktion die Sprachentwicklung gefördert werden. Diese Ziele können erreicht werden, indem Gesprächspartner unterschiedliche Strategien zur Gestaltung von Interaktions- und Kommunikationssituationen anwenden. Diese werden im Folgenden dargestellt.

3.1 Modelling

Der Begriff ›Modelling‹ (auch: Modeling) bezeichnet die Nutzung der alternativen Kommunikationsform durch den Gesprächspartner. Indem Eltern beispielsweise in der Kommunikation mit ihrem Kind begleitend zur Lautsprache gebärden, bieten sie ein Modell für das Kind und unterstützen es dadurch in der Aneignung der alternativen Kommunikationsform. Das Modelling stellt eine der bedeutsamsten Unterstützungsstrategien in der Förderung unterstützt kommunizierender Personen dar. Die unterstützt kommunizierenden Personen sind dabei vor allem zu Beginn der Nutzung einer alternativen Kommunikationsform auf Modelle angewiesen, die mit hoher Frequenz und über einen längeren Zeitraum die alternative Kommunikationsform nutzen und so zeigen, wie man diese erfolgreich in der Kommunikation einsetzt (vgl. Sachse/Willke 2011). Dabei lassen sich unterschiedliche Ziele des Modelling unterscheiden. Blackstone (2006) nennt unter anderem:

- *Modelling zur Unterstützung der Produktion durch Immersion*
  Gesprächspartner fungieren als Modell, indem sie das UK-Mittel in Verbindung mit Lautsprache alltagsimmanent in unterschiedlichen Kontexten nutzen. Ziel ist dabei die Zunahme der UK-Nutzung durch die unterstützt kommunizierende Person. Genutzt wird diese Form des Modelling vor allem bei jungen Kindern und Personen, die gerade beginnen, das UK-Mittel zu nutzen.
- *Modelling zur Unterstützung des Sprachverständnisses*
  Gesprächspartner nutzen die alternative Kommunikationsform, um das Verstehen gesprochener Sprache zu unterstützen. Ziel ist die Zunahme der Partizipation und erfolgreicher Interaktion sowie die Zunahme des Sprachverstehens.
- *Modelling zur Unterstützung der Produktion spezifischer Zielformen*
  Gesprächspartner modellieren die Nutzung der Zielformen durch die Nutzung von Schlüsselwörtern (im UK-Modus) und Lautsprache. Diese Form des Modelling wird vor allem bei Kindern im Spracherwerbsprozess und solchen mit spezifischen Sprachentwicklungsstörungen genutzt und zielt auf die Produktion der sprachlichen Zielform (z. B. Zwei-Wort-Sätze).

In den Ausführungen wird deutlich, dass Modelling genutzt werden kann, um sehr unterschiedliche Ziele in der Sprachförderung zu bedienen. Als Strategie zeigt es eine große Nähe zur Unterstützung der Sprachentwicklung sprechender Kinder durch deren Bezugspersonen. Castañeda/Waigand (2016) machen die zentrale Bedeutsamkeit hinter dieser Strategie deutlich:

»Wenn wir UK als alternative Sprache verstehen und bedenken, dass Sprache immer nur durch einen entsprechenden natürlichen Input erworben wird, ist Modelling wohl eine der wenigen Ideen in der UK, die allgemein für einen Großteil der Nutzer zu empfehlen ist« (Castañeda/Waigand 2016, 44).

Vielfältige Studien belegen empirisch die Wirksamkeit des Modelling als Form der Sprachförderung unterstützt kommunizierender Kinder (Beck et al. 2009; Binger/Light 2007; Bruno/Trembath 2006; Drager et al. 2006; Harris/Reichle 2004; Lund 2004)

3.2 Prompt Strategies

Van Tatenhove (2008; o. J.) fasst unter dem Begriff ›Prompt Strategies‹ weitere förderliche Partnerstrategien zusammen, die über das reine Modelling im Sinne des Mitnutzens der Zielkommunikationsform durch die Gesprächspartner hinausgeht:

- *Expectant delay (Erwartungsvolle Verzögerung)*
  Nachdem der Erwachsene ein Sprachmodell angeboten hat, schaut er das Kind erwartungsvoll an und wartet still für 10 bis 15 Sekunden, ob das Kind eine Aussage tätigt.
- *Open-Ended Prompts (Offene Aufforderung/ Anregung)*
  Die Bezugsperson stellt eine Frage bzw. fordert das Kind zu einer Aussage heraus.

Diese Strategie wird unterschieden in eine allgemeine Aufforderung (»Erzähl mir etwas über den Ausflug.«) und eine fokussierte Aufforderung (»Warum seid ihr zu spät gekommen?«).
- *Event-Cast (sprachliche Handlungsbegleitung)*
Eine Handlung des Kindes wird sprachlich begleitet (»Du schaukelst.«).
- *Open Questions (Offene Fragen)*
Der Erwachsene stellt eine Frage, die viele mögliche Antworten hat.
- *Corrective Feedback (Korrektives Feedback)*
Eine grammatikalisch oder semantisch fehlerhafte Aussage des Kindes wird korrigiert wiederholt.
- *Expansion (Expansion)*
Eine Aussage des Kindes wird erweitert.
- *Recast (Umformulierung)*
Die Aussage eines Kindes wird von der Bezugsperson mit einer Variation im Vokabulargebrauch oder der Syntax wiederholt.
- *Redirect (Verweis)*
Der Erwachsene fordert das Kind auf, in Kommunikation mit einem peer zu treten.
- *Scripted Narratives (Sprachliche Skripte)*
Sprachliches Begleiten von wiederkehrenden Aktivitäten mit fester Reihenfolge

Die Ausführungen von van Tatenhove (2008; o. J.) beschränken sich nicht auf das reine Mitnutzen der Zielkommunikationsform, sondern beziehen auch Strategien mit ein, die sich auf das allgemeine sprachliche Handeln der Bezugspersonen beziehen. Sie erweitert damit den Blick vom reinen Mitnutzen der Zielkommunikationsform, wie dies bei Modelling vorwiegend beschrieben wird, auf weitere durch den Gesprächspartner genutzte Unterstützungsstrategien.

3.3 Scaffolding

Die bisher beschriebenen Partnerstrategien bezogen sich vorwiegend auf sprachliches Handeln. Es lassen sich des Weiteren auch nicht-sprachliche Strategien ausmachen, die hilfreich für gelingende Kommunikation sind. Solche Verhaltensweisen werden unter dem Begriff ›Scaffolding‹ zusammengefasst. Diese Metapher beschreibt das Unterstützungsverhalten erwachsener Bezugspersonen, das sie in Interaktion mit einem Kind einsetzen. Grundannahme ist, dass die Bezugsperson eine Art gedachtes Gerüst (engl.: scaffold) für das Kind baut, um diesem eine möglichst selbstständige Bewältigung von Aufgaben – in diesem Fall in Zusammenhang mit Sprache – zu ermöglichen. Der Erwachsene übernimmt beispielsweise Teile einer Aufgabe, die das Kind zunächst noch nicht selbst bewältigen kann, stellt gezielt Fragen oder bietet Auswahlen an. So kann das Kind sprachliche Fähigkeiten zeigen, die es ohne Unterstützung des Gesprächspartners noch nicht zur Verfügung hätte. So wird eine erfolgreiche Alltagskommunikation ermöglicht. Bruner (1978) nutzt den Begriff des Scaffolding bezogen auf sprachliche Interaktionen zwischen einem Kind und seiner Mutter. Er beschreibt mit dieser Metapher, dass der kompetentere Gesprächspartner seine größeren Fähigkeiten nutzt, um dem Kind eine Teilnahme an vorsprachlicher und sprachlicher Interaktion zu ermöglichen. Sobald das Kind in der Lage ist, bestimmte Teilaufgaben selbstständig zu bewältigen, nehmen die Bezugspersonen ihre Unterstützung in diesem Bereich zurück. Eine Studie von Soto (2014) konnte dies für die Gesprächspartner von UK-Nutzern bestätigen. Sie stellte fest, dass das durch Bezugspersonen angenommene Kompetenzniveau eines unterstützt kommunizierenden Kindes deren Interaktionsverhalten deutlich beeinflusst. Angenommene Fähigkeiten des Kindes führten dazu, dass die Bezugspersonen einen entsprechenden Anspruch an die Sprachproduktion des Kindes hatten und auch das eigene sprachliche Verhalten darauf abstimmten. Nahmen Bezugspersonen beispielsweise an, dass ein Kind in der Lage ist, Zweiwortsätze zu bilden, erwarten sie dies auch in den Aussagen des Kindes. Gleichzeitig erhöhten sie die Komplexität ihrer eigenen Aussagen in der Ansprache an das Kind und gaben ihm so ein Modell für den nächsten Entwicklungsschritt (vgl. Soto 2014).

Das Modell des Scaffolding besitzt eine große Nähe zur Idee der ›Zone der nächsten Entwicklung‹, wie Vygotskij (2002) sie beschreibt (▶ Abb. 1). Dieser geht davon aus, dass alle kognitiven Prozesse, so auch die Sprachentwicklung, ihren Ursprung in sozialer Interaktion haben. Mit Unterstützung der Bezugspersonen kann ein Kind Anforderungen meistern, die es ohne Unterstützung noch nicht bewältigen könnte. Der Bereich, in dem diese Anforderungen liegen, bezeichnet er als ›Zone der nächsten Entwicklung‹.

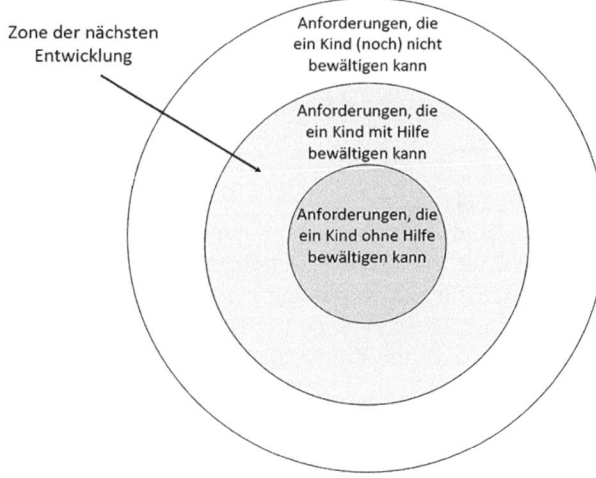

Abb. 1:
Zone der nächsten Entwicklung nach Vygotskij

Die Anforderungen, vor die UK-Nutzer in Gesprächssituationen gestellt sind, sind vielfältig. Neben linguistischen Fähigkeiten (Wortschatz und grammatikalisch-syntaktische Fähigkeiten) umfassen diese auch operationale, soziale und strategische Fähigkeiten, um kompetent kommunizieren zu können (vgl. Sachse/Bernasconi 2018; in diesem Band). In all diesen Bereichen sind Gesprächspartner gefordert, Unterstützung zu bieten.

3.4 COCP-Partnerstrategien

Das COCP-Partnerprogramm nimmt eine dem Scaffolding ähnliche, umfassende Sichtweise auf kommunikative Unterstützung von unterstützt kommunizierenden Kindern durch ihre Gesprächspartner ein. Das COCP-Programm wurde als Interventionsprogramm entwickelt mit dem Ziel, Eltern und andere wichtige Bezugspersonen bei der Stimulation der Kommunikationsentwicklung von Kindern ohne Lautsprache einzubeziehen (vgl. Heim 2001). Speziell die im Programm benannten Partnerstrategien beschreiben förderliches Unterstützungsverhalten in Interaktionssituationen. Insgesamt nennen Heim/Jonker/Veen (2012) zehn Strategien, die Kommunikationspartner nutzen sollten, um die möglichst effektive Teilnahme einer unterstützt kommunizierenden Person an einem Gespräch zu unterstützen:

1. Strukturieren Sie die Umgebung.
2. Folgen Sie der Führung des Kindes.
3. Stimulieren Sie gemeinsame Aufmerksamkeit.
4. Schaffen Sie Möglichkeiten zur kommunikativen Interaktion.

5. Erwarten Sie Kommunikation, die zum Niveau des Kindes passt.
6. Regulieren Sie das Tempo der Interaktion. (Machen Sie Pausen.)
7. Modellieren Sie die expressiven Kommunikationsformen aus dem Repertoire des Kindes.
8. Achten Sie darauf, dass Ihr Sprachniveau dem des Kindes angepasst ist.
9. Regen Sie das Kind (schrittweise) an.
10. Belohnen Sie das Kind für die Kommunikationsversuche.

Die im COCP-Programm beschriebenen Partnerstrategien bieten eine hilfreiche Struktur für die Gestaltung von Interaktions- und Kommunikationssituationen (vgl. auch Weid-Goldschmidt 2013).

4 Zusammenfassung

Um erfolgreiche Kommunikation einerseits zu lernen und andererseits in Gesprächen immer wieder zu erleben, benötigen UK-Nutzer Unterstützung durch kompetente Gesprächspartner. Diese sollten unterschiedliche Strategien nutzen, um eine erfolgreiche Alltagskommunikation zu unterstützen. Neben dem modellhaften Mitnutzen der alternativen Kommunikationsform umfassen diese Strategien weitere Verhaltensweisen, die die Entwicklung linguistischer, operationaler, sozialer und strategischer Fähigkeiten unterstützen und so letztlich das Erlangen kommunikativer Kompetenz ermöglichen.

Literatur

Beck, A.R./Stoner, J.B./Dennis, M.L. (2009): An investigation of Aided Language Stimulation. In: Augmentative and Alternative Communication, 1, 42–54.

Binger, C./Light, J. (2007): The effect of aided AAC modeling on the expression of multi- symbol messages by preschoolers who use AAC. In: Augmentative and Alternative Communication, 1, 30–43.

Blackstone, S.W. (2006): Approaches to AAC instruction. In: Augmentative Communication News 3, 5–7.

Bruner, J.S. (1978): The role of dialogue in language acquisition. In: Sinclair, A./Jarvella, R.J./Levelt, W.J.M. (Eds.): The Child's Conception of Language. Berlin: Springer, 241–256.

Bruno, J./Trembath, D. (2006): Use of Aided Language Stimulation to Improve Syntactic Performance During a Weeklong Intervention Program. In: Augmentative and Alternative Communication, 4, 300–313.

Castañeda, C./Waigand, M. (2016): Modelling in der Unterstützten Kommunikation. In: Unterstützte Kommunikation, 3, 41–44.

Drager, K.D./Postal, V.J./Carrolus, L./Castellano, M./Gagliano, C./Glynn, J. (2006): The effect of aided language modeling on symbol comprehension and production in two preschoolers with autism. In: American Journal of Speech-Language Pathology, 2, 112–125.

Harris, M.D./Reichle, J. (2004): The impact of aided language stimulation on symbol comprehension and production in children with moderate cognitive disabilities, American Journal of Speech-Language Pathology, 2, 155–167.

Heim, M.J.M. (2001): Nauwelijks sprekend veel te zeggen. Een studie naar de effecten van het COCP-programma. Dissertation. Utrecht, Niederlande: LOT.

Heim, M.J.M./Jonker, V.M./Veen, M. (2012): COCP: Ein Interventionsprogramm für nicht sprechende Personen und ihre Kommunikati-

onspartner. In: isaac-Gesellschaft für UK/von Loeper (Hrsg.): Handbuch der Unterstützten Kommunikation. von Loeper: Karlsruhe, 01.026.007-01.026.015.
Light, J. (1989): Toward a definition of communicative competence for individuals using augmentative and alternative communication systems. In: Augmentative and Alternative Communication, 2, 137–144.
Lund, S. (2004): Facilitating Grammar Development Using Augmented Input and Recasting. Vortrag auf der Internationalen ISAAC-Konfrenz, Natal, Brasilien.
Nonn, K. (2011): Unterstützte Kommunikation in der Logopädie. Stuttgart: Thieme.
Papoušek, M. (1994): Vom ersten Schrei zum ersten Wort. Anfänge der Sprachentwicklung in der vorsprachlichen Kommunikation. Bern: Huber.
Sachse, S.K./Bernasconi, T. (2018): Gelingende Alltagskommunikation und Teilhabe durch systematische Förderung der kommunikativen Kompetenz. In: Unterstützte Kommunikation, 3, 40–46.
Sachse, S.K./Willke, M. (2011): Fokuswörter in der Unterstützten Kommunikation. Ein Konzept zum sukzessiven Wortschatzaufbau. In: Bollmeyer, H./Engel, K./Hallbauer, A./Hüning-Meier, M. (Hrsg.): UK inklusive – Teilhabe durch Unterstützte Kommunikation. Karlsruhe: von Loeper, 375–394.
Soto, G. (2014): Changes in Adult Scaffolding as a Result of Improved Expressive Vocabulary and Grammatical Skills of Children who use AAC. Präsentation auf der Internationalen ISAAC Conference Lissabon, Portugal.
van Tatenhove, G. (2008): Aided Language Stimulation and the descriptive Teaching Model. Vortrag auf der ASHA Convention. Handout http://www.asha.org/events/convention/handouts/2008/0904_van_tatenhove_gail. [07.04.2016]
van Tatenhove, G. (o.J.): Great Expectations: Building Communication Through Implementation of a Core Vocabulary Classroom. http://www.liberator.net.au/js/fontis/tiny_mce/plugins/filemanager/files/liberator_au/Great%20Expectations.PDF [07.04.2016].
Vygotskij, L.S. (2002): Denken und Sprechen. Weinheim: Beltz.
Wachsmuth, S. (2006): Kommunikative Begegnungen. Aufbau und Erhalt sozialer Nähe durch Dialoge mit Unterstützter Kommunikation. Würzburg: Edition Bentheim.
Weid-Goldschmidt, B. (2013): Zielgruppen Unterstützter Kommunikation: Fähigkeiten einschätzen - Unterstützung gestalten. Karlsruhe: von Loeper.
Willke, M. (2018): Scaffolding in der Unterstützten Kommunikation. Evaluation eines Fortbildungsprogramms zum Unterstützungsverhalten bei Bezugspersonen unterstützt kommunizierender Kinder und Jugendlicher im Kontext von Erzählsituationen. Dissertation. Köln.

Fokuswörter in der Interventionsplanung und -umsetzung

Stefanie K. Sachse & Melanie Willke

Das Konzept der Fokuswörter zeigt, wie ein Zielwortschatz von 100 Wörtern über einen Zeitraum von ca. 2 Jahren systematisch erarbeitet werden kann. Das Konzept bietet so eine Hilfestellung für die professionellen und familiären Bezugspersonen unterstützt Kommunizierender für eine längerfristige Interventionsplanung.

Erarbeitet wird der Wortschatz mit Hilfe des Modelling (vgl. Willke in diesem Band), so dass die unterstützt kommunizierende Person in Alltagssituationen erlebt, wie man die Wörter gebrauchen kann. Dabei ist es unerheblich, welche alternative(n) Kommunikationsform(en) die unterstützt kommunizierende Person nutzt. Es können Gebärden, Kommunikationstafeln, -ordner oder elektronische Hilfen sowie eine Kombination aus mehreren Formen sein.

1 Die Fokuswörter im Überblick

Der Zielwortschatz, der dem Fokuswörterkonzept zugrunde liegt, besteht aus 100 Wörtern, die vorrangig aus dem Kernvokabular stammen. Diese werden ergänzt durch individuelles Randvokabular, das sich an den Interessen und Lebensbedingungen der unterstützt kommunizierenden Person orientieren sollte (vgl. Leber 2008, 01.039.001 ff.).

Die Wörter sind in sog. Fokuswörterreihen organisiert. Jede Fokuswörterreihe besteht aus mehreren Wörtern, so dass verschiedene Kombinationen und Ausdrucksmöglichkeiten zur Verfügung stehen (z. B. Fokuswörterreihe 1: *will nicht, will gucken, nicht gucken!*). Für jeweils 6 Wochen rücken die 4–5 Wörter einer Fokuswörterreihe in den Mittelpunkt der Förderung; d. h. diese (wenigen) Wörter werden von den Bezugspersonen hochfrequent in der Kommunikationsform des UK-Anwenders mitgenutzt. Durch die so angebotenen Modelle kann die unterstützt kommunizierende Person in vielen Situationen erleben, wie man mit der Kommunikationsform etwas ausdrücken und erreichen kann. Dadurch, dass immer nur wenige neue Wörter von den Bezugspersonen mitgenutzt werden müssen, wird das Modelling deutlich erleichtert.

Während der 6 Wochen wird kontinuierlich möglichst von allen Bezugspersonen gemodelt – unabhängig davon, ob ein UK-Nutzer die jeweiligen Fokuswörter schon selbst nutzt. Es wird also nicht direkt nach Einführung der neuen Wörter erwartet, dass die unterstützt kommunizierende Person diese Wörter sofort verwenden kann. Aus der Sprachentwicklung ist bekannt, dass Kinder Wörter zunächst verstehen lernen, bevor sie diese auch selbst nutzen. Dementsprechend werden die Fokuswörter über den Zeitraum von 6 Wochen immer wieder angeboten. Erst danach wird entschieden, ob zur nächsten Fokuswörterreihe übergegangen wird oder ob

Tab. 1: Fokuswörtertabelle 2019

FWR	Fokuswörter	Mögliche individuelle Adaptionen	Kommunikationsfunktionen	Beispiele, Kombinationen usw. aus der jeweiligen Zeile und mit den vorangegangenen Fokuswörtern
1	noch mal, fertig, nicht, wollen (will)*, gucken	* auf EKH mit natürlicher Sprachausgabe kann WILL gespeichert werden	Umfeld beeinflussen, erstes Steuern von Aktivitäten, eine Handlung beenden	nicht noch mal, (nein), will nicht, guck guck, Fertig? Fertig!
2	ich*, auch, mehr, haben (hat), mal	* statt ICH den eigenen Namen nutzen	Um eine Handlung/einen Gegenstand bitten, etwas kommentieren/verbalisieren, etwas ablehnen, sich verteidigen, Gemeinsamkeit ausdrücken	Mia/ich auch, ich will auch, Mama will auch mal, Mama auch? Guck mal! Mia will mehr haben, (das) will ich auch haben, ich nicht, ... hab ich nicht! Ich will nicht mehr.
3	du, machen, was, wir	+ 2 Lieblingsgegenstände/-aktivitäten (z. B. singen, Teddy)	Hast du (das) gesehen? Was hast du (da)? Hast du (Teddy)? Was wollen wir machen? Was machst du (da)? Noch mal machen! Ich will auch was haben. Willst du (singen)? Nicht singen? Noch mal singen? Ich will das machen. Guck mal, was wir machen.	
4	wer, möchten, andere/s, jetzt	+ 3 Lieblingsgegenstände/-aktivitäten (schaukeln, fernsehen, Hund)	Etwas auswählen, etwas benennen/feststellen, Fragen stellen, etwas ablehnen, Themenwechsel einleiten	Ich möchte auch was (haben). Ich möchte was anderes. Was anderes... Möchtest du nicht? Hast du auch was anderes? Jetzt nicht. Was machen wir jetzt? Wollen wir was anderes machen? Wer möchte mehr? Wer will singen?
5	mit, kein/e, mein/e, kommen	+ 3 Wörter/Personen (Milch, Socken, Lily)		Das ist meine! Ich komme mit. Ich will keine Socken/Milch. Ich will meine Milch nicht. Hast du keine Milch? Ich hab keine Milch. Wer macht mit? Willst du mit-machen? Komm mit. Kommst du mit?
6	das, sein (ist), da, weg	+ 3 Adjektive (groß, klein, lecker)	Beschreiben, kommentieren, verhandeln, sich verteidigen, anleiten/erklären	Nicht das – das da. Das ist da. Das ist meine Mama. Da ist meine Mama. Keine (Milch) mehr da. Mama ist weg. Wer war das? Ich nicht. Das ist lecker. Weg da! Keiner da. Nein, das will ich nicht. Bist du fertig? Mach das nicht noch mal! Da sind (ja) meine Socken.

Tab. 1: Fokuswörtertabelle 2019 – Fortsetzung

FWR	Fokuswörter	Mögliche individuelle Adaptionen	Kommunikationsfunktionen	Beispiele, Kombinationen usw. aus der jeweiligen Zeile und mit den vorangegangenen Fokuswörtern
7	Quatsch*, so, gehen, alle/s, aber	* bzw. eine ansprechende, altersentsprechende Alternative		Nicht so machen! Ich will meinen Teddy aber jetzt haben. Das geht nicht. Ist das so gut? Alles alle! Aber Lily macht das auch. Aber ich will auch! Alle machen das. Mach das so. So war das nicht.
8	war/en, zu, noch, dürfen, mir	+ 3 Wörter, auch Adjektive (spielen, laut, gemein)	Über eine andere Person sprechen, Eigenschaften/Gefühle ausdrücken, jmd. überreden	Das ist zu laut. Ich will zu Mama. Darf ich noch zu Lily? Darf Lily mit zu mir kommen? Wir wollen noch spielen. Dürfen wir noch Fernsehen? Aber Lily darf das auch. Das darfst du nicht! Ich habe noch keine Milch. Noch ein (Gummibärchen)? Wer war das? Wer war mit da (in der Turnhalle)? Du warst das (doch). Ich war (es) nicht. Das war Lily. Lily macht das (immer) so.
9	wann, schon, können, ein	+ 3 Kommentare		Können wir was anderes machen? Wann kommt Mama? Wann können wir schaukeln? Jetzt schon? Hast du ein anderes Buch? Komm schon!
10	sollen, bitte, allein	+ 3 Aktivitäten	Widerspruch/Ausdruck von Eigenständigkeit, etwas nachdrücklich einfordern	Ich kann das alleine! Bitte, Mama! Bitte, Mama! Soll ich? Was soll ich machen? Du sollst das nicht so machen.
11	auf, warten, ganz, und, weiter, wieder		Eine Handlung steuern, etwas beschreiben	Wir warten auf Mama und Oma. Ich will nicht (mehr) warten. Das geht nicht auf. Das ist ganz groß. Und Mama kommt auch mit. Und Mama soll auch mit-kommen. Wir warten schon ganz lange. weiter (blättern, gehen, singen)
12	heute, fahren, ge-, dann, hier	+ 3 Aktivitäten/Verben (z. B. nehmen, kriegen, finden)	Erzählen/berichten anleiten, planen, fragen, Gespräch beenden	Hier ist ja mein Teddy/Buch. Das hier ist (besser). Das hier auch noch (einpacken). Heute fahren wir zu Oma. Und dann? Da können wir dann schaukeln. Ich will meinen Teddy mit-nehmen. Kriege ich das mal? Weiter-fahren! Weiter schaukeln! Wir sind zu Oma ge-fahren. Das hat Oma ge-macht. Hier ist kein Teddy. Dann komme ich nicht mit! Dann (eben/halt) nicht.
13	sagen, es, der, die		Nachfragen, erläutern und Hinweise geben	Die sind alle. Wer hat das ge-sagt? Wer sagt das? Das sag ich Mama. Nicht weiter-sagen.

Tab. 1: Fokuswörtertabelle 2019 – Fortsetzung

FWR	Fokuswörter	Mögliche individuelle Adaptionen	Kommunikationsfunktionen	Beispiele, Kombinationen usw. aus der jeweiligen Zeile und mit den vorangegangenen Fokuswörtern
14	oder, wo, wie, wissen	+ 2 Ortsangaben	Um Informationen bitten/nachfragen, Alternativen anbieten/etwas vorschlagen	Wo ist Mama? Weißt du das? Ich weiß nicht/Weiß nicht. Oder nicht? Wie geht das? Wo sind deine Socken? Oder morgen, oder Jenny macht das. Oder so. Ich weiß! Weißt du was?
15	warum, immer, müssen, dein/e	+ 3 individuelle Ergänzungen (erst, nur, gleich)	Nachfragen, etwas aushandeln, begründen, Absprachen treffen	Warum nicht? Warum immer ich? Warum muss ich das immer machen? …wie immer, wie auch immer. Warum ist Mama weggefahren? Kann ich deine Gummibärchen haben/kriegen? Müssen wir schon fahren?
16	wenn, weil, doch, welche/r			Weil ich die zuerst hatte. Der hat sie doch nicht alle. Kann ich mal deine Stifte haben/nehmen? Du hast mir die Stifte weggenommen. Ich will die doch nur (kurz) haben. Du kriegst die gleich wieder. Ich will die aber jetzt wiederhaben. Komm doch auch mit.

Hinweis: Da ›Ja‹ und ›Nein‹ nach Möglichkeit kontinuierlich mitverwendet werden, finden diese Wörter in der Tabelle keine Berücksichtigung. Individuelle Adaptionen sind erwünscht.

die Arbeit mit den gleichen Wörtern für die nächste Förderphase von 6 Wochen fortgeführt wird.

Tabelle 1 zeigt die Fokuswörterliste. Neben den Fokuswörtern der einzelnen Reihen und Hinweisen zu möglichen Adaptionen werden Kommunikationsfunktionen angeführt, die mit Hilfe der Wörter ausgedrückt werden können. Die Beispielkombinationen sind für die Bezugspersonen eine Hilfe, damit vor allem zu Beginn einer neuen Förderphase verschiedene Aussagen, Fragen und Kommentare in der Zielkommunikationsform geübt werden können.

2 Das Fokuswörterkonzept

Das Fokuswörterkonzept ist weit mehr als die Zielwortschatzliste. In das Konzept fließen grundlegende Überlegungen zu systematischen UK-Interventionen ein, die im Folgenden dargestellt werden.

2.1 Vokabularauswahl und angeleitete Wortschatzerweiterung

In der UK hat sich die Auffassung durchgesetzt, dass bei der langfristigen Erarbeitung eines alltagstauglichen Wortschatzes insbesondere Kernvokabular berücksichtigt werden sollte (vgl. Boenisch/Sachse in diesem Band): Zum einen kann das situationsunabhängig gebrauchte Kernvokabular in unterschiedlichen Kontexten, mit verschiedenen Kommunikationsabsichten und Gesprächspartnern und somit in vielen Alltagssituationen gemodelt und verwendet werden. Zum anderen wird mit diesen Wörtern ein stabiles Sprachfundament für die Sprachentwicklung angeboten (im Englischen oft als ›a strong language base‹ bezeichnet, vgl. Musselwhite 2012), das für die kommunikative Kompetenz einer unterstützt kommunizierenden Person eine zentrale Rolle spielt. Die Formulierungen werden zunehmend umfangreicher und es werden verschiedene Kommunikationsfunktionen ausgedrückt:

- *habe ich nicht* (FWR 2, sich verteidigen),
- *ich habe keine (Milch)* (FWR 5, etwas feststellen),
- *ich habe noch alle (Milch-Zähne), hast du noch alle?* (FWR 8, u. a. Fragen stellen, etwas andeuten),
- *ich habe aber keine ge-nommen* (FWR 12, jmd. informieren, sich verteidigen),
- *weil ich doch gestern kein (Eis) ge-kriegt habe* (FWR 16, etwas begründen, Argumente vorbringen).

Die Erweiterung des Wortschatzes dient keinem Selbstzweck. Es geht um den Gebrauch der Wörter in verschiedenen Gesprächssituationen zur Realisierung verschiedener persönlicher Anliegen.

2.2 Systematisches Vorgehen

Gute UK-Interventionen zeichnen sich durch ein systematisches Vorgehen aus, bei denen das Team im Konsens über einen längeren Zeitraum einem Interventionsplan folgt und bei Bedarf anpasst, alltagsrelevante Ziele verfolgt und deren Erreichen evaluiert. Das Fokuswörterkonzept bietet hier eine Orientierungshilfe für die angeleitete Wortschatzerweiterung mit dem Ziel der Verbesserung der kommunikativen Kompetenz im Alltag. Gleichzeitig besteht die Möglichkeit, nicht nur Wörter und Kombinationen in den Fokus zu nehmen (lexikalischer und syntaktischer Fokus), sondern auch grammatikalische Formen (z. B. Partizip II: ge-sehen, ge-kommen, ge-wesen – grammatikalischer Fokus) oder bestimmte Kommunikationsfunktionen (etwas kommentieren, etwas erfragen, etwas begründen, pragmatischer Fokus) mit hoher Frequenz anzubieten.

2.3 Unterstützung der Bezugspersonen

Vielen Bezugspersonen fällt das Modelling in der alternativen Kommunikationsform zu Beginn oft schwer. Interventionskonzepte müssen deshalb auch die Anleitung der Bezugspersonen berücksichtigen.

Um die Nutzung der Fokuswörter durch alle Bezugspersonen so einfach wie möglich zu gestalten, sollten diese auf den Kommunikationsoberflächen gekennzeichnet werden: Auf Kommunikationstafeln können die Fokuswörter mit einem Klebepunkt markiert werden; auf elektronischen Hilfen z. B. mit einem stärkeren Rahmen versehen werden. Alternativ können Abbildungen der Ikonensequenzen/Pfade oder Gebärden der aktuellen Fokuswörter gut sichtbar aufgehängt werden (▶ Abb. 1).

Fokuswörter UB2

noch mal, fertig, nicht, wollen

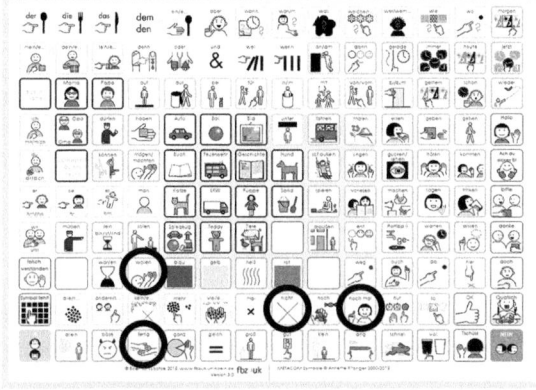

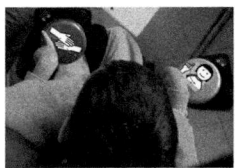

Lukas: fertig links   nochmal rechts

Milla

Tom

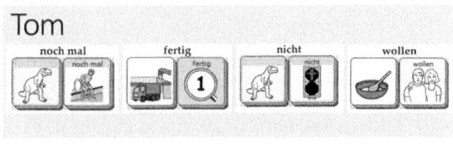

Abb. 1: Fokuswörterposter einer Klasse mit Schülern, die verschiedene Kommunikationshilfen nutzen (markierte Fokuswörter auf der Kölner Kommunikationstafel sowie Spickzettel für die Pfade der App MetaTalkDE und die Ikonensequenzen für die Wortstrategie 84, Minspeak-Ikonen; © Semantic Compaction Systems)

Es wird empfohlen, dass die Bezugspersonen zu Beginn einer neuen Förderphase die Beispielkombinationen aus der Tabelle in der alternativen Kommunikationsform üben. Nur so können die Bezugspersonen die erforderlichen Modelling-Kompetenzen (motorische Automatisierung, Ideen für Formulierungen und Kombinationen) entwickeln, um sich dann in den Kommunikationssituationen auf die Gesprächsinhalte konzentrieren zu können.

2.4 Die 6-Wochen-Regel

Häufig wird von einem (angehenden) UK-Nutzer erwartet, dass er unmittelbar nach der Versorgung mit einer Kommunikationshilfe beginnt, diese aktiv zu nutzen. Aber ist das tatsächlich realistisch? Deshalb sollte die 6-Wochen-Regel konsequent von allen eingehalten werden:

> Die Fokuswörter werden über den Zeitraum von 6 Wochen kontinuierlich gemodelt – unabhängig davon, ob der UK-Nutzer die Wörter oder Kombinationen schon aktiv nutzt. Die Evaluation findet immer erst nach den 6 Wochen statt. Erst dann wird entschieden, ob während der nächsten Förderphase die gleiche oder die nächste Fokuswörterreihe angeboten wird.

3 Fokuswörter in der Umsetzung: Prinzipien des Modelling

An verschiedenen Stellen werden Formen und Prinzipien des Modelling dargestellt (vgl. Castañeda/Fröhlich/Waigand 2017, Willke in diesem Band). In den folgenden Abschnitten werden ausgewählte Aspekte angesprochen, die bei der Umsetzung des Fokuswörterkonzepts hilfreich sein können.

Eindeutige Kommunikationssituationen

Wie in der natürlichen Lautsprachentwicklung wird die Bedeutung der ersten Wörter und Kombinationen in konkreten und bedeutsamen Kontexten gelernt. Dabei sollte die Situation insbesondere für die Personen, die bisher eher ›abhängig kommunizieren‹ (vgl. Dowden 1999), so gestaltet sein, dass sich die Bedeutung der Aussage leicht erschließen lässt. Damit ist gemeint, dass die möglichen Bedeutungen eines Wortes durch das, was passiert, so stark eingeschränkt werden, dass ein Falsch-Verstehen nahezu unmöglich ist (vgl. Szagun 2008, 147). Hier bieten sich Wörter an, mit denen Aktivitäten gesteuert werden und die Konsequenzen deutlich erfahrbar sind, z. B. *noch mal* (FWR 1), *mehr* (FWR 2), *weiter* (*blättern* oder *machen*, FWR 11).

Aussagen am Ende erweitern

Aus der Lautsprachentwicklung ist bekannt, dass die Kinder besonders in den frühen Phasen des Spracherwerbs dazu neigen, ihre Aufmerksamkeit auf das Ende einer Äußerung zu richten: »Was am Ende des Satzes steht, wird besser in Erinnerung behalten als Elemente mitten im Satz« (Tracy 2008, 839). Diesen Umstand können sich Bezugspersonen beim Erweitern zunutze machen, indem an die Einwortäußerungen noch ein Wort angehängt wird.

Ein Beispiel zu FWR 4: Eine jugendliche Tafelnutzerin zeigt auf das Symbol *ANDERES*.

Die Bezugsperson erweitert, indem sie sagt und ZEIGT: ›OK, *du sagst, ich* MÖCHTE WAS ANDERES MACHEN‹. Die Jugendliche wiederholt: ›ANDERES MACHEN‹.

Hätte die Bezugsperson mit ›OK, *du sagst,* ICH MÖCHTE WAS ANDERES‹ reagiert und die Jugendliche ihre Aufmerksamkeit auf das Ende des Satzes gerichtet, würde sie evtl. nur *ANDERES* bestätigend wiederholen.

Nutzung in echten Kommunikationssituationen

> Es geht beim Mitnutzen nicht vorrangig darum, dem unterstützt Kommunizierenden zu zeigen, wo ein Wort auf der Kommunikationshilfe gespeichert ist. Es soll gezeigt werden, wie man dieses Wort in echten Kommunikationssituationen anwenden und mit anderen Wörtern kombinieren kann.

Sprecherwechsel unterstützen und Gespräche fortführen

Erfahrungen und Untersuchungen zeigen, dass das Führen von Gesprächen (im Unterschied zu einzelnen Hinweisen oder einer Begrüßung) für viele unterstützt Kommunizierende eine große Herausforderung darstellt (Senner 2011; Reichle/Brady 2012). Deshalb sollte auch beim Einsatz der Fokuswörter darauf geachtet werden, dass Sprecherwechsel unterstützt werden. So kann man z. B. mit den Wörtern *aber* oder *und* an Beiträge anknüpfen: *aber Lily darf das auch* (FWR 8) oder *und Mama soll auch mit* (FWR 11).

Auch das Einbeziehen weiterer Gesprächspartner sollte gemodelt werden:

> Beim gemeinsamen Lesen des Buches »Was fressen Monster« (Kitzing/Büchs 2018) steht immer wieder die Frage im Raum, was die abgebildeten Monster wohl fressen wollen. Ein Kind zeigt, was es annimmt, und fragt den Nachbarn – im Optimalfall in dessen Kommunikationsform: *Und du?* (FWR 11).

4 Zusammenfassung

In diesem Beitrag wurde gezeigt, wie mit Hilfe des Fokuswörterkonzeptes ein Gebrauchswortschatz von ca. 100 Wörtern erarbeitet werden kann. Die Strukturierung, die sich durch die einzelnen Fokuswörterreihen ergibt, bietet eine Orientierungshilfe für die beteiligten Bezugspersonen. Durch die kleine Auswahl an Wörtern wird auf der einen Seite das Modelling vereinfacht; auf der anderen Seite hilft diese Reduktion auch dem UK-Nutzer, die jeweiligen Aussagen und deren Funktion besser verstehen und anwenden zu können.

Das Fokuswörterkonzept sollte jedoch nicht als statische Vorgabe für die Gestaltung der Interventionen verstanden und wie ein Trainingsprogramm abgearbeitet werden. Neben den Wörtern, die im Fokus stehen, sollten immer auch noch weitere Wörter angeboten werden. Ziel ist die natürliche Nutzung in echten Kommunikationssituationen.

Literatur

Büchs, J./von Kitzing, C. (2018): Was fressen Monster? Betz: Berlin.

Castañeda, C./Fröhlich, N./Waigand, M. (2017): Modelling in der Unterstützten Kommunikation. Ein Praxisbuch für Eltern, pädagogische

Fachkräfte, Therapeuten und Interessierte. Heigenbrücken.

Dowden, P. (1999): Different strokes for different folks. In: Augmentative Communication News, 12, 7–8.

Leber, I. (2008): Wege der Vokabularauswahl in der Unterstützten Kommunikation. In: isaac-Gesellschaft für UK/von Loeper (Hrsg.): Handbuch der Unterstützten Kommunikation. von Loeper: Karlsruhe, 01.038.001-01.044.001.

Musselwhite, C. (2012): Emergent Literacy Through Song, Play, and Story Interaction: Supporting ALL Learners! Vortrag auf der AAC by the Bay Conference 2012.

Reichle, J./Brady, N. C. (2012): Teaching Pragmatic Skills to Individuals with Severe Disabilities. In: Johnston, S.S./Reichle, J./Feeley, K.M./Jones, E. A. (Eds.): AAC strategies for individuals with moderate to severe disabilities. Baltimore: Brookes, 3–23.

Senner, J. (2011): Parent Perceptions of Pragmatic Skills in Teens and Young Adults Using AAC. In: Communication Disorders Quarterly 32 (2), 103–108.

Szagun, G. (2008): Sprachentwicklung beim Kind. Beltz: Weinheim.

Tracy, R. (2008): Wie Kinder Sprachen lernen: Und wie wir sie dabei unterstützen können. Francke: Tübingen.

Der Abdruck der Minspeak-Ikonen erfolgt mit freundlicher Genehmigung der Semantic Compaction Systems, Inc.

Teilhaben mit Gebärden: Strategien zur Etablierung von lautsprachunterstützenden Gebärden (LUG)

Hendrik Dangschat & Sabine Plachta

1   Einleitung: Teilhaben mit Gebärden

> Timo ist 17 Jahre alt und lebt in einer Wohngruppe. In einer Besprechung wird über den anstehenden Urlaub diskutiert. Timo versteht einfache Lautsprache, seine eigenen lautsprachlichen Äußerungen sind aber selbst für Bezugspersonen kaum verständlich. Da Timo begleitend Gebärden einsetzt, kann er die gemeinsame Planung mitgestalten. Timo gebärdet MÖCHTE SEGELN. Er erklärt, dass er auch SCHWIMMEN GUT findet und dass er NICHT auf den BAUERNHOF möchte. Da war er SCHON.

Die gleichberechtigte Teilhabe von behinderten und nichtbehinderten Menschen an allen gesellschaftlichen Prozessen, die Inklusion, ist der Leitgedanke der UN-Behindertenrechtskonvention. Aber wann fängt Teilhabe genau an? Aus einer institutionell-professionellen Perspektive beginnt Teilhabe, wenn Einrichtungen Mitbestimmung zulassen. Fachkräfte und Adressaten (Menschen mit Beeinträchtigungen) besprechen anstehende Entscheidungen und stimmen gemeinsam ab, was geschehen soll. Teilhabe auf einer höheren Stufe beinhaltet die Verwirklichung von Selbstbestimmung. Adressaten treffen teilweise oder vollständig selbstständig wichtige Entscheidungen. Fachkräfte unterstützen und begleiten sie dabei (vgl. Straßburger/Rieger 2014, 232 f.). Mit- und Selbstbestimmen setzt aber zunächst eine gelingende Kommunikation voraus: Informationen werden verstanden, Adressaten können sich kommunikativ mitteilen und werden verstanden. Bei Personen, die nicht oder nur teilweise über Lautsprache kommunizieren, ist dies die zentrale Herausforderung.

In Timos Wohngruppe scheint die Mitbestimmung zu funktionieren. Timo kann sich dank lautsprachunterstützender Gebärden (LUG) einbringen und so die Planung der Sommerferien aktiv mitgestalten. Timos Einsatz von LUG ist aber kein »Zufallsprodukt«, sondern das Ergebnis verschiedener Faktoren: Timos Wohngruppe gehört zu einem Träger, der UK mit einer hohen Priorität begegnet. Es gibt ein verbindliches UK-Konzept, einen Beauftragten für UK, regelmäßige Schulungen für Mitarbeitende und einen Pool an Hilfsmitteln zur Erprobung. Die Einrichtung nutzt Gebärden aus einer übersichtlichen Sammlung. Dieses Vokabular schafft Klarheit, wird von den Mitarbeitenden akzeptiert und wurde mit kooperierenden Partnern (Familie, Schule, Arbeit) abgestimmt. Das Team der Wohngruppe begegnet UK und Gebärden mit großem Engagement. Gebärden spielen nicht nur in Fördersituationen eine Rolle, sondern gehören kontinuierlich zur Alltagskommunikation. Die Mitarbeitenden begegnen den nichtsprechenden Bewohnern mit einer hohen Erwartungshaltung. Sie fordern und erwarten von Timo, dass er Gebärden einsetzt. Eine regelmäßige Dokumentation der Gebärden ermöglicht dem Team, Timos Fortschritte zu überblicken und anzupassen.

Die Chancen für eine nichtsprechende Person, alternative Verständigungsformen zu lernen und somit zu mehr Teilhabe zu gelangen, sind maßgeblich vom Einfluss bestimmter Barrieren bzw. förderlicher Faktoren des Systems abhängig (vgl. Beukelman/Mirenda 2013, 108).

In diesem Beitrag werden verschiedene Faktoren diskutiert, die zu einer Etablierung und Festigung einer »Gebärdenkultur« im Sinne von LUG beitragen können:

- Verankerung eines Basisvokabulars,
- Implementierung von Gebärden,
- Modelling mit Gebärden,
- Methoden und Routinen,
- Dokumentation und Übergänge.

Zunächst erfolgt ein Blick auf den Stand der Forschung zur Praxis des Einsatzes von LUG.

2 Praxis des Einsatzes von LUG: aktueller (Forschungs-)Stand

Im Gegensatz zur Deutschen Gebärdensprache (DGS) existiert für LUG bisher kein eindeutiges Regelwerk. Dies mag der sehr heterogenen Zielgruppe geschuldet sein, die eine individuelle Anpassung erfordert (vgl. Hennies 2012, 15). Bei LUG werden die bedeutungstragenden Wörter des Satzes gebärdet. Aber welche sind das und wie viele Gebärden sollten effektiv eingesetzt werden? Kritisiert wird, dass die Bedeutung des Kernvokabulars bei der Auswahl geeigneter Gebärden noch zu wenig berücksichtigt wird (vgl. Michel 2016, 32).

Die wenigen deutschsprachigen Studien zu LUG konzentrieren sich auf die Auswirkungen von LUG auf die Sprachentwicklung von Menschen mit kommunikativen Beeinträchtigungen (vgl. Appelbaum/Schäfer/Braun 2017). Weitergehende Untersuchungen zur Verbreitung und Nutzung von LUG fehlen: Welche Personen mit welchen Behinderungsbildern verwenden LUG oder welche Faktoren sind für eine Etablierung von LUG förderlich?

In internationalen Veröffentlichungen und Forschungen weist *Key Word Signing (KWS)* sehr große Parallelen zu LUG auf. Dabei kann seit 2014 ein deutlicher Anstieg an Studien und Initiativen zu KWS in verschiedenen Ländern (z. B. Australien, Belgien und Irland) beobachtet werden. Im Rahmen von Interviews mit Eltern von Kindern mit verschiedenen kognitiven Beeinträchtigungen in Irland konnten verschiedene förderliche Faktoren für die Einführung von KWS ermittelt werden: die Bereitschaft der Familie, KWS dauerhaft einzusetzen, verfügbare Kommunikationspartner, KWS-Schulungsmöglichkeiten und ein soziales Umfeld, das KWS nutzt (vgl. Glacken et al. 2018). In einer Befragung von 295 Wohn- und Tageseinrichtungen in Flandern/Belgien wurde u. a. der Zusammenhang zwischen den Einstellungen sowie dem Wissen der Mitarbeitenden bezüglich KWS und der Gebärdennutzung der Adressaten deutlich (vgl. Meuris 2014).

3 Faktoren zur Etablierung einer Gebärdenkultur

3.1 Verankerung eines Basisvokabulars

Einrichtungen, die Gebärden im UK-Kontext einsetzen, haben es mit einer heterogenen Gruppe von Menschen mit kommunikativen Beeinträchtigungen zu tun, darunter Personen, die aufgrund von kognitiven und motorischen Einschränkungen vielleicht nur einzelne Gebärden aktiv einsetzen können. In der UK liegt im Gegensatz zur Gehörlosenkultur daher nicht die Gebärdensprachvielfalt im Fokus, sondern der Einsatz eines übersichtlichen Gebärdensystems. Dabei stehen Einrichtungen in Deutschland nicht selten vor der Qual der Wahl (vgl. Schmidt-Pfister 2015, 6). Mit GUK (Wilken 2016), Makaton (The Makaton Charity 2011), UK-Gebärden Münsterland (Tonhäuser/Netzwerk UK/AT 2018), Schau doch meine Hände an (BeB e. V. 2017) oder den SIGN-Gebärden (Dangschat/Ender 2017) existieren verschiedene Sammlungen, die im Umfang, dem Grad der DGS-Orientierung, der Abbildung von Kernvokabular sowie der jeweiligen Materialaufbereitung stark voneinander abweichen.

Grundsätzlich sollte ein übersichtliches Basisvokabular Mitarbeitenden, UK-Nutzern und Angehörigen einen verlässlichen Zugang ebnen und einer Gebärdenwillkür, die UK-Nutzer bei anstehenden Übergängen (z. B. Klassenwechsel) oft erleben, entgegenwirken. Es ist empfehlenswert, dass das Vokabular auf der DGS basiert, um eine individuelle Erweiterung zu gewährleisten. Weiterhin sollte das Basisvokabular Begriffe des Kernvokabulars umfassen, da diese für eine Kommunikationsanbahnung von zentraler Bedeutung sind.

Sinnvoll ist die Abstimmung auf ein Basisvokabular nicht nur trägerintern, sondern generell innerhalb einer Region. Das bietet UK-Nutzern und ihren Begleitpersonen Verlässlichkeit (z. B. beim Umzug in eine benachbarte Stadt). In der Region Südwestniedersachsen einigten sich beispielsweise acht große Träger der Behindertenhilfe auf eine Orientierung an der DGS unter Verwendung des *Großen Wörterbuchs der Gebärdensprache* von Karin Kestner (2017) mit ca. 19.000 Gebärden. Um Mitarbeitenden und UK-Nutzern den Einstieg in die Gebärden zu erleichtern, wurden zusätzlich zwei Hilfsmittel (*SIGNmap* und *SIGNbox*) entwickelt, die das Erlernen des Basisvokabulars unterstützen und nun in der gesamten Region zum Einsatz kommen (vgl. RAG WfbM Süd-West 2018).

Abb. 1: Gebärde KÖNNEN aus der SIGNbox (© dieVielfalter 2017)

3.2 Implementierung von Gebärden

Bei der Implementierung des Basisvokabulars ist es sinnvoll, die zu erlernenden Gebärden in übersichtlichen Einheiten anzubieten. Im

Rahmen der inklusiven Sprachbildung in Kindertagesstätten entstanden beispielsweise beim Hamburger Kita-Träger *Die Elbkinder – Vereinigung Hamburger Kindertagesstätten gGmbH* Handlungsanregungen zur Einführung von Gebärden (vgl. Hänel-Faulhaber 2018). Diese Handlungsanregungen sind in 14 Themenfelder gegliedert, zum Beispiel:

- Themenfeld 1: Ich bin neu in der Kita – Was gibt mir Sicherheit?
- Themenfeld 6: Ich und meine Gefühle oder
- Themenfeld 13: Ich und die Zeit

In jedem Themenfeld finden Mitarbeitende die zu erlernenden Gebärden sowie Ideen, wie diese im Kitaalltag besonders hilfreich eingesetzt werden können: im Rahmen von Routinen, Liedern, Spielen oder Buchbetrachtungen.

Einen vergleichbaren Ansatz verfolgt das *Core Word Program* von Jennifer Jacobs (2018). Hier geht es um das multimodale Lernen bestimmter Kernworte (z. B. *haben, brauchen, sehen, geben, ich, er, sie*), wobei jeweils ein Wort für vierzehn Tage in den Fokus der schulischen und häuslichen Aktivitäten genommen wird. Das Wort wird gesprochen, geschrieben, gebärdet und als Piktogramm entdeckt. Für jeden Wochentag gibt das Programm einfache und komplexere Ideen vor, wie das jeweilige Kernwort in der Klasse oder zuhause eingesetzt werden kann: mit passenden Büchern, Spielen, Kunstprojekten oder beim gemeinsamen Kochen. Beispielsweise wird für das Kernwort *need* (*brauchen*) unter anderem vorgeschlagen, Cookies zu backen. Es folgen verschiedene Modellingvarianten: Ich BRAUCHE Zucker, BRAUCHST du mehr?

Auch der Fokuswörteransatz von Sachse/Willke (in diesem Band) lässt sich gut mit Gebärden nutzen und bietet eine Möglichkeit, das Basisvokabular in kleineren Päckchen anzubahnen. Ausgehend von einem anzustrebenden Zielwortschatz rücken nach und nach bestimmte Fokusreihen mit fünf bis sechs Gebärden ins Zentrum der Aufmerksamkeit. Diese Gebärden werden dann über einen bestimmten Zeitraum von allen Bezugspersonen konsequent angewendet. Dabei repräsentiert jede Fokusreihe eine bestimmte Kommunikationsfunktion. Zum Beispiel befähigen die Gebärden der ersten Fokusreihe (*noch mal, fertig, nicht, wollen* und *schauen*) den Nutzer in der Beeinflussung seines Umfeldes und im Steuern erster Aktivitäten.

3.3 Modelling mit Gebärden

Die Festlegung eines Basisvokabulars mit einer Unterteilung in kleine Einheiten kann UK-Nutzern und ihren Kommunikationspartnern einen systematischen Einstieg in die LUG ermöglichen. Der Alltag bietet jedoch zusätzlich eine Vielzahl an Chancen, um Gebärden spontan und beiläufig einzusetzen.

> Clemens steht vor der Balkontür und zeigt nach draußen. Sein Kommunikationspartner: »Ich glaube, du MÖCHTEST nach DRAUSSEN.« Clemens lacht. Der Kommunikationspartner öffnet die Tür und kalte Luft kommt herein. »Puuh, ist das KALT!« Clemens gebärdet KALT.

In diesem Beispiel zeigen sich verschiedene Prinzipien des Modelling: Der gebärdenkompetente Kommunikationspartner wird zum Sprachvorbild. Er greift eine spontan entstehende Situation auf, um Gebärden bewusst zu platzieren. Dazu beobachtet er das Verhalten des UK-Nutzers, versprachlicht dieses mit LUG und äußert eigene Gedanken. Diese Herangehensweise erfordert Kommunikationspartner, die ein gewisses Gebärdenrepertoire beherrschen und flexibel einsetzen können.

Modelling mit Gebärden erfolgt beiläufig im Alltag. An den UK-Nutzer werden dabei keine Erwartungen formuliert. Er wird nicht aufgefordert, die Gebärde zu wiederholen oder überhaupt die Gebärde zu registrieren. Modelling setzt auf eine natürliche Sprachumgebung, in der konstruierte Lernsituationen nicht im Vordergrund stehen. Ein erwartungsfreies Klima ist für UK-Nutzer und ihre Kommunikationspartner gleichermaßen befreiend; besonders vor dem Hintergrund, dass die Kommunikationsanbahnung mit Gebärden ein monatelanger Prozess sein kann und sich Erfolge unter Umständen zunächst überhaupt nicht zeigen. Im Alltag entstehen immer wieder Situationen, in denen notwendige Gebärden nicht oder nur teilweise bekannt sind. Ungeübte Kommunikationspartner haben dann unter Umständen Angst, eine falsche Gebärde auszuführen, und verzichten auf das Modelling (vgl. Schmidt-Pfister 2016, 18). Sinnvoll ist hier, eine Fehlerkultur im Team zu etablieren: Bedeutsam ist zunächst das gemeinsame Verstehen und nicht unbedingt die korrekte Gebärde des Kommunikationspartners. Der kommunikative Aspekt steht auch im Vordergrund, wenn der UK-Nutzer selbst eine Gebärde nicht korrekt ausführt.

3.4 Routinen und Methoden

In allen Lebensphasen gibt es alltägliche wiederkehrende Situationen, die sich besonders für das Lernen und Modelling von Gebärden eignen. Zum Beispiel im häuslichen Umfeld: Anziehen, Waschen, Zähneputzen, Essen, Tischdecken, Schlafengehen; oder in der Schule/Kita: Ankommen, Austauschen im Morgenkreis, Basteln und Spielen, Essen, Nachhause-Gehen. Routinen bieten Vorhersehbarkeit und ermöglichen, bestimmte Gebärden wiederholend zu üben. Für Einrichtungen, die mit Gebärden anfangen, ist es sinnvoll, mit einer Routine zu beginnen. Wenn mehrere Routinen mit Gebärden erschlossen sind, fällt es leichter, die Gebärden auch spontan in anderen Zusammenhängen einzusetzen (vgl. Jacobs 2018).

Für eine gezielte Gebärdenanbahnung eignen sich besonders Bücher, Spiele und Lieder mit wiederkehrenden Gebärdensequenzen. Die Anwendung bedarf einer Vorbereitung: Identifizierung der zentralen Wörter, die gebärdet werden sollen, Aneignung der passenden Gebärden, Mimik und Körpersprache. Besonders spannend wird es, wenn das Buch über einen Beamer projiziert und dann mit der gesamten Gruppe gebärdet wird.

Eine Schülerin liebt es, mit dem Zeigefinger an der Nasenspitze berührt zu werden. Diese Handlung wird mit einem Schnalzgeräusch untermalt. Die Schülerin streckt den Kopf näher zur Lehrerin, um eine Wiederholung einzufordern. Die Lehrerin gebärdet daraufhin fragend »NOCH MAL?«. Nach wenigen Abfolgen dieser Sequenz deutet die Schülerin die Gebärde »NOCH MAL« an, jedoch ohne Benutzung des Zeigefingers, sondern als Ausführung mit der Faust. Die Lehrerin bestärkt die Schülerin und führt die Handlung ein weiteres Mal aus. Hätte die Lehrerin auf einer korrekten Ausführung beharrt, so wäre die kommunikative Situation zum Erliegen gekommen.

Beispiel: Buchprojekt *Klipp klopp* mit Gebärden

Zwei Wochen beschäftigt sich die Klasse 4D mit dem Buch *Klipp klopp* von Nicola Smee (2016). Die Schüler und Begleitpersonen lernen die zentralen Gebärden: z. B. PFERD, SCHWEIN, KATZE, HUND – aber auch Kernvokabular wie SCHNELL, LANGSAM, GROß, KLEIN, ALLEIN, AUF, RUNTER, NOCH MAL. Nach und nach werden Mehrwortsätze gebärdet: Der HUND springt AUF das PFERD. Am letzten Tag gibt es eine Aufführung mit dem Beamer, bei der die Schüler die Geschichte mit Fokuswörtern gebärden.

3.5 Dokumentation und Übergänge

UK-Nutzer zeigen ihre Kompetenzen nicht immer in allen Situationen und gegenüber allen Bezugspersonen. Um Gebärdenfortschritte im gesamten Umfeld abgleichen zu können, ist eine effektive Dokumentation erforderlich. Die Gebärdenkompetenz (aktiv/passiv) kann auf verschiedenste Weise dokumentiert werden. Digital lassen sich Gebärden als Video oder Foto festhalten. Dabei können auch individuelle Varianten des Nutzers aufgenommen werden: *Marvin gebärdet MEHR, indem er mit der flachen Hand schnell von rechts nach links wedelt.*

Die persönliche Gebärdensammlung bzw. ein anvisierter Zielwortschatz kann alphabetisch oder thematisch in einem Ringordner angelegt werden. Zur Förderung einer multimodalen Kommunikation ist es sinnvoll, die dokumentierten Gebärdenbilder mit dem passenden Wort und Symbol zu ergänzen. Dies kann möglicherweise ein späteres Umsteigen auf andere Kommunikationsformen erleichtern. Effektiv ist weiterhin, die aktuellen Fokusgebärden im vorderen Teil des Ordners abzulegen, um einen schnellen Zugriff zu gewährleisten.

Eine Dokumentation ist auch in Hinblick auf anstehende Übergänge des UK-Nutzers erforderlich (z. B. Kita – Schule, innerhalb der Schulstufen, Abschlussklasse – Berufsbildungsbereich). Alle Übergänge beinhalten das Risiko, dass UK-Kompetenzen nicht oder nur teilweise weitergegeben werden. Hier ist generell die Verwendung einer UK-Checkliste mit einer Rubrik »Gebärden« zu empfehlen. Diese Checkliste wird kontinuierlich ergänzt und ermöglicht im Prozess des Wechsels eine Weitergabe der zentralen Informationen. In größeren Einrichtungen sollte diese Checkliste in das Qualitätsmanagement (QM) integriert werden, um eine Nutzung zu gewährleisten.

4 Ausblick: Strukturelle Bedingungen und Nutzung von LUG im Sozialraum

In diesem Beitrag wurden verschiedene fachliche Aspekte beleuchtet, die zur Implementierung und nachhaltigen Verankerung von LUG beitragen können. Daneben lassen sich strukturelle Faktoren benennen, die eine Umsetzung von LUG erschweren oder fördern können (vgl. Meuris 2014), z. B.: Unterstützung des Prozesses durch die Leitung, finanzielle Ressourcen zur Anschaffung von Materialien und zur Durchführung von Schulungen, personelle Ressourcen zur Qualifizierung der Mitarbeiterschaft sowie eine Erreichbarkeit von LUG-Dozenten. Einrichtungen sollten sich darauf einstellen, dass die Etablierung von LUG ein längerer Prozess ist. So lernen beispielsweise Bezugspersonen nicht nur einzelne Gebärden, sondern diese mit der Lautsprache, Mimik und Körpersprache in Einklang zu bringen (vgl. Weindel 2016). Dies erfordert tägliche Praxis, Zeit und eine Akzeptanz unterschiedlicher Lerngeschwindigkeiten.

LUG kann zu mehr Teilhabe, zu mehr Mit- und Selbstbestimmung beitragen. Teilhabe findet aber maßgeblich im Sozialraum statt. Welche kommunikativen Chancen haben Gebärdennutzer im Supermarkt, im Kino, Theater oder im Sportverein? Ergeben sich Begegnungen auch ohne eine Begleitperson als Übersetzer? Dies ist sicherlich noch eine

Herausforderung. Wie es gelingen kann, zeigt die Gemeinde Wilhelmsdorf mit verschiedenen Initiativen: Öffentliche Gebäude werden mit einer passenden Gebärde gekennzeichnet, im Supermarkt sind Gebärdenbilder an entsprechenden Regalen angebracht, auf der Homepage des Cafés sind kleine Gebärdenvideos zu finden, im sonntäglichen Gottesdienst wird die Predigt in Leichter Sprache und LUG zusammengefasst. Durch vielfältige Kooperationen des SBBZ Haslachmühle, einer Schule mit den Förderschwerpunkten Hören, Sprache und Geistige Entwicklung, mit den örtlichen Schulen und Sportvereinen sind Gebärden im öffentlichen Leben angekommen. Teilhabe ist also möglich, wenn die Gesellschaft für Gebärden sensibilisiert wird und ein offener und lebendiger Umgang miteinander gelebt wird.

Literatur

Appelbaum, B./Schäfer, K./Braun, U. (2017): Gebärden in der Unterstützten Kommunikation – eine Bestandsaufnahme und mögliche Perspektiven für die Forschung. In: uk & forschung, 7, 4–17.

Bundesverband evangelischer Behindertenhilfe/BeB e.V. (2017): Schau doch meine Hände an. Reutlingen: Diakonie Verlag.

Beukelman, D. R./Mirenda, P. (2013^4): Augmentative and alternative communication. Baltimore: H. Brookes.

Dangschat, H./Ender, K. (2017): SIGNbox und SIGNmap. Die Vielfalter.

Glacken M/Healy, D./Gilrane, U./Healy-McGowan, S./Dolan, S./Jennings, C./Walsh-Gallagher, D. (2018): Key Word Signing: Parents' experiences of an unaided form of augmentative and alternative communication (Lámh). In: Journal of Intellectual Disabilities.

Hänel-Faulhaber, B. (2018): Gebärdensprache, lautsprachunterstützende Gebärden und Bildkarten. München: Deutsches Jugendinstitut.

Hennies, J. (2012): Schnittstellen zwischen gebärdensprachlicher Mehrsprachigkeit und Unterstützter Kommunikation. In: uk & forschung, 2, 13–17.

Jacobs, J. (2018): Core Words for Classroom and Home. Developing Verbal Communication Skills and Augmentative an Alternative Communication (AAC) Abilities. Spring Lake: Blue Lake Publishing.

Kestner, K. (2017): Das große Wörterbuch der Deutschen Gebärdensprache. Verlag Karin Kestner.

Meuris, K. (2014): Let your hands do the talking. Key word signing in adults with intellectual disability. Doctoral thesis. Leuven.

Michel, A. (2016): Lautsprachunterstützende Gebärden in Alltag und Praxis. In: Unterstützte Kommunikation, 2, 32–34.

RAG WfbM Süd-West (2018): Gelingende Kommunikation: Vom einzelnen Menschen zur Gemeinschaft. Projektbericht. Osnabrück.

Schmidt-Pfister, D. (2015): Lautsprachunterstützende Gebärden in der UK: Kulturkapsel(n) und die beginnende Wirkung von Grenzobjekten. In: uk & forschung, 5, 4–10.

Schmidt-Pfister, D. (2016): Keine Angst vor mehr Gebärden. In: Unterstützte Kommunikation, 2, 14–19.

Smee, N. (2016): Klipp klopp. Frankfurt am Main: Moritz Verlag.

Straßburger, G./Rieger J. (2014): Partizipation kompakt. Weinheim/Basel: Beltz Juventa.

The Makaton Charity (2011): Kern- und Grundvokabular Gebärden. Makaton Deutschland.

Tonhäuser, M./Netzwerk UK/AT (2018): UK-Gebärden Münsterland (App). Lebenshilfe Münster.

Weindel, B. (2016): Lautsprachunterstützende Gebärden in Alltag und Praxis. In: Unterstützte Kommunikation, 2, 35–38.

Wilken, E. (2016): Die Gebärdenunterstützende Kommunikation (GUK), überarb. Aufl., Lauf.

Grafische Symbole und nichtelektronische Kommunikationshilfen in der UK

Nina Fröhlich

Grafische Symbole kommen in der Unterstützten Kommunikation vielfältig zum Einsatz. Mit zwei Bildkarten wählt Maja eine Aktivität aus, Tim kann beim Frühstück mit einer Kommunikationstafel entscheiden, was er trinken oder essen möchte. Leon zeigt sein Tagebuch mit vielen Fotos und Symbolen und erzählt damit vom Wochenende, Ronja zeigt einzelne Symbole in ihrem Kommunikationsordner und fragt damit, wie lange es noch dauert bis zu ihrem Geburtstag. Stundenpläne mit Symbolen visualisieren den Tagesablauf, und auf vielen Sprachausgabegeräten kommen symbolbasierte Vokabulare zum Einsatz.

1 Grafische Symbole in der Unterstützten Kommunikation

Unter dem Begriff »Symbol« wird allgemein ein Zeichen verstanden, das für etwas steht (Bedeutung, Erkennungszeichen). Das können akustische Zeichen oder gesprochene Wörter sein. Auch greifbare Zeichen wie Objekte, Miniaturen, Fotos und Zeichnungen oder visuelle Zeichen wie Gebärden werden zum Symbol, wenn sie von beiden Kommunikationspartnern als verständliches Zeichen verstanden werden (vgl. von Tetzchner/Martinsen 2000, 21 u. 40 ff.). Grafische Symbole sind vereinfachte Darstellungen. Sie sind auf das Wesentliche reduziert. Damit sind sie kontrastreicher und können visuell besser differenziert werden und sind damit schneller und leichter zu erkennen. Die Darstellung wesentlicher Merkmale bei gleichzeitigem Verzicht auf Details erleichtert zudem die Interpretation des Zeichens in seiner allgemeinen Bedeutung. Das Foto einer Katze meint diese ganz konkrete Katze. Das grafische Symbol einer Katze lässt durch seine vereinfachte Darstellung nicht zu, dass eine konkrete Katze gemeint ist. In der Unterstützten Kommunikation wird häufig einfach nur von Symbolen gesprochen, wenn grafische Symbole gemeint sind.

In der Sprache gibt es konkrete und abstrakte Begriffe. Konkrete Begriffe bezeichnen etwas Gegenständliches. Sie sind *bildgebend*. Konkrete Begriffe können in *transparenten* Symbolen dargestellt werden, die direkt verstanden werden. Abstrakte Begriffe dagegen können nicht transparent dargestellt werden. Die Darstellung wird als *opak* bezeichnet. Die Bedeutung eines *opaken* Symboles wird nicht direkt verstanden, die Bedeutung muss gelernt werden. Dazwischen gibt es noch *transluzente* Symbole. Sie können durch eine gewisse Anstrengung entschlüsselt werden, zum Beispiel durch Ableitungen von anderen Symbolen oder durch Erklärungen (vgl. von Tetzchner/Martinsen 2000, 224 ff.). Für die Beurteilung einer Symbolsammlung ist daher vor allem entscheidend, wie gut abstrakte Begriffe dargestellt sind.

Bedeutungserwerb und Symbolverständnis

Sprachverständnis entwickelt sich über einen langen Zeitraum, indem Kinder immer wieder Wörter in konkreten Situationen hören und sie so nach und nach mit Bedeutung füllen.

Symbolverständnis kann sich ebenso nur entwickeln, wenn Symbole zur Verfügung stehen und in zahlreichen Situationen immer wieder zum Einsatz kommen. Es ist also unzulässig, nach einem vorhandenen Symbolverständnis zu fragen oder dieses im Rahmen der Diagnostik zu überprüfen, bevor die Symbole durch das Umfeld im Sinne eines Sprachvorbildes aktiv eingesetzt wurden. Unterstützt Kommunizierenden sollten daher möglichst früh zahlreiche Gelegenheiten gegeben werden, grafische Symbole wahrzunehmen und den Einsatz von Symbolen zur Kommunikation zu beobachten.

2 Symbolsammlungen und -systeme

In der Unterstützten Kommunikation kommen verschiedene grafische Symbole zum Einsatz. Dabei sind Symbolsysteme und Symbolsammlungen zu unterscheiden.

Symbolsysteme stellen eine begrenzte Anzahl an Grundelementen zur Verfügung, die nach festen Regeln kombiniert werden und damit eine unbegrenzte Menge an Symbolen bilden können. Die von Charles Bliss als Universalsprache erfundenen Bliss-Symbole sind ein solches Symbolsystem. Als Universalsprache konnten sie sich nicht durchsetzen, in der Unterstützten Kommunikation wurden sie aber erfolgreich eingesetzt. Aufgrund ihrer Komplexität werden sie heute allerdings kaum noch genutzt. Als Symbolsystem können ebenfalls die Minspeak-Ikonen betrachtet werden. Auch dieses System besteht aus einer beschränkten Anzahl, durch die Kombination mehrerer sogenannter Ikonen wird die Bedeutung ausgedrückt.

Symbolsammlungen enthalten gegenüber den Symbolsystemen eine begrenzte Anzahl an Symbolen, die für einzelne Wörter stehen.

Picture Communication Symbols

Lange Zeit waren die Picture Communication Symbols (PCS) von Mayer-Johnson in Deutschland die verbreitetste Symbolsammlung. Sie werden mit der Software Boardmaker verkauft, mit der Symboltafeln erstellt werden können. Es sind verschiedene Varianten von PCS erhältlich, unter anderem die Thinline-Symbole, die vor allem im Erwachsenenbereich zum Einsatz kommen. Die Symbole der PCS-Sammlung entstehen in den USA, der kulturelle Hintergrund und die englische Sprache beeinflussen daher die Darstellung.

METACOM

Inzwischen wird in Deutschland zunehmend die Sammlung der METACOM-Symbole mit der dazugehörigen Software MetaSearch genutzt. Da die Grafikerin Annette Kitzinger in Deutschland lebt, entstehen die Symbole vor diesem kulturellen Hintergrund und dem Einfluss der deutschen Sprache. Die Sammlung wird ständig weiterentwickelt und bietet auch im Bereich des Kernvokabulars die benötigten Symbole, die in vielen anderen Sammlungen fehlen.

SymbolStix

SymbolStix-Symbole sind in Deutschland vor allem durch elektronische Kommunikationshilfen bekannt. Über ein Abonnement können die SymbolStix Symbole zusammen mit der Software Board Wizard online genutzt werden, um Symboltafeln zu erstellen.

MAKATON

Auch MAKATON-Symbole kommen in der Unterstützten Kommunikation zum Einsatz. Sie unterscheiden sich von den anderen Symbolsammlungen dadurch, dass sie schwarz-weiß sind und durch ihre reduzierten Formen auch leicht zu zeichnen sind.

Picto-Selector

Eine kostenlose Quelle von Symbolen bietet das Programm Picto-Selector. Es stehen Symbole aus verschiedenen Sammlungen wie ARASAAC aus Spanien oder SCLERA aus Belgien zur Verfügung.

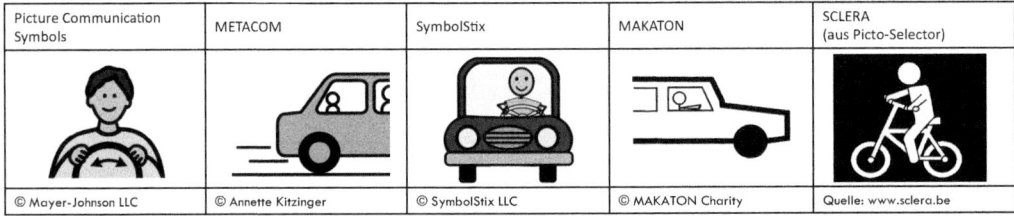

Abb. 1: Die verschiedenen Symbolsammlungen am Beispiel »fahren«

Bei der Auswahl einer Symbolsammlung oder eines Symbolsystems für einen Nutzer sollten verschiedene Kriterien berücksichtigt werden. Wenn möglich, sollten die Symbole für die Erstellung individueller Hilfsmittel verwendet werden, die im Umfeld des UK-Nutzers bereits Verwendung finden. Der Nutzer begegnet diesen Symbolen also häufig auf Tagesplänen oder anderen Visualisierungen, und das Symbolverständnis kann im Alltag gefestigt werden. Natürlich müssen die Symbole den visuellen Fähigkeiten des Nutzers entsprechen, damit sie erkannt werden können. Außerdem spielt der Umfang der Symbolsammlung eine Rolle, damit ein ausreichender Wortschatz zur Verfügung gestellt werden kann. In vielen Fällen werden Symbole als Bildkarten und auf Kommunikationstafeln zum Einstieg in die Unterstützte Kommunikation genutzt. Es ist aber sinnvoll zu berücksichtigen, welche Symbole auf einer langfristig angedachten elektronischen Kommunikationshilfe zur Verfügung stehen werden.

Die Kosten für eine Symbolsammlung zur Erstellung individueller Hilfsmittel können von der gesetzlichen Krankenversicherung oder Trägern der Eingliederungshilfe übernommen werden.

Ergänzend zu den grafischen Symbolen werden immer auch Fotos zum Einsatz kommen. Vor allem für Personen, persönliche Gegenstände und spezielle Orte sind Fotos wichtig. Bei der Aufnahme dieser Fotos muss darauf geachtet werden, nur zu fotografieren, was gemeint ist, am besten vor einem neutralen, einfarbigen Hintergrund. Das erleichtert die Entschlüsselung der Bedeutung.

3 Vokabularauswahl

Entscheidend für den erfolgreichen Einsatz einer Kommunikationshilfe ist die Vokabularauswahl. Bei nichtelektronischen Kommunikationshilfen ist der Vokabularumfang, der zur Verfügung gestellt werden kann, in der Regel kleiner als bei einer elektronischen Kommunikationshilfe. Hier gilt es also umso mehr, die richtigen Wörter auszuwählen.

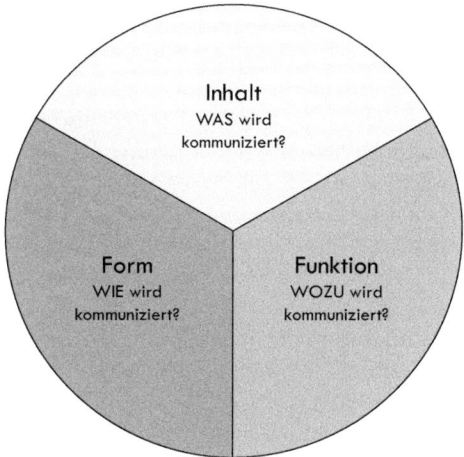

Abb. 2: Inhalt, Form und Funktion bilden die wesentlichen Bestandteile von Kommunikation

Bloom und Lahey (1978) bieten mit ihrer Unterteilung von Kommunikation in die drei wesentlichen Bestandteile *Inhalt, Funktion und Form* eine wichtige Orientierungshilfe. Kommunikation hat immer einen Inhalt, ein Thema, es gibt *was*, worüber jemand sprechen möchte. Jede Kommunikation hat auch immer eine Funktion, warum und *wozu* kommuniziert werden soll. Außerdem hat jede Kommunikation eine Form, also die Art und Weise, *wie* das kommuniziert wird.

Bei der Vokabularauswahl gilt es diese drei Bestandteile zu berücksichtigen.

- Inhalt: Über *was* möchte die Person kommunizieren? Welche Themen sind für sie wichtig? Welche Interessen hat die Person?
- Funktion: *Wozu* kommuniziert die Person? Was möchte sie erreichen? Möchte sie etwas auswählen, etwas fordern, protestieren? Möchte sie auf sich aufmerksam machen, jemanden begrüßen, von Erlebnissen erzählen oder einen Witz machen? Möchte sie Fragen stellen oder Fragen beantworten?
- Form: *Wie* kommuniziert die Person das? Nichtsprechende Personen nutzen eine Vielzahl verschiedener Kommunikationsformen. Hat jemand schon Möglichkeiten gefunden, bestimmte Inhalte oder Funktionen über körpereigene Formen wie Laute oder (individuelle) Gebärden auszudrücken, und werden diese von anderen verstanden, dann braucht er dafür keine grafischen Symbole. Für wieder andere Inhalte oder Funktionen eignen sich grafische Symbole möglicherweise nicht. Um jemanden herbeizurufen, wird unbedingt eine Sprachausgabe benötigt, da die Kommunikation über nichtelektronische Hilfen bedingt, dass der Kommunikationspartner bereits aufmerksam ist.

Neben der Berücksichtigung von Inhalt, Form und Funktion ist es hilfreich, sich den gesamten Tages- oder sogar Wochenablauf anzuschauen. Wo sind Kommunikationsanlässe? Wo bestehen Mitbestimmungs-, also Wahl- und Entscheidungsmöglichkeiten? In welchen Situationen haben die Bezugspersonen Zeit für ein Gespräch? Welches Vokabular braucht man für all diese Situationen?

All diese Fragen liefern individuelle Antworten darauf, welches Vokabular für die Person bedeutsam ist. Es gibt aber auch Wörter, die für viele oder sogar alle Menschen bedeutsam sind. Das Kernvokabular (vgl.

Boenisch/Sachse in diesem Band) umfasst die Wörter, die in den meisten Kontexten relevant sind. Diese Wörter müssen also unbedingt berücksichtigt werden. Die Orientierung an verschiedenen Zielvokabularen kann ebenso helfen, keine wichtigen Wörter zu vergessen. Ebenso können komplexe Vokabulare elektronischer Kommunikationshilfen herangezogen werden, um die Vokabularauswahl zu treffen.

4 Gestaltung von Kommunikationshilfen mit Symbolen

Nachdem die Entscheidung getroffen ist, welche Wörter als grafische Symbole zur Kommunikation zur Verfügung gestellt werden sollen, geht es nun darum, das Vokabular zu organisieren und zu strukturieren. Dabei sollten verschiedene Aspekte berücksichtigt werden.

Die Anordnung muss *effektiv* sein. Wörter, die häufig gebraucht werden, müssen schnell erreichbar sein. Die Navigation auf Unterseiten ist in einem Kommunikationsbuch wesentlich langsamer als auf einer elektronischen Kommunikationshilfe, da das Blättern deutlich länger dauert als bei einem dynamischen Display.

Das Vokabular muss *übersichtlich* sein. Eine verständliche Struktur erleichtert das Wiederfinden von Symbolen. Das Aufschlagen einzelner Seiten in einem Buch wird zum Beispiel durch Reiter unterstützt. Die Verteilung des Vokabulares auf verschiedene Seiten kann auf mehrere Arten erfolgen.

- *thematisch:* Jedes Thema bildet eine Seite im Kommunikationsbuch. Das könnten Sport, Tiere, Frühstück, Trinken, Spielplatz, Kindergarten und Personen sein. Auf den Seiten sind dann jeweils Substantive, Adjektive, Verben und kleine Wörter, die zum Gespräch über dieses Thema benötigt werden.
- *grammatikalisch:* Die Wörter werden nach Wortarten sortiert. Es gibt also Seiten mit Substantiven, Verben, Adjektiven, Funktionswörtern und Fragewörtern. In der Regel müssen einzelne Wortarten nochmals unterteilt werden, bei den Substantiven wird dann meist wiederum thematisch gegliedert.
- *pragmatisch:* Bei einem pragmatischen Aufbau stehen die Funktionen im Vordergrund. Die Startseite eines pragmatisch aufgebauten Kommunikationsbuches stellt also pragmatische Starter zur Verfügung: *ich möchte etwas haben, ich habe eine Frage, ich möchte erzählen.* Die Auswahl eines Feldes führt dann auf eine Seite mit weiteren Wörtern, die für diese Funktion benötigt werden.

Die Anordnung der Wörter sollte die Satzbildung ermöglichen (vgl. Bollmeyer et al. 2014). Es geht also darum, Wörter so anzubieten, dass sinnvolle Kombinationen möglichst ohne großes Hin- und Herblättern gebildet werden können. Da gerade das Kernvokabular in vielen Situationen zum Einsatz kommt, müssten diese Wörter also auf vielen Seiten zu finden sein, damit sie kombiniert werden können. Stattdessen bietet es sich an, diese Wörter auf einem statischen Rand anzuordnen, der immer zu sehen ist. In der Mitte können dann kleinere Innenseiten geblättert werden (vgl. Boenisch/Sachse 2007; Pivit 2008; Sachse/Schmidt/Wagter 2013).

Das Vokabular muss *erweiterbar* sein. Der benötigte Wortschatz ändert sich im Laufe der Zeit, es werden immer wieder neue Wörter wichtig. Die Anordnung des Vokabulares sollte daher unbedingt von Anfang an auf einen größeren Wortschatz ausgerichtet sein. Leerfelder können so später noch gefüllt werden, ohne dass eine neue Anordnung nötig wird. Nur so bleiben geübte Wörter auf den bekannten Positionen.

Das Kommunikationsbuch muss mobil sein. Kommunikation soll im gesamten Tagesablauf, in verschiedenen Situationen und an verschiedenen Orten möglich sein. Dazu muss das Kommunikationsbuch überall hin mitgenommen werden. Je kompakter das Kommunikationsbuch ist, desto häufiger kommt es auch unterwegs zum Einsatz. Für die soziale Akzeptanz spielt es eine Rolle, ob die Kommunikationshilfe handlich und praktisch oder sperrig und auffällig ist.

Bei der Gestaltung einer Kommunikationstafel kann mit quadratischen Feldern, die Symbol und Textfeld beinhalten, die Fläche am besten ausgenutzt werden. Werden die Textfelder oberhalb des Symboles angeordnet, sind diese noch sichtbar, während der Nutzer gerade ein Symbol zeigt. Zur besseren Orientierung können Farben als Hintergrund der Seite oder aber für Rahmen oder Füllung des Feldes genutzt werden. Farben werden meist zur Markierung von Wortarten oder zur Gruppierung von Symbolen zu einem Thema eingesetzt. Die Größe der einzelnen Felder, der Abstand dazwischen sowie die Anzahl der Symbole auf einer Seite müssen den individuellen Möglichkeiten des Nutzers entsprechen.

5 Standardisierte Kommunikationshilfen

Es sind nur wenige standardisierte Kommunikationsbücher oder -ordner erhältlich, meist werden sie individuell erstellt. Der Prozess der Vokabularauswahl und die Erstellung am PC ist aber sehr aufwändig und erfordert fachliche wie technische Kenntnisse. Standardisierte Kommunikationshilfen erleichtern den Einsatz, indem sie direkt nach dem Kauf zur Verfügung stehen. Außerdem fällt Bezugspersonen die Orientierung und damit das Modelling leichter, wenn mehrere Nutzer das gleiche Kommunikationsbuch haben. Der Kölner Kommunikationsordner (Boenisch/Sachse 2007) sowie die MOHECO-Mappe (Pivit 2008) stellen ein umfangreiches Kernvokabular auf einem statischen Rand zur Verfügung. In der Mitte des Ordners ist auf einzelnen Seiten thematisch gegliedertes Vokabular zum Blättern. Beide Ordner erleichtern so die Bildung von Sätzen. Zwei pragmatisch organisierte Kommunikationsbücher sind jeweils in verschiedenen Varianten erhältlich. Das Flip-Kommunikationsbuch gibt es mit neun sowie mit 25 Feldern. Das ZAK-Kommunikationsbuch gibt es als Buch mit neun Feldern und als Ordner mit 20 Feldern pro Seite (siehe Links am Ende dieses Beitrages).

Ansteuerung

Gelingt die direkte Selektion bzw. das Zeigen auf die Symbole nicht, können verschiedene alternative Ansteuerungen zum Einsatz kommen. Zunächst können Fingerführungen das Zeigen erleichtern. Blicktafeln ermöglichen die Auswahl von Symbolen mit den Blicken. Dazu werden auf einer Kommunikationstafel die Felder außen angeordnet, in der Mitte der Tafel ist ein Loch. Durch dieses Loch kann der Kommunikationspartner die Blickrichtung des Nutzers deuten und die Auswahl erkennen. Einzelne Bildkarten können auch auf einer feststehenden Plexiglasscheibe mit Klett angebracht werden. Durch die Scheibe können die Blickrichtungen ebenfalls gedeutet werden. Am effizientesten können umfangreiche Vokabulare über ein Partnerscanning genutzt werden, wenn die direkte Selektion nicht möglich ist. Der Kommunikationspartner bietet hierzu verbal und durch Zeigen nach und nach die einzelnen Symbole an. Der UK-Nutzer bestätigt dann die Auswahl durch ein körpereigenes Zeichen.

Einsatzmöglichkeiten für grafische Symbole und nichtelektronische Kommunikationshilfen

Symbole kommen in der Unterstützten Kommunikation mit zwei Zielen zum Einsatz. Zum einen werden sie als Kommunikationshilfe und zum anderen als Verstehenshilfe eingesetzt.

Grafische Symbole als Kommunikationshilfe

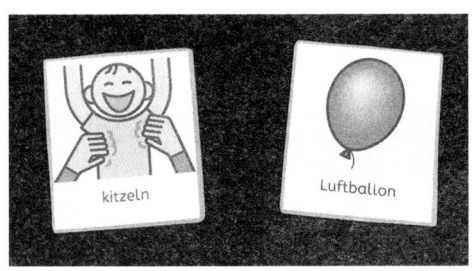

Abb. 3: Einzelne Bildkarten ermöglichen die Auswahl von Aktivitäten.

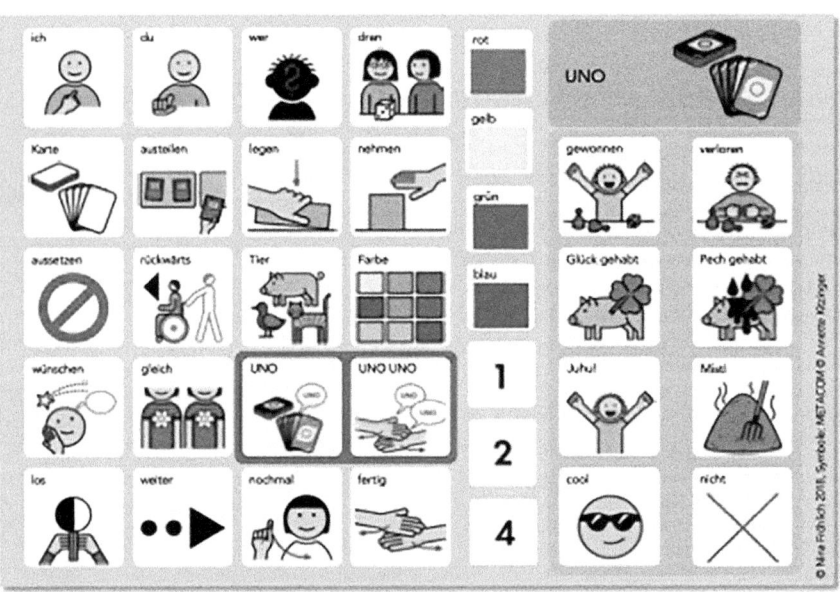

Abb. 4: Auf Thementafeln steht Vokabular zur Verfügung, das in einer bestimmten Situation benötigt wird, zum Beispiel beim Spielen.

Abb. 5:
In einem Kommunikationsbuch steht ein umfangreiches Vokabular zur Verfügung. Es ermöglicht die Kommunikation in verschiedenen Situationen.

Abb. 6:
In einem Tagebuch werden Erlebnisse mit Symbolen und Fotos dokumentiert. Das Tagebuch ermöglicht so das Erzählen, bietet aber auch immer wieder einen spannenden Kommunikationsanlass.

Grafische Symbole und nichtelektronische Kommunikationshilfen als Verstehenshilfe

Symbole kommen auch zum Einsatz, um ein besseres Verstehen von Lautsprache zu ermöglichen oder zur besseren Orientierung als Ersatz für Schriftsprache. Mit Symbolen können zum Beispiel Räume, Schränke und Schubladen »beschriftet« werden.

Grafische Symbole kommen in der Unterstützten Kommunikation in vielfältiger Weise zum Einsatz. Sie bieten eine Ergänzung oder auch eine Alternative zur Lautsprache und werden sowohl zur aktiven Kommunikation als auch zum besseren Verständnis eingesetzt.

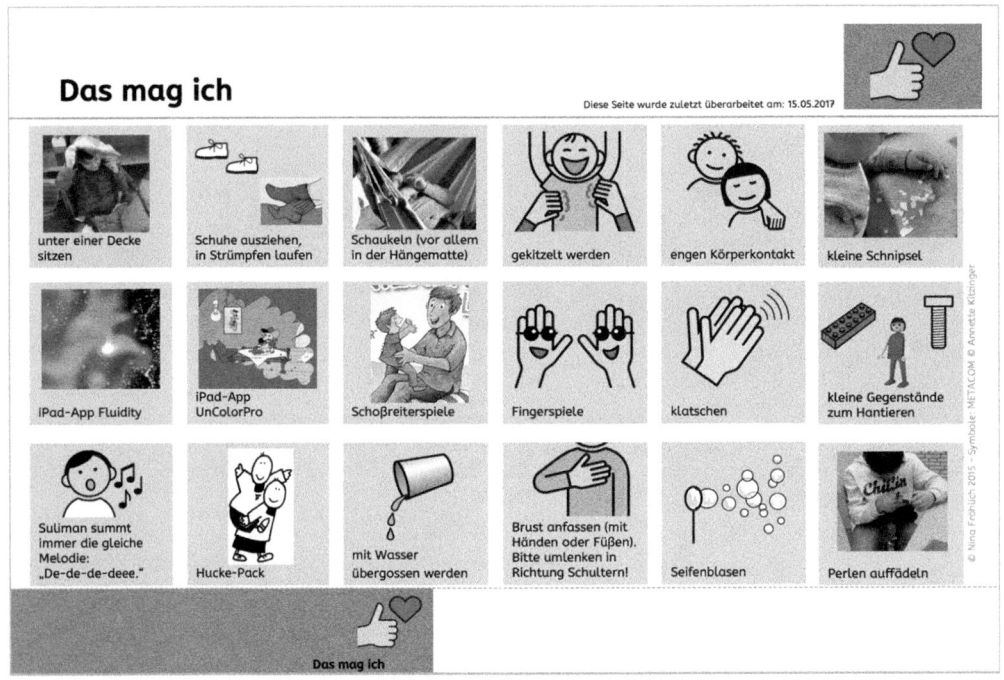

Abb. 7: In Ich-Büchern wird festgehalten, was eine nichtsprechende Person über sich selbst erzählen möchte. Dazu werden Fotos und Symbole genutzt. Das Ich-Buch ist einerseits eine Informationsquelle für Bezugspersonen und enthält wichtige Hinweise über Assistenzbedarf oder Kommunikationsmöglichkeiten. Andererseits sind Seiten über Vorlieben und Abneigungen ein Kommunikationsanlass (vgl. Fröhlich 2017).

Abb. 8: Ablaufpläne visualisieren Tages- oder Handlungsabläufe.

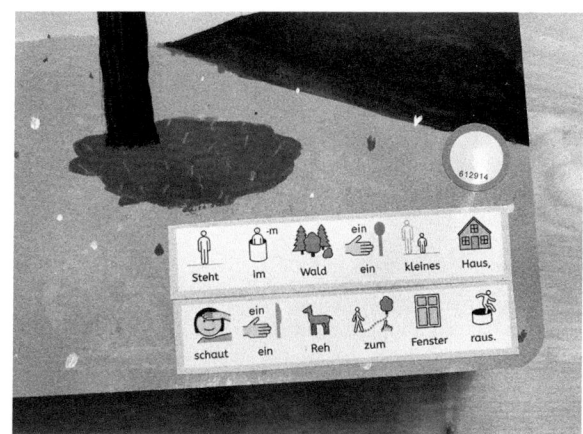

Abb. 9:
Bücher mit Symboltext ermöglichen das Lesen auch ohne Schriftsprachkenntnisse.

Literatur

Bloom, L./Lahey, M. (1978): Language Development and Language Disorders. New York: John Wiley & Sons Inc.

Boenisch, J./Sachse, S. (2007): Sprachförderung von Anfang an: Zum Einsatz von Kern- und Randvokabular in der frühen Förderung. In: Unterstützte Kommunikation 3, 12–20.

Bollmeyer, H./Steinhaus, I./Diekmann, N. (2014): Mit PODD und Cleverness zum kommunikativen Erfolg!? Zum Einsatz von partnerbasierten Kommunikationsstrategien. In: isaac-Gesellschaft für UK/von Loeper (Hrsg.): Handbuch der Unterstützten Kommunikation. von Loeper: Karlsruhe, 05.016.002-05.016.010.

Fröhlich, N. (2017): Ich-Bücher in der Unterstützten Kommunikation. In: isaac-Gesellschaft für UK/von Loeper (Hrsg.): Handbuch der Unterstützten Kommunikation. von Loeper: Karlsruhe, 03.035.

Pivit, C. (2008): Standardisierte Kommunikationshilfen in der UK-Förderung. In: isaac-Gesellschaft für UK/von Loeper (Hrsg.): Handbuch der Unterstützten Kommunikation. von Loeper: Karlsruhe, 03.030.001-03.030.004.

Sachse, S.K./Wagter, J./Schmidt, L. (2013): Das Kölner Vokabular und die Übertragung auf eine elektronische Kommunikationshilfe. In: Hallbauer, A./Hallbauer, Th./Hüning-Meier, M. (Hrsg.): UK kreativ. Wege in der Unterstützten Kommunikation. von Loeper. Karlsruhe, 35–53.

von Tetzchner, S./Martinsen, H. (2000): Einführung in Unterstützte Kommunikation. Würzburg.

Bezugsquellen

FLIP: www.ukcouch.de
Kölner Kommunikationsordner: shop.fbz-koeln.de/

MOHECO Mappe: www.albertros-schule.de
ZAK: www.rehavista.de

Elektronische Kommunikationshilfen in der UK

Jens Boenisch, Melanie Willke & Stefanie K. Sachse

»The ultimate goal of an AAC intervention is not to find a technological solution to communication problems but to enable individuals to efficiently and effectively engage in a variety of interactions and participate in activities of their choice« (Beukelman/Mirenda 2013, 8).

Bei der Auswahl einer elektronischen Kommunikationshilfe (EKH) gilt es, für einen UK-Nutzer ein Kommunikationssystem zu finden, das die aktuellen Kommunikationsmöglichkeiten der Person erweitert. Dabei müssen Kriterien zur Hardware und zur Vokabularorganisation, aber auch zur Ansteuerung der Hilfe beachtet werden. Gleichzeitig sind die Bezugspersonen in der Verantwortung, die unterstützt kommunizierende Person im Erlernen der Nutzung der Kommunikationshilfe zu unterstützen. Zentrale Ziele der Interventionen sind die gelingende Alltagskommunikation und die langfristige Erweiterung der kommunikativen Kompetenz (vgl. Light 1989). D. h. zum einen wird ein schneller Einstieg in die Kommunikation mit der Kommunikationshilfe angestrebt. Zum anderen soll auch die Kommunikationsentwicklung unterstützt werden, d. h. die ausgewählte Hilfe sollte mit den Fähigkeiten des UK-Nutzers mitwachsen können.

Welche Kommunikationshilfen stehen zur Verfügung und welche Kriterien werden bei der Auswahl einer geeigneten Hilfe beachtet? Diese Fragen werden im Folgenden beantwortet und ergänzen die ausführliche Einführung zu EKH bei Lüke/Vock (2019, 196-214).

1 Grundlagen

Grundsätzlich lassen sich elektronische Kommunikationshilfen in sog. Kleine Hilfen und Hilfen mittlerer und hoher Komplexität unterscheiden. Während die Kleinen Hilfen basale Kommunikationserlebnisse ermöglichen, bieten komplexe Kommunikationshilfen aufgrund des umfangreicheren Wortschatzes und diverser Grammatikfunktionen vielfältige Aussagemöglichkeiten. Dies eröffnet die Option, stärker an gemeinsamen Aktivitäten teilhaben zu können. Gleichzeitig ist die Kommunikation mit weniger vertrauten Personen meist vereinfacht, weil weniger Ko-Konstruktionsleistungen erbracht werden müssen.

Tab. 1: Elektronische Kommunikationshilfen in Abhängigkeit vom Stand der Sprachentwicklung

Stand der Sprachentwicklung	Elektronische Hilfe	Primäres Ziel
Präintentionale/vorsymbolische Kommunikationsentwicklung	Kleine Hilfen Adaptionshilfen	Abhängige Kommunikation überwinden: Ursache-Wirkungs-Prinzip, Selbstwirksamkeit, erste Wörter und kommunikative Funktionen
Erste und einfache Aussagen; 2–3-Wort-Sätze	Mittlere Komplexität ca. 50–1.000 verschiedene Wörter; einfache Grammatik möglich	Moderierte Kommunikation ermöglichen: eigene Aussagen tätigen, Kraft der Sprache und Bedeutung der EKH verstehen, kommunikative Selbstbestimmung
Mehrwortäußerungen, Sätze formulieren, Grammatik nutzen (z. B. Konjugieren, Deklinieren, Pluralbildung)	Hohe Komplexität, > 1.000 verschiedene Wörter; umfassende Grammatikfunktionen	Freie Kommunikation im Alltag ausweiten

2 Kleine Hilfen – Anbahnung basaler Kommunikationserlebnisse

Bei den Kleinen Hilfen handelt es sich um einfache Kommunikationshilfen, auf denen nur sehr wenige Aussagen gespeichert werden (z. B. BIGmack). Diese Hilfen haben eine natürliche Sprachausgabe, was bedeutet, dass Aussagen aufgesprochen und durch Auslösen einer Taste wieder abgerufen werden.

Abb. 1: BIGmack

Ziel des Einsatzes Kleiner Hilfen ist es, dass die Nutzer vielfältige Erfahrungen mit dem Ursache-Wirkungs-Zusammenhang machen (vgl. Hansen in diesem Band). Dieses Verständnis ist eine Voraussetzung für das Verstehen der Funktion von Sprache.

Durch die Nutzung der Kleinen Hilfen kann die betreffende Person erleben, dass sie mit anderen in Interaktion treten kann. Hierfür ist jedoch eine konsequente Reaktion des Umfeldes von großer Bedeutung. Entsprechende Aktivitäten sind zur Unterstützung der basalen Kommunikationsentwicklung geeignet und sprechen daher vorwiegend Nutzer an, die noch abhängig kommunizieren (vgl. Sachse/Bernasconi in diesem Band).

Abzugrenzen sind die Kleinen Hilfen von sogenannten Adaptionshilfen. Hierbei handelt es sich um Ansteuerungshilfen, mit denen strombetriebene Geräte an- und ausgeschaltet werden können. Nutzer von Adaptionshilfen erleben z. B. über das Bedienen von adaptierten Spielzeugen oder Elektrogeräten (z. B. elektrische Eisenbahn), dass sie selbst Auslöser eines Ereignisses sind (Erleben von

Selbstwirksamkeit). Diese Hilfen sind ebenfalls geeignet, Ursache-Wirkungs-Zusammenhänge erfahrbar zu machen. Aufgabe des Umfeldes ist es hier – genauso wie bei den Kleinen Hilfen – die Aktion in einen kommunikativen Zusammenhang einzubinden.

3 Elektronische Kommunikationshilfen mittlerer und hoher Komplexität

3.1 Organisation des Wortschatzes auf elektronischen Kommunikationshilfen

Elektronische Kommunikationshilfen (EKH) zeichnen sich dadurch aus, dass man mit ihnen sprachliche Mitteilungen zur Verfügung stellen kann. Dies können einzelne Wörter sein oder auch längere Aussagen. Die angebotenen Wortschätze unterscheiden sich in der Vokabularauswahl, im Umfang sowie in der Organisation (d. h. nach welcher Systematik der vorhandene Wortschatz auf der Hilfe eingespeichert wurde). Dabei sollte einerseits Vokabular vorhanden sein, das die Interessen des Nutzers berücksichtigt und das situationsspezifische Aussagen ermöglicht. Gleichzeitig wird Kernvokabular benötigt, das flexibel im Alltag eingesetzt werden kann, um schnell und situationsangemessen mitreden zu können (vgl. Boenisch/Sachse in diesem Band).

Grundsätzlich kann man EKH in vier Kategorien unterteilen:

1. EKH mit statischen Oberflächen,
2. EKH mit dynamischen Displays und 1:1-Repräsentation (ein Symbol/Feld repräsentiert ein Wort oder eine Aussage),
3. EKH mit dynamischen Displays und Minspeak (Wörter und Aussagen werden über Ikonensequenzen abgerufen),
4. EKH mit Schrifteingabe (i. d. R. Auswahl von Buchstaben, oft mit Wortvorhersage zur Unterstützung der Geschwindigkeit, mit der Aussagen formuliert werden).

Z. T. werden auf einem Gerät verschiedene sog. Seitensets oder Anwendungsprogramme mit unterschiedlich umfangreichen Wortschätzen angeboten. Sind die unterschiedlichen Seitensets nach der gleichen Struktur aufgebaut, wird Nutzern, die auf eine umfangreichere Version umsteigen, der Übergang deutlich erleichtert (▶ Abb. 2).

3.1.1 Statische Oberflächen

Kommunikationshilfen mit einer statischen Oberfläche kann man sich wie sprechende Kommunikationstafeln vorstellen: Durch das Auslösen eines Feldes wird der hinterlegte Text gesprochen. Die Anzahl der möglichen Aussagen ist bei den Geräten unterschiedlich. So verfügt beispielsweise der GoTalk in seiner kleinsten Variante über 6 Felder, der GoTalk-Express bietet demgegenüber 32 Felder.

Ein Vorteil der statischen Wortschatzstrukturierung ist, dass die festen Positionen die sog. motorische Automatisierung unterstützen. Damit wird das Verinnerlichen von Positionen und Bewegungsmustern bezeichnet, die durch wiederholtes Ausführen zunehmend automatisiert erfolgen (man muss die Felder dann nicht jedes Mal neu suchen). Geräte mit einer festen Wortschatzorganisation und der Möglichkeit, häufig gebrauchtes Vokabular in immer gleichen Bewegungsabläufen abzurufen, erleichtern deren Nutzung,

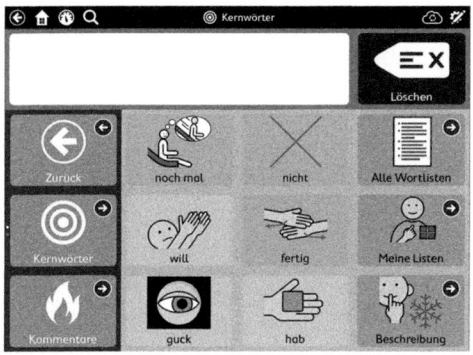 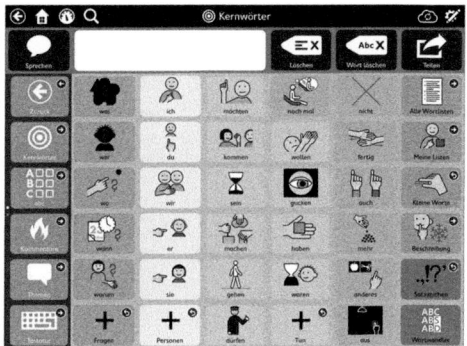

Abb. 2: Snap + Core first – unterschiedlich umfangreiche Seitensets mit weitgehend gleicher Struktur

erhöhen die Kommunikationsgeschwindigkeit und unterstützen durch die festen Symbolstandorte das Lernen der Symbolbedeutungen. Häufiges Vokabular sollte so angeboten werden, dass es immer und schnell verwendet werden kann. Eine starke Begrenzung des Wortschatzes oder ein umständliches Suchen und Wechseln von Oberflächen kann sich letztlich als entwicklungshemmend erweisen.

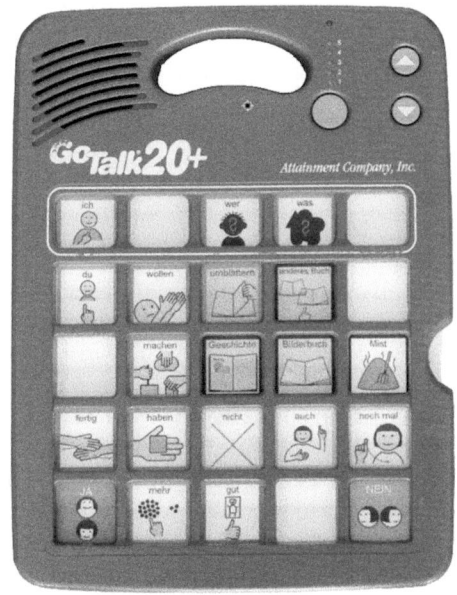

Abb. 3: GoTalk

3.1.2 Dynamische Displays und 1:1-Repräsentation

Diese Hilfen verfügen über ein dynamisches Display. D. h. die Unterscheidung zwischen EKH mit statischen und dynamischen Oberflächen bezieht sich auf die Hardware der Geräte. In Bezug auf das Vokabular werden Wörter und Aussagen durch ein Feld bzw. Symbol repräsentiert (1:1-Repräsentation). Die Anzahl und Größe der angebotenen Felder sind unterschiedlich.

Startseite mit Unterseiten (hierarchische Ebenen, ▶ Abb. 4): Der Wortschatz wird ausgehend von einer Startseite mit unterschiedlichen Unterseiten abgelegt. Wählt der Nutzer ein Feld auf der Startseite aus, wird er zu einer Unterseite geführt (die Oberfläche verändert sich). Die Unterseiten können nach grammatikalischen Aspekten (z. B. alle Verben auf einer Unterseite wie beispielsweise bei Gateway), nach thematischen/semantischen Kategorien (z. B. alles zum Thema Schule auf einer Unterseite), in einer Mischung aus beiden Formen oder nach pragmatischen Aspekten (z. B. Flip und ZAK in der GoTalkNow-App) organisiert sein.

Grundsätzlich erlaubt die dynamische Struktur differenzierte Aussagen und die Beteiligung an komplexen Kommunikationssituationen. Dies ist jedoch nur möglich, wenn die jeweiligen Seiten mit entsprechendem

D Intervention und Teilhabe

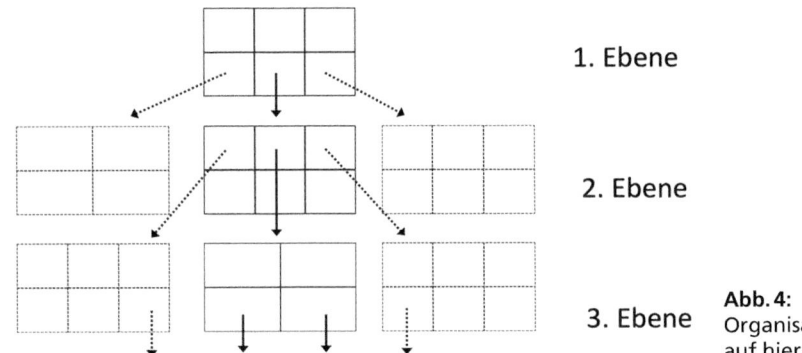

Abb. 4:
Organisation des Vokabulars auf hierarchischen Ebenen

Vokabular ausgestattet sind (siehe Infobox ›Leere Hilfen‹), wenn sich der Nutzer schnell auf den unterschiedlichen Ebenen orientieren und an die komplexe Baumstruktur mit ihren vielen Verzweigungen erinnern kann.

Infobox ›Leere Hilfen‹

Zum Teil bieten Hersteller Kommunikationshilfen an, auf denen das Vokabular dynamisch organisiert werden kann; es wird aber kein umfassendes Vokabular zur Verfügung gestellt. Obwohl sich die Geräte von den technischen Merkmalen her kaum unterscheiden, darf nicht der Eindruck entstehen, dass diese vergleichbar wären zu Hilfen mit gut organisierten Wortschätzen: Das auf den Kommunikationshilfen zur Verfügung gestellte Vokabular ist eines der zentralen Qualitätsmerkmale von EKH; dass umfassende Wortschätze zur Verfügung stehen, ist aus Sicht der Autoren zwingend erforderlich. Damit sind keine Beispiele gemeint, sondern umfassende und gut dokumentierte Wortschätze, Seitensets oder Anwendungsprogramme.

Kombination aus statischen und dynamischen Bereichen: Durch die Kombination von statischen und dynamischen Elementen auf einer Kommunikationsoberfläche können die Vorteile beider Varianten vereint werden. Die festen Positionen von Vokabular auf statischen Teilen der Oberfläche erlauben eine motorische Automatisierung und den ständigen Zugriff auf häufig benötigte Aussagen. Die dynamischen Teile der Struktur ermöglichen die Einbindung eines umfangreichen Wortschatzes.

Die Hilfen aus dieser Gruppe unterscheiden sich darin, wie groß die statischen und die dynamischen Bereiche auf den Oberflächen sind. Während beispielsweise auf dem MyCore verhältnismäßig viele Felder im statischen Rahmen angeboten werden, finden sich bei MetaTalkDE Aussagen in einer festen Spalte am linken Displayrand (s. Skizzen in Abb. 5).

3.1.3 Minspeak

Minspeak ist eine Codierungsstrategie, die speziell für elektronische Kommunikationshilfen entwickelt wurde. Basis des Wortschatzes ist eine begrenzte Anzahl von Symbolen (sog. Ikonen) auf nur einer Oberfläche. Trotz der auf den ersten Blick dynamisch anmutenden Oberfläche handelt es sich bei Minspeak um eine Wortstrategie auf der Basis fester Positionen. Im Unterschied zu den Hilfen mit 1:1- Repräsentation ist bei Minspeak eine Aussage nicht einem Feld zuzuordnen, sondern funktioniert über Assoziationen und Kombinationen von

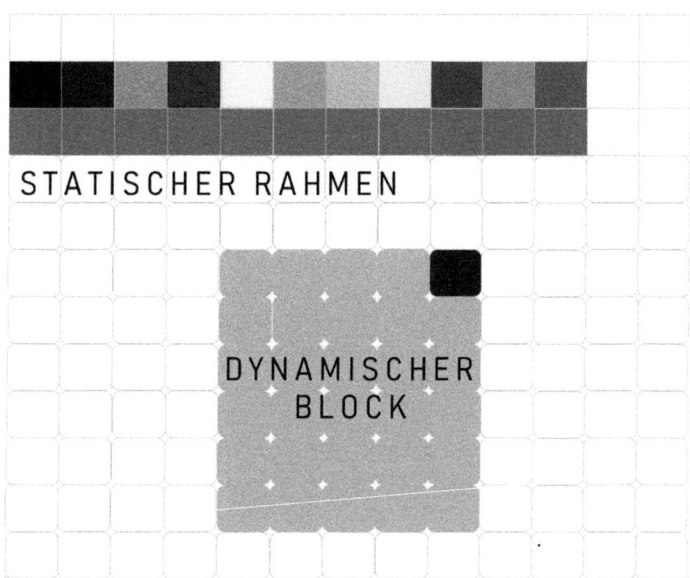

Abb. 5:
MyCore und MetaTalkDE mit statischen und dynamischen Bereichen

Ikonen, z. B. assoziiert man mit ›Auto‹ auch ›fahren, schnell, langsam‹. Diese Wörter werden dementsprechend über die Kombination des Ikons ›Auto‹ mit anderen Ikonen gebildet.

Je nach Größe der Oberfläche (15 bis 144 Felder) kann mittels Zweier- oder Dreiertastenkombinationen ein sehr umfangreicher Wortschatz in grammatikalisch korrekter Form abgerufen werden. Der Vorteil der Minspeak-Codierung ist, dass stets mit nur einer Oberfläche gearbeitet und somit die motorische Automatisierung unterstützt wird. Zu Beginn der Förderung liegt ein Nachteil darin, dass man sich in diese Form der Codierung eindenken und viele Ikonensequenzen systematisch erarbeiten und erlernen muss. Hat man die Codierprinzipien jedoch verstanden, kann man im weiteren Verlauf Wörter selbst finden und muss nicht jede Sequenz einzeln lernen.

4 Hardware, Anwendungsprogramm, Ansteuerung und Funktionen

Aufgrund des zunehmenden Einsatzes von Tablets mit entsprechenden Kommunikations-Apps und der gleichzeitigen Abnahme einer Bindung spezifischer Kommunikationssoftware an Geräte einzelner Hersteller bietet es sich an, zwischen Hardware und Anwendungsprogrammen (bzw. Apps) zu unterscheiden. Diese Unterscheidung hilft bei der Auswahl der EKH, zunächst nach dem richtigen Kommunikationsprogramm zu suchen, bevor die Hardware und mögliche Adaptionshilfen in die engere Auswahl kommen. Ob Anwendungsprogramme in Form von Apps auf handelsüblichen Tablets trotz z. T. reduzierter Tonqualität und Akku-Dauer im Alltag praktikabler sind als z. T. schwere und deutlich teurere Kompaktgeräte, die speziell als Kommunikationshilfen entwickelt wurden, muss im Einzelfall entschieden werden. Neben der Frage der Praktikabilität ist bei der Entscheidungsfindung auch zu beachten, ob die Frage der Finanzierung von Apps, Tablets und möglicher Folgekosten rechtlich geklärt ist (vgl. Boenisch/Kamps in diesem Band).

Ansteuerung

Zur erfolgreichen Nutzung elektronischer Kommunikationshilfen ist eine effektive Ansteuerung Grundvoraussetzung. Ziel ist die optimale Anpassung der Ansteuerungshilfe und -optionen an die motorischen Fähigkeiten und Wahrnehmungsmöglichkeiten der betreffenden Person, so dass die Felder der Kommunikationshilfe möglichst sicher und schnell ausgewählt werden können. Generell kann zwischen direkter Selektion (mit einem Finger, Headpointer, Augensteuerung, Joystick, Trackball etc.) und indirekter Selektion (Scanning wie Blockscanning, Zeilen-/Spaltenscanning, Feldansage etc.) unterschieden werden (vgl. Karl/Markl/Renner 2015; Lüke/Vock 2019, 201 ff.).

5 Kriterien bei der Auswahl elektronischer Kommunikationshilfen

Bei der individuellen Auswahl einer EKH gilt es die Frage zu beantworten, welche Hilfe für eine Person am besten geeignet ist. In der Regel richtet sich dann der Blick auf die kognitiven, kommunikativen, sensorischen und motorischen Kompetenzen der unterstützt kommunizierenden Person. Neben solchen personenbezogenen Kriterien sind auch gerätebezogene Kriterien zu berücksichtigen. Webb et al. (2018) legen dazu eine interessante Untersuchung vor: 93 UK-Fachpersonen wurden gebeten, diverse personen- und gerätebezogene Kriterien, die bei der Auswahl einer EKH berücksichtigt werden, nach deren Bedeutung zu sortieren. Die Listen zeigen, wie vielfältig die zu berücksichtigenden Aspekte sind und dass die individuelle Entscheidungsfindung aufgrund ihrer Komplexität nur in Kooperation mit erfahrenen Fachleuten erfolgen kann (ein Auszug aus den Listen ist im Anschluss an das Literaturverzeichnis dieses Beitrags zu finden).

Während Webb et al. (2018) auch Aspekte wie ›Unterstützung der UK-Maßnahme durch Bezugspersonen‹ oder ›Vorhandensein von professioneller Unterstützung‹ zu den personenbezogenen Kriterien zählen, sollen hier diese und weitere ›umfeldbezogenen Aspekte‹ in ihrer Bedeutung bei der Versorgung gesondert hervorgehoben werden. Die Unterstützung durch familiäre und institutionelle Bezugspersonen sowie deren Vorschussvertrauen in die Fähigkeiten der unterstützt kommunizierenden Personen können in ihrer Bedeutung nicht hoch genug eingeschätzt werden. Zu den Aufgaben der Bezugspersonen zählen nicht nur, sich in den Gebrauch der Hilfe einweisen zu lassen oder wichtige persönliche Aussagen einzuspeichern. Das Laden der Hilfe, das Suchen des Ladekabels, das Lösen von Problemen mit dem technischen Support, die Installation von Updates und viele weitere Aspekte gehören ebenso dazu, wie die Hilfe selbst anwenden zu lernen. Wenn das nahe soziale Umfeld das Gerät gut bedienen kann und im Sinne des Modellings Vorbild bei der Anwendung wird, erhöht sich die Chance auf den Einsatz des Gerätes im Alltag enorm, da der Nutzer vom Vorbild lernen kann.

Eine weitere Voraussetzung für den Einsatz im Alltag ist die Erkenntnis des EKH-Nutzers, dass sich die Kommunikation mit dem Gerät lohnt: Sie muss in irgendeiner Form wirkungsvoller sein als ohne EKH. Eine EKH ist kein Selbstzweck und wirkt nicht von sich aus. Erst der Einsatz im Alltag zeigt, inwiefern die ausgewählte EKH die richtige für die Person ist, zur verbesserten Verständigung beiträgt und es der Person ermöglicht, ihr Potenzial weiterzuentwickeln (vgl. Lemler in diesem Band).

Literatur

Beukelman, D.R./Mirenda, P. (2013[4]): Augmentative Alternative Communication. Supporting Children and Adults with Complex Communication Needs. Baltimore: Brookes Publishing.

Karl, D./Markl, T./Renner, G. (2015): Ansteuerungsmöglichkeiten von elektronischen Kommunikationshilfen. In: von Loeper/Gesellschaft für Unterstützte Kommunikation (Hrsg.): Handbuch der Unterstützten Kommunikation. Karlsruhe, 05.003.001-05.009.008.

Light, J. (1989): Toward a definition of communicative competence for individuals using augmentative and alternative communication systems. In: Augmentative and Alternative Communication, 5/2, 137–144.

Lüke, C./Vock, S. (2019): Unterstützte Kommunikation bei Kindern und Erwachsenen. Springer: Berlin.

Webb, E./Meads, D./Lynch, Y./ Randall, N./Judge, S./Goldbart, J./Meredith, S./Moulam, L./ Hess, S./Murray, J. (2019): What's important in AAC decision making for children? Evidence from a best–worst scaling survey. In: Augmentative and Alternative Communication, 1, 1–15.

Anhang

Beispiele für personen- und gerätebezogene Kriterien bei der Auswahl von elektronischen Kommunikationshilfen – geordnet nach der Einschätzung deren Bedeutung (in Anlehnung an Webb et al. 2019)

Personenbezogene Kriterien

- Rezeptive und expressive sprachliche Fähigkeiten
- Unterstützung der UK-Maßnahmen durch Bezugspersonen
- Kommunikationsfähigkeiten bei Nutzung nichtelektronischer UK-Hilfen
- Zielgenauigkeit der Ansteuerung
- Kontrolle von Reflexen
- Motorische Kontrolle der Körperteile für die Ansteuerung der EKH
- Einschätzung der eigenen Kommunikationsfähigkeiten
- Interesse an Kommunikation
- Vorhandensein von professioneller Unterstützung
- Lautsprachliche Fähigkeiten und Verständlichkeit
- Sehfunktion
- Sehverarbeitung
- Hörfunktion
- Hörverarbeitung
- Erfahrungen mit UK
- Schriftsprachkompetenzen
- Mobilität

Gerätebezogene Kriterien

- Vokabular und Seitensets
- Konsistenz der Seitensets und Navigation
- Aufwand für individuelle Anpassung
- Haltbarkeit und Verlässlichkeit
- Vokabularorganisation
- Vorhandensein didaktischer Materialien
- Trageeigenschaften/Gewicht
- Lautstärke/Verständlichkeit der synthetischen Stimme
- Kompatibilität des Symbolsystems zu bisherigem Symbolsystem bzw. zum UK-Umfeld
- Akkulaufzeit
- Händlerservice
- Aussehen

Basale Förderung bei Menschen mit komplexen Beeinträchtigungen in Kommunikation und Interaktion

Franca Hansen

1 Personenkreis und Förderziele

Die in diesem Beitrag zu betrachtende Personengruppe kann im Kompetenzerwerb der prä- bzw. intentionalen Phase nach Weid-Goldschmidt (2013) primär der ersten und zweiten Zielgruppe der Unterstützten Kommunikation zugeordnet werden. Gemeinsames zu beobachtendes Verhalten im Bereich der Kommunikation und Interaktion ist, dass die Personen von sich aus wenige, sehr limitierte oder gar keine kommunikativen Verhaltensweisen initiieren. Es fehlt ihnen häufig die Fähigkeit, mit anderen Menschen in sozialen Kontakt zu treten und somit etwas mitzuteilen. Dadurch sind sie häufig isoliert und mit sich beschäftigt oder zeigen ein ritualisiertes, aggressives und/oder selbstverletzendes Verhalten.

Als oberstes Förderziel werden bei diesem Personenkreis die Öffnung zur Außenwelt und die Kontaktaufnahme mit dem Gegenüber bis hin zum zielgerichteten, also intentionalen Handeln angesehen. Daher wird im weiteren Verlauf der Erwerb der Intentionalität in der unauffälligen Entwicklung von Kindern theoretisch aufgeschlüsselt und es werden kleinschrittige Förderziele abgeleitet.

2 Kennenlernen der Person: Motorisch-sensorische Ebene

Da sich die Ursachen der Behinderungs- und Krankheitsbilder dieser Personen als sehr heterogen und vielschichtig darstellen, sollte zu Beginn einer Förderung ein ausführlicher Blick auf die körperliche und sensorische Ebene gerichtet werden. Liegen Sinnesbeeinträchtigungen vor? Wie ist die richtige Lagerung und Positionierung? Treten Anfallsleiden oder besondere Ernährungsweisen auf? Wann gibt es Anzeichen für einen erhöhten Stresslevel sowie Verhaltensauffälligkeiten? Was bringt die Person Wichtiges aus ihrer Biographie mit? Durch ein einheitliches Vorgehen der Bezugspersonen kann ein sicherer Rahmen geschaffen werden und ein entspannter Umgang entstehen.

Daher ist es zu Beginn einer Förderung sehr sinnvoll, ein Über-Mich-Buch oder einen Kommunikationspass anzufertigen. Im Gegensatz zum Ich-Buch, welches von den UK-Nutzern mitgestaltet und besprochen werden sollte, werden beim Über-Mich-Buch wichtige Eigenschaften *über* eine Person für das Umfeld gesammelt und zusammengefasst. Für einen sensiblen Umgang und als Vorbereitung für spätere UK-Interventionen ist es außerdem hilfreich, zu Beginn einer Förderung ein Wahrnehmungsprofil zu erstellen. Besonders bei Menschen aus dem Autismusspektrum können diese Informationen Missverständnisse und Konfrontationen vermeiden.

> **Umsetzungsidee: Über-Mich-Buch**
>
> Je nach den individuellen Bedürfnissen und den damit verbundenen Erfahrungswerten enger Angehöriger werden in einem Über-Mich-Buch Informationen zum Bereich Kommunikation und Verhalten gesammelt und diese z. B. für neue Mitarbeiter oder bei einem Wechsel des Lebensbereichs zur Verfügung gestellt.
>
> Als wichtigste Bereiche können Kontaktaufnahme und die Reaktionen auf eine Kontaktaufnahme, Wohlfühlen und Unwohlfühlen, Zustimmung und Ablehnung und wichtiges Verhalten der Person besprochen werden.
>
> Zu jedem Bereich sollte in enger Abstimmung mit Team und Angehörigen z. B. nach folgendem Schema überlegt, beobachtet und dargestellt werden:
> Was passiert? Beschreibung einer Situation (z. B. ein lautes Geräusch).
> Was macht die Person? Das Verhalten der Person (z. B. Zeigt ein Lächeln, der Körper verkrampft).
> Was meint das Verhalten? Interpretation (z. B. plötzliches Geräusch löst häufig epileptischen Anfall aus).
> Was machst du? Handlungsmöglichkeiten des Teams (z. B. beruhigendes Ansprechen, medizinische Versorgung des Anfalls).
> (vgl. Spastikerhilfe o.J.; Schlund 2010)

> **Umsetzungsidee: Wahrnehmungsprofil**
>
> In einer Tabelle werden die Sinnesbereiche aufgelistet und dazu jeweils positive und negative Empfindungen und Verhaltensbeobachtungen notiert.
>
> Die verschiedenen Sinnesbereiche können sein: auditiv/Gehör, olfaktorisch/Geruch, gustatorisch/Geschmack, visuell/Sehen, taktil/Berühren, vestibulär/Gleichgewicht, propriozeptiv/Tiefenempfindung und, wenn bekannt, thermozeptiv/Temperaturempfinden und nozizeptiv/Schmerzempfinden.
>
> Hilfreich ist zudem eine Rückzugs- bzw. Komfortzone zu besprechen. Im Alltag kann dadurch besser beobachtet werden, wann der Stresslevel steigt und die Person Strategien zur Entlastung der Situation sucht und benötigt.

3 Kennenlernen der Person: Sozial-emotionale Ebene

Bei Personen mit schweren kommunikativen Beeinträchtigungen kann die emotionale Entwicklung zum physiologischen Alter stark abweichen. Besonders Jugendliche und Erwachsene können emotionale Grundbedürfnisse aus den ersten und somit sehr frühen Entwicklungsstufen aufweisen und benötigen daher einen sehr schützenden und stabilisierenden Umgang, ähnlich wie Säuglinge und Kleinkinder in einer unauffälligen Entwicklung.

Um die Einstufung der emotionalen Entwicklung und den damit einhergehenden emotionalen Bedürfnissen auch in der Förderung im Blick zu behalten, bietet die *Skala der emotionalen Entwicklung/SEO* basierend auf Došen (2010) und weiter entwickelt für Menschen mit (geistiger) Behinderung nach Sappok/Zepperitz (2016) eine hilfreiche Unterstützung.

4 Förderung in Kommunikation und Interaktion: Sozial-sprachliche Ebene

In der kognitiven Entwicklung ist einer der wichtigsten und ersten Meilensteine das Verständnis der Intentionalität. Das heißt, die Person lernt zu verstehen, dass sie bewusst und zielgerichtet etwas in ihrem Umfeld verändern und bestimmen kann. Die geteilte Aufmerksamkeit, auch Joint Attention genannt, und darauf aufbauend die positive Erfahrung der eigenen Einflussnahme und der damit verbundenen Eigenwirksamkeit sind die wichtigsten Lernschritte. Um die Komplexität dieser sozial-sprachlichen Kompetenzen aufzuzeigen, werden im Weiteren vier Ebenen der Entwicklung und einhergehende Förderziele kleinschrittig betrachtet.

4.1 Erste Kommunikationsebene: Ich und Du – Interaktion mit einem Gegenüber

In einer unauffälligen Entwicklung machen bereits Säuglinge mit Hilfe ihrer Eltern oder engen Bezugspersonen diese ersten und entscheidenden Lernschritte. Bei den Eltern greift wie ein intuitiver Schlüssel eine Sensitivität gegenüber den Signalen des Kindes. Sie nehmen sie wahr, erkennen darin kommunikative Angebote und interpretieren ein »richtiges« Verhalten. Darauffolgend zeigen die Eltern eine natürliche Responsivität, indem sie die Signale wertschätzen und auf diese »folgerichtig« antworten. Dies geschieht, wie oben erwähnt, in angemessenen Anregungen, in einem inhaltlich auf den Säugling abgestimmten und offenen, emotionalen Feedback. Erlebt ein Säugling diese sensitive und responsive Reaktion seiner Eltern oder enger Bezugspersonen, beginnt eine erste positive Wechselseitigkeit und erste sichere Kontingenzerfahrungen werden gemacht. Zu Beginn ist dabei noch wichtig, dass die Eltern verlässliche Antworten geben und sich die Erfahrungen sehr häufig wiederholen und damit festigen können. Papoušek/Papoušek (2002) beschreiben diese Abläufe als ein intuitives Elternprogramm (intuitive parenting), das sie auf natürliche Weise mitbringen. Aber auch dem Säugling wird nach heutigem Stand der Forschung eine sehr frühe Kompetenz zugesprochen, und ein ganz frühes Interesse vor allem an der Mimik und den Geräuschen der Bezugsperson ist zu beobachten (vgl. Scaife/Bruner 1975).

Bei der hier zu betrachtenden Personengruppe liegen häufig vor oder ab Geburt vielfältige Beeinträchtigungen auf kognitiver, motorischer, sensorischer, affektiver, sozialer oder aktionaler Ebene vor. Auch Auffälligkeiten im Erscheinungsbild oder im Verhalten können hinzukommen. Im Umgang mit einer behinderten Person kann der unauffällige und verlässliche Erfahrungsraum der Wechselseitigkeit zum einen durch uneindeutige Signale und Reaktionen der Person, zum anderen durch eine erhöhte Unsicherheit der Bezugsperson stark gestört werden. Papoušek (2003, 192) spricht von einem »Teufelskreis negativ-kontingenter Gegenseitigkeit«, bei dem sich als Konsequenz die Bezugspersonen in ihrer Hilflosigkeit mehr und mehr aus dem Kontakt zurückziehen. Die Responsivität verringert sich, wodurch die Person wiederrum keine sicheren Erfahrungen machen kann und sich das Erleben von Eigenwirksamkeit stark reduziert.

Abb. 1: Kommunikationsebene Ich und Du: Interaktion mit einem Gegenüber

Ein ganz wichtiges und primäres Förderziel sollte daher die Wechselseitigkeit im Aufnehmen und Antworten von kommunikativen Signalen sein. Dabei geht es nicht um eine Gleichsetzung des Interaktionsprozesses der frühen Eltern-Kind-Interaktion, also kein »reparenting«, sondern um die Prinzipien dieses Prozesses und dem damit verbundenem positiven Erleben einer Kontingenzerfahrung.

Förderziele mit kleinschrittigen Bereichen der ersten Ebene sind:

Ich und Du: Interaktion mit einem Gegenüber

- Vertrauensvolle Nähe mit einer Person zulassen und teilen
- Konzentrationsphasen wecken und verlängern
- Interesse nach außen, auf andere Person richten
- Wechselseitiges Handeln (Turn-Taking) in Interaktion (ohne Objektbezug)
- Kontingenzerfahrungen ermöglichen

Umsetzungsidee: Intensive Interaction nach Hewett et al. (2012)

Sehr konsequent wird diese Ebene von Person zu Person im Ansatz Intensive Interaction nach Hewett et al. (2012) umgesetzt, der auf den Prinzipien der frühen Eltern-Kind-Interaktion beruht. Der Interaktionspartner ist wach für sein Gegenüber und lässt sich ganz ohne Erwartungsdruck auf seine Signale ein. Dies wird als ›Eintunen‹ und als ›Joining-In‹ bezeichnet und eröffnet beiden Kommunikationspartnern eine empathische Begegnung. Ein offenes freundliches Gesicht mit einladender Körperhaltung ist eine erste Technik aus diesem Ansatz. Die Bezugsperson nimmt auch die gleiche räumliche Lage oder sogar eine Position etwas unterhalb des Gegenübers ein. Wie bei der Eltern-Kind-Interaktion kann die Bezugsperson dann versuchen, erste Signale, seien es Laute, Geräusche mit dem Mund oder auch Bewegungen, zu erkennen und in ähnlicher Weise darauf zu antworten. Durch einen spielerischen und ohne Druck herrschenden Umgang entsteht keine Überforderung und ein erstes Interesse der Person mit Beeinträchtigung am Gegenüber kann entstehen. Bei Intensive Interaction liegt der Fokus auf der Beziehungsgestaltung zwischen zwei Personen (▶ Abb. 1), um die Fundamente der Kommunikation und der Emotionen aufbauen und entwickeln zu können (Hewett et al. 2012; Klug/Hansen 2014).

4.2 Zweite Kommunikationsebene: Ich und Objekt – Erkundung der Gegenstandswelt

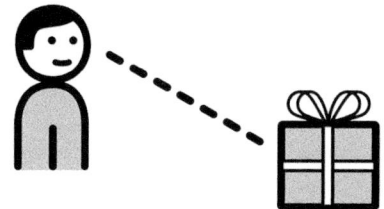

Abb. 2: Kommunikationsebene Ich und Objekt: Erkundung der Gegenstandswelt

Die zweite Ebene im Schaubild (▶ Abb. 2) zeigt den Objektbezug auf. In der unauffälligen Entwicklung setzen sich Kinder im Alter von neun bis zehn Monaten mit der Welt der Dinge auseinander. Dies erfolgt, wenn sie Bewegungen koordinieren und Dinge greifen können. Beim Erkunden beginnt das Kind, gleiche Tätigkeiten mit verschiedenen Dingen zu erproben, und lernt dadurch die speziellen Eigenschaften und Variationen der verschiedenen Gegenstände kennen. Auch das Verständnis der Objektpermanenz, also das Wissen darüber, dass die Dinge beständig sind, auch wenn sie nicht zu sehen sind, entwickelt sich.

Wichtig zu beachten ist, dass sich das Kind *entweder* für den Gegenstand und die Erkundung von Dingen interessiert *oder* dass es in einen Interaktionsprozess mit einer Bezugsperson geht. Die beiden Entwicklungslinien laufen also unabhängig und parallel zueinander ab (vgl. Zollinger 2010, 20 ff.).

In der Förderung sind daher diese beiden Entwicklungsbereiche auch zu trennen. Neben der Beziehungsgestaltung (▶ Abb. 1) ist daher ein gezieltes Angebot von interessanten und unterschiedlichen Objekten je nach den motorisch-sensorischen Möglichkeiten wichtig.

Förderziele mit kleinschrittigen Bereichen der zweiten Ebene sind:

Ich und Objekt: Erkundung der Gegenstandswelt

- das Interesse der Person mit Beeinträchtigung an der Welt zu wecken
- die Umwelt zu erkunden
- Konzentrationsphasen zu wecken und zu verlängern
- neue Körpererfahrungen anzubieten
- Objektpermanenz
- gezielter Umgang mit Gegenständen; erstes Steuern von Gegenständen

> **Umsetzungsidee: Schau Hin**
>
> Der Beobachtungsbogen Schau Hin stellt eine sehr strukturierte und detaillierte Hilfe zur Erfassung von Kommunikationssignalen und damit verbundenen motivierenden und zu vermeidenden Angeboten dar. Als Ergebnis werden Interessen und Vorlieben der Person aufgezeigt, die als Angebote aufbauend in der UK-Förderung genutzt werden können (vgl. Schau Hin/Rehavista).

> **Umsetzungsidee: Einsatz von ersten Hilfsmitteln**
>
> Erste einfache elektronische Hilfsmittel wie z. B. PowerLink, adaptiertes Spielzeug oder sprechende Tasten haben häufig einen hohen Aufforderungscharakter. Es geht beim ersten Einsatz solcher Hilfen zunächst nur um das Kennenlernen und Erproben der Hilfen, z. B. um das eigene Auslösen einer Taste durch eine (unbewusste) Bewegung, die Wahrnehmung eines

interessanten Reizes, ein wiederholtes Auslösen des Reizes, ein Ein- und Ausschalten des Reizes oder um ein Spiel mit Variationen (veränderte Tasterposition, mehrere Taster/Reize).
Wichtig ist in dieser zweiten Förderebene (Person und Objekt), dass die Person genügend Zeit zum Experimentieren mit den Hilfsmittel erhält. Es geht an dieser Stelle noch nicht um die Erfahrung mit Sprache und dessen Wirkung (s. Ebene vier).
(vgl. u. a. Petersen/Stahl 2009; Weid-Goldschmidt 2013, 40)
Bei sehr starker motorischer Beeinträchtigung, der Diagnose Wachkoma oder des Rett-Syndroms kann zudem eine Erprobung von Hilfen mit einer Augensteuerung stattfinden. Die Koordinierung der Blicke und die Möglichkeit, damit Reize auszulösen, stellt auch für diesen Anwenderkreis eine wichtige Art der Ansteuerungsmöglichkeit dar.

4.3 Dritte Kommunikationsebene: Ich und Du und Objekt – Triadische Interaktion

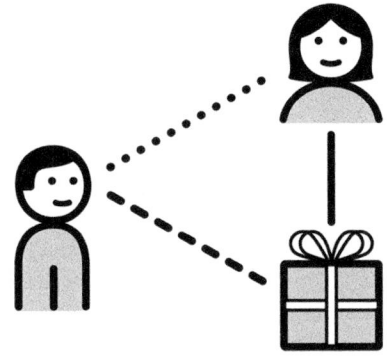

Erst wenn eine Person sich genügend Kenntnisse und Erfahrungen mit der Personen- und der Dingwelt angeeignet hat, bringt sie diese beiden in Bezug. Dieser hoch komplexe Vorgang beginnt mit der geteilten Aufmerksamkeit. In der Regel fangen Kleinkinder ab neun Monaten an, ihre Mitmenschen in ihren Handlungen und im Umgang mit Objekten zu beobachten. Darauf aufbauend stellen sie kurze Episoden gemeinsamer Aufmerksamkeit über Objekte zur Bezugsperson her und lernen auch zu unterscheiden, mit welchen Objekten keine gemeinsame Aufmerksamkeit stattfindet. Kinder beginnen somit durch gemeinsame Aufmerksamkeitsrahmen, mit dem Gegenüber einen gemeinsamen Hintergrund aufzubauen. Erst dadurch verstehen sie das Gegenüber als rationalen Akteur und probieren auf unterschiedliche Art und Weise aus, ähnlich wie er zu interagieren. Erste Formen von kommunikativer, absichtsvoller Interaktion sind als Hinwendung, Blickbewegungen und Zeigegesten ausgehend vom Kind zu beobachten (vgl. Tomasello 2017, 152 ff.).

In der Förderung ist es daher wesentlich, dass die Person mit Beeinträchtigung genügend Zeit und Raum für die beiden ersten

Abb. 3: Kommunikationsebene Ich und Du und ein Objekt: Triadische Interaktion und gemeinsame Aufmerksamkeit

Entwicklungsebenen erhält. Sie muss möglichst positive und entspannte Erfahrungen in der Beziehung zu anderen ganz ohne Objektbezug einerseits als auch mit Dingen, Objekten und der Umwelt ohne Personenbezug anderseits erleben.

Außerdem muss es einen Erfahrungsraum geben, in dem die Person ihr Gegenüber beobachten kann. Es ist sinnvoll, dass irgendwann die Bezugsperson anfängt, sich auch mit den angebotenen Objekten zu beschäftigen und vor den Augen der Person mit Beeinträchtigung damit spielt und experimentiert. So kann der Umgang mit den verschiedenen Objekten, z. B. das Umschmeißen und anschließendes Einräumen eines Bohnenbads, das Kullern von Bällen, das Auslösen von Effektspielzeugen

u. v. m., ein sinnvolles Vormachen von Handlungen bedeuten. Die Objekte und Handlungen sollten dabei mit kurzen prägnanten Worten oder Gebärden begleitet werden.

Förderziele mit kleinschrittigen Bereichen der dritten Ebene sind:

Ich und Du und Objekt: Triadische Interaktion

- gemeinsame Aufmerksamkeit herzustellen und zu teilen
- Bezug zwischen Person und Objekten herzustellen; Objekte ins Spiel zu bringen
- Wechselseitiges Handeln (Turn-Taking) im Spiel mit Objektbezug
- Zeigegesten wahrzunehmen und aufzugreifen.

Umsetzungsidee: Zeigegesten und erster Einsatz von Gebärden

Wenn erste Momente von geteilter Aufmerksamkeit entstehen, sollten in der Interaktion durch den erfahrenen Kommunikationspartner die Objekte und Handlungen sprachlich benannt werden. Ein Zeigen und Geben sowie erste wechselseitige Spiele, wie ich-bin-dran-du-bist-dran mit Objektbezug sollten vermehrt angeboten werden.

Wichtig: Es sollten dabei nicht unzählige Variationen und immer neue Ideen eingebracht werden, sondern nur wenige Formate und diese dafür viele Male wiederholt werden. Kleine inhaltliche Variationen im Format können dabei für Abwechslung sorgen und je nach Person auch hilfreich sein (vgl. Castañeda/Hallbauer 2013).

Auch das Angebot von lautsprachbegleitenden Gebärden ist in dieser Fördersequenz zur visuellen Unterstützung der gesprochenen Sprache sinnvoll. Beim Einsatz von Gebärden durch den erfahrenen Kommunikationspartner geht es zu diesem Zeitpunkt um die Veranschaulichung von Sprache und noch nicht um die Idee, dass die Person mit Beeinträchtigung diese als Ausdrucksmittel nutzt.

Umsetzungsidee Schwerpunkt Autismusspektrum: DIR®/Floortime™ nach Greenspan

Der Ansatz DIR®/Floortime™ nach Greenspan ist ein umfassendes entwicklungspsychologisches Stufenmodell, das besonders die Entwicklungsbereiche bei Menschen im Autismusspektrum beachtet. Die Grundhaltung in der Interaktion ist immer wieder von wechselseitigen Handlungsketten (Turn-Taking) geprägt, mit dem Ziel, die geteilte Aufmerksamkeit zu erweitern und Kommunikationskreisläufe aufzubauen. Dabei folgt der kompetente Kommunikationspartner den Impulsen und Interessen des Menschen mit Autismus. Vor allem die ersten drei Phasen, oder auch Wegmarken genannt, greifen die bereits beschriebenen triadischen Interaktionsprozesse auf (vgl. Greenspan/Wieder 2006; Gauda/Zirnsak 2014).

4.4 Vierte Kommunikationsebene: Intentionales Handeln

Sobald sich der Aufmerksamkeitsfokus immer weiter nach außen richtet, nehmen die Blickbewegungen, Zeigegesten oder auch eigene Unternehmungen wie das Holen oder Geben von Dingen zu. Auch erste Unterscheidungen in den Lautäußerungen oder der Gebrauch erster Wörter können in dieser Zeit beobachtet werden. Das Dreieck zwischen der Bezugsperson und Objekten festigt sich, wird je nach motorischen Beeinträchtigungen räumlich erprobt und auf andere Personen, wie beispielsweise Kinder der Kindergartengruppe, erweitert.

In der Interaktion sind mit dem Verständnis der Triangularität nun mehr und mehr bewusste und zielgerichtete Handlungen zu beobachten. Dieser Entwicklungsschritt kann nun mit vermehrten Angeboten, die kraftvolle Erfahrungen mit Sprache und Sprache als Ausdrucksmittel erlebbar machen, unterstützt werden.

Bei unangenehmen Aktivitäten oder einer Unterbrechung bzw. dem Abbruch einer angenehmen Handlung wird nun Protest deutlicher gezeigt. Im alltäglichen Umgang wird eine zuvor vielleicht sehr stille Person nun vermehrt lauter und energischer reagieren, was als zielgerichteter und bewusster Prozess zu bewerten ist. Diese neue Ausdrucksform sollte als großer Fortschritt verstanden werden. Eine Unterbindung durch pädagogische Sanktionen stellt im Sinne der Förderung der Intentionalität das Gegenteil dar.

Förderziele mit kleinschrittigen Bereichen der vierten Ebene sind:
Intentionales Handeln

- Triadische Interaktion zu festigen
- Ursache-Wirkungsverständnis zu verdeutlichen
- Erstes Steuern einer Aktivität und von Handlungen
- Intentionales/zielgerichtetes oder bewusstes Handeln
- Protest anzuerkennen und zu äußern
- Passiven Wortschatz zu erweitern.

> **Umsetzungsidee: Einsatz vom Wort »noch mal« und Interaktionsspiele**
>
> Eine für diesen Entwicklungsschritt wichtige Kommunikationsfunktion stellt das Steuern erster Aktivitäten dar. Das Wort »noch mal« kann dabei eine sehr starke Wirkung im Umfeld und dem eigenen Erleben haben. Der Nutzer lernt, dass er Einfluss auf das Verhalten anderer Personen haben kann. Angenehme und motivierende Handlungen, verschiedene Spiele und Kinderreime und -verse sowie eingeführte Formate werden unterbrochen und erst mit dem Einsatz des Wortes »noch mal« erneut gestartet. Die UK-Form kann dabei neben einem körperlichen Signal, z. B. Blick oder Bewegungsimpuls, die Gebärde oder mit größtem Effekt eine Sprechende Taste, z. B. BigPoint, BIGmack oder Step-by-Step, sein.
>
> Die Nutzung von »noch mal« oder »mehr« stellt eine erste einfache Form eines Interaktionsspiels dar. Dabei wird ein erstes Kernwort (vgl. Boenisch/Sachse 2007) angeboten, welches fast unbegrenzt in verschiedenen Situationen eingesetzt werden kann und große Wirkung erzielt. Die verschiedenen Situationen können dann aufbauend auch als komplexeres Kommunikationsspiel angeboten werden. Wenn die Handlungen zum Beispiel zunächst mit »noch mal hüpfen«, »noch mal kitzeln« und »noch mal wischen« einzeln angeboten und langsam erweitert wurden, können diese drei Handlungen nun nebeneinander als Auswahl angeboten werden. Wichtig ist dabei, dass alle Angebote positiv besetzt sind und im Spiel funktionieren. Es geht hier noch nicht um das Förderziel, bewusst eine Auswahl anzubahnen (vgl. u. a. Petersen/Stahl 2009; Castañeda/Hallbauer 2013, 89 ff.).

> **Umsetzungsidee: Picture-Exchange-Communication-System PECS**
>
> PECS ist ein Trainingsprogramm basierend auf der angewandten Verhaltenstherapie/Applied Behavior Analysis ABA nach Skinner und dem Pyramid Ansatz (Frost/Bondy 2002, 3). Es hat feste Umsetzungsregeln und geht nach einem aufbauenden Phasenmodell vor.
> Die Grundidee ist, dass ein Schüler statt einem gesprochenen Wort eine Bildkarte überreicht, um ein Objekt zu erhalten. In der Vorbereitung bedarf es einer guten Recherche von Objekten der Begierde, auch Verstärkern genannt.
> In den ersten beiden PECS-Phasen finden sich sehr stark die Prinzipien der Triangularität wieder und der Bezug zwischen Ich, Du und Objekt wird hergestellt. Daher stellt PECS auch für Personen aus dieser Anwendergruppe eine sehr gezielte und stark strukturierte Lehrmethode dar (vgl. Frost/Bondy 2002).

Wenn die intentionale Kompetenzebene sicher erreicht und verstanden wurde, folgen viele UK-Förderideen mit der Förderabsicht, gezielte Aussagen anzubahnen, Unterscheidungen zu treffen oder auch das Ja-/Nein-Konzept zu verdeutlichen. Diese Entwicklungsschritte werden der symbolischen Kommunikation zugeordnet, bei der zu der triadischen Interaktion nun noch eine vierte Achse, die des Ausdrucksmittels, hinzukommt.

5 Zusammenfassung und Fazit

Das Anliegen dieses Artikels ist es, die einzelnen Ebenen der vorsprachlichen Kommunikationsentwicklung differenziert aufzuzeigen und mit jeweiligen Förderzielen und Umsetzungsideen zu erweitern. Die herausgestellten Kommunikationsebenen sind:

- Ich und Du: Interaktion mit einem Gegenüber
- Ich und Objekt: Erkundung der Gegenstandswelt
- Ich und Du und ein Objekt: Triadische Interaktion und gemeinsame Aufmerksamkeit
- Intentionales Handeln mit Steuern der ersten Aktivitäten.

Besonders die Beziehungsebene Ich und Du mit den verschiedenen Interaktionsmöglichkeiten spielt in der UK-Förderung eine zentrale Rolle. Durch das gemeinsame Erleben in einer entspannten und spielerischen Situation können das Begreifen und Lernen von sozialkommunikativen Momenten und die sozialemotionale Entwicklung ermöglicht werden.

Neben all den didaktischen Ideen und Überlegungen sind bei diesem Personenkreis die humanistische und sensible Grundhaltung und das Menschenbild von uns Fachleuten und Angehörigen entscheidend. Es geht um die wichtige Frage zum Wert und der Bedeutung des Individuums und zu einem würdevollen Umgang im Alltag. Tugenden wie Verständnis, sich in den anderen hineinzuversetzen, Zeit, Geduld und Nähe aufzubringen gehören für mich zwingend zur Förderung und dem Umgang im Alltag mit dieser Personengruppe dazu. Sich auf die Andersartigkeit und dennoch das verbindende menschliche Sein einzulassen und neugierig auf das Gegenüber und die gemeinsamen Momente zu sein beinhalten bereits den ersten Teil einer guten Förderung.

Literatur

Boenisch J./Sachse S. (2007): Sprachförderung von Anfang an. Zum Einsatz von Kern- und Randvokabular in der frühen Förderung. In: Unterstützte Kommunikation 3/2007, 12–20.
Castañeda C./Hallbauer A. (2013): Einander verstehen lernen: Ein Praxisbuch für Menschen mit und ohne Autismus. Holtenauer Verlag Kiel.
Došen A. (2010): Psychische Störungen, Verhaltensprobleme und intellektuelle Behinderung. Ein integrativer Ansatz für Kinder und Erwachsene. Bern: Hogrefe.
Frost L./Bondy A. (2002^2): Das Picture Exchange Communication System. Pyramid Educational Consultants Inc.
Gauda G./Zirnsak A. (2014): Wege aus dem Labyrinth. Figurenspiel mit autistischen Kindern. Books on Demand.
Greenspan S./Wieder S. (2006): Engaging Autism. Using the Floortime Approach to Help Children Realte, Communicate and Think. Cambridge: Da Capo Press.
Hewett D./Firth G./Barber M./Harrison T. (Eds.) (2012): The Intensive Interaction Handbook. Sage Publications: London.
Klug, S./Hansen, F. (2014^3): Intensive Interaction. Kommunikative Prozesse aktiv gestalten. In: isaac-Gesellschaft für UK/von Loeper (Hrsg.): Handbuch der Unterstützten Kommunikation. von Loeper: Karlsruhe, 06.049.001-06.059.001.
Papoušek H./Papoušek M. (2002): Intuitive Parenting. In: Bornstein M. (Ed.): Handbook of parenting (Vol II). Mahwah New Jersey: Erlbaum. 183–203.
Papoušek M. (2003): Gefährdung des Spiels in der frühen Kindheit: Klinische Beobachtungen, Entstehungsbedingungen und präventive Hilfen. In: Papoušek M./Gontard A. (Hrsg.): Spiel und Kreativität in der frühen Kindheit. Stuttgart: Klett-Cotta, 174–214.
Petersen B./Stahl M. (2009): Entdecke die Kraft der Sprache. Kontextbezogene Kommunikationsförderung mit einfachen Sprachausgabegeräten. Prentke Romich GmbH.
Sappok T./Zepperitz S. (2016): Das Alter der Gefühle: Über die Bedeutung der emotionalen Entwicklung bei geistiger Behinderung. Hogrefe.
Scaife M./Bruner J. (1975): The capacity for joint attention in the infant. In: Nature 253, 265-266.
Schlund K. (2010): »Lies hier, wie wir einander besser verstehen können« - Der Kommunikationspass als Hilfsmittel. In: Zeitschrift für Heilpädagogik, 12, 462–468.
Tomasello M. (2017^4): Die Ursprünge der menschlichen Kommunikation. Suhrkamp: Berlin.
Weid-Goldschmidt B. (2013): Zielgruppen Unterstützter Kommunikation. Karlsruhe: von Loeper-Literaturverlag.
Zollinger B. (2010^8): Die Entdeckung der Sprache. Haupt: Bern.

Internet- und Bezugsquellen

Intensive Interaction nach Hewett: https://www.intensiveinteraction.org/ oder https://www.uk-intensiveinteraction.de
PECS Picture-Exchange-Communication-System nach Frost&Bondy: https://www.pecs-germany.com/

Persönliches Dialogbuch der Spastikerhilfe Berlin eG: https://www.spastikerhilfe-berlin-eg.de/dialogbuch/index.html [08.01.2019)]
Schau Hin. http://www.rehavista.de/R00862

Abbildungen: METACOM Symbole 2019 © Annette Kitzinger

Unterstützte Kommunikation für Menschen aus dem Autismus-Spektrum

Claudio Castañeda & Nina Fröhlich

Für die meisten Menschen aus dem Autismus-Spektrum (AS) stellt die zwischenmenschliche Kommunikation eine immense Herausforderung dar. Zum einen kann ein Teil des Personenkreises nicht oder nur sehr wenig sprechen. Zum anderen haben jedoch auch Menschen aus dem AS mit entwickelter Lautsprache häufig Schwierigkeiten in der sozialpragmatischen Anwendung von Sprache zur Kommunikation. Dadurch kommt es im Kontakt mit uns dann häufig zu Missverständnissen auf beiden Seiten, zu Frustrationen und Konflikten.

Aus diesem Grund ist der Bereich der Unterstützten Kommunikation (UK) für viele Menschen aus dem AS von großer Bedeutung, sowohl zur Erweiterung der aktiven Ausdrucksmöglichkeiten (ergänzend oder ersetzend zur Lautsprache) als auch zur Unterstützung des Verstehens. Zielgruppe für UK sind bei Personen aus dem AS somit nicht allein Menschen, die nicht oder nur sehr eingeschränkt sprechen können, sondern vielmehr alle Menschen, die mittels gesprochener Sprache nicht ausreichend erfolgreich kommunizieren können.

Dabei unterscheidet sich die Anwendung von UK nur wenig von UK bei Menschen mit anderen Behinderungsbildern. Ein zentraler Unterschied ist jedoch, dass wir als Kommunikationspartner die Besonderheiten, die durch den Autismus vorliegen, verstehen und durch dieses Verstehen die UK-Angebote entsprechend gestalten können. Es gibt nicht DIE Autismus-spezifische Kommunikationsmethode, die dann auch noch für alle Personen aus dem Spektrum passend wäre. Das ergibt sich schon allein dadurch, dass Autismus ein sehr breites und vielfältiges Spektrum ist. Die folgende Darstellung der Besonderheiten und daraus resultierenden Schwierigkeiten umfasst somit auch eher allgemeine Beschreibungen, die sich im individuellen Einzelfall nochmal anders darstellen können.

1 Wir verstehen Besonderheiten bei Menschen aus dem AS

Im Alltag definieren viele Angehörige und Fachkräfte Autismus durch die Beschreibung von besonderen Verhaltensweisen. Tatsächlich sind es aber nicht diese Verhaltensweisen, die den Autismus ausmachen. Sie sind vielmehr die beobachtbaren Folgen von spezifischen Besonderheiten beim Wahrnehmen und Verstehen. Diese Besonderheiten können, vor allem wenn das Umfeld sie nicht versteht, zu Verhaltensweisen führen, die als Problem erlebt werden. Daher ist es unabdingbar, dass wir Autismus allgemein und in seiner individuellen Form verstehen lernen.

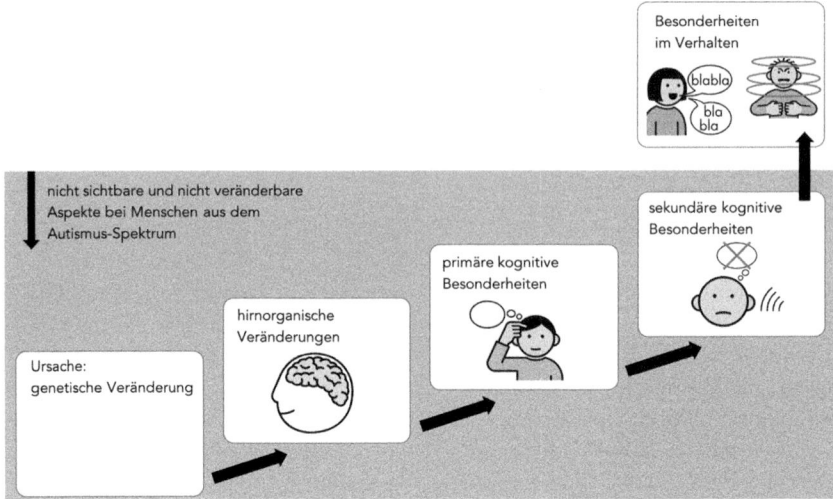

Abb. 1: Nicht sichtbare Veränderungen führen zu Besonderheiten im Verhalten.

1.1 Ursache

Es existieren zahlreiche Erklärungsmodelle zu den Ursachen des Autismus. Zum gegenwärtigen Zeitpunkt ist eine starke genetische Disposition am wahrscheinlichsten (vgl. Frith 2013).

1.2 Veränderungen im Gehirn

Durch die genetischen Ursachen ergeben sich bei Autismus hirnorganische Veränderungen (vgl. Frith 2013). Man geht jedoch davon aus, dass es bei Autismus nicht die eine spezifische Veränderung gibt. Die unterschiedliche Ausprägung im Bereich des »Spektrums« passt gut zu dieser Vermutung.

1.3 Primäre neurokognitive Besonderheiten

Die Veränderungen im Gehirn führen zu neurokognitiven Besonderheiten, die zu weiteren Besonderheiten im Verstehen und Wahrnehmen führen und sich dann auf das Verhalten der Person auswirken. Diese Besonderheiten können wir zwar nicht verändern, wir können sie jedoch verstehen und dann durch unsere Haltung und unsere Angebote indirekt Einfluss auf die Auswirkungen des Autismus nehmen. Es geht dabei nicht um eine Anpassung oder gar Heilung, sondern darum, der Person Rahmenbedingungen zu geben, die es ihr mit Autismus ermöglichen, gut mit uns leben zu können.

Theory of Mind

Die Theory of Mind (ToM) (vgl. Frith 2013) bezeichnet ein Bewusstseinskonzept, das uns hilft zu verstehen, dass sich andere Menschen in ihrer subjektiven Wirklichkeit von uns unterscheiden. Andere Menschen haben andere Erfahrungen oder auch ein anderes Wissen. Die ToM ermöglicht es uns, das zu verstehen. Wir können dadurch Annahmen über Perspektiven und Motive unseres Gegenübers erstellen und in unserer Kommunikation berücksichtigen. Schwierigkeiten bei der ToM führen dann z. B. dazu, dass die

Person sich schlechter in die Perspektiven anderer eindenken, die Motive und Verhaltensweisen anderer schlechter interpretieren und damit auch schlechter vorhersehen kann, wie andere handeln oder reagieren werden.

Zentrale Kohärenz

Die zentrale Kohärenz ist eine Wahrnehmungsfähigkeit, die uns dabei hilft, einzelne Details in einen Gesamtzusammenhang zu bringen und dadurch schneller und leichter verstehen zu können. Bei Menschen aus dem AS ist diese Fähigkeit häufig schwächer ausgebildet (vgl. Frith 2013). Sie nehmen eher einzelne Elemente wahr und müssen diese aktiv in einen Zusammenhang setzen, um das Ganze wahrzunehmen. Dieser Prozess erfolgt nicht immer oder er nimmt mehr Zeit und Ressourcen in Anspruch. Dadurch kann es ihnen schwerfallen, Wesentliches vom Unwesentlichen zu unterscheiden.

Exekutive Funktionen

Die exekutiven Funktionen beschreiben höhere kognitive Funktionen, die es u. a. ermöglichen, Handlungen auch automatisiert ausführen zu können. Weiter sind die exekutiven Funktionen auch für andere Bereiche zuständig wie z. B. das Arbeitsgedächtnis. Menschen mit einer Störung der exekutiven Funktionen zeigen dann Schwierigkeiten bei Handlungen, bei der Flexibilität und bei bestimmten Gedächtnisprozessen.

Kontextblindheit

Vermeulen (2015) fasst die Theorien der ToM, der zentralen Kohärenz und der Störungen der exekutiven Funktionen als Kontextblindheit zusammen. Menschen aus dem AS haben demnach Schwierigkeiten, Kontextinformationen zu berücksichtigen und zu interpretieren. Ohne die Berücksichtigung von Kontexten im sozialen und kommunikativen Miteinander ergeben sich im Alltag zahlreiche Missverständnisse.

Generalisierungsschwierigkeiten

Aus den beschriebenen neurokognitiven Besonderheiten ergibt sich, dass Menschen aus dem AS Generalisierungsschwierigkeiten haben. Die Übertragung von Erfahrungen auf ähnliche Situationen ist dadurch erschwert.

1.4 Besonderheiten im Verhalten und in der Kommunikation

Gerade im Verhalten zeigen Menschen aus dem AS oftmals Besonderheiten, die vom Umfeld als ungewöhnlich, bizarr oder nicht nachvollziehbar erlebt werden. Dadurch erleben viele Kommunikationspartner diese Verhaltensweisen als störend oder problematisch. Dazu gehören auffällige Bewegungen und Geräusche, das Bestehen auf Ritualen und gleichbleibenden Abläufen, mangelnde Flexibilität oder Über- und Unterempfindlichkeiten bei Reizen. Bei zahlreichen dieser Verhaltensweisen kann es sich auch um sog. ›Stimming‹ handeln: Selbstregulierende Verhaltensweisen, die für die Person wichtig und sinnvoll sind und z. B. der Stresskompensation dienen. Nachfolgend wird auf die Besonderheiten eingegangen, die sich im Bereich der Kommunikation zeigen.

Auditive Verarbeitung

Bei vielen Menschen aus dem AS zeigen sich Schwierigkeiten in der auditiven Verarbeitung, insbesondere beim Verarbeiten von Lautsprache. Die Verarbeitung dauert dann länger oder nimmt mehr Ressourcen in Anspruch.

Konkretes Sprachverständnis

Das neurotypische Umfeld verwendet Sprache oft sehr kontextabhängig. Wenn jemand Kontexte aber nicht so gut berücksichtigen kann, führt das zu einem sehr konkreten Sprachverständnis, also einem wortwörtlichen Verstehen.

> **Beispiel**
>
> Simon sitzt in seinem Zimmer und hört laut Musik. Seine Mutter kommt sichtlich genervt in das Zimmer und sagt: »Kannst du das leiser machen?« Simon schaut seine Mutter an und sagt: »Ja!«, macht aber nichts. Er versteht die indirekte Aufforderung der Mutter (»Mach die Musik leiser!«) als Frage.

Weniger soziale Orientierung am Gegenüber

Eine erfolgreiche wechselseitige Kommunikation verlangt, dass die Kommunikationspartner im Prozess ihren Partner »mitdenken«. Sie berücksichtigen die Stimmung, die Motive, die Perspektive des Gegenübers und orientieren sich auch an ihm. Sie überlegen, welche Informationen ihr Gegenüber benötigt und welche Formen von Feedback hilfreich sind (z. B. Blickkontakt, nicken). Vielen Menschen aus dem AS fällt dies aufgrund der kognitiven Besonderheiten schwer. Wir missverstehen das dann oft als Desinteresse an sozialem Austausch mit anderen Menschen.

Pragmatik

Ein wesentlicher Bereich der Sprache ist die Pragmatik, also die Funktionen von Kommunikation. Wir kommunizieren aus unterschiedlichen Gründen und unsere Kommunikation hat dann verschiedene Funktionen. So nutzen wir Sprache nicht allein, um etwas einzufordern (imperative Funktion). Wir verwenden sie auch, um etwas zu erzählen, Gedanken und Gefühle zu teilen oder Informationen auszutauschen (deklarative Funktionen).

Viele Menschen aus dem AS haben keine Schwierigkeiten bei der Entwicklung imperativer Funktionen, drücken diese aber nicht sprachlich, sondern durch Verhalten aus, zum Beispiel durch Hinführen. Auch Ablehnung wird oft sehr effizient, aber eben nicht immer durch sozial erwünschte Formen gezeigt. Es geht dann mehr um das Erlernen alternativer, sozial erwünschter Formen, nicht aber um die Funktion an sich. Unterstützung benötigen sie jedoch beim Erwerb und der Anwendung deklarativer Funktionen.

Echolalie

Echolalie, also das Wiederholen von Wörtern oder Satzteilen des zuvor Gehörten, ist ein Teil der normalen Sprachentwicklung (vgl. Müller/Gülden 2012). Manche Menschen aus dem AS zeigen dieses Verhalten jedoch über einen langen Zeitraum. In vielen Fällen hat dieses Verhalten eine kommunikative Absicht, die Person weiß jedoch nicht, was sie in der Situation sagen kann oder wozu sie diese Aussage verwenden kann. Ein echolalisches Verhalten kann sich auch bei der Anwendung von UK zeigen, in dem der UK-Nutzer gehörte Wörter des sprechenden Partners in seiner UK-Sprache wiederholt.

Verwechslung von Personalpronomen

Auch das Verwechseln der Personalpronomen kommt in der Regelentwicklung vor, wird jedoch meist rasch vom Kind korrekt erworben. Viele Menschen aus dem AS verwenden dauerhaft die Personalpronomen, die sie von ihren Kommunikationspartnern hören. Sie sprechen dann von sich selbst mit dem eigenen Namen oder nutzen »du« statt »ich«.

Monologisieren

Bei vielen sprechenden Menschen aus dem AS kann beobachtet werden, dass sie Sprache weniger dialogisch nutzen, sondern eher in Form eines Monologes, wobei teilweise nicht berücksichtigt oder erkannt wird, dass der Partner am Thema nicht interessiert ist oder selbst etwas zum Gespräch beitragen möchte.

Spezialinteressen

Viele Menschen aus dem AS haben stark entwickelte Interessen, die in ihrer Qualität und Quantität von dem abweichen können, was das Umfeld für angemessen hält. Dies wirkt sich dann u. a. darauf aus, dass die Person stärkeren Fokus auf ihr Interesse hat und weniger auf der von außen erwünschten sozialen Interaktion oder dass sie ausschließlich über ihr Spezialinteresse kommuniziert (siehe Monologisieren).

2 Wir gestalten Kommunikation mit Menschen aus dem AS

Wenn wir verstehen, welche Besonderheiten es bei der Person durch den Autismus gibt, fällt es uns leichter, sinnvolle und passende Angebote im Bereich der (Unterstützten) Kommunikation anzubieten und zu gestalten.

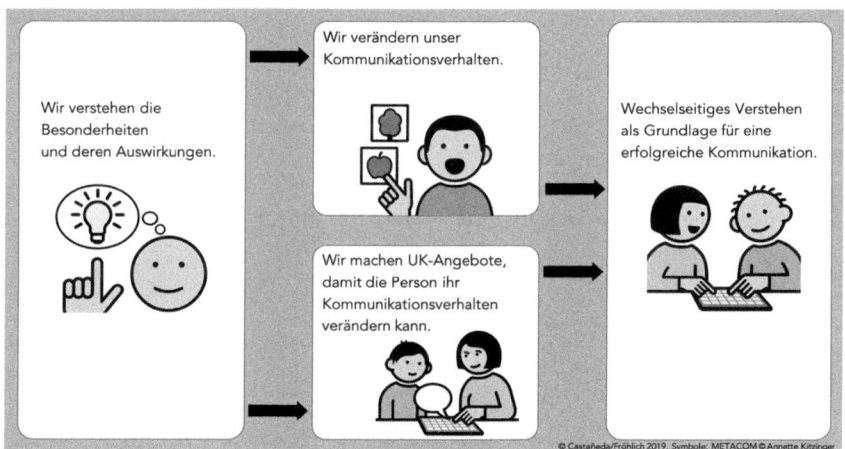

Abb. 2: Verstehen führt zur Veränderung unseres Kommunikationsverhaltens und passenden UK-Angeboten. Dann ist erfolgreiche Kommunikation möglich.

2.1 Wir verändern unser Kommunikationsverhalten

Wir passen unsere Lautsprache an

Aufgrund der beschriebenen Schwierigkeiten in der auditiven Verarbeitung von Sprache und dem konkreten Sprachverständnis ist es sinnvoll, dass wir unsere Lautsprache anpassen. Es geht dabei nicht zwingend um eine inhaltliche Vereinfachung, sondern vielmehr um konkrete Strategien, wie das Verwenden kürzerer Sätze oder das Verzichten von Doppeldeutigkeiten, unkonkreten Beschreibungen oder verdeckten Informationen. Zur Vermeidung von Missverständnissen durch die Verwendung von Personalpronomen können stattdessen die Namen verwendet werden (»Anton möchte Wasser. Lisa auch.«).

Wir kommunizieren ergänzend mit visuellen Zeichen

Da viele Menschen aus dem AS in der visuellen Verarbeitung keine Schwierigkeiten haben, ist es sinnvoll, dass wir ergänzend zur Lautsprache mit visuellen Zeichen wie z. B. Gesten, Gebärden, Symbolen oder Schrift kommunizieren, um wesentliche Inhalte hervorzuheben.

Gerade beim TEACCH-Ansatz (vgl. Häußler 2016), einem ganzheitlichen pädagogischen Konzept zur Förderung von Menschen aus dem AS, kommen viele visuelle Strategien bei der Gestaltung von Angeboten zum Einsatz. Diese visuellen Strategien dienen dem besseren Verstehen, der Orientierung und der Verbesserung der Handlungsplanung und Selbstständigkeit (vgl. auch Häußler 2018).

Wir machen Interaktion verstehbar

Die Idee, visuelle Strategien zu verwenden, kann darüber hinaus auch verwendet werden, um Interaktion und Kommunikationssituationen zu erklären und verstehbar zu machen. Beispiele hierfür sind der Einsatz von Alternativenübersichten (Contingency Maps) oder Comic Strip Conversations (vgl. Casteñeda/Hallbauer 2013). Hierbei kann die Person aus dem AS mittels visueller Informationen soziale Zusammenhänge und Konsequenzen besser verstehen, nachvollziehen und Alternativen entwickeln.

Eine weitere Variante wäre das Videomodelling. Hierbei werden die Informationen in Form eines Videos veranschaulicht. Zum einem mögen viele Menschen aus dem AS

Abb. 3a:
Erst-Dann-Karte und Ablaufplan

Abb. 3b: Ablaufplan

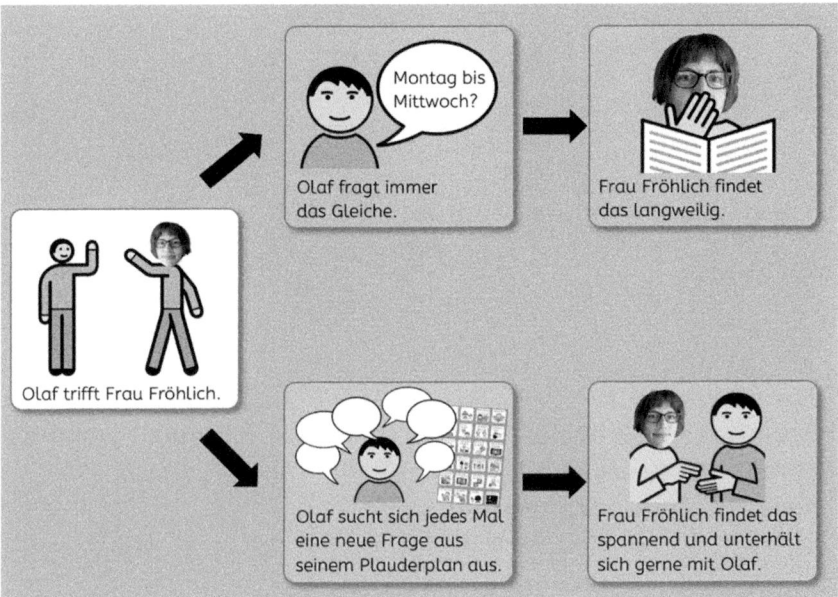

Abb. 4: Die Alternativenübersicht erklärt, warum ein bestimmtes Verhalten nicht so erfolgreich ist und welche alternative Handlungsmöglichkeit es gibt.

Videos, und zum anderen können sie sich die bereitgestellten visuellen Informationen dann selbständig und in einer gleichbleibenden Form beliebig oft anschauen. Bei neuen Inhalten, insbesondere im Bereich soziale Interaktion und Kommunikation, sind häufig viele Wiederholungen nötig. Über ein Video stehen diese Informationen jederzeit zur Verfügung, Erklärungen durch eine Bezugsperson aber nicht.

Abb. 5:
Ein von Hand gezeichneter Comic erklärt, wie man mit Kommunikation erfolgreich zum Ziel kommt.

2.2 Wir machen UK-Angebote, damit die Person ihr Kommunikationsverhalten verändern kann

Auch für Menschen aus dem AS steht das ganze Spektrum der UK-Angebote in seinen multimodalen Möglichkeiten zur Verfügung: Gesten, Gebärden, Bezugsobjekte, Fotos- oder Bildkarten, Kommunikationstafeln und -bücher mit Symbolen oder Schrift oder elektronische Kommunikationshilfen. Was für wen passend ist, bleibt eine individuelle Entscheidung und ist abhängig von individuellen und Umweltfaktoren. Unabhängig von der ausgewählten Form oder Methode gibt es jedoch Herangehensweisen, die sich in der Praxis als sinnvoll und zielführend erwiesen haben.

Modelling

Beim Erwerb der jeweiligen UK-Sprache ist der UK-Nutzer auf kompetente Vorbilder angewiesen, welche die UK-Sprache im Alltag in konkreten Situationen benutzen. Dieser Prozess wird als Modelling bezeichnet (vgl. Castañeda/Fröhlich/Waigand 2017). Dabei unterscheidet sich Modelling bei Menschen aus dem AS nicht wesentlich von Modelling bei anderen UK-Nutzern.

Viele Menschen aus dem AS haben jedoch weniger Schwierigkeiten in der Merkfähigkeit. Sie brauchen Vorbilder daher nicht so sehr, um zu lernen, wo sich ein Symbol auf der Kommunikationsoberfläche befindet. Ihre Einschränkungen liegen ja vielmehr im Bereich der Pragmatik. Der Fokus beim Modelling sollte daher mehr auf der Funktion des Dolmetschers liegen. Das bedeutet konkret, dass wir als Kommunikationspartner nicht nur unsere Perspektive beim Modelling benutzen, sondern besonders aus der Perspektive der Person aus dem AS modeln. Wir bieten also Sprachvorbilder zu ihren Verhaltensweisen, ihren Interessen oder ihrem momentanen Fokus der Aufmerksamkeit.

Beispiel

In der Beratung stellen wir Paul die Frage »Was machen wir jetzt?«. Wir nutzen dazu die Kommunikationshilfe und modeln im Sinne eines Vorbildes. Paul geht zur Spielekiste und nimmt sich ein Auto. Wir modeln jetzt auch als Dolmetscher: »Du sagst: ›Ich möchte Auto‹ spielen«.

Orientierung an (Spezial-) Interessen

Gerade zu Beginn liegt u. a. beim Modelling der Fokus bei den individuellen Interessen der Person. Was ist der Person wichtig? Welche Kommunikationssituationen ergeben sich dadurch? Welche Wörter sind hierbei wichtig? Es geht dann am Anfang noch nicht so sehr um die wechselseitige Kommunikation. Vielmehr geht es darum, überhaupt Interesse und Motivation für (Unterstützte) Kommunikation aufbauen zu können. In der Praxis ist es daher hilfreich, auf die Spezialinteressen der Person zurückzugreifen, sofern diese nicht schädlich sind. Kriterien wie unser eigenes Interesse, ob wir das Interesse sinnvoll, ästhetisch oder angemessen finden, spielen hierbei weniger eine Rolle. Wenn wir uns für das Interesse der Person interessieren, kann dies die gemeinsame Basis für den Aufbau von Austausch und Kommunikation darstellen.

Fokus auf Pragmatik

Bei der Gestaltung von UK-Angeboten geht es insbesondere darum, einen Wortschatz zur Verfügung zu stellen und zu vermitteln (Modelling), der die Verwendung unterschiedlicher Kommunikationsfunktionen (erzählen, fragen, kommentieren, auswählen usw.) erleichtert. Eine Möglichkeit ist die pragmatische Organisation von Vokabular wie beim PODD-Ansatz von Gayle Porter (vgl. Bollmeyer/Steinhaus/Diekmann 2014). Deutschsprachige Vokabulare sind das Flip (erhältlich über www.ukcouch.de) oder das ZAK (erhältlich über Rehavista). Gerade für den Einstieg in die UK haben sich pragmatisch aufgebaute Vokabulare bei Menschen aus dem AS bewährt, da sie die unterschiedlichen Kommunikationsfunktionen besonders gut verstehbar machen.

Abb. 6: Kommunikationsoberfläche für einen Nutzer mit großem Interesse an Dinosauriern

3 Fazit

Das Besondere an UK für und mit Menschen aus dem AS ist nicht eine bestimmte Methode. Das Besondere ist, dass gegenseitiges Verstehen nur dann möglich ist, wenn wir wissen, dass wir unterschiedlich denken, wahrnehmen und handeln. Wenn wir respektieren, dass sich die Person aus dem AS in ihrem Wahrnehmen, Verstehen, Denken und Handeln von uns unterscheidet, werden wir unser Kommunikationsverhalten an die Person anpassen und der Person dann Angebote machen, damit sie ebenfalls ihr Kommunikationsverhalten verändern und anpassen kann.

Kommunikation ist ein wechselseitiger Prozess. Kommunikation mit Menschen aus dem AS braucht wechselseitiges Verstehen, voneinander Lernen und aufeinander zugehen. Dabei sollten wir aber bedenken, dass die Person sich mit mehr Kompetenzen und mehr Ressourcen ihrem Gegenüber auch besser anpassen kann. Es ist unsere zentrale Aufgabe als Kommunikationspartner, durch UK die gemeinsame Kommunikation mit Menschen aus dem AS zu verbessern.

Literatur

Bollmeyer, H./Steinhaus, I./Diekmann, N. (2014): Mit PODD und Cleverness zum kommunikativen Erfolg!? Zum Einsatz von partnerbasierten Kommunikationsstrategien. In: isaac-Gesellschaft für UK/von Loeper (Hrsg.): Handbuch der Unterstützten Kommunikation. von Loeper: Karlsruhe, 05.016.002-05.016.010.

Castañeda, C./Fröhlich, N./Waigand, M. (2017): Modelling in der Unterstützten Kommunikation. UK-Couch: Heigenbrücken.

Castañeda, C./Hallbauer, A. (2013): Einander verstehen lernen. Ein Praxisbuch für Menschen mit und ohne Autismus. Holtenauer: Kiel.

Frith, U. (2013): Autismus: Eine sehr kurze Einführung. Huber: Mannheim.

Häußler, A. (2016[5]): Der TEACCH-Ansatz zur Förderung von Menschen mit Autismus. Einführung in Theorie und Praxis. verlag modernes lernen: Dortmund.

Häußler, A. (2018): Sehen und Verstehen. Visuelle Strategien in der Förderung von Menschen mit Autismus-Spektrum-Störung. Kohlhammer: Stuttgart.

Müller, A./Gülden, M. (2012): Der Spracherwerb in der Kindesentwicklung: Wandposter mit Begleitheft. Borgmann: Dortmund.

Vermeulen, P. (2015[3]): Das ist der Titel: Über autistisches Denken. Bosch & Suykerbuyk: Arnheim.

UK-Therapie bei Erwachsenen mit erworbenen Kommunikationsbeeinträchtigungen

Andrea Liehs & Barbara Giel

1 Einleitung

Erworbene Kommunikationsbeeinträchtigungen im Erwachsenenalter gehen mit unterschiedlichen sprachlichen Störungsbildern im Kontext von verschiedenen Grunderkrankungen und Ursachen einher. Es wird zwischen Sprach- und Sprechstörungen differenziert.

Neurogene *Sprech*störungen sind durch eine Schädigung des zentralen oder peripheren Nervensystems mit Einschränkungen der Steuerung und Ausführung der Sprechbewegung gekennzeichnet und werden unter dem Begriff der Dysarthrie/Dysarthrophonie zusammengefasst. Kommt es zum völligen Verlust der Sprechfähigkeit, so spricht man von einer Anarthrie. Als eine weitere sprechmotorische Störung wird die Sprechapraxie beschrieben. Hierbei handelt es sich um eine Störung der Planung und Programmierung von Sprechbewegungen, die als Folge einer meist vaskulär bedingten Läsion der sprachdominanten Großhirnhemisphäre auftritt (vgl. Ziegler 2017). Demgegenüber stehen die zentral bedingten *Sprach*störungen in Form von Aphasien. Hierbei handelt es sich um zentralorganische Störungen des Sprachausdrucks und/oder des Sprachverständnisses mit teilweise beträchtlichen kommunikativen Einschränkungen, die nach Abschluss des Spracherwerbs auftreten (vgl. Tesak 1999).

Dysarthrien und Anarthrien treten in der Regel im Rahmen progredienter Erkrankungen wie der Amyotrophen Lateralsklerose (ALS), Morbus Parkinson oder Multipler Sklerose auf. Sie können aber auch Folge eines akuten Ereignisses wie eines Schlaganfalls oder Locked-in-Syndroms (LiS) sein. Aphasien und/oder Sprechapraxien treten dahingehend überwiegend nach akuten Ereignissen wie ein Schlaganfall, Schädelhirntrauma oder auch Entzündungsprozesse im Gehirn auf. Neben den akuten Aphasien lassen sich zudem progrediente Formen wie beispielsweise die Primär Progressive Aphasie (PPA) beschreiben (vgl. Dralle/Hausmann 2016).

Insbesondere bei Zustand nach Apoplex, Schädel-Hirn-Trauma oder Tumoren kann es zum gleichzeitigen Zusammentreffen von Sprach- und Sprechstörungen kommen, die zudem teilweise mit Schluckstörungen (Dysphagien) sowie vielfältigen neuropsychologischen Begleiterscheinungen vergesellschaftet sein können (vgl. Goldenberg 2016). Des Weiteren lässt sich der Bereich der Demenzen anfügen. Der Sprachabbau ist hier gekennzeichnet durch Abbauprozesse im sprachstrukturellen System mit zunehmenden Beeinträchtigungen in der Kommunikationsfähigkeit (vgl. Steiner 2010).

Der Einsatz von Maßnahmen der Unterstützten Kommunikation ist bei den hier beschriebenen erworben Sprach- und/oder Sprechstörungen im Erwachsenenalter möglich und notwendig. Je nach vorhandenen linguistischen Fähigkeiten und kommunikativen Möglichkeiten in Abhängigkeit zur Grunderkrankung sind die jeweiligen UK-Interventionen zu wählen. Entsprechend der Vielfalt der Erscheinungsbilder zeigt sich die derzeitige Forschungslage zum Einsatz von Maßnahmen der Unterstützten Kommunikation. Generell findet die UK-Versorgung bei Erwachsenen mit zentral bedingten Sprach- und/oder Sprechstörungen in der UK-Forschung noch wenig Beachtung. Im Rahmen von Literaturrecherchen wird ersichtlich, dass UK innerhalb der sprachtherapeutischen Versorgung in Deutschland eine untergeordnete Rolle spielt. Es wird deutlich, dass einige Störungsbilder wie beispielsweise die ALS in der Forschung und Versorgung von UK eine wesentlich größere Rolle spielen als andere progrediente Erkrankungen. Der Einsatz von UK bei Aphasie und Sprechapraxie ist immer wieder Gegenstand von Beiträgen, allerdings ist UK hier keineswegs als Versorgungs*standard* erkennbar. Die von Giel/Wahn (2012) aufgezeigte Methodendiskussion um die Herausforderung einer evidenzbasierten Sprachtherapie am Beispiel Unterstützter Kommunikation bei Aphasie ist bis heute aktuell. Im Folgenden werden kurz Möglichkeiten und Grenzen des Einsatzes von UK bei Menschen mit Dysarthrie/Anarthrie, Aphasie und Sprechapraxie skizziert.

1.1 UK bei Menschen mit Dysarthrie/Anarthrie

Der Einsatz von UK als strategische Maßnahmen bei zunehmenden Einschränkungen der Verständlichkeit für Außenstehende, wie sie häufig bei Menschen mit Dysarthrie auftreten, wurde im Jahr 2000 von Hustad/Beukelman beschrieben und hat bis heute Gültigkeit. Als effektiv haben sich dabei der Einsatz von Themen- und Buchstabentafeln erwiesen. Ziel ist, Kommunikationspartnern den Gesprächskontext zu vermitteln sowie das eigene Sprechtempo zu reduzieren und die Artikulation zu verbessern. Mit zunehmendem Verlust der Sprechfähigkeit sichert die Anwendung von UK die Kommunikation.

Die meisten Einzelfallbeschreibungen und Effektivitätsstudien zum Einsatz von UK finden sich im Bereich der progredienten Erkrankungen beim Krankheitsbild der Amyotrophen Lateralsklerose (ALS). Dies lässt sich durch den meist schnellen Krankheitsverlauf mit einhergehendem Verlust der Verbalsprache begründen. Mathy et al. beschreiben im Jahr 2000 eine effektive Klassifikation von UK-Maßnahmen in Abhängigkeit von Form und Verlauf der Erkrankung und den damit einhergehenden Fähigkeiten von Handfunktion und Mobilität. Demnach ergeben sich sechs Gruppen, denen mit abnehmender Sprech- und Handfunktion zunehmend UK-Formen von Schreiben über Buchstabentafeln bis hin zu komplexen elektronischen Kommunikationshilfen mit Augensteuerung angeboten werden. Der Einsatz von komplexen elektronischen Kommunikationshilfen wurde inzwischen in den Leitlinien zur Versorgung von ALS-Erkrankten aufgenommen (Leitlinien ALS 2015), ebenso wird an vielen Stellen eine frühzeitige Versorgung empfohlen. Diese rechtzeitige Versorgung und Anpassung an individuelle Bedürfnisse führt zu einer entsprechend hohen Akzeptanz der Maßnahmen der Unterstützten Kommunikation (vgl. Beukelman et al. 2011).

Der Einsatz von UK-Maßnahmen bei Anarthrie wird insbesondere beim Locked-in-Syndrom (LiS) beschrieben. Aufgrund der eingeschränkten motorischen Möglichkeiten ist vielfach nur eine Kommunikation über Augenbewegungen möglich. Bei intakten linguistischen und kognitiven Fähigkeiten wird der Einsatz von Buchstabentafeln und komplexen elektronischen Kommunikationshilfen mit Augensteuerung oder Scanning-Verfahren als effektiv dargestellt (vgl. Pantke 2011). Diskutiert wird der Einsatz von Brain-Computer-Interface Systemen. Hier wird eine Verbindung zwischen Gehirn und Computer hergestellt und die Steuerung einer komplexen elektronischen Kommunikationshilfe über Gedanken ermöglicht (vgl. Birbaumer/Ruf/De Massari 2011; Real/Kübler 2011). Allerdings ist hier festzuhalten, dass sich die Technik weiterhin im Entwicklungsstadium befindet und der Einsatz von BCI-gesteuerten Kommunikationshilfen noch in ferner Zukunft liegt.

1.2 UK bei Menschen mit Sprechapraxie

In der Literaturanalyse für den Einsatzbereich der Unterstützten Kommunikation bei Erwachsenen mit mittelschweren bis schweren Sprechapraxien zeigt sich, dass hier weiterhin ein Forschungsdesiderat besteht. Giel/Liehs/Müller führten 2006 eine Metaanalyse deutsch- und englischsprachiger Veröffentlichungen zum UK-Einsatz bei Sprechapraxie in Verbindung mit Aphasie durch. Im Rahmen der Analyse fanden sich lediglich Einzelfallstudien mit geringen Teilnehmerzahlen (N=1 bis N=6), die alle aus den 1970er und 1980er Jahren stammten; für die 1990er Jahre ließen sich keine Studien finden. In einer erneuten Betrachtung der Literatur ließ sich lediglich eine Einzelfallbeschreibung zum Einsatz einer elektronischen Kommunikationshilfe bei Aphasie und Sprechapraxie finden (vgl. Engl-Kasper 2014). Die Metaanalyse hat gezeigt, dass die Anwendung einer einzelnen UK-Methode nicht ausreichend ist. Am effektivsten scheint der Einsatz multimodaler Kommunikationsformen zu sein. Dabei wurde zudem ersichtlich, dass der Erfolg der einzelnen Methoden von der Motivation des UK-Nutzers, aber im Wesentlichen von der Schulung der Angehörigen und Bezugspersonen abhängt. Dies wurde in der Einzelfalldarstellung bei Engl-Kasper bestätigt. Das Engagement des persönlichen Umfelds in Bezug auf die Fähigkeit im Umgang mit elektronischen Kommunikationshilfen, das Einlassen auf neue Kommunikationswege und die Zusammenarbeit mit dem Fachbereich Sprachtherapie/Logopädie tragen in hohem Maße zu einer gelingenden Kommunikation mit UK-Formen bei.

1.3 UK bei Menschen mit Aphasie

Im Gegensatz zu den zentral bedingten *Sprech*störungen Dysarthrie, Anarthrie und Sprechapraxie stellt die Aphasie eine komplexe Störung mit unterschiedlichen Aphasieformen und Begleiterscheinungen dar. Seit den 1990er Jahren sind Studien rund um den Einsatz von Computern und elektronischen Kommunikationshilfen für Menschen mit Aphasie zu finden (vgl. Stachowiak et al. 1990). Die Effektivität von verschiedenen elektronischen Kommunikationshilfen wie beispielsweise des PCAD (Stachowiak/Wahn 2000), des Touch Speak (Päßler 2006) oder des B.A.Bar (Nobis-Bosch et al. 2006) wird in diversen Veröffentlichungen aufgezeigt. Die linguistische Strukturierung der Oberflächen ist immer wieder Gegenstand von sprachtherapeutischen Veröffentlichungen (u. a. Päßler-van Rey 2011; Wahn 2010). Auch der Einsatz von körpereigenen Kommunikationsformen oder externen nichtelektronischen Kommunikationshilfen in Form von Kommunikationsbüchern wie dem LOGICON (Nürnberger-Behrends 2004) oder Kommunikations-/Dialogtrainings (u. a. Davis/Wilcox 1985) ist zu finden.

Nach Russo et al. (2017) gibt es noch keine Übereinkunft darüber, wann welche Form von UK sinnvoll und effektiv ist. Dabei scheinen insbesondere die häufig gestörten Exekutivfunktionen bei Menschen mit Aphasie die Leistungen hinsichtlich des Einsatzes von UK negativ zu beeinflussen (Nicholas et al. 2005). Fried-Oken et al. (2011) fügen an, dass es schwierig ist, technische Hilfsmittel zu entwickeln, die den Bedürfnissen von Menschen (mit Aphasie) entsprechen: So müsste es ein Hilfsmittel sein, dessen kognitive Anforderungen hinsichtlich Bedienbarkeit und Anwendung gering und in der Lage ist, sich den Fähigkeiten des Menschen mit neurologischer Erkrankung anzupassen.

Nach Grans/Beer (2018) steht bei einer neurologischen Erkrankung die Wiederherstellung von Sprache noch immer sehr im Fokus. Während UK in den USA im Qualitätsmanagement der Kliniken verankert ist und so Teilhabe im Klinikkontext ermöglicht wird, gilt in Deutschland UK häufig als letztes Mittel der Wahl und wird im Krankheitsverlauf erst zu einem sehr späten Zeitpunkt angeboten und eingesetzt.

Unsere eigenen Erfahrungen zeigen jedoch, dass sich in den letzten Jahren ein Wandel in der Akzeptanz von elektronischen Kommunikationshilfen – insbesondere bei »jüngeren« Menschen mit Aphasie – beobachten lässt. Der selbstverständliche und routinierte Umgang mit Smartphone, Tablet und Social Media erleichtert vielen Menschen mit Aphasie den Zugang zu und die Akzeptanz von elektronischen Kommunikationshilfen. Die Digitalisierung sowie der Gebrauch neuer Technologien halten zunehmend in der Sprachtherapie/Logopädie Einzug, wodurch eine Teilhabe orientierte Therapie erleichtert wird (vgl. Wahl/Steiner/Mülhaus 2018). Menschen mit Aphasie, bei denen die Schriftsprachroute erhalten ist, können unter Umständen relativ schnell über Schriftsprach-Apps, Kalenderfunktionen und WhatsApp Kontakte pflegen und Kommunikation aufrechterhalten. Auf der anderen Seite wird aber auch ersichtlich, dass eine zielführende und überdauernde Integration von elektronischen Kommunikationshilfen in die Alltagskommunikation vielfach nicht gelingt. Einzelfallstudien zeigen zwar einen positiven Nutzen im therapeutischen Setting auf, aber eine Verwendung im kommunikativen Alltag wird dahingehend nicht beobachtet (vgl. Netzebandt/Röse/Barthel 2018).

2 ICF-Orientierung in der sprachtherapeutischen Rehabilitation von Erwachsenen mit zentral bedingten Sprach- und Sprechstörungen

Aus Perspektive der Sprachtherapie/Logopädie gehören UK-Maßnahmen zum Methodenrepertoire sprachtherapeutischen Handelns (vgl. Giel/Liehs 2010; Giel 2014). Im Sinne der ICF-Orientierung ist bei Menschen mit zentral bedingten Sprach- und/oder Sprechstörungen eine sprachtherapeutische Diagnostik und Therapie geboten, die die ICF-Komponenten der Funktion, Aktivität und Partizipation beinhaltet. Dies impliziert eine funktionelle Betrachtung auf der einen Seite und eine kommunikativ-pragmatische Betrachtung auf der anderen Seite. Eine isolierte linguistische Betrachtung ist nicht ausreichend, um Veränderung der Kommunikation und Teilhabe zu erreichen. Das bedeutet, dass neben der funktionstherapeutischen Ausrichtung der Sprachtherapie, insbesondere bei fortschreitenden Erkrankungen mit zunehmendem Verlust der Lautsprache oder bei akutem Verlust der Lautsprache, ergänzende oder ersetzende Kommunikationsformen zwingend notwendig sind. Es gilt, nach vorübergehenden oder auch überdauernden Möglichkeiten zur Aufrechterhaltung von Kommunikationsfunktionen zu suchen, um soziale Teilhabe und Selbstbestimmung wiederaufzubauen und/oder aufrechtzuerhalten (vgl. Erdélyi 2014). Dabei ist der Einsatz von Maßnahmen der UK entsprechend den oben angeführten und wissenschaftlich diskutierten Formen für die einzelnen Störungsbilder zu bedenken.

3 Praktische Hinweise zum UK-Einsatz

Es hat sich in der Praxis gezeigt, dass der Einsatz von Maßnahmen der UK bei Menschen mit neurogenen Sprach- und/oder Sprechstörungen sehr individuell erfolgen muss und alle Formen – von körpereigenen Kommunikationsformen über nichtelektronische bis hin zu elektronischen Kommunikationsformen – ihre Berechtigung haben. Überdies hat sich ein frühzeitiger Einsatz von UK als positiv erwiesen, da UK bei Menschen mit erworbenen Sprach-/Sprech- und Kommunikationsverlust Zeit braucht. Studien belegen, dass die Akzeptanz einer UK-Maßnahme in hohem Maße von der Auseinandersetzung mit der Erkrankung, dem damit einhergehenden Verlust der Lautsprache und dem Erlernen neuer Kommunikationswege abhängt (vgl. Lasker/Bedrosian 2000). Eine Akzeptanz wird nur erreicht werden, wenn UK-Maßnahmen dem Krankheitsverlauf und den individuellen Aktivitäts- und Partizipationszielen angepasst werden. Eine wesentliche Frage ist, welche Kommunikationsanlässe im Alltag aus Sicht des Betroffenen und seines Umfeldes am wichtigsten sind, und mit welchen Mitteln der UK, aber auch der Funktionstherapie, die Teilhabe am Alltag erreicht werden kann? Ein Einsatz dieser Maßnahmen über das therapeutische Setting hinaus wird nur dann gelingen, wenn der Betroffene selbst *und* das Umfeld die Maßnahme annehmen und es schaffen, diese in den Alltag zu integrieren. Hierfür sind zwei Dinge entscheidend: Zum einen die Formulierung von sogenannten smarten Zielen (vgl. Grötzbach/Iven 2009) und zum anderen die Formulierung dieser Ziele im sozialen Kontext. Durch die Durchführung von sogenannten moderierten Runden Tischen (MoRTi) ist es möglich, das soziale Umfeld einzubeziehen und durch gemeinsame smarte Zielformulierungen den Alltagseinsatz zu sichern (vgl. Giel 2017).

Darüber hinaus muss zukünftig barrierefreie Kommunikation im öffentlichen Raum eine zunehmende Bedeutung auch für Menschen mit Aphasie, Dysarthrie und/oder Sprechapraxie erhalten. Als Beispiel dafür ist die Kommunikationstafel »UKAPO – Unterstützte Kommunikation in der Apotheke« zu nennen, die im Methodenzentrum Unterstützte Kommunikation der Universität Oldenburg von Erdélyi et al. (vgl. MEZUK 2016) entwickelt wurde.

Literatur

Beukelman, D.R./Fager, S./Nordness, A. (2011): Communication Support for People with ALS. In: Neurology Research International, 1–6.

Birbaumer, N./Ruf, C./De Massari, D. (2011): Gehirn-Computer-Interaktion bei Locked-in-Syndrom und Lähmungen. In: Unterstützte Kommunikation 3, 12–16.

Davis, G. A./Wilcox, M. J. (1985): Adult Aphasia Rehabilitation. Applied Pragmatics. San Diego: College Hill Press.

Dralle, J./Hausmann, N. (2016): Unterstützte Kommunikation bei Primär Progressiver Aphasie.
http://www.aphasie.org/de/3-fachpersonen/3.1-fachzeitschriften/fachzeitschrift-no1-2016/3-14_web.pdf [30.12.2018].

Engl-Kasper, E.-M. (2014): Einsatz einer elektronischen Kommunikationshilfe bei Aphasie und Sprechapraxie. In: Sprachtherapie aktuell 1, e2014-01.

Erdélyi, A. (2014): Unterstützte Kommunikation bei Menschen mit neurologischen Erkrankungen – Ein Überblick. In: Sprachtherapie aktuell: Schwerpunktthema Unterstützte Kommunikation = Sprachtherapie?! 1: e2014-02.

Fried-Oken, M./Beukelman, D.R./Hux, K. (2011): Current and Future AAC Research considerations for adults with acquired cognitive and Communication impairments. In: Assistive Technology 24, 56–66.

Giel, B. (2014): Unterstützte Kommunikation und Sprachtherapie/Logopädie – zwei komplementäre Systeme! In: Logos 22, 201–207.

Giel, B. (2017): MoRTi: Moderierte Runde Tische bei komplexen Sprach- und Kommunikationsstörungen. In: Sprachförderung und Sprachtherapie 4/2017, Dortmund: Verlag modernes lernen, 231–236.

Giel, B./Liehs, A. (2010): Unterstützte Kommunikation als Bestandteil von Sprachtherapie. In: Unterstützte Kommunikation 2, 7–11.

Giel, B./Liehs, A./Müller, K (2006): Unterstützte Kommunikation bei Sprechapraxie in Verbindung mit Aphasie. In: Sprache – Stimme – Gehör 30, 119–124.

Giel, B./Wahn, C. (2012): Evidenzbasierte Sprachtherapie am Beispiel Unterstützter Kommunikation bei Aphasie. Methodische Zugänge. In: isaac-Gesellschaft für UK/von Loeper (Hrsg.): Handbuch der Unterstützten Kommunikation. von Loeper: Karlsruhe, 15.021.001- 15.035.001.

Goldenberg, G. (2016): Neuropsychologie. Urban & Fischer: München.

Grans, A.L./Beer, S. (2018). UK in der Klinik. Ein Lagebericht. In: Unterstützte Kommunikation 2, 31–36.

Grötzbach, H./Iven, C. (2009) (Hrsg.): ICF in der Sprachtherapie. Idstein: Schulz-Kirchner Verlag.

Hustad, K.C./Beukelman, D.R. (2000): Integrating AAC Strategies with Natural Speech in Adults. In: Beukelman, D.R./Yorkston, K.M./Reichle, J. (Eds.): Augmentative and Alternative Communication for adults with acquired neurologic disorders. Baltimore: Paul H. Brookes, 83–106.

Lasker, J.P./Bedrosian, J.L. (2000): Acceptance of AAC by Adults with Acquired Disorders. In: Beukelman, D.R./Yorkston, K.M./Reichle, J. (Eds): Augmentative and Alternative Communication for Adults with Acquired Neurologic Disorders. Baltimore: Paul H. Bookes, 107–136.

Leitlinien zur Behandlung der Amyotrophen Lateralsklerose (2015). https://www.dgn.org/leitlinien/3012-ll-18-ll-amyotrophe-lateralsklerose-motoneuronerkrankungen [31.01.2019].

Mathy, P./Yorkston, K.M./Gutmann, M.L. (2000): AAC for individuals with amyotrophic lateral sclerosis. In: Beukelman, D.R./Yorkston, K.M./Reichle, J. (Eds.): Augmentative and Alternative Communication for adults with acquired neurologic disorders. Baltimore: Paul H. Brookes, 183–232.

MEZUK (Methodenzentrum Unterstützte Kommunikation)/ Erdélyi, A./Hennig, B./Mischo, S. (Hrsg.) (2016): UKAPO – Unterstützte Kommunikation in der Apotheke. Die Kommunikationstafel für Arzt und Apotheke. Methodenzentrum Unterstützte Kommunikation (Eigenverlag), Oldenburg.

Netzebandt, J./Röse, K./Barthel, M. (2018): Unterstützte Kommunikation bei Aphasie: Umgang mit elektronischen Kommunikationshilfen im Alltag. Sprachtherapie aktuell: Forschung – Wissen – Transfer 1: Schwerpunktthema: Von der Forschung in die Praxis: e2018-10.

Nicholas, M./Sinotte, M./Helm-Estabrooks, N. (2005): Using a Computer to communicate: Effect of executive function impairments in People with severe aphasia. In: Aphasiology 19, 1052–1065.

Nobis-Bosch, R./Radermacher, I./Springer, L. (2006): Das elektronische Hilfsmittel B.A.Bar in der Aphasietherapie: Eine Einzelfallstudie zum supervidiertem Heimtraining. In: Forum Logopädie 20, 14–16.

Nürnberger-Behrends, H. (2004): Logicon. Kommunikation mit Bild und Wort. Köln: ProLog Verlag.

Päßler, D. (2006). Evaluation der Kommunikationshilfe TouchSpeak bei Aphasie. In: Sprache – Stimme – Gehör, 131–136.

Päßler-van Rey, D. (2011): Elektronische Kommunikationshilfen: Vokabularaufbau ohne Kodierung und Grammatikfunktion. In: Nonn, K. (Hrsg.): Unterstützte Kommunikation in der Logopädie. Stuttgart: Thieme, 151–155.

Pantke, K.-H. (2011): Unterstützte Kommunikation bei einem Locked-in-Syndrom. In: Unterstützte Kommunikation 3, 6–10.

Real, R./Kübler, A. (2011): DECODER Gehirn-Computer Schnittstellen und der Erkennung von Bewusstsein. In: Unterstützte Kommunikation 3, 18–20.

Russo, M.J./Prodan, V./Meda, N.N./Carcavallo, L./Muracioli, A./Sabe, L. et al. (2017): High-technology augmentative communication for adults with post-stroke aphasia a system review. In: Expert Review of Medical Devices, 14 (5), 355–370.

Stachowiak, F.-J./Geilfuß, J./Helgeson, R./Lobin, H./Schädler, U./Seggewies, G./Willeke, A. (1990): Effekte der computergestützten Sprachtherapie. Tagungsbericht 3. Symposium »Computer helfen heilen.« Hrsg. v. Kliniken Schmieder. Gailingen/Allensbach, 131–160.

Stachowiak, F.-J./Wahn, C. (2000): Final Report: Evaluation Study. PCAD Portable Communication Assistant for People with Acquired Dysphasia. Telematics Applications Project DE 3211.

Steiner, J. (2010): Sprachtherapie bei Demenz. Aufgabengebiet und ressourcenorientierte Praxis. München: Reinhardt.

Tesak, J. (1999): Grundlagen der Aphasietherapie. Idstein: Schulz-Kirchner Verlag.

Ziegler, W. (2017): Dysarthrie. In: Siegmüller, J./Bartels, H. (Hrsg.): Leitfaden Sprache Sprechen Stimme Schlucken. München: Urban & Fischer.

Wahl, M./Steiner, J./Mühlhaus, J. (2018): Neue Medien in der Sprachtherapie. In: Steiner, J. (Hrsg.): Ressourcenorientierte Logopädie. Einführung in Theorie und Praxis. Bern: Hogrefe, 161–172.

Wahn, C. (2010): Zum Aufbau von Hierarchien bei elektronischen Kommunikationshilfen unter besonderer Berücksichtigung von Semantik, Lexik und Syntax. In: Unterstützte Kommunikation 2, 12–23.

Unterstützte Kommunikation, Assistive Technologien und Teilhabe

Marcel Feichtinger

1   Zum Begriff Assistive Technologien

Der aus dem Amerikanischen ›assistive technology‹ übernommene Begriff ›Assistive Technologien‹ (AT) gilt als weitgehend international anerkannter Fachterminus. Teils synonym werden die Begriffe ›Unterstützende Technologien‹ (Fisseler 2012, 87), ›Informations- und Kommunikationstechnologien‹ (Capovilla/Gebhardt 2016, 4) oder auch ›Neue Technologien‹ (Lamers 1999, 4) verwendet. Anders als im Deutschen wird im englischen Sprachgebrauch in der Regel nicht zwischen Technik und Technologie unterschieden (Krcmar 2015, 21). Dies zeigt sich an den maßgebenden Definitionen aus den USA, etwa bei Copley/Ziviani (2004) und Wendt/Lloyd (2011), die jeweils auch nichtelektronische Hilfen einschließen. Die allgemeine Vorstellung von Assistiven Technologien im deutschsprachigen Raum bezieht sich auf Hilfsmittel, die sich Elektronik zunutze machen (zum Beispiel ein Roboterarm) oder auf einer elektronischen Grundlage basieren (zum Beispiel behinderungsspezifische Software oder Apps), genau genommen also assistiver Technik. Unter Assistiven Technologien verstehen einige amerikanische Autoren wie Bornman (2011, 175) jedoch auch No-Tech. Damit sind körpereigene (Kommunikations-) Formen gemeint, die ohne Einsatz von Geräten auskommen. Allerdings schränken Wendt/Lloydt (2011) ein, dass Elemente der UK wie »gesturing, pointing or eyegazing« (ebd. 9), nicht als Assistive Technologien angesehen werden können. Nichtelektronische Hilfen, wie beispielsweise rutschfeste Unterlagen, werden international als Assistive Technologien angesehen, wenn diese zum Ausgleich einer eingeschränkten funktionalen Fähigkeit eines Menschen eingesetzt werden.

»Assistive technology devices« (AT-Produkte) sind in den USA im »Public Law« definiert (Wendt/Lloyd 2011, 2). In Anlehnung an Fisseler (2012) kann die Definition aus dem Public Law ins Deutsche übertragen bedeuten: Assistive Technologien sind Geräte oder Produkte, die bei Bedarf modifiziert oder angepasst werden, um die funktionalen Fähigkeiten eines Menschen mit Behinderung zu bewahren, zu verbessern oder zu erweitern (vgl. Fisseler 2012, 87).

In Praxisberichten findet sich unter dem Begriff »assistive technology« ein unterschiedlich weit gefasster Arbeitsbereich. Assistive Technologien werden dabei aus dem Förderschwerpunkt heraus definiert, in dem sie eingesetzt werden. Neben den Assistiven Technologien für Menschen mit körperlichen und motorischen Beeinträchtigungen sind AT für Menschen mit Sinnesbeeinträchtigungen, vor allem im Bereich Sehen, aus der Praxis bekannt. Für hörgeschädigte Menschen sind AT häufig in der Unterstützung des Hörens oder in der Kompensation ungünstiger Raumakustik zu finden. In den vergangenen Jahren hat der Einsatz mobiler Endgeräte wie Smartphone und Tablet Einzug in die sonderpädagogische und therapeutische Arbeit und in den Alltag von Menschen mit Behinderung gefunden. Die Verfügbarkeit von im Vergleich zu Hilfsmitteln der Krankenkassen oft kostengünstigeren Apps und Endgeräten sowie die höhere Akzeptanz dieser Geräte in der Öffentlichkeit (York/Fabrikant 2011, 175) führen u. a. zur niedrigschwelligen Erprobungsmöglichkeit von Assistiven Technologien bei Menschen mit Lese-Rechtschreib-Schwäche, Autismus-Spektrums-Störung oder leichten kognitiven Einschränkungen. Der Einsatz von Alltagstechnologien zur funktionalen Unterstützung von Menschen mit Beeinträchtigungen ist auch Dirks/Linke (2019) zufolge im weiteren Sinne als AT zu verstehen: Durch die Nutzung von Alltagstechnologien, insbesondere digitaler Medien, »können vorhandene Barrieren beim Zugang zu Informationen und Dienstleistungen abgebaut werden« (ebd., 249).

2 Gemeinsamkeiten und Unterschiede von Unterstützter Kommunikation und Assistiven Technologien

Im Folgenden wird der Begriff Hilfen verwendet, der AT-Produkte und kompensierende, nicht körpereigene Kommunikationsformen (u. a. Kommunikationshilfen) umfasst.

2.1 Bestehende Systematiken von Hilfen in UK und AT

Sowohl Copley/Ziviani (2004), Wendt/Lloyd (2011) als auch Thiele (2016) oder Fisseler (2012) verweisen auf unterschiedliche Systematiken mit Einteilungen von No-Tech über Low-Tech, Light-Tech, Mid-Tech bis zu High-End Tech. Bornman (2011) zufolge wird die Unterscheidung von Low- zu High-Tech u. a. über das Merkmal »integrated circuit« getroffen. Diese Unterscheidung ist auf eine Veröffentlichung von Quist/Lloyd aus dem Jahre 1997 zurückzuführen (vgl. Bornman 2011, 175). Low-Tech Hilfen sind demnach ohne Mikroprozessor ausgestattet, als High-Tech sind alle Geräte anzusehen, in denen Mikroprozessoren verarbeitet sind, wie zum Beispiel sprechende Tasten.

Wendt/Lloyd (2011, 5) benennen acht Kategorien, die die Haupt-Einsatzbereiche von Assistiven Technologien beschreiben:

1. AAC
2. Adapted computer access
3. Devices to assist listening and seeing
4. Environmental control
5. Adapted play and recreation
6. Seating and positioning
7. Mobility and powered mobility
8. Prosthetics.

Aus Sicht der Assistiven Technologien ist UK demnach einer von acht Einsatzbereichen. Aus Sicht der UK sind Assistive Technologien elektronische und nichtelektronische körperexterne Hilfen und damit ein wichtiges Element im Fachgebiet UK. Es existieren also inhaltliche Überschneidungen, die Bereiche sind jedoch nicht synonym zu sehen (Wendt/Lloyd 2011, 8). Unterstützte Kommunikation ist ein dynamischer und komplexer Prozess. Interventionen in der UK umfassen nicht nur die Auswahl von Hilfen, sondern auch die Förderung und Unterstützung der Beteiligten, »den Einsatz der Kommunikationsformen in konkreten Gesprächssituationen« und inhaltliche, methodische und organisatorische Aspekte (Sachse 2010, 36).

Lloyd differenziert UK (▶ Abb. 1) in »Unaided Communication (without prosthesis)« und »Aided Communication (with prosthesis)«: »Aided communication involves a transmission device external to the body, whereas unaided communication relies on the body only« (Wendt/Lloyd 2011, 8). Die Gemeinsamkeit zwischen AT und UK ist demnach durch die Verwendung von körperexternen elektronischen und nichtelektronischen Kommunikationshilfen gekennzeichnet, darunter zählt Lloyd jedoch ausdrücklich nicht No-Tech, wie Gebärden der UK (Wendt/Lloyd 2011, 9).

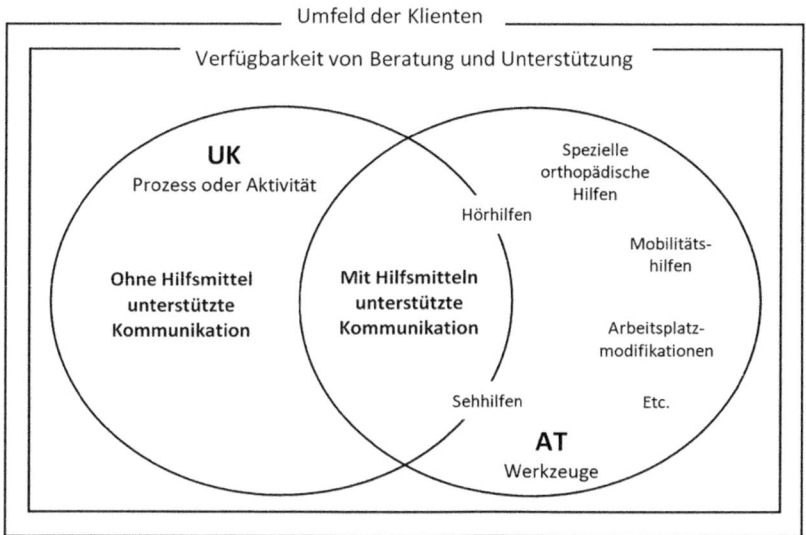

Abb. 1: Verhältnis von Unterstützter Kommunikation (UK) zu Assistiven Technologien (AT) in Anlehnung an Wendt/Lloyd (2011, 9).

UK ohne AT findet nach Lloyd ausschließlich durch die Verwendung körpereigener Kommunikationsformen statt. In allen anderen UK-Einsätzen werden auch AT genutzt. Hilfen bei Seh- oder Hörschädigung stehen im konkreten Zusammenhang zur UK, können aber nicht als UK angesehen werden (Wendt/Lloyd 2011, 10). Die Verfügbarkeit von Beratung und Unterstützung (»Service delivery«) und das Umfeld der Klienten (»Student/Client Enviroments«) beeinflussen sowohl AT als auch UK.

Baunach et al. (2012) sprechen Hilfsmitteln der UK »wegen ihrer herausragenden Bedeutung« (ebd., 08.018.032) eine Sonderstellung zu. Damit wird die essentielle Bedeutung von Kommunikation in allen Lebensbereichen hervorgehoben.

2.2 Dynamische Systematik von Hilfen in UK und AT

Die bestehenden Systematiken orientieren sich in der Regel an Technologie-Begriffen aus den Jahren 1996 bis 2004. Das Merkmal »integrated circuit« (Mikroprozessor) scheint aus aktueller Sicht nicht mehr zeitgemäß zur Unterscheidung von Low- und High-Tech. Bezeichnet man High-Tech hingegen als Spitzentechnologie auf dem neuesten Stand der Technik (vgl. BMBF 2018, 9), kann auch Low-Tech nur mit einem zum Zeitpunkt der Beurteilung aktuellen Bezug zum »neuesten Stand der Technik« erfasst werden. Low- und High-Tech AT sind demnach immer im Momentum zu beurteilen. Die Zuordnung von

Hilfen in den Bereich »Low-Tech« lässt sich durch aufschließende Aussagen objektivieren: Wie lange ist die Hilfe bereits verfügbar? Existieren Weiterentwicklungen? Wie ist die Preisentwicklung der Hilfe? Gibt es komplexere Hilfen in diesem Einsatzbereich, die ggf. programmierbar sind oder über weiterreichende Funktionen verfügen?

Dynamische technische Entwicklungen benötigen eine dynamische Systematik.

Im Kontext UK sind, mit dem Stand dieser Veröffentlichung, beispielsweise (nichtelektronische) Kommunikationstafeln, aber auch einfache elektronische Kommunikationshilfen (wie sprechende Tasten) nicht als Spitzentechnologie, sondern als Low-Tech anzusehen. Elektronische Kommunikationshilfen mit statischem Display bilden ein Bindeglied zwischen Low- und High-Tech. Unter High-Tech sind nach aktuellem Maßstab komplexe elektronische Kommunikationshilfen, spezielle Anwendungssoftware/Apps und auch Technologien wie Augensteuerungssysteme zu verstehen.

Des Weiteren sollen Zukunftstechnologien als AT definiert werden, die zum gegenwärtigen Zeitpunkt Ziele von Forschung und Entwicklung sind (in Anlehnung an Thiele 2016, 309). Nanobots, Brain-Computer-Interfaces oder Augmented Reality können zukünftig die Möglichkeiten nicht oder schwer verständlich sprechender Menschen erweitern. Serienreife ist hier noch nicht erreicht.

Tab. 1: Dynamische Systematik Assistiver Technologien (in Anlehnung an Copley/Ziviani 2004; Wendt/Lloyd 2011; Fisseler 2012 und Thiele 2016)

No-Tech (keine AT)	Es werden ausschließlich körpereigene Technologien verwendet (Gesten, Gebärden, Ja-Nein-Zeichen, Fingeralphabet, kodierte Laute), es werden keine Hilfsmittel eingesetzt.
Low-Tech (AT)	Hierzu zählen sowohl nichtelektronische wie auch einfache elektronische Hilfen, die in der Regel eher niedrigpreisig sind.
High-Tech (AT)	Spitzentechnologien auf dem neuesten Stand der Technik. In der Regel Produkte von hoher Komplexität, häufig von spezifischen Anbietern aus dem Hilfsmittelbereich angeboten.
Zukunftstechnologien (AT)	Technologien, die zum gegenwärtigen Zeitpunkt Ziele von Forschung und Entwicklung sind. Serienreife ist noch nicht erreicht.

Auch die Einsatzbereiche Assistiver Technologien können in Anlehnung an Lloyd/Wendt (2011, 8) zeitgemäß erweitert werden. Die in 2.1 benannten acht Kategorien sollten um Sicherheitstechnologien (wie Sturzerkennungssysteme) und den Einsatzbereich Medizintechnik und Versorgung ergänzt werden, z. B. Beatmungssysteme (vgl. Wienberg/Henne 2015). Auch die Ansteuerung von Hilfsmitteln kann dem Bereich Positionierung explizit zugeordnet werden. Modifiziert sind demnach zehn Einsatzbereiche zu unterscheiden, in denen Assistive Technologien eingesetzt werden:

1. Unterstützte Kommunikation
2. Zugang zum Computer durch spezifische Hard- und Software
3. Hilfen, die Körperfunktionen primär unterstützen
4. Positionierung und Ansteuerung weiterer Hilfsmittel
5. Umfeldkontrolle und Sicherheitstechnologien

6. Adaptionen für Spiel und Freizeit
7. Sitz-, Steh- und Liegefunktionen
8. (Elektro-) Mobilität
9. Prothetik (im Sinne von Körperersatzstücken)
10. Medizintechnik und Versorgung.

Eine Assistive Technologie kann auch in mehreren Einsatzbereichen Verwendung finden. Die in 3. benannten Körperfunktionen beziehen sich hier auf eine Auswahl der physiologischen Funktionen von Körpersystemen nach der International Classification of Functioning, Disability and Health (ICF) der Weltgesundheitsorganisation (WHO). Dazu zählen u. a. ›Mentale Funktionen‹, ›Sinnesfunktionen‹ (wie Sehen, Hören), neuromuskuloskeletale und bewegungsbezogene Funktionen (vgl. DIMDI 2005, 51-83). Eine primäre Unterstützung ist beispielsweise durch eine Hörgeräteversorgung gegeben (High-Tech) oder durch Nanobots, die auf neuromuskulärer Ebene wirken (Zukunftstechnologie).

3 Teilhabe mit Unterstützter Kommunikation und Assistiver Technologie

Es wurde hergeleitet, dass UK mehr ist als AT und AT mehr ist als UK. Und doch gibt es eine gemeinsame Schnittmenge in den angewandten Hilfen und ein gemeinsames Ziel in der Sicherung und/oder Verbesserung der gleichberechtigten Teilhabe an der Gesellschaft. Letzteres ist gesetzlich verankert im Gesetz zur Gleichstellung von Menschen mit Behinderungen (vgl. BMAS 2016).

Digitale Teilhabe

Bezogen auf die digitale Teilhabe resümieren Dirks und Linke (2019):

> »Menschen mit Beeinträchtigungen sollen, wie alle anderen Menschen auch, die Fähigkeit entwickeln können, souverän in einer von Medien geprägten Gesellschaft leben und mit den daraus entstehenden Herausforderungen umgehen zu können« (Dirks/Linke 2019, 242).

Zorn et al. (2019) verweisen mit Bezug auf Baackes Modell der Medienkompetenz auf vier Vermittlungs- und Zieldimensionen, die bei der Entwicklung der o. g. Fähigkeit behilflich sein können:

1. Medienkritik (mediale Inhalte, Mediensysteme und eigene Mediennutzung kritisch reflektieren),
2. Medienkunde (Medienangebote und -formen kennen),
3. Mediennutzung (gewünschte und benötigte Medien nutzen können) und
4. Mediengestaltung (eigene Medienprodukte erstellen, Medien verändern) (Zorn et al. 2019, 25 f.).

Nichtsprechende oder schwer verständlich sprechende Menschen, die nicht von ihrem Umfeld verstanden werden, benötigen UK, um über Medien sprechen zu können (Medienkritik). Sie benötigen ein Umfeld, das ihnen vielfältige Medien zugänglich macht (Medienkunde und Mediennutzung) und ihnen dazu verhilft, Medien innovativ und kreativ zu gestalten (Mediengestaltung). Hierfür sind Assistive Technologien notwendig.

Die Handhabung einer komplexen elektronischen Kommunikationshilfe ist sicherlich bereits als Mediennutzung zu sehen und fordert (respektive fördert) vielfältige Kompetenzen; unterstützt kommunizierende Menschen werden durch eine frühe Hilfsmittelversorgung häufig schon in jungen Jahren mit Technologien vertraut.

Identitätsentwicklung und Teilhabe

Assistive Technologien sind jedoch nicht auf die bloße Herstellung von Zugängen zu Medien zu reduzieren. Insbesondere die Identitätsentwicklung von Menschen mit Beeinträchtigungen und Besonderheiten der Lebenssituation haben Einfluss auf die Nutzung der Medieninhalte, und die Medieninhalte erzeugen wiederum Effekte auf das Leben der Menschen mit Beeinträchtigungen. Beispielhaft seien hier die Darstellung von Behinderung in den Medien, die Internet-Recherche über die eigene Behinderung oder das Bilden einer (digitalen) Peergroup benannt. Diese Aspekte können positive wie auch negative Auswirkungen auf die Identitätsentwicklung der Menschen haben.

Mobile Endgeräte, Konnektivität und Teilhabe

Der Einsatz von Tablets und Smartphones in der UK ist spätestens seit 2012 weit verbreitet (vgl. Ehlert 2012; Hallbauer/Kitzinger 2015; UK-App-Blogspot, s. Links). Tablets und Apps werden zum einen im Bereich der Kommunikationsförderung mit symbol- und schriftbasierten Apps unterschiedlicher Komplexität eingesetzt, zum anderen werden sie in den Bereichen der Lernförderung, als Alltagshilfe, Werkzeug oder auch im Freizeitbereich ohne kommunikativen Bezug eingesetzt. Unterstützt kommunizierende Menschen, die Tablets und Apps in den zuletzt genannten Bereichen nutzen, nutzen in diesem Moment AT, jedoch nicht UK. In der Regel ist es auch nicht möglich, mit einem Endgerät gleichzeitig zu kommunizieren und weitere Apps, etwa Spiele, zu nutzen. Zudem können einige komplexe elektronische Kommunikationshilfen zur Ansteuerung digitaler Medien als Maus- oder Tastaturersatz oder als Browser genutzt werden und damit Grundlage digitaler Teilhabe sein. Es ist zu diskutieren, welchen Mehrwert die digitale Durchführung von Aktivitäten wie beispielsweise ›Malen und Zeichnen‹ haben. Kritiker äußern die Sorge, dass sinnlich-ästhetische Erfahrungen verloren gehen – dies ist im Einzelfall zu prüfen und die mögliche Kombination von analogen und digitalen Aktivitäten ist mit zu bedenken. In jedem Fall eröffnen mobile Endgeräte, auch zur Umfeldsteuerung und im sogenannten Smart-Home, den Nutzern vielfältige Möglichkeiten der selbstbestimmten Teilhabe.

Low-Tech und Teilhabe

Bornman (2011, 176) weist darauf hin, dass Low-Tech nicht als weniger wichtig als High-Tech begriffen werden darf. Viele unterstützt kommunizierende Menschen nutzen sowohl No- oder Low-Tech als auch High-Tech. Dies kann von der Verfügbarkeit an unterschiedlichen Einsatzorten und -situationen abhängen oder auch vom Bedarf an Alternativen, falls elektronische Hilfen defekt sein oder nicht zur Verfügung stehen sollten.

Komplexe Behinderung und Teilhabe

Bei komplexer Behinderung sind durch Taster-Interfaces (verfügbar für alle gängigen Betriebssysteme) oder Näherungs- bzw. Bewegungssensoren und entsprechender Software oder adaptierte Hilfen ebenfalls AT- und UK-Einsätze möglich. In multiprofessionellen Teams ist – nicht nur bei komplexer Behinderung – die Zusammenarbeit mit der Ergo- oder Physiotherapie ein integraler Bestandteil der Beratung zur Positionierung, Ansteuerung und Versorgung mit Hilfen. Hilfen im Bereich AT müssen, unabhängig von der Schwere der Beeinträchtigung, »fachkompetent und in Absprache mit therapeutischem und pädagogischem Personal, Eltern und Hilfsmittelfirmen sehr gut ausgewählt und teilweise individuell adaptiert werden« (Baunach et al. 2012, 08.018.031).

Nutze ich einen Taster zum Erzeugen einer Wirkung (Spielzeug, Musik, computererzeugte Animation auf einem Display herbeiführen), bleibe ich im AT-Einsatzbereich ›Adaptionen für Spiel und Freizeit‹. Binde ich dies in eine UK-Intervention ein, lautet der AT-Einsatzbereich ›Unterstützte Kommunikation‹.

4 Fazit und Ausblick

Der rasante Verlauf technischer Entwicklungen und die daraus resultierenden Auswirkungen auf Assistive Technologien können in der beschriebenen zeitdynamischen Systematik erfasst werden. Es wurden zehn Haupt-Einsatzbereiche Assistiver Technologien und die Gemeinsamkeiten und Unterschiede zur Unterstützten Kommunikation herausgestellt: AT und UK sind eng miteinander verwandt und doch unterschiedlich in ihrer Bedeutung. Während AT die funktionalen Fähigkeiten eines Menschen mit Behinderung zu bewahren, zu verbessern oder zu erweitern sucht (▶ Kap. 1), hat UK eine herausragende Bedeutung für konkrete Gesprächssituationen in allen Lebensbereichen (▶ Kap. 2.1)

AT und UK können Menschen mit Beeinträchtigungen vielfältige Wege zur Teilhabe eröffnen. Aktuell existiert jedoch kein spezifischer Dachverband zum Arbeitsfeld Assistive Technologien, der professionelle Angebote für Menschen mit unterschiedlichen Beeinträchtigungen über die gesamte Lebensdauer zusammenführt. Das internationale Netzwerk AAATE (Association for the Advancement of Assistive Technology) bietet verlässliche Strukturen, ist im deutschsprachigen Raum jedoch wenig verankert. Die bundesweite Qualifizierung von Beratern ist aktuell nicht gesichert und Fortbildungsangebote sind lediglich vereinzelt und dann meist regional angesiedelt. Pädagogische und therapeutische Mitarbeiter in Einrichtungen sehen sich mit Schwierigkeiten in der technischen Infrastruktur konfrontiert, die den Innovationsprozess hemmen: Dies betrifft u. a. die Installation, Pflege und Wartung technischer Geräte. Mitarbeiter fühlen sich nicht selten überfordert, anfallende Aufgaben aus dem Bereich Informationstechnologie (IT) zu übernehmen, für die sie in der Regel auch nicht ausgebildet sind. Innovative technische Entwicklungen kommen somit nur verzögert in Einrichtungen an. Mit der ICF-basierten Datenbank Rehadat (s. Links) und der Datenbank der Stiftung Barrierefrei-Kommunizieren (s. Links) existieren bereits gut organisierte Erfassungen von Hilfsmitteln. Eine Professionalisierung von Beratung jenseits regionaler Initiativen und der Austausch mit den verschiedenen (auch universitären) Disziplinen stehen jedoch noch aus. Mit großer Spannung kann der Entwicklung von Zukunftstechnologien entgegengesehen werden. Während ›virtual reality‹ den Weg in die privaten Haushalte findet und in den Bereichen Infotainment und Edutainment Einzug erhält, stehen mit Technologien wie der ›augmented reality‹ Entwicklungen vor der Tür, deren Wirkung aktuell nicht abzusehen ist. Auf der einen Seite sind weitere Verbesserungen der selbstbestimmten Teilhabe von Menschen mit Beeinträchtigungen zu erwarten, auf der anderen Seite spielen Datenschutz und der souveräne Umgang mit den Technologien im Sinne der Medienbildung eine zunehmend größere Rolle. Dies ist gleichermaßen eine Herausforderung wie auch große Chance für alle Beteiligten.

Literatur

Baunach, M./Bräunig, Z./Kruse, G./Pivit, C./Simon, W./Steinhaus, I./Wernsmann, D. (2012): Gelingensfaktoren für eine aktive Teilhabe an Bildungsangeboten in heterogenen Gruppen. In: isaac-Gesellschaft für UK/von Loeper (Hrsg.): Handbuch der Unterstützten Kommunikation. von Loeper: Karlsruhe, 08.018.030 – 08.018.047.

Bornman, J. (2011): Low Technology. In: Wendt, O./Quist, R.W./Lloyd, L.L. (Eds.): Assistive technology. Principles and applications for communication disorders and special education. Howard House: Bingley, 175–220.

BMAS (Bundesministerium für Arbeit und Soziales) (2016): Gesetz zur Gleichstellung von Menschen mit Behinderungen. http://www.gesetze-im-internet.de/bgg/index.html [17.02.2019].

BMBF (Bundesministerium für Bildung und Forschung) (2018): Forschung und Innovation für die Menschen. Die Hightech-Strategie 2025. https://www.bmbf.de/upload_filestore/pub/Forschung_und_Innovation_fuer_die_Menschen.pdf [26.04.2019].

Capovilla, D./Gebhardt, M. (2016): Assistive Technologien für Menschen mit Sehschädigung im inklusiven Unterricht. In: Zeitschrift für Heilpädagogik, 1, 4–15.

Copley, J./Ziviani, J. (2004): Barriers to the use of assistive technology for children with multiple disabilities. In: Occupational Therapy International, 4, 229–243.

DIMDI (2005): ICF. Internationale Klassifikation der Funktionsfähigkeit, Behinderung und Gesundheit. https://www.dimdi.de/dynamic/de/klassifikationen/downloads/?dir=icf [20.02.2019].

Dirks, S./Linke, H. (2019): Assistive Technologien. In: Bosse, I./Schluchter, J.-R./Zorn, I. (Hrsg.): Handbuch Inklusion und Medienbildung. Weinheim: Beltz Juventa, 241–251.

Ehlert, U. (2012): Ist das iPad der bessere Talker? In: Unterstützte Kommunikation 4, 6–9.

Fisseler, B. (2012): Assistive und Unterstützende Technologien in Förderschule und inklusivem Unterricht. In: Bosse, I. (Hrsg.): Medienbildung im Zeitalter der Inklusion. Düsseldorf: LfM (LfM-Dokumentation, 45), 87–91.

Hallbauer, A./Kitzinger, A. (Hrsg.) (2015[3]): Unterstützt kommunizieren und lernen mit dem iPad. Karlsruhe: von Loeper.

Krcmar, H. (2015): Informationsmanagement. Berlin: Springer.

Lamers, W. (Hrsg.) (1999): Computer- und Informationstechnologie. Geistigbehindertenpädagogische Perspektiven. Düsseldorf: Verlag selbstbestimmtes Leben.

Sachse, S. (2010): Interventionsplanung in der Unterstützten Kommunikation. Dissertation. Karlsruhe: von Loeper.

Thiele, A. (2016): Assistive Technologien für Menschen mit einer körperlich-motorischen Beeinträchtigung. Interdisziplinäre Handlungsfelder und Eckpfeiler einer Qualifikation von Pädagog/innen mit einem sonderpädagogischen Profil. In: VHN 4, 307–322.

Wendt, O./Lloyd, L. L. (2011): Definitions, History, and Legal Aspects of Assistive Technology. In: Wendt, O./Quist, R.W./Lloyd, L.L. (Eds.): Assistive technology. Principles and applications for communication disorders and special education. Howard House: Bingley, 1–22.

Wendt, O./Quist, R.W./Lloyd, L.L. (Eds.) (2011): Assistive technology. Principles and applications for communication disorders and special education. Howard House: Bingley.

York, C. S./Fabrikant, K. B. (2011): High Technology. In: Wendt, O./Quist, R.W./Lloyd, L.L. (Eds.): Assistive technology. Principles and applications for communication disorders and special education. Howard House: Bingley, 221–264.

Wienberg, G./Henne, M. (2015): Was Sie schon immer über »Assistive Technologien« wissen wollten… https://www.bethel-wissen.de/obj/bw03_Fragen_und_Antworten_AssTech_in_den_vBS_Bethel_3._Fassung.pdf [26.04.2019].

Zorn, I./Schluchter, J.-R./Bosse, I. (2019): Theoretische Grundlagen inklusiver Medienbildung. In: Bosse, I./Schluchter, J.-R./Zorn, I. (Hrsg.): Handbuch Inklusion und Medienbildung. Weinheim: Beltz Juventa, 16–33.

Internetquellen

http://aaate.net/uk-app-blog.blogspot.com/
www.barrierefrei-kommunizieren.de/datenbank/

www.rehadat-hilfsmittel.de/de/

Zur Lebensbedeutsamkeit von elektronischen Kommunikationshilfen: Eine Studie mit und für Nutzer von Unterstützter Kommunikation

Kathrin Lemler

Mit der Einführung der ICF gewinnt individuelle Lebensqualität im medizinischen Versorgungs- und Rehabilitationssystem an Bedeutung (vgl. Bullinger 2014). Die Steigerung von Lebensqualität wird zunehmend als Ziel gesundheitlicher Interventionen anerkannt, d. h. gesundheitliche Interventionsmaßnahmen sollen individuell lebensbedeutsam sein.

In ihrer Metastudie stellen Ripat et al. (2018) einen signifikanten Zusammenhang zwischen Lebensbedeutsamkeit und Unterstützter Kommunikation (UK) her. Folglich integrieren unterstützt kommunizierende Personen ihre alternativen Kommunikationsformen in das individuelle Konstrukt von Lebensbedeutsamkeit. Laut der Forschergruppe lässt sich eine Relevanz von elektronischen Kommunikationshilfen (EKH) hinsichtlich

a) *Lebenskontrolle und -unabhängigkeit* (z. B. Bedürfnisse, Wünsche äußern, Entscheidungen treffen),
b) *Persönlichkeitsbildung* (z. B. Erlernen von Bewältigungsstrategien im Alltag),
c) *Teilhabe an Bildung und sozialen Aktivitäten* und
d) *Selbstvertretung und politisches Engagement*

identifizieren (vgl. ebd.).

Die Frage, wozu unterstützt kommunizierende Personen ihre EKH nutzen und wie wichtig bzw. bedeutsam die EKH für die Personen sind, ist von zentraler Bedeutung für das Fachgebiet UK. Im vorliegenden Beitrag werden die Ergebnisse einer Befragung von acht unterstützt kommunizierenden Erwachsenen zu deren Einschätzung der Lebensbedeutsamkeit ihrer EKH vorgestellt.

1 Theoretischer Hintergrund

1.1 Lebensbedeutsamkeit – eine Definition für das Feld UK

In der Literatur stellt Lebensbedeutsamkeit einen äußerst weitgefassten Begriff dar, den philosophische, pädagogische, soziologische und medizinische Wissenschaftsdisziplinen höchst unterschiedlich definieren. In pädagogischen und medizinisch-therapeutischen Kontexten wird die Frage nach der Lebensbedeutsamkeit u. a. dann gestellt, wenn die persönliche Einschätzung von Lerninhalten, von Interventionen oder Hilfsmitteln interessiert.

Diese sind dann individuell lebensbedeutsam, wenn eine Person eine »Relevanz für aktuelle und zukünftige Lebensführung« (Hartke 2007, 421) sieht. Auf der Grundlage von Häußler (2015) lässt sich Lebensbedeutsamkeit wie folgt beschreiben: Lerninhalte, Interventionen und Hilfsmittel werden dann als lebensbedeutsam empfunden, wenn sie ein selbständiges Agieren in einer sozialen Umwelt ermöglichen können. Genau darin liegt das Ziel vieler UK-Interventionen: Die Unterstützung der kommunikativen Selbständigkeit bzw. Unabhängigkeit (vgl. Sachse/Bernasconi in diesem Band). Wie die Art und der Umfang der Selbstständigkeit im sozialen Kontext wahrgenommen werden, ist individuell unterschiedlich, von vielen verschiedenen Faktoren abhängig und kann nur bedingt von anderen eingeschätzt werden. Lebensbedeutsamkeit ist demnach ein subjektives Konstrukt, das eine Nähe zur wahrgenommenen Selbständigkeit aufweist und dessen Einschätzung ein hohes Maß an Selbstreflektion erfordert.

1.2 UK und Lebensbedeutsamkeit – eine Einordnung in die ICF

Aus Perspektive der ICF ist Behinderung ein Resultat aus individuellen Voraussetzungen auf Funktions- und Aktivitätsebene sowie umweltbedingter Ressourcen, die auf der Teilhabeebene die Einbindung in relevante Alltagssituationen erschweren. Für Bernasconi/Sachse (2019) ist die ICF-Perspektive auch und gerade für das Feld der UK von zentraler Bedeutung. So sind es nicht vorrangig die funktionalen Einschränkungen (fehlende oder kaum verständliche Lautsprache), die ein Individuum an der Teilhabe an einer Aktivität hindern. Vielmehr hängen die Teilhabemöglichkeiten unterstützt kommunizierender Personen sowohl von individuellen Fähigkeiten und Eigenschaften als auch von Umweltfaktoren (z. B. Vorhandensein von EKH, UK-affine Bezugspersonen) ab (vgl. ebd.). Wird dieser Perspektive nun noch das Konstrukt der Lebensbedeutsamkeit hinzugefügt, ergibt sich folgendes Modell (▶ Abb. 1):

Für unterstützt kommunizierende Personen ist die EKH dann lebensbedeutsam, wenn diese in ihrer subjektiven Wahrnehmung auf der

- *Kompetenzebene* einen Fähigkeitszuwachs ermöglicht,
- *Handlungsebene* ihre Einflussnahme steigert und
- *Selbstebene* ihre Persönlichkeits- bzw. Identitätsbildung antreibt und ihre gesellschaftliche Partizipation fördert.

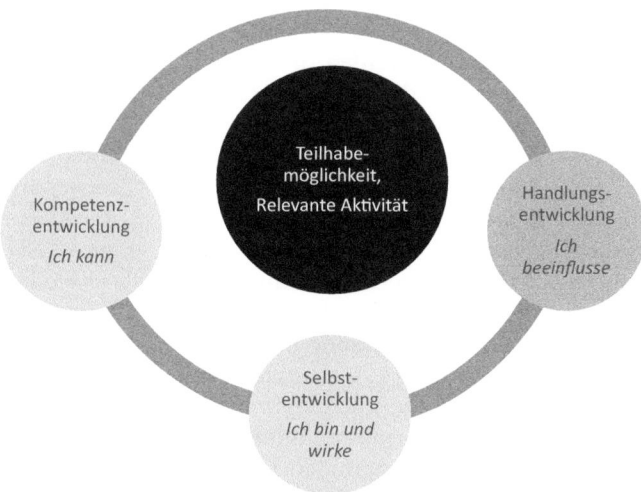

Abb. 1:
UK und Lebensbedeutsamkeit im Kontext von ICF

2 Forschungsdesign

2.1 Fragestellung

In der Untersuchung sollen Informationen darüber zusammengetragen werden, welche Möglichkeiten unterstützt kommunizierende Menschen mit ihren EKH haben bzw. nutzen und wie bedeutsam diese Möglichkeiten für die Personen sind. D.h. es geht um deren subjektive Einschätzung der Lebensbedeutsamkeit ihrer EKH.

2.2 Methodisches Vorgehen

Um das Spektrum der Lebensbedeutsamkeit von EKH zu erfassen, führt die Autorin eine zweiteilige Nutzerbefragung durch. Der erste Teil besteht aus einem annähernd in Leichter Sprache verfassten Fragebogen zur persönlichen Lebenssituation und einer Abfrage der alternativen Kommunikationsmöglichkeiten. Hinzu kommt die Selbsteinschätzung der kommunikativen Fähigkeiten, die mittels einer fünfstufigen Bewertungsskala erfragt wird. Diese basiert auf »Goals Grid – Förderziele in der Unterstützten Kommunikation« (tobii Dynavox/Clarke 2018). Schließlich werden drei zentrale Alltagssituationen, in denen die EKH für die Nutzer lebensbedeutsam ist, erfragt.

Auf der Grundlage dieser Fragebögen führt die Autorin in einem zweiten Teil mit jedem Nutzer drei individualisierte Leitfaden-Interviews per Chat durch. Die Kommunikationsform des Chats lässt unterstützt kommunizierende Personen weitgehend ohne Hindernis ihrer verbalen Beeinträchtigung interagieren (vgl. Hemsley et al. 2017). Aus diesem Grund wählt die ebenfalls unterstützt kommunizierende Interviewerin diesen Kommunikationsmodus. Je nach Zugangsmöglichkeit der Nutzer wird der Facebook-, Skype- oder Whatsapp-Chat verwendet. Drei der Studienteilnehmer greifen während der Interviews auf eine Vorlese-, bzw. Formulierungshilfe von Mutter, Persönlicher Assistenz (PA) oder Therapeutin zurück. Im Fokus der Interviews steht jeweils eine lebensbedeutsame Alltagssituation, über die die Studienteilnehmer nach folgender Struktur Auskunft geben:

- *Kompetenz- und Handlungsebene*: etwas allein tun – mit bzw. ohne EKH; etwas selbst entscheiden – mit bzw. ohne EKH;
- *Handlungs- und Selbstebene*: Menschen beeinflussen – mit bzw. ohne EKH; zeigen, wer ich bin – mit bzw. ohne EKH.

Um auf der Selbstebene die Wechselwirkung zwischen Individuum und sozialer Umwelt erfassen zu können, werden den Nutzern zudem Fragen zur Selbstwahrnehmung sowie zu ihrer Einschätzung der Wahrnehmung von Bezugspersonen und Fremden in der jeweiligen Alltagssituation gestellt.

2.3 Studienteilnehmer

Die Stichprobe umfasst fünf weibliche Studienteilnehmerinnen und drei männliche Studienteilnehmer (n=8), die aufgrund einer Cerebralparese über kaum verständliche bzw. keine Lautsprache verfügen und deshalb mit einer komplexen EKH frei kommunizieren. Dabei verwenden fünf Studienteilnehmer eine EKH mit Augensteuerung, zwei Personen sind mit einer EKH mit Fingerbedienung versorgt und ein Studienteilnehmer nutzt eine EKH mit 1-Tasten-Scanning. Neben ihren EKH steht allen ein nichttechnisches Kommunikationssystem zur Verfügung, das sie überwiegend in Interaktionssituationen mit vertrauten Personen verwenden. Die Studienteilnehmer sind im Alter von 24 und 55 Jahren und deutschsprachig aufgewachsen. Sie sind bezüglich ihrer Wohnform und ihres Arbeitsplatzes höchst heterogen. So leben drei Studienteilnehmer mit PA in einer eigenen Wohnung, drei im Elternhaus, einer lebt in einer Wohngemeinschaft mit PA und einer in einem Wohnheim für Menschen mit Behinderungen. Während drei Probanden eine Werkstatt für Menschen mit Behinderungen (WfbM) und zwei eine tagesstrukturierende Maßnahme besuchen, gehen drei, abgesehen von gelegentlicher ehrenamtlicher Referententätigkeit, keiner regelmäßigen Beschäftigung nach.

3 Ergebnisse

3.1 Kommunikative Fähigkeiten

Die eigene Einschätzung der kommunikativen Fähigkeiten der Interviewpartner stellt zum einen sicher, dass die Interviews wie geplant geführt werden können. Zum anderen ermöglichen sie Aussagen zu den kommunikativen Fähigkeiten der Interviewpartner. Die Selbsteinschätzung kommunikativer Fähigkeiten orientiert sich am Modell Kommunikativer Kompetenz (vgl. Light 1989) und umfasst demnach Items zu strategischen, linguistischen, sozialen und operationalen Fähigkeiten. Strategische, soziale und operationale Fähigkeiten werden hier mit jeweils 4 Items erfasst. Hingegen existieren für die linguistischen Fähigkeiten 6 Items. Die Nutzer bewerten diese Items auf einer 5-stufigen Skala (von »trifft voll und ganz zu« bis »trifft nicht zu«). Die Items der strategischen (ø 4,16), operationalen (ø 4,09), sozialen (ø 3,75) und linguistischen Fähigkeiten (ø 3,73) bewerten die Studienteilnehmer im Durchschnitt mit »trifft eher auf mich zu«. Die Studienteilnehmer schätzen ihre kommunikativen Kompetenzen demnach insgesamt positiv ein.

3.2 Lebensbedeutsame Alltagssituationen

Aus dem Fragebogen kristallisieren sich insgesamt 24 Alltagssituationen heraus, in denen die Studienteilnehmer ihre EKH als bedeutsam wahrnehmen. Diese lassen sich in drei Gruppen zusammenfassen:

- Situationen, in denen die EKH als Kommunikationshilfe dient: Als direkte Kommunikationssituationen mit Bezugspersonen nennen die Nutzer vorrangig Essen und Arbeiten (in der WfbM, beim Lösen von PC-Problemen oder bei Referententätigkeit). Ebenso erwähnt eine Befragte Situationen, in der die Bezugsperson eine andere Tätigkeit ausübt (z. B. Autofahren). Im Fokus steht hier die Meinungs- und Bedürfnisäußerung. Weiterhin beschreibt eine Nutzerin Konflikte als zentrale Situation, in der sie in der Kommunikation mit Bezugspersonen ihre EKH benötigt. Die Nutzung öffentlicher Verkehrsmittel, das Einkaufen und der Besuch in einem Restaurant gehören zu den von den Nutzern erwähnten direkten Interaktionssituationen mit fremden Personen. Zudem greifen die Nutzer bei Arztbesuchen und Behördengängen auf ihre EKH zurück.
- Situationen, in denen die EKH als Ansteuerungshilfe dient: Für eine Nutzerin ist die EKH lebensbedeutsam, um selbstständig ihr häusliches Umfeld anzusteuern (TV, Radio, etc.). Ein Studienteilnehmer spielt gerne Computer und nutzt seine EKH somit um sich in der Freizeit allein beschäftigen zu können.
- Situationen, in denen die EKH als Ansteuerungs- und Kommunikationshilfe

dient: Für vier Studienteilnehmer stellt die Nutzung des Internets eine relevante Alltagssituation dar, in der sie die EKH als Ansteuerungshilfe für den PC verwenden. Dabei nutzen die Studienteilnehmer das Internet sowohl Zuhause als auch bei Arbeitsleerlauf in der Förderstätte. Neben Informationen recherchieren und dem Betrachten von YouTube-Videos wird hier die EKH als Kommunikationshilfe verwendet, d. h. zur Online-Kommunikation.

Die Aufzählung der lebensbedeutsamen Alltagssituationen ist bereits bei dieser kleinen Stichprobengröße äußerst umfangreich und demonstriert, dass EKH eine hohe Anzahl der Lebensbereiche unterstützt kommunizierender Menschen vielschichtig beeinflussen.

3.3 Zufriedenheit mit und ohne EKH

In der Bewertung der Zufriedenheit in den jeweiligen Alltagssituationen mit und ohne EKH (Skala: 5 = sehr zufrieden; 1 = nicht zufrieden) zeichnet sich ein sehr deutliches Ergebnis ab: Der Mittelwert der Zufriedenheit mit EKH liegt bei sieben Studienteilnehmern bei 4,76. Demnach sind die Nutzer mit EKH in den für sie bedeutsamen Alltagssituationen sehr zufrieden. Wenn die sieben Studienteilnehmer hingegen einschätzen, wie zufrieden sie ohne EKH in den Alltagssituationen wären, wählen sie die Bewertung ›nicht zufrieden‹ (ø 1,16). Eine Ausnahme stellt Studienteilnehmer SL dar: Zwar ist SL ebenfalls in den bedeutsamen Alltagssituationen mit EKH durchschnittlich sehr zufrieden, jedoch zeigt sich mit seiner durchschnittlichen Angabe ›manchmal zufrieden‹ ohne EKH lediglich eine leichte Differenz bei der Zufriedenheitsbewertung. Mit dem Hintergrundwissen, dass Studienteilnehmer SL im Gegensatz zu den anderen Studienteilnehmern über eine auch für fremde Personen in Ansätzen verständliche Lautsprache verfügt, lässt sich diese Angabe in einen Deutungszusammenhang bringen.

3.4 Ausgewählte Ergebnisse aus den Chat-Interviews

Die Auswertung der Chat-Interviews findet im Rahmen einer qualitativen Inhaltsanalyse (Kuckartz 2018; Mayring 2015) statt und dauert zum Zeitpunkt dieser Veröffentlichung noch an. Dennoch lässt das bisher ausgewertete Material einen ersten Ergebnisausblick zu.

Nutzungszwecke von EKH in relevanten Alltagssituationen

Aus den Chat-Interviews lassen sich acht Nutzungszwecke von EKH auf Kompetenz- und Handlungsebene identifizieren, die die Studienteilnehmer in den 24 lebensbedeutsamen Alltagssituationen thematisieren (▶ Abb. 2.).

Der häufigste Nutzungszweck ist mit 40 % (1) *Gespräch führen*. Dieser erste Nutzungszweck beinhaltet sowohl die Face-to-Face-Interaktion als auch die Kommunikation auf Distanz, d. h. über soziale Medien. Diese beiden Kommunikationsmodi umfassen wiederum Aspekte wie Aufmerksamkeit erregen, Auseinandersetzung führen, Bedürfnisse und Meinung äußern und Sich vorstellen. Die beiden Nutzungszwecke (2) *Alltag strukturieren* und (3) *Sich selbst vertreten* teilen sich mit jeweils 11 % den zweithäufigsten Rang. Dabei umfasst Alltagsstrukturierung sowohl die Koordination von Terminen als auch die Organisation von PA mittels der Kalenderfunktion der EKH. Hingegen beinhaltet Selbstvertretung Aspekte wie andere Menschen über die EKH aufklären, Personen mit der EKH beeindrucken oder Sich für andere unterstützt kommunizierende Menschen einsetzen. Die vier Nutzungszwecke (4) *Sich Informationen im Internet beschaffen* (Internetrecherche/Befragung

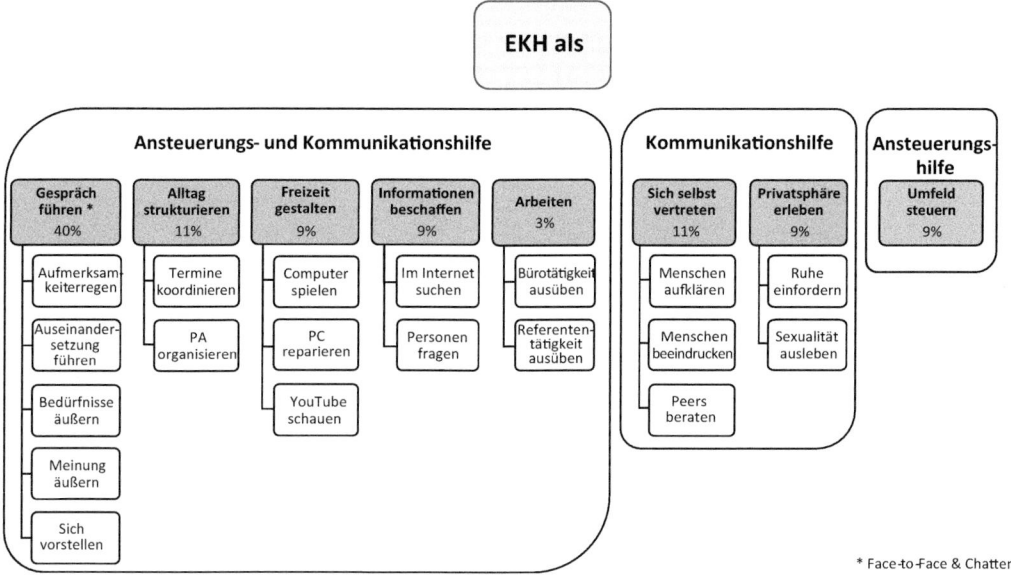

Abb. 2: Nutzungszwecke von EKH

von Personen), (5) *Freizeit gestalten*, (6) *Privatsphäre erleben* und (7) *das häusliche Umfeld steuern* werden von den Studienteilnehmern mit jeweils 9 % am dritthäufigsten erwähnt. Dabei umfasst Freizeitgestaltung die Aktivität Computer spielen sowie das Betrachten von YouTube-Videos. Unter Privatsphäre fällt die Einforderung von Ruhe und das Ausleben von Sexualität. Den letzten Rang stellt mit 3 % der Nutzungszweck (8) *Arbeiten* dar, d. h. die Ausübung von Büro- bzw. Referententätigkeiten.

Selbstwirksamkeit durch EKH

Ein weiteres Ergebnis stellt das auf den ersten Blick höchst ambivalente Empfinden von Selbstwirksamkeit durch die EKH dar. Dieses Phänomen konnte bereits während der ersten Sichtung des Materials bei sieben Studienteilnehmern identifiziert werden. Einerseits besitzt das subjektive Wirksamkeitsempfinden der Nutzer eine hohe Ausprägung (»Ich kann mit meiner EKH alles selbst.«), andererseits wünschen sie sich mehr Selbstständigkeit und Autonomie in allen Lebensbereichen (»Mit meiner EKH möchte ich noch gern entscheiden, wohin ich gehen möchte und wie lange.«). Wird dieses Selbstwirksamkeitsphänomen unter ICF-Perspektive betrachtet, liegt die Vermutung nahe, dass sich die Nutzer durch die EKH auf individueller Funktionsebene in vielen Lebensbereichen als selbstwirksam wahrnehmen. Ihre Einschränkungen auf Seiten der Lebenskontrolle sind dagegen primär durch umweltbedingte Faktoren (z. B. Arbeiten in einer WfbM, stationäres Wohnen oder UK-ferne Bezugspersonen) zurückzuführen.

3.5 Studiengrenzen

Unterstützt kommunizierende Menschen, die sich lediglich mit einfachen EKH ausdrücken können, in der Interaktion abhängig von der Moderation des Gesprächspartners sind oder ihre EKH im Alltag nicht bzw. kaum verwenden, werden in dieser Studie nicht befragt. Damit wird hier eine Nutzergruppe nicht berücksichtigt, für die ihre EKH im Alltag vermutlich weniger Relevanz besitzt. Die Autorin betont daher ausdrücklich, dass die sehr homogene Studienstichprobe von acht erfolgreich frei kommunizierenden Nutzern keineswegs den Personenkreis von unterstützt kommunizierenden Menschen repräsentiert und demnach die Lebensbedeutsamkeit von EKH nur limitiert erfassen kann.

4 Fazit

Diese Pilotstudie zur Lebensbedeutsamkeit von EKH rückt die Perspektive von unterstützt kommunizierenden Menschen in den Fokus und zeigt so eindrücklich, wie Menschen ohne bzw. mit eingeschränkter Lautsprache selbst die elementare Relevanz ihrer EKH in lebensbedeutsamen Alltagssituationen auf der Kompetenz-, Handlungs- und Selbstebene einschätzen und reflektieren können. Aus der Sicht der Studienteilnehmer wird die Versorgung mit der EKH und die UK-Interventionen, die zum aktuellen Stand kommunikativer Kompetenz beigetragen haben, demnach als ›erfolgreich‹ eingeschätzt. Gleichzeitig muss betont werden, dass die Studienteilnehmer an keiner Stelle bzw. kaum auf gesellschaftliche Partizipation wie Teilhabe am Bildungs- und Arbeitsleben oder politische Selbstvertretung eingehen. Die scheinbare Irrelevanz der gesellschaftlichen Teilhabe ist auf die individuelle Lebenswirklichkeit der Studienteilnehmer zurückzuführen. Für die acht Nutzer scheint es derart lebensbedeutsam, sich auf individueller Ebene ausdrücken und z. B. kleine Alltagsentscheidungen selbst treffen zu können, dass Teilhabemöglichkeiten auf gesellschaftlicher Ebene nicht bzw. noch nicht in ihren Wahrnehmungsfokus fallen. Wie gelingt jedoch die Erweiterung des Blicks von EKH-Nutzern auf gesellschaftliche Teilhabemöglichkeiten? Wie gelingt es UK-Förderungen so zu gestalten, dass unterstützt kommunizierende Menschen auch die gesellschaftliche Ebene in ihr Konzept von Lebensbedeutsamkeit von EKH integrieren können? Die Nutzerbefragung liefert somit Ansätze für weitere Forschungsfragen mit Blick auf die Lebensbedeutsamkeit von EKH in der UK.

Literatur

Bernasconi, T./Sachse, S.K. (2019): Kommunikative Kompetenz, Teilhabe und ICF-CY-Perspektive in der Unterstützten Kommunikation. Grundlagen einer systematischen Interventionsplanung. In: Frühförderung interdisziplinär, 127–134.

Bullinger, M. (2014): Das Konzept der Lebensqualität in der Medizin–Entwicklung und ihr heutiger Stellenwert. In: Zeitschrift für Evidenz, Fortbildung und Qualität im Gesundheitswesen, 108 (2-3), 97–103.

Hartke, B. (2007): Formen offenen Unterrichts. In: Walter, J./Wember, F. (Hrsg.): Handbuch Sonderpädagogik Band 2, Sonderpädagogik des Lernens. Berlin: Hogrefe, 421–435.

Häußler, M. (2015): Unterrichtsgestaltung im Förderschwerpunkt geistiger Entwicklung. Kohlhammer: Stuttgart.

Hemsley, B./Balandin, S./Palmer, S./Dann, S. (2017): A call for innovative social media research in the field of augmentative and alternative communication. In: Augmentative and Alternative Communication, 1, 14–22.

Kuckartz, U. (2018): Qualitative Inhaltsanalyse. Methoden, Praxis, Computerunterstützung. Beltz: Weinheim.

Light, J. (1989): Toward a Definition of Communicative Competence for Individuals Using Augmentative and Alternative Communication Systems. In: Augmentative and Alternative Communication. 5, 137–144.

Mayring, P. (2015): Qualitative Inhaltsanalyse. Grundlagen und Techniken. Beltz: Weinheim.

Ripat, J./Verdonck, M./Gacek, C./McNicol, S. (2018): A quality metasynthesis of the meaning of speech-generating devices of people with complex communication needs. In: Augmentative and Alternative Communication, 1–11.

tobii Dynavox/Clarke, V. (2018): Goals Grid – Förderziele in der Unterstützten Kommunikation. (dt. Übersetzung von S. K. Sachse). www. http://tdvox.web-downloads.s3.amazonaws.com/Materialkiste/Analyse_Status_Verlauf/TobiiDynavox-F%C3%B6rderziele_in_der_UK_GoalsGrid.pdf [23.05.2019].

Ziener, G. (2015): Merkmale kompetenzorientierten Lehrens und Lernens. Ptz: Stuttgart.

Unterstützte Kommunikation im Gesundheitswesen

Andrea Erdélyi & Birgit Hennig

1 Ursprung, Bedeutung und Verbreitung von Unterstützter Kommunikation im klinischen Kontext und im Gesundheitswesen

Der Begriff des Gesundheitswesens bezeichnet die Summe »alle[r] Einrichtungen und Personen, die die Gesundheit der Bevölkerung erhalten, fördern und wiederherstellen« (Carels/Pirk 2005, 94). Unterstützte Kommunikation (UK) im Gesundheitswesen ist ein sehr junges Gebiet (vgl. Blackstone/Pressman 2016; Grans/Beer 2018). Im angloamerikanischen Raum formierte sich dieser Forschungsschwerpunkt seit 2000 unter dem Begriff »Patient-Provider-Communication« (im Deutschen »Gesundheitskommunikation«) und wurde dort v. a. durch klinisch tätige Logopäden und Ergotherapeuten vorangebracht (vgl. Beukelman et al. 2007b, 3; Costello et al. 2010).

Der Begriff zielt allgemein auf eine barrierefreie Kommunikation im klinischen und außerklinischen Kontext für Patienten in einer akuten, chronischen sowie chronisch-kritischen gesundheitlichen Situation ab (vgl. Hurrelmann/Leppin 2001, 11), in der vorübergehend oder dauerhaft Beeinträchtigungen des Sprechens, Verstehens und/oder der Kommunikation auftreten können. Die Anwendung von Mitteln und Strategien der UK im Gesundheitswesen bezieht sich auf Barrierefreiheit in Arzt-Patient-Gesprächen, in Pflegesituationen und in der Unterstützung einer korrekten Anwendung von ärztlichen Vorschriften (vgl. u. a. Blackstone 2015). Eine weite Definition umfasst vielfältige Bereiche von Health Literacy und basiert u. a. auf einem gemeinwesenorientierten Ansatz der UK (vgl. Mischo in diesem Band). Patient-Provider-Communication versteht sich auch als zielgruppenspezifischer Ansatz für Menschen mit erworbenen oder fortschreitenden (neurologischen) Beeinträchtigungen in der Akut- und Langzeitversorgung (vgl. Beukelman et al. 2017a).

UK als Grundlage für die Patientensicherheit wird vor allem gewährleistet durch das Mitteilungsvermögen des Patienten zum körperlichen Befinden und zur Wirkung von Medikamenten und Maßnahmen. Eine bessere Verständigung zwischen Arzt oder Pflegekraft und Patient führt zu einer verbesserten Compliance; das Erleben von Selbstwirksamkeit und Selbstkontrolle sorgt für ein gesteigertes emotionales Wohlbefinden und Stressreduktion (Happ et al. 2004; Patak et al. 2006; Guttormson et al. 2015). Eine Möglichkeit der Selbstauskunft führt nachweislich zur Reduktion von seltenen, schwerwiegenden Ereignissen (sog. »sentinel events«, vgl. Bartlett et al. 2008), verkürzten Liegezeiten im Intensivbereich und unterstützt den Genesungsprozess (vgl. Blackstone 2015, 9; Hurtig et al. 2018). Somit gibt es auch wirtschaftliche Interessen, UK im klinischen Kontext zu implementieren. Eine auf der Health-Literacy-Forschung basierende Motivation verweist des Weiteren auf hohe Sekundärfolgekosten durch eine falsch verstandene Anwendung von Medikamenten (vgl. Hennig et al. 2013). Im Langzeitverlauf chronisch-kritischer Erkrankungen korreliert die Kommunikationsfähigkeit positiv mit der subjektiven Einschätzung von Lebensqualität (vgl. z. B. Londral et al. 2015) und dem Erhalt sozialer Rollen (vgl. Beukelman et al. 2007b, 13 f.; Happ et al. 2004).

2 Settings und Zielgruppen

2.1 Settings

Eine Unterscheidung verschiedener Settings und Zielgruppen im Gesundheitswesen ist für eine spezifische Erhebung von Bedarfen und die Auswahl geeigneter UK-Mittel und Strategien notwendig.

Die Settings werden in die Bereiche des öffentlichen Gesundheitswesens, der ambulanten Versorgung und der stationären Versorgung unterteilt (vgl. Mürbe/Stadler 2010, 53). Der Begriff des »öffentlichen Gesundheitswesens« wird in Abb. 1 auf den Begriff des »Gemeinwesens« ausgeweitet.

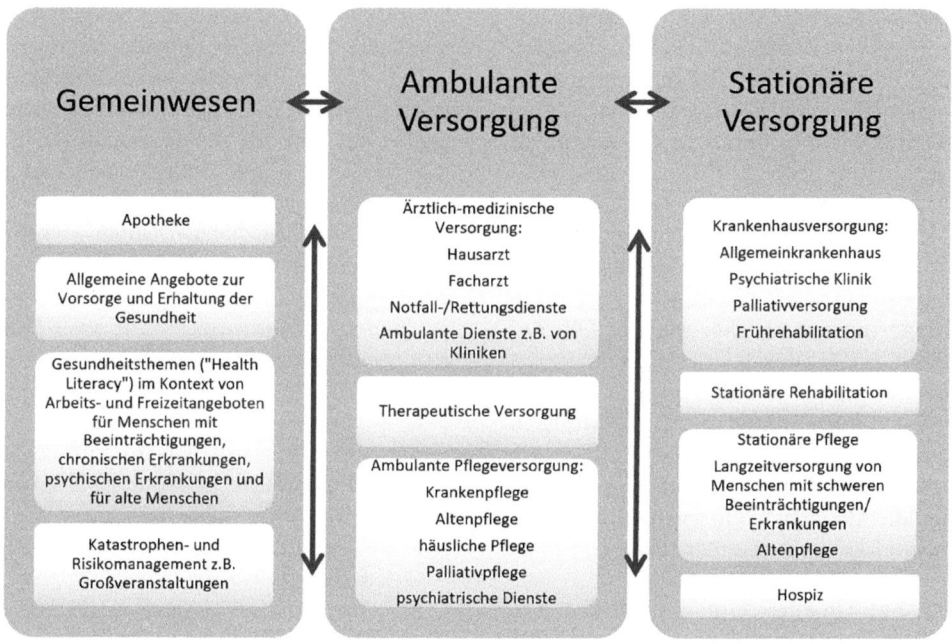

Abb. 1: Settings im Gesundheitswesen

Sowohl die drei Bereiche als auch die exemplarischen Angebote innerhalb eines Bereichs sind in der Praxis nicht streng voneinander trennbar. Die Übergänge sind horizontal, vertikal und diagonal fließend. Dies ist relevant, da UK in verschiedenen Kontexten z. T.

gleich oder ähnlich zum Einsatz kommt oder Übergänge unterstützt.

Innerhalb der Kategorie »Krankenhausversorgung« gibt es viele Abteilungen und Stationen mit jeweils spezifischen Abläufen, kommunikativen Situationen und Bedarfen. Deswegen kommen hier Kommunikationshilfen mit allgemeinem Inhalt schnell an ihre Grenzen. Um den jeweiligen Schwerpunkten der Diagnostik, Behandlung und der pflegerischen Versorgung kommunikativ gerecht zu werden, müssen themenspezifische und individualisierte Hilfen entwickelt werden.

2.2 Zielgruppen

Blackstone/Pressman (2016) unterscheiden fünf übergreifende Zielgruppen von UK im Gesundheitswesen. Diese werden durch die Beschreibung relevanter Untergruppen für das klinische Anwendungsfeld und die Zielgruppe von Menschen mit neurologischen Erkrankungen ergänzt und präzisiert.

Die fünf Hauptgruppen in Anlehnung an Blackstone/Pressman (2016) sind Menschen

a) mit Beeinträchtigungen der Sprache, des Hörens, des Sehens oder der kognitiven Funktionen sowie der motorischen Funktionen (letzteres Ergänzung der Autorinnen) unter Einbezug jener mit komplexen Kommunikationsbedürfnissen.
b) mit eingeschränkten Sprachkenntnissen bezogen auf die Landessprache.
c) mit geringen Kenntnissen über Gesundheit und die Möglichkeiten der Inanspruchnahme von gesundheitsunterstützenden Maßnahmen (limited health literacy).
d) mit individuellen Unterschieden bezüglich kultureller, religiöser, sexueller, geschlechtsspezifischer Bedingungen, die das Verstehen oder Akzeptieren medizinischer Maßnahmen behindern können.
e) die temporären situationsbedingten Faktoren ausgesetzt sind, z. B. durch Intubation oder Sedierung.

Eine spezifische Zielgruppe unter a) sind Menschen mit geistigen Beeinträchtigungen und/oder bereits vorbestehendem Bedarf an UK, die eine Klinik aufsuchen müssen und darauf vorbereitet werden sollen (vgl. Budroni/Schnepp 2010; Jordan/Tapken 2013).

Costello et al. (2010, 289) präzisieren für den Bereich der pädiatrischen Intensivmedizin Patienten mit einer sog. »kommunikativen Vulnerabilität« als Kinder mit:

a) schweren, lebensgefährlichen Atemwegserkrankungen
b) schweren, lebensbedrohlichen oder instabilen kardiologischen Erkrankungen
c) neurologischen Erkrankungen
d) Krebserkrankungen
e) Stoffwechselerkrankungen.

Kinder haben spezifische Bedürfnisse und sind daher für ihr Wohlbefinden im Besonderen auf eine Unterstützung zur Aufrechterhaltung der Kommunikation in dieser, an sich schon beängstigenden Krankenhaussituation, dringend angewiesen. Die aus den Erkrankungen und/oder der Behandlung resultierenden kommunikativen Beeinträchtigungen können vorübergehend sein oder sich dauerhaft auswirken.

Unabhängig vom Lebensalter lassen sich mit dem Fokus auf neurologische Erkrankungen aus kommunikativer Sicht zwei Untergruppen unterscheiden (Erdélyi 2014; Hennig et al. 2017b):

a) Menschen mit sukzessivem Verlust lautsprachlicher Funktionen und Fähigkeiten u. a. durch
 • degenerative Erkrankungen des ZNS, z. B. Sanfilippo-Syndrom, Demenz
 • neurologische System- und Autoimmunerkrankungen, z. B. MS
 • Gehirntumore
 • fortschreitende Muskelerkrankungen, z. B. SMA, ALS
b) Menschen mit plötzlichem Verlust lautsprachlicher Funktionen und Fähigkeiten, z. B.

- durch einen Ischämischen Schlaganfall
- eine Hirnblutung
- ein Schädel-Hirn-Trauma
- eine Rückenmarksschädigung, z. B. hohe Querschnittlähmung nach Trauma.

Über die Zahl derer, die eine Unterstützung der Kommunikation bei einem Klinikaufenthalt benötigen, gibt es keine verlässlichen Daten. Blackstone/Pressman (2016) schätzen, dass diese Zahl aufgrund demographischer Entwicklungen, Migrationsbewegungen und medizinischem Fortschritt kontinuierlich steigt. Sie vermuten, dass in den USA mehr als 50 % der Population dem Risiko einer kommunikativen Barriere bei einem Klinikaufenthalt ausgesetzt ist. Des Weiteren gehen sie davon aus, dass bei zahlreichen Personen mehrere Faktoren im Sinne eines multiplen Risikos gleichzeitig eintreten. Diese Annahme wird durch die steigende Schlaganfallrate mit einem geschätzten Anstieg von 1,1 auf 1,5 Millionen von 2000 bis 2025 in Europa laut der Weltgesundheitsorganisation und der daraus häufig folgenden chronischen Aphasie mit etwa 70.000 Betroffenen in Deutschland bestätigt (vgl. Erdélyi 2014; Heuschelmann et al. 2010).

Allen genannten Personengruppen ist gemeinsam, dass sie im Gegensatz zu jenen, die »üblicherweise« eine UK-Beratungsstelle aufsuchen, entweder erst durch die Erkrankung in eine kommunikative Notlage geraten oder ggf. bereits vorbestehend mit Kommunikationshilfen versorgt sind, aber durch die Erkrankung oder für einen Klinikaufenthalt einen speziellen Wortschatz brauchen, den die meisten Kommunikationshilfen nicht oder nicht ausreichend vorhalten.

Daraus ergibt sich sowohl ein Bedarf an individualisierter Unterstützung als auch ein Bedarf an Hilfen mit einem themenspezifischen Wortschatz, der auf Expertenwissen über den Kontext und standardisierte Abläufe im spezifischen Setting basiert.

3 Intervention: Hilfen, Barrieren und Ressourcen der Implementierung von UK in ausgewählten Arbeitsfeldern

3.1 Hilfen und Methoden der Kommunikation im Gesundheitswesen

Individualisierte Hilfen

Bei den individuell einsetzbaren Strategien der UK, mit und ohne externe Hilfsmittel (vgl. auch Erdélyi 2014), handelt es sich um Mittel und Methoden, die auch allgemein in der UK vorzufinden sind. In der spontanen Anwendung alternativer Kommunikationsformen, z. B. Aufschreiben statt Sprechen, ist den Kommunikationspartnern oft gar nicht bewusst, dass sie Mittel und Methoden der UK nutzen. Costello et al. (2010) haben zahlreiche Beispiele für den Einsatz unterschiedlicher UK-Hilfen in der pädiatrischen Intensivmedizin geliefert. Die Beispiele können auf andere Settings in der akuten und stationären Pflege übertragen werden (vgl. auch Grans/Beer 2018).

Themenspezifische Hilfen

Der Vorteil themenspezifischer Kommunikationshilfen ist der fachspezifische Wortschatz (v. a. Randvokabular). Themenspezifische Hilfen sind insbesondere in Akutsituationen, in der Pflege und in der Vor- und Nachbereitung von Klinikaufenthalten hilfreich, um die Kommunikation zwischen Patienten und Anbietern im Gesundheitswesen zu erleichtern. Sie sind nicht geeignet, die Alltagskommunikation zu ersetzen oder Vokabular für umfängliche Dialoge bereitzustellen. Für diese Ziele müssen sie ggf. mit anderen Hilfen und Methoden der UK kombiniert werden (vgl. Mischo et al. 2016; Grans/Beer 2018).

Viele themenspezifische Hilfen basieren auf Erfahrungen aus der Praxis. Die Entwicklung forschungsbasierter, empirisch abgesicherter und evaluierter Materialien beginnt sich gerade erst zu etablieren.

Themenspezifische Hilfen können nach folgender Form und Funktion unterschieden werden:

a) Hilfen, die in einem hohen Maß individualisiert werden,
b) Hilfen mit einem fertigen Wortschatz, die als individuelle personenbezogene Hilfe genutzt oder als personenunabhängige Hilfe durch den Anbieter vorgehalten werden können,
c) einzelne Bildsymbole als Orientierungshilfe.

Zu a): Beispiele für individualisierbare Hilfen:

Sog. Notfall- und Krankenhauspässe lassen sich durch die Eingabe persönlicher und medizinischer Daten sowie Kontaktdaten für den Notfall personalisieren. Sie dienen der Informationsweitergabe und der Vorbereitung auf einen Krankenhausaufenthalt. Für Menschen mit Behinderung, mit Demenz oder mit eingeschränkten Schriftsprachkenntnissen gibt es diese Materialien auch bildbasiert oder in leichter Sprache. Beispiele sind der in Vorarlberg (Österreich) eingeführte »Krankenhauspass« (connexia[2]), die »ICE *(In Case of Emergency)* Communication Card« (WidgitHealth) und der »A&E Communication Passport« (WidgitHealth, Kommhelp). Seit 2019 liegen die benannten Widgit-Materialien unter dem Namen »UK Nofall-Karte« und »UK Notfall-Pass« auch mit METACOM-Symbolen in Deutsch vor (MEZUK).

Zu b): Beispiele für individuell einsetzbare und vom Anbieter vorgehaltene Hilfen:

- Im englischsprachigen Raum gibt es zahlreiche bildgestützte Kommunikationshilfen von Widgit Health mit einem themenspezifischen Randvokabular für den Einsatz in spezifischen Situationen, z. B. bei einem medizinischen Notfall für Ersthelfer und Rettungsdienste (»First Response communication book«, »First Aid Communication booklet«), für das psychiatrische Arbeitsfeld (»Mental Health Pack Communication Book and CD«) oder zur Patientenaufklärung (z. B. Tracheotomie, Diabetes). Die Materialien sind z. T. käuflich erwerbbar oder stehen als Download in mehreren Sprachen kostenlos zur Verfügung (WidgitHealth, Kommhelp).
- Weitere symbolbasierte Seiten für medizinische Kontexte, wie z. B. Schmerztafeln bzw. -skalen, finden sich als Download z. B. auf den Seiten von UK im Blick, METACOM oder Hilfsmittelfirmen (vgl. Grans/Beer 2018).
- Vorzugsweise für Menschen mit anderer Muttersprache oder eingeschränkten Schriftsprachkompetenzen entwickelte der Setzer-Verlag die Reihen »tip doc«, »Emergency« und »Kinder tip«. Die Hefte dieser Reihen erleichtern die Kommunikation zu medizinischen Themen und unterstützen die ärztliche Aufklärung mittels Bildern und mehrsprachigen kurzen Texten (Setzer Verlag).
- Eine umfangreiche Sammlung »*Leichter durchs Krankenhaus*« mit bis zu 100 Themenseiten in leichter Sprache und mit

---

2 Die Internetlinks zu dieser und den folgenden Hilfen finden sich im Anhang.

Symbolen wird seit 2019 vom Evangelischen Krankenhaus Berlin bereitgestellt.
- Das vierseitige »Kommunikationstafelset Klinik« (Rehavista) zielt auf eine niedrigschwellige Überbrückung von temporären und dauerhaften Sprach- und Sprechstörungen während eines Klinikaufenthalts ab. Vorgegebene, häufig genutzte Inhalte zur Mitteilung können mit Informationen zur Person und individuellen Aussagen ergänzt werden. Das Set ist daher im Übergang der Gruppen a) und b) zu sehen.
- Zu den empirisch fundierten Materialien im Schnittfeld Gemeinwesen – ambulante – stationäre Versorgung zählt die themenspezifische Kommunikationsmappe »UKAPO – Unterstützte Kommunikation in der Apotheke« (vgl. MEZUK et al. 2016). Diese wurde in einem dreijährigen Forschungsprozess in enger Zusammenarbeit mit Apothekern und unterstützt kommunizierenden Personen sowie in Anlehnung an die Beratungsleitlinien der Bundesapothekerkammer entwickelt und evaluiert. Obwohl diese Mappe spezifisch für Kundengespräche in Apotheken entwickelt wurde, kann sie auch in anderen Kontexten wie z. B. Arztpraxen, Flüchtlingsaufnahmeeinrichtungen oder von Einzelpersonen im Gemeinwesen oder auf Reisen genutzt werden (vgl. Mischo et al. 2016). Diese Mappe liegt als Übersetzungshilfe oder zur Bereitstellung von individualisierten Einnahmehilfen auch als gleichnamige App in sieben Sprachen mit Druckfunktion vor.
- Vom Forschungsprozess inspiriert wurde methodisch analog die Kommunikationsmappe »Unterstützte Kommunikation in der Pflege (UK Pflege)« entwickelt (Erdélyi et al. 2019). Sie ist in Anlehnung an das Modell der »Aktivitäten, Beziehungen und existenzielle Erfahrungen des Lebens« (ABEDL) aufgebaut (Krohwinkel 2013). Die empirische Erhebung von Kommunikationsbedarfen und die Evaluation erfolgten in enger Kooperation mit Anbietern der Altenpflege, der ambulanten Pflege sowie Wohneinrichtungen für beeinträchtigte Menschen (Hesse 2018; Tibbe/Reitmeyer 2018).
- Das laufende Projekt »UK Klinik« in Kooperation mit den Universitäten und Universitätskliniken Köln und Oldenburg sowie dem FBZ-UK und MEZUK zielt auf die forschungsbasierte Entwicklung von themenspezifischen Kommunikationsmappen für verschiedene Klinikbereiche und soll dort u. a. in Beratungs- und Aufklärungsgesprächen mit fremdsprachigen Patienten zur Anwendung kommen. Für 2019 ist u. a. die Fertigstellung von Kommunikationsmappen für die Kindernotfallaufnahme, die Onkologie und die Kinderonkologie geplant (Sanders 2018; Bolte/Seemann 2019). Die Kommunikationsmappen können die Übersetzungsleistung von Angehörigen oder Dolmetschern nicht ersetzen. Sie können aber in Akutsituationen helfen, die keine Zeit lassen, einen Dolmetscher zu rufen, sowie in der täglichen Pflege und der Pflegeberatung der Patienten nützlich sein.

Zu c) Beispiel für Orientierungshilfen

Auch die Orientierung in der Klinik spielt eine große Rolle. Hierzu wurden modellhaft Klinik-Wegweiser auf der kinderonkologischen Station der Uniklinik Köln entwickelt und evaluiert (vgl. Biyouha 2018). Sie können als Vorbild für weitere Kliniken und Stationen dienen.

3.2 Modelle und Nachhaltigkeit einer konzeptionellen Verankerung von UK im Krankenhaus

UK als Konzept in einem Krankenhaus erfordert personelle, zeitliche und materielle Ressourcen. Das zeitlich-personelle Budget sollte neben patientenbezogenen Aufgaben auch die Erstellung und Individualisierung von Materialien, die Wartung von technischen Geräten sowie Präsenzzeiten, z. B. für Fallbesprechungen, berücksichtigen. Feste inter- oder transdisziplinäre Teams mit Verantwortung für UK sind empfehlenswert, da spezifisches Wissen, ein Überblick über den aktuellen Hilfsmittelmarkt und ein in Selbsterfahrung und Praxis angeeignetes Erfahrungswissen wichtige Grundlagen für fachlich begründete Maßnahmen der Diagnostik, Beratung und Intervention darstellen (vgl. Hennig et al. 2017a; Blackstone/Pressman 2016, 73). Die praxisnahe Schulung von Pflegekräften im Rahmen der Implementierung von UK ist wichtig, da Pflegekräften die konkrete Anwendung alternativer Kommunikationsstrategien trotz Wissen über die Bedeutsamkeit offenbar schwerfällt (vgl. Healy/Walsh 2010; Happ et al. 2014). Regelmäßige Schulung aller Berufsgruppen trägt dazu bei, dass kommunikationsvulnerable Patienten zuverlässiger erkannt werden (vgl. Costello et al. 2015, 210 ff.).

3.3 Akut- und Langzeitversorgung von Menschen mit erworbenen und progredienten Erkrankungen

Bei erworbenen und progredienten Erkrankungen im Erwachsenenalter gibt es zahlreiche Barrieren, die dazu führen, dass notwendige Maßnahmen der UK oft verzögert eingeleitet oder Versorgungsprozesse u. U. gar nicht angedacht werden (vgl. Hennig et al. 2017b; Beer 2015, Gröne 2017). Im Vergleich zur UK-Praxis mit Kindern gibt es nur wenige firmenunabhängige Anlaufstellen zur Beratung. Strukturen mit UK-Koordinatoren sind in der Versorgung von Erwachsenen selten. Die Implementierung von UK ist in hohem Maße von engagierten Unterstützern im Umfeld der Familie abhängig (vgl. Beukelman et al. 2007b, 2). UK-Maßnahmen werden oft nur dann finanziert, wenn die Leistung durch (Sprach-) Therapeuten erbracht wird, wobei in Deutschland bis heute eine Verbindlichkeit von UK im Lehrcurriculum für angehende Logopäden/ Sprachtherapeuten fehlt. Auch bei (Fach-) Ärzten und Pflegekräften mangelt es an Wissen über die Möglichkeiten von UK. Hinzu kommen Schnittstellenprobleme bei Übergängen in der Rehakette und unklare Zuständigkeiten für UK in einem interdisziplinären Arbeitsfeld (vgl. Hemsley/Balandin 2014, 333 ff.; Guttormson et al. 2015; Beer 2015). Publikationen zu UK im Gesundheitswesen existieren bislang v. a. in Form von englischsprachigen Quellen (z. B. Beukelman et al. 2007a; Hurtig/Downey 2009). Diese sind rar und für die Allgemeinheit schwer zugänglich. Als umfeldbezogene Barrieren der Implementierung sehen Grans/Beer (2018, 31 ff.) Sichtweisen, die »UK häufig immer noch als letzte Möglichkeit der Kommunikationsunterstützung« verstehen und die Funktion von UK als »temporäre Kommunikationsüberbrückung« gegenüber dem Fokus der funktionellen Wiederherstellung des Sprechens und der Sprache unterschätzen (vgl. auch Beukelman et al. 2007b, 12 f.). Personenbezogene Barrieren in der neurologischen (Früh-)Rehabilitation können in der Komplexität von Diagnosen und in der besonderen Berücksichtigung neuropsychologischer Aspekte liegen (vgl. Gröne 2017; Hennig/Erdélyi 2020). Eine interdisziplinäre Zusammenarbeit kann hier die UK-Diagnostik und Intervention erheblich unterstützen (Hennig et al. 2017a). Ein wichtiges Prinzip bei chronisch fortschreitenden Erkrankungen ist der Ansatz eines pro-aktiven Managements. Darunter versteht man »eine vorausschauende Planung im Hinblick auf die Folgen, die sich durch die unaufhaltsam fortschreitenden Rückschritte im Verlauf einer progredienten Erkrankung ergeben werden« (Hennig et al. 2017b, 361 in Anlehnung an Yorkston/Beukelman 2000). Grundlage für Entscheidungen sind i. d. R. für den Bereich der Kommunikation adaptierte sog. »clinical pathways«, die sowohl Hinweise für Symptome im Verlauf als auch rechtzeitig zu ergreifende Maßnahmen der (parallelen) Einführung von UK geben (vgl. Ball et al. 2007, 295 f.). Pro-Aktives Management ist höchst bedeutsam, um die Autonomie trotz zunehmend limitierter Möglichkeiten der lautsprachlichen Mitteilung zu erhalten (vgl. Hennig/Erdélyi 2020). Bei neurodegenerativen Erkrankungen ist ein Neulernen im fortgeschrittenen Stadium auf Grund der abnehmenden kognitiven Leistungsfähigkeit u. U. nicht mehr möglich. Ein pro-aktiver Ansatz ermutigt betroffene Personen, sich früh mit den eintretenden Veränderungen im Verlauf auseinanderzusetzen und – im positiven Sinne – die Zukunft zu planen. Dabei spielen nicht nur Hilfsmittel mit spezieller technischer Ansteuerung und Kommunikationssoftware eine wichtige Rolle, sondern ebenso Strategien der Gesprächsführung ohne Hilfsmittel sowie Tafeln und Bücher im Partnerscanning für die schnelle Kommunikation im Alltag. Als Ressource kann bei erworbenen Beeinträchtigungen oft auf Schriftsprachkenntnisse zurückgegriffen werden.

4 Ausblick

Im klinischen Akutbereich, in der Rehabilitation und in der stationären Langzeitversorgung sind viele Bedarfe für UK auf Grund fehlenden Wissens bislang noch gar nicht erkannt (vgl. Patak et al. 2009; Gröne 2017; Hennig et al. 2017a). Erfahrungen mit Schulungskonzepten zur systematischen Implementierung von UK im Gesundheitswesen fehlen ebenso wie Modelle einer konzeptionellen Arbeit (vgl. Grans/Beer 2018; Hennig/Erdélyi 2020). Der Handlungsspielraum für UK im Gesundheitswesen wird nicht zuletzt auch von personellen und materiellen Ressourcen bestimmt. Daher sind themenspezifische Symbolsammlungen von großer Bedeutung. Zukunftsweisende Potentiale liegen in einer Bündelung von Fachexpertise durch nationale und internationale Vernetzung, ein Voranbringen von Publikationen in deutscher Sprache, in der Kooperation mit ausbildenden Institutionen für Medizin und Pflegeberufe und im Aufbau von praktischer Methodenkompetenz durch Schulung und Fortbildung (vgl. Hemsley/Balandin 2014; Patak et al. 2009).

Literatur

Ball, L.J./Beukelman, D.R./Bardach, L. (2007): Amyotrophic lateral sclerosis. In: Beukelman, D.R./Garrett, K.L./Yorkston, KM (Eds.): Augmentative communication strategies for adults with acute or chronic medical conditions. Baltimore, Paul Brooks Publishing Co., 287–316.

Bartlett, G.R./Blais, R./Tamblyn, R. (2008): Impact of patient communication problems on the risk of preventable adverse events in the acute care settings. In: Canadian Medical Association Journal. 12, 1555–1562.

Beer, S. (2015): Sprachlos auf der Intensivstation. In: Antener, G./Blechschmidt, A./Ling, K. (Hrsg.): UK wird erwachsen: Initiativen in der Unterstützten Kommunikation. Karlsruhe: von Loeper, 171–179.

Beukelman, D.R./Mirenda, P. (2013⁴): Augmentative Alternative Communication. Supporting Children and Adults with Complex Communication Needs. Baltimore: Brookes Publishing.

Beukelman, D.R./Garrett, K.L./Yorkston, K.M. (Eds.) (2007a): Augmentative communication strategies for adults with acute or chronic medical conditions. Baltimore: Brooks Publishing.

Beukelman, D.R./Yorkston, K.M./Garrett, K.L. (2007b): An introduction to AAC Services for adults with chronic medical conditions. In: Beukelman, D.R./Garrett, K.L./Yorkston, K.M. (Eds.): Augmentative communication strategies for adults with acute or chronic medical conditions. Baltimore: Brooks Publishing, 1–15.

Biyouha, D.N. (2018): Evaluation des Projekts »Piktogramm-unterstützte Kommunikation an der kinderonkologischen Station der Uniklinik Köln«. Masterarbeit am FBZ-UK der Universität zu Köln.

Blackstone, S. (2012): Zugang zu Kommunikationsmöglichkeiten in allen Bereichen des Gesundheitswesens. In: isaac-Gesellschaft für UK/ von Loeper (Hrsg.): Handbuch der Unterstützten Kommunikation. von Loeper: Karlsruhe, 17.050.001-17.057.001.

Blackstone, S.W. (2015): Issues and challenges in Advancing Effective Patient-Provider-Communication. In: Blackstone, S.W./Beukelman, D.R./ Yorkston, K.M. (Eds.): Patient-Provider-Communication. Roles for speech-language pathologists and other health care professionals. San Diego: Plural Publishing, 1–8.

Blackstone, S.W./Pressman, H. (2016). Patient communication in health care settings: new opportunities for Augmentative and Alternative Communication. In: Augmentative and Alternative Communication, 1, 69–79.

Bolte, J./Seemann, J. (2019): Adaption der UKAPO für die stationäre Kinderonkologie. Aspekte, Förderfaktoren und Barrieren aus Sicht des Pflegepersonals und der pädagogischen Mitarbeiter. Masterarbeit an der Carl von Ossietzky Universität Oldenburg.

Budroni, H./Schnepp, W. (2010): Die problematische Situation von Patientinnen und Patienten mit Behinderung im Krankenhaus unter besonderer Berücksichtigung der ForseA-Studie. In: Bundesverband evangelische Behindertenhilfe e. V. (BeB) (Hrsg.): Patientinnen und Patienten mit geistiger und mehrfacher Behinderung im Krankenhaus – Problemlagen und Lösungsperspektiven. Berlin: BEB, 58–64.

Carels, J./Pirk, O. (2005): Springer Wörterbuch Gesundheitswesen. Public Health von A bis Z. Berlin: Springer.

Costello, J.M./Patak, L./Pritchard, J. (2010): Communication vulnerable patients in the pediatric ICU: Enhancing care through augmentative and alternative communication. In: Journal of Pediatric Rehabilitation Medicine: An Interdisciplinary Approach 3, 2010, 289–301.

Costello, J.M./Santiago, R.M./Blackstone, S.W. (2015). Pediatric acute and intensive care in hospitals. In: Blackstone, S.W./Beukelman, D.R./Yorkston, K.M. (Eds.): Patient-Provider-Communication. Roles for speech-language pathologists and other health care professionals. San Diego: Plural Publishing, 187–223.

Erdélyi, A. (2014): Unterstützte Kommunikation bei Menschen mit neurologischen Erkrankungen – Ein Überblick. In: Sprachtherapie aktuell: Schwerpunktthema Unterstützte Kommunikation = Sprachtherapie?! 1, 1–14.

Erdélyi, A./Hennig, B./Mischo, S./Methodenzentrum Unterstützte Kommunikation (Hrsg.) (2019): UK Pflege. Unterstützte Kommunikation in der Pflege. Oldenburg: Methodenzentrum Unterstützte Kommunikation.

Grans, A.L./Beer, S. (2018): Unterstützte Kommunikation in der Klinik. Ein Lagebericht. In: Unterstützte Kommunikation 2/2018, 31–36.

Gröne, B. (2017): Unterstützte Kommunikation in der neurologischen Rehabilitation. In: Neurorehabilitation, 2, 72–77.

Guttormson, J.L./Bremer, K.L./Jones, R.M. (2015): »Not being able to talk was horrid«: A descriptive, correlational study of communication during mechanical ventilation. In: Intensive and critical Care Nursing, 3, 179–186.

Happ, M.B./Roesch T.K./Garrett, K. (2004): Electronic voice-output communication aids for temporarily nonspeaking patients in a medical intensive care unit: a feasibility study. In: Heart & Lung - The Journal of Acute and Critical Care, 2, 92–101.

Happ, M.B./Garrett, K./Tate, J.A. et al. (2014): Effect of a multi-level intervention on nurse-patient communication in the intensive care unit: results of the SPEACS trial. In: Heart & Lung - The Journal of Acute and Critical Care, 2, 89–98.

Healy, D./Walsh, P.N. (2010): Communication among nurses and adults with severe and profound intellectual disabilities: predicted and observed strategies. In: Journal of intellectual disabilities, 2, 127–141.

Hemsley, B./Balandin, S. (2014): A Metasynthesis of Patient-Provider Communication in Hospital for Patients with severe communication disabilities: informing new translational research. In: Augmentative and Alternative Communication, 4, 329–343.

Hennig, B./Erdelyi, A. (2020): Kommunikation. In: Groß, M. (Hrsg.): Beatmungsmedizin. Springer: München (i.Dr.).

Hennig, B./Erdélyi, A./Groß, M. (2017a): Unterstützte Kommunikation als interdisziplinäres Arbeitsfeld im klinischen Kontext. Evaluation eines Pilotprojektes. In: Lage, D./Ling, K. (Hrsg.): UK spricht viele Sprachen. Zusammenhänge zwischen Vielfalt der Sprachen und Teilhabe. von Loeper: Karlsruhe, 139–153.

Hennig, B./Erdélyi, A./Siemer, I. (2017b): Unterstützte Kommunikation bei neurologischen Erkrankungen. In: Keller, Ch. (Hrsg.): Fachpflege. Außerklinische Intensivpflege. München: Urban & Fischer, 357–362.

Hennig, B./Mischo, S./Schlütken, H./Kunert, J. (2013): Unterstützte Kommunikation im Gemeinwesen am Beispiel der Apotheke. In: Hallbauer, A./Hallbauer, T./Hüning-Meier, M. (Hrsg.): UK kreativ! Wege in der Unterstützten Kommunikation. von Loeper: Karlsruhe, 444–458.

Hesse, A. (2018): Unterstützte Kommunikation am Beispiel der ambulanten Pflege – Weiterentwicklung der »UKAPO« zu einer pflegespezifischen Kommunikationshilfe. Masterarbeit an der Carl von Ossietzky Universität Oldenburg.

Heuschmann, P.U. et al. (2010): Schlaganfallhäufigkeit und Versorgung von Schlaganfallpatienten in Deutschland. In: Aktuelle Neurologie 2010; 37, 333–340.

Hurrelmann, K./Leppin, A. (2001): Moderne Gesundheitskommunikation – eine Einführung. In: Hurrelmann, K./Leppin, A. (Hrsg.): Moderne Gesundheitskommunikation. Vom Aufklärungsgespräch zur E-Health. Huber: Bern, 9–21.

Hurtig, R.R./Downey, D.A. (2009). Augmentative and alternative communication in acute and critical care settings, Plural Publishing: San Diego.

Hurtig, R.R./Alper, R.M./Berkowitz, B. (2018): The cost of not addressing the communication barriers faced by hospitalized patients. In: Perspectives of the ASHA Special Interest Groups, 12, 99–112.

Jordan, S./Tapken, M. (2013): Unterstützte Kommunikation in ärztlicher Praxis und medizinischer (Notfall-)Versorgung. In: isaac-Gesellschaft für UK/von Loeper (Hrsg.): Handbuch der Unterstützten Kommunikation. von Loeper: Karlsruhe, 17.063.001-17.068.001.

Krohwinkel, M. (2013): Fördernde Prozesspflege mit integrierten ABEDLs: Forschung, Theorie und Praxis. Huber: Bern.

Londral, A./Pinto, A./Pinto, S./Azevedo, L./de Carvalho, M. (2015): Quality of life in Amyotrophic sclerosis patients and caregivers: impact of assistive communication from early stages. In: Muscle & Nerve, 6, 933–941.

MEZUK (Methodenzentrum Unterstützte Kommunikation) Erdélyi, A./Hennig, B./Mischo, S. (Hrsg.) (2016): UKAPO – Unterstützte Kommunikation in der APOtheke. Die Kommunikationstafel für Arzt und Apotheke. Oldenburg: Methodenzentrum Unterstützte Kommunikation.

Mischo, S./Hennig, B./Erdélyi, A. (2016): Unterstützte Kommunikation im Gemeinwesen am Beispiel der Apotheke. Ein Forschungsbericht. In: Zeitschrift für Heilpädagogik, 12, 532-544.

Mürbe, M./Stadler, A. (2010): Berufs-, Gesetzes- und Staatsbürgerkunde: Kurzlehrbuch für Pflegeberufe. Urban & Fischer: München.

Patak, L./Gawlinski, A./Fung, N.I. et al. (2006): Communication boards in critical care: patients' views. In: Applied Nursing Research, 4, 182-190.

Sanders, Y. (2018): Adaption der Kommunikationsmappe UKAPO für die Kindernotaufnahme: Aspekte, Förderfaktoren und Barrieren aus Sicht des medizinischen Personals. Bachelorarbeit an der Carl von Ossietzky Universität Oldenburg.

Tibbe, N./Reitmeyer, T. (2018): Unterstützte Kommunikation im Sozialräumlichen Zentrum am Beispiel der Pflege im stationären Wohnbereich. Entwicklung, Erprobung und Evaluation einer pflegespezifischen Kommunikationstafel. Masterarbeit an der Carl von Ossietzky Universität Oldenburg.

Internetquellen

Connexia – Gesellschaft für Gesundheit und Pflege Bregenz: https://www.krankenhaus-pass.at/krankenhaus-pass.html
Kommhelp: https://www.kommhelp.de
METACOM: http://www.metacom-symbole.de
MEZUK (Methodenzentrum Unterstützte Kommunikation gUG): https://www.mezuk.de
Rehavista: https://www.rehavista.de
Setzer Verlag: http://www.setzer-verlag.com
UK im Blick: https://uk-im-blick.de/service/links
WidgitHealth: https://widgit-health.com

Unterstützte Kommunikation im sozialen Raum

Susanne Mischo

1 Einleitung

Seit etwa einem Jahrzehnt wird im Fachgebiet der Unterstützten Kommunikation der Blick über das Individuum hinaus in soziale Räume wie Wohneinrichtungen, Werkstätten oder das Gemeinwesen gerichtet. Mit dem Ziel der Partizipation wird neben gezielter Kommunikationsunterstützung auf Subjektebene die Implementierung von Unterstützter Kommunikation in Einrichtungen thematisiert, erste Initiativen hinsichtlich barrierefreier Kommunikation im Gemeinwesen werden entwickelt (vgl. Erdélyi/Hennig in diesem Band). Dennoch ist eine raumtheoretische Perspektive weiterhin unterrepräsentiert, vorwiegend subjektorientierte Themen der Diagnostik und Intervention sind (auch international) dominierend. Im vorliegenden Beitrag wird die Relevanz des sozialen Raums als Kommunikationsraum hervorgehoben, in welchem durch das Kommunikationshandeln aller Beteiligten das Menschenrecht auf Partizipation für Menschen mit Kommunikationsbeeinträchtigungen sichergestellt werden kann.

2 Zugänge zum sozialen Raum in ihrer Bedeutung für UK

Die Definitionen von sozialem Raum unterscheiden sich zwischen den Fachdisziplinen erheblich. Mit Sozialraum können soziale Beziehungen, politische Verwaltungsbezirke, Aneignungsräume oder die Nachbarschaft gemeint sein (vgl. Franz/Beck 2007, 33 f.). Im Weiteren werden zwei Perspektiven näher betrachtet.

2.1 Der funktionale Raum

In der Behindertenhilfe und Sozialen Arbeit ist es weithin üblich, den Sozialraum als geografischen Ort des sozialen Nahraums (Gemeinwesen) zu verstehen, da das direkte Wohnumfeld für Personen mit Beeinträchtigungen meist von großer Bedeutung ist (vgl. Theunissen 2012, 113). Unterschiedliche geografisch differenzierte Räume stehen für spezifische Funktionen. Es wird zwischen dem sozialräumlichen Zentrum, dem sozialen Nahraum, der sozialräumlichen Peripherie und dem Verflechtungsbereich unterschieden (vgl. Franz/Beck 2007, 34 f.). Die Kommunikation im sozialräumlichen Zentrum findet vorwiegend mit vertrauten Kommunikationspartnern statt, in den übrigen Funktionsräumen treten vermehrt fremde Personen als weitere Kommunikationspartner auf (vgl. Mischo 2012, 10.077.001 f.).

Auf der Basis der funktionalen Differenzierung wird es möglich, Forschungsaktivitäten im Bereich der Unterstützten Kommunikation zu verorten:

Seit 2015 werden in Deutschland das sozialräumliche Zentrum (Wohneinrichtungen) und der Verflechtungsbereich (Schule, Arbeit) hinsichtlich Implementierungsfragen vermehrt adressiert. Es existieren vielfältige Praxiserfahrungen und Konzepte zur UK-Implementierung in Einrichtungen oder Regionen (vgl. Mischo 2018, 153 f.). Die empirische Überprüfung zur Wirksamkeit der diskutierten Konzepte steht bislang auch international noch aus (vgl. Kent-Walsh/Binger 2018, 100).

Auch der soziale Nahraum gerät zunehmend in den Blick. Maßgeblicher Fokus ist der barrierefreie Zugang zu verfügbaren Diensten und Einrichtungen. Vorreiter ist Australien: Dort ist seit 2011 ein anerkanntes Informations- und Sicherheitssymbol für barrierefreie Kommunikation etabliert. Die Vergabe des Symbols ist an Standards gebunden, die durch Personen, die unterstützt kommunizieren, überprüft werden (vgl. Solarsh 2014, 12 ff.). Die Standards beziehen sich auf vorhandenes Unterstützungsmaterial ebenso wie auf Wissen, Einstellungen und Handlungspraktiken der Kommunikationspartner (vgl. Scope, 2015a). Auch die kanadische Organisation Communication Disabilities Access Canada hält ein vergleichbares Symbol mit entsprechenden Standards vor, deren Einhaltung jedoch nicht durch Dritte überprüft wird (vgl. CDAC 2013). Es dient damit der Bewusstseinsbildung und Verbreitung von kommunikativer Barrierefreiheit. Vielfältige Materialien und Toolkits für Einrichtungen und Organisationen, aber auch Personen, die unterstützt kommunizieren und deren Unterstützer fördern dieses Anliegen (vgl. CDAC 2019a). Mit der Rezeption von kommunikativer Barrierefreiheit wird der Forderung der CRPD[3] nach Barrierefreiheit als Bedingungsfaktor für Partizipation entsprochen. In Deutschland existiert bislang kein Verständnis von Barrierefreiheit, das kommunikative Barrierefreiheit im direkten Kontakt über den Einsatz von Leichter Sprache, Gebärdensprache und Orientierungssystemen hinaus adressiert (vgl. Mischo 2018, 394 f.). Bereits 2015 wurde dieser Missstand vom CRPD-Ausschuss kritisiert (vgl. CRPD-Ausschuss 2015, 7).

Neben der übergreifenden Sicherstellung von kommunikativer Barrierefreiheit im Sozialraum gibt es weltweit Projekte, die kommunikative Barrierefreiheit in ausgewählten gesellschaftlichen Feldern thematisieren. Hierbei werden in der Regel Barrieren und Förderfaktoren erforscht (vgl. Mischo 2012, 10.079.001; vgl. Schlütken 2012) sowie spezifische Materialien und Fortbildungen für den direkten kommunikativen Austausch entwickelt. Die Qualität der Materialien untergliedert sich in empirisch entwickelte Materialien einerseits und erfahrungsbasierte Zusammenstellungen andererseits. Folgende Themenbereiche werden dabei adressiert: Büchereiverbünde (vgl. Scope 2015b; Shepherd/McDougall 2008), Taxiunternehmen (vgl. Scope 2009), Einkaufszentren (vgl. Scope 2008), Notfälle und Katastrophen (vgl. USSAAC 2019), Gesundheitsbereich (vgl. Widgit Health 2019), Rechtssystem (vgl. CDAC 2019), öffentliche Verkehrsmittel (vgl. Bigby et al. 2019) sowie Ersthelfer (vgl. Mankey/Rang 2018). Auch in Deutschland sind folgende Materialien in der empirischen (Weiter-) Entwicklung:

- UKAPO: Kommunikationsmappe zur barrierefreien Kommunikation in Apotheken (vgl. Mischo/Hennig/Erdélyi 2016) und

---

3 Da die deutsche Bezeichnung Behindertenrechtskonvention (kurz: BRK) nicht den formulierten Rechten von Menschen mit Behinderungen entspricht, sondern vielmehr das People-First-Prinzip missachtet, wird auf die englische Abkürzung CRPD (UN-**C**onvention on the **R**ights of **P**ersons with **D**isabilities) zurückgegriffen.

deren Weiterentwicklungen für die ambulante Pflege, die Onkologie und die Kindernotfallaufnahme.
- UK-VeMa: Symbolgestützte Vernehmungsmappe zur Unterstützung der Verständigung von Polizisten mit Opferzeugen mit lautsprachlichen Beeinträchtigungen (Thümmel/Meinen/Erdélyi 2018). Vergleichbare Materialien existieren in Australien (vgl. Scope 2016) und Südafrika (vgl. Bornman 2017).

Damit ist zwar eine Verortung von Forschungstätigkeiten im Kontext des sozialen Raums aufgezeigt, der funktionale Zugang zum sozialen Raum gibt jedoch keinen Aufschluss über stattfindende Handlungs- und Kommunikationsprozesse, die Partizipation ermöglichen. Hierzu ist eine Betrachtungsweise notwendig, die soziale Räume handlungstheoretisch erschließt.

2.2 Der relationale Raum als Kommunikationsraum

Löw (2017) stellt mit ihrer Raumsoziologie diesen handlungstheoretischen Zugang bereit. Die Autorin verbindet materiale und soziale Raumkomponenten miteinander, indem sie einen relationalen Raumbegriff verfolgt (vgl. Löw 2017, 15). Raum und Handeln betrachtet sie als »relationale (An)Ordnung von Lebewesen und sozialen Gütern an Orten« (ebd., 271). Die Raumkonstituierung findet über Spacing und Syntheseleistung statt. Mit dem Prozess des Spacing meint Löw das (An)Ordnen und Positionieren von Menschen und sozialen Gütern, mit der Syntheseleistung werden auf der Grundlage von »Wahrnehmungs-, Vorstellungs- oder Erinnerungsprozesse[n] [...] Güter und Menschen zu Räumen« (ebd., 159) zusammengefasst. Löw verweist darauf, dass Räume durch gesellschaftliche Strukturen (z. B. rechtliche Vorgaben) geordnet sowie durch Handlungen von interagierenden Personen angeordnet werden (vgl. ebd., 131). Machtmittel und Ressourcen beeinflussen Raumkonstitution grundlegend (vgl. ebd., 192 f. u. 228).

Löw (2017, 164) weist sogenannte institutionalisierte Räume aus, in welchen Handlungsmuster und materiale Anordnung vorhersehbar und überdauernd sind, z. B. in einem Supermarkt. An den Handlungsroutinen der interagierenden Personen und an der materialen Anordnung des Raums kann z. B. ein Supermarkt weltweit identifiziert werden, solange das Erfahrungswissen zur notwendigen Syntheseleistung vorliegt.

»Bedingungen der Fremdheit« (ebd., 184) können diese institutionalisierte (An)Ordnung irritieren, so z. B. eine lautsprachliche Beeinträchtigung. Veränderungen oder kreative Anpassungen von Handlungsroutinen sind dann notwendig, um den sozialen Raum dennoch zu konstituieren. Löw nennt diese kreativ geschaffenen Räume »gegenkulturelle Räume« (ebd., 185; Hervorhebung im Original). Werden die kreativen Lösungswege regelhaft umgesetzt, kann es zu einer Integration in institutionalisierte Raumstrukturen kommen, so dass zukünftig keine Irritation durch Fremdheit mehr entsteht (vgl. ebd., 185).

An diesem Punkt setzen oben beschriebene Aktivitäten hinsichtlich barrierefreier Kommunikation an. Mit unterstützenden Materialien und Strategien werden materiale Komponenten bereitgestellt, um Raumkonstitution trotz Fremdheit auf kreative Weise zu ermöglichen. Gerade institutionalisierte Räume bieten mit festgelegten Raumstrukturen die Möglichkeit, derartige Materialien und Strategien zielgerichtet einzusetzen. Etablieren sich Materialien und Standards zur barrierefreien Kommunikation in institutionalisierten Räumen, kann im Sinne von Löw (2017, 185) Irritation zukünftig vermieden und Partizipation barrierefrei ermöglicht werden.

3 Kommunikation im sozialen Raum

Kommunikationsstrukturen in sozialen Räumen können soziologisch noch konkreter erfasst werden. So geht Dahrendorf (1959/2010) davon aus, dass jede Person verschiedene soziale Positionen in der Gesellschaft innehat. Jede Position ist mit einer sozialen Rolle verknüpft, die das Handeln entsprechend der Muss-, Soll- und Kann-Erwartungen bestimmt (vgl. ebd., 32–35 und 39–42). Nach Luckmann (2002) sind an soziale Rollen wiederum bestimmte kommunikative Gattungen gebunden. Sie folgen einem Gesamtmuster und sind im Wissensvorrat einer jeden Gesellschaft verankert. Kommunikative Gattungen weisen sich durch Ordnungsprinzipien mit festen Handlungs- und Interaktionsmustern aus und sind damit vorhersehbar. Er unterscheidet sie von freien Kommunikationssituationen (vgl. ebd., 164 f.). Jede kommunikative Gattung verfügt über eine klare Außen-, Binnen- und Zwischenstruktur. Die Außenstruktur ist durch die jeweilige soziale Situation und herrschende Rollenerwartung bestimmt. Sie impliziert die Verwendung bestimmter kommunikativer Muster. Die Zwischenstruktur wird durch die soziale Ordnung innerhalb der Interaktion bestimmt, so werden beispielsweise Thema und Sprecherwechsel festgelegt. Die Binnenstruktur legt die gemeinsame materiale Grundlage fest, wie z. B. das Zeichensystem, Phonologie und Prosodie, Semantik und Syntax oder auch mimische, gestische und paralinguistische Kommunikationsformen (vgl. ebd., 165 ff.).

Übertragen auf das Fachgebiet der Unterstützten Kommunikation wird deutlich, dass kommunikative Gattungen durch lautsprachliche Beeinträchtigungen und die Lebensbedingungen des Personenkreises beeinflusst werden. Menschen mit Kommunikationsbeeinträchtigungen sammeln andere Formen der Spracherfahrung und verfügen durch meist institutionalisierte Lebensformen über ein verändertes Erfahrungswissen hinsichtlich sozialer Situationen und Rollen (Außenstruktur). Sowohl die Zwischenstruktur (veränderter Sprecherwechsel bei Ko-Konstruktion und veränderte soziale Reaktionen des Gesprächspartners) als auch die Binnenstruktur (veränderte Kommunikationsgeschwindigkeit, eingeschränktes Vokabular, körpereigene Kommunikationsformen oder externe Kommunikationsmittel) der kommunikativen Gattung entsprechen nicht der erwarteten Form im Kontext einer eingenommenen Rolle (vgl. Mischo 2018, 127 ff.). Die Konstitution gegenkultureller Räume ist daher in besonderem Maße von den Kompetenzen aller beteiligten Personen abhängig, kreative Wege zum Einhalten der sozialen Rollen und kommunikativen Gattungen zu finden. Erst dann kann Partizipation realisiert werden.

4 Implikationen für die Praxis

Um diesen Gedanken greifbar zu machen, sei das Beispiel der Apotheke als Ort im sozialen Nahraum aufgegriffen. Eine Apotheke kann als institutionalisierter Raum gesehen werden. Materiale und soziale Komponenten sind in allen Apotheken in ähnlicher Weise (an)geordnet, die sozialen Rollen sind klar aufgeteilt in Kunde und pharmazeutisches Personal. Die rollenadäquat interagierenden Personen folgen einer spezifischen kommunikativen Gattung, die durch die Apotheke (Außenstruktur) festgelegt ist und eine klare Zwischenstruktur vorherbestimmt (Begrüßung, Beratung nach dem Apothekerleitfaden, Bezahlung, Verabschiedung). Für die Binnenstruktur werden neben der Sprache als objektivem Zeichensystem vorhandene materiale Komponenten (Waren, Geld, Theke) genutzt. Die Situation wird gerahmt von organisationalen und rechtlichen Vorgaben. Indem der Apotheker den Kunden anspricht, wird dieser als solcher identifiziert und im Raum der Apotheke als Kunde positioniert. Indem der Kunde angemessen kommunikativ reagiert, positioniert er wiederum den Apotheker als solchen im Raum der Apotheke und macht ihn als Apotheker erkennbar. Der soziale Raum der Apotheke ist damit konstituiert, beide Personen partizipieren in diesem sozialen Raum. Würde z. B. der Kunde eine unerwartete Reaktion zeigen, also z. B. nicht verständlich sprechen, würde der soziale Raum der Apotheke irritiert und gegebenenfalls als solcher nicht konstituiert werden, falls nicht durch kreatives Handeln der Beteiligten ein gegenkultureller Raum geschaffen würde.

Die oben genannten Materialien zur barrierefreien Kommunikation unterstützen die Konstitution von festgelegten sozialen Räumen, indem sie die dort geltende kommunikative Gattung adressieren. Sie sind auf die jeweilige soziale Situation (Außenstruktur) ausgerichtet, im Aufbau an der Zwischenstruktur orientiert und bieten auf der Binnenstruktur spezifisches Vokabular mit Hinweisen zu passenden Partnerstrategien. Von zentraler Bedeutung sind in diesem Zusammenhang die Erkenntnisse von Mischo und Kolleginnen (2016, 539 f.):

Materialien zur barrierefreien Kommunikation im sozialen Raum

- stellen immer eine Ergänzung zu individuellen Hilfsmitteln dar. Es wird spezifisches Randvokabular für ausgewählte Kontexte zur Verfügung gestellt.
- erfordern den Einsatz UK-spezifischer Strategien. Diese und das Wissen zum Personenkreis müssen systematisch vermittelt werden.
- adressieren entsprechend dem Diversity-Ansatz eine erweiterte Zielgruppe, also z. B. auch Personen mit fehlenden Sprachkenntnissen.

Doch nicht nur für das Vorhalten von barrierefreien Materialien sind kommunikative Gattungen von besonderer Bedeutung. Mischo (2018, 346 ff.) stellte im Rahmen ihrer Studie fest, dass innerhalb von festgelegten kommunikativen Gattungen (z. B. an der Fastfood-Theke, im Kiosk) auch mit fremden Kommunikationspartnern Raumkonstitution trotz der ausschließlichen Verwendung von körpereigenen Kommunikationsformen (z. B. individuelles Ja-Nein-System, Blickverhalten, Laute, Geste, Bewegung im Raum) bei allen einbezogenen Einzelfällen möglich und *keine* Irritation durch fehlende lautsprachliche Kompetenzen festzustellen war. Viel mehr zeigten fremde Kommunikationspartner intuitiv kompetentes Kommunikationshandeln und eine unterstützende Einstellung. Von Vorteil erwiesen sich eigene lebensgeschichtliche Erfahrungen mit Personen mit Kommunikationsbeeinträchtigungen, aber auch mit fehlenden Deutschkenntnissen im Familienkreis (vgl. ebd., 349–352).

Anzunehmen ist, dass Raumkonstitution solange nicht irritiert wird, als der Struktur der kommunikativen Gattung entsprochen werden kann. Das verwendete Kommunikationsmittel scheint hierbei zweitrangig zu sein (vgl. ebd., 378 ff.). Bisher wurden körpereigene Kommunikationsformen meist in der Kommunikation mit vertrauten Personen verortet, da dort ein gemeinsamer Wissensvorrat vorhanden ist, der Ko-Konstruktion möglich macht (vgl. Braun/Kristen 2008, 02.006.001). Kommunikative Gattungen bieten jedoch außerhalb vertrauter Gesprächspartner eine so vorhersehbare Struktur (gemeinsame Wissensbasis), dass Ko-Konstruktionsprozesse möglich werden. Die vorwiegend zweckrational an Informationen und Bedürfnissen (Light 1989) ausgerichtete Kommunikation unterstützt diese Möglichkeit (vgl. Mischo 2018, 346).

Werden enge kommunikative Gattungen verlassen und z. B. Zusatzinformationen benötigt, um freie Kommunikationssituationen zu erzeugen, so droht bei eingeschränktem bzw. nicht verfügbarem objektivem Zeichensystem die Raumkonstitution zu scheitern. Auch sozial nicht angemessene Verhaltensweisen gefährden Raumkonstitutionsprozesse (vgl. Mischo 2018, 351). An diesen Punkten sind sodann die Kompetenzen und Erfahrungen der Person mit Kommunikationsbeeinträchtigung (Subjekt), angemessene Handlungspraktiken und Einstellungen der Interaktionspartner (Gemeinschaft) sowie strukturelle Rahmenbedingungen (z. B. Material zur barrierefreien Kommunikation) auf gesellschaftlicher Ebene von besonderer Bedeutung. Erst durch die Beachtung aller drei Dimensionen ist Partizipation von Menschen mit lautsprachlichen Beeinträchtigungen in sozialen Räumen möglich, wie Abbildung 1 zeigt:

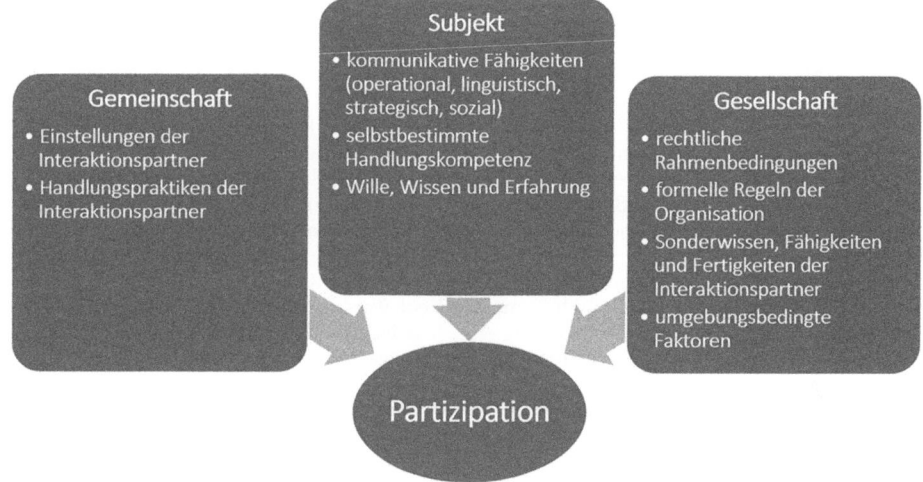

Abb. 1: Konstrukt der Partizipation (vgl. Mischo 2018, 161)

5 Fazit – Eine notwendige Erweiterung der Perspektive

Die Befähigung des Individuums zur möglichst unabhängigen Kommunikation auf der Basis individueller Voraussetzungen ist auch heute noch vorrangiges Anliegen, um Partizipation zu ermöglichen. Hierbei wird primär der Fokus auf die individuelle Förderung der Person gelegt, wohlweislich der Beachtung umfeldbedingter Einflussfaktoren, wie von der ICF intendiert (vgl. Sachse/Bernasconi 2018).

Im Sinne eines menschenrechtlichen Blickwinkels ist dieser Fokus auszuweiten:

»Future research is urgently required to effect positive social change to improve the quality of life of individuals with complex communication needs, not just at the dyadic level with family members or educational/vocational personnel but also within much broader societal contexts« (Light/McNaughton 2015, 93).

Die Anerkennung von alternativen Kommunikationswegen als selbstverständlichen Teil von Diversität, wie in der CRPD verlangt (vgl. Artikel 2 CRPD), erfordert nicht nur eine bestmögliche Versorgung und Förderung des Individuums auf subjektorientierter Ebene. Eine Verbreitung von Handlungskompetenzen und anerkennenden Einstellungen auf interaktionaler, gemeinschaftlicher Ebene sind ebenso notwendig wie eine empirisch abgesicherte Verankerung von Unterstützter Kommunikation in Strukturen von Einrichtungen (z. B. Wohnen, Schule, Arbeit). Letztlich ist eine Adressierung von kommunikativer Barrierefreiheit auf gesellschaftlicher Ebene ein notwendiger Schritt zur Absicherung des Menschenrechts auf volle und gleichberechtigte Partizipation am Leben in der Gemeinschaft für Menschen mit Kommunikationsbeeinträchtigungen.

Literatur

Bigby, C./Johnson, H./O'Halloran, R./Douglas, J./West, D./Bould, E. (2019): Communication access on trains. A qualitative exploration of the perspectives of passengers with communication disabilities. In: Disability and Rehabilitation, 2, 125–132.

Bornman, J. (2017): Preventing Abuse and Providing Access to Justice for Individuals with Complex Communication Needs. The Role of Augmentative and Alternative Communication. In: Seminars in speech and language, 4, 321–332.

Braun, U./Kristen, U. (2008): Körpereigene Kommunikationsformen. In: isaac-Gesellschaft für UK/von Loeper (Hrsg.): Handbuch der Unterstützten Kommunikation. von Loeper: Karlsruhe, 02.003.001-02.007.001.

CDAC (2013): Using-the-Communication-Access-Symbol. http://www.communication-access.org/wp-content/uploads/2013/11/Using-the-Communication-Access-Symbol.pdf [13.02.2019].

CDAC (2019a): Make Your Services Accessible | Communication Access Now. http://www.communication-access.org/make-your-service-accessible/make-your-services-accessible/ [12.02.2019].

CDAC (2019b): Communication Access to Justice. http://www.access-to-justice.org/access-to-justice/ [15.02.2019].

CRPD-Ausschuss (2015): Abschließende Bemerkungen über den ersten Staatenbericht Deutschlands. http://www.institut-fuer-menschenrechte.de/fileadmin/user_upload/PDF-Dateien/UN-Dokumente/CRPD_Abschliessende_Bemerkungen_ueber_den_ersten_Staatenbericht_Deutschlands_ENTWURF.pdf [12.02.2019].

Dahrendorf, R. (1959/2010): Homo Sociologicus. Ein Versuch zur Geschichte, Bedeutung und Kritik der Kategorie der sozialen Rolle. Wiesbaden: Springer.

Franz, D./Beck, I. (2007): Umfeld- und Sozialraumorientierung in der Behindertenhilfe. Empfehlungen und Handlungsansätze für Hilfeplanung und Gemeindeintegration. Bonn: Eigenverlag DHG.

Kent-Walsh, J./Binger, C. (2018): Methodological advances, opportunities, and challenges in AAC research. In: Augmentative and Alternative Communication, 2, 93–103.

Light, J. (1989): Toward a definition of communicative competence for individuals using augmentative and alternative communication systems. In: Augmentative and Alternative Communication, 2, 137–144.

Light, J./McNaughton, D. (2015): Designing AAC Research and Intervention to Improve Outcomes for Individuals with Complex Communication Needs. In: Augmentative and Alternative Communication, 2, 85–96.

Löw, M. (2017): Raumsoziologie. Frankfurt: Suhrkamp.

Luckmann, T. (2002): Wissen und Gesellschaft. Ausgewählte Aufsätze 1981-2002. Konstanz: UVK.

Mankey, S./Rang, M. (2018): ›Speaking Up‹ in an Emergency. In: The ASHA Leader, 11, 28–30.

Mischo, S. (2012): Teilhabe am Gemeinwesen fördern. Möglichkeiten der Unterstützten Kommunikation. In: isaac-Gesellschaft für UK/von Loeper (Hrsg.): Handbuch der Unterstützten Kommunikation. von Loeper: Karlsruhe, 10.076.001-10.088.001.

Mischo, S. (2018): Partizipation und Kommunikation im sozialen Nahraum. Eine qualitative Studie zum Partizipationshandeln von erwachsenen Personen mit Lern- und Sprachschwierigkeiten. Dissertationsschrift. Oldenburg.

Mischo, S./Hennig, B./Erdélyi, A. (2016): Unterstützte Kommunikation im Gemeinwesen am Beispiel der Apotheke. Ein Forschungsbericht. In: Zeitschrift für Heilpädagogik, 12, 532–544.

Sachse, S./Bernasconi, T. (2018): Gelingende Alltagskommunikation und Teilhabe durch systematische Förderung der kommunikativen Kompetenzen. In: Unterstützte Kommunikation, 3, 40–46.

Schlütken, H. (2012): Unterstützte Kommunikation im Gemeinwesen am Beispiel der Apotheke. Barrieren und Förderfaktoren der Teilhabe von Menschen mit Kommunikationseinschränkungen aus Sicht des pharmazeutischen Apothekenpersonals. Unveröffentlichte Bachelorarbeit. Oldenburg.

Scope (2008): Communicating with community at Centro Box Hill. »Good Communication is Good Business«. Unveröffentlicher Forschungsbericht. Box Hill.

Scope (2009): Talking Taxis. https://www.scopeaust.org.au/wp-content/uploads/2015/01/Talking-Taxis.pdf [15.02.2019].

Scope (2015a): Communication Access for All. Introducing the Communication Access Symbol. https://www.scopeaust.org.au/wp-content/uploads/2014/12/A4-Communication-Access-for-All-Booklet-2015-web1.pdf, [15.02.2019].

Scope (2015b): Libraries for All. https://www.scopeaust.org.au/wp-content/uploads/2015/01/Libraries-for-all.pdf [15.02.2019].

Scope (2016): Speak Up and be Safe from Abuse. http://www.speakupandbesafe.com.au/ [13.02.2019].

Shepherd, T. A./McDougall, S. (2008): Communication Access in the Library for Individuals who use Augmentative and Alternative Communication. In: Augmentative and Alternative Communication, 4, 313–322.

Solarsh, B. (2014): Reden wir über Barrierefreiheit: Was ist mit Menschen, die nicht sprechen können? In: Unterstützte Kommunikation, 4, 12–16.

Theunissen, G. (2012): Lebensweltbezogene Behindertenarbeit und Sozialraumorientierung. Eine Einführung in die Praxis. Freiburg: Lambertus.

Thümmel, I./Meinen, T./Erdélyi, A. (2018): How to fight sexual abuse. Support for victims to file a complaint by using AAC. Vortrag ISAAC-Tagung in Gold Coast/Australien 21.-26. Juli 2018.

USSAAC (2019): Emergency Preparedness. https://ussaac.org/our-impact/emergency-preparedness/ [13.02.2019].

Widget Health (2019): Visual support for healthcare. https://widgit-health.com/ [13.02.2019].

Wenn UK nicht gelingen will …

Karolin Schäfer & Julia Schellen

Methoden und Maßnahmen der Unterstützten Kommunikation bilden ein verhältnismäßig junges (Forschungs-)Gebiet mit zugleich hohen Bedarfen an deutschen Förderschulen und anderen Einrichtungen (vgl. Boenisch 2013, 5; Grandič et al. 2018, 47), das weitgehend in der Praxis entstanden ist. Durch den täglichen und mittlerweile vielerorts etablierten Einsatz von UK in Kitas, Schulen, Werkstätten und Wohnheimen für Menschen mit Behinderungen erscheint die nachträgliche Bestätigung der Wirksamkeit von Maßnahmen, z. B. des Gebärdeneinsatzes, häufig nicht mehr zielführend (vgl. Appelbaum et al. 2017, 15). Jedoch fehlen entsprechende Studien zu best-practice-Ansätzen sowie zur Evidenz vieler eingesetzter Methoden.

Dies hat zur Folge, dass aufgrund der fehlenden Handlungsempfehlungen einige UK-Interventionen (zunächst) scheitern und dies große Frustration bei allen Beteiligten auslösen kann. Umso erfreulicher ist es, dass in den letzten Jahren vermehrt konkrete Vorschläge zum Einsatz von UK publiziert wurden, die auf wissenschaftlichen Erkenntnissen basieren. Diese helfen dabei, UK flächendeckend professioneller zu gestalten (vgl. Sachse/Boenisch 2010, 01.026.030 f.).

Während lange vermutet wurde, dass ein früher Einsatz von UK die Entwicklung von Lautsprache erschweren könnte, wird diese Annahme heute in der Fachwelt negiert, auch weil alle Erfahrungen aus der Praxis für das exakte Gegenteil sprechen (vgl. Boenisch 2008; Weid-Goldschmidt 2013). Die frühe erfolgreiche kommunikative Teilhabe durch UK kann herausforderndem Verhalten entgegenwirken und helfen, Missverständnisse abzubauen (vgl. Ganz et al. 2012, 70 f.). Ebenso wird UK nicht mehr als das letzte Mittel, wenn alle anderen Maßnahmen bereits gescheitert sind, angesehen, sondern schon sehr früh in Sprachtherapie und (vor-)schulischen bzw. Wohneinrichtungen eingesetzt (vgl. Braun/Baunach 2008, 6 f.). Es geht also in der Praxis längst nicht mehr darum, *ob* UK überhaupt eingesetzt werden sollte, sondern *wie* der Einsatz sinnvoll und langfristig gelingen kann.

Jedoch erfolgt der Einsatz von UK in der Praxis mit unterschiedlichen Inhalten, Erwartungen und Erfolg. Die Bemühungen von Pädagogen und Therapeuten sind häufig auf ausgewählte alltägliche Situationen ausgerichtet (Morgenkreis, Frühstück, Bedürfnisse ausdrücken, eine Auswahl treffen) und weniger auf die langfristig angestrebte kommunikative Teilhabe in der Gesellschaft (vgl. Pivit/Hüning-Meier 2019, 17). Dabei treten immer wieder ähnliche Situationen auf, bei der die professionellen Bezugspersonen bemerken, dass die Förderung ins Stocken gerät und die gewünschte sprachlich-kommunikative und linguistische Entwicklung bei der unterstützt kommunizierenden Person ausbleibt. In manchen Fällen wird UK sogar gänzlich aufgegeben, da der Einsatz als umständlich erlebt und vom Nutzer auch nicht in der gewünschten Form angenommen wird. Hier lohnt es sich, genauer hinzuschauen und im Sinne einer pragmatisch-kommunikativen Sichtweise zu analysieren, was ursprünglich gefördert werden sollte und stattdessen tatsächlich gefördert wurde.

1 Fallstrick: Vokabularauswahl und Vermittlung

Beispiel

Daniel geht seit anderthalb Jahren in den Kindergarten. Er hat das Down-Syndrom und ist vor einigen Monaten mit einer iPad-basierten Kommunikationshilfe versorgt worden. Die Sprachtherapeutin erstellt inzwischen immer neue Seiten, z. B. zur Auswahl der Lieder im Morgenkreis, um den Namen eines Kindes zu sagen, für das Frühstück oder die Spielmöglichkeiten in der Kita. Hierdurch gibt es inzwischen sehr viele Seiten und Unterebenen auf dem Hilfsmittel. Daniel kann sehr gut auf dem iPad auswählen, was er möchte oder was ihm fehlt. Immer, wenn er das iPad hingehalten bekommt und aufgefordert wird, zu sagen, was er möchte, drückt er zielsicher. Seine Bezugspersonen sind überzeugt, dass er das Gedrückte auch wirklich will. Trotzdem sind sie unzufrieden mit der Situation, da Daniel das iPad nie von sich aus nimmt und initiativ etwas damit sagt. Weiterhin versucht er, hauptsächlich durch Lautieren, auf das aufmerksam zu machen, was er möchte. Einigen Bezugspersonen ist der Einsatz des Hilfsmittels zu umständlich. Nun wird überlegt, wie weiter vorgegangen werden soll.

Gefördert wurde in diesem Fallbeispiel sicherlich der Aufbau eines großen passiven (Symbol-)Wortschatzes in unterschiedlichen semantischen Feldern. Außerdem kann Daniel, wenn ihm die Kommunikationshilfe angeboten wird, erste Bedürfnisse ausdrücken. Ihm wurde jedoch nicht gezeigt, warum er das iPad überhaupt zusätzlich oder anstatt seiner bisherigen kommunikativen Bemühungen einsetzen sollte und wozu er es noch, außer zur Bedürfnisbefriedigung, in natürlichen Situationen einsetzen könnte. Hierzu benötigt er anderes Vokabular in unterschiedlichen echten Interaktionssituationen sowie sprachliche Vorbilder.

Im Hinblick auf die Förderung der semantisch-lexikalischen Sprachebene müssen hier die Ergebnisse der Wortschatzstudien von Boenisch und Sachse (2007) aufgeführt werden. Sie haben gezeigt, dass Wörter aus dem Kernvokabular eine große Relevanz für unterstützt kommunizierende Personen haben und auf Kommunikationshilfen jeglicher Art abgebildet sein müssen, damit Kommunikation überhaupt gelingen kann. Die vorwiegend sogenannten kleinen Wörter (u. a. Adverbien, Pronomen, Hilfs- und Modalverben) bieten die Möglichkeit, in vielen unterschiedlichen Situationen flexibel kommunizieren zu können. Solange das Vokabular auf einer Kommunikationshilfe hauptsächlich aus Namen, Substantiven, Vollverben und wenigen Adjektiven besteht und die Kommunikationsfunktionen ausschließlich Bedürfnisausdrücke und die Auswahl von Gegenständen oder Tätigkeiten umfassen, wird dies nicht dazu beitragen, dass Sprachentwicklung mit UK gelingt. Eine Kommunikationshilfe, die wie eine Wunschtafel gestaltet ist (Boenisch 2017, 209), findet im Alltag selten Anwendung. Meist wissen die anderen Personen, was die unterstützt kommunizierende Person gerne möchte, weil sie darauf zeigen oder es anderweitig ausdrücken kann. Die unterstützt kommunizierende Person empfindet den Weg über das Hilfsmittel in diesem Fall als zusätzlichen Aufwand.

Um tatsächlich den Wortschatzaufbau zu gestalten und die Lust an der Kommunikation zu wecken, empfiehlt sich der Einsatz von Kommunikationshilfen, die bereits über ein umfangreiches Vokabular verfügen, das nach linguistischen Kriterien gestaltet wurde. Wenn es zunächst so erscheint, dass ein Hilfsmittel zu viel Vokabular enthält, kann mit einer schrittweisen Einblendung von

Worten begonnen werden, ohne dass zwangsläufig eigene Seiten erstellt werden müssen (vgl. Boenisch/Musketa/Sachse 2007, 369; Schäfer 2013, 370).

Durch die häufige Auswahl von Worten, die sich immer an der gleichen Stelle befinden, wird darüber hinaus das Prinzip der motorischen Automatisierung unterstützt, das für die spätere effiziente Nutzung und das Finden von Wörtern auf einer Kommunikationsoberfläche elementar ist. Motorische Automatisierung wird durch das immerwährende Verändern oder die Neuerstellung von Kommunikationsseiten auf einem Hilfsmittel erschwert oder sogar verhindert. Insbesondere die Präsentation von spezifischem Unterrichtsvokabular (z. B. Themenfeld Bauernhof, Länder Europas o. Ä.) trägt mitunter zur kurzfristigen Partizipation im Unterricht bei, allerdings nicht dazu, kommunikative und sprachliche Kompetenzen zu erwerben oder zu erweitern (vgl. Pivit/Hüning-Meier 2019, 18).

Im Fallbeispiel Daniel stellt sich außerdem die Frage nach dem sprachlichen Vorbild in seiner Umgebung. Hat er überhaupt schon mal eine andere unterstützt kommunizierende Person gesehen? Haben seine Bezugspersonen mit der Kommunikationshilfe gemodelt, also »das kompetente Mitbenutzen« (Horneber 2017, 70) der Kommunikationshilfe gezeigt? Für das Modelling durch alle Bezugspersonen sprechen gleich mehrere Erkenntnisse aus dem natürlichen Spracherwerb: Die unterstützt kommunizierende Person erfährt, *wo* sich die entsprechenden Wörter auf der Kommunikationshilfe befinden und *wie* diese zur Kommunikation genutzt werden können. So werden automatisch weitere kommunikative Funktionen im Alltag erlebt, z. B. protestieren, um Hilfe bitten, etwas erzählen (vgl. Castañeda/Waigand 2016, 42 f.). Waigand/Fröhlich (2017, 331) stellen zusammenfassend fest, dass es vor allem um die Frage gehe, *wie* UK vermittelt werden sollte und fokussieren dabei auf die pragmatisch-kommunikative Sprachebene.

Überlegungen zu Interventionen auf der syntaktisch-morphologischen Sprachebene gibt es in der UK bisher eher selten (Appelbaum/Hellrung 2016), wobei die Frage nach dem Erwerb grammatikalischer Fähigkeiten für die Sprachentwicklung von entscheidender Bedeutung ist. Während komplexe elektronische Hilfen Möglichkeiten der Nutzung von Grammatik häufig beinhalten, bleibt die Frage für körpereigene Kommunikationsformen wie Gebärden in der UK bisher weitgehend offen (Appelbaum et al. 2017, 15). Selbst wenn Kommunikationshilfen entsprechend umfangreiche grammatikalische Strukturen beinhalten, werden diese in vielen Fällen nur unzureichend genutzt (Schäfer 2011, 314).

Eine vermeintlich grammatikalische Struktur, deren überproportional häufiger Einsatz nicht nur bei Daniel beobachtet werden kann, ist die einleitende Phrase »ich möchte (bitte)«, auf die hin ein Bedürfnis (Substantiv, Verb) ausgewählt werden kann. Dass diese Einleitung in der Praxis so häufig verwendet wird, hängt mit der Herausforderung zusammen, passendes Vokabular zur Kommunikation zu finden, so dass die naheliegende und vermeintlich notwendige Strategie der Bedürfnisorientierung verfolgt wird. Der Einsatz von »ich möchte (bitte)« ist dann allerdings keine erworbene grammatikalische Struktur, sondern ein gelerntes Verhalten des Kindes. Dies führt in einigen Fällen zu einer Übergeneralisierung, so dass offensichtlich wird, dass die Kinder keinesfalls verstanden haben, was »ich« und »möchten« und »bitte« bedeutet, sondern dass sie nur wissen, dass sie es immer drücken müssen, bevor sie eine andere Auswahl tätigen (vgl. Müller 2017, 31).

2 Der Faktor Zeit

Beispiel

Fabienne ist 17 Jahre alt. Sie besucht die Förderschule mit dem Förderschwerpunkt geistige Entwicklung in der Berufspraxisstufe. Sie hat schon viele Methoden und Hilfsmittel im Laufe ihrer Schullaufbahn kennengelernt. Bisher nutzt sie vor allem körpereigene Formen wie Lautieren, Mimik, Gestik und Zeigen. Alle anderen Kommunikationsformen und Hilfsmittel wie Gebärden, Tafeln oder elektronische Hilfsmittel hat sie nie lange genutzt. Sie kommt im Schulalltag gut zurecht und kann auf ihre Weise mit Freundinnen und den Lehrkräften in Kontakt treten. Die Eltern berichten, dass sie stets alles verstehen würden, was Fabienne ausdrücke. Es ist ihr letztes Schuljahr. Nun soll noch einmal richtig intensiv mit Fabienne gearbeitet werden, damit sie fit für die Werkstatt wird, aber die Lehrerinnen sind unsicher, was sie nun konkret mit ihr üben und verwenden sollen, da mit Fabienne schon so Vieles erfolglos erprobt wurde.

Das Fallbeispiel von Fabienne schildert einen Fall, wie er in der Praxis möglicherweise häufig vorkommt: Angebote wurden in der Vergangenheit häufig gewechselt und jeweils nur kurzzeitig eingesetzt. Dies ist meist keine Absicht, sondern anderen Umständen wie z. B. Personal- oder Klassenwechsel geschuldet. Anstatt mit Modelling zu fördern und Fabienne zu zeigen, *wie* sie ihre Kommunikationsform(-en) einsetzen kann, wurden immer wieder neue Hilfen erprobt. Insgesamt wurde viel zu wenig Zeit eingeplant, um eine Kommunikationsform oder ein Hilfsmittel einzuführen und kennenzulernen. Die Kommunikationsförderung erfolgte weitgehend unsystematisch und ohne Beachtung linguistischer Kriterien. Die Relevanz von UK wird vom Elternhaus nicht gesehen, da die familiäre Verständigung vermeintlich gut funktioniert. Fabienne kommuniziert nun über körpereigene Kommunikationsformen, allerdings weitgehend ohne (Laut-)Sprache. Mit dem anstehenden Wechsel des Lebensumfelds wird nun leider offenbar, dass es zu Schwierigkeiten kommen wird: Wer Fabienne nicht kennt, kann ihre Zeichen nicht entschlüsseln.

Die Vermittlungsmethodik hat in der UK eine ganz entscheidende Bedeutung für individuelle Entwicklungsfortschritte. Aber auch die Auswahl einer passenden Kommunikationsform gehört zu den großen Herausforderungen im Praxisfeld der UK. Es muss stets passgenau (anstatt beliebig) vorgegangen werden, wobei dabei auch immer die Frage im Raum steht, was durch das Umfeld grundsätzlich mitgetragen werden kann. Hier spielen die Auftragsklärung und das Abstimmen aller in die Kommunikation eingebundenen Personen untereinander eine wichtige Rolle. Giel (2017, 231 f.) stellt mit dem Konzept »MoRTi: Moderierte Runde Tische« eine evidenzbasierte Struktur für solche Gespräche zwischen allen Akteuren vor. Viele UK-Interventionen scheitern bereits daran, dass angenommen wird, dass die Kommunikationsform oder das UK-Hilfsmittel sofort autark und selbstständig von der unterstützt kommunizierenden Person eingesetzt werden können bzw. müssen (vgl. Braun/Baunach 2008, 6 f.).

Zu den häufigen Herausforderungen in der Vermittlungsmethodik gehört daher auch der Faktor Zeit. Dies bezieht sich einerseits auf die Länge einer Intervention mit einem bestimmten Hilfsmittel oder Konzept. Hierbei wird oftmals vergessen, dass Kinder auch im regulären Spracherwerbsprozess mehrere Monate brauchen, bis sie die ersten verständlichen lautsprachlichen Äußerungen tätigen (vgl. Castañeda/Waigand 2016, 41; Horneber 2017, 72). In der UK wird häufig bereits zu früh angenommen, dass es doch nicht das richtige Hilfsmittel oder die passende Kommunikationsform für die Person waren. Andererseits muss auch die Zeit, die einer unterstützt kommunizierenden Person ermöglicht wird, selbst zu agieren, in den Fokus rücken. Bezugspersonen versuchen häufig aus gut gemeinten Motiven, Bedürfnisse zu erraten oder Gesagtes vorwegzunehmen, ohne dass der unterstützt kommunizierenden Person ausreichend Raum für ihren Turn in der Kommunikation gegeben wird. Da UK meistens wesentlich langsamer als Lautsprache ist, kann es vielen Bezugspersonen unangenehm sein, wenn sie lange warten oder sich in der Kommunikation stark zurücknehmen müssen. Es kommt zu einer Asymmetrie der Anzahl und Länge der Turns der Kommunikationspartner (vgl. Smith/Grove 2003, 163). Die Kinder werden im schlimmsten Fall zunehmend passiv, anstatt sich aktiver einzubringen. Man spricht hier auch von einer erlernten Hilflosigkeit (vgl. Nonn 2011, 34).

3 Fazit

Damit nicht jedes Interventionsteam immer wieder von vorne beginnt und in die gleichen Fallen tappt wie andere Personen zuvor, gilt es, bekannte Fallstricke in der UK möglichst zu vermeiden und sich an dem zu orientieren, was bisher als förderlich bekannt ist. Dazu gehört neben der sinnhaften, auf wissenschaftlichen Erkenntnissen beruhenden Vokabularauswahl auch die systematische Vermittlung derselben und die Stärkung kommunikativer Kompetenzen. Berücksichtigt werden sollten dabei die Kommunikationsfunktionen, die mit UK ausgedrückt werden sollen, und der Kontext, in dem kommuniziert wird.

In diesem Bereich gibt es in der Forschung und Praxis der UK noch viel zu tun – u. a. müssen Modelle geschaffen werden, wie auch das häusliche Umfeld in die Vermittlung einbezogen werden kann, bei gleichzeitiger Würdigung der bisherigen, aus Sicht der Familien häufig erfolgreichen Kommunikationsformen im Alltag. Gemeinsam können hier Wege geschaffen werden, die Kommunikation für unterstützt kommunizierende Personen über die gesamte Lebensspanne weiterführend und erfolgreich zu gestalten.

Literatur

Appelbaum, B./Hellrung, U. (2016): Förderung der Grammatikentwicklung mit unterstützten Kommunikationsformen. In: Unterstützte Kommunikation 4, 39–45.

Appelbaum, B./Schäfer, K./Braun, U. (2017): Gebärden in der Unterstützten Kommunikation (UK) – eine Bestandsaufnahme und mögliche Perspektiven für die Forschung. In: uk & forschung 7, 4–17.

Boenisch, J./Musketa, B./Sachse, S.K. (2007): Die Bedeutung des Vokabulars für den Spracherwerb und Konsequenzen für die Gestaltung von Kommunikationsoberflächen. In: Sachse, S.K./Birngruber, C./Arendes, S. (Hrsg.): Lernen und

Lehren im Kontext der Unterstützten Kommunikation. Karlsruhe: von Loeper, 355–371.

Boenisch, J. (2008): Verhindert Unterstützte Kommunikation die Entwicklung von Lautsprache? In: Unterstützte Kommunikation 2, 25–30.

Boenisch, J. (2013): Kernvokabular im Kindes- und Jugendalter. In: uk & forschung 3, 4–23.

Boenisch, J. (2017): Kernvokabular – Schlüssel zur gelingenden Kommunikation bei Kindern mit komplexer Behinderung. In: Sprachförderung und Sprachtherapie 4, 208–216.

Braun, U./Baunach, M. (2008): Märchen und Mythen in der Unterstützten Kommunikation. In: Unterstützte Kommunikation 2, 6–13.

Castañeda, C./Waigand, M. (2016): Modelling in der Unterstützten Kommunikation. In: Unterstützte Kommunikation 3, 41–44.

Ganz, J.B./Earles-Vollrath, T.L./Heath, A.K./Parker, R.I./Rispolo, M.J./Duran, J.B. (2012): A Meta-Analysis of Single Case Research Studies on Aided Augmentative and Alternative Communication Systems with Individuals with Autism Spectrum Disorders. In: Journal of Autism and Developmental Disorders 2, 60–74.

Giel, B. (2017): MoRTi: Moderierte Runde Tische bei komplexen Sprach- und Kommunikationsstörungen. In: Sprachförderung und Sprachtherapie 4, 231–236.

Grandič, A. et al. (2018): Nicht alle können hochdeutsch, aber alle sollten UK können. In: Unterstützte Kommunikation 3, 47-50.

Horneber, A. (2017): Wie viel Sprache braucht ein Mensch, bevor er spricht? In: Lage, D./Ling, K. (Hrsg.): UK spricht viele Sprachen. Karlsruhe: von Loeper, 62-75.

Müller, B. (2017): Wir verstehen ihn auch so??? Ein Erfahrungsbericht. In: Unterstützte Kommunikation 1, 30–34.

Nonn, K. (2011): Unterstützte Kommunikation in der Logopädie. Stuttgart: Georg Thieme.

Pivit, C./Hüning-Meier, M. (2019): Hindernislauf. In: Unterstützte Kommunikation 1, 15–20.

Sachse, S.K./Boenisch, J. (2010): Kern- und Randvokabular in der Unterstützten Kommunikation: Grundlagen und Anwendung. In: isaac-Gesellschaft für UK/von Loeper (Hrsg.): Handbuch der Unterstützten Kommunikation. von Loeper: Karlsruhe, 01.026.030-01.026.040.

Schäfer, K. (2011): Wird das Kernvokabular überhaupt genutzt? UK-Nutzerbefragung zum Einsatz komplexer elektronischer Kommunikationshilfen. In: Bollmeier, H./Engel, K./Hallbauer, A./Hüning-Meier, M. (Hrsg.): UK inklusive. Teilhabe durch Unterstützte Kommunikation. Karlsruhe: von Loeper, 299–331.

Schäfer, K. (2013): Oberflächengestaltung bei komplexen elektronischen Kommunikationshilfen mit Symbolunterstützung. Eine kritische Betrachtung des Zusammenhangs zwischen Vokabularumfang und Feldgröße. In: Hallbauer, A./Hallbauer, T./Hüning-Meier, M. (Hrsg.): UK kreativ! Wege in der Unterstützten Kommunikation. Karlsruhe: von Loeper, 360–374.

Schäfer, K./Schellen, J. (2017): »UK funktioniert bei uns nicht!« - Woran kann es liegen? In: Sprachförderung und Sprachtherapie in Schule und Praxis 4, Themenheft Sprachtherapie bei komplexen Behinderungen, 217–224.

Smith, M./Grove, N. (2003): Asymmetry in input and output for individuals who use AAC. In: Light, J./Beukelman, D./Reichle, J. (Eds.): Communicative competence for individuals who use AAC: From research to effective practice. Baltimore: Brookes, 163–195.

Weid-Goldschmidt, B. (2013): Zielgruppen Unterstützter Kommunikation. Fähigkeiten einschätzen – Unterstützung gestalten. Karlsruhe: von Loeper.

Waigand, M./Fröhlich, N. (2017): Mach's doch einfach! Modelling in der Unterstützten Kommunikation. In: Lage, D./Ling, K. (Hrsg.): UK spricht viele Sprachen. Karlsruhe: von Loeper, 320–335.

E Literacy in der UK

Früher Schriftspracherwerb (Emergent Literacy). Oder: Wie lernen Kinder lesen und schreiben?

Melanie Willke & Stefanie K. Sachse

›Emergent Literacy‹ bezeichnet einerseits die frühen Phasen des Schriftspracherwerbs. Der Begriff steht andererseits aber auch für ein Schriftspracherwerbsmodell, das mit dem ›Spracherfahrungsansatz‹ (Brügelmann 1989) in Verbindung gebracht werden kann.

Im vorliegenden Beitrag wird aufgezeigt, wie der Schriftspracherwerb nach dem ›Emergent-Literacy-Modell‹ verläuft und warum diese Auffassung insbesondere auch für unterstützt kommunizierende Kinder und Jugendliche mit unterschiedlich komplexen Beeinträchtigungen geeignet ist.

1 Was ist Emergent Literacy?

›*Literacy*‹ ist ein »Sammelbegriff für kindliche Erfahrungen und Kompetenzen rund um Buch-, Erzähl-, Reim- und Schriftkultur« (Ulich 2008, 87). Mit dem *Begriff ›Emergent Literacy‹* (emergent = *engl.* sich entwickelnd) werden frühe Formen und Phasen des Schriftspracherwerbs bezeichnet, die das Hineinwachsen in die Welt der Schriftlichkeit markieren (vgl. Nickel 2014). Dies meint, dass die Kinder durch ihre Erfahrungen mit Schrift verstehen lernen, wie Schrift funktioniert und wie Schrift aufgebaut ist. Erfahrungen bilden demnach die Basis der kindlichen Vorstellung von Schrift. D. h. indem Kinder z. B. verstehen, was ihr Name auf der Anwesenheitsliste bedeutet oder dass der eigene Name im T-Shirt Besitz anzeigt, lernen sie, was man mit Schrift machen kann: Wir schreiben, um etwas mitzuteilen, und lesen, um uns zu informieren.

1.1 Schriftspracherwerbsmodelle

›Emergent Literacy‹ hat einen deutlich breiteren Fokus als andere Schriftspracherwerbsmodelle. Verschiedene Schriftspracherwerbsmodelle beschreiben u. a. die logographemische, die alphabetische und die orthografische Phase und damit vorrangig die Phasen des Wortlesens bzw. des Orthographieerwerbs (vgl. Füssenich/Löffler 2008, 73 ff; Übersicht bei Mayer 2014). Dabei spielen insbesondere in der alphabetischen Phase die lautsprachlichen Fähigkeiten der Kinder eine zentrale Rolle: wenn sie Wörter sprechen und abhören, wenn sie Buchstaben Laute zuordnen und die Laute zusammenziehen können etc. Ein solches Modell ist für unterstützt kommunizierende Kinder schwierig, weil sie die Möglichkeiten des lautsprachlichen Manipulierens und Ausprobierens nicht oder nur begrenzt haben (vgl. Köster/Schwager 2002, 89 f.).

In solchen Modellen bleiben viele relevante Fragen in Bezug auf die Wahrnehmungs-, Denk- und Konstruktionsvorgänge beim Schriftspracherwerb unbeantwortet: Wie lernen Kinder die Funktion von Schrift zu verstehen? Wie lernen sie, dass wir von links nach rechts lesen und immer die rechte Seite umblättern? Wie lernen sie Sätze und Texte zu verstehen und zu planen?

Das Modell der ›Emergent Literacy‹ liefert dazu Hinweise: Auf der Grundlage von bedeutsamen und reichhaltigen Erfahrungen mit Schrift in sozialen Situationen sammeln Kinder Einsichten, entwickeln Ideen, verfeinern und korrigieren diese und entwickeln ein Verständnis von Schrift. Sie beginnen im dritten Lebensjahr, so zu tun, als ob sie lesen und schreiben würden (vgl. Jungmann et al. 2018, 23). Die Kinder fragen, ›was dort steht‹, weil sie wissen, dass Informationen enthalten sind. Ab dem vierten Lebensjahr imitieren sie das Lesen und Schreiben von links nach rechts (vgl. ebd.). Sie lernen, den eigenen Buchstaben und Namen zu erkennen; beginnen Laute und Buchstaben in Namen und Wörtern zu identifizieren. Diese Erfahrungen machen Kinder ganz natürlich, wenn sie erleben, wie und wozu ihr Umfeld Schrift nutzt: Wenn der Name auf ein gemaltes Bild oder ins T-Shirt geschrieben wird; wenn Zuhause der Kakao fehlt, ›Kakao‹ auf die Einkaufsliste geschrieben und dann eingekauft wird (im Laden wird der Zettel noch mal gelesen); wenn die Omi eine Nachricht schickt, dass sie Lisa heute abholen kann, Mama die Nachricht vorliest und erläutert... An einem anderen Tag fragt Mama Lisa, ob sie der Omi schreiben und fragen soll, ob sie Lisa abholen kann. Irgendwann fragt Lisa vermutlich, ob sie selbst an die Omi schreiben darf. Der Lautsprach- bzw. UK-Erwerb wird hier als wichtiger Teil des Schriftspracherwerbs verstanden, weil viele schriftbezogene Konstruktions- und Verstehensleistungen ohne den kommunikativen Austausch kaum erfolgen könnten.

Nach dieser Auffassung erfolgt Schriftspracherwerb parallel zum (Laut-)Spracherwerb: Die Fähigkeiten zu sprechen bzw. unterstützt zu kommunizieren und zu verstehen, zu lesen und zu schreiben entwickeln sich gleichzeitig und beeinflussen sich gegenseitig (vgl. Teale/Sulzby 1986; Koppenhaver et al. 1991a). Gespräche über und Erfahrungen mit Schrift, Büchern, Stiften, Handys, Zeitschriften, mit Schildern etc. bilden einen motivierenden Rahmen, den eigenen Buchstaben und Namen, andere Wörter zu lernen, Interesse an verschiedenen Texten und zunehmend Literacy-Fähigkeiten entwickeln zu können. Vor diesem Hintergrund wird deutlich, dass jedes Kind Erfahrungen rund um Schrift sammeln und Fortschritte auf dem Weg zur Schrift machen kann. Voraussetzung ist, dass die Kinder Erfahrungen machen können. So gesehen können Literacy-Fähigkeiten als erfahrungsbasierte Fähigkeiten verstanden werden. Fehlende Literacy-Fähigkeiten sind somit mit fehlenden Erfahrungsmöglichkeiten zu begründen (und nicht mit den Beeinträchtigungen der Kinder). Hier wird ein zweiter Unterschied in Bezug auf die verbreitete Auffassung zum Schriftspracherwerb deutlich: »Statt durch Instruktion erfolgt Schriftspracherwerb nach der Auffassung einer ›Emergent Literacy‹ durch Schriftgebrauch« (Kochan 1990, 233 zit. nach Topsch 2005, 65).

›Emergent Literacy‹ nimmt folgende Kompetenzen und Kompetenzbereiche in den Blick (in Anlehnung an Sénéchal et al. 2001):

1. Literacywissen: Funktion von Schrift, erstes Erkennen von Wörtern in vertrauten Kontexten, Selbstwahrnehmung als Lerner, Erfahrungen mit dem ABC, mit Buchstaben und Lauten, erste Buchstabier- und Schreibversuche, auch mit der Kommunikationshilfe
2. Lautsprache/kommunikative Fähigkeiten: Wortschatz, Erzählfähigkeiten, aktive Beteiligung am dialogischen Vorlesen, Weltwissen
3. Metasprachliches Wissen: phonologische und syntaktische Bewusstheit

Eine solche Sicht auf den frühen Schriftspracherwerb bietet sich in dreifacher Hinsicht als Erklärungsmodell und Orientierungshilfe für UK-Kontexte an:

1. Zum Ersten werden parallel die kommunikativen Fähigkeiten der Lerner in den Blick genommen, was für viele unterstützt kommunizierende Kinder und Jugendliche erforderlich ist, um deren kommunikative Kompetenzen mit ihren Kommunikationsformen für den Austausch mit weniger vertrauten Personen weiter auszudifferenzieren.

2. Zum Zweiten folgt man den Lernwegen der Kinder und Jugendlichen (im Unterschied zum lehrgangsorientierten Vorgehen), so dass jede Person auf ihrem individuellen Weg adäquate Angebote bekommen und so Fortschritte machen kann.

3. Zum Dritten werden auch Alternativen zum Lautieren und Synthetisieren als zentrale Zugänge beim Lesen- und Schreibenlernen berücksichtigt (z. B. Flipchartschreiben, Wörter bauen, Wörterwände usw., siehe Sachse in diesem Band).

2 Literacy-Angebote für Alle

2.1 Konstruktion – Denken kann nur jeder selbst!

Lernen ist immer ein Konstruktionsprozess, bei dem auf der Basis von vorhandenen Erfahrungen und Wissen neue Erfahrungen verarbeitet werden. Lernende konstruieren ihr Wissen dabei selbst, es entsteht nicht durch einfache Informationsübertragung. Somit ist Lernen immer ein aktiver, selbstgesteuerter Prozess (vgl. Graf 2015). Bezogen auf den Schriftspracherwerb bedeutet dies, dass Kinder das Wesen von Schriftsprache selbst verstehen müssen. Sie entwickeln durch Erfahrungen mit dem Gebrauch von Schriftsprache eigene Vorstellungen, wie Schrift funktioniert. Die Kinder müssen Schriftsprache quasi neu erfinden (vgl. Graf 2015). Auch wenn das Verständnis von Schriftsprache von den Kindern eigenständig konstruiert werden muss, geschieht dies immer auf Grundlage von Erfahrungen, die in sozialen Kontexten gemacht werden. Kinder erleben bei Erwachsenen beispielsweise, dass mit einem kommunikativen Zweck geschrieben wird (z. B. in Briefen, WhatsApp-Nachrichten) oder um sich etwas zu merken (z. B. Notizen, Einkaufszettel). Gleichzeitig beginnen Kinder selbst mit Schriftsprache zu experimentieren und imitieren, was sie sehen: Sie »schreiben« Kritzelbriefe oder »lesen« ihr Lieblingsbuch vor. Auf diese Weise zeigen die Kinder, wie viel sie bereits über Schrift gelernt haben: Sie erkennen Schrift (die Form), fragen ›Was steht da‹, weil sie verstanden haben, dass dort eine möglicherweise interessante Information enthalten ist (die Funktion von Schriftsprache). Sie lernen zu verstehen, warum wir Schriftsprache nutzen, lange bevor sie selbst Lesen und Schreiben lernen (»form follows function«, vgl. Kress 2000).

2.2 Vorschussvertrauen

Erwartungen des Umfelds: Im Umfeld von sprechenden Kindern wird in der Regel ganz selbstverständlich davon ausgegangen, dass diese lesen und schreiben lernen werden. Bei unterstützt kommunizierenden Kindern ist diese grundsätzliche Erwartung, dieses selbstverständliche Vertrauen in die Fähigkeiten der Kinder jedoch nicht immer gegeben (vgl. Koppenhaver et al. 1991b, 26). Dies hat oft zur Folge, dass weniger Materialien und Gelegenheiten zur Auseinandersetzung mit Schrift zur Verfügung gestellt werden.

Auch wenn Kinder und Jugendliche bestimmte Fähigkeiten (noch) nicht zeigen, sollten die Bezugspersonen Vorschussvertrauen demonstrieren: Sie sollten den Kindern das Schreiben zutrauen und sie darin bestärken, auch etwas zu kritzeln oder zu schreiben; die Erwachsenen sollten Interesse an der Schreibtätigkeit der Kinder zeigen und die Ergebnisse der Kinder wertschätzen (vgl. Graf 2015). Der Umstand, dass Schrift ein Beschäftigungsgegenstand ist, hat auch großen Einfluss darauf, wie (kompetent) eine Person wahrgenommen wird.

Selbstwahrnehmung: Damit sich Kinder auch selbst als Lernende und als kompetent wahrnehmen, müssen ihre Kritzel-, ihre Lese- und Schreib-Aktivitäten anerkannt werden. Auch wenn diese (vor allem anfangs) noch eher zufällig sind, ist es wichtig, dass den Versuchen Bedeutung zugesprochen wird (»Ach, du hast ein H geschrieben. Wolltest du deinen Namen auf das Bild schreiben?«).

Wenn Kinder und Jugendliche keinen Stift halten können, werden ›alternative Stifte‹ angeboten (z. B. Kommunikationshilfe mit Tastatur, Malprogramm mit Augensteuerung oder ABC-Klapptafel), so dass die Kinder und Jugendlichen trotzdem Spuren hinterlassen und mit dem ABC experimentieren können. So können sie Erfahrungen sammeln, die mit dem Kritzeln vergleichbar sind (vgl. Sachse 2015, 249; Dierker 2017, 8). Hier ist es wichtig, sich vorher auszutauschen, zu welchem Thema oder an wen geschrieben wird. So können Kritzelergebnisse sinnvoller interpretiert bzw. kann nachgefragt werden, ob etwas Bestimmtes gemeint ist.

Voraussetzungslose Angebote: Kinder und Jugendliche müssen keine Kompetenzen demonstrieren, um an Angeboten zum Schriftspracherwerb oder am Deutschunterricht teilnehmen zu können (vgl. Whitehead 2007, 61; Hallbauer 2007, 160). David Yoder (2000) sagt: »No student is too anything to be able to read or write« (»Kein Schüler ist zu irgendwas, um lesen und schreiben zu können«). Bei Angeboten für Kinder und Jugendliche mit komplexen Behinderungen geht es beim Vorlesen, bei Gesprächen über Schrift, beim Kritzeln usw. zunächst darum, Momente der Aufmerksamkeit zu schaffen. Das sind oft zunächst nur kurze Momente, in denen es gelingt, die Aufmerksamkeit und das Interesse der Kinder einzufangen. Diese Aufmerksamkeit ist ein Indikator für adäquate Angebote; im Englischen bezeichnet der Begriff ›engaged‹ diesen angestrebten Zustand (Koppenhaver/Erickson 2003, 283).

2.3 Erfahrungen ermöglichen Wissen & Können

Im Alltag ergeben sich viele Situationen, in denen Erwachsene Lese- und Schreibanlässe als Lernanlässe gestalten können. Hier wird noch einmal der Unterschied zwischen ›Schriftspracherwerb durch Instruktion‹ im Gegensatz zum ›Schriftspracherwerb durch Schriftgebrauch‹ deutlich. Indem die Erwachsenen den Kindern und deren Aufmerksamkeit folgen; indem die Erwachsenen die Kinder teilhaben lassen an ihren Schreib- und Lesehandlungen; indem sie formulieren, warum sie etwas lesen (»Wir wollen doch mal schauen, was Nino am Wochenende erlebt hat. Hier steht's.«) oder schreiben (z. B. »... damit wir das nicht vergessen«), lernen Kinder interessensgeleitet mehr über die Form und Funktion von Schrift. Durch handlungsbegleitendes und denkbegleitendes Sprechen (vgl. Kammermeyer et al. 2019, 17) werden die Kinder sowohl in die Tätigkeit als auch in die damit verbundene Absicht einbezogen: Wenn WhatsApp-Nachrichten gelesen und geschrieben werden, wenn nach Rezepten gekocht oder etwas in den Kalender eingetragen wird, können sie ihre Vorstellungen von

Schrift immer weiter ausdifferenzieren. UK-Nutzer, die eine körperliche Beeinträchtigung haben, können unter Umständen nicht aktiv zu einem schreibenden Erwachsenen gehen, um ihm zuzuschauen. Erwachsene sind daher gefordert, sich immer wieder zu diesem Kind zu setzen, und dort ihre ›Schreibarbeiten‹ zu verrichten.

Dem Vorlesen von Büchern und Geschichten, von Nachrichten und anderen Texten, die für die betreffende Person von Interesse sind, kommt besondere Bedeutung zu. Besonders wenn das Vorlesen als Dialog gestaltet ist, bietet es reichhaltige Möglichkeiten der Literacy- und Kommunikationsförderung (vgl. Ulich 2008, 90; siehe auch Erickson/Koppenhaver in diesem Band). Erwachsene sind hier gefordert, auf die individuellen Bedürfnisse der unterstützt Kommunizierenden einzugehen, z. B. bei einem Bild zu verweilen, eine interessante Szene noch einmal zu lesen oder Zurückzublättern (vgl. Richter-Greupner 2016, 46). Wird der dialogische Austausch angestrebt, geht es weniger darum, eine Geschichte möglichst zügig zu Ende zu lesen, sondern sich am besten zu jeder Seite auszutauschen und persönliche Bezüge herzustellen. Die Gespräche sind hier willkommen und helfen den Kindern zum einen, die Inhalte besser zu verstehen; zum anderen, beschriebene Situationen mit eigenen Erfahrungen in Verbindung zu bringen. Eine Untersuchung von Light und Kelford-Smith (1993) zeigt, dass unterstützt kommunizierende Kinder im Vorschulalter kaum solche Möglichkeiten haben. Hier wird erneut deutlich, wie wichtig und sinnvoll der parallele Fokus auf kommunikative und schriftsprachliche Fähigkeiten ist.

Anhaltende Dialoge: Langanhaltenden Dialogen, anhaltendem Austausch bzw. dem gemeinsamen Nachdenken kommt besondere Bedeutung zu (›sustained interaction‹, vgl. Linell 2009; ›sustained shared thinking‹, vgl. Sylva et al. 2003). Dieses Interaktionsmuster, bei dem die Beteiligten einen Dialog gestalten und dabei auf den Beiträgen und Ideen des Gegenübers aufbauen, regt zur intensiven Auseinandersetzung mit Schrift an (vgl. Graf 2015, 43 f.). Graf (2015) betont, dass ein aufrichtiges Interesse am Gegenüber die Grundlage für diese Interaktionsform ist. Der Erwachsene ist aufgefordert, dem Kind und dessen Interessen zu folgen und so die aktive Beteiligung und maximale Aufmerksamkeit des Kindes zu fördern. So entwickeln sich im gemeinsamen Austausch Denkprozesse beim Kind, die weit über reine Instruktion durch einen Erwachsenen hinausgehen (vgl. Graf 2015, 42).

Dialoge steuern: Beim dialogischen Lesen mit unterstützt kommunizierenden Kindern sollte auch situationssteuerndes Vokabular zur Verfügung stehen und gemodelt werden, z. B. um eine Seite »weiter« zu blättern, um ein Buch »noch mal« zu lesen oder ein »anderes« Buch zu lesen (vgl. Sachse/Willke 2013, 186; Stark/Waigand 2013, 139).

3 Fazit

Wenn im Alltag Schriftsprache eine zentrale Rolle spielt, wenn Kinder und Jugendliche erleben, inwiefern Schrift eine persönliche Bedeutung für sie hat (z. B. auf welchem Geschenk der eigene Name steht), sammeln die Kinder und Jugendlichen Erfahrungen und lernen selbst Schrift zu nutzen bzw. zunächst die Hinweise zu verstehen, die sie aus Wörtern und Texten ableiten. Sie verweisen auf ihr Kommunikationstagebuch, weil sie verstanden haben, dass dort etwas drinsteht, das sie gern mitteilen möchten; sie geben Hinweise auf den ersten Buchstaben eines Wortes, das sie nur undeutlich aussprechen können; sie versuchen mit der Wortvorhersage des Handys, ›Hallo Papa‹ zu schreiben. Diese Kompetenzen entwickeln sich durch Erfahrungen im Umgang mit Schrift – auf entsprechende, persönlich bedeutsame Erfahrungen sind alle Lernenden angewiesen, ganz besonders jugendliche und erwachsene Lese- und Schreibanfänger.

Literatur

Brügelmann, H. (1989): Kinder auf dem Weg zur Schrift – Eine Fibel für Lehrer und Laien. Libelle: Konstanz, 158–190.

Dierker, S. (2017): Der Einschätzungsbogen »UK & Literacy – beobachten, einschätzen und planen«, Unterstützte Kommunikation, 3, 6–9.

Füssenich, I./Geisel, C. (2008). Literacy im Kindergarten. München: Reinhardt.

Füssenich, I./Löffler, C. (2008): Schriftspracherwerb. Einschulung, erstes und zweites Schuljahr. Reinhardt: München.

Graf, A. (2015): Begegnung mit Schrift im Kindergarten. Eine Studie zur Initiierung früher Schrifterfahrungen. Dissertation. Ludwigsburg.

Hallbauer, A. (2007): Bücher lesen und Reime reimen – frühe Literacy-Erfahrungen für und mit UK Kids. In: Sachse, S./Birngruber, C./Arendes, S. (Hrsg.): Lernen und Lehren in der Unterstützten Kommunikation. von Loeper: Karlsruhe, 147–161.

Jungmann, T./Morawiak, U./Meindl, M. (2018): Überall steckt Sprache drin. Alltagsintegrierte Sprach- und Literacy-Förderung für 3- bis 6-jährige Kinder. Reinhart. München.

Kochan, B. (1990): Von der Untersuchung des ›Lernens durch Instruktion‹ zur Untersuchung des ›Lernens durch Gebrauch‹. In: Brügelmann, H./Balhorn, H. (Hrsg.): Das Gehirn, sein Alphabet und andere Geschichten. Faude: München, 231–234.

Koppenhaver, D./Coleman, P.P./Kalman, S.L./Yoder, D.E. (1991a): The implications of emergent literacy research for children with developmental disabilities. In: American Journal of Speech-Language Pathology, 1, 38–44.

Koppenhaver, D. A./Erickson, K. A. (2003): Natural emergent literacy supports for preschoolers with autism and severe communication impairments. In: Topics in Language Disorders, 23 (4), 283–292.

Koppenhaver, D./Evans, D./Yoder, D. E. (1991b): Childhood reading and writing experiences of literate adults with severe speech and motor impairments. In: Augmentative and Alternative Communication 1, 20–30.

Köster, U./Schwager, A. (2002²): »Sprechen kann ich nicht, aber trotzdem alles sagen!«: Schriftspracherwerb bei »nicht sprechenden« körperbehinderten Kindern. von Loeper: Karlsruhe.

Kress, G. (2000): Before writing. Rethinking the paths to literacy. London: Routledge.

Light, J./Kelford-Smith, A. K. (1993): Home literacy experiences of preschoolers who use AAC and of their nondisabled peers. In: Augmentative and Alternative Communication 9, 1, 33–46.

Linell, P. (2009): Rethinking language, mind, and world dialogically: Interactional and contextual theories of human sense- making. Charlotte, NC: Information Age.

Mayer, A. (2014): Schriftspracherwerbsstörungen. In: Sprachförderung und Sprachtherapie 4, 182–190.

Nickel, S. (2014): Sprache und Literacy im Elementarbereich. In: Braches-Chyrek, R./Röhner, C./Sünker, H./Hopf, M. (Hrsg.): Handbuch Frühe Kindheit. Buderich: Opladen, 645–657.

Richter-Greupner, W. (2016): Literacy-Sozialisation in Familie, Kindergarten und Grundschule. Eine Ethnographische Collage. Buderich: Opladen.

Sachse, S. K. (2015). Literacy-Förderung von Anfang an. In: Antener, G./Blechschmidt, A./Ling, K. (Hrsg.): UK wird erwachsen. Initiativen in der Unterstützten Kommunikation. von Loeper: Karlsruhe, 245–264.

Sachse, S. K./Willke, M. (2013): Dialogische Bilderbuchbetrachtung als Form der Sprachförderung. In: Hallbauer, A./Hallbauer, T./Hüning-Meier, M. (Hrsg.): UK kreativ! Wege in der Unterstützten Kommunikation. Karlsruhe: von Loeper, 181–193.

Sénéchal, M./LeFevre, J.-A./Smith-Chant, B. L./Colton, K. V. (2001): On refining theoretical models of emergent literacy: The role of empirical evidence. In: Journal of School Psychology, 39 (5), 439–460.

Stark, B./Waigand, M. (2013): Hier spukt's! In: Hallbauer, A./Hallbauer, T./Hüning-Meier, M. (Hrsg.): UK kreativ! Wege in der Unterstützten Kommunikation. von Loeper: Karlsruhe, 130–145.

Sylva, K./Siraj-Blatchford, L./Taggart, B. (2003): Assessing Quality in the Early Years, Early Childhood Environment Rating Scale Extension (ECERS-E): Four Curricular Subscales. Trentham Books: London.

Teale, W. H./Sulzby, E. (1986): Emergent Literacy as a perspective for examining how young children become writers and readers. In: Teale, W. H./Sulzby, E. (Eds.): Emergent Literacy: Writing and Reading Norwood, vii–xxv.

Topsch, W. (2005): Grundkompetenz Spracherwerb. Methoden und handlungsorientierte Praxisanregungen. Beltz: Weinheim.

Ulich, M. (2008): Literacy und sprachliche Bildung im Elementarbereich. In: Ebert, S. (Hrsg.): Bildungsbereiche im Kindergarten. Orientierungswissen für Erzieherinnen. Herder: Freiburg, 86–107.

Whitehead, M. R. (2007): Sprache und Literacy von 0 bis 8 Jahren. In: Fthenakis, W.E./Oberhuemer, P. (Hrsg.): Grundlagen frühkindliche Bildung. Bildungsverlag EINS: Troisdorf.

Yoder, D. (2000): DJI-AbleNet Literacy Lecture. Vortrag auf der Internationalen ISAAC-Tagung in Washington D.C.

Schriftspracherwerb kaum- und nichtsprechender Kinder und Jugendlicher. Besondere Herausforderungen und Lösungsansätze

Stefanie K. Sachse

Schriftsprachliche Fähigkeiten sind wichtige Kommunikationsfähigkeiten für Menschen ohne Lautsprache. Diese Fähigkeiten erweitern die Selbstbestimmung und Unabhängigkeit insbesondere von Personen, die aufgrund von motorischen Beeinträchtigungen in ihrer körperlichen Selbstständigkeit stark eingeschränkt sind. Zudem bedeutet jeder Entwicklungsschritt auf dem Weg zur Schrift eine Erweiterung der kommunikativen Fähigkeiten einer unterstützt kommunizierenden Person: z. B. zu wissen, dass im eigenen Kommunikationstagebuch etwas steht, das man mitteilen möchte; Hinweise auf den Anfangsbuchstaben eines Wortes geben zu können; Namen zu erkennen.

Allerdings stellt der Schriftspracherwerb für viele kaum- und nichtsprechende Personen eine große Herausforderung dar. Dass kaum- und nichtsprechende Personen Lesen und Schreiben lernen können, ist hinreichend belegt (vgl. Koppenhaver et al. 1991; Köster/Schwager 2002; Weid-Goldschmidt 1996; Pittroff 2010).

Die zentrale Frage lautet, welche Herausforderungen sich im Schriftspracherwerb für unterstützt kommunizierende Personen aufgrund der fehlenden Lautsprache ergeben? Herausforderungen wie ›zu viel Fokus auf UK‹ oder ›Schwierigkeiten bei der Synthese‹ zu beschreiben und Lösungsansätze vorzustellen, ist Anliegen dieses Beitrags.

1 Fokus auf Kommunikationsfähigkeiten

Die Bedeutung des Lautspracherwerbs für den Schriftspracherwerb wird viel diskutiert (vgl. u. a. Köster/Schwager 2002, 84 ff.; Thiele 2007, 62 ff.). In diesem Kontext werden z. B. die phonologische Bewusstheit, semantische und morphosyntaktische Fähigkeiten und deren Bedeutung für den Schriftspracherwerb thematisiert (vgl. Dahlgren Sandberg/Hjelmquist 1996; Sturm/Clendon 2004). Ein solcher Fokus auf ›Teilleistungen‹ kann dazu führen, dass z. B. die Bedeutung des *Austauschs über Schrift* aus dem Blick gerät.

Der Austausch über Schrift ist relevant für den Schriftspracherwerb (vgl. Brügelmann 1998; Erickson/Clendon 2009). Dementsprechend sind die Kinder auf Unterstützung ihrer kommunikativen Möglichkeiten in diesen Austauschsituationen angewiesen. So sollten die Kinder z. B. fragen können: »Was steht da?« oder beim Vorlesen: »Warum hat der keine Schuhe an?« Solche Gesprächsanlässe können als Lernanlässe verstanden und entsprechend gestaltet werden. Diese Angebote sind auch ein Teil des Deutschunterrichts. Sie dürfen aber nicht als Ersatz für Angebote zum Lesen- und Schreibenlernen verstanden werden (nicht: UK-Förderung anstelle des Lesekurses).

Im Austausch über Schrift lassen sich Momente der Literacy- und Kommunikationsförderung mit unterschiedlichen Schwerpunkten kombinieren. Wichtig ist die Klärung, wann es um die Förderung kommunikativer Fähigkeiten geht (und der Fokus auf den Symbolen liegt) und wann der Fokus auf Buchstaben und Schrift gerichtet wird. So liegt z. B. beim Vorlesen der Fokus auf dem Dialog, d. h. hier können gut Kommentare oder Aussagen mit den alternativen Kommunikationsformen gemodelt werden. Sollen sich die Kinder dagegen mit ihren Namenskärtchen zu einer gewünschten Aktivität anmelden, bietet sich der Fokus auf Schrift und Gespräche über den eigenen Buchstaben und Namen an. Hier stellt die Nutzung von Symbolen und Fotos sogar eine Hürde für den Schriftspracherwerb dar. Zu viel Fokus auf UK – z. B. wenn Symbole oder Fotos auf Namenskärtchen ergänzt werden – kann die Orientierung am Schriftbild erschweren (vgl. Erickson et al. 2010).

Die Frage, in welchen Situationen im Schulalltag die Kommunikationsförderung im Fokus steht und in welchen die Förderung des Schriftspracherwerbs, kann nicht allgemein beantwortet werden.

In einer Fortbildung meldet sich eine engagierte Lehrerin an diesem Punkt zu Wort.
Lehrerin: »Ich habe eine Schülerin mit einer komplexen Behinderung in meiner Klasse. Für sie ist es jeden Morgen ein besonderer Moment, wenn sie anhand der Fotokärtchen bestimmen kann, wer neben ihr sitzen darf. Soll ich ihr jetzt diese Möglichkeit nehmen, indem ich nur noch Schrift auf Namenskärtchen anbiete?«
SKS: »Die Frage, die sie für sich beantworten müssen, ist, welches Ziel sie in dieser Situation verfolgen: Geht es um die kommunikativen Fähigkeiten? Wenn ja, dann können sie gern die Fotokärtchen weiterverwenden. Möchten sie die Situation zur Unterstützung des Schriftspracherwerbs nutzen, dann sollten sie Namenskärtchen nur mit Schrift verwenden.«
Lehrerin nickt: »Dann sollten wir bei den Fotokärtchen bleiben.« (Pause)
SKS: »Darf ich noch was fragen?«
Lehrerin: »Ja, natürlich.«
SKS: »Wenn sie von Anfang an nur Schrift angeboten hätten?«
Lehrerin: »… Dann könnte sie es jetzt vermutlich schon.«

Im Kontext von UK muss sorgfältig reflektiert werden, wann Symbole Verstehen und Kommunikation unterstützen und wann diese den Fokus auf Schrift erschweren können. Aus Sicht der Autorin sollten z. B. Namenskärtchen schon in der Kita nur die Vornamen der Kinder – in Groß- und Kleinbuchstaben – enthalten.

Abb. 1: Namensschilder mit Groß- und Kleinbuchstaben. Rahmen erleichtern das Erkennen des Wortbildes

2 Stifte, Kritzeln, Schreiben

Auf die Frage, ob Lisa, eine aufgeweckte 14-Jährige, schreiben könne, schauen die Eltern die UK-Beraterin ungläubig an – das sei ja offensichtlich, dass das Mädchen mit so einer schweren motorischen Beeinträchtigung keinen Stift halten könne.

Schreiben wird oft mit der motorischen Leistung ›Mit-dem Stift-schreiben‹ gleichgesetzt (Hallbauer 2010). Dabei würden verschiedene Begriffe für die einzelnen Aspekte den Austausch deutlich erleichtern. Auf der einen Seite interessiert, ob und ggf. wie Buchstaben produziert (mit Stift, Tastatur, Kommunikationshilfe, mit den Augen in die Luft schreiben...) oder ausgewählt werden (Buchstabentafel, ABC-Klapptafel). Auf der anderen Seite interessieren die alphabetischen, orthografischen, syntaktischen und text-bezogenen Fähigkeiten zur Produktion von Wörtern, Sätzen und Texten.

Möglichkeiten der Produktion oder Auswahl von Buchstaben: Unterstützt kommunizierende Erwachsene, die Lesen und Schreiben gelernt haben, berichten, dass u. a. der Zugang zu verschiedenen Schreibmaterialien (wie Stiften, Buchstabentafeln, elektronischen und nichtelektronischen Kommunikationshilfen, PC etc.) und der Austausch über entstandene Schriftstücke für sie eine wichtige Rolle beim Schriftspracherwerb gespielt hat (vgl. Koppenhaver et al. 1991).

Grundsätzlich brauchen alle Lernenden Stifte oder alternative Möglichkeiten, um Spuren auf einem Blatt oder Bildschirm hinterlassen zu können (vgl. Hanser 2006). Alle brauchen Möglichkeiten zu kritzeln oder so zu tun, als ob sie schreiben – mit Stiften, einer Tastatur, der Kommunikationshilfe etc. Dabei erfahren die Kinder, dass sich die Erwachsenen auch für die Bedeutung interessieren: Kinder sollen berichten, was sie gemalt oder ›geschrieben‹ haben. Auch hier wird die Bedeutung des begleitenden Austauschs deutlich.

Wenn aufgrund motorischer Beeinträchtigung das Halten eines Stiftes oder die Nutzung einer Tastatur nicht möglich ist, kann eine ABC-Klapptafel (▶ Abb. 2; alphabet flip chart, Hanser 2006) verwendet werden, um einige der genannten Erfahrungen zu ermöglichen. Die ABC-Klapptafel kann auch dann zum Einsatz kommen, wenn das Halten eines Stifts, die Nutzung einer Tastatur oder Augensteuerung motorisch so aufwendig ist, dass kaum noch Konzentration auf die Buchstaben gerichtet werden kann (vgl. ebd.).

Die ABC-Klapptafel ist ein Ersatz für einen Stift und ein voraussetzungsloses Angebot: Nachdem sich Lehrer und Kind über ein Thema verständigt haben (das Kind hat auf

Abb. 2: ABC-Klapptafel – Skizze

Abfrage das Foto der Mama gewählt), fragt der Lehrer ab, welche Buchstaben aufgeschrieben werden sollen. Jeder Buchstabe wird abgefragt. Wenn das Kind signalisiert, dass ein Buchstabe aufgeschrieben werden soll, dann wird dieser notiert. Ergebnisse sehen zu Beginn oft so aus: AAAAAABBBBBCCCC. Wenn das Kind fertig ist, wird das Ergebnis gezeigt und kommentiert: »Toll geworden, dein Blatt hier für Mama. Du hast sogar Mamas Buchstaben geschrieben: A. Schau, so schreib ich ANNA (wird gut sichtbar aufgeschrieben). Toll, da wird sich die Mama heute freuen.«

Der Einsatz der Klapptafel weist auf der einen Seite Nähe zum Kritzeln auf: Kinder nehmen Stifte in die Hand und kritzeln zunächst irgendetwas, lernen den Stift zu halten und sammeln viele Erfahrungen, bevor sie evtl. ein Haus oder ihren Buchstaben malen. Auf der anderen Seite bietet die ABC-Klapptafel viele Möglichkeiten, Erfahrungen mit den Buchstaben und Lauten und mit der Bedeutung von Wörtern zu sammeln.

Produktion von Wörtern, Sätzen und Texten: Hier wird die Nähe von Schriftsprach- und UK-Kompetenzen erneut deutlich. Sowohl beim Schreiben von Sätzen als auch beim Zusammenstellen von Aussagen durch die Kombination von Symbolen werden Gedanken in Wörter übersetzt (vgl. Erickson et al. 2009). D. h., dass das Formulieren von Aussagen mit UK relevante Erfahrungen für die Produktion von Texten ermöglicht. Vor diesem Hintergrund sollte überlegt werden, in welchen Situationen wie viel Ko-Konstruktion geleistet wird. (Julian nutzt seine Kommunikationshilfe, um »Sport« zu sagen und die Lehrerin signalisiert direkt Verstehen: »Du fragst, ob wir heute Sport haben?«). Ein Zuviel an Unterstützung kann Lernmöglichkeiten begrenzen. Wenn z. B. etwas gemeinsam ins Kommunikationstagebuch geschrieben werden soll, können Formulierungen besprochen werden und das Kind sollte mit entscheiden, welche Wörter und Formulierungen aufgeschrieben werden.

Das Flipchart-Schreiben ist eine Aktivität für Kinder im Vorschul- und Schulalter (Predictable Chart Writing, CLDS 2006). Es eignet sich für heterogene Gruppen – alle Kinder können dabei Erfahrungen mit der *Produktion* von Sätzen und mit Schrift sammeln.

Im Fokus stehen von den Kindern mitproduzierte Sätze, die auf der Flipchart oder Tafel aufgeschrieben und über eine ganze Woche wiederholt gelesen werden. An den verschiedenen Tagen werden gemeinsame Aktivitäten durchgeführt. Das Ergebnis ist ein Buch mit Seiten von allen beteiligten Kindern, das von vielen Kindern immer wieder gern gelesen wird (▶ Abb. 3 und Sachse 2018, Erklärvideo).

Abb. 3: Die einzelnen Aktivitäten beim Flipchartschreiben

Die Sätze der einzelnen Kinder werden mit dem Namen der Kinder versehen, entsprechend wertgeschätzt und besprochen. Durch das Notieren der Namen wird auch das Erkennen der Namen unterstützt. Alle Kinder können so angesprochen und integriert werden. Durch das wiederholte Lesen haben alle Kinder die Möglichkeit, sich nach und nach besser auf der Flipchart zu orientieren und einzelne Wörter und Buchstaben zu erkennen.

3 Alternativen zu lautsprachbasierten Leselehrgängen

Die weitgehend konsistenten Graphem-Phonem-Beziehungen im Deutschen erlauben, dass viele sprechende Kinder bereits in der ersten Klasse Wörter erlesen können, indem sie einfache Dekodierstrategien (vgl. alphabetische Phase) verwenden (vgl. Landerl/Wimmer 1998). Das ist z. B. im Englischen nicht so (ebd.). Dieser sprachliche Vorteil hat dazu geführt, dass lautsprachbasierte Leselehrgänge in Deutschland weit verbreitet sind. Es soll betont werden, dass das für sprechende Kinder sinnvoll ist. Problematisch ist allerdings, dass vielerorts Wissen über alternative Angebote fehlt, wenn Kinder Schwierigkeiten mit der Synthese haben. Im Folgenden werden drei alternative Angebote kurz vorgestellt.

(1) Fokus auf die innere Stimme (vgl. Erickson et al. 2006)

Die innere Stimme ist eine wichtige Hilfestellung für unterstützt kommunizierende Kinder. Die Kinder auf ihre innere Stimme aufmerksam zu machen und sie dabei zu unterstützen, bekannte Reime ›nur für sich, mit ihrer inneren Stimme‹ zu vervollständigen, ist eine Möglichkeit. Eine andere, dass die Gruppe im Chor spricht. Deshalb ist es wichtig, dass in allen Gruppen sprechende und nichtsprechende Kinder zusammen unterrichtet werden und dann Wörter und Zeilen nur mit der inneren Stimme ›gesagt‹ werden. Zunächst sollte nur nachgesprochen werden – diese Leistung ist deutlich einfacher, als die phonologische Kodierung (vgl. Landerl/Wimmer 1998, die lautliche Repräsentation der Wörter) selbst zu bilden. Diese Fähigkeit brauchen die Kinder aber, wenn sie Wörter selbst erlesen oder aufschreiben wollen (vgl. Köster/Schwager 2002, 91). Deshalb sollten auch Aufgaben gestellt werden, bei denen die Kinder die phonologische Kodierung selbst bilden müssen: »Wer findet hier im Raum Dinge, die mit /m/ beginnen?« oder eine Flasche und eine Tasche zeigen, nicht benennen und fragen: »Reimen sich diese beiden Wörter?«

(2) Wörterbauen (in Anlehnung an ›Making words‹, Cunningham/Allington 2003)

Kompetente Leser erkennen Wörter entweder ›automatisch‹ (Ganzworterkennen) oder sie bilden die phonologische Kodierung über die Graphem-Phonem-Korrespondenzen (Synthese). Für Personen ohne Lautsprache[4] ist die Synthese ausgesprochen schwierig: Beim ›gedehnten Lesen‹ werden die einzelnen Laute lang- und zusammengezogen, was die Worterkennung erleichtert (»rrrrroooooossssaaaa«) (vgl. Füssenich/Löffler 2008, 83). Das Fehlen der Lautsprache erschwert das Erlesen in doppelter Hinsicht: zum einen beim Zusammenziehen der Phoneme bzw. bei der Synthese; zum anderen beim Ausprobieren der richtigen Aussprache zum Finden des richtigen Wortes durch den Abgleich mit bekannten Wörtern (»rroosa, rosa, wie die Farbe«). Aus diesem Grund ist es wichtig, dass nur mit ›echten‹ Wörtern gearbeitet wird und dass diese immer auch in Sätzen verwendet werden, um Verknüpfungen im mentalen Lexikon zu unterstützen. Dadurch wird auch die Nutzung von elektronischen Kommunikationshilfen einfacher, weil unterstützt kommunizierende Kinder bekannte Wörter mit der Hilfe auswählen und sowohl über die auditive Rückmeldung als auch über das angezeigte Wortbild Vergleiche anstellen können.

Beim Wörterbauen wird der Fokus stärker auf die Buchstaben und Wörter gerichtet (Erickson/Clendon 2009, 208, f.): Die Schüler haben auf ihren Klettbrettern ausgewählte Buchstabenkärtchen und sollen daraus Wörter kletten, später auch sortieren und vergleichen.

---

[4] Personen, die ein wenig Lautsprache nutzen können, zeigen deutlich bessere Leistungen im Lesen (vgl. Erickson/Geist 2016).

Abb. 4: Wörterbauen

L: Jetzt will ich das Wort /Mund/ schreiben – »Hier ist mein Mund.« Welchen Buchstaben müssen wir austauschen?...
Hund ...
Hand ...

L: (zeigt auf ihrem eigenen Klettbrett:) Hier steht das Wort /und/. » ...und was möchtest du?« Könnt ihr einen der Buchstaben ergänzen und das Wort /rund/ schreiben? »Der Ball ist rund.«
Schüler kletten, Lehrerin auch, zeigt nach einer Zeit ihr Klettbrett und bittet die Schüler zu vergleichen, ob ihr Wort auch so aussieht oder ob sie noch etwas verändern wollen; liest dann mit allen die Wörter auf den Brettern der Schüler. Es geht nicht um ein ›richtig‹ oder ›falsch‹. Die Ergebnisse werden gemeinsam angeschaut und verglichen (Fokus auf Buchstaben), sie werden gelesen und abgehört (auditive Rückmeldung).

(3) **Wörterwände (Cunningham/Allington 2003)**

Wörterwände hängen in den Klassen und werden über das Schuljahr bestückt. Jede Woche werden ca. fünf neue, hochfrequente Wörter ergänzt, die im Laufe der jeweiligen Woche mehrfach laut und mit der inneren Stimme gelesen, geklatscht und gesucht werden usw. Das sichtbare Zur-Verfügung-Stellen der hochfrequenten Wörter unterstützt das Erkennen (Sichtwortschatz) und korrekte Schreiben häufiger Wörter. Immer wieder schauen die Kinder auf die gut sichtbare Wörterwand, suchen einzelne Wörter, vergleichen die Schreibungen, nutzen die Wörter, wenn sie selbst Wörter schreiben (›nicht‹ ist auf der Wörterwand; wenn ein Kind ›Licht‹ schreiben möchte und unsicher zur Lehrerin schaut, kann sie fragen: »Welches Wort auf der Wörterwand könnte dir helfen ›Licht‹ zu schreiben?«).

4 Sinnentnehmendes Lesen unterstützen

Für das Lesen von Texten ist es erforderlich, dass der Großteil der Wörter automatisch erkannt wird. Müssen zu viele Wörter erlesen werden, können die Wörter und die Betonung des Satzes nur schwer im Arbeitsgedächtnis gehalten werden. Dadurch wird die Sinnerfassung des Satzes erschwert (vgl. Dahlgren Sandberg 2001).
Die komplexe Problematik kann hier nur skizziert werden. In diesem Sinne werden nachfolgend vier Aspekte kurz beleuchtet, die für unterstützt kommunizierende Schüler hilfreich sein können, um mögliche Schwierigkeiten zu reduzieren.
Die handlungsleitende Frage lautet: Wie kann das sinnentnehmende Lesen unterstützt werden? Welche Erfahrungen, welche Strategien und welche Hinweise helfen den Lernenden?
(1) Kontexterwartungen: Durch Erfahrungen mit unterschiedlichen Schriftstücken entwickeln Kinder Sinnerwartungen. Solche Sinn-

erwartungen unterstützen das Lesen: Welche Wörter mit /M/ sind in einem Rezept wahrscheinlicher als andere? Welche Wörter und Inhalte kann man in einem Text über den Geburtstag eines Kindes erwarten? Die Erfahrungen mit verschiedenen Texten, aber auch das Weltwissen der Kinder beeinflussen die Erwartungen und unterstützen das Verstehen (Füssenich/Löffler 2008, 82).

(2) Steuerungsfragen: Kompetente Leser haben i. d. R. eine konkrete Leseabsicht, bevor sie einen Text lesen. Diese Absichten steuern die Aufmerksamkeit beim Lesen: Wann beginnt die Geburtstagsfeier? Wie verlaufen die Koalitionsverhandlungen? Was wird Harry tun?

Das Formulieren von Leseabsichten vor dem Lesen eines Textes kann zur Unterstützung des Leseverständnisses eingesetzt werden. So kann der gemeinsame Fokus beim Lesen in eine bestimmte Richtung gelenkt und im Anschluss können Informationen gemeinsam zusammengetragen werden (vgl. Erickson et al. 2009).

(3) Fokus auf Betonung: Das Verstehen von Sätzen wird durch die Betonung unterstützt: Wenn man beim Lesen innerlich so mitspricht, als würde man den Text vortragen, wird eine bessere strukturelle und inhaltliche Verarbeitung möglich (vgl. Köster/Schwager 2002). Auch hier zeigt sich die Notwendigkeit, die innere Stimme als Unterstützungssystem zu berücksichtigen. Hier eignen sich Bücher mit kurzen, gleichbleibenden Sätzen (wie beim Flipchartschreiben), weil der eingängige Rhythmus dazu beiträgt, dass die Sätze nach und nach mit der inneren Stimme verständnisunterstützend betont werden können.

(4) Transfertexte (Erickson et al. 2002, 6): Für viele unterstützt kommunizierende Leseanfänger sind die Texte in Erstlesebüchern zu schwer. Auch um Erfolgserlebnisse sammeln zu können – brauchen viele zu Beginn einfachste Bücher mit einfachen, gleichbleibenden Sätzen (wie beim Flipchartschreiben). Wenn Bücher selbst erstellt werden, sollten die Interessen der Personen berücksichtigt werden (z. B. ein Buch mit Fotos von den Mitschülern, die Grimassen machen, und Sätzen wie ›Simon macht so, Lisa macht so.‹ […] und auf der letzten Seite ein Foto mit allen ›Und alle machen mit.‹). Die Sätze sind einfach, nach und nach werden die Kinder mehr Wörter automatisch erkennen und mit der inneren Stimme richtig betonen können.

Abschluss-Plädoyer

›Wer lesen kann, ist klar im Vorteil.‹ Diese ironische Anmerkung an Leser, die einen Hinweis übersehen, wirkt im Kontext von UK vielleicht ein wenig deplatziert, weil der Schriftspracherwerb für viele unterstützt kommunizierende Personen mit vielen Herausforderungen verbunden ist. Allerdings bedeuten diese Fähigkeiten für unterstützt Kommunizierende sogar mehr Vorteile als für andere: Jeder Schritt auf dem Weg hin zur Schrift bedeutet mehr Kommunikationsmöglichkeiten; die Fähigkeiten zu lesen und zu schreiben bedeuten kommunikative Unabhängigkeit. Kathrin Lemler (2017) beschreibt Schriftsprache als ihre Muttersprache und die einzige Möglichkeit, ihre Persönlichkeit zum Ausdruck zu bringen.

Ausbleibende Fortschritte im Schriftspracherwerb dürfen nicht mit dem Vorhandensein der Behinderung begründet werden oder bestimmte Diagnosen (wie Rett-Syndrom oder Angelman-Syndrom) nicht als Ausschlusskriterium für den Deutschunterricht gelten. Vielmehr sollten Rahmenbedingungen wie

- Zeit für den Schriftspracherwerb (z. B. Unterrichtsstunden pro Woche),
- Vertrauen in die Fähigkeiten der Personen, Fortschritte zu machen,
- Wissen und Bereitschaft der Pädagogen, auch über mehrere Jahre hinweg adäquate Angebote zu gestalten,

kritisch reflektiert und ggf. erweitert werden.

Literatur

Brügelmann, H. (1998): Die Schrift erfinden – Beobachtungshilfen und methodische Ideen für einen offenen Anfangsunterricht im Lesen und Schreiben. Libelle: CH-Lengwil.

CLDS (2006): Predictable Chart Writing. Download: https://www.med.unc.edu/ahs/clds/files/2018/09/PredChartWriting.pdf [03.05.2019].

Cunningham, P. M./Allington, R. L. (2003³): Classrooms that work: They can all read and write. Boston: Pearson Education.

Dahlgren Sandberg, A. (2001): Reading and spelling, phonological awareness, and working memory in children with severe speech impairments: A longitudinal study. In: Augmentative and Alternative Communication, 1, 11–26.

Dahlgren Sandberg, A./Hjelmquist, E. (1996): Phonological awareness and literacy abilities in nonspeaking preschool children with cerebral palsy. In: Augmentative and Alternative Communication, 2, 138–153.

Erickson, K./Clendon, S. (2009): Addressing the literacy demands of the curriculum for beginning readers and writers. In: Soto, G./Zangari, C. (Eds.): Practically Speaking. Brookes: Baltimore,195–216.

Erickson, K./Geist, L. (2016): The profiles of students with significant cognitive disabilities and complex communication needs. In: Augmentative and Alternative Communication, 3, 1–11.

Erickson, K./Hanser, G./Hatch, P./Sanders, E. (2009): Research-Based Practices for Creating Access to the General Curriculum in Reading and Literacy for Students with Significant Intellectual Disabilities. Chapel Hill. http://www.ccsso.org/Documents/2009/Research_Based_Practices_Reading_2009.pdf [Stand: 23.03.2015].

Erickson, K./Hatch, P./Clendon, S. (2010): Literacy, assistive technology, and students with significant disabilities. In: Focus on Exceptional Children, 5, 1–16.

Erickson, K./Koppenhaver, D./Cunningham, J. (2006): Balanced reading intervention and assessment in AAC. In: McCauley, R.J./Fey, M.E. (Eds.): Treatment of Language Disorders in Children. Baltimore, 309–345.

Erickson, K./Musselwhite, M./Ziolkowski, R. (2002): The beginning literacy framework. Don Johnston. http://donjohnston.com/wp-content/downloads/understanding/beginning_literacy_framework.pdf [25.05.2019].

Füssenich, I./Löffler, C. (2008): Schriftspracherwerb. Einschulung, erstes und zweites Schuljahr. Reinhart: München.

Hallbauer, A. (2010): Schreiben ist Schreiben, oder? In: Unterstützte Kommunikation, 1, 11–16.

Hanser, G. (2006): Fostering Emergent Writing for Children With Significant Disabilities: Writing With Alternative Pencils. In: Technology, Published by The American Occupational Therapy Association, Inc., 16, 1, 1–4.

Koppenhaver, D./Evans, D./Yoder, D. (1991): Childhood reading and writing experiences of literate adults with severe speech and motor impairments. In: Augmentative and Alternative Communication, 1, 20–33.

Koppenhaver, D./Yoder, D. E. (1992): Literacy issues on persons with severe speech and physical impairments. In: Gaylord-Ross, R. (Ed.): Issues and research in special education. Teachers College Press: New York, 156–201.

Köster, U./Schwager, A. (2002²): »Sprechen kann ich nicht, aber trotzdem alles sagen!«: Schriftspracherwerb bei »nicht sprechenden« körperbehinderten Kindern. von Loeper: Karlsruhe.

Landerl, K./Wimmer, H. (1998): Lesenlernen bei deutsch- und englischsprachigen Kindern. Normaler und gestörter Leseerwerb. In: Weingarten, R./Günther, H. (Hrsg.): Schriftspracherwerb. Schneider: Baltmannsweiler, 82–97.

Lemler, K. (2017): Mein Weg zur unbegrenzten Kommunikation. Schriftsprache als Muttersprache. In: Unterstützte Kommunikation 3, 22–24.

Pittroff, H. (2010): Von der persönlichen Gebärde zur Grammatik und zur Schriftsprache. In: Unterstützte Kommunikation 1, 22–27.

Sachse, S.K./FBZ-UK (2018): Erklärvideo zum Flipchartschreiben [www.fbz-uk.uni-koeln.de].

Sturm, J./Clendon, S.A. (2004): Augmentative and alternative communication, language, and literacy. Fostering the relationship. In: Topics in Language Disorders, 24, 76–91.

Thiele, A. (2007): Schriftspracherwerb unterstützt kommunizierender Menschen mit Infantiler Cerebralparese. Bad Heilbrunn.

Weid-Goldschmidt, B. (1996): Lesen und Schreiben lernen mit »nichtsprechenden« Körperbehinderten. In: ISAAC (Hrsg.): »Edi, mein Assistant« und andere Beiträge zur Unterstützten Kommunikation. Düsseldorf, 208–238.

Interactive Shared Reading with Children with Significant Disabilities

Karen A. Erickson & David A. Koppenhaver

Emergent reading is defined as all of the behaviors and understandings that precede and develop into conventional reading (Teale/Sulzby 1986). All very young children are emerging readers because they have not had the opportunity and experience required to be conventional readers. Many older children with significant disabilities are also emergent readers (Erickson/Geist 2016) because of a lack of access, experience, or opportunity.

For most children, emergent reading experiences begin in the home where they see print, see and hear others reading and using print, and engage in interactions with print (Teale/Sulzby 1986). For decades it has been clear that many children with significant disabilities are emergent readers because they had fewer (Marvin/Mirenda 1993) and different (Light/Smith 1993) home literacy experiences than their peers without disabilities; especially if they are also blind or have severe visual impairments (Hatton/Erickson 2007).

1 Shared Reading

Shared reading is an evidence-based literacy intervention (D'Agostino/Dueñas/Plavnick 2018; Muchetti 2013) that focuses on the interactions that occur between an adult and a child while reading together (Ezell/Justice 2005). Shared reading supports the development of oral language, phonological awareness, and print awareness (Justice/Kaderavek/Fan/Sofka/Hunt 2009). Once declared, "the single most important activity for developing the knowledge required for eventual success in reading" (National Academy of Education & Anderson, 1985, 23), shared reading has become an increasingly prominent context for language and literacy intervention for children with and without disabilities (Bellon-Harn/Harn 2008; Justice/McGinity/Piasta/Kaderavek/Fan 2010; Skotko/Koppenhaver/Erickson 2004).

Children with disabilities benefit from shared reading in many of the same ways as children without disabilities (Swanson et al. 2011). For example, shared reading helped children with significant intellectual disabilities and visual impairments learn the answers to questions about a text (Mims/Browder/Baker/Lee/Spooner 2009) and helped other children with autism spectrum disorder improve their ability to initiate and respond (D'Agostino et al. 2018). Shared reading also helped children with Rett syndrome to improve their symbolic communication (Skotko et al. 2004).

The language and literacy skills that are acquired during shared book reading are the result of the ways that adults communicate with children while reading (Bellon-Harn/Harn 2008). For example, Justice et al. (2009)

noted that during shared book reading, adults can build language and literacy skills by:

1. Labeling objects in the illustrations (e.g., "I see a kite.")
2. Talking about what is going on in the book (e.g., "The boy is flying the kite.")
3. Referring to real life connections to the story (e.g., "You flew a kite at the beach.")
4. Referencing the print (e.g., "There is a B like the B in your name.")

Additionally, adults can increase attention and engagement by commenting and responding to the children's initiations and interests rather than reading every page from start to finish (Bellon/Ogletree 2000).

1.1 Approaches to Shared Reading

Adults can choose among a number of structured and unstructured approaches that support shared reading. Mothers of children with Rett syndrome learned to use unstructured approaches to shared reading to build their daughter's language and literacy skills (Skotko et al. 2004). The mothers learned to: (a) attribute meaning to all communication attempts; (b) provide sufficient wait time; (c) ensure that their child looked when they demonstrated the use of communication symbols, and (d) make use of the voice output communication device and symbols provided without directing the child (e.g., "hit your switch."). As a result of their efforts, the girls increased their engagement, rate of commenting and responding.

More structured approaches to shared reading have also been used successfully with children with significant disabilities. They have helped children with multiple disabilities learn the answer to questions (Browder/Mims/Spooner/Ahlgrim-Delzell/Lee 2008). They have also helped young children with autism spectrum disorder and little speech increase engagement and the number of correct responses to direct questions (Mucchetti 2013).

In the following sections, some ways to structure shared reading are described.

1.2 Structuring Shared Reading Using the C-A-R Approach

The C-A-R approach describes one way to structure shared reading. Each letter describes one step

1. **C**omment and wait
2. **A**sk for participation and wait
3. **R**espond by adding a little more

Between each step, adults have to pause and wait quietly to give the student an opportunity to respond or make a new comment. CAR was created to facilitate interaction and language development during shared reading (Cole/Maddox/Lim/Notari-Syverson 2002). *Following the CAR* expands on this to help children learn to take the lead during shared reading interactions to further develop language, literacy and communication skills.

When *Following the CAR*, adults begin by reading one short segment of a selected text. For example, the adult might read, "In the light of the moon, a little egg lay on a leaf." After pausing for 5-10 seconds, the adult makes a simple comment about something that might capture the children's attention (e.g., "IT IS LITTLE.")[5] and waits quietly. Waiting quietly can elicit communication, but for many emergent readers with significant disabilities, adults must wait or pause for a long time. For example, many children need 15, 20, 30 or more seconds of silence to think and coordinate a reply or a comment of their own (Skotko et al. 2004).

---

5 Words in all capitals are spoken while pointing to the corresponding graphic symbol

If the child communicates something during the expectant pause (e.g., "ON."), then the adult repeats the communication act, adds a little more (e.g., "ON. IT IS ON."), and moves on to the next page. If the child uses a gesture (e.g., reaches for the book), the adult labels the gesture (e.g., "I see you reaching."), attributes meaning (e.g., "DO YOU WANT to LOOK at IT?"), and then responds (e.g., moving the book closer for the child to look). If the child does not communicate during the expectant pause, the adult asks or encourages the child to participate with requests such as "tell me" and repetitions of the original comment. If the child does communicate after being asked to participate, the adult repeats the communication act, adds a little more, and moves on. If the child does not respond even after being asked, the adult demonstrates a possible comment, moves to the next segment of text and repeats the cycle. Figure 1 provides a flowchart depicting the steps for *Following the CAR*.

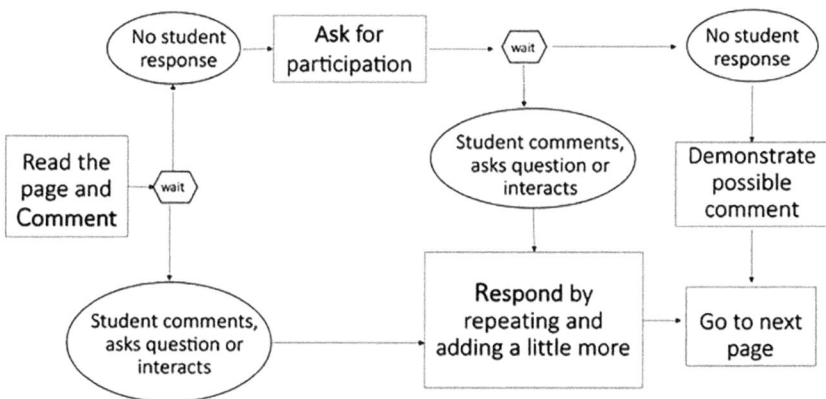

Figure 1: Step-by-Step Directions for the C-A-R Approach.

1.3 Dialogic Reading

In Dialogic Reading (Lonigan/Whitehurst 1998), the adult uses specified prompts and a process that emphasizes evaluating, expanding upon, and repeating what the student contributes during the interaction. Dialogic reading is effective with children who have developmental disabilities (Davie/Kemp 2002), language impairments (Justice/Kaderavek 2003), and typical development (Lonigan/Whitehurst 1998).

During Dialogic Reading, adults encourage children to communicate by rotating through five types of prompts (CROWD):

- **C**ompletion – provide a word or phrase that completes a sentence (e.g., "He huffed and he puffed and he ____").
- **R**ecall – remember things that were just read (e.g., "What happened to the car?").
- **O**pen-ended – respond to requests without specific right/wrong answers (e.g., »Tell me what is happening in this picture.«)
- **W**h – answer questions that begin with who, what, where, why, when, or how) (e.g., "Where is the car?").
- **D**istancing – relate the text to the children's personal experiences (e.g., "You have a dog too!").

The fact that children with significant disabilities struggle to respond to questions in many contexts (Sanders/Erickson 2018) can make Dialogic Reading a difficult structure to use when starting shared reading. Starting with *Following the CAR* can help children learn to engage and interact during shared reading, build their ability to initiate, comment and respond using the vocabulary they have available to them, and work toward being successful with the CROWD prompts in dialogic reading.

1.4 Adding the CROWD Prompts to the C-A-R Approach

As children start commenting and leading the interaction during shared reading, use the CROWD prompts from Dialogic Reading (Lonigan/Whitehurst 1998) during the *Ask* step of CAR (Cole et al. 2002). Teachers of children with significant disabilities have found success adding the CROWD prompts to the C-A-R approach to increase the number of questions their children answer correctly during shared reading (Cheek 2016). Figure 2 provides a flowchart with step-by-step directions for adding the CROWD prompts to the C-A-R.

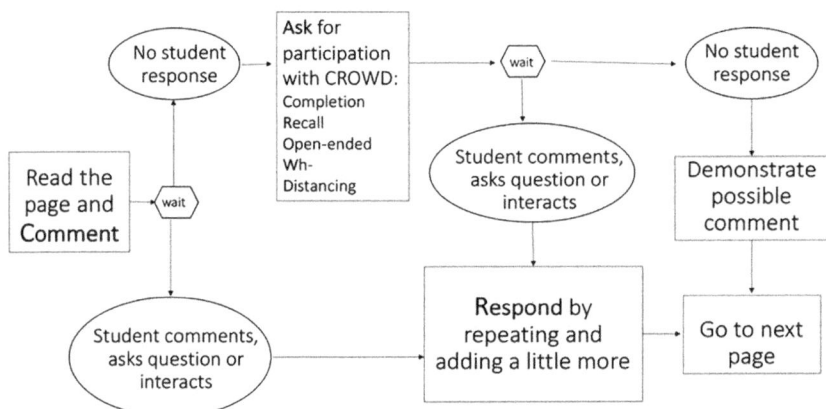

Figure 2: Step-by-Step Directions for Adding the CROWD Prompts to the C-A-R Approach

1.5 Shared Reading with Children who Use AAC

Regardless of the approach to shared reading, adults reading with children with complex communication needs must be prepared to use aided augmentative and alternative communication (AAC). Ideally, the adults would demonstrate the use of a robust aided AAC system that includes a set of words known as core vocabulary words. These words (mostly pronouns, verbs, prepositions, and adjectives) are the conceptual words used most frequently in oral and written language (Boenisch/ Soto 2015). Words become core words because they can be used flexibly for a broad range of purposes, across contexts and partners. This is important in shared reading because students need flexible ways to communicate while interacting with adults and the reading materials. They need to be able to comment, ask questions, share opinions, express understanding, and engage in varied interactions. These communication purposes can all be accomplished using core vocabulary words.

Adults can demonstrate the use of the words on a robust AAC system during shared reading. In the examples here, the core words the adult might demonstrate on the AAC system appear in all capital letters. While *Following the CAR*, the adult might use core words on a robust AAC system to make comments (e.g., "THAT is DIFFERENT."), ask the child to participate (e.g., "You could tell me, HE GO IN."), and repeat and expand upon the things children communicate (e.g., "I see you reaching. Do you WANT to LOOK at IT?"). After *Putting the CROWD in the CAR*, the adult can also provide more demonstrations of aided AAC use while presenting the CROWD prompts. If adults only use vocabulary that is specific to the book, children might learn to label and respond to text-specific questions, but they won't learn to use vocabulary in a flexible way that will support their communication across contexts.

1.6 Selecting Reading Materials

Beyond deciding whether to follow a structured or unstructured approach to shared reading, adults must choose the reading materials they will use. Materials should be age-respectful, ability-appropriate, and reflect topics or features that are potentially interesting for the child. When children are blind or visually impaired, determining which media (print, large print, braille, or both print and braille) will be most appropriate can be challenging (Erickson/Hatton 2007), but tactile books (i.e., books that use textures and other materials instead of or in addition to the existing illustrations) appear to increase the frequency of interaction during shared reading for children with varying levels of visual impairment (Bara 2018).

After selecting reading materials, adults should read them frequently enough so that they become familiar to the child. When adults read unfamiliar texts, they tend to read the words and focus on the content by explaining new vocabulary and labeling pictures (Hammett-Price/van Kleeck/Huberty 2009). As texts become more familiar, adults focus more on complex connections and interact with children about more diverse topics (McArthur/Adamson/Deckner 2005). Increased familiarity with the text can increase turn taking, success responding to questions, and frequency of communication behaviors among children who use AAC (Edmister 2007).

Most studies of shared reading have used print books, but there is increasing support for the use of electronic-books (e-books) (Korat/Shamir/Heibal 2013). In some cases, e-books have led to large gains in oral language (Korat 2009) and literacy (Korat/Shamir 2008) when compared to traditional books (Verhallen/Bus/de Jong 2006). However, e-books may lead adults to turn their attention to the mechanics of reading the book (e.g., using the mouse, clicking the arrow to turn the page) and decrease the number of text-related comments and connections to personal experiences (Cheng/Tsai 2014). It is clear that the benefits of e-books disappear when the books include animations and games because they detract from the interactions between adults and children (Chiong/Ree/Tekeuchi/Erickson 2012).

Importantly, adults report that they prefer to use print books when interacting with children during shared reading (Strouse/Ganea 2017), but e-books are often more accessible to children with significant disabilities than print books so they should not be discounted. Furthermore, e-books often offer a wider selection of reading materials on topics of interest to older, emergent readers, written at a level that is cognitively and linguistically accessible. Tar Heel Reader (http://tarheelreader.org) is one example of a source of these books.

Given the importance of e-books for many children with significant disabilities, it is critical to consider the features that make e-books more or less successful. For example, they should not include enhanced features like animations because they reduce the value of shared reading (Chiong et al. 2012). They might include word-by-word highlighting as a means of attracting children's attention to the print (Skibbe/Thompson/Plavnick 2017), but adults can accomplish the same thing by pointing to the words and otherwise referencing the print during shared reading (Justice et al. 2010). Finally, research suggests that having adults engaged in shared reading of e-books with children leads to improved performance on measures of concepts about print and phonological awareness, relative to shared reading of print books (Segal-Drori et al. 2010). This is especially true for children who have poor letter recognition knowledge (Rvachew/Rees/Carolan/Nadig 2017).

2 Conclusion

Shared reading is an evidence-based intervention that supports language, literacy, and communication development for children with and without disabilities (Bellon-Harn/Harn 2008; Justice et al. 2010; Skotko et al. 2004). To achieve positive outcomes in these areas, adults should seek to maximize interactions with children as they read. *Following the CAR* and *Putting the CROWD in the CAR* are two structured approaches that adults can use to ensure that children have the time and opportunity to initiate and eventually lead the interactions during shared reading. If adults demonstrate the use of aided AAC while they implement either of these approaches, children with significant disabilities including complex communication needs will have the opportunity to move beyond answering questions about a particular text to interacting in ways that can generalize across contexts.

References

Bara, F. (2018): The effect of tactile illustrations on comprehension of storybooks by three children with visual impairments: An exploratory study. In: Journal of Visual Impairment & Blindness, 6, 759–765.

Bellon, M./Ogletree, B. (2000): Repeated storybook reading as an instructional method. In: Intervention in School and Clinic, 36, 75–81.

Bellon, M./Ogletree, B./Harn, W. (2000): The application of scaffolding within repeated storybook reading as a language intervention for children with autism. In: Focus on Autism and Other Developmental Disabilities, 15, 52–58.

Bellon-Harn, M./Harn, W. (2008): Scaffolding strategies during repeated storybook reading: An extension using a voice output communication aid. In: Focus on Autism and Other Developmental Disabilities, 23, 112–124.

Boenisch, J./Soto, G. (2015): The oral core vocabulary of typically developing English-speaking school-aged children: Implications for AAC practice. In: Augmentative and Alternative Communication, 31, 77–84.

Browder, D./Mims, P./Spooner, F./Ahlgrim-Delzell, L./Lee, A. (2008): Teaching elementary students with multiple disabilities to participate in shared stories. In: Research and Practice for Persons with Severe Disabilities, 33, 3–12.

Cheek, A. (2016): Effects of online module + e-coaching on comprehension instruction for students with significant intellectual disability. Retrieved from http://libres.uncg.edu/ir/uncg/clist.aspx?id=13570.

Cheng, K./Tsai, C. (2014): Children and parents' reading of an augmented reality picture book: Analyses of behavioral patterns and cognitive attainment. In: Computers and Education, 72, 302–312.

Chiong, C./Ree, J./Tekeuchi, L./Erickson, I. (2012): Print books vs. e-books: Comparing parent-child co-reading on print, basic, and enhanced e-book platforms. New York, NY: Joan Ganz Cooney Center. Retrieved from http://www.joanganz cooneycenter.org/wp-content/uploads/2012/07/jgcc_ebooks_quickreport.pdf.

Cole, K./Maddox, M./Lim, Y./Notari-Syverson, A. (2002): Language is the key: Talking and Books, Talking and Play [resource guide]. Seattle, WA: Washington Research Institute. Retrieved from https://files.eric.ed.gov/fulltext/ED469671.pdf.

D'Agostino, S./Dueñas, A./Plavnick, J. (2018): Increasing social initiations during shared book reading: An intervention for preschoolers with autism spectrum disorder. In: Topics in Early Childhood Special Education, 1–13.

Davie, J./Kemp, C. (2002): A comparison of the expressive language opportunities provided by shared book reading and facilitated play for young children with mild to moderate intellectual disabilities. In: Educational Psychology, 22, 445–460.

Edmister, E. (2007): Repeated reading and augmentative and alternative communication. Unpublished dissertation. University of Kansas, Lawrence, KS.

Erickson, K./Geist, L. (2016): The profiles of students with significant cognitive disabilities and complex communication needs. In: Augmentative and Alternative Communication, 32, 187–197.

Erickson, K./Hatton, D. (2007): Literacy and visual impairment. In: Seminars in Speech and Language, 28, 58–68.

Ezell, H./Justice, L. (2005): Shared storybook reading: Building young children's language and emergent literacy skills. Baltimore, MD: Paul H. Brookes.

Fleury, V./Hugh, M. (2018): Exploring engagement in shared reading activities between children with autism spectrum disorder and their caregivers. In: Journal of Autism and Developmental Disorders, 48, 3596–3607.

Hammett-Price, L./van Kleeck, A./Huberty, C. (2009): Talk during book sharing between parents and preschool children: A comparison between storybook and expository book conditions. In: Reading Research Quarterly, 44, 171–194.

Justice, L./Kaderavek, J. (2003): Topic control during shared storybook reading: Mothers and their children with language impairments. In: Topics in Early Childhood Special Education, 23, 137–150.

Justice, L./Kadervaek, J./Fan, X./Sofka, A./Hunt, A. (2009): Accelerating preschoolers' early literacy development through teacher-child storybook reading. In: Language, Speech, and Hearing Services in the Schools, 40, 67–85.

Justice, L./McGinty, A./Piasta, S./Kaderavek, J./Fan, X. (2010): Print-focused read-alouds in preschool classrooms: Intervention effectiveness and moderators of child outcomes. In: Language, Speech and Hearing Services in the Schools, 41, 504–520.

Korat, O. (2009): The effects of CD-ROM storybook reading on children's early literacy as a function of age group and repeated reading. In: Education and Information Technologies, 14, 39–53.

Korat, O./Shamir, A. (2008): The educational electronic book as a tool for supporting children's emergent literacy in low versus middle SES groups. In: Computers & Education, 50, 110–124.

Korat, O./Shamir, A./Heibal, S. (2013): Expanding the boundaries of shared book reading: E-books and printed books in parent–child reading as support for children's language. In: First Language, 33, 504–523.

Light, J./Smith, A. (1993): Home literacy experiences of preschoolers who use AAC systems and of their nondisabled peers. In: Augmentative and Alternative Communication, 9, 10–25.

Lonigan, C./Whitehurst, G. (1998): Relative efficacy of parent and teacher involvement in a shared-reading intervention for preschool children from low-income backgrounds. In: Early Childhood Research Quarterly, 13, 263–290.

Marvin, C./Mirenda, P. (1993): Home literacy experiences of preschoolers enrolled in head start and special education programs. In: Journal of Early Intervention, 17, 351–367.

McArthur, D./Adamson, L./Deckner, D. (2005): As stories become familiar: Mother-child conversations during shared reading. In: Merrill-Palmer Quarterly, 51, 389–411.

Mims, P./Browder, D./Baker, J./Lee, A./Spooner, F. (2009): Increasing participation of students with significant cognitive disabilities and visual impairments during shared stories. In: Education and Training in Developmental Disabilities, 44, 409–420.

Mucchetti, C. (2013): Adapted shared reading at school for minimally verbal students with autism. In: Autism, 17, 358–372.

National Academy of Education & Anderson, R. C. (1985): Becoming a nation of readers: The report of the Commission on Reading. Washington, D.C: National Academy of Education. Retrieved from https://files.eric.ed.gov/fulltext/ED253865.pdf.

Rvachew, S./Rees, K./Carolan, E./Nadig, A. (2017): Improving emergent literacy with school-based shared reading: Paper versus ebooks. In: Inter-

national Journal of Child-Computer Interaction, 12, 24–29.
Sanders, E./Erickson, K. (2018): Wh- question answering in children with intellectual disability. In: Journal of Communication Disorders, 76, 79–90.
Segal-Drori, O./Korat, O./Shamir, A./Klein, P. (2010): Reading electronic and printed books with and without adult instruction: Effects on emergent reading. In: Reading and Writing, 23, 913–930.
Skibbe, L./Thompson, J./Plavnick, J. (2017): Preschoolers' visual attention during electronic storybook reading as related to different types of textual supports. In: Early Childhood Education Journal.
Skotko, B./Koppenhaver, D./Erickson, K. (2004): Parent reading behaviors and communication outcomes in girls with Rett syndrome. In: Exceptional Children, 70, 145–166.
Strouse, G./Ganea, P. (2017): A print book preference: Caregivers report higher child enjoyment and more adult–child interactions when reading print than electronic books. In: International Journal of Child-Computer Interaction, 12, 8–15.
Swanson, E./Wanzek, J./Petscher, Y./Heckert, J./Cavanaugh, C./Kraft, G./Tacket, K. (2011): A synthesis of read-aloud interventions on early reading outcomes among preschool through third graders at risk of reading difficulties. In: Journal of Learning Disabilities, 44, 258–275.
Teale, W./Sulzby, E. (1986): Emergent literacy: Writing and reading. Ablex: Norwood, NJ.
Verhallen, M. J. A. J./Bus, A./de Jong, M. (2006): The promise of multimedia stories for kindergarten children at risk. In: Journal of Educational Psychology, 98, 410–419.

F Versorgungsstrukturen

Rechtliche Grundlagen in der UK-Versorgung

Norbert Kamps & Jens Boenisch

Im BSG (Bundessozialgesetz) ist im Grundsatz festgelegt, wer für die Finanzierung von Hilfsmitteln und Therapien zuständig ist. Aufgrund der vielen Überschneidungsbereiche zur Erziehung und Bildung sowie aufgrund der nicht immer eindeutigen Abgrenzung von Hilfsmittel und Alltagsgegenstand (z. B. iPad) ist für die UK nicht eindeutig geklärt, wer für die Finanzierung und Versorgung von Hilfsmitteln, Therapien und Förderung zuständig ist. Seit der Einführung des BTHG (Bundesteilhabegesetz) und den damit verbundenen Änderungen in den Sozialgesetzbüchern sowie in der Rechtsprechung zum SGB V und SGB IX ergeben sich im Vergleich zur Zeit vor 2018 noch einmal Änderungen in der UK-Versorgung und Hilfsmittelbeantragung. Diese Änderungen erweitern auf der einen Seite den Zuständigkeitsbereich von Krankenkassen, was zu neuen Optionen der UK-Versorgung führt bzw. führen kann. Auf der anderen Seite ist aufgrund einiger neuer Überschneidungsbereiche zu anderen Kostenträgern (z. B. Eingliederungshilfe) bisher noch nicht in allen Fällen geklärt, wer die Kosten übernehmen muss. Dies wird sich erfahrungsgemäß auch erst klären, wenn fallbezogene Urteile eine eindeutige Rechtslage herbeiführen. Grundsätzlich gilt jedoch, dass nach neuer Rechtslage folgende Ziele, Rahmenbedingungen und Aspekte bei der UK-Versorgung berücksichtigt werden sollten:

1. Teilhabe ermöglichen
2. Behinderungsausgleich als Voraussetzung für UK-Versorgung
3. Grundbedürfnisse beachten
4. Bildung ermöglichen
5. Auswahl und Ausstattung des Hilfsmittels
6. Ausbildung im Gebrauch (Gebrauchsschulung)
7. Wirksamkeit des Hilfsmittels bzgl. Teilhabe des Nutzers
8. Vermeidung von Vereinsamung
9. UK-Intervention/UK-Schulung
10. Firmenunabhängige bzw. firmenübergreifende Diagnostik und Beratung.

Diese 10 Punkte werden im weiteren Verlauf vertieft, damit der rechtliche Rahmen transparent und verständlich wird, in dem sich die Optionen und Begründungen für eine UK-Versorgung bewegen. Unrealistische Erwartungen an Kostenträger, Hilfsmittelfirmen und UK-Beratungsstellen können so reduziert werden.

Ziel der neuen Gesetzgebung ist es, die Leistungen der Teilhabe unabhängig von der Ursache der Teilhabebeeinträchtigung sicherzustellen. Die Krankenversicherung ist hierbei verantwortlich für den Behinderungsausgleich, d. h. die medizinische Rehabilitation, soweit Grundbedürfnisse des täglichen Lebens betroffen sind. Dabei hat sie nunmehr aber auch die Folgen der Behinderung, d. h. die Auswirkung auf die Teilhabe, zu beachten. Bedürfnisse zur sozialen Teilhabe im Rahmen von Freizeitgestaltung oder zur Bildung liegen dagegen im Bereich der Jugendhilfe oder der Eingliederungshilfe, da diese über die in § 42 SGB IX in Verbindung mit § 11 SGB V definierten Leistungen zur medizinischen Rehabilitation hinausgehen.

1 UK-Hilfsmittelversorgung als Aufgabe der GKV

§ 33 SGB V bestimmt, dass Hilfsmittel – zu denen auch UK-Hilfsmittel zählen – im Einzelfall erforderlich sein können, um

1. den Erfolg einer Krankenbehandlung zu sichern (i. d. R. ohne UK-Hilfsmittel) oder
2. einer drohenden Behinderung vorzubeugen (z. B. durch Sicherung der Kommunikationsfähigkeit durch Einsatz einer elektronischen Hilfe bei Tracheotomie) oder
3. eine bestehende Behinderung auszugleichen (Kommunikation ermöglichen mit UK-Hilfsmitteln, z. B. bei Menschen mit schwerer ICP, geistiger Behinderung, Schädel-Hirn-Trauma).

Diese Begründungen stehen für eine Versorgung zur Verfügung und werden als sogenannte Alternativen der Versorgung bezeichnet. Diese Alternativen bestimmen zugleich den Leistungsumfang. Dabei ist es ausreichend, lediglich ein Ziel anzustreben. Die Alternativen 2 und 3 finden sich auch in § 47 SGB IX abgebildet und werden dort sogar präzisiert. Somit wird deutlich, dass diese der medizinischen Rehabilitation und nicht der Krankenbehandlung (SGB V) zuzuordnen sind. § 47 SGB IX eröffnet darüber hinaus noch eine vierte Alternative:

4. Sicherung des Erfolgs einer Heilbehandlung (z. B. Gebrauchsschulung nach Versorgung mit einer elektronischen Kommunikationshilfe).

Wird ein Hilfsmittel im Rahmen einer Akutbehandlung einer Krankheit eingesetzt, handelt es sich um die Alternative 1 (z. B.: Start einer Aphasietherapie unmittelbar nach Schlaganfall; Dysarthriebehandlung nach SHT). UK-Hilfsmittel zählen i. d. R. nicht dazu. Chronifiziert sich die Funktionsstörung aber trotz aller Bemühungen (z. B.: Aphasietherapie oder Dysarthriebehandlung wirkt auch nach mehreren Behandlungsperioden nicht ausreichend), kann ein UK-Hilfsmittel zur Sicherung der Heilbehandlung genutzt werden, um die drohende Teilhabebeeinträchtigung zu vermeiden. Ist auch dies nicht möglich (z. B. bei angeborener ICP, geistiger Behinderung, komplexer Behinderung etc.), liegt eine manifeste Behinderung vor, welche *auszugleichen* ist. Dies aber fällt nur in den Leistungsbereich der GKV (Gesetzlichen Krankenversicherung), sofern Grundbedürfnisse des täglichen Lebens berührt sind. Die Versorgung mit einem Hilfsmittel der GKV zielt rechtlich gesehen in erster Linie darauf ab, eine Behinderung abzuwenden, zu beseitigen, zu mindern, auszugleichen, ihre Verschlimmerung zu verhüten oder ihre Folgen im Bereich der Teilhabe zu mildern. Darüber hinausgehende Teilhabeziele gehören nicht in den Zuständigkeitsbereich der GKV. Sie sind gegebenenfalls Aufgabe anderer Leistungsträger, etwa der Jugend- oder Eingliederungshilfe (z. B. Integrationshelfer).

1.1 Versorgungsziel: Behinderungsausgleich

Hilfsmittel werden gemäß Bundessozialgericht (BSG) in mittelbare und unmittelbare Hilfsmittel unterschieden. Das Hilfsmittel ersetzt beim unmittelbaren Behinderungsausgleich die ausgefallene oder beeinträchtigte Körperfunktion selbst (z. B. Prothese, Hörgerät), während es beim mittelbaren Behinderungsausgleich nur die direkten und indirekten Behinderungsfolgen ausgleicht. Unmittelbare Hilfsmittel wirken damit direkt und sofort auf die ausgefallene Körperfunktion bzw. ersetzen sie weitestgehend. UK-Hilfsmittel dienen dagegen grundsätzlich dem mittelbaren Behinderungsausgleich. Sie stellen die Körperfunktion Sprechen nicht wieder her, sondern ermöglichen die Folgen der Schädigung (nicht kommunizieren können) zu überwinden.

Ein Hilfsmittel zum mittelbaren Behinderungsausgleich ist gemäß BSG-Rechtsprechung von der GKV nur zu gewähren, wenn es die Behinderung im gesamten täglichen Leben beseitigt oder mindert und damit ein allgemeines Grundbedürfnis des täglichen Lebens betrifft. Zu diesen gehören gemäß BSG-Rechtsprechung

- das Gehen, Stehen, Sitzen, Liegen, Greifen, Sehen, Hören
- die Nahrungsaufnahme, das Ausscheiden
- die elementare Körperpflege
- das selbstständige Wohnen
- das Erschließen eines gewissen körperlichen und geistigen Freiraums sowie
- die Integration in die Gruppe Altersgleicher, dies aber begrenzt auf heranwachsende Kinder und Jugendliche bis zum vollendeten 15. Lebensjahr.

Es geht nicht, wie bei unmittelbaren Hilfsmitteln, um einen Ausgleich im Sinne des vollständigen Gleichziehens mit den letztlich unbegrenzten Möglichkeiten eines nichtbehinderten Menschen. UK-Hilfsmittel dürfen somit von der GKV nur dann gewährt werden, wenn sie

a) der Erschließung des geistigen Freiraums und der Kommunikation mit anderen Menschen zur Vermeidung von Vereinsamung dienen (die Kommunikation über das Internet und über das Telefon ist bislang nicht eindeutig geklärt, wird aber bei sorgfältiger Argumentation häufig als Zusatzfunktion geduldet),
b) im Rahmen der selbstständigen Lebensführung benötigt werden,
c) der Integration in die Gruppe Altersgleicher oder
d) zum Erlernen eines lebensnotwendigen Grund- und Schulwissens dienen.

1.2 Bildung

Benötigt ein Schüler mit Behinderung ein Hilfsmittel, um am Unterricht in der Schule teilzunehmen, die Hausaufgaben zu erledigen oder generell lernen zu können, ist es gemäß dem bislang geltenden Rechtsverständnis Aufgabe der GKV, diese Hilfsmittel zur Verfügung zu stellen. Auch in Einrichtungen der vorschulischen Bildung und Erziehung (Kindertagesstätten) sind Hilfsmittel durch die GKV zu leisten, sofern die Einrichtungen den Erwerb einer elementaren Schulausbildung unterstützen. Über einen Hauptschulabschluss hinausgehende Bildungsziele wie Fachabitur, Abitur oder Studium darf die GKV aber nicht mehr fördern.

Allerdings hat hier das Bundesteilhabegesetz den neuen Teilhabebereich der Bildung eingeführt (§ 75 SGB IX). Es existiert aufgrund fehlender Rechtsprechung jedoch noch Unklarheit, welcher Kostenträger in welchem Umfang wann zuständig ist (Krankenkasse oder Jugendhilfe bzw. Eingliederungshilfe). Ob die Verpflichtung zur Bereitstellung bildungsrelevanter Hilfsmittel zukünftig vollständig der Jugendhilfe und der Eingliederungshilfe zugeordnet wird oder ob es bei der Verpflichtung der GKV für den Bereich des lebensnotwendigen Grund- und Schulwissens bleibt, ist zur Zeit noch offen. Von den Autoren dieses Beitrages wird empfohlen, zunächst weiter nach alter Regelung zu verfahren, bis die Rechtsprechung durch Urteile Klärung herbeigeführt hat. Nach alter Rechtsprechung wäre bei der inklusiven Bildung und Beschulung eines Kindes kein spezifisches Hilfsmittel von der Kita bzw. Schule bereitzustellen. Handelt es sich jedoch um eine spezielle Schule, wie sie Förderschulen darstellen, müssen die Hilfsmittel unter Umständen vom Schulträger gestellt werden. Dies gilt für alle Hilfsmittel, die, dem Auftrag der Schule gemäß, von der Allgemeinheit der behinderten Schüler genutzt werden und nicht speziell für einen Schüler da sind. Auf UK übertragen bedeutet dies, dass die Ausstattung der Klasse mit Gebärdenpostern, Kletttafeln und anderen, allen Schülern zugänglichen UK-Materialien nicht von der GKV, sondern vom Schulträger finanziert werden. Es liegt nur dann eine Leistungspflicht der GKV vor, wenn spezielle, nur für den einen Versicherten nutzbare Produkte (z. B. eine elektronische Kommunikationshilfe mit spezifischem Wortschatz) als individuelle Hilfsmittel benötigt werden. Die Leistungspflicht besteht aber auch, wenn das Hilfsmittel außerhalb der schulischen Umgebung wie etwa bei der Erledigung von Hausaufgaben oder bei der Nutzung im familiären Umfeld zur Erfüllung von Grundbedürfnissen benötigt wird. D. h., eine Nutzung über an die Schule gebundene Tätigkeiten hinaus ist möglich.

2 Definition eines Hilfsmittels

Das BSG hat in zahlreichen Entscheidungen Grundsätze festgelegt, die ein Hilfsmittel der GKV beschreiben:

1. Hilfsmittel können von den Leistungsempfängern getragen oder mitgeführt oder bei einem Wohnungswechsel mitgenommen werden.
2. Hilfsmittel sind Produkte, Gegenstände, Dinge und Software, die von der Konzeption des Herstellers für die speziellen Bedürfnisse kranker oder behinderter Menschen entwickelt und bestimmt sind. Zudem werden sie ausschließlich bzw. ganz überwiegend von diesen Personen genutzt.
3. Hilfsmittel sind keine Gebrauchsgegenstände des täglichen Lebens, welche auch von nicht kranken oder nichtbehinderten Menschen genutzt werden.
4. Hilfsmittel werden selbständig und/oder selbstbestimmt – d. h. auch durch Betreuungspersonen im Sinne der Aufgaben der GKV – eingesetzt.
5. Hilfsmittel können, müssen aber nicht, im Hilfsmittelverzeichnis der GKV aufgeführt sein.
6. Hilfsmittel sind stets an den Einzelfall gebunden.

Ebenfalls zu den Hilfsmitteln zählen bestimmte Dienstleistungen, die zur sachgerechten Bereitstellung des Hilfsmittels erforderlich sind. Hierzu zählt die notwendige Anpassung oder Änderung sowie eine Einweisung und Schulung in die Handhabung des Produkts. Letzteres wird auch als Ausbildung im Gebrauch bezeichnet. Diese ist für alle Personen erforderlich, die das Produkt einsetzen, also nicht nur für den Versicherten selbst, sondern auch für die Betreuungspersonen.

Reparaturen oder eine Ersatzbeschaffung müssen von den Kostenträgern in der Regel übernommen werden – unabhängig vom Grund, z. B. einer Beschädigung oder eines Verlustes. Ein Versicherter kann nicht dafür haftbar gemacht werden, dass ein Hilfsmittel gestohlen oder beim Gebrauch beschädigt wird. Nur im Falle eines vorsätzlichen oder grob fahrlässigen Handelns könnte der Kostenträger gegebenenfalls auf zivilrechtlichem Wege Schadensersatz verlangen. Wird beispielsweise eine elektronische Kommunikationshilfe von einem behinderten Kind durch unwillkürliche Bewegungen auf den Boden geschleudert und zerbricht, so zählt dies zu den allgemeinen Risiken, mit denen der Kostenträger rechnen muss.

Gemäß BSG-Rechtsprechung ist zur Abgrenzung eines Hilfsmittels von üblichen Gebrauchsgegenständen allein die Zweckbestimmung des Gegenstands zu beachten, die aus der Sicht der Hersteller (nicht der Vertreiber) und aus der Sicht der tatsächlichen Benutzer bestimmt wird. D. h. als Hilfsmittel können nur Geräte anerkannt werden, die für die speziellen Bedürfnisse kranker oder behinderter Menschen entwickelt und hergestellt und die überwiegend bzw. ausschließlich auch von diesem Personenkreis benutzt werden. Dies ist auch der Grund für die (frühere) Forderung, nur »geschlossene Kommunikationshilfen« ohne Zugang zu weiterer Software auf dem Gerät, zu Internet, Emails etc. zu versorgen. Umgekehrt ist ein Produkt nicht als Hilfsmittel, sondern als Gebrauchsgegenstand einzustufen, wenn es schon aufgrund seiner Konzeption nicht vorwiegend für kranke und behinderte Menschen gedacht ist, sondern auch von der Allgemeinheit genutzt wird, etwa ein Tablet-PC. Nicht ausschlaggebend ist, ob das Produkt aus Vermarktungsgründen als »medizinisches Hilfsmittel« bzw. »Medizinprodukt« beworben oder verkauft wird, sondern wie es von wem genutzt und eingesetzt wird (vgl. Kamps 2013). Die gegenwärtige Praxis einiger Krankenkassen zeigt, dass dieses über Jahre dominierende Argument der geschlossenen Systeme durch die Verbreitung handelsüblicher Tablet-PCs mit ihrer offenen Struktur und spezifischen UK-Apps zu attraktiven Preisen inzwischen zur Disposition steht (mit allen Vor- und Nachteilen für den UK-Nutzer bzw. dessen Familie). Zum Teil werden sogar offene Tablet-PCs im Hilfsmittelverzeichnis der GKV geführt. Ein Anspruch auf Versorgung kann aber daraus nicht abgeleitet werden.

3 Notwendig – ausreichend – zweckmäßig – wirtschaftlich

Gemäß § 12 SGB V müssen die Leistungen und damit auch UK-Hilfsmittel stets notwendig, ausreichend, zweckmäßig und auch wirtschaftlich sein. Bei der Bewertung der *Notwendigkeit* sind die individuellen Verhältnisse der Versorgungssituation in den Blick zu nehmen und zu berücksichtigen. Es ist zwingend, auf die individuellen Voraussetzungen des UK-Nutzers und dessen Lebensumstände einzugehen und dafür die passende Versorgung zu finden. Es reicht nicht aus, wenn nach allgemeiner Anschauung, Rechtsauslegung oder Rechtsprechung ein bestimmtes Produkt ein Hilfsmittel ist oder das Produkt bzw. die Produktart im Hilfsmittelverzeichnis aufgelistet ist. Auch die allgemeine Feststellung einer Diagnose (z. B. ICP, geistige Behinderung, Rett-Syndrom etc.) ist nicht ausreichend, einen Hilfsmittelanspruch zu begründen. Auf Basis der ICF müssen alle Umstände des Einzelfalls bewertet und beim Leistungsentscheid berücksichtigt werden. Zudem erfordert der Leistungsanspruch, dass gerade dieses eine, spezifische Produkt, zumindest diese Produktgattung, unausweichlich ist, um das Ziel der Hilfsmittelversorgung zu erreichen. Das Maß des Notwendigen verbietet ein Übermaß nach Art und Umfang der Leistungen. Es gebietet aber auch das zur Zielerreichung Notwendige einzusetzen. Die zu erfüllenden individuellen Versorgungsziele sind mit den Aufgaben der GKV abzugleichen und müssen sich in den Versorgungsalternativen nach § 33 SGB V bzw. § 47 SGB IX wiederfinden. *Ausreichend* ist eine Leistung, die nach Art und Umfang genügt, um die jeweilige Zielsetzung zu erreichen. Neben einer Begrenzung nach oben (nicht zu viel) beinhaltet der Begriff auch eine Begrenzung nach unten (nicht zu wenig). Das heißt, wenn geringere Leistungen ausreichen, ist mehr nicht zulässig und wenn geringere Leistungen nicht ausreichen, ist mehr erforderlich. Mit der Effektivität eines Hilfsmittels (= ausreichend) werden die Auswirkungen der Hilfsmittelbenutzung auf den Anwender beschrieben. Dazu gehören z. B. das Ausmaß an Unabhängigkeit, der Grad der Zielerreichung, der Zugewinn an Funktionen, aber auch die Auswirkung auf den Behinderungsausgleich, den Komfort und die Lebenszufriedenheit.

Zweckmäßig ist, was nach seiner Wirkung geeignet ist, das Versorgungsziel zu erreichen. Dies erfordert, dass die Eigenschaften des Hilfsmittels nachweisbar ermöglichen, das individuelle (Teilhabe-)Ziel zu erreichen. Das Hilfsmittel muss im Einzelfall wirksam sein. Es muss ein zielbezogener Wirksamkeitsnachweis vorliegen, z. B. in Form wissenschaftlicher Studien oder durch eine Erprobung. Ist eine Erprobung nicht möglich, kann auch eine begründete Prognose ausreichend sein.

Gemäß BSG hat die GKV für jede Verbesserung einzustehen, die einen wesentlichen Gebrauchsvorteil im Rahmen der Grundbedürfnisse gegenüber einer eventuellen kostengünstigeren Alternative bietet. Wenn allerdings einer geringfügigen Verbesserung des Gebrauchsnutzens ein als unverhältnismäßig einzuschätzender Mehraufwand gegenübersteht, wäre das Produkt unwirtschaftlich (vgl. Kamps 2014). Somit kann kein Anspruch auf ein teureres Hilfsmittel geltend gemacht werden, sofern eine kostengünstigere Kommunikationshilfe für den beschriebenen Nachteilsausgleich in gleicher Weise geeignet ist. Es steht dem Versicherten jedoch frei, die Mehrkosten für das gewünschte Gerät gemäß § 33 SGB V selbst zu tragen. Im Sinne der *Wirtschaftlichkeit* hat die GKV zu prüfen, ob nicht eine günstigere Versorgung mit einem gleichwertigen Produkt möglich ist. Wenn jedoch im Einzelfall und durch den Arzt begründet ein spezielles Hilfsmittel erforderlich ist, z. B. weil der Nutzer schon mit einem bestimmten Symbolsystem vertraut ist oder eine spezifische Vokabularstruktur erlernt hat, kann das verordnete Produkt von der GKV nicht ohne Weiteres durch ein anderes Produkt ersetzt werden.

Wirtschaftlichkeit ist die Abwägung zwischen Aufwand und Wirkung. Es muss eine günstige Kosten-Nutzen-Relation erreicht werden. Mit dem geringstmöglichen Aufwand ist der größtmögliche Nutzen zur Zielerreichung herbeizuführen. Nur ausreichende und zweckmäßige (wirksame) Leistungen können wirtschaftlich sein, d. h. zu viel ist unwirtschaftlich, zu wenig ist aber ebenso unwirtschaftlich. Dies bedeutet, dass ein Hilfsmittel, das nicht alle erforderlichen Leistungen erbringt, auch bei einem geringeren Preis gegenüber einem Produkt, das alle Leistungen liefert, unwirtschaftlich ist.

Der Fokus auf die Kosten-Nutzen-Relation dürfte am ehesten von firmenunabhängigen, qualifizierten und gut ausgestatteten UK-Beratungsstellen zu erfüllen sein. Aufgrund eines 2017 erfolgten Zusatzes im SGB V, § 33 (Abs. 5b) dürfen jedoch Dritte wie UK-Beratungsstellen nicht mehr verpflichtend in die Hilfsmittelversorgung eingebunden werden. Dies ist nun eine freiwillige Leistung der Krankenkasse. Alternativ hierzu wären Beratungen durch unterschiedliche Hilfsmittelfirmen, die unterschiedliche Produkte anbieten, notwendig. Dies wiederum dürfte sich nicht positiv auf die Kosten-Nutzen-Relation des gesamten Versorgungsprozesses auswirken. Nachbesserungen dieser widersprüchlichen Rechtslage sind auch hier zu erwarten.

Da der Personenkreis in der UK sehr heterogen ist und es zudem kaum Studien zum Nutzen einzelner Hilfsmittel gibt, muss die Begründung für ein bestimmtes Hilfsmittel bereits bei der Verordnung (ggf. mit fachlicher Stellungnahme einer UK-Beratungsstelle) so geführt werden, dass sie für die Krankenkasse selbst und möglichst ohne sonderpädagogisches oder sprachtherapeutisches Fachwissen nachvollziehbar ist (z. B. die Bedeutung der Vokabularauswahl und -organisation für die Sprachentwicklung und Zugriffsgeschwindigkeit des Nutzers als wichtiges Merkmal des Gerätes A in Abgrenzung zu den vergleichbaren Geräten B und C; Vorzüge von A gegenüber B und C mit Blick auf den

Behinderungsausgleich und/oder das Lern- und Entwicklungspotential; weitere Hinweise zu Inhalten bei der Verordnung siehe Boenisch/Kamps 2017).

4 Noch nicht geklärt

Die GKV hat laut BSG und SGB V bisher dafür Sorge zu tragen, dass die Voraussetzungen für gelingende Kommunikation zur Vermeidung von Vereinsamung sowie zum Erlernen eines schulischen Grundwissens bereitgestellt werden. Vor diesem Hintergrund müssen Krankenkassen Kommunikationshilfen zur Verfügung stellen.

Das Gerät alleine gleicht keine Behinderung aus. Erst der Gebrauch, der richtige Einsatz im Alltag führt zum Ausgleich der fehlenden Lautsprache und bildet somit die Voraussetzung für Bildung und Schutz vor Vereinsamung. Gradmesser einer erfolgreichen Versorgung ist somit u. a. die Teilhabe. Diese wiederum ist aber nicht alleine Aufgabe der Krankenkasse. Gleichzeitig konnte auf der Basis der Analyse bei 92 UK-Versorgungen aufgezeigt werden, dass nach der Hilfsmittelversorgung der Versorgungsprozess weitergehen muss, um das Versorgungsziel letztlich auch zu erreichen (vgl. Boenisch/Schäfer 2016). Nach einer technischen Einweisung in das neue Hilfsmittel bedarf es oft einer systematischen – linguistischen, therapeutischen und sonderpädagogisch an die Entwicklungsbedingungen des UK-Nutzers angepassten – Einführung in den Gebrauch der Kommunikationshilfe im Alltag und Ausbau der individuellen Sprachkompetenzen. § 42 Abs. 3 SGB IX bestimmt zudem, dass auch die anschließende Förderung des UK-Nutzers zur Leistung der medizinischen Rehabilitation zählt, wobei die Grenzen zur sonderpädagogischen Förderung fließend sind (vgl. hierzu Boenisch/Nonn in diesem Band). Die UK-Versorgung bewegt sich somit zwischen den Zuständigkeitsbereichen der GKV, der medizinischen Rehabilitation und der Bildungseinrichtungen. UK-Beratungsstellen und UK-Kompetenzzentren bilden hier fachkundige Anlaufstellen, um diese Prozesse zu koordinieren und mögliche Abbrüche in der Versorgungskette zu vermeiden. Das Aufgabenspektrum solcher Institutionen wird sich um die rechtliche Zuordnung und die Klärung der Zuständigkeiten im Einzelfall erweitern (müssen), um die Versorgung in der UK im Sinne der UK-Nutzer mit dem übergeordneten Ziel der sozialen Teilhabe und Partizipation durchführen zu können.

Literatur

Boenisch, J./Kamps, N. (2017): Welche Sprache spricht die Krankenkasse? In: Lage, D./Ling, K. (Hrsg.): UK spricht viele Sprachen. Karlsruhe, 373–385.

Boenisch, J./Schäfer, K. (2016): UK Beratung – und dann? Zur Notwendigkeit einer weiterführenden Begleitung nach der UK-Beratung – Evaluationsergebnisse der UK-Beratungsstelle am FBZ-UK der Universität zu Köln. In: uk & forschung (6), Sonderbeilage der Unterstützte Kommunikation (4), 10–17.

BSG: Bundessozialgericht. www.bsg.bund.de [26.3.2019].

Hilfsmittelrichtlinie. www.g-ba.de/informationen/richtlinien/13/ [26.03.2019].

Kamps, N. (2013): Rechtliche Grundlagen der Hilfsmittelversorgung. In: Boenisch, J./Wachsmuth, S. (Hrsg.): Studienhandbuch Lehrgang Unterstützte Kommunikation (unveröff. Studienbuch). Karlsruhe, 6.1–6.12.

Kamps, N. (2014): UK-Hilfsmittelversorgung als Aufgabe der Gesetzlichen Krankenversicherung (GKV). In: isaac-Gesellschaft für UK/von Loeper (Hrsg.): Handbuch der Unterstützten Kommunikation. von Loeper: Karlsruhe 16.003.001-16.015.001.

SGB V: Sozialgesetzbuch Fünftes Buch (Gesetzliche Krankenversicherung). https://www.gesetze-im-internet.de/sgb_5/ [26.03.2019].

SGB IX: Sozialgesetzbuch Neuntes Buch (Rehabilitation und Teilhabe behinderter Menschen). www.gesetze-im-internet.de/sgb_9_2018/ [26.03.2018].

ICF und UK: Chancen einer aktivitätsbezogenen Perspektive

Tobias Bernasconi

1 Einleitung

Das Fachgebiet der UK ist im Spannungsfeld zwischen Pädagogik, Therapie und Medizin verortet und richtet sich an eine heterogene Personengruppe. Durch unterschiedliche Ausbildungen sowie berufliche Sozialisationen der an UK-Interventionen beteiligten Professionellen kommt es dazu, dass mitunter nicht alle Personen die gleiche Sprache sprechen. Je nach Akteur und Hintergrundwissen sowie Grundhaltung werden Problemstellungen, Lebenssituationen und Ideen für Interventionen in unterschiedlichen Begriffen mit unterschiedlichen Auslegungen beschrieben. Hier kann die ICF dabei helfen, dass (1) eine bessere Verständigung der beteiligten Professionen durch eine gemeinsame Sprache erreicht wird. (2) Des Weiteren kommt der ICF im Rahmen von Prozessen der Hilfsmittelversorgung oder der Beantragung von Rehabilitationsleistungen eine neue wichtige Rolle zu. (3) Schließlich kann sie im Sinn einer Systematik dabei helfen, das eigene Vorgehen im Rahmen der Interventionsplanung besser zuzuordnen, abzugrenzen und zu strukturieren.

2 Die ICF und die Frage: Was behindert eigentlich eine unterstützt kommunizierende Person?

Die »International Classification of Functioning, Disability and Health« (ICF) wurde 2001 von der WHO veröffentlicht. Vorausgegangen war ein mehrere Jahrzehnte lang andauernder Prozess, in dem sich die WHO mit der Neujustierung der im Jahr 1980 veröffentlichten International Classification of Impairments, Disabilities and Handicaps (ICIDH) beschäftigt hatte. Ziel der ICIDH war eine Beschreibung und Klassifizierung des Zusammenhangs von Krankheiten und Behinderung. Der ICIDH lag damit ein sogenanntes »Krankheitsfolgemodell zugrunde, (welches) Behinderung linear als Folge von Krankheiten« (Seidel 2003, 245) verstand. In dieser Sichtweise wurden jedoch Faktoren aus dem direkten Umfeld der Person nicht ausreichend berücksichtigt, weshalb die ICIDH zunehmend kritisiert und deshalb bereits in den 1980er Jahren ein Revisionsprozess eingeleitet wurde.

Die 2001 veröffentlichte ICF fragt dagegen mit einer auf Aktivitäten und Partizipation bezogenen Perspektive, was und in welchen Situationen eine Person behindert (ist). Sie kann damit aus verschiedenen Gründen als Neujustierung und maßgebliche Veränderung der Sichtweise von Behinderung gesehen werden. Behinderung fungiert in der ICF als allgemeiner Oberbegriff, der ein mehrdimensionales Phänomen bezeichnet, welches aus der Interaktion von Menschen und ihrer materiellen und sozialen Umwelt resultiert (vgl. DIMDI 2005, 171). Der Begriff *Behinderung* wird entsprechend nur als Oberbegriff verwendet und vom Begriff der *Schädigung* im Sinne einer z. B. körperlichen Beeinträchtigung unterschieden. Der den Zustand einer Person beschreibende Begriff in der ICF ist *functioning*, was mit *Funktionsfähigkeit* ins Deutsche übersetzt wurde. Damit sind »alle Aspekte der funktionalen Gesundheit, und zwar sowohl bezogen auf körperlich-organisatorische Strukturen und Funktionen wie auch auf Aktivitäten bzw. Kompetenzen und die Teilhabe am gesellschaftlichen Leben« (Fischer 2003, 304) gemeint. Die Funktionsfähigkeit eines Menschen im Sinne von Möglichkeiten zur Partizipation ist dabei abhängig von der gegenseitigen Beeinflussung möglicher Gesundheitsprobleme und der Kontextfaktoren im Lebensumfeld einer Person (vgl. DIMDI 2005, 23).

Im Rahmen der ICF-Klassifikation wird demnach nicht von einer eindeutig medizinischen oder sozialen Ursache für eine Behinderung gesprochen, sondern die jeweils einseitige Sichtweise wird zugunsten eines biopsychosozialen Modells der Funktionsfähigkeit und Behinderung überwunden. *Bio-psycho-sozial* meint dabei, dass eine Behinderung als Folge bzw. im Zusammenspiel von *körperlichen*, *psychologischen* und *sozial-gesellschaftlichen* Faktoren entsteht.

Mit der folgenden Abbildung des biopsychosozialen Modells soll der Zusammenhang und die Wechselwirkungen der einzelnen Komponenten verdeutlicht werden.

Abb. 1: Bio-psycho-soziales Modell der ICF (vgl. DIMDI 2005)

Die Möglichkeiten zu Aktivitäten und Teilhabe eines Menschen werden, unter Berücksichtigung seiner Körperfunktionen und -strukturen, dabei als wesentliche Faktoren für eine mögliche Behinderung betrachtet. Partizipation in der ICF wird definiert als Einbezogensein in eine Situation, »das im Kontext der spezifischen personalen und sozialen Situiertheit realisiert werden kann« (Hollenweger 2019, 51). Entsprechend stellt sich die Frage nach fehlender Teilhabe bzw. Behinderung vor allem beim Blick auf konkrete Aktivitäten.

Eine unterstützt kommunizierende Person, die in ihrem vertrauten Umfeld mit einer alternativen Kommunikationsform keine Partizipationsprobleme hat, würde demnach nicht als behindert bezeichnet. Verändert sich jedoch der Kontext derart, dass die Person mit einem Umfeld konfrontiert ist, welches ihre

Kommunikationsbesonderheiten nicht kennt und in dem keine Kommunikationshilfe vorhanden ist, z. B. bei einem Notfall mit folgendem Krankenhausaufenthalt, sind auch die Partizipationsmöglichkeiten stark eingeschränkt und es entsteht Behinderung. Der gesundheitliche Zustand mit Blick auf die Kommunikation ist bei der Person in beiden Situationen unverändert. Behinderung entsteht folglich erst durch das Zusammenspiel von körperlichen Voraussetzungen (Schädigungen) und ungünstig wirkenden Kontextfaktoren (Einstellungen, räumliche sowie sächliche Gestaltung der Umwelt etc.).

Die ICF versteht sich demnach als Klassifikation für alle Menschen, da alle Menschen im Laufe ihres Lebens mit Partizipationseinschränkungen aufgrund von gesundheitlichen Problemstellungen und einem nicht zu ihren Bedürfnissen passenden Umfeld konfrontiert sein können. Die Besonderheit des biopsychosozialen Modells von Behinderung liegt damit vor allem darin, dass es zwar Schädigungen mit einbezieht, jedoch nicht allein darauf fokussiert, sondern den Blick auf die Kontextfaktoren lenkt. Dies macht die ICF auch für die UK so interessant, da das Grundverständnis besagt, dass letztlich die (materielle und personelle) Beschaffenheit der Umwelt die Funktionsfähigkeit und die Partizipation eines Menschen maßgeblich beeinflusst. Der Ausgangspunkt pädagogischer oder therapeutischer Interventionen ist damit nicht das Gesundheitsproblem, sondern es erscheint genauso legitim, Kontextfaktoren bzw. Aktivitäten und Partizipationssituationen in den Fokus der Intervention zu rücken (vgl. Pretis 2019, 63 f.). Auch bei Menschen ohne Lautsprache ist eine ggf. vorhandene körperliche Schädigung im Rahmen der Interventionsplanung allenfalls in Teilen (z. B. bei der Frage nach Ansteuerungsmöglichkeiten) relevant. Vielmehr steht die Partizipation der Person an individuell bedeutsamen Aktivitäten und Situationen ihres alltäglichen Lebens im Mittelpunkt der pädagogisch-therapeutischen Arbeit (vgl. McNaughton et al. 2019, 10).

Exkurs: ICF und ICD-10

Innerhalb der WHO-Klassifikationen versteht sich die ICF als Ergänzung zur ICD (International Statistical Classification of Diseases and Related Health Problems), welche im Gegensatz zur dargestellten Perspektive auf die Klassifikation von medizinischen Diagnosen zielt. Für Deutschland existiert eine übersetzte und modifizierte Version, die mit der Abkürzung ICD-10-GM bezeichnet wird. Die 10 bezieht sich auf die aktuell gültige Revisionsnummer und der Zusatz GM steht für ›german modification‹. Im Jahr 2018 wurde von der WHO bereits eine überarbeitete Folgeversion der ICD mit der Nummer 11 veröffentlicht. Diese ist jedoch noch im Status der Bearbeitung und soll ab 2022 in Kraft treten (vgl. DIMDI 2019).

Die ICD-10 klassifiziert ausschließlich Krankheiten bzw. deren Diagnosen und Symptome. Der tatsächliche Krankheitsstatus und die Folgen der Erkrankungen mit Blick auf die Funktionsfähigkeit sowie die individuelle Lebenssituation des Menschen werden dabei nicht berücksichtigt. ICD-10 und ICF ergänzen sich demnach wie folgt (▶ Abb. 2): Für die Diagnose einer Erkrankung ist die ICD-10 anwendbar. Ärzte benötigen beispielsweise die ICD-10, um Diagnosen auf Rezepten zu kodieren. Die ICF beschreibt weitergehend die Auswirkungen der Erkrankung auf die funktionale Gesundheit. Neben der ICF existiert eine abgeleitete Klassifikation für Kinder und Jugendliche, die ICF-CY (Children and Youth), in der die Besonderheiten in der Entwicklung bestimmter Funktionen sowie die besonderen Lebenswelten von Kindern und Jugendlichen berücksichtigt werden. Aktuell erscheint es möglich, »dass die ICF zu einem integrativen Teil der zukünftigen ICD-11 wird« (Pretis 2019, 62). Dies könnte dazu führen, dass die ICF auch verstärkt im medizinischen Kontext bzw. von Ärztinnen und Ärzten angewendet wird. Weder lässt sich aus einer ICF-basierten Beschreibung allein auf eine ICD-10-Diagnose schließen, noch gibt eine ICD-10-Diagnose alleine Hinweise auf die Lebenssituation einer Person im Spiegel der ICF.

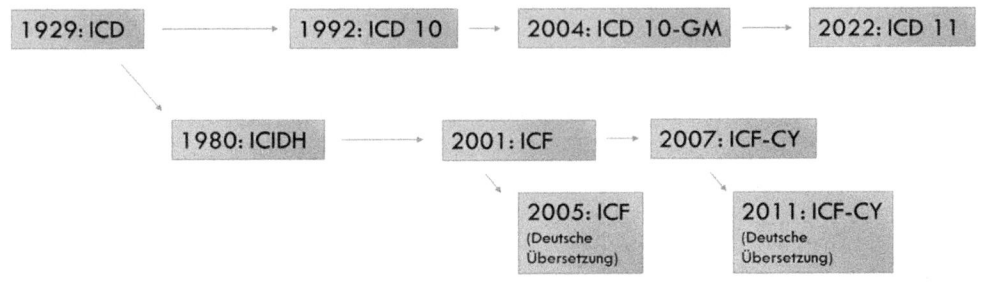

ICD: International Statistical Classification of Diseases and Related Health Problems
ICIDH: International Classification of Impairments, Disabilies and Handicap
ICF: International Classification of Functioning, Disability and Health

Abb. 2: Klassifikationen der WHO

3 Die ICF im deutschen Rechtssystem

Die ICF hat in den letzten Jahren in mehrere, für die UK relevante Bereiche des deutschen Rechtssystems Einzug gehalten. Die Funktion der ICF liegt dabei darin, zu beschreiben, welche Auswirkungen ein bestimmter Gesundheitszustand für den Lebensalltag einer Person hat. Diese Informationen können dann durch die Nutzung einer einheitlichen Klassifikation besser zwischen verschiedenen Leistungserbringern übermittelt werden (vgl. Deventer/Ewert 2009). Im SGB IX wird auf die ICF verwiesen, um den Auftrag des Gesetzes, die Förderung von Selbstbestimmung und Teilhabe am Leben an der Gesellschaft durch Rehabilitationsleistungen, umzusetzen. Auch das Bundesgleichstellungsgesetz (BGG) verweist auf das biopsychosoziale Modell der ICF. BGG und SGB IX nutzen insbesondere für die inhaltliche Füllung des Begriffs der Teilhabe die ICF. Die »deskriptive Begriffsdefinition wird im SGB IX durch den sozialrechtlichen Kontext mit dem Adjektiv ›gleichberechtigt‹ und vor dem grundrechtlichen und sozialstaatlichen Bild von Gesellschaft und Menschen normativ: Menschen sollen – unter anderem durch die Teilhabeleistungen – einen gleichberechtigten Zugang zu Umweltbeziehungen haben« (Fuchs 2013, 1). Die Orientierung des SGB IX an der ICF sollte dabei gleichsam einen einheitlichen trägerübergreifenden und an einem internationalen Maßstab orientierten Weg bei der Feststellung des individuellen Hilfebedarfs ermöglichen (vgl. ebd., 3). Das SGB IX verfolgt das Ziel, das Verhältnis von Leistungserbringern und Leistungsempfängern neu zu bestimmen und proklamiert das Ziel der Förderung von Selbstbestimmung und gleichberechtigter Teilhabe von Menschen mit Behinderung an der Gesellschaft (BGBl 2001, 1046). Mit der Weiterentwicklung des deutschen Rechts aufgrund der Ratifizierung der UN-BRK wurde jedoch eine weitere Revision des SGB IX notwendig, durch die das

Bundesteilhabegesetz (BTHG) erarbeitet wurde (vgl. BAR 2017, 6). Im BTHG geht es vor allem um die Frage, wer Eingliederungshilfe in welcher Form erhalten soll. Auch in diesem Gesetz existiert ein klarer Bezug zur ICF, da der Zugang zu Leistungen im BTHG an die Lebensbereiche der ICF angelehnt ist. Dies erfordert insbesondere im Kontext von Teilhabeplanungen, dass nicht länger nur Gesundheitsprobleme beschrieben werden, sondern gemäß dem biopsychosozialen Modell die Beeinträchtigungen in Aktivitäten und Partizipation ausschlaggebend für die Gewährung von Eingliederungshilfe sind. Das BTHG wird in Modellprojekten bis 2021 erprobt, wissenschaftlich evaluiert und soll anschließend weiter ausdifferenziert werden.

4 Bedeutung einer ICF-orientierten, aktivitätenbezogenen Perspektive für die UK

ICD-10 und ICF haben – obgleich sie miteinander in Verbindung stehen – einen jeweils spezifischen Blick auf Krankheit, Behinderung und notwendige Unterstützung. Steht bei der ICD-10 das Gesundheitsproblem im Vordergrund, welches symptomatisch behandelt wird, so erweitert die ICF den Blick auf die Lebenssituation und hat eher eine individuell bedeutsame Unterstützung bzw. Intervention im Blick. Auch in der UK können mit Blick auf Interventionen durchaus die beiden Modelle aufgegriffen werden. So entspricht die Versorgung mit einer Kommunikationshilfe aufgrund der Tatsache, dass eine Person über keine Lautsprache verfügt, eher einem ICD-10 bezogenem Blick. Aus Diagnosen allein können in der Regel aber nur unzureichende Hinweise für die Interventionsplanung gewonnen werden. Sie sichern vielmehr im Rahmen der Hilfsmittelversorgung das Anrecht auf Leistungen (vgl. Warnke 2014, zit. nach Pretis 2019, 60). Die Diagnose nach ICD-10 bildet somit die Grundlage für eine *Versorgung*.

Die sich an eine Versorgung anschließende Frage nach den Einsatzmöglichkeiten einer Kommunikationshilfe mit Blick auf die Partizipation einer Person entspricht dann eher der Logik der ICF. Bei der *Interventionsplanung* kann die ICF folglich zum Finden von individuell bedeutsamen Situationen genutzt werden (vgl. Light/McNaughton 2015; Bernasconi/Sachse 2019).

Der Gewinn einer ICF-orientierten Arbeit für die UK liegt dabei vor allem in dreierlei Hinsicht:

1. Gemeinsame Sprache

Durch die Verwendung der ICF als einheitliche Klassifikation kann eine gemeinsame Sprache zwischen Akteuren innerhalb bestimmter Handlungsfelder oder sektorenübergreifend gesprochen werden (vgl. Simeonsson et al. 2012). Dabei hat sich die ICF in kürzester Zeit in unterschiedlichen Bereichen implementiert: »It is heartening to see the spread of disciplines, specific health conditions and contexts within which the classification has been applied« (Jelsma 2009, 5). Das Codesystem der ICF ermöglicht dabei zwar nicht die Ableitung von konkreten Interventionszielen, ermöglicht jedoch eine sektorenübergreifende Verständigung auf Grundbedürfnisse, Förderziele sowie Grundrechte im Kontext von Partizipation. Der Bezug auf die besondere Philosophie des Modells von Behinderung kann es zudem vereinfachen, dass unterschiedliche Akteure mit einer an der ICF orientierten Sichtweise Unterstützungsangebote planen und umsetzen.

2. Hilfsmittelversorgung

Im Kontext der Beantragung von Hilfsmitteln kann die ICF den Zusammenhang zwischen einem (ggf. mittels ICD-10 codierten) Gesundheitsproblem und damit verbundenen Einschränkungen in den Aktivitäten und der Partizipation verdeutlichen. Hilfsmittel im Sinne positiv wirkender Umweltfaktoren bekommen damit eine kompensatorische Funktion im Rahmen des Behinderungsausgleiches (siehe Boenisch/Kamps in diesem Band).

3. Interventionsplanung

Mittels der ICF können UK-Interventionen umfassend und an der individuellen Lebenswelt orientiert geplant werden. UK wirkt dort mit dem Ziel verbesserter Alltagskommunikation und damit verbundenen erweiterten Möglichkeiten zur Partizipation (siehe Sachse/Bernasconi in diesem Band). Bei allen positiven Aspekten und Möglichkeiten der Beschreibung einer individuellen Lebenssituation mittels ICF muss zwar festgehalten werden, dass die ICF und die enthaltenen Codes es noch nicht ermöglichen, eine komplexe Wirklichkeit umfassend darzustellen. Vielmehr ist dazu immer auch eine »individuelle narrative Darstellung« (Pretis 2019, 65) notwendig. Die Orientierung an der grundsätzlichen Philosophie macht jedoch systematische und gleichsam alltagsbezogene Interventionen möglich (vgl. Simeonsson et al. 2012, 5).

Die große Bedeutung der ICF für die UK lässt sich auch daran ablesen, dass sie im internationalen Raum bereits sehr viel selbstverständlicher verwendet wird. Fried-Oken und Granlund (2012, 1) formulieren: »The ICF fits our international AAC community like an old shoe that we have been wearing for many years.« An anderer Stelle wird betont, dass die ICF vor allem deshalb für den Kontext der UK so sinnvoll erscheint, da »in the field of AAC, the importance of broader outcomes with a focus on participation and use of communication skills in interaction with others is emphasized« (Klang et al. 2016, 46). Es ist demnach vor allem der starke Bezug zur Partizipation und die Betrachtung der gesamten Lebenswirklichkeit einer Person, welche das ICF-Modell für das Feld der UK so passend macht. Denn: »This key feature of the model is also the underlying premise of AAC clinical practice […which] highlight the interaction between individuals who use AAC and the key role that environmental factors play in communication interventions« (Raghavendra et al. 2007, 355 f.). Die ICF liefert dabei keine völlig neuen Gedanken, insbesondere das kooperative Partizipationsmodell (vgl. Lage/Knobel Furrer 2017) besitzt eine ganz ähnliche Grundlogik wie die ICF. Das Partizipationsmodell macht dabei noch deutlicher, dass es vor allem konkrete Alltagssituationen sind, die den Ausgangspunkt der Intervention bilden. Light und McNaughton (vgl. 2015, 87) sehen die Stärke der ICF darin, dass sie bei der Planung und Umsetzung von übergreifenden Interventionszielen ein geeignetes Raster liefert. Gleichzeitig unterstützt sie die Abkehr von Interventionszielen, welche lediglich auf die unterstützt kommunizierende Person und ihre (isoliert betrachteten) Fähigkeiten gerichtet sind.

Literatur

BAR – Bundesgemeinschaft für Rehabilitation (2017): Bundesteilhabegesetz. Die wichtigsten Änderungen im SGB IX. Frankfurt

Bernasconi, T./Sachse, S.K. (2019): Kommunikative Kompetenz, Teilhabe und ICF-CY-Perspektive in der Unterstützten Kommunikation. Grundlagen einer systematischen Interventionsplanung. In: Frühförderung interdisziplinär, (i. Dr.).

BGBl (2001): Bundesgesetzblatt Teil I Nr.26: »Sozialgesetzbuch – Neuntes Buch – (SGB IX). Rehabilitation und Teilhabe behinderter Menschen (Artikel 1 des Gesetzes v. 19. 6.2001, BGBl. I, 1046).

Deventer, A./Ewert, Th. (2009): ICF in der Ärztlichen Arbeit: Mehr als eine neue Klassifikation. In: Deutsches Ärzteblatt, 38, A-1832.

DIMDI – Deutsches Institut für Medizinische Dokumentation und Information (2005): ICF – Internationale Klassifikation der Funktionsfähigkeit, Behinderung und Gesundheit. Genf

DIMDI (2019): Von der ILCD zur ICD-10. https://www.dimdi.de/dynamic/de/klassifikationen/icd/icd-10-who/historie/ilcd-bis-icd-10/ [25.04.2019].

Fischer, E. (2003): Pädagogik für Menschen mit geistiger Behinderung. Oberhausen: Athena.

Fried-Oken, M./Granlund, M. (2012): AAC and ICF: A good fit to emphasize outcomes. In: Augmentative and Alternative Communication, 1, 1–2.

Fuchs, H. (2013): Die Anwendung der ICF im Rahmen des deutschen Sozialrechts. In: DVfR (Hrsg.): Forum Rehabilitations- und Teilhaberecht. Diskussionsbeitrag, 2.

Hollenweger, J. (2019): ICF als gemeinsame konzeptuelle Grundlage. In: Luder, R./Kunz, A./Müller Bösch, C. (Hrsg.): Inklusive Pädagogik und Didaktik. Bern: hep, 30–54.

Jelsma, J. (2009): Use of the International Classification of Functioning, Disability and Health: A literature survey. In: Journal of Rehabilitation Medicine, 1, 1–12.

Klang, N./Rowland, Ch./Fried-Oken, M./Steiner, S./Granlund, M./Adolfsson, M. (2016): The content of goals in individual educational programs for students with complex communication needs. In: Augmentative and Alternative Communication, 1, 41–48.

Lage, D./Knobel Furrer, C. (2017): Das Kooperative Partizipationsmodell. Ein notwendiger Relaunch. In Lage, D./Ling, K. (Hrsg.): UK spricht viele Sprachen. Karlsruhe: von Loeper, 125–138.

Light, J./McNaughton, D. (2015): Designing AAC Research and Intervention to Improve Outcomes for Individuals with Complex Communication Needs. In: Augmentative and Alternative Communication 2, 85–96.

McNaughton, D./Light, J./Beukelman, D.R./Klein, C./Nieder, D./Nazareth, G. (2019): Building capacity in AAC: A person-centred approach to supporting participation by people with complex communication needs. In: Augmentative and Alternative Communication, 1, 56–68.

Pretis, M. (2019): ICF-basiertes Arbeiten in der Frühförderung. München: Reinhardt.

Raghavendra P./Bornman J./Granlund M./Björck-Åkesson E. (2007): The World Health Organization's International Classification of Functioning, Disability and Health: implications for clinical and research practice in the field of augmentative and alternative communication. In: Augmentative and Alternative Communication, 4, 349–361.

Seidel, M. (2003): Die internationale Klassifikation der Funktionsfähigkeit, Behinderung und Gesundheit. In: Geistige Behinderung, 3, 244–254.

Simeonsson, R.J./Björck-Åkesson, E./Lollar, D.J. (2012) Communication, Disability, and the ICF-CY. In: Augmentative and Alternative Communication, 1, 3–10.

WHO (o.J.): History of the development of the ICD. https://www.who.int/classifications/icd/en/HistoryOfICD.pdf [25.04.2019].

UK-Beratungsstellen in Deutschland: Ein Überblick zum Ist-Stand

Anna Hernando, Jens Boenisch & Tobias Bernasconi

1 Ziel der Studie

Das vom Innovationsfonds des Gemeinsamen Bundesausschusses finanzierte Forschungsprojekt MUK (Maßnahmen der Unterstützten Kommunikation) zielt auf die Aufdeckung von Versorgungslücken und Verbesserung von Versorgungsstrukturen im Bereich UK (vgl. Innovationsfonds 2018). Vor diesem Hintergrund wurde im Frühjahr 2019 vom FBZ-UK der Universität zu Köln eine bundesweite Erhebung an UK-Beratungsstellen durchgeführt. Ziel der quantitativen Studie war die Erhebung von empirischen Daten zum Angebot, den strukturellen sowie organisatorischen Rahmenbedingungen sowie den Arbeitsbedingungen an UK-Beratungsstellen in Deutschland. Die Befragung zielte nicht auf die inhaltliche Qualität einzelner UK-Beratungen und deren Wirksamkeit.

2 Methode

2.1 Stichprobe und Datengewinnung

Der Fragebogen für die quantitative Erhebung wurde auf der Basis einer qualitativen Interview-Vorstudie mit UK-Beratungsstellenmitarbeitern (vgl. Hernando 2019) entwickelt. Der Fragebogen enthielt geschlossene und offene Fragen und umfasste insgesamt 55 Items zu sechs Themenbereichen:

1. Allgemeine Informationen zur UK-Beratungsstelle (Leistungen, Zielgruppe, Finanzierung)
2. Gestaltung der UK-Beratungen
3. Personal der UK-Beratungsstelle
4. Ausstattung und räumliche Bedingungen
5. Spezifische Medien und Materialien der UK
6. Dokumentation, Evaluation.

Diese Fragebogen-Studie wurde im Februar und März 2019 durchgeführt. Postalisch wurden alle UK-Beratungsstellen in Deutschland angeschrieben, die in frei verfügbaren Listen im Internet gefunden werden konnten (vgl. Gesellschaft für UK – Abruf 2/2019; Spiekermann 1997-2019; CLUKS o. D.). Von den 110 UK-Beratungsstellen haben 57 den Fragebogen zurückgeschickt, was einem Rücklauf von 52 % entspricht. Der Fragebogen richtete sich sowohl an Mitarbeiter der UK-Beratungsstellen als auch an die Leitung (falls vorhanden). Die Teilnahme an der Befragung war freiwillig und den Befragten war bekannt, dass die Erhebung im Rahmen des MUK-Projektes stattfand. Es wurden keine direkten personenbezogenen Daten erhoben und die Daten wurden im Rahmen der quantitativen Auswertung anonymisiert.

2.2 Datenauswertung

Für die Auswertung konnten 55 vollständig ausgefüllte Fragebögen berücksichtigt werden. Aus Schleswig-Holstein und dem Saarland liegen keine Daten vor, da durch die Online-Recherche hier keine UK-Beratungsstellen ermittelt werden konnten.

Die Daten wurden mit SPSS deskriptiv ausgewertet, die offenen Antworten codiert und anschließend ebenfalls einer deskriptiven Auswertung unterzogen.

3 Ergebnisse

Im Folgenden werden ausgewählte Ergebnisse zu den sechs Themenbereichen vorgestellt. Entsprechend der Qualitätstrias von Donabedian (1986), der die Qualitätsdimensionen in die Aspekte Struktur, Prozess und Ergebnis einteilt, werden die folgenden Ergebnisse nach dieser Strukturzuordnung dargestellt.

3.1 Strukturqualität von UK-Beratungsstellen

Trägerschaft

47 % der UK-Beratungsstellen sind im Auftrag eines öffentlichen Trägers tätig. 20 % gehören einem freien Träger, 18 % einer GmbH/gGmbH und ca. 11 % einer Landesschulbehörde an. Im Auftrag einer Stiftung oder im Rahmen einer sprachtherapeutischen Praxis sind jeweils 7 %, im Auftrag eines Fördervereins oder einer anderen therapeutischen Praxis jeweils 4 % aktiv. Durch einen Verband, eine eingetragene Genossenschaft, einem Klinikverbund oder im Rahmen der Selbstständigkeit sind jeweils 2 % tätig.

Knapp die Hälfte der Beratungsstellen (45 %) sind an eine Schule angegliedert. Die übrigen sind einem SPZ (8 %) oder anderen Einrichtungen (Kindergärten, WfbMs, Frühförderstellen, usw.; jeweils <5 %) zugeordnet. 13 % sind an keine Einrichtung angegliedert.

Finanzierung von UK-Beratungsleistungen

Abbildung 1 zeigt die Angaben zur Finanzierung von Beratungsleistungen. Neben den genannten existieren vereinzelt noch weitere Wege der Finanzierung (z. B. Finanzierungsvereinbarung mit einer Stadt, ärztliche Verordnung Ergotherapie; jeweils <10 %). 46 % der UK-Beratungsstellen geben an, dass sie über keine Abrechnungsmöglichkeit verfügen.

Profession und Qualifikation des Personals von UK-Beratungsstellen

An UK-Beratungsstellen arbeiten unterschiedliche Professionen mit unterschiedlicher beruflicher Sozialisation und Ausbildung (▶ Abb. 2). In den 55 analysierten UK-Beratungsstellen sind insgesamt 229 Mitarbeiter (inklusive Verwaltung und Hilfskräfte) tätig. Über eine Leitung verfügen 75 % der UK-Beratungsstellen[6].

---

6 Die Prozentangaben in Abb. 2 und 3 beziehen sich auf die Leitungen (n=41) sowie auf Angaben für Mitarbeiter, wobei hier nicht die Ausbzw. Weiterbildung der Mitarbeiter einzeln erfasst wurde, sondern die Ausbildung aller Mitarbeiter pro Beratungsstelle (n=53). Die Leitungen sind nicht in der Prozentangabe der Mitarbeiter enthalten.

F Versorgungsstrukturen

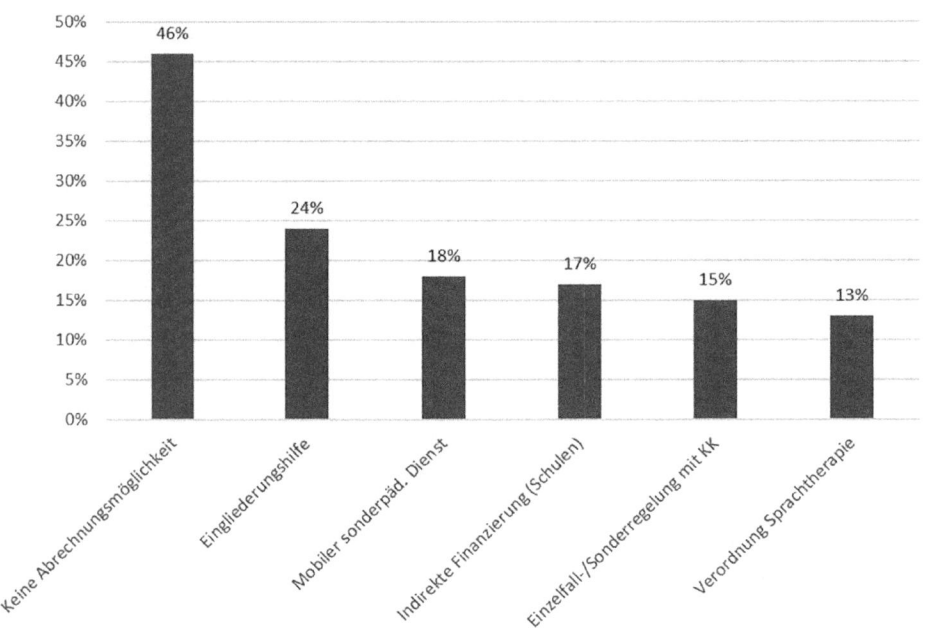

Abb. 1: Finanzierung der UK-Beratungsleistung (n=54; KK = Krankenkasse)

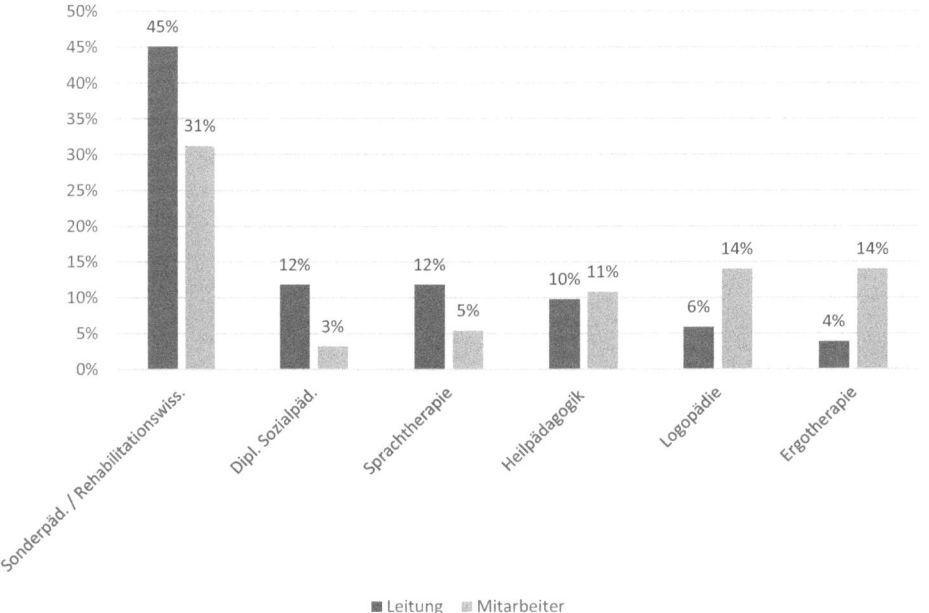

Abb. 2: Grundständige Ausbildungen des Personals in UK-Beratungsstellen (Leitung n=41, Mitarbeiter der n=53 Beratungsstellen)

Ergänzend zur grundständigen Ausbildung hat das Personal vielfach UK-spezifische Weiterbildungen absolviert (► Abb. 3).

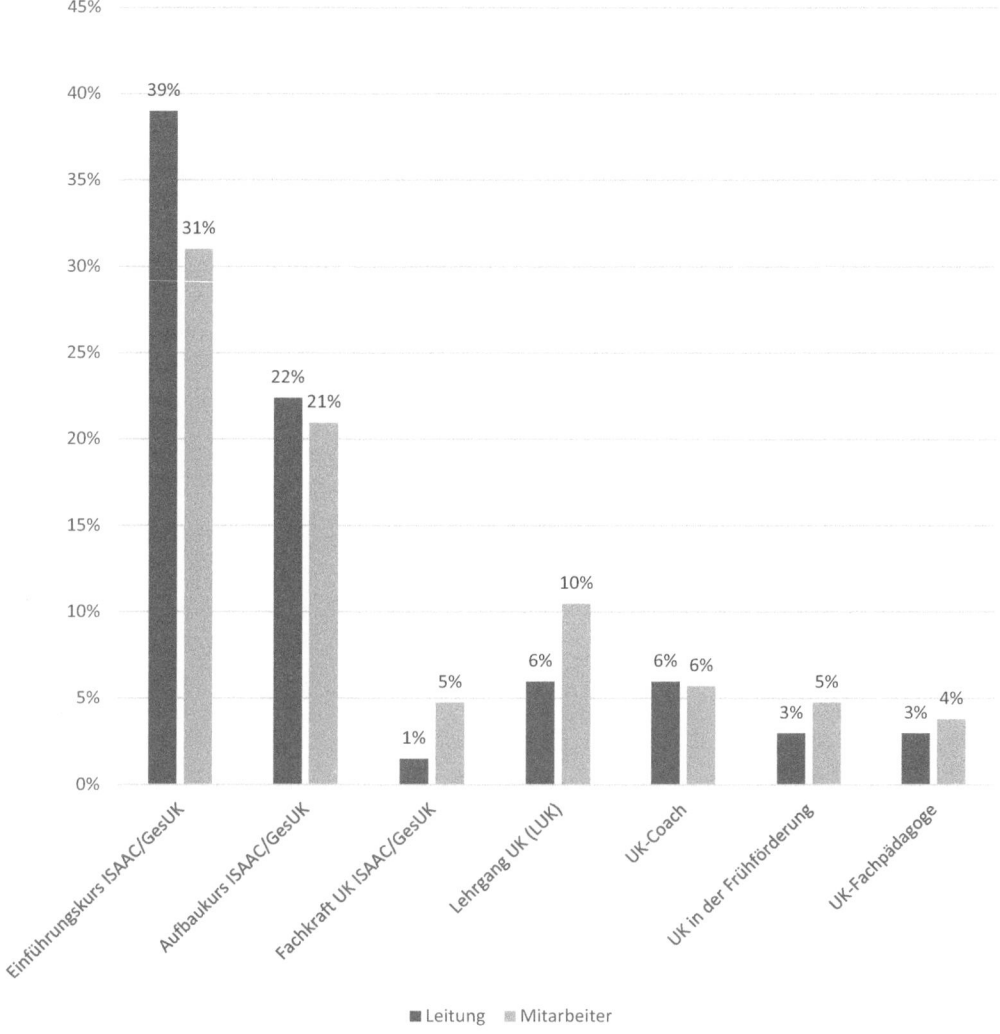

Abb. 3: UK-spezifische Weiterbildungen (Mehrfachantworten möglich, Leitung n=28, Mitarbeiter der n=46 Beratungsstellen)

Weitere UK-spezifische Weiterbildungen wie Fortbildungen zu Minspeak, Modelling, Lautsprachbegleitende Gebärden, PlanBe, Dynavox oder PECS wurden zu jeweils weniger als 1 % angegeben. Darüber hinaus werden beratungsspezifische Weiterbildungen angegeben: 39 % der Leitungen haben an Weiterbildungen zur Gesprächsführung teilgenommen, 25 % geben an, dass sie Fortbildungen zu kollegialer Fallberatung besucht haben, während ca. 11 % Weiterbildungen zur systemischen Beratung und 9 % zur klientenzentrierten Beratung absolviert haben.

Spezifische Medien und Materialien der UK

Symbolsammlungen (n=55)

98 % der UK-Beratungsstellen besitzen die Symbolsammlung Metacom, 87 % PCS, 24 % Symbolstix und je 11 % Pictoselector und Makaton. Darüber hinaus nennen die Befragten weitere Symbolsammlungen und -systeme (z. B. ZAK, Bliss, Löb, Aladins Bildersammlung, Sclera sowie Schubi; je <10 %).

Gebärdenmaterialien (n=52)

Das große DGS-Wörterbuch besitzen 87 % der UK-Beratungsstellen, 60 % die GuK-Gebärden, 52 % ›Schau doch meine Hände an‹ und jeweils 19 % die Blauen Bücher von Maisch und Wisch sowie die SignBox. Tommys Gebärdenwelt liegt in 12 % der befragten UK-Beratungsstellen vor. Darüber hinaus werden vereinzelt weitere Gebärden-Materialien benannt (z. B. KommuKart, Makaton, Gebärdenbaukästen; <10 %).

Nichtelektronische Kommunikationshilfen wie Tafeln, Ordner, Bücher (n=52)

Neben Kommunikationsordnern, -mappen und -tafeln, die zum Inventar von rund 80 % der UK-Beratungsstellen zählen, sind vor allem Erzählbücher oder Symbolkarten vorhanden (▸ Abb. 4).

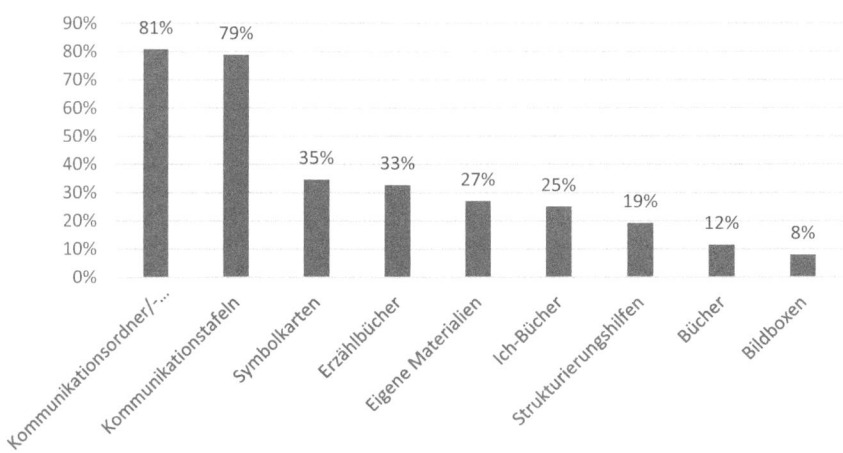

Abb. 4: Nichtelektronische Kommunikationshilfen in UK-Beratungsstellen (Mehrfachantworten möglich, n=52)

Elektronische Kommunikationshilfen (n=52)

Die UK-Beratungsstellen sind mit kleinen Hilfen unterschiedlich umfangreich ausgestattet. GoTalk (69 %) und Step-by-Step (62 %) sind in ca. 2/3 aller Beratungsstellen vorhanden, BIGmack in 40 % und Adaptionshilfen wie PowerLink (29 %) oder Buttons (23 %) in ca. jeder vierten Beratungsstelle.

Neben den kleinen Kommunikationshilfen halten die UK-Beratungsstellen auch elektronische Kommunikationshilfen mittlerer und hoher Komplexität vor (▶ Abb. 6). Weitere genannte elektronische Kommunikationshilfen wie Compass, HumanCommunicator und Maestro liegen bei unter 10 %.

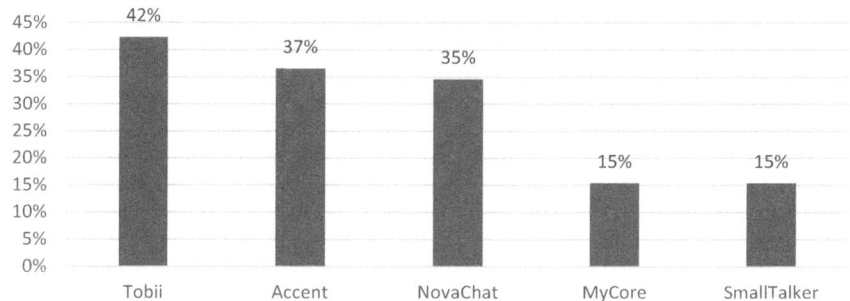

Abb. 5: Elektronische Kommunikationshilfen mittlerer und hoher Komplexität (Mehrfachantworten möglich, n=52)

Alle befragten UK-Beratungsstellen haben darüber hinaus mindestens ein iPad und verfügen ebenso über unterschiedliche iPad-spezifische Apps (▶ Abb. 6).

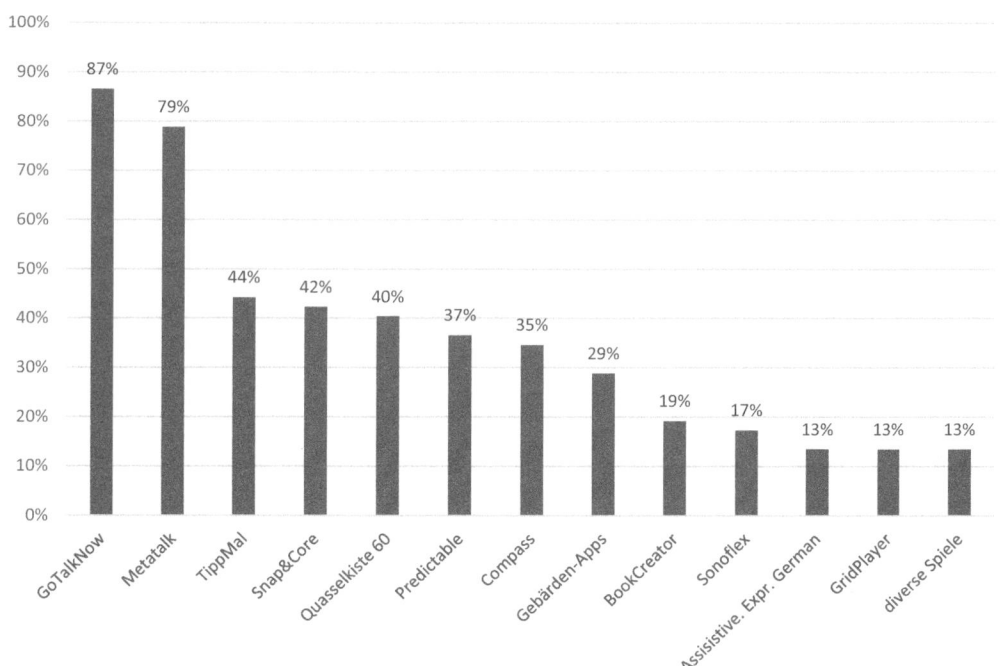

Abb. 6: Apps in UK-Beratungsstellen (Mehrfachantworten möglich, n=55)

Ansteuerungshilfen (n=53)

94 % der UK-Beratungsstellen besitzen Taster, 87 % Fingerführungsraster, 72 % Joysticks, 68 % Spezialtastaturen, 66 % Tischhalterungen und 64 % einen Trackball. Über eine Augensteuerung verfügen 60 % der UK-Beratungsstellen. 42 % geben an, dass sie einen Tracker oder eine Kopfmaus besitzen, und 34 % haben einen Rollständer.

Materialien zur Diagnostik

Als spezifische Materialien zur Diagnostik nennen die UK-Beratungsstellen (n=47) zu je 62 % den TASP und ›Kommunikation einschätzen und unterstützen‹ von Leber, 53 % die App TippMal und 40 % die Handreichung zur UK von Boenisch und Sachse. Daneben besitzen 28 % ›Schau hin‹, je 26 % die Triple C-Checkliste sowie die Sozialen Netzwerke von Blackstone/Hunt Berg und 22 % das Kommunikationsprofil von Kristen sowie den PlanBe. 13 % nutzen den TROG-D und das EAT, während jeweils 11 % das DiaKomm, das Partizipationsmodell und selbst erstellte Diagnosebögen für die UK-Diagnostik verwenden. Daneben werden weitere Diagnostikmaterialien von den Befragten benannt, welche jeweils unter 10 % liegen.

3.2 Prozessqualität

Leistungen und Zielgruppen der UK-Beratungsstellen

Alle an der Befragung teilgenommenen UK-Beratungsstellen bieten UK-Beratungen für Schulkinder an. 89 % beraten außerdem Kinder im Vorschulalter. UK-Beratungen für Personen im Erwachsenenalter bieten 56 % der UK-Beratungsstellen an, und Senioren gehören bei 35 % zur Zielgruppe.
Die Analyse des Leistungsspektrums zeigt, dass die UK-Beratungsstellen i. d. R. ein breites Angebot vorhalten (▶ Abb. 7).

Orte der UK-Beratungen (n=55)

Die UK-Beratungstermine finden bei etwa der Hälfte der Befragten mehrheitlich in der Beratungsstelle (53 %) statt. 23 % führen die Beratungen mehrheitlich im Umfeld der Klienten durch. Bei 21 % erfolgen die Beratungssitzungen annähernd gleich verteilt in der Beratungsstelle und im Umfeld der Klienten. 4 % geben an, dass diese sich je nach Bedarf im Umfeld oder der Einrichtung ereignen.

Gestaltung der Beratungen

An den Beratungen nehmen neben den Klienten (98 %) oft auch die Angehörigen sowie professionelle Bezugspersonen teil. Andere Professionen oder Personen sind dagegen nur selten bei den Beratungen anwesend (z. B. Vertreter von Jugendamt, Sozialdienst oder Hilfsmittelfirmen; <10 %) (▶ Abb. 8).
Eine Begleitung nach der Versorgung mit einem Hilfsmittel bieten 32 % der UK-Beratungsstellen an. Kürzere Beratungen am Telefon sind bei 24 % möglich und schriftliche Auskünfte bei 22 %. 11 % bieten eine systematische Einzelförderung oder Therapie an und 7 % kürzere Beratungen im Umfeld der Klienten.
Bei 66 % werden die UK-Beratungen von einem UK-Berater alleine durchgeführt. Bei 31 % sind zwei Berater anwesend und bei 4 % führen mehr als zwei Berater die UK-Beratungen durch. Die Entscheidung für eine Hilfsmittelempfehlung treffen bei 95 % alle an der UK-Beratung teilnehmenden Personen gemeinsam.
Abbildung 9 und Abbildung 10 zeigen die Kontaktzeit der UK-Diagnostik und -Beratung sowie die gesamte zeitliche Dauer der UK-Diagnostik und Beratung inkl. Vor- und Nachbereitung. Dabei wird deutlich, dass die aufzuwendende Zeit für den gesamten Prozess der UK-Beratung deutlich mehr Zeit umfasst als die reine Kontaktzeit.

UK-Beratungsstellen in Deutschland: Ein Überblick zum Ist-Stand

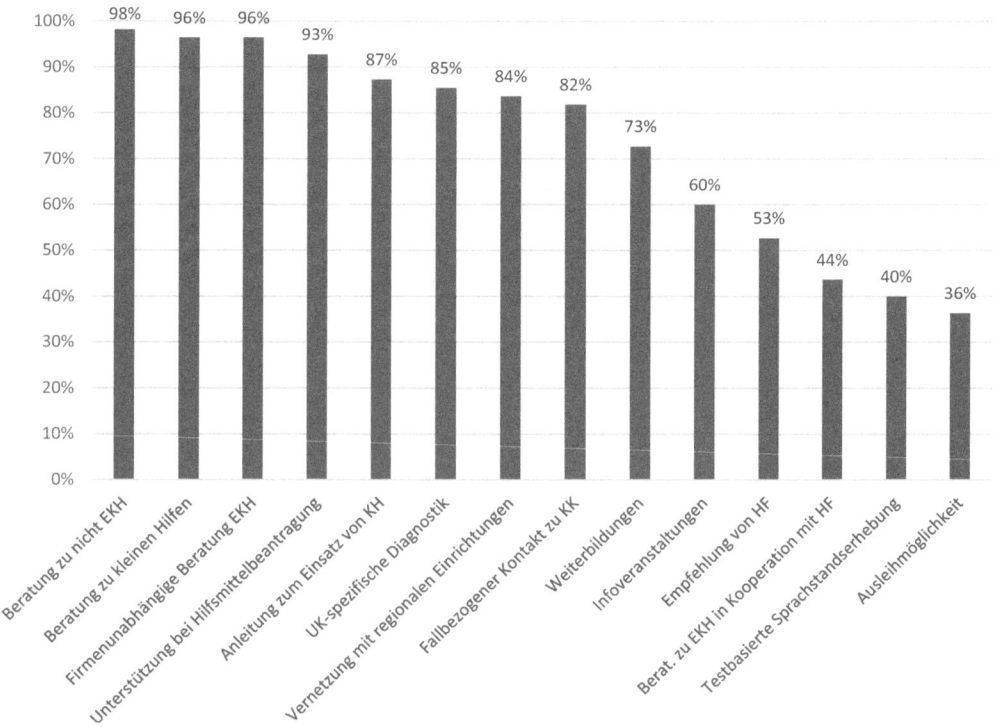

Abb. 7: Leistungen der UK-Beratungsstellen (Mehrfachantworten möglich, n=55)
EKH = Elektronische Kommunikationshilfe, HF = Hilfsmittelfirma, KK = Krankenkasse

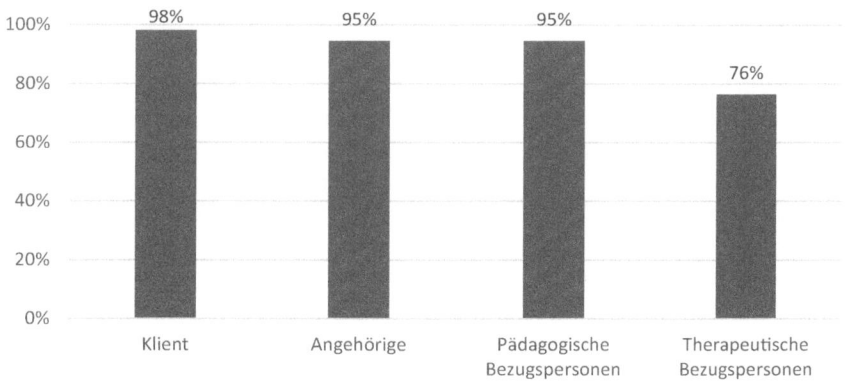

Abb. 8: An UK-Beratungen teilnehmende Personen (Mehrfachantworten möglich, n=55)

F Versorgungsstrukturen

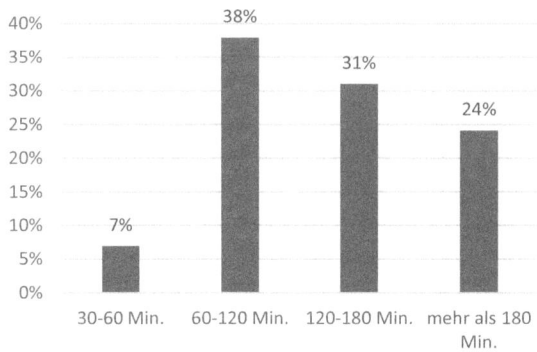

Abb. 9: Kontaktzeit der UK-Diagnostik und Beratung (n=29)

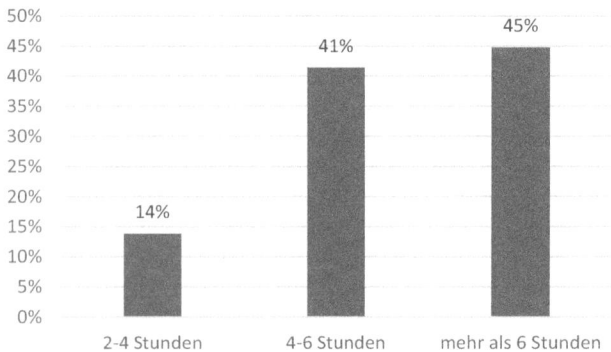

Abb. 10: Zeitliche Dauer der UK-Diagnostik und Beratung inklusive Vor- und Nachbereitungszeit (n=29)

Kooperationen - Netzwerke

Abbildung 11 zeigt die Kooperationen der UK-Beratungsstellen mit anderen Einrichtungen. Im Rahmen erweiterter Kooperationen mit Hilfsmittelfirmen nutzen 57 % der UK-Beratungsstellen Webinare oder Online-Schulungen der Hilfsmittelfirmen. Die Möglichkeit zur Ausleihe elektronischer Kommunikationshilfen und Ansteuerungshilfen haben 70 % der UK-Beratungsstellen. 20 % der UK-Beratungsstellen verfügen über Dauerleihgaben von Hilfsmittelfirmen. Neben den Kooperationen mit den diversen Leistungsanbietern existieren bei 25 % der UK-Beratungsstellen Kooperationen mit der Krankenkasse als Leistungsträger.

3.3 Ergebnisqualität – Evaluation

Für die Dokumentation nutzen 73 % der UK-Beratungsstellen Papierakten (n=55). Außerdem schreiben 67 % Protokolle, 55 % fertigen handschriftliche Notizen an, 49 % verwenden einen Fragebogen und 33 % nutzen eine Softwarelösung zur Dokumentation.

Zur Evaluation der UK-Beratungen werden bei 82 % Reflexionen im Team durchgeführt. 61 % führen Gespräche mit den Klienten und/oder deren persönlichem Umfeld und 57 % reflektieren ihre Arbeit selbst. An 13 % der UK-Beratungsstellen werden Supervisionen angeboten.

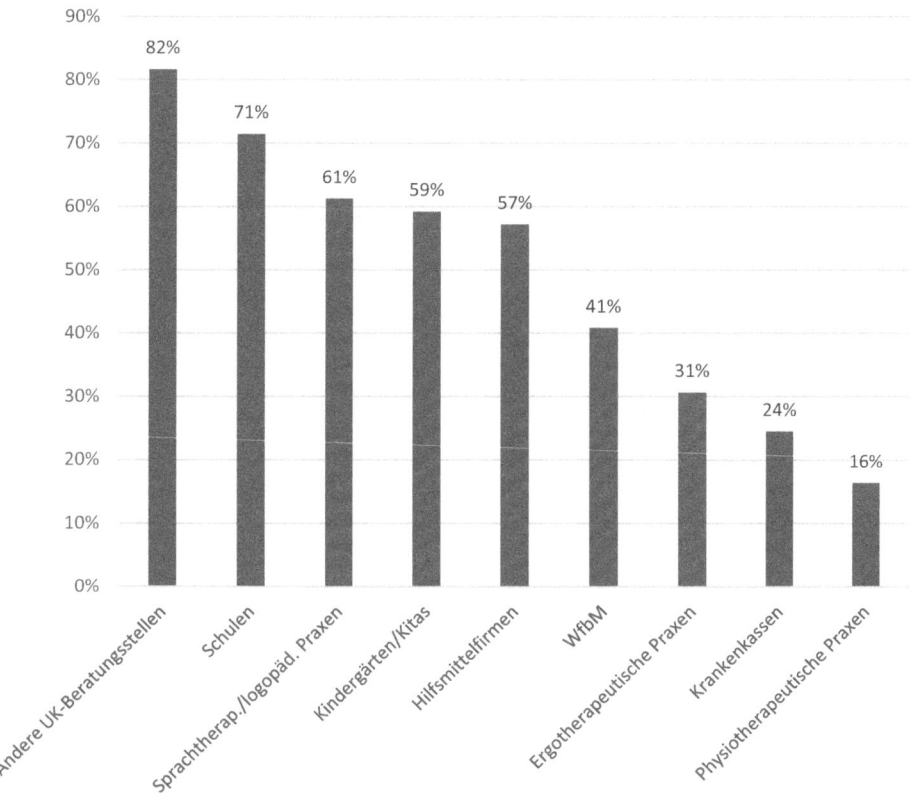

Abb. 11: Kooperationen mit anderen Einrichtungen
(Mehrfachantworten möglich, n=49; WfbM = Werkstatt für behinderte Menschen)

4 Diskussion der Ergebnisse

4.1 Interpretation

Die erhobenen Daten zeigen eine deutliche Vielfalt in der Struktur-, Prozess- und Ergebnisqualität der UK-Beratungsstellen in Deutschland. D. h. sowohl die organisatorischen als auch die personellen Voraussetzungen sind sehr unterschiedlich und bewegen sich von einer sächlichen Minimalausstattung mit in UK vergleichsweise nur geringfügig ausgebildetem Personal bis hin zu materiell umfassend ausgestatteten Beratungsstellen und hochqualifizierten Mitarbeitern. Die Gründe hierfür sind vielfältig und u. a. mit der gewachsenen Struktur und den jeweils kommunal- und länderspezifischen Sozial- und Schulbestimmungen zu erklären. Hinzu kommen bis heute regional uneinheitliche Auslegungen der Gesetze im SGB V und SGB IX (vgl. Kamps/Boenisch in diesem Band).

Knapp die Hälfte der UK-Beratungsstellen ist an Schulen angegliedert. Diese Beratungsstellen dürfen häufig nur für Schüler der eigenen Schule und bei »Öffnung« ggf. auch für Schüler benachbarter Schulen angeboten werden, da das Schulamt die UK-Beratung, wenn überhaupt, nur über Beratungs- oder Abminderungsstunden ermöglichen kann. Unterschiedliche Studien zeigen – im Vergleich zu den 2001 bis 2002 erhobenen Daten zur kommunikativen Situation kaum- und nichtsprechender Kinder an Förderschulen mit dem Förderschwerpunkt körperliche und motorische Entwicklung (FS kmE; vgl. Boenisch 2009) – einen deutlichen Anstieg der Schülerschaft mit UK-Bedarf. Für Rheinland-Pfalz kann an kmE-Förderschulen seit 2003 eine Steigerung von 13 % bereits im Schuljahr 2014/15 sowie für Baden-Württemberg von 14 % (2016) nachgewiesen werden. Der Gesamtbedarf an UK an den kmE- Förderschulen ist somit auf inzwischen 36 % in Rheinland-Pfalz bzw. 49 % in Baden-Württemberg angestiegen (vgl. Scholz/Wagner/Negwer 2018, 24; Grandič et al. 2018, 47). Thümmel (2011 für Niedersachsen) und Grandič et al. (2018) bestätigen diese wachsende Tendenz auch für die Förderschulen geistige Entwicklung. Nach wie vor hängt eine gute UK-Versorgung im Schulkontext sowohl vom Profil der Schule ab, also vom Stellenwert, den man der UK im Schulkonzept gegeben hat, als auch von den jeweiligen organisatorischen Rahmenbedingungen. Die Kontinuität und Qualität der UK-Beratung in der Schule ist zudem von der oft nicht geklärten Frage der Finanzierung abhängig. Einige Schulen haben ihre UK-Beratungsstelle wegen der Finanzierungsproblematik inzwischen auch institutionell ausgelagert.

Die schwierige Situation der Finanzierung betrifft aber auch die außerschulischen UK-Beratungsstellen. Die Finanzierung der Leistung »UK-Diagnostik und UK-Beratung« erfolgt hier oftmals über Umwege wie Sprachtherapie- oder Ergotherapieverordnungen oder über Einzelfallentscheide. Es existiert noch kein flächendeckendes Konzept. Die Finanzierung ist vielmehr von regionalen Entscheidungen und z. T. von einzelnen Krankenkassenmitarbeitern abhängig.

Trotz der weitgehend ungesicherten Situation der Finanzierung bieten die befragten UK-Beratungsstellen ein breites Spektrum an Leistungen an. Dies zeigt, dass sich die Einrichtungen vorwiegend als *Beratung*seinrichtungen definieren, welche den Schwerpunkt nicht auf die Umsetzung von therapeutischen Maßnahmen oder Förderung legen.

Der Blick auf die Ausbildung der beteiligten Professionellen offenbart eine große Vielfalt, wobei die Hochschulabschlüsse zahlenmäßig dominieren. Dies lässt sich für diese Studie damit erklären, dass mehrheitlich schulische UK-Beratungsstellen die Fragebögen zurückgeschickt haben. Zwischen den sonder- und heilpädagogischen Studiengängen in Deutschland existieren jedoch nach wie vor große Unterschiede hinsichtlich der UK-spezifischen Inhalte (falls überhaupt vorhanden). Und auch die therapeutischen Fachschulen unterscheiden sich im Bereich UK deutlich voneinander. Das bedeutet, dass nicht in allen UK-Beratungsstellen das gleiche Wissen bzw. die gleichen Kompetenzen vorhanden sind. Zudem fällt auf, dass ganz unterschiedliche Berufsgruppen UK im Sinne von Beratung, aber auch im Kontext von Therapie oder Förderung anbieten. UK wird sowohl im pädagogischen (z. B. Schule, Kita) als auch im therapeutischen Kontext (z. B. Sprachtherapeutische Praxis) angeboten. Schon durch die verschiedenen Berufsausbildungen (Pädagogen, Therapeuten) und die unterschiedlichen institutionellen Rahmenbedingungen ergeben sich hier deutliche Unterschiede in den Interventionsmethoden. Professionsbedingt werden ggf. sogar verschiedene Ziele formuliert (vgl. hierzu Boenisch/Nonn in diesem Band).

UK-spezifische Weiterbildungen haben knapp die Hälfte der Mitarbeiter und der Leitungen absolviert. Eine gewisse Einheitlichkeit ergibt sich dabei durch den Umstand, dass die meisten Weiterbildungen bei ISAAC/GesUK besucht werden. Allerdings unterscheiden sich auch die angegebenen berufsbegleitenden Weiterbildungen hinsichtlich des zeitlichen Umfangs, der Inhalte und deren

Vertiefungen erheblich (vgl. Leber 2018). An dieser Stelle darf der Hinweis nicht fehlen, dass noch lange nicht alle in der UK-Beratung tätigen Personen eine grundständige Ausbildung oder eine ergänzende, fachspezifische Weiterbildung in UK durchlaufen haben. D. h. eine Aus- oder Weiterbildung in UK stellt offensichtlich bisher keine zwingende Voraussetzung dar, UK-Beratungen anzubieten.

Bei der sächlichen Ausstattung zeigen sich vor allem quantitative Unterschiede. Alle Beratungsstellen besitzen gängige nichtelektronische und elektronische Hilfen, allerdings unterscheiden sich die Anzahl der Geräte und die Vielfalt der Systeme dabei z. T. erheblich. Dass alle Beratungsstellen inzwischen ein iPad besitzen, belegt dessen große Relevanz mit seinen vielfältigen Einsatzmöglichkeiten in der Praxis.

Hinsichtlich der organisatorischen Gestaltung der UK-Beratungen wird deutlich, dass UK-Beratung und Diagnostik ein zeitintensiver Prozess ist, bei dem – neben der reinen Kontaktzeit – mehrere Stunden an Vor- und Nachbereitung sowie zum Schreiben der Berichte und Stellungnahmen im Rahmen von Hilfsmittelbeantragungen investiert werden. Insbesondere aufgrund der nicht gesicherten und nicht einheitlichen Finanzierungsmöglichkeiten wird hier auch der engagierte Einsatz mit vielen zusätzlichen (Über-) Stunden von den in den UK-Beratungsstellen arbeitenden Personen deutlich.

4.2 Limitations (Grenzen der Erhebung)

Die Stichprobe enthält mit n=55 die Hälfte (50 %) aller ausfindig gemachten UK-Beratungsstellen in Deutschland. Die Studie gibt damit einen guten Überblick zur Situation der gegenwärtigen UK-Beratungsstellen. Gleichzeitig muss betont werden, dass hier die strukturellen und organisatorischen Merkmale ausschließlich quantitativ erfasst werden konnten. Aussagen über die *Qualität* der Leistungen und deren Effektivität lässt die Studie nicht bzw. nur in begrenztem Umfang zu. Um das Risiko von Eingabefehlern weitgehend auszuschließen, wurde die Eingabe von 20 % zufällig ausgewählter Fragebögen in einem erneuten Durchlauf kontrolliert. Die Eingabefehlerquote lag bei unter 0,5 %.

Eine nicht eindeutig formulierte Filterfrage zur Finanzierung der Beratungsleistung führte dazu, dass einige Teilnehmer drei weitere Fragen nicht ausgefüllt haben und deshalb für diese Fragen nur n=29 ausgefüllte Fragebögen existieren (▶ Abb. 9–10).

5 Fazit und Ausblick

Die große Diversität der UK-Beratungsstellenlandschaft zeigt, dass an vielen Orten durch großen Einsatz von verschiedenen Personen unterschiedliche Wege gefunden wurden, um UK-Beratungsstellen in Deutschland zu etablieren. Der Bedarf an UK und die Notwendigkeit, hier zu handeln, ist vielerorts offensichtlich so groß, dass selbst ungeklärte Fragen der Versorgungsstruktur, insbesondere der Finanzierung und Zuständigkeiten, in Kauf genommen werden – Hauptsache irgendwie mit UK anfangen und auf die Probleme in der Praxis so gut es geht reagieren.

Um den Weg hin zu einer flächendeckenden und qualitativ hochwertigen UK-Versorgung weiter zu gehen, müssen insbesondere vier Fragen geklärt werden:

1. Was zeichnet eine gute UK-Beratungsstelle aus und wie kann die Beratungsleistung so

beschrieben werden, dass sich verschiedene Einrichtungen an einheitlichen bzw. verbindlichen Vorgaben orientieren können? D. h., welche Kriterien müssen als Mindeststandard erfüllt werden, um Ratsuchenden eine qualitätsgesicherte UK-Beratung im Sinne eines Dienstleistungsangebotes bei möglichst großer Transparenz der zu erwartenden Leistungen anzubieten?
2. Wie kann eine möglichst flächendeckende Etablierung von UK-Beratungsleistungen als qualitätsgesichertes Leistungsangebot erfolgen?
3. Welche Finanzierungskonzepte sind notwendig und angesichts der bisher gewachsenen Strukturen und rechtlichen Vorgaben möglich, um UK-Beratungsleistungen flächendeckend und bedarfsgerecht anbieten zu können?
4. Welche Aus- und Weiterbildungsangebote sind notwendig bzw. zu entwickeln, um die fachliche Qualität in der UK-Beratung sicherzustellen?

Die Vielfalt der existierenden UK-Beratungsstellen ist dabei Chance und Auftrag zugleich.

In der Praxis existiert ein großer Fundus an Wissen, Erfahrung und Kompetenz. Für die Zukunft erscheint es nun wichtig, dass dieses Wissen und die Erfahrungen aus knapp 30 Jahren praktischer UK-Arbeit in Standards überführt werden, um eine hohe Qualität der Leistungen zu sichern. Gleichzeitig können so auch die Rahmenbedingungen für UK-Beratungsstellen klar benannt werden, so dass sich z. B. bei Neugründungen daran orientiert werden kann.

Um langfristig das Problem der ungeregelten Finanzierung von UK-Beratungen und UK-Beratungsstellen anzugehen, sind über eine inhaltliche Beschreibung hinausgehende, verbindliche Qualitätsstandards notwendig. Mittels dieser könnten Kostenträger (z. B. Krankenkassen) davon überzeugt werden, UK nicht nur im Einzelfall, sondern flächendeckend zu finanzieren. Eine erste Struktur zu möglichen Standards für UK-Leistungen, für eine leistungsrechtliche Anerkennung sowie zu einer zukünftigen Versorgungsstruktur mit Zuständigkeitsklärung werden im nachfolgenden Beitrag von Bernasconi, Boenisch, Giel und Sachse vorgelegt (in diesem Band).

Literatur

Boenisch, J. (2009): Kinder ohne Lautsprache. von Loeper: Karlsruhe.
CLUKS (o.D.): UK-Beratungsstellen rund um Baden-Württemberg. https://www.cluks-forum-bw.de/service-adressen/einrichtungen-beratungsstellen.html [18.04.19].
Donabedian, A. (1986): Criteria and standards for quality assessment and monitoring. In: Quality Research Bulletin, 12, 99–108.
Grandič, A. et al. (2018): Nicht alle können hochdeutsch, aber alle sollten UK können. In: Unterstützte Kommunikation, 3, 47–50.
Hernando, A. (2019): Qualitätsmerkmale von UK-Beratungsstellen. Unveröff. Masterarbeit an der Universität zu Köln.

Innovationsfonds (2018): MUK – Erweiterung des Selektivvertrages zu Maßnahmen der Unterstützten Kommunikation. https://innovationsfonds.g-ba.de/projekte/neue-versorgungsformen/muk-erweiterung-des-selektivvertrags-zu-massnahmen-der-unterstuetzten-kommunikation.102 [05.05.19].
Leber, I. (2018): Fort- und Weiterbildungen in Unterstützter Kommunikation. Interne Präsentation für die Gesellschaft für Unterstützte Kommunikation. o. O.
Scholz, M./Wagner, M./Negwer, M. (2018): Kompetenzen und Unterstützungsbedürfnisse im Bereich Kommunikation und Sprache von SchülerInnen im Förderschwerpunkt körperliche und motorische Entwicklung. Eine Voller-

hebung der Schülerschaft in Rheinland-Pfalz. In: uk & forschung, 8, 23–30.

Spiekermann, A. R. (1997-2019): Das Beratungsstellen-Netzwerk für Unterstützte Kommunikation. http://www.spiekermann.onlinehome.de/Netzwerk.htm [27.08.2018].

Thümmel, I. (2011): Unzureichende Lautsprache – ein Exklusionsrisiko? In: Breyer, C./Fohrer, G./Goschler, W./Heger, M./Kießling, C./Ratz, C. (Hrsg.): Sonderpädagogik und Inklusion. Athena: Oberhausen, 161–174.

Qualitätssicherung und Standards in der UK-Versorgung

Tobias Bernasconi, Jens Boenisch, Barbara Giel & Stefanie K. Sachse

1 Problemaufriss

In den letzten Jahren sind im deutschsprachigen Raum vielerorts UK-Beratungsstellen entstanden – oft durch unermüdliches Engagement und hohen persönlichen Einsatz einzelner Menschen. Da es bisher keine geregelten Finanzierungsmöglichkeiten gab, mussten zum Teil sehr unterschiedliche Wege gefunden werden, um UK-Leistungen (Diagnostik, Beratung, Hilfsmittel- und Förderempfehlung) anbieten zu können. Diese Leistungen werden z. B. in Schulen (über Anrechnungs- oder Beratungsstunden), in größeren Einrichtungen/Großeinrichtungen der Behindertenhilfe, mittels externer Anschubfinanzierung durch Stiftungen oder durch therapeutische Praxen, die sich auf UK spezialisiert haben, organisiert. Aufgrund der unterschiedlichen Ausrichtung und Finanzierung sowie aufgrund der unterschiedlichen beruflichen Qualifikation der Mitarbeiter (Pädagogen, Ergo- und Sprachtherapeuten usw.) unterscheiden sich die Leistungen, die dort erbracht werden, zum Teil erheblich. Ein weiterer Grund für die Unterschiede liegt im Fehlen verbindlicher Beschreibungen der einzelnen Leistungen.

Entsprechende Beschreibungen hätten jedoch große Vorteile für alle Beteiligten:

- Die Klienten und ihre Bezugspersonen wüssten, was sie von einer UK-Leistung genau erwarten können und was nicht.
- Professionelle wüssten, welche Leistung sie in welcher Art und Weise erbringen müssen, und
- für neue Mitarbeiter gäbe es klare Vorgaben zum Qualifikationsprofil.

Verbindliche Standards bieten nicht nur Orientierungshilfen, sie tragen auch zur Sicherung der Qualität von UK-Leistungen bei. Darüber hinaus – und das ist vermutlich das wichtigste Argument – ist es für die Finanzierung von UK-Leistungen durch Leistungsträger erforderlich, dass verbindliche Standards existieren. Für die Verhandlungen mit Leistungsträgern sind Standards *die* Grundlage, um die Qualität von UK-Leistungen beschreiben, einschätzen und finanzieren zu können. Auf der Grundlage solcher Standards könnten sich z. B. UK-Beratungsstellen als Anbieter von UK-Leistungen (z. B. als Heilmittel, § 124 SGB V) um die Zulassung bei den Krankenkassen bemühen – ähnlich wie sprachtherapeutische Praxen als Heilmittelerbringer für sprachtherapeutische Leistungen. Aus Sicht der Leistungsträger müssen die Anbieter eine Reihe von Voraussetzungen erfüllen.

Vor diesem Hintergrund wird hier ein Entwurf für Standards von UK-Leistungen vorgelegt. Dieser Vorschlag für Qualitätsmerkmale von UK-Leistungen dient zum einen als Grundlage für Überlegungen zur dringend notwendigen Qualitätssicherung von UK-Leistungen; zum anderen, um Voraussetzungen für die leistungsrechtliche Anerkennung für eine geregelte Refinanzierung (z. B. von Beratungsleistungen) zu skizzieren.

STANDARDS FÜR UK-LEISTUNGEN
Diagnostik, Beratung, Versorgungsempfehlung, Therapie

 ermöglichen

| Qualitätssicherung durch verbindliche Beschreibung der Leistungen | Leistungsrechtliche Anerkennung für eine geregelte Refinanzierung |

Abb 1: Standards für UK-Leistungen

Gemeinsame Standards zu formulieren, dabei die Diversität der entstandenen und etablierten UK-Anlaufstellen zu berücksichtigen und gleichzeitig bisher Entstandenes systematisch zu verorten, ist eine besondere Herausforderung. Durch die Formulierung gemeinsamer Standards mit dem Ziel der flächendeckenden Qualitätssicherung besteht aber auch die Chance, von den Erfahrungen und Perspektiven der verschiedenen Professionen zu profitieren und diese als Rahmen für das übergreifende gemeinsame Ziel der UK zu nutzen: gelingende Kommunikation für Menschen ohne verständliche Lautsprache zu ermöglichen.

2 Standards und Qualitätssicherung von Beratungsleistungen

Mit Qualitätsstandards wird das Ziel verfolgt, die Transparenz, Nachvollziehbarkeit und Qualität institutionell organisierter Leistungen zu sichern (vgl. Giel et al. 2018a). D. h., dass eine Beschreibung von Standards allein nicht ausreicht; die jeweiligen Anbieter bzw. Interessensverbände müssen – im eigenen Interesse – auch für Strukturen zur Qualitätssicherung sorgen (siehe Punkt 4).

Qualitätsmerkmale werden oft in Anlehnung an die sog. Qualitätstrias (vgl. Donabedian 1986, 99 f.) beschrieben: Struktur, Prozess, Ergebnis. Bezogen auf UK-Beratung können mit der Qualitätstrias folgende Aspekte beschrieben werden:

1. Strukturqualität bzw. Rahmenbedingungen: Wer führt die Beratung durch? Welche Ausstattung (z. B. Kommunikationshilfen, Gebärdensammlungen, Fachbücher) ist vorhanden?
2. Prozessqualität bzw. Abläufe: Welche Vorgaben gibt es für die Beratungsgespräche? Wie erfolgt die Dokumentation der Beratungsinhalte?
3. Ergebnisqualität bzw. Outcomes: Welche Ergebnisse haben die Beratungsgespräche (z. B. Berichte, Hilfsmittelempfehlungen, Hinweise zum Modelling)? Werden die Beratungen evaluiert? Sind die Klienten/Patienten und deren Angehörige zufrieden?

Diese Komponenten konstituieren den Rahmen, in dem Qualitätsmerkmale beschrieben werden können.

3 Standards und Qualitätsmerkmale von UK-Leistungen

Im Folgenden werden eine Reihe unterschiedlicher Qualitätsmerkmale von UK-Leistungen aufgelistet. Bei der leistungsrechtlichen Anerkennung sind jedoch nicht nur die eigentlichen Dienstleistungen (z. B. Diagnostik, Beratung, Therapie) von Interesse, sondern auch die ausführenden Institutionen (Organisation, Angestelltenverhältnis, Räume usw.). Deshalb werden auch solche Merkmale aufgeführt; sie stellen die organisatorischen Voraussetzungen für die Anerkennung als Heilmittelerbringer dar. Unter Punkt 3.1.3 werden die für eine Refinanzierung durch Krankenkassen notwendigen räumlichen Merkmale genannt – in Anlehnung an die vom GKV-Spitzenverband veröffentlichte Zulassungsempfehlung nach § 124 Abs. 4 SGB V für Heilmittelerbringer (in der Fassung vom 26.11.2018).

Die nachfolgende Auflistung dient somit als Vorschlag für die weitere Diskussion zur Einführung von Qualitätsmerkmalen und Standards für UK-Leistungen, um die UK-Versorgung und Refinanzierung von UK-Leistungen flächendeckend zu sichern.

3. 1 Strukturqualität

3.1.1 Personelle Ausstattung

Institutionen, die UK-Leistungen anbieten, werden von qualifizierten Personen im Selbstständigen- oder Anstellungsverhältnis geleitet. Zu unterscheiden ist zwischen fachlicher und organisatorischer Leitung, wobei beide Aufgaben von der gleichen Person ausgeführt werden können.

Die fachliche Qualifikation der Leitung sollte gesichert sein durch:

- Heil-/sonderpädagogische oder therapeutische Berufsgruppen mit Hochschulabschluss
- Umfassende Weiterbildung in Unterstützter Kommunikation (UK)

Für die organisatorische Qualifikation der Leitung ist Bedingung:

- Erfahrung in Leitungsfunktion und Personalführung
- Erfahrung in Finanzierungsmöglichkeiten von UK, Diagnostik und/oder Therapien
- Fachwissen über Grundstruktur von SGB V und SGB IX und daraus abzuleitende Finanzierungsmöglichkeiten

Die Mitarbeiter sollten über einen therapeutischen oder heil-/sonderpädagogischen Hochschul- oder Fachschulabschluss verfügen. Darüber hinaus sollte eine einem grundständigen Lehrgang vergleichbare UK-Aus- bzw. Weiterbildung absolviert worden sein, welche alle relevanten Themen der UK abdeckt.

3.1.2 Verwaltungsabläufe und institutionelle Entwicklung

Voraussetzung für eine hohe Qualität in der fachlichen UK-Arbeit ist der reibungslose Ablauf in der Verwaltung und Organisation. Dauerhafte Probleme in der Verwaltung und

Organisation wirken sich auch negativ auf die Arbeit mit dem UK-Nutzer und dessen Umfeld aus. Um dies zu vermeiden, sind folgende Aspekte und Kompetenzen als qualitätssichernde Merkmale zu betrachten:

- Die Mitarbeiter sind auf der Basis von Tarifverträgen, Teilzeitverträgen oder Minijob-Verträgen beschäftigt. Honorarverträge stellen Ausnahmefälle dar.
- In der Arbeitszeit sind Vor- und Nachbereitung der sog. ›Leistungen am Menschen‹ (Kontaktzeit) enthalten (i. d. R. 80/20 Prozent). Heimarbeit (Home Office) zur Erstellung von Gutachten sind nach Absprache mit der Leitung möglich und als Arbeitszeit anzurechnen.
- Die Verwaltung verfügt über eine Software zur Patientenverwaltung.

Personal- und Institutionsentwicklung

- Die Leitung nimmt regelmäßig an Fachkonferenzen und Weiterbildungen teil, um ihre fachliche wie organisatorische Kompetenz gemäß dem State of the Art zu sichern.
- Die Leitung führt alle zwei Jahre (oder häufiger) mit den Mitarbeitern Personalentwicklungsgespräche.
- Die Leitung sorgt für ein Mentoring-Verfahren für neue Mitarbeiter (»Berufsanfänger«) durch erfahrene Mitarbeiter.
- Die Mitarbeiter haben regelmäßig Möglichkeiten zur internen und externen Fort- und Weiterbildung.
- Datenschutz und Sicherheit: Es gibt ein Datenspeicher- und Datenmanagementsystem; Patientenakten werden vor dem Zugriff Dritter sicher aufbewahrt; ein Online-Zugriff auf Patientendaten erfolgt nur unter geschützten Bedingungen (Intranet, VPN); die DSGVO wird eingehalten.
- Die Einrichtung ist öffentlich und über das Internet zu finden (eigene Homepageseite).

3.1.3 Räumliche und sächliche Ausstattung

Räumlichkeiten

- Barrierefreier Beratungs-/Therapieraum 1 mit sichtgeschütztem Zugang (mind. 20 qm)
- ggf. weitere Räume mit sichtgeschütztem Zugang (mind. 12 qm)
- Wartebereich und Empfang
- WC/Behind.-WC; nach Möglichkeit getrennte WCs für Klienten und Personal
- Büro/PC-Arbeitsbereich
- Spielecke
- großer Beratungstisch

Sächliche Ausstattung (anzupassen an die jeweilige Klientengruppe)

- UK-Diagnostikmaterialien für das Kinder-, Jugend- und Erwachsenenalter sowie für unterschiedliche Schweregrade körperlicher, geistiger und sensorischer Beeinträchtigungen
- UK-Sprachförder- und Therapiematerialien für das Kinder-, Jugend- und Erwachsenenalter unter Berücksichtigung unterschiedlicher körperlicher, geistiger und sensorischer Beeinträchtigungen
- unterschiedliche nichtelektronische Materialien wie Kommunikationstafeln, -ordner, -bücher
- unterschiedliche kleine elektronische Hilfen
- unterschiedlich komplexe elektronische Hilfen (verschiedene Systeme)
- verschiedene Ansteuerungssysteme (inkl. Augensteuerung)
- Gebärdensammlungen und Gebärdenmaterial
- Spielmaterial, Bücher etc.

3.2 Prozessqualität

Die Einrichtung entwickelt ein eigenes Leitbild auf der Basis des in der UK grundlegenden humanistischen Menschenbildes. In dem Leitbild ist ein Ethik-Codex zum Umgang mit Menschen enthalten, die nicht für sich selbst sprechen und sich weder körperlich noch sprachlich verständlich mitteilen können.

3.2.1 Qualitätssichernde Leistungen in der UK

- Die Arbeit erfolgt auf der gesetzlichen Grundlage des SGB V und/oder SGB IX und unter Einhaltung der fachspezifischen ethischen Standards innerhalb der Arbeit mit Menschen mit komplexen Kommunikationsbeeinträchtigungen.
- Grundsätzlich erfolgt eine ICF(-CY)-orientierte Vorgehensweise während des gesamten Beratungs-, Versorgungs- und Begleitungsprozesses.
- Bei der Beratung von Menschen mit Behinderungen werden Möglichkeiten der selbstbestimmten Teilhabe reflektiert und realisiert (vgl. BMAS 2015, 18).
- Durchführung einer umfassenden UK-Diagnostik und UK-Beratung unter Berücksichtigung aktueller nichtelektronischer und elektronischer Hilfsmittel und unter Einbezug der pädagogisch-therapeutischen und privaten Bezugspersonen (vgl. Giel et al. 2018b). Innerhalb der UK-Diagnostik werden grundsätzlich verschiedene alternative Kommunikationshilfen und/oder -methoden angeboten und erprobt, um sicherzustellen, dass unter Berücksichtigung des Umfeldes die bestmögliche Kommunikationsform für den Klienten gefunden wird (vgl. Webb et al. 2019).
- Bei der Zielformulierung werden auch aktuelle und zukünftige Lebensumstände, individuelle Bedürfnisse des Klienten und dessen Bezugspersonen berücksichtigt (Quality of Life).
- Die Erstellung individualisierter UK-Förder-/Therapiepläne erfolgt auf der Grundlage übergreifender Interventionsziele.

- Im Rahmen von Förderung und Therapie wird evidenzbasiert gearbeitet.
- Durch die Dokumentation werden Entwicklungsfortschritte und der Erfolg der durchgeführten Maßnahmen transparent.
- Übergänge (Transition) werden besonders beachtet (Kindergarten/Schule; Schule/Arbeit etc.).

3.2.2 Weitere, die Prozessqualität sichernde Maßnahmen

Kommunikation im Team

- Die Qualität der Leistungen wird durch regelmäßige Teamsitzungen, Fallbesprechungen, Supervision und interne Hospitationen gesichert.
- Die Einrichtung steht über eine übergeordnete Stelle im Verbund mit anderen Einrichtungen.
- Telefonsprechzeiten sind öffentlich und auch für Externe (Interessenten, Familien, Professionelle) sichtbar.
- Die Erreichbarkeit der Einrichtung ist auch außerhalb von Sprechzeiten durch entsprechende Maßnahmen (Anrufbeantworter, Email-Kontakt etc.) sichergestellt.

Kooperation und interdisziplinäre Zusammenarbeit

- Die firmenunabhängige Beratung sichert die Qualität der angebotenen Leistung. Kooperationen mit unterschiedlichen Hilfsmittelfirmen der Region sind erwünscht und werden transparent dokumentiert, um die Versorgungsabläufe zu sichern und zu begleiten.
- Die Zusammenarbeit mit anderen UK-Einrichtungen sowie heil-/sonderpädagogischen und allgemeinpädagogischen Einrichtungen (Kita, Schulen, Wohnheim, WfbM, Klinik...) wird im Sinne einer Netzwerkbildung angestrebt.

- Kooperationsvereinbarungen für eine kollegiale, interdisziplinäre Zusammenarbeit werden mit diversen Einrichtungen bzw. Professionellen aus Bildungseinrichtungen, Praxen und außerschulischen Institutionen der jeweiligen Region angestrebt.
- Es gibt ein für alle Mitarbeiter zugängliches Dokument mit den wichtigen Ansprechpartnern und Kooperationspartnern.
- Die interdisziplinäre Zusammenarbeit bezieht sich auf andere, am Fall beteiligte Professionen und Institutionen sowie auf private und professionelle Bezugspersonen der Klienten und ist im Sinne der Qualitätssicherung obligatorisch. Erforderliche Maßnahmen werden miteinander abgestimmt und je nach Zuständigkeit von den Beteiligten verbindlich umgesetzt.
- Teamsitzungen bzw. die Nutzung von Methoden zum Informationsaustausch (Telefon-/Skype-Konferenz, Memos) mit den externen Kooperationspartnern werden ermöglicht.

Dokumentation

- Die Dokumentation von UK-Beratung und UK-Förderung/UK-Therapie erfolgt auf der Basis einer ICF-(CY)orientierten Zielformulierung.
- Zur systematischen Dokumentation wird eine Strukturvorlage entwickelt oder eine geeignete Strukturvorlage genutzt.
- Therapiepläne und Therapiedokumentation erfolgen nach einheitlichem Muster und ermöglichen das Nachverfolgen der individuellen Entwicklungsverläufe, fallspezifischen Problemstellungen und durchgeführten Interventionen.
- Die UK-Therapie/UK-Förderung wird durch Therapie/Förderdokumentationen nachvollziehbar. Die individualisierten UK-Therapie-/UK-Förderziele werden regelmäßig überprüft.

3.3 Ergebnisqualität

Die Ergebnisse der Arbeit (z. B. Dokumentation, Ergebnisse der Teamsitzungen und Kooperation) sowie die Ergebnisse der verschiedenen UK-Leistungen (Outcomes) sind kontinuierlich zu evaluieren. Dazu gehören unter anderem:

- Beratungsleistungen
- Interventions-/Therapieleistungen
- Zielerreichen bzw. Therapieerfolge
- Zufriedenheit der UK-Nutzer und deren Angehörigen

4 UK-Kompetenzzentren als überregionale Anbieter erweiterter UK-Leistungen

Die erfolgreiche Versorgung mit elektronischen Hilfsmitteln und diversen Ansteuerungshilfen erfordert in vielen Fällen weitaus mehr Begleitung als durch einzelne Beratungstermine, die Einweisung und Gebrauchsschulung abgedeckt werden kann. Für solche Fälle wird aktuell (Stand 2019) eine erweiterte Versorgungsbegleitung durchgeführt und evaluiert (MUK-Projekt, ▶ Infobox). Die Anerkennung und Implementierung solcher erweiterter UK-Leistungen wird angestrebt und soll zukünftig in sog. UK-Kompetenzzentren angeboten werden. Im Folgenden werden UK-Kompetenzzentren beschrieben und Unterschiede zu Beratungsstellen (und anderen vergleichbaren Einrichtungen, die UK-Leistungen erbringen,) erläutert.

> **INFO-BOX: Das MUK-Projekt**
>
> MUK (Maßnahmen der Unterstützten Kommunikation) ist ein vom Gemeinsamen Bundesausschuss (GBA) genehmigtes Forschungsprojekt (Laufzeit: 2017–2020; Leitung: Prof. Dr. J. Boenisch, FBZ-UK, Universität zu Köln) zur Verbesserung der personalisierten Versorgung und zur Schließung von Versorgungslücken durch die Erweiterung der von den Krankenkassen finanzierten UK-Maßnahmen. Auf der Basis eines bereits bestehenden Selektivvertrages werden die UK-Diagnostik und UK-Beratung um UK-Maßnahmen zum Case Management, Patiententraining und individualisierte Therapie erweitert und umgesetzt. In einer Wirksamkeitsstudie werden die erweiterten Maßnahmen im Vergleich zur nicht oder nur teilweise geregelten Versorgung evaluiert. Weitere Teilziele des MUK-Projektes sind der Aufbau einer qualitätssichernden Versorgungsstruktur sowie einer bundesweit agierenden Netzwerkstelle für UK.

UK-Kompetenzzentren sind zertifizierte, überregional agierende Institutionen mit einer nachgewiesenen personellen, räumlichen und sächlichen Ausstattung und Qualität im Bereich UK-Diagnostik, UK-Beratung und UK-Intervention. Zusätzlich verfügen UK-Kompetenzzentren über Kenntnisse und Möglichkeiten zur systemischen, UK-spezifischen Versorgungsbegleitung (Case Management; vgl. Monzer 2013). Ein UK-Kompetenzzentrum zeichnet sich insbesondere durch die personelle Fachexpertise, die umfassende technisch-materielle Ausstattung und die Firmenunabhängigkeit aus.

Demgegenüber sind UK-Beratungsstellen regional arbeitende Einrichtungen für Menschen ohne Lautsprache und deren private und professionelle Bezugspersonen. In den verschiedenen UK-Beratungsstellen arbeiten UK-Experten mit unterschiedlichen Ausbildungen und Ausrichtungen. Auch die sächliche und räumliche Ausstattung sowie die Finanzierungskonzepte können variieren. Grundsätzlich kann ein UK-Kompetenzzentrum auch die Arbeit einer UK-Beratungsstelle ausführen, da sie alle Kriterien einer UK-Beratungsstelle erfüllt. Umgekehrt ist dies nicht der Fall. Im optimalen Fall arbeiten UK-Beratungsstellen aus den verschiedenen Einzugsgebieten und das UK-Kompetenzzentrum eng zusammen und ergänzen sich gegenseitig.

Je nach institutioneller Anbindung, Ausrichtung und Konzeption der UK-Beratungsstelle kann es sein, dass sich diese auf spezifische Behinderungsbilder oder Personengruppen (z. B. Menschen aus dem Autismusspektrum) spezialisiert hat. In diesen Fällen ist eine Kooperation mit Netzwerkpartnern nicht nur wünschenswert, sondern alternativlos, um für die Region ein umfassendes UK-Beratungsangebot vorzuhalten.

Anerkannte UK-Kompetenzzentren müssen im Gegensatz dazu das gesamte Spektrum im Bereich Diagnostik, Beratung und Förderung/Therapie abdecken. Darüber hinaus müssen sie insbesondere bei komplizierten Versorgungen oder schwierigen Lebenssituationen der Klienten ein fallbezogenes, UK-spezifisches Case Management durchführen sowie die Klienten und ihr Umfeld engmaschig begleiten und unterstützen.

Das UK-Kompetenzzentrum ist auch ein überregionaler Ansprechpartner für Ärzte, Kliniken, Frühförderstellen, Sozialämter, Reha-Einrichtungen, Pflegeheime, therapeutische Praxen, UK-Beratungsstellen und Familien bei komplizierten Versorgungsprozessen. Zudem fungiert es als Schnittstelle in regionalen Netzwerken aus medizinisch und therapeutisch Professionellen, Krankenkassenmitarbeitern, MDK (Medizinischer Dienst der Krankenversicherung), Kostenträgern und Fachverbänden, um potentielle Versorgungslücken frühzeitig zu erkennen und durch geeignete Maßnahmen zu schließen.

5 Konzeption einer qualitätssichernden Struktur: Die Netzwerkstelle UK

Im Anschluss an die Übersicht über Qualitätsmerkmale von UK-Leistungen sowie die Erläuterung der Kompetenzzentren und der Erfordernisse der Vernetzung der Akteure stellt sich die Frage, wie Qualität gesichert, erforderliche Informationen für die Anerkennung bereitgestellt und die Vernetzung unterstützt werden kann.

Zur Überprüfung der Qualität im Sinne einer Anerkennung oder Zertifizierung der verschiedenen Einrichtungen wird eine übergeordnete, unabhängige Instanz benötigt. Dazu wird die »Netzwerkstelle UK« als verbands- und firmenunabhängiger, eigenständiger Dienstleister eingerichtet. Sie arbeitet als bundesweite Zentralstelle für die Koordinierung, Anerkennung und Zertifizierung von UK-Kompetenzzentren (obligatorisch), UK-Beratungsstellen und UK-Praxen (verstanden als therapeutische Praxen, die UK als qualitätsgesicherte Leistung anbieten), sofern diese eine Zertifizierung wünschen (optional). Ihre primäre Aufgabe ist die Sicherstellung und Überprüfung der Qualität von UK-Maßnahmen in der gesamten Versorgungskette, um auf dieser Basis mit den regionalen und überregionalen Leistungsträgern Verträge zu verhandeln. Langfristiges Ziel ist der Aufbau einer refinanzierten, flächendeckenden Versorgungsstruktur für UK unter Beachtung qualitätssichernder Kriterien. Mitgliedschaft der UK-Beratungsstellen, der UK-Praxen und der UK-Kompetenzzentren bei der Netzwerkstelle UK oder Kooperationsvereinbarungen sind dabei erwünscht.

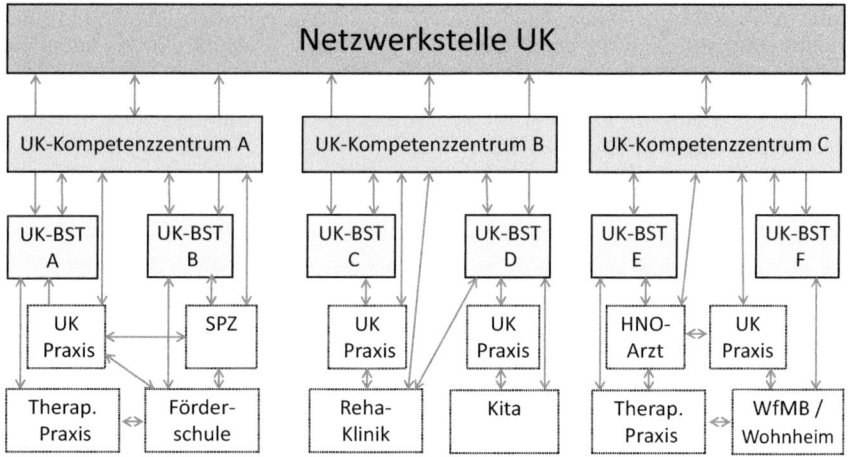

Abb. 2: Strukturmodell zur Netzwerkstelle Unterstützte Kommunikation

Die in diesem Beitrag vorgestellte Struktur zur Qualitätssicherung von UK-Maßnahmen sowie die Aufgaben von UK-Beratungsstellen und UK-Kompetenzzentren wurden im Rahmen des überregionalen Forschungsprojektes MUK entwickelt. Ziel des MUK-Projekts ist es, die UK-Versorgung im Gesundheitswesen zu verbessern sowie Zuständigkeiten im medizinisch-therapeutischen Tätigkeitsfeld in Abgrenzung zum (heil-/

sonder-) pädagogischen Aufgabengebiet zu klären.

Mit der hier vorgestellten Konzeption wird angestrebt, den bisher existierenden UK-Beratungsstellen und auf UK-spezialisierten Praxen die Möglichkeit zu eröffnen, unter Einhaltung von Rahmenvereinbarungen in der jeweiligen Region qualitätsgesichert und offiziell anerkannt UK-Leistungen anzubieten. Damit wäre ein Grundstein zur Schließung von Versorgungslücken unter Einhaltung von Qualitätsstandards in der UK-Versorgung gelegt.

Literatur

BMAS (2015): Arbeitsgruppe Bundesteilhabegesetz – Abschlussbericht, Teil A. https://www.bmas.de/SharedDocs/Downloads/DE/PDF-Publikationen/a764-abschlussbericht-bthg-A.pdf?__blob=publicationFile&v=4 [26.03.2019].

Donabedian, A. (1986): Criteria and standards for quality assessment and monitoring. In: Quality Research Bulletin, 12, 99–108.

Giel, B./Hellrung, U./Ostfalk, C. (2017): UK als gemeinsame Aufgabe von Förderschule & Sprachtherapie. Das Moerser Kommunikationskonzept Schule. In: Sprachförderung und Sprachtherapie 4/2017, Dortmund: Verlag modernes lernen, 225–236.

Giel, B./Keller, B./Wahl, M. A./Steiner, J. (2018a): Qualität als Orientierung für therapeutische Entscheidungen. In: Steiner, J. (Hrsg.): Ressourcenorientierte Logopädie. Einführung in Theorie und Praxis. Bd. 1. Hogrefe: Bern.

Giel, B./Liehs, A./Preißler, P./Urbic, H. (2018b): Qualitätssicherung in der UK Beratung durch Moderierte Runde Tische (MoRTi) - Fragebogenerhebungen belegen die Wirkfaktoren von Runden Tischen. In: uk & forschung 2, 4–12.

Liehs, A./Giel, B. (2016): Teilhabe durch Unterstützte Kommunikation in Wohn- und Werkstätten. In: Sprachtherapie aktuell, 3, e2016-04, 1-7.

Monzer, M. (2013): Case Management. Grundlagen. medhochzwei verlag: Heidelberg.

MSB (Ministerium für Schule und Bildung des Landes NRW) (2019): Qualitätsanalyse – Was ist das? www.schulministerium.nrw.de/docs/Schulentwicklung/Qualitaetsanalyse/index.html [25.03.2019].

Webb, E./Meads, D./Lynch, Y./ Randall, N./Judge, S./Goldbart, J./Meredith, S./Moulam, L./ Hess, S./Murray, J. (2019): What's important in AAC decision making for children? Evidence from a best–worst scaling survey. In: Augmentative and Alternative Communication, 1, 1–15.

G   Forschungsmethoden in der UK

Forschungsvoraussetzungen und Forschungsethik in der UK

Markus Dederich

Forschung im Bereich der Unterstützten Kommunikation hat mit einem besonders vulnerablen Personenkreis zu tun. Diese Vulnerabilität ist einerseits eine Folge individueller Beeinträchtigungen, andererseits auf äußere Barrieren sowie ein erhöhtes Maß an Angewiesenheit auf Unterstützungssysteme, beispielsweise im Bereich der Kommunikation, zurückzuführen. Die Forschung in diesem Bereich bedarf daher einer vulnerabilitätssensiblen Absicherung und Reflexion. Nachfolgend wird ein ethischer Rahmen für die Forschung im Bereich der Unterstützten Kommunikation umrissen.

1 Was ist Forschungsethik?

Gegenstand der Forschungsethik, die ihrerseits ein Zweig der Wissenschaftsethik ist, sind Fragen, die wissenschaftliches Handeln im Kontext von Forschung sowie die Institution Wissenschaft insgesamt betreffen. Zwei zentrale und miteinander verschränkte Problemfelder der Wissenschaftsethik sind zum einen »das spezifische Ethos der Wissenschaftlergemeinschaft« (Gethmann 2004, 724), d. h. eine Begründung und Reflexion derjenigen Normen und Werte, an die sich die Wissenschaft im Interesse der Wahrheitsfindung binden sollte, zum anderen spezifische Fragen und Probleme »der Erzeugung und Verwendung wissenschaftlichen Wissens« (Gethmann 2004, 725). Dabei geht es um Fragen wie die nach der Legitimität der Zerstörung oder Schädigung von Objekten der Forschung für Forschungszwecke, die Bindung an grundlegende Regeln guter wissenschaftlicher Praxis oder der Einflussnahme durch externe Interessen.

In Bezug auf die Forschung mit besonders vulnerablen Gruppen spielt die Frage des Schutzes von Probandinnen und Probanden eine zentrale Rolle (vgl. Schnell/Heinritz 2006). Hiermit sieht sich die Forschung immer dann konfrontiert, wenn sie die Form einer Intervention annimmt, d. h., wenn Probandinnen und Probanden aufgrund des Aktes der Untersuchung selbst, aufgrund des Umgangs mit sensiblen Daten oder aufgrund praktischer Konsequenzen, die die Forschung nach sich zieht, auf möglicherweise negative, für sie nachteilige Weise geschädigt werden könnten. Ein Beispiel für einen positiv intervenierenden Effekt einer Forschung wäre, dass eine Probandin oder ein Proband sich durch das Interesse der Forscherinnen und Forscher wahrgenommen und gewürdigt fühlt oder erstmals über ein für sie existentiell relevantes Thema sprechen kann. Ein solches Gespräch kann aber auch als Belastung erfahren werden. Schließlich kann es vor allem im Rahmen qualitativer Untersuchungen passieren, dass Forschende von Probandinnen und Probanden mehr und anderes erfahren, als es das Projekt bzw. die Forschungsfrage eigentlich vorsieht. Daher ist es von zentraler Bedeutung, »wie der Forscher dem Probanden gegenübertritt und situativ Anteil an ihm nimmt« (Schnell/Heinritz 2006, 17).

Insgesamt gilt: Ebenso wenig wie die Forschung selbst ethisch neutral ist, sind es ihre Wirkungen und Konsequenzen. Hieraus ergibt sich für Wissenschaftlerinnen und Wissenschaftler die Notwendigkeit zu reflektieren, welche Folgen ihre Forschung für die Probandinnen und Probanden haben könnte, so dass negative Folgen von vorne herein so weit wie möglich ausgeschlossen werden.

2 Prinzipien der Forschungsethik

Forschungsethik ist ein Typus angewandter Ethik. Sie hat die Aufgabe, auf der Grundlage allgemein-ethischer Grundlagen, d. h. eines Gerüstes begründeter und allgemeingültiger Normen und Prinzipien, bereichsspezifisch ethische Orientierung zu geben. Als ihr oberstes Leitprinzip kann gelten, menschliches Leben mitsamt seiner vielfältigen Umwelt zu bewahren und zu humanisieren (vgl. Höffe 1992, 312). Damit rückt dort, wo Menschen mittelbar oder unmittelbar Gegenstand der Forschung sind, die Verpflichtung, die Menschenwürde und die Menschenrechte zu schützen, ins Zentrum der Forschungsethik. Aus diesem Leitprinzip lassen sich verschiedene untergeordnete Prinzipien ableiten. In ihrem bekannt gewordenen Buch »Principles of Bioethics« stellen Beauchamps und Childress (2008) vier Prinzipien auf, die auch für die Forschung mit besonders vulnerablen Gruppen ein hohes Maß an Plausibilität haben: a) Autonomie/Respekt, b) Vermeidung von Schaden, c) Fürsorge, d) Gleichheit und Gerechtigkeit. Diese vier Prinzipien bilden weder eine Hierarchie noch eine bruchlose Beurteilungs- und Bewertungsmatrix, sondern sind als gleichberechtigt anzusehen. Aus diesem Grund müssen sie in jedem einzelnen Anwendungsfall miteinander in Beziehung gesetzt und gegeneinander abgewogen werden. Die fallnahe Anwendung der Prinzipien bringt die Notwendigkeit mit sich, sie möglichst spezifisch zu konkretisieren.

Den Ansatz von Beauchamps und Childress (2008) aufgreifend und modifizierend arbeiten Fuchs et al. (2010) zunächst drei anthropologische Charakteristika des Menschen heraus, die ihrer Auffassung nach ethisch bedeutsam sind: Erstens setzen Menschen sich selbst Zwecke und suchen diese zu realisieren; zweitens sind sie leiblich verfasst; drittens sind sie soziale Wesen, die in sozialen Verbänden zusammenleben. Die anthropologische Grundierung der Forschungsethik soll sicherstellen, dass die Ethik angemessen auf die Wirklichkeit des Menschen eingeht. Auf der Grundlage dieser allgemeinen anthropologischen Charakteristika entwickeln die Autoren drei weit gefasste ethische Grundprinzipien, nämlich »(1) das Selbstbestimmungsprinzip; (2) das Nichtschadensprinzip und (3) das Gerechtigkeitsprinzip« (S. 65). Hieraus werden dann im Sinne der Konkretisierung drei forschungsethische Regeln abgeleitet, die Verstöße gegen die Prinzipien verhindern sollen: »(1) die informierte Einwilligung; (2) eine sorgfältige Schaden-Nutzen-Abwägung und (3) eine gerechte Probandenauswahl« (Fuchs et al. 2010, 66).

Trotz gewisser Unterschiede, die verschiedene Konzeptionen der Forschungsethik aufweisen, konvergieren sie in mehreren zentralen Punkten, die sich wie folgt bündeln lassen:

- Niemand darf gegen seinen Willen dazu gezwungen werden, als Proband(in) an

einem Forschungsprojekt teilzunehmen – es gilt das Prinzip der Freiwilligkeit der Teilnahme.
- Niemand darf durch ein Forschungsvorhaben verletzt werden oder Schaden nehmen – es gilt das Prinzip der Wahrung körperlicher und psychosozialer Integrität.
- Die erhobenen Informationen, etwa Einstellungen oder gesundheitsbezogene Daten, müssen vertraulich behandelt werden – es gilt das Prinzip des Datenschutzes.

3 Spezifische ethische Fragen im Kontext der UK-Forschung

Nachfolgend sollen drei auf unterschiedlichen Ebenen angesiedelte, jedoch zentrale ethische Aspekte der Forschung der Unterstützten Kommunikation genauer betrachtet werden: Die informierte Zustimmung, die partizipative und inklusive Forschung und die Frage nach der Bedeutung von Werten in Forschungskontexten.

3.1 Informierte Einwilligung (informed consent)

Wie bereits einleitend hervorgehoben wurde, generiert Forschung nicht nur neues Wissen, sondern wird auch als Intervention oder Eingriff wirksam: Sie kann entweder relativ direkt oder mittelbar Auswirkungen auf diejenigen haben, die Gegenstand der Forschung sind bzw. als Probandinnen und Probanden an der Forschung beteiligt sind. Aus diesem Grund kommt dem Nichtschadensprinzip in allen medizinischen und humanwissenschaftlichen Forschungsbereichen eine zentrale Bedeutung zu. Es besagt, dass Menschen vor Instrumentalisierung, körperlichem und seelischem Schaden und unfairer Verteilung von Nutzen, Lasten und Risiken der Forschung geschützt werden müssen.

In diesem Zusammenhang dürfte im Rahmen der Forschungsethik die informierte Zustimmung von Probandinnen und Probanden das wichtigste Prinzip zur Abwehr von Nachteilen oder Schäden sein. Allerdings steht die Forschung im Kontext der Unterstützten Kommunikation immer wieder vor dem Problem, dass die Zustimmungsfähigkeit potentieller Probandinnen und Probanden nicht eindeutig zu klären ist und die Frage beantwortet werden muss, ob und unter welchen Umständen Forschung an nicht oder nur eingeschränkt zustimmungsfähigen Probandinnen und Probanden zulässig ist. Bei der Einholung der Zustimmung von den Betroffenen selbst muss jeweils eingeschätzt werden, ob sie tatsächlich verstanden haben, worum es in dem Projekt geht. Im Vorfeld muss ggf. geklärt werden, wer aus dem Umfeld der betreffenden Personen in der Lage und berechtigt ist, eine solche Einschätzung zuverlässig vorzunehmen. Dabei muss gewährleistet werden, dass die Einschätzung zuverlässig ist und die Entscheidung im besten Interesse der Betroffenen erfolgt (vgl. Carlson 2013, 307).

Mit Blick auf Menschen mit eingeschränkter Verbalsprache gibt es verschiedene Ansätze, die informierte Einwilligung auf dem Wege alternativer Kommunikationsformen einzuholen, also mithilfe von Bildern, Piktogrammen, Symbolen usw. Dabei muss jedoch damit gerechnet werden, dass nicht alle Implikationen der Teilnahme an einem Forschungsprojekt umfänglich verstanden werden (vgl. Coons/Watson 2013). Wenn hier begründete Zweifel bestehen, muss erwogen werden, auf die stellvertretende Einwilligung zurückzugreifen (vgl. Ackermann/Dederich 2011). Dabei kommt es darauf an, dass die stellvertretende Person in gewisser Weise hinter die Person des bzw. der Stellvertretenen zurücktritt und deren Wunsch und Willen zum Ausdruck bringt. Aufgrund der Irrtums- bzw. Fehleranfälligkeit der Stellvertretung kann argumentiert werden, allein eine durch das betroffene Individuum selbst erteilte Einwilligung sei ethisch relevant. Dies hätte jedoch zur Folge, dass alle Personen, bei denen Zweifel an der Zustimmungsfähigkeit bestehen, aus der Forschung ausgeschlossen werden müssten (vgl. MacDonald/Kidney 2012). Da dies nicht wünschenswert ist, sollten stellvertretende Zustimmungen möglich sein, jedoch mit größter Behutsamkeit gehandhabt werden.

3.2 Partizipative und inklusive Forschung

Seit den 1990er Jahren entstanden verschiedene »Diskurse zur Nutzer(innen)involvierung« (Buchner/Koenig/Schuppener 2016, 13), die sich am Leitprinzip der partizipativen und inklusiven Forschung orientieren (vgl. Dederich 2018). Diese werfen die Frage auf, wem produziertes akademisches Wissen nutzen soll und welche Modi der Wissensproduktion dabei zum Tragen kommen sollen. Diese Bewegung stellt traditionelle Denkmuster und Legitimationsansprüche von Wissenschaft radikal in Frage.

Partizipative Forschung legitimiert sich zumindest in Teilen durch eine Kritik an herkömmlichen Methodologien. Diesen wird eine Tendenz zur Verdinglichung von Menschen mit Behinderungen vorgeworfen sowie eine Erkenntnis- und Wissensproduktion, die sich zu weit von den Erfahrungen der betreffenden Menschen und von dem, was für sie in ihrem Leben relevant ist, entfernt hat. Partizipative bzw. inklusive Forschungsstrategien werden als machtkritische Gegendiskurse zu etablierten Forschungsstrategien und -methoden gefasst, die zu einer Veränderung von Wissensproduktion und Wahrheitsregimes führen sollen. Darüber hinaus sollen sie einen wichtigen Beitrag zur Selbstbestimmung, zum Empowerment sowie zur Verbesserung von Teilhabechancen von Menschen mit Behinderungen leisten (Reisel/Egloff/Hedderich 2016, 637). Aus dieser Kritik wurde die Forderung abgeleitet, dass der durch die Forschung anvisierte Personenkreis konsequent einbezogen und so weit wie möglich Kontrolle über alle Teile des Forschungsprozesses haben sollte: von der Entwicklung der Fragestellung mitsamt der Entscheidung, welche Fragen überhaupt forschungsrelevant und welche Erkenntnisinteressen leitend sind, über die Datenerhebung, -auswertung und -interpretation bis hin zur Publikation der Ergebnisse.

Allerdings werfen auch partizipative und inklusive Strategien der Forschung ethische Fragen auf. Hierzu gehören u. a. Rollenkonflikte der in die Forschung einbezogenen Personen. Einerseits sind sie Teil jenes Ausschnitts der sozialen Welt, der beforscht werden soll, andererseits haben sie Einfluss auf die Fragen und Ziele des Projekts, sind u. U. am Erhebungs-, Auswertungs- und Interpretationsprozess sowie an der Publikation und Präsentation der Ergebnisse in der Fachöffentlichkeit beteiligt. Schließlich sind sie aber auch potentielle Nutznießerinnen bzw. Nutznießer der Forschung. Diese verschiedenen Rollen sind unter Umständen mit unterschiedlichen Interessen und Ansprüchen verknüpft, die nicht ohne Weiteres miteinander in Einklang zu bringen sind. Bis heute ist nicht geklärt, ob diese Gemengelage potentiell konkurrierender Interessen und deren Auswirkungen auf den Prozess der Forschung methodisch kontrollierbar ist (vgl. Reisel/Egloff/Hedderich 2016, 642 f.).

Gelegentlich wird die Forderung erhoben, Forschung müsste grundsätzlich partizipativ ausgerichtet sein. Da jedoch partizipative Forschung stark interessensgebunden ist, kann sie mit dem Prinzip der Freiheit der Forschung kollidieren. Das wäre beispielsweise dann der Fall, wenn bestimmte Fragestellungen durch die Beteiligten schlichtweg für irrelevant oder illegitim erklärt werden. Ohne Frage ist die Berücksichtigung der Betroffenenperspektive in einem Feld wie der Unterstützten Kommunikation von zentraler Bedeutung. Es muss aber berücksichtigt werden, dass auch Forschungsfragen, die aus einer nichtbetroffenen fachlichen Perspektive heraus formuliert werden, für diejenigen, die Gegenstand der Forschung sind, von Nutzen sein können.

3.3 Das Problem der Erkenntnis- und Verwertungsinteressen

Aus dem Vorangehenden ergibt sich die Notwendigkeit, Forschungsprojekte in Hinblick auf ethische Implikationen offener oder verdeckter Erkenntnis- und Verwertungsinteressen sowie impliziter Wertfragen zu reflektieren. In vielen pädagogischen, medizinischen und technischen Feldern sind diese Interessen mit Wertfragen verbunden. Tatsächlich kann Wissenschaft auch dort, wo sie sich dem Prinzip der Werturteilsfreiheit verpflichtet fühlt, der Reflexion von Wertfragen nicht aus dem Weg gehen. Hierbei lassen sich in Anschluss an Carrier (vgl. Carrier 2006, 161; 165 ff.) drei Typen von Werten unterscheiden:

a) Epistemische Werte, die für die Beurteilung der Qualität wissenschaftlicher Arbeiten herangezogen werden;
b) Moralische Werte, die auf Freiheits- und Schutzansprüche von Individuen bezogen werden und der Beurteilung der moralischen Legitimität von Erkenntnismitteln und technologiebedingter Risiken dienen;
c) Soziale Werte, die auf Mitwirkungs-, Teilhabe- und Schutzansprüche von gesellschaftlichen Gruppen bezogen sind.

Es ist eine maßgebliche ethische Frage jeder Forschung, ob und inwieweit die jeweiligen Erkenntnis- und Verwertungsinteressen mit den drei genannten Typen von Werten vereinbar sind oder nicht. Es ist aber auch zu reflektieren, ob und in welcher Hinsicht eigene Werthaltungen der Forscherinnen und Forscher zum Entdeckungszusammenhang einer Forschungsfrage gehören, die Deutung eines fachlich relevanten Problems beeinflussen und auf möglicherweise die Ergebnisse verzerrende Weise in das Untersuchungsdesign einfließen. Ein forschungsethisch sensibler Punkt kann sich im Zuge von Forschungsprozessen ergeben, wenn die Untersuchung zu Ergebnissen führt, die nicht mit den Erkenntnis- und Verwertungsinteressen der Forschenden bzw. der die Forschung finanzierenden Institutionen zusammenpasst.

Verkompliziert wird die Lage dadurch, dass solche Abwägungsfragen sowie die damit verbundene Frage nach dem jeweiligen Ziel und Zweck eines Forschungsvorhabens, den Erkenntnis- und Verwertungsinteressen usw. unweigerlich durch das jeweils zugrundeliegende Verständnis von Behinderung beeinflusst werden (mit Blick auf geistige Behinderung vgl. Carlson 2013). Die Forschung zu pädagogischen, medizinischen, psychologischen und anderen Aspekten von Behinderung zielt letztlich darauf ab, in der Gegenwart oder Zukunft nicht nur einen als Selbstzweck verstandenen Erkenntnisgewinn hervorzubringen, sondern irgendwie auch von praktischem Nutzen zu sein. Was aber als nützlich oder wünschenswert anzusehen ist, hängt im Feld der Unterstützung Kommunikation u. a. auch vom zugrundeliegenden Behinderungs- bzw. Beeinträchtigungsverständnis ab. Carlson (2013) zufolge lassen sich grob zwei konzeptionell gegenläufige Zielrichtungen von Forschung unterscheiden: Die Verbesserung und die Prävention oder Vermeidung. Die Verbesserung (»amelioration«) kann entweder auf eine Optimierung medizinisch-psychologischer Behandlungsformen, Förderprogramme oder Technologien oder auf die Optimierung sozialer und politischer Maßnahmen abzielen. Demgegenüber strebt die Prävention bzw. Vermeidung an, die Ursachen einer Behinderung zu erforschen und in der Folge dem Entstehen von Behinderungen vorzubeugen. Während die erste Zielrichtung eher an dem sozialen Modell von Behinderung orientiert ist, folgt die zweite eher dem individuellen bzw. medizinischen Modell. Die Beurteilung der Relevanz und des Nutzens von Forschungsergebnissen hängt maßgeblich davon ab, welchem Modell von Behinderung die Forschenden anhängen und welchem sie kritisch gegenüberstehen. Da diese Modelle auch werthaltige Ziele von Interventionsmaßnahmen implizieren, ist auch in dieser Hinsicht eine forschungsethische Reflexion notwendig.

4 Schlussbemerkung

Aufgrund der vorab skizzierten forschungsethischen Prinzipien und der dargestellten drei Problemfelder lässt sich eine Reihe von Fragen formulieren, an denen sich die forschungsethische Reflexion konkreter Projekte im Feld der Unterstützten Kommunikation orientieren sollte.

Die ethische Bewertung von Forschungsprojekten muss daher eine Reihe von Fragen berücksichtigen:

- Welche Folgen haben die Wahl der Forschungsmethode und das Untersuchungsdesign für die Probandinnen und Probanden?
- Wie kann ein möglichst umfänglicher Schutz der Probandinnen und Probanden sichergestellt werden? Ist die freiwillige und informierte Einwilligung gewährleistet?
- Warum wird zu einem Thema geforscht? Welche Ziele werden verfolgt, welche Verwertungsinteressen gibt es?
- Wie werden die Menschen mit Behinderung bzw. Beeinträchtigung in die Konzipierung und Durchführung der Forschung einbezogen?
- Welche Werte stehen im Hintergrund einer Forschungsfrage?
- Was sind die voraussichtlichen kurzfristigen und langfristigen, unmittelbaren und mittelbaren ›outcomes‹ der Forschung? Wie sind diese zu bewerten? Wem können sie nutzen, wem schaden? Wie wirken sie sich auf die Freiheits-, Mitwirkungs- und Teilhaberechte der Probandinnen und Probanden aus?
- Wer definiert und legt aus welcher Position und aufgrund welcher Befugnisse fest, was nützlich und wünschenswert ist? Welche normativen Urteile und Werte liegen einer Bestimmung des erwarteten Nutzens zugrunde?

Dieser Katalog von Fragen ist sicherlich unvollständig und daher als eine erste, entwicklungsoffene Annäherung zu verstehen. Zugleich verweist er auf eine Reihe von ethischen Tugenden, die für die Forschung generell bedeutsam sind. Hierzu gehört eine »epistemische Bescheidenheit« (vgl. Carlson 2013, 311), d. h. ein Bewusstsein für die prinzipiellen Grenzen unseres Wissens um den anderen Menschen. Hierzu gehört aber auch ein Bewusstsein dafür, dass Forschung mit einem hohen Maß an persönlicher Verantwortung für den anderen Menschen sowie einer politischen Verantwortung einhergeht. Beide Tugenden verweisen auf das zentrale forschungsethische Desiderat, die Integrität des anderen Menschen zu schützen, zu bewahren und ggf. wiederherzustellen.

Literatur

Ackermann, K.-E./Dederich, M. (Hrsg.) (2011): An Stelle des Anderen. Ein interdisziplinärer Diskurs über Stellvertretung und Behinderung. Athena: Oberhausen.

Beauchamps, T. L./Childress, J. F. (2008): Principles of Biomedical Ethics. 6. Aufl. Oxford University Press: Oxford.

Buchner, T./Koenig, O./Schuppener, S. (Hrsg.) (2016): Inklusive Forschung. Gemeinsam mit Menschen mit Lernschwierigkeiten forschen. Bad Heilbrunn: Klinkhardt.

Carlson, L. (2013): Research Ethics and Intellectual Disability: Broadening the Debates. In: Yale Journal of Biology and Medicine, 3, 303–314.

Coons, K./Watson, S. (2013): Conducting Research with Individuals Who Have Intellectual Disabilities: Ethical and Practical Implications for Qualitative Research. In: Journal on Developmental Disabilities, 2, 14–24.

Carrier, M. (2006): Wissenschaftstheorie zur Einführung. Junius: Hamburg.

Dederich, M. (2018): Vom Gegenstand zum Teilnehmer der Forschung. Ethische Überlegungen zur partizipativen Forschung. In: Behindertenpädagogik, 2, 147–164.

Fuchs, M./Heinemann, T./Heinrichs, B./Hübner, D./Kipper, J./Rottländer, K./Runkel, T./Spranger, T. M./Vermeulen, V./Völker-Albert, M. (2010): Forschungsethik. Eine Einführung. Metzler: Stuttgart.

Gethmann, K. F. (2004): Wissenschaftsethik. In: Mittelstraß, J. (Hrsg.): Enzyklopädie Philosophie und Wissenschaftstheorie. Metzler: Stuttgart, 724–726.

Höffe, O. (Hrsg.) (1992[4]): Lexikon der Ethik. Beck: München.

MacDonald, K. E./Kidney, C. A. (2012): What is Right? Ethics in Intellectual Disability Research. In: Journal of Policy and Practice in Intellectual Disabilities, 1, 27–39.

Reisel, M./Egloff, B./Hedderich, I. (2016): Partizipative Forschung. In: Hedderich, I./Biewer, G./Hollenweger, J./Markowetz, R. (Hrsg.): Handbuch Inklusion und Sonderpädagogik. Klinkhardt: Bad Heilbrunn.

Schnell, M. W./Heinritz, C. (2006): Forschungsethik. Ein Grundlagen- und Arbeitsbuch für die Gesundheits- und Pflegewissenschaft. Huber: Bern.

Besonderheiten der Effektivitätsforschung in der UK. Grundlagen des evidenz-basierten Ansatzes

Oliver Wendt & Ralf W. Schlosser

Kaum eine andere Bewegung hat die klinische Forschung und Praxis der Unterstützten Kommunikation (UK) in den letzten Jahrzehnten so maßgeblich beeinflusst wie die evidenzbasierte Praxis (EBP). Ähnlich wie in anderen Bereichen der Sonderpädagogik und Rehabilitationswissenschaft gibt es in der UK eine Vielzahl von Theorien, Lehrmeinungen und bisweilen pseudowissenschaftlichen Ansätzen, die sich allesamt eine Aussage zur Wirksamkeit von UK-Interventionen und -Fördermaßnahmen erlauben. Oftmals ist die Diskussion geprägt von Expertenmeinungen, intuitiven Beurteilungen und historischen Gewohnheiten, die einer langen Tradition entsprechen (»Das wurde in unserer Einrichtung schon immer so gemacht!«). Gegensätzliche Paradigmen und sich bekämpfende Vertreter bestimmter Richtungen treffen aufeinander (vgl. Walter 2002). In der UK-Praxis entsteht unter diesen Umständen schnell ein Klima der Verunsicherung, das in Orientierungslosigkeit gipfeln kann. Es besteht das Risiko, dass UK-Praktiker nicht wissen, wie sie handeln sollen und eher suboptimale Maßnahmen und Methoden ergreifen. Ein wesentliches Anliegen der EBP ist, solche Situationen zu entschärfen und dem UK-Praktiker konkrete Handlungsanweisungen zu geben, die auf soliden Forschungsergebnissen beruhen. Im anglo-amerikanischen Raum hat sich die EBP als Leitparadigma der Klienten- und Patientenversorgung in den Rehabilitations- und Gesundheitswissenschaften durchgesetzt (vgl. Speech-Language Hearing Association 2005; Schlosser 2006); in der deutschsprachigen UK-Literatur steht die Auseinandersetzung mit EBP noch am Anfang (vgl. Schlosser/Wendt 2008; Wendt 2013; Lüke/Vock 2019). Das folgende Kapitel betrachtet UK-Forschung unter dem Gesichtspunkt der EBP und geht dabei auf Forschungsaspekte ein, die für die Etablierung der EBP entscheidend sind.

1 Grundannahmen der evidenz-basierten Praxis

1.1 Historische Entstehung und Terminologie

Die EBP hat ihren Ursprung in der »Evidence-based Medicine«, die sich seit Mitte der neunziger Jahre in der Humanmedizin entfaltet (vgl. Sackett et al. 1997). Evidenz-basierte Medizin wird als »der gewissenhafte, ausdrückliche und vernünftige Gebrauch der gegenwärtig besten Evidenz für Entscheidungen in der medizinischen Versorgung individueller Patienten« definiert (Antes/Bassler/Forster 2003; Sackett et al. 1997). Im Laufe der Zeit folgten weitere Fachgebiete der EBP-Bewegung, wie z. B. die Erziehungswissenschaften, Psychologie und Gesundheitswissenschaften. In der anglo-amerikanischen UK-

Literatur wurden erste, grundlegende EBP-Konzepte durch die Arbeiten von Schlosser (2003), Schlosser/Rhagavendra (2004) sowie Schlosser/Wendt/Angermeier/Shetty (2005) vorgelegt. Dabei ist anzumerken, dass die exakte Übersetzung des Begriffs EBP ins Deutsche nicht unumstritten ist. Das englische Wort »Evidence« ist nicht gleichbedeutend mit dem deutschen Wort »Evidenz«. Aus diesem Grund veröffentlichte das Deutsche Ärzteblatt einen Beitrag, der die Unterschiede klarstellt:

> »›Evidence based Medicine‹ darf nicht einfach als ›Evidenz-basierte Medizin‹ übersetzt werden … Das könnte zur Verwirrung führen. Denn als ›evident‹ bezeichnet man im Deutschen das, was unmittelbar einleuchtet, also gerade keiner wissenschaftlichen Forschungen bedarf. … Das englische ›evidence‹ bedeutet Beweis oder Nachweis. ›Evidence based Medicine‹ ist also eine Patientenversorgung, die sich auf den jeweils besten wissenschaftlichen Nachweis stützt, möglichst auf Ergebnisse einwandfreier Studien« (Stein 1998, A-864).

Der deutsche Begriff hat sich in der Fachliteratur mittlerweile etabliert und soll an dieser Stelle beibehalten werden.

1.2 Definition und Prozess der evidenz-basierten Praxis in der Unterstützten Kommunikation

In der nordamerikanischen UK-Literatur wird EBP folgendermaßen definiert:

> »›Evidence-based Practice‹ ist die Integration der gegenwärtig besten Forschungsergebnisse mit den Vorstellungen und Perspektiven aller Betroffenen sowie klinisch-pädagogischer Erfahrung und Expertise, um Entscheidungen herbeizuführen, die als effektiv und effizient für einen direkt Betroffenen gelten« (Schlosser 2003, 256; Schlosser/Raghavendra 2004, 3).

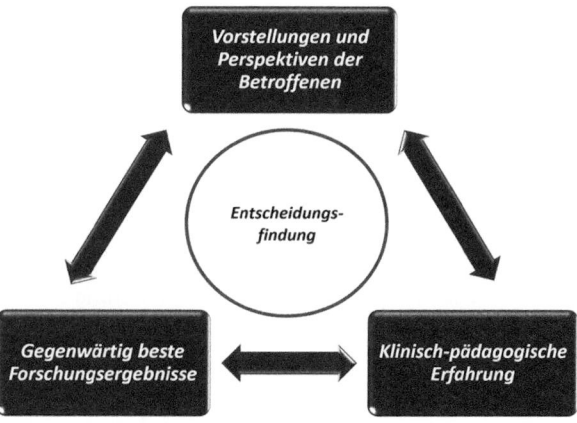

Abb. 1:
Die drei Grundelemente der evidenz-basierten Praxis

Abbildung 1 veranschaulicht, wie drei wesentliche Elemente bei der Entscheidungsfindung zusammengeführt werden: (1) *Gegenwärtig beste Forschungsergebnisse* bestehen aus aktuellen, verifizierten und replizierten Daten; diese stammen von Versuchsplänen, die hohe interne Validität besitzen und an der Spitze einer Evidenzhierarchie stehen (siehe unten). Auch externe und soziale Validität spielen bei der Bestimmung der Qualität der Studien eine Rolle (vgl. Schlosser 2003; Schlosser, 1999). (2) *Klinisch-pädagogische Erfahrung* bezieht sich auf die Erfahrungswerte und das Hintergrundwissen von Therapeuten und Pädagogen, die im Zuge ihrer beruflichen Laufbahn vielfältige Eindrücke, Erlebnisse und praktische Fertigkeiten gesammelt haben. Dieses Expertenwissen soll ebenfalls in die Entscheidungsfindung einfließen. (3) *Vorstellungen und Perspektiven der Betroffenen* umfassen die Präferenzen, Werte, Erwartungen und ggf. Unsicherheiten verschiedener Interessenten, die allesamt von einer UK-Intervention oder -Förderung betroffen sind. Dabei lassen sich direkte von indirekten Interessenten unterscheiden: Direkt Betroffene sind die UK-Nutzer, indirekt Betroffene können Familienmitglieder, Angehörige, Betreuungspersonal oder Freunde sein. Sobald diese Interessentengruppen eine Rolle in der UK-Förderung einnehmen, sollten Präferenzen und Meinungen für die Entscheidungsfindung ermittelt werden (vgl. Schlosser/Raghavendra 2004).

In der Praxis erfolgt die Implementierung der EBP in sieben Schritten (Schlosser/Raghavendra 2004; ▶ Abb. 2), die sich wie folgt zusammenfassen lassen:

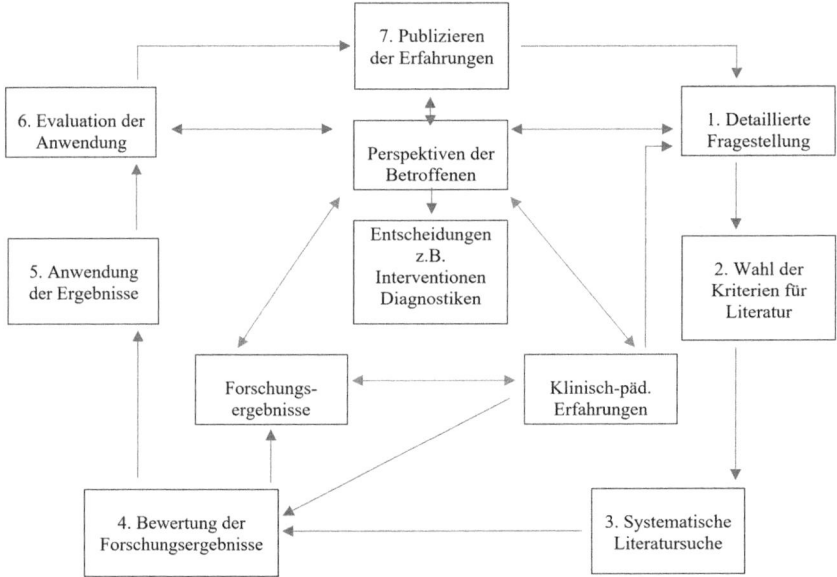

Abb. 2: Die sieben Schritte der EBP-Implementierung (vgl. Schlosser/Raghavendra 2004, 4)

1. Die Ausarbeitung einer gut formulierten Fragestellung.
2. Das Erstellen von Kriterien zur Auswahl der adäquaten Forschungsliteratur.
3. Die systematische Literatursuche nach diesen Kriterien.
4. Die Bewertung der aufgefundenen Forschungsergebnisse.
5. Die Anwendung der Ergebnisse auf den Einzelfall.
6. Die Evaluation dieser Anwendung.
7. Die Veröffentlichung der so gewonnenen Erfahrungen (z. B. in speziellen EBP-Fachzeitschriften, wie »Evidence-based Communication Assessment and Intervention«).

1.3 Besonderheiten der UK-Forschung gemäß den Prinzipien der EBP

Mit zunehmender Bedeutung der EBP verändern sich die Anforderungen an die Interventionsforschung in der UK. Im Mittelpunkt stehen nun experimentelle Studien, die einen Therapie-Effekt nachweisen können. Dabei bedienen sich UK-Effektivitätsstudien verschiedener Versuchspläne; diese unterscheiden sich in puncto interner und externer Validität, d. h. in der Eigenschaft, kausale Zusammenhänge dokumentieren und verallgemeinern zu können. Während des EBP-Prozesses müssen die Forschungsergebnisse und die zugrundeliegenden Versuchspläne auf ihre Qualität bewertet werden. Dieser Schritt ist wichtig, weil die auffindbaren Studien oftmals von unterschiedlicher wissenschaftlicher Güte sind. Die Bewertung der Qualität ist das zentrale Kriterium, wie viel Gewichtung ein Untersuchungsergebnis bekommt und ob die Studie überhaupt die Voraussetzungen erfüllt, eine Entscheidungshilfe für die UK-Praxis zu sein. Bei der Bewertung von Forschungsergebnissen helfen eine Evidenz-Hierarchie und ein Klassifikationssystem.

a) Eine Evidenz-Hierarchie für die Unterstützte Kommunikation

Für den Bereich der UK entwickelten Schlosser/Raghavendra (2004) eine Evidenz-Hierarchie, die es UK-Praktikern erlaubt, die verschiedenen Studiendesigns in ihrer Qualität und Aussagekraft zu bewerten (▶ Tab. 1).

Tab. 1: Vereinfachte Darstellung einer Evidenz-Hierarchie für die Unterstützte Kommunikation (vgl. Schlosser/Raghavendra 2004)

Stufe	Versuchsplan/Studiendesign		
1	Metaanalyse von kontrollierten Einzelfallstudien oder (quasi-experimentellen) Gruppenstudien		
2	Quasi-experimentelle Gruppenstudie	Kontrollierte Einzelfallstudie mit einer Intervention	Kontrollierte Einzelfallstudie mit mehreren Interventionen
3	Quantitative Literaturreviews ohne metaanalytischen Anteil		
4	Narrative Literaturreviews		
5	Prä-experimentelle Gruppen- oder Einzelfallstudien; Qualitative Fallstudien		
6	Expertenmeinung; Anekdoten		

In dieser Evidenz-Hierarchie werden die verschiedenen Designs nach ihrer Fähigkeit geordnet, Störvariablen für interne Validität kontrollieren und Kausalzusammenhänge herstellen zu können. Traditionell gilt die randomisierte Kontrollstudie als Goldstandard für die experimentelle Demonstration eines kausalen Zusammenhanges zwischen einer Intervention und eines Zielverhaltens (vgl. Schlosser 2003). Allerdings existieren für den UK-Bereich kaum randomisierte Kontrollstudien, denn diese sind aufgrund der Heterogenität der UK-Nutzer und der kleinen Fallzahlen kaum möglich. Deshalb stehen die quasi-experimentelle (nicht-randomisierte) Gruppenstudie und insbesondere die kontrollierte Einzelfallstudie im Mittelpunkt (siehe auch Wendt/Schlosser in diesem Band). Diese Versuchspläne bilden Stufe 2 der Evidenz-Hierarchie. An erster Stufe stehen Metaanalysen von quasi-experimentellen Gruppenstudien und kontrollierten Einzelfallstudien. Die

Metaanalyse ist eine quantitative Synthese von einzelnen Studien mit dem Ziel, die Einzelergebnisse zusammenzufassen und validere Aussagen über die Wirksamkeit einer Intervention zu treffen (vgl. Walter 2002). Metaanalysen sind für die EBP von besonderer Bedeutung, denn sie gelten als »vorgefilterte Evidenz«, d. h. eine Gruppe von Experten (das Forscherteam) hat bereits qualitativ hochwertige Studien gesichtet und bewertend zu einem Gesamtergebnis zusammengeführt (vgl. Guyatt/Rennie 2002).

Stufen 1 und 2 der Evidenz-Hierarchie sind am besten geeignet, um Entscheidungshilfen für die EBP zu bieten; bei niedrigeren Evidenzstufen sind die Versuchspläne anfälliger für Störvariablen, und es besteht weniger Transparenz bei der Überprüfung von Wirksamkeit (vgl. Schlosser 2003). Dies bedeutet allerdings nicht, dass diese Designs pauschal wenig Wert besitzen; z. B. können prä-experimentelle und qualitative Fallstudien eine wichtige Rolle spielen bei der Generation von Hypothesen und ersten Pilotdaten.

b) Ein Klassifikationssystem für Effektivitätsstudien

Um die Qualität einer UK-Effektivitätsstudie abschließend zu bewerten, empfiehlt sich der Einsatz eines Klassifikationssystems. Ein Instrument, das von UK-Praktikern eingesetzt werden kann, ist das »Certainty of Evidence«-Schema von Simeonsson/Bailey (1991). Die »Certainty of Evidence« wird bestimmt, indem der UK-Praktiker die folgenden drei Merkmale einer Effektivitätsstudie überprüft:

1. Versuchsplan,
2. Förderungsintegrität,
3. Reliabilität.

1.3.1 Versuchsplan

Je nachdem, welcher Versuchsplan die Basis einer Interventionsstudie bildet, können Aussagen über den kausalen Zusammenhang zwischen einer Intervention und deren Einwirkung auf ein Zielverhalten getroffen werden. Je weiter oben ein Versuchsplan in der UK-Evidenz-Hierarchie rangiert, desto zuverlässiger ist der ermittelte Kausalzusammenhang. Höher platzierte Versuchspläne werden stärker gewichtet als niedrige. Das Ranking einer Interventionsstudie in einer solchen hierarchischen Anordnung stellt allerdings nicht sicher, dass der Versuchsplan auch korrekt umgesetzt und Störvariablen kontrolliert worden sind – dies ist eine Grundvoraussetzung, wenn die getroffenen Kausalaussagen bewertet werden sollen (vgl. Schlosser 2002). Deshalb wird neben dem Versuchsplan auch dessen Durchführungsqualität geprüft.

1.3.2 Förderungsintegrität

Damit UK-Praktiker eine Fördermaßnahme in der Praxis einsetzen können, muss die Vorgehensweise in der betreffenden Studie ausreichend detailliert beschrieben sein. Nur dann ist eine Replikation in der Praxis möglich. Außerdem gilt für qualitativ hochwertige Studien, dass konkrete Daten vorliegen, inwieweit eine korrekte Durchführung der Fördermaßnahme tatsächlich erfolgt ist. Die anglo-amerikanische Literatur beschreibt diese Qualität der Durchführung mit dem Begriff »*treatment integrity*«, in der deutschen Übersetzung als Förderungsintegrität bekannt. Diese beschreibt den Grad der korrekten Implementierung einer Förderung im Einklang mit ursprünglichen Anweisungen oder Protokollen (vgl. Schlosser 2002; Schlosser/Wendt 2008).

Gute Effektivitätsstudien dokumentieren Förderungsintegrität, indem ein zweiter, aber unabhängiger Beobachter die Versuchsdurchführung daraufhin überprüft, ob alle Schritte der Förderung den Anweisungen entsprechend durchgeführt wurden. Es wird ein Prozentsatz der korrekt ausgeführten methodischen Schritte bestimmt und in der Veröffentlichung festgehalten. Effektivitätsstudien werden bei der Qualitätseinschätzung schlechter bewertet, wenn keine Daten zur Förderungsintegrität vorliegen, denn in diesem Fall lässt sich nicht sagen, ob der Versuchsleiter die Förderung ordentlich durchgeführt hat. Selbst bei positiven Endresultaten bestehen dann Zweifel, ob Aussagen über einen Kausalzusammenhang möglich sind.

Ebenso kann es sein, dass Daten zur Förderungsintegrität vorliegen, der Prozentsatz korrekt durchgeführter Förderschritte aber geringfügig ausfällt. Auch in diesem Szenario lässt sich nicht sagen, dass die Fördermaßnahme die jeweiligen Auswirkungen hervorgerufen hat.

Im Allgemeinen sollte der Prozentsatz nicht unter 80 % fallen. Hohe Förderintegrität kann erreicht werden, wenn die Schritte einer Förderung detailliert beschrieben und hoch strukturiert vorgelegt werden (z. B. durch ein Protokoll).

1.3.3 Reliabilität

Ein wichtiger Bestandteil einer jeden Effektivitätsstudie sind Daten zur Beurteilung der Reliabilität oder Zuverlässigkeit der Messung der abhängigen Variablen. Bei der Messung werden die Auswirkungen einer Intervention oder Förderung auf das Zielverhalten in quantitativen Einheiten erfasst. Die generelle Methode, um die Reliabilität der Beobachtung bzw. Messung zu bestimmen, ist der Vergleich der Beobachtungen oder Messwerte zwischen zwei unabhängig voneinander agierenden Beobachtern. Wiederum wird ein Prozentsatz bestimmt, der sich aus der Übereinstimmung der Beobachter (engl. *inter-observer agreement*) ergibt. Dieser Prozentsatz sollte über 80 % liegen; welcher Prozentsatz als akzeptabel gilt, kann den Schwierigkeiten der Verhaltensbeobachtungen angepasst werden.

Gibt es in einer Effektivitätsstudie keine Dokumentation der Reliabilität oder fällt der Prozentsatz niedrig aus, muss die Zuverlässigkeit der Datenerhebung und die Korrektheit der Resultate angezweifelt werden. Wiederum wird in solch einem Fall die Qualität der Studie herabgestuft.

1.3.4 Klassifikation für die Bewertung von Effektivitätsstudien

Nach dem Klassifikationsschema der Gewissheit der Evidenz (»Certainty of Evidence«) werden Effektivitätsstudien nach den o. g. drei Kriterien (Versuchsplan, Forschungsintegrität und Reliabilität) evaluiert. Je nachdem, wie die Kriterien erfüllt wurden, lassen sich die Forschungsergebnisse bezüglich ihrer Güte in vier Stufen einteilen:

a) nicht schlüssig (›inconclusive‹): die vorliegenden Ergebnisse sind nicht plausibel; es gibt fatale Fehler in der Untersuchung, und damit ist es nicht möglich, die Ergebnisse als Resultat der unabhängigen Variablen zu sehen (es bestehen fatale Fehler im Versuchsplan unabhängig von der Dokumentation der Förderungsintegrität und Reliabilität);

b) wenig schlüssig (›suggestive‹): die vorliegenden Ergebnisse sind plausibel, und es ist durchaus möglich, dass sie in dieser Form auftreten (es bestehen geringere Fehler im Versuchsplan mit unangemessener Förderungsintegrität und/oder Reliabilität; oder es handelt sich um einen adäquaten Versuchsplan mit geringer Förderungsintegrität und/oder Reliabilität);

c) überwiegend schlüssig (›preponderant‹): die vorliegenden Ergebnisse liegen nicht nur im Bereich des Möglichen, sondern sind sehr wahrscheinlich in dieser Form zu erwarten (es bestehen nur geringere Fehler im Versuchsplan und Förderungsintegrität und Reliabilität sind angemessen);

d) schlüssig (›conclusive‹): die vorliegenden Ergebnisse sind das Resultat eines guten Versuchsplans mit angemessener Förderungsintegrität und Reliabilität.

Diese Einteilung erlaubt dem UK-Praktiker eine differenzierte Bewertung und Gewichtung der Forschungsergebnisse aus den einzelnen Effektivitätsstudien. Im Sinne der EBP werden diejenigen Studien zur Entscheidungsfindung herangezogen, die die beste Güte (»highest certainty of evidence«) aufweisen. Studien, die als »nicht schlüssig – inconclusive« gelten, sind nicht geeignet, die UK-Praxis zu informieren und bleiben unberücksichtigt. Sie können jedoch Forschungslücken und -grenzen aufzeigen, die dann zum Gegenstand zukünftiger Forschungsbemühungen werden (vgl. Wendt 2009).

2 Zusammenfassung und Ausblick

Innerhalb der internationalen UK-Forschung hat sich die EBP etabliert, im deutschsprachigen Raum ist EBP noch ein relativ neuer Ansatz. Um EBP in der UK-Förderung einzusetzen, sollte der UK-Praktiker die drei Elemente *gegenwärtig beste Forschungsergebnisse*, *klinisch-pädagogische Erfahrung* und *Vorstellungen und Perspektiven der Betroffenen* in die Entscheidungsfindung einfließen lassen. Dabei benötigt der UK-Praktiker einen Zugang zur Forschungsliteratur der verschiedenen UK-Interventionen und -Fördermaßnahmen. Sobald relevante Effektivitätsstudien vorliegen, müssen deren Forschungsergebnisse in Bezug auf ihre Gütequalität evaluiert werden. Das »Certainty of Evidence«-Klassifikationssystem hilft, die qualitativ hochwertigen Studien zu identifizieren und stärker zu gewichten. Studien, die fatale Fehler in der Versuchsanordnung aufweisen, werden aussortiert und nicht als Entscheidungshilfe genutzt.

Da es sich bei der EBP um eine neuere Bewegung handelt, ist es verständlich, dass bisher nicht für alle UK-Interventionen evaluierte Forschungsergebnisse vorhanden sind, die den EBP-Kriterien genügen. Intensivere Forschungsbemühungen sind wünschenswert und oft dringend notwendig. Gleichzeitig müssen UK-Praktiker bereits jetzt rationale Entscheidungen über Förderungen treffen, ohne dass für den Einzelfall bereits Erkenntnisse auf der höchsten Bewertungsstufe vorliegen. In diesen Situationen muss sich der UK-Praktiker mehr auf klinisch-pädagogische Erfahrungen verlassen und unter den gegebenen Praxisbedingungen selbst Daten sammeln. Des Weiteren gilt zu beachten, dass der EBP die zum gegebenen Zeitpunkt beste und aktuellste Evidenzlage genügt. ›Best Evidence‹ ist nicht als ein absolutes Kriterium zu verstehen. Neben intensiver Effektivitätsforschung im UK-Bereich wäre es förderlich, wenn die bereits verfügbaren Studien im internationalen und deutschsprachigen Bereich evaluiert würden. Damit könnte für den UK-Praktiker ein besserer Zugang zum aktuellen Forschungsfeld entstehen.

Literatur

American Speech-Language-Hearing Association (2005): Evidence-based practice in communication disorders [Position Statement]. https://www.asha.org/policy/PS2005-00221/.

Antes, G./Bassler, D./Forster, J. (2003): Evidenz-basierte Medizin. Praxis-Handbuch für Verständnis und Anwendung der EBM. Thieme: Stuttgart.

Guyatt, G./Rennie, D. (Hrsg.) (2002): Users' guides to the medical literature: A manual for evidence-based clinical practice. AMA Press: New York, NY.

Lüke, C./Vock, S. (2019): Unterstützte Kommunikation bei Kindern und Erwachsenen. Springer: Berlin.

Sackett, D. L./Richardson, W. S./Rosenberg, W./Haynes, R. B. (1997): Evidence-based medicine. Churchill Livingstone; New York.

Schlosser, R. W. (1999): Social validation of interventions in augmentative and alternative communication. In: Augmentative and Alternative Communication, 15, 234–247.

Schlosser, R. W. (2002): On the importance of being earnest about treatment integrity. In: Augmentative and Alternative Communication, 18, 36–44.

Schlosser, R. W. (2003): The efficacy of augmentative and alternative communication: Toward evidence-based practice. Academic Press: San Diego, CA.

Schlosser, R. W. (2006): The role of systematic reviews in evidence-based practice, research, and development. Focus: Technical Brief, 15, 1–4. https://ktdrr.org/ktlibrary/articles_pubs/ncddrwork/focus/focus15/Focus15.pdf

Schlosser, R. W./Raghavendra, P. (2004): Evidence-based practice in augmentative and alternative communication. In: Augmentative and Alternative Communication, 20, 1–21.

Schlosser, R. W./Wendt, O. (2008): Evidence-based Practice in der Unterstützten Kommunikation bei Menschen mit geistiger Behinderung. In: Nußbeck, S./Biermann, A./Adam, H. (Hrsg.): Sonderpädagogik der Geistigen Entwicklung (Handbuch der Sonderpädagogik, Band 4). Hogrefe: Göttingen, 665–682.

Schlosser, R. W./Wendt, O./Angermeier, K. L/Shetty, M. (2005): Searching for evidence in augmentative and alternative communication: Navigating a scattered literature. In: Augmentative and Alternative Communication, 21, 233–255.

Simeonsson, R./Bailey, D. (1991): Evaluating programme impact: Levels of certainty. In: D. Mitchell/R. Brown (Eds.): Early intervention studies for young children with special needs. Chapman and Hall: London, 280–296.

Stein, R. (1998): »Evidence« ist nicht »Evidenz.« In: Deutsches Ärzteblatt, 95, Ausgabe 15, 10.04.1998, A-864.

Walter, J. (2002): »Einer flog übers Kuckucksnest« oder welche Interventionsformen erbringen im sonderpädagogischen Feld welche Effekte? Ergebnisse ausgewählter US-amerikanischer Meta- und Megaanalysen. In: Zeitschrift für Heilpädagogik, 53, 442–450.

Wendt, O. (2009): Research on the use of graphic symbols and manual signs. In: Mirenda, P./Iacono, T. (Eds.): Autism Spectrum Disorders and AAC. Brookes: Baltimore, 83–139.

Wendt, O. (2013): Evidenz-Gewinnung und Evidenzbasierte Praxis in der Unterstützten Kommunikation. Vortrag beim 6. Symposium der Bundesarbeitsgemeinschaft Beratungsstellen für Kommunikationshilfe e.V., Frankfurt/M. https://www.dvfr.de/fileadmin/user_upload/DVfR/Downloads/Veranstaltungen/131129_UK_symp/Evidenzbasierte_Praxis_in_der_UK__Prof._Dr._Oliver_Wendt.pdf [25.05.2019].

Kontrollierte Einzelfallforschung

Oliver Wendt & Ralf W. Schlosser

Ein wesentliches Anliegen der Forschung in der Unterstützten Kommunikation (UK) besteht darin, die Wirksamkeit und gegebenenfalls die Effizienz von UK-Interventionen zu ermitteln und zu dokumentieren (vgl. Schlosser 2003). Da es bei der Zielgruppe der UK schwierig ist, größere Gruppen von Versuchspersonen zu identifizieren, die ähnliche Eigenschaften und Probleme aufweisen, finden empirische Evaluationen von Interventionen häufig als kontrollierte Einzelfallexperimente statt. In der internationalen UK-Forschung ist dieser Ansatz unter dem Begriff »Single-case Experimental Design« geläufig. Die Mehrheit der UK-Evaluationsstudien im internationalen Raum bedient sich des kontrollierten Einzelfall-Experiments (vgl. Schlosser 2009). In der deutschsprachigen UK-Forschung ist diese Methodologie noch unterrepräsentiert, allerdings sind gelegentlich erste Studien zu finden (z. B. Seidler/Nobis-Bosch/Schultz/Huber 2011; Sperber 2015). Das folgende Kapitel beschreibt die wesentlichen Merkmale der Kontrollierten Einzelfallforschung und stellt ihre wichtigsten Varianten vor.

1 Grundannahmen der Kontrollierten Einzelfallforschung

Versuchsanordnungen der Kontrollierten Einzelfallforschung beruhen auf der Methode des Experiments. In den Verhaltenswissenschaften ist das Experiment die einzige Methode, die es ermöglicht, den direkten Einfluss einer Intervention (oder unabhängigen Variablen) auf eine Änderung im Zielverhalten (oder abhängige Variable) nachzuweisen. Um solch einen Wirkungszusammenhang zu dokumentieren, wird in einem Experiment die unabhängige Variable systematisch verändert (vgl. Julius/Schlosser/Goetze 2000). Wenn die abhängige Variable nun mit Veränderung reagiert, kann man von einem kausalen Zusammenhang sprechen.

Im Gegensatz zu Gruppenstudien mit Experimental- und Kontrollgruppen erfolgt die experimentelle Kontrolle in der Einzelfallstudie durch wiederholte, zuverlässige Verhaltensmessungen bei einer oder einigen wenigen Probanden, die sowohl als Versuchs- und auch als Kontroll-Personen agieren. Anstelle eines Vergleichs der Mittelwerte, wie in Gruppenstudien üblich, werden die Verhaltensmuster der Versuchspersonen unter unterschiedlichen Bedingungen verglichen; diese Bedingungen variieren mit der Präsenz oder Nichtpräsenz der unabhängigen Variable. Im Allgemeinen werden die Verhaltensweisen der Versuchsperson vor, während und nach einer Intervention erfasst, um die Phasen miteinander zu vergleichen und Variationen im Zielverhalten zu dokumentieren (vgl. Mühl 2008).

Diese Dokumentation erfolgt durch direkte Verhaltensbeobachtungen und -messungen. Interne Validität wird erzeugt, indem potentielle Störvariablen minimiert und fortlaufend kontrolliert werden. Die Reliabilität der Verhaltensmessungen wird regelmäßig überprüft, indem zwei unabhängige Beobachter die Beobachtungsergebnisse auf Abweichungen voneinander untersuchen. Dabei sollte eine Übereinstimmung von mindestens 80 % erzielt werden. Externe Validität lässt sich herstellen, indem Interventionseffekte innerhalb einer Einzelfallstudie mit verschiedenen Versuchspersonen repliziert werden und die Studie als solche mit weiteren Probanden wiederholt wird. Dabei können im Rahmen einer systematischen Replikation weitere Varianten der unabhängigen und abhängigen Variablen geprüft werden (vgl. Julius/Schlosser/Goetze 2000).

Das Endziel der kontrollierten Einzelfallstudie ist die Schlussfolgerung bestimmter Regelmäßigkeiten, z. B. »Wenn ich eine bestimmte UK-Intervention mit meinem Klienten durchführe, werden mit hoher Wahrscheinlichkeit bestimmte Resultate eintreten«. Aufgrund der Möglichkeit, die Wirksamkeit von Interventionen und Fördermaßnahmen nachweisen zu können, besitzt die kontrollierte Einzelfallstudie einen hohen Stellenwert bei der Implementierung der evidenz-basierten Praxis (vgl. Horner et al. 2005; siehe auch Wendt/Schlosser in diesem Band).

2 Versuchspläne der Kontrollierten Einzelfallforschung

Es existieren verschiedene Möglichkeiten, einen Versuchsplan (Design) für eine kontrollierte Einzelfallstudie anzulegen. Grundsätzlich wird versucht, durch die Design-Strategie den unterschiedlichen Praxisbedingungen gerecht zu werden und höchstmögliche Validität herzustellen. Ein Vorteil ist die Flexibilität der Designs: Diese können je nach den Erfordernissen der Praxis modifiziert werden (Jain/Spiess 2012). Die grundlegenden Versuchspläne werden in den folgenden Abschnitten kurz dargestellt. Eine ausführliche Diskussion der verschiedenen Varianten findet sich bei Schlosser (2003).

2.1 A-B-Versuchsplan (Teaching Design)

Das einfachste Design für eine Einzelfallstudie ist die Anordnung einer Grundrate (A), in der das Zielverhalten vor der Intervention erfasst wird, gefolgt von einer Interventionsrate (B), die die Veränderungen während der Förderung aufzeigt (▶ Abb. 1). Der Erfolg der Intervention lässt sich aus der Veränderung der Datenpunkte zwischen den Phasen ablesen, diese sollten im Niveau und im Trend verschieden sein.

Ein erhebliches Risiko des A-B-Versuchsplans ist die Anfälligkeit für Störvariablen, die die interne und externe Validität dieser Versuchsanordnung gefährden. Selbst wenn eine Veränderung der Datenpunkte von der Grund- zur Interventionsrate deutlich erkennbar ist, bleibt das Risiko, dass diese Veränderung durch Störvariablen erzeugt wurde. Das A-B-Design ist deshalb ein pre-experimenteller Versuchsplan (Jain/Spiess 2012). Ein gutes Beispiel für ein A-B-Design in der deutschsprachigen UK-Forschung ist die Studie von Sperber (2015) über den Erwerb von Kombinationen grafischer Zeichen auf einer Kommunikationshilfe mit Augensteuerung.

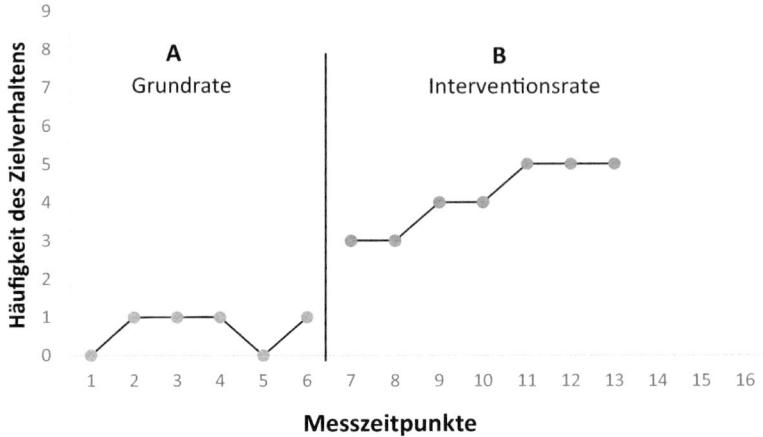

Abb. 1: Beispiel für ein A-B Design

2.2 A-B-A-B- oder Umkehr-Versuchsplan (Withdrawal Design)

Bei dem A-B-A-B-Design handelt es sich um eine Erweiterung des A-B-Schemas, so dass eine verlässliche Demonstration eines Kausalzusammenhangs zwischen unabhängiger und abhängiger Variable erfolgen kann. In der ersten Phase (A) wird zunächst wieder die Grundrate ermittelt. In der zweiten Phase (B) wird die Intervention eingeführt. In der dritten Phase wird die Intervention zurückgezogen, es erfolgt eine »Umkehr« zur Grundrate (A). Schließlich endet das Design in einer zweiten Interventionsphase (B), um eine ausreichende Kontrolle über die Wirksamkeit der Intervention zu dokumentieren (▶ Abb. 2). Im Gegensatz zum einfacheren A-B-A-Versuchsplan, endet der A-B-A-B-Versuchsplan nicht auf einer Grundrate, was aus ethischen Gründen ein Vorteil sein kann. Dieser Versuchsplan ist die einfachste Anordnung, um eine funktionale Beziehung zwischen abhängiger und unabhängiger Variable aufzuzeigen (Mühl 2008). Der Effekt der unabhängigen Variable wird dreimal demonstriert: Beim Übergang von der ersten Grundrate (A) zur Interventionsrate (B), bei der Umkehr von (B) zurück nach (A) und beim Abschluss mit der wiederholten Einführung von (B). Das Umkehr-Design steht damit im Einklang mit wesentlichen Kriterien der Experimentalforschung wie Replizierbarkeit, systematische Variation und der Versuchsperson als ihr eigener Kontrollmechanismus (vgl. Mühl 2008). Vaughn/Horner (1995) verwendeten ein Umkehrdesign, um die Wirksamkeit zweier Instruktionsvarianten zu ermitteln (grafische Zeichen mit verbalem Modell versus Lautsprache).

2.3 Multipler Grundraten-Versuchsplan (Multiple Baseline Design)

Der Multiple Grundraten-Versuchsplan (MGV) stellt eine zeitlich versetzte Kombination von mehreren A-B-Designs dar. Es gibt drei verschiedene Möglichkeiten, den Interventionseffekt von (A) nach (B) zu replizieren: (1) für mehrere, unabhängige Zielverhaltensweisen innerhalb einer einzelnen Versuchsperson, (2) für mehrere unabhängige Kontexte oder Umgebungen einer einzelnen Versuchsperson oder

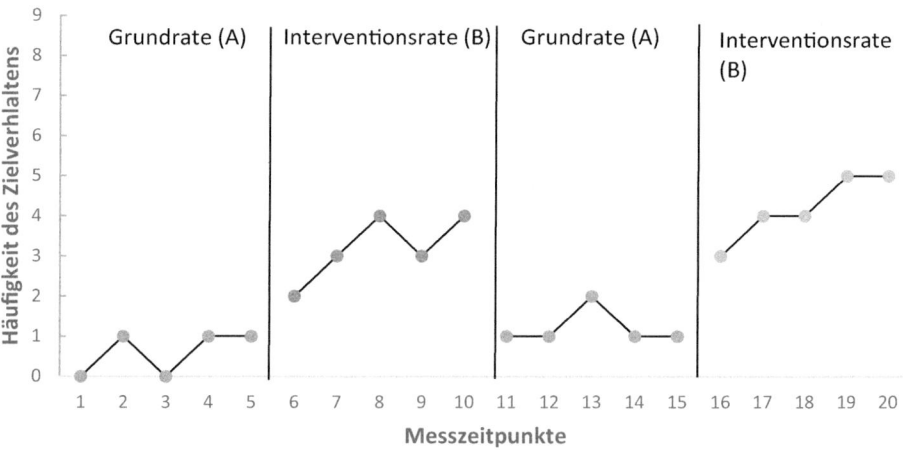

Abb. 2: Beispiel für ein A-B-A-B- oder Umkehr-Design

(3) für mehrere Versuchspersonen, bei denen das gleiche Zielverhalten unter vergleichbaren Bedingungen verändert wird. Wiederum sollten mindestens drei solcher Replikationen erfolgen, um einen Wirksamkeitszusammenhang überzeugend darzustellen (vgl. Horner et al. 2005).

Der MGV verläuft wie folgt (▶ Abb. 3): Eine Grundrate wird erhoben, gefolgt von einer Interventionsrate wie im A-B-Design üblich. Zeitgleich starten Grundraten für die Replikation über eine weitere Versuchsperson, Verhaltensweise oder Umgebung. Diese weiteren Grundraten werden zeitlich hinausgezögert, so dass die zweite Grundrate den Übergang zur Intervention im ersten Fall kontrolliert, und die dritte Grundrate die Kontrolle zum Interventionsbeginn im zweiten Fall bietet. Jedes Mal, wenn im ersten oder zweiten Versuchsabschnitt ein Phasenwechsel stattfindet, gibt es eine zeitgleiche Grundrate in der Replikation, die der experimentellen Kontrolle dient. Am Ende eines jeden Versuchsabschnitts kann eine kurze Erhaltungsrate die Dauerhaftigkeit der Intervention dokumentieren.

Eine wichtige Grundannahme des MGV ist die Unabhängigkeit der verschiedenen Personen, Verhaltensweisen oder Umgebungen, die zur Replikation ausgewählt werden. Die arrangierten Zustände sind unabhängig voneinander, wenn sich der Effekt der Intervention immer nur beim Phasenwechsel von A nach B einstellt und nicht auf andere Grundraten einwirkt. Sobald eine Intervention auch die zeitgleich stattfindenden Grundraten in den weiteren Replikationen beeinflusst, wäre das Unabhängigkeitstheorem nicht mehr erfüllt (vgl. Julius/Schlosser/Goetze 2000). Ein Bespiel für einen MGV mit Replikation über verschiedene Verhaltensweisen ist die Untersuchung von Angelo/Goldstein (1990), in der die Effekte einer Intervention für Sprachpragmatik für drei verschiedene Arten des Nachfragens dokumentiert wurden.

2.4 Alternierender Versuchsplan (Alternating Treatments Design)

Es gibt UK-Forschungsfragen, bei denen es zu untersuchen gilt, welche von zwei oder mehreren Interventionen die stärkere oder schnellere Wirksamkeit aufweist; es handelt sich dann um eine Vergleichsstudie (»comparative efficacy« design). In der Einzelfallforschung

G Forschungsmethoden in der UK

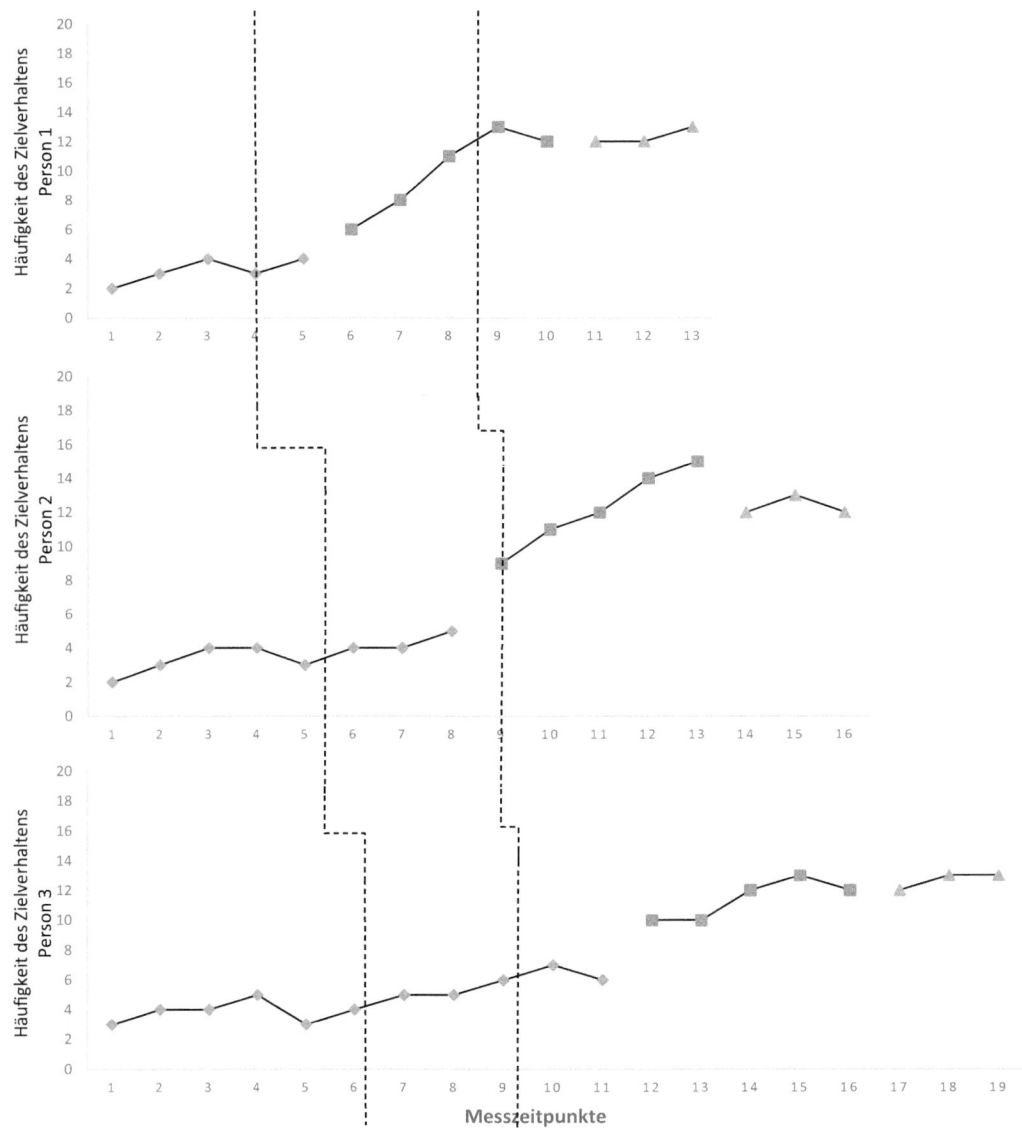

Abb. 3: Beispiel für einen Multiplen-Grundraten-Versuchsplan

wird nun der Alternierende Versuchsplan verwendet. Dieser kann mit einer Grundrate des Zielverhaltens starten. Anschließend werden zwei oder mehrere Interventionen in stetigem Wechsel eingesetzt (▶ Abb. 4). Daraus ergeben sich getrennte Datenreihen, die miteinander verglichen werden können. Wenn die Datenreihen klar erkennbar voneinander abweichen, lässt sich daraus ableiten, welche der Interventionen den stärkeren oder schnelleren Effekt erzeugt (vgl. Schlosser/Goetze/Julius 1997; Schlosser 1999). Häufig endet der Alternierende Versuchsplan mit einer kurzen Phase, in der die effektivere Intervention fortgesetzt wird, um zu zeigen, dass ihre Wirksamkeit bestehen bleibt, wenn die Vergleichsintervention fehlt. Boesch et al. (2013) nutzten eine solche Versuchsanordnung kombiniert mit einem MGV für einen direkten Vergleich der Effekte des Picture Exchange Communication Systems und einer elektronischen Kommunikationshilfe.

Bei der Durchführung dieses Designs ist zu beachten, dass die Reihenfolge der Interventionen randomisiert wird, so dass es nicht zu vorhersehbaren und regelmäßigen Wechseln kommt. Dadurch bleiben mögliche Störeinflüsse konstant oder verteilen sich zumindest zufällig über den Beobachtungszeitraum. Beide Interventionen sollten zudem in gleicher Häufigkeit durchgeführt werden, damit beide in gleichem Maße geprüft werden können und eine Beeinflussung der Versuchsperson ausgeschlossen ist.

Eine Erweiterung dieses Designs ist der Adaptierte Alternierende Versuchsplan (»Adapted Alternating Treatments Design«, vgl. Schlosser/Goetze/Julius 1997), der eingesetzt wird, wenn die Wirkung von zwei verschiedenen Interventionen (oftmals Instruktionen) auf zugeordnete Aufgaben oder Fertigkeiten ermittelt werden soll. Unterschiede in der Wirksamkeit der verschiedenen Interventionen werden durch die Schnelligkeit (Effizienz) beschrieben, mit der die effizientere Intervention eher zum Zielkriterium führt als die Vergleichsintervention. Der Adaptierte Alternierende Versuchsplan wurde z. B. bei der Untersuchung von Schlosser et al. (1998) eingesetzt, um die Effektivität drei verschiedener Rechtschreibinterventionen für einen UK-Nutzer zu vergleichen.

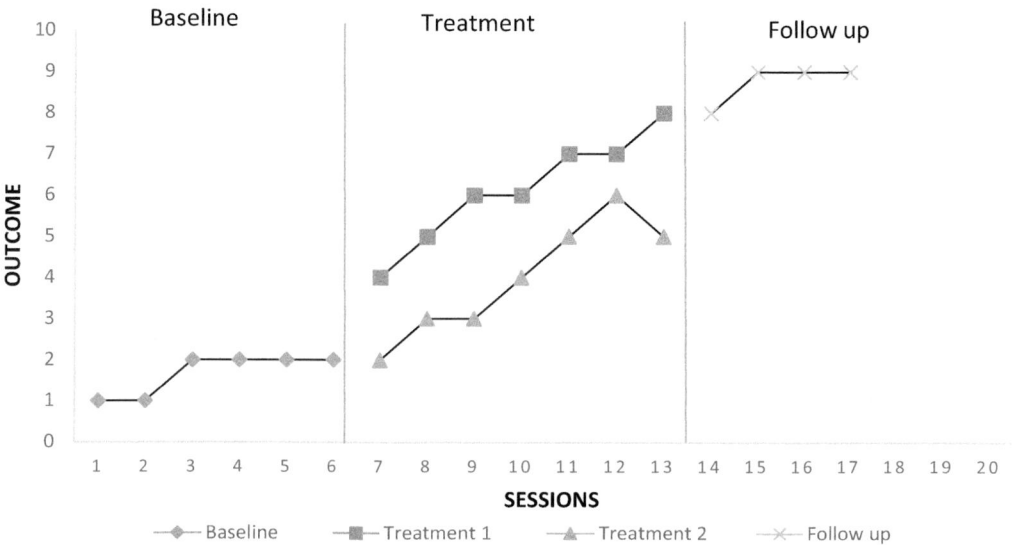

Abb. 4: Beispiel für einen Alternierenden Versuchsplan

3 Datenanalyse und -interpretation

Das Standardverfahren für die Auswertung und Interpretation der Daten einer kontrollierten Einzelfallstudie ist die visuelle Inspektion, die sich direkt an der grafischen Darstellung der gesammelten Datenreihe orientiert. Effektstärkenmaße helfen, den Interventionseffekt zu quantifizieren.

3.1 Visuelle Inspektion

Die Datenpunkte einer kontrollierten Einzelfallstudie werden im Allgemeinen als Liniendiagramm dargestellt (▶ Abbildungen 1-4). Dabei werden die Beobachtungszeitpunkte auf der x-Achse und die entsprechenden Werte der abhängigen Variablen auf der y-Achse notiert. Grund- und Interventionsrate werden durch eine durchgezogene Linie getrennt; innerhalb jeder Phase werden Datenpunkte, die direkt aufeinander ohne Unterbrechung folgen, mit einer Linie verbunden. Zwischen den Phasen bleibt diese verbindende Linie aus. Die visuelle Inspektion untersucht nun die Datenmuster sowohl innerhalb einer jeden Phase als auch von einer Phase zur nächsten, um mögliche Interventionseffekte zu ermitteln. Der Vorteil der Methode ist der direkt erkennbare Effekt, d. h. dass deutliche Unterschiede zwischen Grund- und Interventionsrate mit dem Auge zu erkennen sind (Kazdin 2011). Der Nachteil besteht in der mangelhaften Zuverlässigkeit; das visuelle Vorgehen ist für Interpretationsfehler und subjektive Eindrücke der Beobachter anfällig. Die Fehlerrate bei visuellen Analysen von Daten aus kontrollierten Einzelfallstudien reicht von 16-84 % (Matyas/Greenwood 1990).

3.2 Effektstärkenmaße

Die visuelle Inspektion lässt sich durch die Berechnung von Effektstärken ergänzen. Häufig kommen non-parametrische Verfahren zum Einsatz, die nicht an bestimmte statistische Annahmen gebunden sind. Dabei wird ein Prozentwert ermittelt, der die Überschneidungsmenge der Datenpunkte aus der Grund- und Interventionsrate wiedergibt. Je geringer diese Überschneidung ist, desto größer darf man den Interventionseffekt von A nach B einschätzen. Eine relativ einfache Methode ist der Prozentsatz nicht überlappender Daten (»percentage of non-overlapping data« – PND; Scruggs/Mastropieri/Casto 1987). Bei der Bestimmung des PND wird zunächst der größte Datenpunkt in der Grundrate betrachtet. Anschließend wird ausgezählt, wie viele Datenpunkte der Interventionsphase über diesem Wert liegen und nicht mit der Grundrate überlappen. Diese Zahl wird durch die Anzahl aller Datenpunkte der Interventionsphase geteilt und mit 100 multipliziert (▶ Abb. 5). Ein PND unter 50 % reflektiert eine nicht wirksame Intervention, bei 50-70 % ist die Wirksamkeit fragwürdig, bei 70-90 % gilt die Intervention als moderat wirksam und bei über 90 % als sehr wirksam (Scruggs et al. 1986).

Der Vorteil des PND liegt in der einfachen Anwendung und in den klaren Richtlinien zur Interpretation. Deshalb wird der PND besonders häufig in Interventionsstudien und systematischen Übersichtsarbeiten verwendet (vgl. Schlosser/Lee/Wendt 2008). Ein Nachteil besteht in der Abhängigkeit von einem einzigen Datenpunkt, der unter Umständen ein stark abweichender Wert sein kann. Die Anwendbarkeit des PND muss überprüft werden, wenn es in der Grundrate einen Trend gibt, zu starke Schwankungen in der Datenreihe auftreten oder wenn die Werte Boden- oder Deckeneffekte aufweisen. Als Alternativen gibt es das Effektstärkenmaß der Nichtüberlappung aller Paare (NAP; Parker/Vannest 2009) oder den Tau-U Index (Parker et al. 2011).

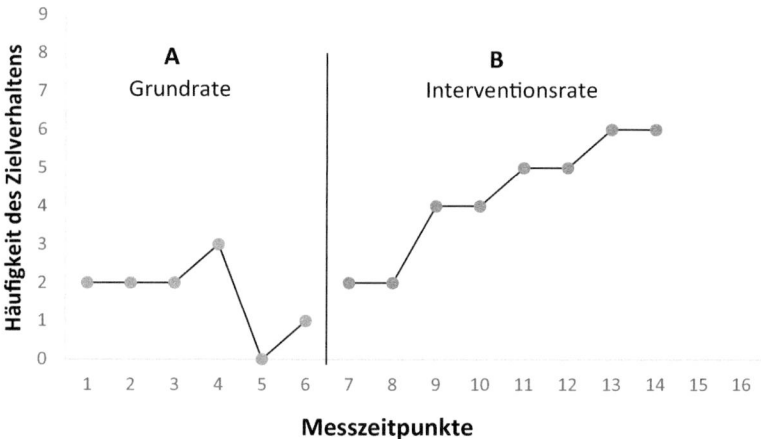

Abb. 5: Bestimmung des Prozentsatzes Nichtüberlappender Daten (PND)

4 Zusammenfassung

Die Methodologie der kontrollierten Einzelfallstudie ist für die UK-Forschung besonders relevant, denn UK-Interventionen werden meistens mit sehr heterogenen Populationen durchgeführt, die sich nicht für Gruppenstudien mit Vergleichsgruppen eignen. Selbst wenn eine homogene Gruppe erstellt werden kann, empfiehlt es sich, zuerst eine kontrollierte Einzelfallstudie durchzuführen, um das Potential einer Intervention zu erfassen. Die Popularität der Einzelfalluntersuchung besteht in der Flexibilität und Anpassungsfähigkeit an sich schnell verändernde Verhältnisse im klinisch-pädagogischen Alltag, die für UK-Populationen typisch sind. Die Datensammlung kann kontinuierlich erweitert werden, um unerwartete Verhaltensänderungen zu dokumentieren oder zusätzliche Interventionsaspekte zu untersuchen. Die beschriebenen Versuchspläne sind je nach Forschungsfrage und Interventionskontext modifizierbar und stellen auf unterschiedliche Art und Weise interne Validität her. Drei grundsätzliche Vorgehensweisen lassen sich dabei unterscheiden: (1) die unabhängige Variable wird abwechselnd eingeführt und wieder zurückgezogen, (2) die unabhängige Variable wird schrittweise zu verschiedenen Zeitpunkten bei multiplen Grundraten eingeführt, oder (3) mehrere, unabhängige Variablen werden gegenübergestellt und in einem schnellen Wechsel eingesetzt. Die Interpretation der Daten erfolgt mittels der visuellen Inspektion und kann durch Effektstärkenmaße ergänzt werden. Durch die systematische Replikation von Einzelfallexperimenten können schließlich Wirksamkeitsnachweise über den Einzelfall hinaus erbracht werden, die dann als Basis dienen für die Etablierung einer evidenz-basierten UK-Praxis (vgl. Schlosser/Raghavendra 2004).

Literatur

Angelo, D. H./Goldstein, H. (1990): Effects of a pragmatic teaching strategy for requesting information by communication board users. In: Journal of Speech and Hearing Disorders, 55, 231–243.

Boesch, M. C./Wendt, O./Subramanian, A./Hsu, N. (2013): Comparative efficacy of the Picture Exchange Communication System (PECS) versus a speech-generating device: Effects on requesting skills. In: Research in Autism Spectrum Disorders, 7, 480–493.

Horner, R. H./Carr, E. G./Halle, J./McGee, G./Odom, S./Wolery, M. (2005): The use of single-subject research to identify evidence-based practice in special education. In: Exceptional Children, 71, 165–179.

Jain, A./Spiess, R. (2012): Versuchspläne der kontrollierten Einzelfallforschung. In: Empirische Sonderpädagogik, 4, 211–245.

Julius, H./Schlosser, R. W./Goetze, H. (2000): Kontrollierte Einzelfallstudien: Eine Alternative für die sonderpädagogische und klinische Forschung. Hogrefe: Göttingen.

Kazdin, A. E. (2011): Single-case research designs: Methods for clinical and applied settings. Oxford University Press: New York.

Matyas, T.A./Greenwood, K.M. (1990): Visual analysis of single-case time series: Effects of variability, serial dependence, and magnitude of intervention effects. In: Journal of Applied Behavior Analysis, 23, 341–351.

Mühl, H. (2008). Kontrollierte Einzelfallforschung in der Pädagogik bei geistiger Behinderung. In: Nußbeck, S./Biermann, A./Adam, H. (Hrsg.): Sonderpädagogik der Geistigen Entwicklung (Handbuch der Sonderpädagogik, Band 4). Hogrefe: Göttingen, 631–649.

Parker, R. I./Vannest, K. (2009): An improved effect size for single-case research: Nonoverlap of all pairs. In: Behavior Therapy, 40, 357–367.

Parker, R. I./Vannest, K. J./Davis, J. L./Sauber, S. B. (2011): Combining nonoverlap and trend for single-case research: Tau-U. In: Behavior Therapy, 42, 284–299.

Schlosser, R. W. (1999): Comparative efficacy of interventions in augmentative and alternative communication. In: Augmentative and Alternative Communication, 15, 56–68.

Schlosser, R. W. (2003): The efficacy of augmentative and alternative communication: Toward evidence-based practice. San Diego, CA: Academic Press.

Schlosser, R. W. (2009): The role of single-subject experimental designs in EBP times. Focus: Technical Brief, 22, 1-8. www.ktdrr.org/ktlibrary/articles_pubs/ncddrwork/focus/focus22/Focus22.pdf.

Schlosser, R.W./Blischak, D. M./Belfiore, P. J./Bartley, C./Barnett, N. (1998): The effects of synthetic speech output and orthographic feedback on spelling in a student with autism: A preliminary study. In: Journal of Autism and Developmental Disorders, 28, 319–329.

Schlosser, R.W./Goetze, H./Julius, H. (1997): Versuchspläne in der kontrollierten Einzelfallforschung: das »Alternierende Behandlungs-Design«. In: Heilpädagogische Forschung, 23, 18–26.

Schlosser, R.W./Lee, D. L./Wendt, O. (2008): Application of the Percentage of Non-overlapping Data in systematic reviews and meta-analyses: A systematic review of reporting characteristics. In: Evidence-Based Communication Assessment and Intervention, 2, 163–187.

Schlosser, R.W./Raghavendra, P. (2004): Evidence-based practice in augmentative and alternative communication. In: Augmentative and Alternative Communication, 20, 1–21.

Scruggs, T. E./Mastropieri, M. A./Casto, G. (1987): The quantitative synthesis of single subject research methodology: Methodology and validation. In: Remedial and Special Education, 8, 24–33.

Scruggs, T. E./Mastropieri, M. A./Cook, S. B./Escobar, C. (1986): Early intervention for children with conduct disorders: A quantitative synthesis of single-subject research. In: Behavioral Disorders, 11, 260–271.

Seidler, V./Nobis-Bosch, R./Schultz, A./Huber, W. (2011): Die selbstinstruierte Verwendung der elektronischen Sprachhilfe BA Bar in der Aphasietherapie: eine Einzelfalluntersuchung. In: Sprache-Stimme-Gehör, 35, e10-e17.

Sperber, E. F. (2015): Die Anwendung eines erweiterten Modeling-Ansatzes auf das Erlernen von Kombinationen grafischer Zeichen auf einer Kommunikationshilfe mit Augensteuerung. Eine Einzelfallstudie (Masterarbeit). Katholische Hochschule Freiburg i. Br.

Vaughn, B./Horner, R. H. (1995): Effects of concrete versus verbal choice systems on problem behavior. In: Augmentative and Alternative Communication, 11, 89–92.

Stichwortverzeichnis

A

ABC-Klapptafel 334, 340
Aktivität 44, 92, 126–127, 171, 208–210, 213–214, 266, 283, 297, 301
Alltagskommunikation 137, 151, 217–218, 220, 222–223
Ansteuerung 21, 45, 163, 186, 188, 190, 245, 250, 256, 258, 290, 292, 311
Aphasie 78, 280–285
App 30, 72, 75, 163, 168, 176, 178, 229, 239, 253, 292, 309, 378
Assistive Technologien 287–288, 290–294
Augensteuerung, s.a. Eye Tracking 170, 185–191, 298, 334
Autismus-Spektrum 92, 117, 170, 172, 192, 269, 279

B

Barrierefreiheit 67–68, 70
Bedürfnismodell 78
Beratungsstellen 45, 157, 357, 362–363, 372–374, 376–385, 411
Bewertung 158, 171, 300, 361, 402, 406–407, 409–410
Bewusstseinsbildung 37
Bezugsperson 217–221, 223
Bildkarte 267
Bildung 35, 41–42, 51–57, 60, 67–68, 71–72, 95, 99, 123, 139, 154, 197, 245, 294, 296, 303, 337, 357, 359, 363, 394
Bildungschancen 54, 56–57
bilinguale Kommunikationshilfen 146

D

Diagnostik 24, 27, 29, 31, 55, 61, 99–100, 123, 139, 154–155, 157–161, 165–166, 168–170, 172–179, 182, 187, 190, 192–194, 196–199, 283
digitale Teilhabe 291
Dysarthrie 85, 280–282, 284, 286

E

Effektivität 44, 48, 282, 361, 417
elektronische Kommunikationshilfen 68, 76, 79, 134–135, 137–138, 143–144, 146, 150, 152–153, 187, 225, 229, 250–254, 256–257, 276, 296–302, 379
Emergent Literacy 331–332, 337
Englischunterricht 141, 144, 146–147
Entwicklung 51, 53, 56–57, 70–72, 133–134, 143–144, 151, 153, 221–222
Ergebnisqualität 47, 380–381, 387, 391
Evaluation 46–47, 55, 86, 157, 173, 177, 223, 230, 285, 309, 312–313, 406
Evidenz 44, 302, 322, 405, 409
evidenz-basierte Praxis 404
Exklusion 34, 36, 59, 61–62, 66
Exklusionsrisiken 64
Experiment 412
Eye Tracking, s.a. Augensteuerung 185–186, 189

F

Fallstricke 49, 85, 326
Finanzierung 357, 372–374, 382–384
Flipchart-Schreiben 341, 394
Fokuswörter 224–227, 229–231
Forschung 26, 29, 31, 38–39, 49, 67–68, 83–84, 100, 117, 119, 123, 135, 154, 184, 198–199, 234, 239, 261, 281, 285, 290, 294, 304, 313, 326, 397–404, 407, 410, 412–413, 419–420
Fremdsprachenunterricht 141, 144, 146

G

Gaze Viewer 185, 188–190
Gebärden 74–76, 78, 80, 117–123, 126–128, 131, 171, 224, 229, 233–239, 274, 276, 324–325
Gemeinwesen 39, 309, 313–314, 320–321
Gesellschaft für Unterstützte Kommunikation 29–31, 38–39, 49, 71–72, 77–78, 80–82, 85–86, 100, 116, 123, 140, 153, 168–169, 178, 191, 223,

232, 249, 268, 279, 285, 294, 312–313, 320, 327, 364
Gesprächspartner, s.a. Kommunikationspartner 134, 148–152, 217–222, 231
Gesprächsstruktur 103
Gesten 118, 122–123, 126–127, 274, 276
Gesundheitskommunikation 304, 313
Gesundheitswesen 302, 304–308, 310–312
Grammatikerwerb 93, 96
Grundbedürfnis 359

H

High-Tech 288–292
Hilfsmittel 25, 31, 40, 47, 74, 76, 78, 101, 163, 169, 216, 235, 242, 263, 268, 282, 285, 287, 290, 296, 307, 311, 323, 325, 357–363, 370, 378, 386, 390
hilfsmittelgestützte Kommunikation 24
Hilfsmittelversorgung 292, 358, 361–365, 369–370
Hörsehbehinderung 125, 120, 132, 179, 184

I

ICD-10 192, 199, 367, 369–371
ICF 32, 44, 46–50, 55, 165, 168, 170, 178, 186, 191, 203, 205–207, 216, 283, 285, 291, 293–294, 296–297, 301–302, 319, 361, 365–371
Implementierung 80, 107, 123–124, 234–235, 238–239, 326
Informierte Einwilligung 399
Inklusion 28, 34–39, 57–59, 61–62, 65, 67–68, 72, 141, 146–147, 233, 294, 403
Inklusionschancen 63
Interaktion 22, 32–36, 39, 68, 92–93, 101–103, 106, 125, 130, 132, 143, 158, 164–166, 173–174, 176, 179–182, 184, 218–221, 259, 261–262, 264–267, 273–275, 284, 300–301
Interventionsplanung 31–32, 55–56, 134, 137–138, 148, 168–169, 198, 203, 206–208, 210–215, 224, 294, 302
Interventionsziele 47
ISAAC 77–79, 81–83, 85, 107, 124, 154, 169, 223, 285–286, 327, 337

K

Kernvokabular 26–27, 94, 96, 99, 108–116, 119, 122, 137, 143–147, 210, 224, 228, 235, 237, 243–245, 323, 327
Kleine Hilfen 250–251

Klinik 285, 306, 309, 312
Kölner Standard 214–215
Kommunikationsbuch 244–245, 247
Kommunikationshilfen 76–77, 186, 191, 323–324, 327
Kommunikationsordner 245
Kommunikationspartner, s.a. Gesprächspartner 221–222
Kommunikationssysteme 126, 132
kommunikative Entwicklung 22, 75
kommunikative Gattungen 101, 317–319
kommunikative Kompetenz 133, 142, 151–152, 228
körpereigene Kommunikationsformen 170, 190, 288, 324–325

L

Lautsprachunterstützende Gebärden (LUG) 117
Lebensbedeutsamkeit 296–298, 302
Lebenswelt 30, 56, 60, 63, 66, 131, 138, 203, 370
Leistungsträger 358, 380, 386
Lernen am Modell 91, 93
linguistische Fähigkeiten 159
Literacy 68, 70–71, 137, 232, 329, 331–333, 335–337
Logopädie 78, 282–283
Low-Tech 288–290, 292

M

mehrsprachiges Kommunikationssystem 134
Mehrsprachigkeit 133–134, 136, 138–139
Methoden 45, 71, 77–79, 105, 146, 157, 159, 166, 172, 192–193, 197, 211–212, 214, 234, 237, 282, 303, 307–308, 322, 325, 337, 391, 404
Mimik 74, 103, 119, 137, 148, 171, 237–238, 325
Modelling 136, 151, 153, 218–220, 222, 224, 229–231
motorische Automatisierung 113–114, 229

N

Nutzen 150, 176, 398–399, 401

O

operationale Fähigkeiten 134, 159, 163, 299

P

pädagogische Förderung 40, 42, 48
Partizipation 33–36, 38–39, 41, 44, 47–48, 56, 67, 71, 99, 107, 165, 204, 206–207, 219, 239, 283, 297, 302, 314–317, 319–320, 324, 363, 365–367, 369–370
Potenzial 194
Pragmatik 31, 149, 154, 164, 169, 197, 272, 277
Pragmatische Fähigkeiten 148, 150
Präintentionale Kommunikation 171, 177
Prozessqualität 46, 378, 387, 389–390

Q

Qualität 25, 82, 93, 103, 165, 206, 213, 273, 302, 315, 372, 382–384, 386–388, 390, 392–393, 401, 405, 407–409
Qualitätsmerkmale 386–388, 393
Qualitätssicherung 45, 386–387, 391, 393

R

Rahmenbedingungen 21, 28, 38–39, 43–45, 59–60, 66, 70, 133, 142, 158, 175, 192, 197, 205, 270, 319, 344, 357, 372, 382, 384
Responsivität 261–262

S

Scaffolding 220–221, 223
Schaden 398–399
Schriftspracherwerb 46, 120, 331–334, 336, 338–340, 344–346
Schutz 402
Schwere Behinderung 170, 173, 177–178
Sehbeeinträchtigung 186
SGB IX 43, 48, 357–359, 361, 363–364, 368, 371, 381, 388, 390
SGB V 43–44, 48, 357–358, 361–364, 381, 386, 388, 390
soziale Medien 67–68, 70
soziale Rollen 317
soziale Teilhabe 41, 44, 47–48, 203, 283
Sozialisation 51, 55, 58–63, 66, 336
Sozialisationsbedingungen 58–65
Sprachenkontinuum 133
Sprachentwicklung 23, 89, 91, 93, 99–100, 118, 123–124, 151–152, 154, 217–219, 221, 223–224, 228, 232, 234, 272, 323–324, 362

Sprachgebrauch 99, 108, 110–111, 115, 133–135, 137–138, 142, 146, 149, 152, 287
Sprachtherapie 79, 120, 124, 154, 168, 281–286, 322, 327, 336
Sprechapraxie 280–282, 284–285
Standard 27, 70, 387
strategische Fähigkeiten 159, 221
Strukturqualität 45, 373, 387–388
sustained shared thinking 335
Symbol 30, 75, 80, 86, 168, 230, 238, 240, 245, 277, 315, 320–321, 323

T

Taktiles Gebärden 126, 128
Taubblindheit 125–126, 129, 132, 179, 182, 184
Teilhabe 31, 33, 35, 38–39, 52, 58–59, 61–62, 65–67, 69, 72, 107, 125–126, 134, 141, 147, 150, 157, 161, 164–166, 169, 172, 201, 223, 233–234, 238, 282–284, 287, 291–294, 296–297, 302, 322, 327, 401
Therapie 23, 40–48, 50, 99, 107, 154, 157, 161, 175, 199, 280, 283
Triangulärer Blickkontakt 92
Triangularität 266–267

U

UK-Kompetenzzentren 363, 391–393
UK-Kontinuum 204–205, 207
UK-Leistungen 215, 384, 386, 388, 391, 393–394

V

Verhalten 56, 126, 145, 171, 173, 175, 217–218, 220, 236, 270–272, 275, 322, 324
Vermittlung 71, 146, 323, 326
Versorgung 23, 28, 38, 41, 43, 102, 135, 203, 209, 215, 230, 260, 281, 290–292, 302, 305–306, 309–310, 313, 320, 357–358, 361–363, 369, 378, 382–383, 404
Verstehen 56, 130, 149, 174, 219, 230, 237, 269–270, 272–274, 278–279
Versuchsplan 413–417
visuelle Wahrnehmung 190
Vokabular 76, 102, 119, 122, 130, 142–143, 147, 150, 161, 163, 165, 218, 233, 235, 277, 323–324, 335
Vokabularauswahl 27, 108–109, 137, 143, 145, 163, 228, 232, 243–245, 323, 326, 362

Vokabularorganisation 46, 250, 258
Vulnerabilität 397

W

Werte 172, 384, 397, 401–402
Wirksamkeit 44–46, 48–49, 61, 94, 125, 219, 315, 322, 357, 412–415, 417–418
Wortschatzstrukturierung 252

Z

Zeichen 23–24, 26, 29–31, 75, 102, 104–105, 118, 163–164, 175, 240, 246, 274, 290, 325, 413–414, 420
Zeit 52, 152, 174, 325
Zielgruppe 21, 63, 76, 84, 119, 121–122, 234, 259, 269, 412
Zielwortschatz 224
Zweitspracherwerb 135–138

Verzeichnis der Autorinnen und Autoren

Appelbaum, Birgit, akademische Sprachtherapeutin; wissenschaftliche Mitarbeiterin, Pädagogik und Rehabilitation lautsprachlich kommunizierender Menschen mit Hörschädigung (Audiopädagogik) an der Universität zu Köln und Mitarbeiterin am Zentrum für Unterstützte Kommunikation (ZUK), Moers

Bartosch, Roman, Jun.-Prof. Dr., Sonderpädagoge; Englisch-Didaktik: Literaturen und Kulturen der anglophonen Welt, Universität zu Köln

Bernasconi, Tobias, Dr., Sonderpädagoge; Studienrat im Hochschuldienst, Pädagogik für Menschen mit Beeinträchtigung der körperlichen und motorischen Entwicklung & FBZ-UK, Universität zu Köln

Boenisch, Jens, Prof. Dr., Sonderpädagoge; Pädagogik für Menschen mit Beeinträchtigung der körperlichen und motorischen Entwicklung & FBZ-UK, Universität zu Köln

Bosse, Ingo, Jun.-Prof. Dr., Sonderpädagoge; Körperliche und Motorische Entwicklung in Rehabilitation und Pädagogik, TU Dortmund

Braun, Ursula, Dr., Sonderpädagogin; Konrektorin der Karl-Preising-Schule, Bad Arolsen

Castañeda, Claudio, Sozialpädagoge; Mitarbeiter der Beratungsstelle Kommunikation & Verhalten (BeKoVe) der Lebenshilfe Köln

Dangschat, Hendrik, Diplom-Sozialpädagoge; Beauftragter für Unterstützte Kommunikation, Heilpädagogische Hilfe Osnabrück

Dederich, Markus, Prof. Dr., Soziologe; Allgemeine Heilpädagogik, Theorie der Heilpädagogik und Rehabilitation, Universität zu Köln

Erdélyi, Andrea, Prof. Dr., Sonderpädagogin; Pädagogik und Didaktik bei Beeinträchtigungen der geistigen Entwicklung, Carl von Ossietzky Universität Oldenburg

Erickson, Karen, Prof. Dr., Sonderpädagogin; Division of Speech and Hearing Sciences & Center for Literacy and Disability Studies at the University of North Carolina, USA

Feichtinger, Marcel, Diplompädagoge und Sonderpädagoge; Landeskoordination ANUK für das Schulministerium NRW, Fachberatung in der Bezirksregierung Münster, Mitarbeit im LWL-Beratungshaus Inklusion Münster

Fröhlich, Nina, Sonderpädagogin; SBBZ mit dem Förderschwerpunkt geistige Entwicklung in Baden-Württemberg, u.a. in der Beratungsstelle für UK und Autismus in Ispringen

Garbe, Carolin, Sprachtherapeutin; Leitung der UK-Beratungsstelle am FBZ-UK der Universität zu Köln

Geck, Tanja, Sonderpädagogin; stellvertretende Direktorin des Bildungszentrums Hören – Sehen – Kommunikation im Deutschen Taubblindenwerk Hannover

Verzeichnis der Autorinnen und Autoren

Giel, Barbara, Dr., Akademische Sprachtherapeutin; Leiterin des Zentrums für Unterstützte Kommunikation (ZUK), Moers

Hansen, Franca, Diplompädagogin; Institut für Unterstützte Kommunikation und Intensive Interaction, Espelkamp

Hennig, Birgit, Diplompädagogin; Neuro-Rehabilitationspädagogin (Schwerpunkt: UK und Angehörigenbegleitung), Evangelisches Krankenhaus Oldenburg, Klinik für Neurologische Intensivmedizin und Frührehabilitation

Hernando, Anna, MA Rehabilitationswissenschaften; wissenschaftliche Mitarbeiterin, Pädagogik für Menschen mit Beeinträchtigung der körperlichen und motorischen Entwicklung & FBZ-UK, Universität zu Köln

Herrmann, Thomas, Sonderpädagoge; Schulleiter der LVR-Förderschule Mönchengladbach

Hogrebe, Friederike, MA Ed.; wissenschaftliche Mitarbeiterin, Fachgebiet Sehen, Sehbeeinträchtigung und Blindheit, Projekt Provision, TU Dortmund

Kamps, Norbert, Dipl.-Ing.; Beratender Ingenieur für Hilfsmittelversorgung, Ingenieurbüro Norbert Kamps, Xanten

Koppenhaver, David, Prof. Dr., MA Ed.; Department of Reading Education and Special Education (RESE), Appalachian State University, Boone, NC, USA

Lage, Dorothea, Prof. Dr., Sonderpädagogin; Institut Integration und Partizipation, Hochschule für Soziale Arbeit FHNW, Olten, Schweiz

Leber, Irene, Sonderschullehrerin; Ludwig-Guttmann-Schule Karlsbad, Beratungsstelle für UK und Referentensprecherin in der Gesellschaft für Unterstützte Kommunikation

Lell, Maria, Logopädin und Klinische Lerntherapeutin; Praxis für Logopädie am Kogl in Holzkirchen; Therapie, Beratung und Fortbildung mit den Schwerpunkten Sprachentwicklung, Autismus und Unterstützte Kommunikation

Lemler, Kathrin, MA Rehabilitationswissenschaften; wissenschaftliche Mitarbeiterin, Pädagogik für Menschen mit Beeinträchtigung der körperlichen und motorischen Entwicklung & FBZ-UK, Universität zu Köln

Liehs, Andrea, Dr., Akademische Sprachtherapeutin; Zentrum für Unterstützte Kommunikation Moers

Lingk, Lena, Sonderpädagogin; wissenschaftliche Mitarbeiterin, Pädagogik für Menschen mit Beeinträchtigung der körperlichen und motorischen Entwicklung & FBZ-UK, Universität zu Köln

Mischo, Susanne, Dr., Dipl. Heilpädagogin; wissenschaftliche Mitarbeiterin, Pädagogik und Didaktik bei Menschen mit geistiger Behinderung, Universität zu Köln

Nonn, Kerstin, Dr., Lehr- und Forschungslogopädin; Leiterin, Lehrlogopädin für den Fachbereich entwicklungsbedingte Sprach-, Sprech- und Kommunikationsstörungen, Staatliche Berufsfachschule für Logopädie am Klinikum der Universität München

Plachta, Sabine, Ergotherapeutin; SBBZ mit Internat für Hören, Sprache und geistige Entwicklung Haslachmühle

Renner, Gregor, Prof. Dr., Sonderpädagoge; Heilpädagogik und Unterstützte Kommunikation, Katholische Hochschule Freiburg

Sachse, Stefanie K., Dr., Sonderpädagogin; Akademische Rätin, Pädagogik für Menschen mit Beeinträchtigung der körperlichen und motorischen Entwicklung & FBZ-UK, Universität zu Köln

Schäfer, Karolin, Jun.-Prof. Dr., Rehabilitationspädagogin/akademische Sprachtherapeutin; Pädagogik und Rehabilitation lautsprachlich kommunizierender Menschen mit Hörschädigung (Audiopädagogik), Universität zu Köln

Schellen, Julia, akademische Sprachtherapeutin; wissenschaftliche Mitarbeiterin, Pädagogik für Menschen mit Beeinträchtigung der körperlichen und motorischen Entwicklung & FBZ-UK, Universität zu Köln

Schlosser, Ralf, Prof. Dr., MA Special Education; Department of Communication Sciences and Disorders, Northeastern University, und Director of Clinical Research, Department of Otolaryngology and Communication Enhancement, Center for Communication Enhancement, Autism Language Program, Boston Children's Hospital, Boston, USA

Terfloth, Karin, Prof. Dr., Sonderpädagogin; Pädagogik bei schwerer und mehrfacher Behinderung und Inklusionspädagogik an der Pädagogischen Hochschule Heidelberg

Trissia, Bettina, Sonderpädagogin; Direktorin des Bildungszentrums Hören – Sehen – Kommunikation im Deutschen Taubblindenwerk Hannover

Tüscher, Katharina, Sonderpädagogin; Bildungszentrum Hören – Sehen – Kommunikation im Deutschen Taubblindenwerk Hannover

Wachsmuth, Susanne, apl. Prof. Dr. (i.R.), Sonderpädagogin; Institut für Förderpädagogik und inklusive Bildung, Justus-Liebig-Universität Gießen

Wendt, Oliver, Prof. Dr., Diplom-Heilpädagoge; School of Communication Sciences & Disorders, University of Central Florida, Orlando, USA

Willke, Melanie, Dr., Sonderpädagogin; wissenschaftliche Mitarbeiterin, Pädagogik für Menschen mit Beeinträchtigung der körperlichen und motorischen Entwicklung & FBZ-UK, Universität zu Köln